SSH: Secure Shell

Ein umfassendes Handbuch

SSH: Secure Shell

Ein umfassendes Handbuch

Daniel J. Barrett & Richard Silverman

Deutsche Übersetzung von Peter Klicman

Beijing · Cambridge · Farnham · Köln · Paris · Sebastopol · Taipei · Tokyo

Kommentare und Fragen können Sie gerne an uns richten:
O'Reilly Verlag
Balthasarstr. 81
50670 Köln
Tel.: 0221/9731600
Fax: 0221/9731608
E-Mail: kommentar@oreilly.de

Copyright der deutschen Ausgabe:
© 2002 by O'Reilly Verlag GmbH & Co. KG
1. Auflage 2002

Die Originalausgabe erschien 2001 unter dem Titel
SSH, The Secure Shell: The Definitive Guide im Verlag O'Reilly & Associates, Inc.

Die Darstellung einer Landschnecke im Zusammenhang mit dem Thema SSH ist ein Warenzeichen von O'Reilly & Associates, Inc.

Die Deutsche Bibliothek - CIP - Einheitsaufnahme

Ein Titeldatensatz für diese Publikation ist
bei der Deutschen Bibliothek erhältlich.

Übersetzung und deutsche Bearbeitung: Peter Klicman, Köln
Lektorat: Christine Haite, Köln
Korrektorat: Alexandra Müller, Oer-Erkenschwick
Fachliche Beratung: Markus Friedl, München, Stefan Köpsell, Dresden & Oliver Flimm, Köln
Satz: Stefan Göbel, reemers publishing services GmbH, Krefeld; www.reemers.de
Umschlaggestaltung: Ellie Volckhausen, Pam Spremulli & Risa Graziano, Boston
Produktion: Geesche Kieckbusch, Köln
Belichtung, Druck und buchbinderische Verarbeitung:
Druckerei Kösel, Kempten; www.koeselbuch.de

ISBN 3-89721-287-0

Dieses Buch ist auf 100% chlorfrei gebleichtem Papier gedruckt

Inhalt

Vorwort

Der Schutz der Privatsphäre ist ein Grundrecht des Menschen. Dieses Grundrecht ist bei den heutigen Computernetzwerken aber nicht sichergestellt. Ein großer Teil der im Internet oder in lokalen Netzen übertragenen Daten wird im Klartext übertragen und kann von jedem abgefangen und gelesen werden, der über ein wenig technisches Know-How verfügt. Die E-Mail, die Sie verschicken, Dateien, die Sie übertragen, und sogar die von Ihnen eingegebenen Paßwörter können von anderen gelesen werden. Stellen Sie sich den Schaden vor, der entstehen kann, wenn ein Dritter – ein Mitbewerber, die CIA oder Ihre Verwandschaft – Ihre sensiblen Daten einfach abfangen würde.

Netzwerksicherheit ist ein großes Geschäft, weil die Unternehmen sich bemühen, ihren Informationsvorsprung so schnell wie möglich hinter Firewalls zu schützen, virtuelle private Netzwerke (VPNs) einzurichten und Dateien und Übertragungswege zu verschlüsseln. Doch weitab von diesem geschäftigen Treiben gibt es eine kleine, unscheinbare und dennoch robuste Lösung, die viele große Unternehmen übersehen haben. Diese Lösung ist zuverlässig, vergleichsweise einfach einzusetzen, kostengünstig und für die meisten der heutigen Betriebssysteme verfügbar.

Wir reden von SSH, der »Secure Shell«.

Schützen Sie Ihr Netzwerk mit SSH

SSH ist eine kostengünstige, softwarebasierte Lösung, mit der Sie die Daten Ihres Netzwerks vor neugierigen Blicken schützen können. SSH löst nicht jedes Problem in Sachen Privatsphäre und Sicherheit, beseitigt aber verschiedene dieser Probleme sehr effektiv. Die Hauptfeatures sind:

* ein sicheres Client/Server-Protokoll zur Verschlüsselung und Übertragung von Daten über ein Netzwerk

* Authentifizierung (Erkennung) von Benutzern über Paßwort, Host oder Public Key, sowie die Integration einiger anderer populärer Authentifizierungssysteme einschließlich Kerberos, SecurID, PGP, TIS Gauntlet und PAM

- die Fähigkeit, unsichere Netzwerkanwendungen wie Telnet, FTP und viele andere TCP/IP-basierte Programme und Protokolle sicher zu machen
- eine nahezu vollständige Transparenz für den Endanwender
- Implementierungen für die meisten Betriebssysteme

Leserkreis

Wie haben dieses Buch für Systemadministratoren und technisch interessierte Anwender geschrieben. Einige Kapitel sind für eine weite Leserschaft gedacht, während andere stark technisch orientiert sind und sich an Computer- und Netzwerkprofis wenden.

Endanwender

Sie besitzen zwei oder mehr Accounts auf verschiedenen Rechnern? SSH ermöglicht es Ihnen, diese mit einem hohen Maß an Sicherheit miteinander zu verbinden. Sie können Dateien zwischen den Accounts kopieren, sich von einem Account remote in den anderen einloggen oder Befehle remote ausführen. Alles mit der sicheren Gewißheit, daß niemand Ihren Benutzernamen, Ihr Paßwort oder die übertragenen Daten abfangen kann.

Stellen Sie mit Ihrem Personal Computer eine Verbindung zu Ihrem Internet Service Provider (ISP) her? Genauer gesagt, besitzen Sie einen Unix-Shell-Account bei Ihrem ISP? Wenn das der Fall ist, kann SSH Ihre Verbindung deutlich sicherer machen. Eine immer größere Zahl von ISPs betreibt SSH-Server für deren Benutzer. Falls das auf Ihren ISP nicht zutrifft, zeigen wir Ihnen, wie Sie Ihren eigenen Server betreiben können.

Entwickeln Sie Software? Oder verteilte Anwendungen, die gesichert über ein Netzwerk kommunizieren müssen? Erfinden Sie das Rad nicht neu: Nutzen Sie SSH zur Verschlüsselung Ihrer Verbindungen. Die verwendete Technologie ist solide und kann die Entwicklungszeit verkürzen.

Selbst bei nur einem Account kann SSH nützlich sein, solange eine Netzwerkanbindung besteht. Sollen beispielsweise andere Ihren Account nutzen können (etwa Familienangehörige oder Mitarbeiter), während die Nutzung aber nicht für jedermann uneingeschränkt möglich sein soll, dann kann SSH einen sorgfältig kontrollierten, eingeschränkten Zugriff auf Ihren Account bereitstellen.

Voraussetzungen

Wir setzen voraus, daß Sie mit den Computern und Netzwerken vertraut sind, die in modernen Büros oder bei Heimsystemen mit Internetanschluß üblich sind. Idealerweise sollten Ihnen die Anwendungen Telnet und FTP geläufig sein. Wenn Sie mit Unix arbeiten, müßten Ihnen die Programme *rsh*, *rlogin* und *rcp* eigentlich vertraut sein, und die Grundlagen der Entwicklung von Shell-Skripten werden Sie auch kennen.

Systemadministratoren

Als Unix-Systemadministrator wissen Sie wahrscheinlich, daß die Berkeley r-Befehle (*rsh, rcp, rlogin, rexec,* etc.) traditionell unsicher sind. SSH stellt eine adäquate Alternative zur Verfügung, die diese Befehle direkt ersetzen kann, eliminiert die Dateien *.rhosts* und *hosts.equiv* und kann Benutzer über kryptographische Schlüssel authentifizieren. SSH kann auch die Sicherheit anderer TCP/IP-basierter Anwendungen Ihres Systems erhöhen, indem es diese transparent durch SSH-verschlüsselte Verbindungen »tunnelt«. Sie werden SSH lieben.

Voraussetzungen

Neben den für Endanwender genannten Voraussetzungen sollten Sie mit Unix-Accounts und -Gruppen, Netzwerkkonzepten wie TCP/IP und Paketen sowie grundlegenden Verschlüsselungstechniken vertraut sein.

Aufbau dieses Buches

Dieses Buch gliedert sich grob in drei Teile. Die ersten drei Kapitel bilden eine allgemeine Einführung in SSH. Wir diskutieren das Thema zuerst für alle Leser auf einem hohen Niveau (Kapitel 1 und 2) und gehen dann für den technisch orientierten Leser ins Detail (Kapitel 3).

Die nächsten neun Kapitel behandeln SSH für Unix. Die ersten beiden (Kapitel 4 und 5) richten sich an Systemadministratoren und behandeln die Installation von SSH sowie die serverweite Konfiguration. Die nächsten vier (Kapitel 6 bis 9) beschäftigen sich mit fortgeschrittenen Themen für Endanwender, darunter das Key-Management, die Client-Konfiguration, die accountbezogene Serverkonfiguration und das Forwarding. Wir beenden unseren Unix-Teil mit unserem empfohlenen Setup (Kapitel 10), einigen detaillierten Fallstudien (Kapitel 11) und einigen Tips zur Fehlersuche (Kapitel 12).

Die verbleibenden Kapitel dieses Buches behandeln SSH-Produkte für Windows und den Macintosh und geben eine knappe Übersicht über Implementierungen für andere Plattformen (Kapitel 13).

Jeder Abschnitt des Buches ist numeriert, und wir verwenden im gesamten Text Querverweise. Wenn weitere Informationen im Abschnitt 7.1.3.2 zu finden sind, weisen wir darauf mit der Notation [7.1.3.2] hin.

Unser Ansatz

Dieses Buch ist mehr nach Konzepten als nach Syntax organisiert. Wir beginnen mit einer Übersicht und steigen dann immer tiefer in die Funktionalität von SSH ein. So führen wir ein Thema beispielsweise in Kapitel 1 ein, erklären dessen grundlegende Verwendung in Kapitel 2 und zeigen fortgeschrittene Anwendungen in Kapitel 7. Wenn Sie lieber alles auf einmal haben möchten, finden Sie in Anhang B alle Befehle und deren Optionen an einem Ort versammelt.

Wir konzentrieren uns stark auf drei Ebenen der Serverkonfiguration, die wir als Konfiguration während der Kompilierung, serverseitige Konfiguration und accountbezogene Konfiguration bezeichnen. Die Konfiguration während der Kompilierung (Kapitel 4) bedeutet die Wahl geeigneter Optionen bei der Kompilierung der SSH-Clients und -Server. Die serverweite Konfiguration (Kapitel 5) kommt zum Tragen, wenn der SSH-Server läuft, und erfolgt üblicherweise durch den Systemadministrator, während die accountbezogenen Einstellungen (Kapitel 8) jederzeit vom Endanwender vorgenommen werden können. Es ist für Systemadministratoren von besonderer Bedeutung, die Beziehungen und Unterschiede dieser drei Ebenen zu verstehen. Anderenfalls könnte einem SSH wie eine bunte Mischung willkürlicher Verhaltensweisen vorkommen.

Zwar konzentriert sich der größte Teil des vorliegenden Materials auf Unix-Implementierungen von SSH, aber Sie müssen kein Unix-Anwender sein, um es zu verstehen. Windows- und Macintosh-Anhänger können sich die Kapitel gegen Ende des Buches ansehen, die sich ausschließlich diesen Plattformen widmen. Dennoch befindet sich der Großteil der wichtigen Details in den Unix-Kapiteln, weshalb wir Ihnen empfehlen möchten, diese auf jeden Fall zu lesen.

Welche Kapitel für wen?

Lesern mit unterschiedlichen Interessen und Bedürfnissen möchten wir verschiedene »Wege« empfehlen:

Systemadministratoren
> Die Kapitel 3–5 und 10 sind für das Verständnis von SSH sowie die Kompilierung und Konfiguration von Servern am wichtigsten. Als Administrator eines Sicherheitsprodukts sollten Sie allerdings das ganze Buch lesen.

Unixanwender (keine Systemadministratoren)
> Die Kapitel 1 und 2 bieten einen Überblick, die Kapitel 6 bis 9 diskutieren SSH-Clients im Detail.

Windows-Anwender
> Einsteiger sollten die Kapitel 1, 2 und 13–16 lesen. Die anderen Kapitel können Sie je nach Interesse lesen.

Macintosh-Anwender
> Einsteiger sollten die Kapitel 1, 2, 13, 16 und 17 lesen. Die anderen Kapitel können Sie je nach Interesse lesen.

Nutzer anderer Computer-Plattformen
> Einsteiger sollten die Kapitel 1, 2 und 13 lesen. Die anderen Kapitel können Sie je nach Interesse lesen.

Selbst wenn Sie im Umgang mit SSH erfahren sind, werden Sie in den Kapiteln 3–12 noch Wissenswertes finden. Wir behandeln wichtige Details, die in den Unix-Man-pages unklar oder unerwähnt bleiben. Hierzu gehören die Hauptkonzepte, Flags für die Kompilierung, die Server-Konfiguration und das Forwarding.

Unterstützte Plattformen

Dieses Buch behandelt Unix-, Windows- und Macintosh-Implementierungen von SSH. Es gibt auch entsprechende Produkte für Amiga, BeOs, Java, OS/2, Palm Pilot, VMS und Windows CE, und auch wenn wir diese nicht behandeln, bleiben die Prinzipien gleich.

Das Buch ist für die folgenden Unix-Versionen von SSH aktuell

SSH1	1.2.30
F-Secure SSH1	1.3.7
OpenSSH	2.2.0
SSH Secure Shell (a.k.a. SSH2)	2.3.0
F-Secure SSH2	2.0.13

Die F-Secure-Produkte für Unix unterscheiden sich nur wenig von SSH1 und SSH2, weshalb wir sie nicht separat diskutieren, außer bei einzigartigen Features. Eine Zusammenfassung der Unterschiede finden Sie in Anhang B.

Versionsinformationen zu Nicht-Unix-Produkten finden Sie in den entsprechenden Kapiteln.

Angaben ohne Gewähr

Wir bezeichnen einige Programmfeatures als »undokumentiert«, d.h., das Feature wird in der offiziellen Dokumentation nicht erwähnt, funktioniert aber im aktuellen Release und/oder geht aus dem Quellcode des Programms klar hervor. Undokumentierte Features werden von den Softwareautoren möglicherweise nicht offiziell unterstützt und könnten aus späteren Releases verschwinden.

In diesem Buch verwendete Konventionen

Dieses Buch verwendet die folgenden typografischen Konventionen:

`Nichtproportionalschrift`
Für Konfigurationsdateien, Elemente, die man in Konfigurationsdateien findet (etwa Schlüsselwörter und Konfigurationsdatei-Optionen), Quellcode und interaktive Terminal-Sessions.

`Nichtproportionalschrift kursiv`

Für zu ersetzende Parameter in Kommandozeilen oder in Konfigurationsdateien.

Kursiv

Für Dateinamen, URLs, Hostnamen, Befehlsnamen, Kommandozeilenoptionen und neue Begriffe, wenn diese eingeführt werden.

Kapitälchen

Für Menüpunkte und Buttons bei graphischen Oberflächen.

A_K

In Abbildungen wird das Objekt namens A durch den kryptographischen Schlüssel K gesichert. »Gesichert« steht für verschlüsselt, signiert oder (je nach Kontext) eine komplexere Beziehung. Wird A durch mehrere Schlüssel gesichert (etwa K und L), werden diese durch Kommata getrennt aufgeführt: $A_{K,\,L}$

Das Eulensymbol kennzeichnet einen Hinweis, der im Zusammenhang mit dem umstehenden Text von Bedeutung ist.

Der Truthahn kennzeichnet eine Warnung im Zusammenhang mit dem ihn umgebenden Text.

Danksagungen

Zuallererst wollen wir O'Reilly & Associates für die Möglichkeit danken, dieses Buch zu schreiben. Dieser Dank gilt besonders unserem Lektor Mike Loukides, der uns den Zeitplan so dehnen ließ, daß wir die fortgeschritteneren Themen differenzierter abhandeln konnten. Wir danken Frank Willison für seinen Glauben an unsere Idee, Christien Shangraw für die hervorragende Organisation und die heldenhafte Durchführung der ersten Satz-Arbeitsgänge, Mike Sierra für Tools und Ratschläge sowie Rob Romano dafür, daß er aus unseren hastig hingekritzelten Skizzen ordentliche Abbildungen gemacht hat.

Wir danken unserem exzellenten technischen Korrektorenteam für das sorgfältige Lesen und die aufschlußreichen Kommentare: Anne Carasik, Markus Friedl, Joseph Galbraith, Sergey Okhapkin, Jari Ollikka, Niels Provos, Theo de Raadt, Jim Sheafer, Drew Simonis, Mike Smith und Dug Song.

Dank auch an die Anbieter und Entwickler von SSH-Produkten, die uns mit kostenlosen Kopien versorgt und unsere Fragen beantwortet haben: Tatu Ylönen, Anne Carasik und

Arlinda Sipilä (SSH Communication Security, Ltd.); Sami Sumkin, Heikki Nousiainen, Petri Nyman, Hannu Eloranta und Alexander Sayer (F-Secure Corporation); Dan Rask (Van Dyke Technologies, Inc.); Gordon Chaffee (Windows SSH port); Ian Goldberg (Top Gun SSH); Douglas Mak (FiSSH); Jonas Walldén (NiftyTelnet SSH) und Stephen Pendleton (sshCE). SSH Communication Security gab uns außerdem die Erlaubnis, die *sshregex*-Manpage (Anhang A) und die *sshdebug.h*-Fehlercodes (Tabelle 5-6) abzudrukken.

Wir danken Rob Figenbaum, James Mathiesen und J.D. Paul für die Tips und Anregungen, die in dieses Buch eingeflossen sind, sowie Chuck Bogorad, Ben Gould, David Primmer und Brandon Zehm für deren Webseiten über SSH auf NT. Richard Silverman möchte seinen Arbeitskollegen danken, insbesondere Michelle Madelien, die mit seinen sehr unregelmäßigen Arbeitszeiten und seinem Verhalten während der Arbeit an diesem Buch sehr flexibel und entgegenkommend umgegangen ist. Wir möchten auch Deborah Kaplan für ihre kluge und inspirierte Anwendung des LART (Luser's attitude re-adjustment tool) danken. Abschließend möchten wir noch den vielen Teilnehmern der Usenet-Newsgruppe *comp.security.ssh* für all die fundierten Fragen danken, die dieses Buch, insbesondere Kapitel 12, wesentlich verbessert haben.

1

Einführung in SSH

Viele Leute besitzen heutzutage mehrere Computer-Accounts. Als mehr oder weniger durchschnittlicher Benutzer verfügen Sie wahrscheinlich über einen privaten Account bei einem Internet Service Provider (ISP), einen Account im lokalen Netzwerk Ihres Arbeitgebers sowie einen oder mehrere PCs zu Hause. Darüber hinaus haben Sie vielleicht noch das Recht, die Accounts von Familienmitgliedern oder Freunden zu nutzen.

Wenn Sie mehrere Accounts besitzen, ist es nur natürlich, daß Sie Verbindungen zwischen diesen Accounts herstellen wollen. Möglicherweise möchten Sie Dateien über ein Netzwerk zwischen einzelnen Computern kopieren, sich in einen entfernten Account einloggen oder Befehle auf einem entfernten Computer ausführen. Für diese Aufgaben gibt es verschiedene Programme wie *ftp* und *rcp* zur Übertragung von Dateien, *telnet* und *rlogin* für entfernte Logins und *rsh* zur entfernten Ausführung von Befehlen.

Unglücklicherweise haben viele dieser netzwerkorientierten Programme ein grundlegendes Problem: Es fehlt ihnen an Sicherheit. Wenn Sie eine vertrauliche Datei über das Internet übertragen, kann ein Lauscher Ihre Daten theoretisch abfangen und lesen. Schlimmer noch, wenn Sie sich über ein Programm wie *telnet* auf einem entfernten Computer einloggen, dann können Ihr Benutzername und Ihr Paßwort abgefangen werden, während sie im Netzwerk übertragen werden. Oh oh!

Wie können diese ernsten Probleme verhindert werden? Sie können ein *Verschlüsselungsprogramm* verwenden, um Ihre Daten in einen geheimen Code umzuwandeln, den niemand sonst lesen kann. Sie können eine *Firewall* installieren, d.h. eine Einrichtung, die Teile Ihres Netzwerks vor Eindringlingen schützt. Oder Sie können eine Vielzahl anderer Lösungen nutzen, die für sich allein stehen oder mit anderen kombiniert werden und die in Komplexität und Preis deutliche Unterschiede aufweisen.

1.1   Was ist SSH?

SSH, die Secure Shell (zu deutsch also die »sichere Shell«), ist ein weit verbreiteter, leistungsfähiger, softwarebasierter Ansatz der Netzwerksicherheit.[1] Wann immer Daten von einem Computer zum Netzwerk übertragen werden, werden diese von SSH automatisch verschlüsselt. Sobald die Daten den gewünschten Empfänger erreichen, werden sie von SSH automatisch wieder entschlüsselt. Das Ergebnis ist eine *transparente* Verschlüsselung: Anwender können normal arbeiten, ohne sich darüber bewußt zu sein, daß die Kommunikation im Netzwerk sicher verschlüsselt erfolgt. Darüber hinaus verwendet SSH moderne, sichere Verschlüsselungsalgorithmen und ist effektiv genug, um auch in kritischen Anwendungen großer Unternehmen seinen Platz zu finden.

SSH verwendet eine Client/Server-Architektur, was Abbildung 1-1 deutlich macht. Ein SSH-*Server*, der typischerweise von einem Systemadministrator installiert und betrieben wird, erlaubt oder verweigert eingehende Verbindungen mit seinem Hostcomputer. Anwender führen dann entsprechende SSH-*Clients* aus (üblicherweise auf anderen Computern), um vom SSH-Server bestimmte Dienste wie »Ich möchte mich einloggen«, »Sende mir diese Datei« oder »Führe diesen Befehl aus« anzufordern. Die gesamte Kommunikation zwischen den Clients und den Servern erfolgt sicher verschlüsselt und ist vor Veränderungen geschützt.

Diese Beschreibung vereinfacht die Dinge ein wenig, soll Ihnen aber zunächst eine grundsätzliche Vorstellung davon geben, wie SSH arbeitet. Wir gehen später in die Tiefe. Für den Moment sollten Sie sich einfach nur merken, daß SSH-Clients mit SSH-Servern über verschlüsselte Netzwerkverbindungen kommunizieren.

Ein SSH-basiertes Produkt kann Clients, Server oder auch beides umfassen. Unix-Produkte beinhalten im allgemeinen sowohl Clients als auch Server. Produkte für andere Plattformen enthalten üblicherweise nur Clients, auch wenn mittlerweile auch Windows-basierte Server auftauchen.

Als Unix-Anwender können Sie sich SSH als die sichere Variante der Unix r-Befehle vorstellen: *rsh* (»remote shell«), *rlogin* (»remote login«) und *rcp* (»remote copy«). Tatsächlich sind seit der ursprünglichen SSH für Unix die ähnlich lautenden Befehle *ssh*, *scp* und *slogin* als sicherer, direkter Ersatz für die r-Befehle enthalten. Ja, endlich werden Sie diese unsicheren *.rhosts*- und *hosts.equiv*-Dateien los! (Obwohl SSH auch mit ihnen arbeiten kann, wenn Sie das wollen.) Wenn Sie immer noch mit den r-Befehlen arbeiten, sollten Sie sofort auf SSH umsteigen: Es zu erlernen ist einfach, und die Sicherheit wird wesentlich erhöht.

---

1   »SSH« wird einfach »Es-Es-Ha« ausgesprochen. Sie könnten den Namen »Secure Shell« etwas verwirrend finden, weil es sich in Wirklichkeit gar nicht um eine Shell handelt. Der Name wurde durch das Utility *rsh* (*remote shell*) geprägt, einem allgegenwärtigen Unix-Programm, das ebenfalls entfernte Logins erlaubt, aber sehr unsicher ist.

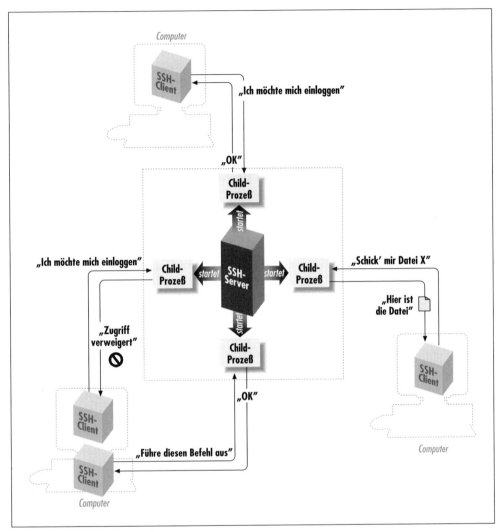

Abbildung 1-1: SSH-Architektur

1.2   Was SSH nicht ist

Auch wenn SSH für Secure Shell steht, ist es keine echte Shell im Sinne der Unix Bourne-Shell oder der C-Shell. Es handelt sich nicht um einen Befehlsinterpreter und es gibt auch keine Auflösung von Wildcards, keine Befehls-History oder ähnliches. Vielmehr erzeugt SSH einen Kanal zur Ausführung einer Shell auf einem entfernten Computer im Stil des Unix-Befehls *rsh*, aber mit einer Punkt-zu-Punkt-Verschlüsselung zwischen dem lokalen und dem entfernten Computer.

SSH ist keine vollständige Sicherheitslösung – andererseits gibt es keine vollständige Sicherheitslösung. Es schützt Computer nicht vor aktiven Einbruchsversuchen oder Denial-of-Service-Angriffen, und auch andere Gefahren wie Viren, Trojanische Pferde und verschütteter Kaffee lassen sich damit nicht eliminieren. Es bietet allerdings eine zuverlässige und benutzerfreundliche Verschlüsselung und Authentifizierung.

1.3   Das SSH-Protokoll

SSH ist ein *Protokoll,* kein Produkt. Es handelt sich um eine Spezifikation, wie eine sichere Kommunikation über ein Netzwerk zu erfolgen hat.[2] Das SSH-Protokoll umfaßt die Authentifizierung, Verschlüsselung und die Integrität der über ein Netzwerk übertragenen Daten (siehe Abbildung 1-2). Lassen Sie uns diese Begriffe definieren:

Authentifizierung
> Versicherung einer Identität. Wenn Sie versuchen, sich in einen entfernten Computer einzuloggen, fordert SSH einen digitalen Beweis Ihrer Identität an. Wenn Sie diese Prüfung bestehen, können Sie sich einloggen; anderenfalls lehnt SSH die Verbindung ab.

Verschlüsselung
> Bringt die Daten in eine Form, die für jeden außer dem gewünschten Empfänger unverständlich ist. Das schützt Ihre Daten bei der Übertragung über das Netzwerk.

Integrität
> Garantiert, daß die über das Netzwerk transportierten Daten unverändert am Ziel ankommen. SSH erkennt, wenn Ihre Daten bei der Übertragung abgefangen und verändert wurden.

Kurz zusammengefaßt läßt sich also sagen, daß SSH Netzwerkverbindungen zwischen Computern aufbaut, bei denen eine sehr hohe Sicherheit besteht, daß die Parteien an beiden Enden der Verbindung authentisch sind. Es stellt darüber hinaus sicher, daß alle über die Verbindungen übertragenen Daten unverändert und von Schnüfflern ungelesen ankommen.

1.3.1   Protokolle, Produkte, Clients und Konfusion

SSH-basierte Produkte, also das SSH-Protokoll implementierende Produkte, gibt es für viele Varianten von Unix, Windows, Macintosh und andere Betriebssysteme. Sowohl frei verfügbare als auch kommerzielle Produkte sind erhältlich. [13.3]

Das erste SSH-Produkt wurde von Tatu Ylönen für Unix entwickelt und hieß einfach »SSH«. Das sorgte für Verwirrung, weil SSH auch der Name des Protokolls ist. Gelegentlich wird Ylönens Software auch als »Unix-SSH« bezeichnet, aber mittlerweile sind wei-

---

2 Obwohl wir von »dem SSH-Protokoll« reden, sind eigentlich zwei nichtkompatible Versionen im Einsatz: SSH-1 (d.h. SSH-1.5) und SSH-2. Eine Differenzierung dieser Protokolle folgt später.

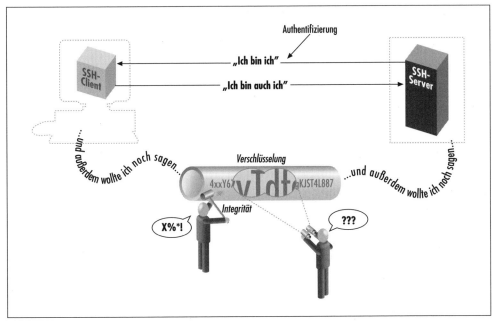

Abbildung 1-2: Authentifizierung, Verschlüsselung und Integrität

tere Unix-basierte Implementierungen verfügbar, weshalb dieser Name unbefriedigend ist. In diesem Buch verwenden wir eine etwas differenziertere Terminologie, um auf Protokolle, Produkte und Programme zu verweisen. Diese Terminologie finden Sie im Kasten »Terminologie: SSH-Protokolle und -Produkte«. Zusammenfassen läßt sich das wie folgt:

- Protokolle werden mit Bindestrichen versehen: SSH-1, SSH-2.
- Produkte werden groß und ohne Bindestriche geschrieben: SSH1, SSH2.
- Client-Programme werden vollständig klein geschrieben: *ssh, ssh1, ssh2* etc.

1.4   Übersicht der SSH-Features

Was also kann SSH? Wir wollen einige Beispiele durchgehen, um die wichtigsten Features von SSH, wie beispielsweise sichere entfernte Logins, sicheres Kopieren von Dateien und den sicheren Aufruf entfernter Befehle, zu demonstrieren. Wir verwenden in diesen Beispielen SSH1, aber alle lassen sich auch mit OpenSSH, SSH2 und F-Secure SSH durchführen.

Terminologie: SSH-Protokolle und -Produkte

SSH

Ein allgemeiner Begriff für SSH-Protokolle oder Software-Produkte.

SSH-1

Das SSH-Protokoll in der Version 1. Das Protokoll hat verschiedene Überarbeitungen erfahren, von denen 1.3 und 1.5 die bekanntesten sind. Sollte eine Unterscheidung notwendig sein, werden wir zwischen *SSH-1.3* und *SSH-1.5* differenzieren.

SSH-2

Das SSH-Protokoll in der Version 2, wie es in den verschiedenen Draft-Standarddokumenten der IETF SECSH-Arbeitsgruppe definiert wurde. [3.5.1]

SSH1

Tatu Ylönens Software-Implementierung des SSH-1-Protokolls; das Original-SSH. Wird mittlerweile von SSH Communications Security, Inc. vertrieben (und minimal gepflegt).

SSH2

Das »SSH Secure Shell«-Produkt von SSH Communications Security, Inc. (*http://www.ssh.com*). Es handelt sich hierbei um eine kommerzielle Implementierung des SSH-2-Protokolls, auch wenn die Lizensierung unter gewissen Umständen auch kostenlos erfolgen kann.

ssh (vollständig klein geschrieben)

Ein bei SSH1, SSH2, OpenSSH, F-Secure SSH und anderen Produkten enthaltenes Client-Programm zur Ausführung sicherer Terminal-Sessions und entfernter Befehle. Bei SSH1 und SSH2 wird es auch *ssh1* bzw. *ssh2* genannt.

OpenSSH

Das Produkt OpenSSH des OpenBSD-Projekts (siehe *http://www.openssh. com/*). Es implementiert sowohl das SSH-1- als auch das SSH-2-Protokoll.

OpenSSH/1

OpenSSH. Verweist speziell auf dessen Verhalten bei der Verwendung des SSH-1-Protokolls.

OpenSSH/2

OpenSSH. Verweist speziell auf dessen Verhalten bei der Verwendung des SSH-2-Protokolls.

1.4.1   Sichere entfernte Logins

Stellen Sie sich vor, daß Sie über Accounts auf unterschiedlichen Rechnern im Internet verfügen. Typischerweise stellen Sie von Ihrem PC zu Hause eine Verbindung zu Ihrem ISP her und nutzen dann ein *telnet*-Programm, um sich bei den Accounts auf den anderen Computern einzuloggen. Unglücklicherweise überträgt *telnet* den Benutzernamen und das Passwort im Klartext über das Internet, wo sie durch einen böswilligen Dritten abgefangen werden können.[3] Darüber hinaus kann die gesamte *telnet*-Session mit einem Netzwerk-Sniffer gelesen werden.

SSH vermeidet solche Probleme vollständig. Statt das unsichere Programm *telnet* auszuführen, nutzen Sie das SSH-Client-Programm *ssh*. Um sich auf dem entfernten Computer *host.example.com* unter dem Benutzernamen smith einzuloggen, verwenden Sie diesen Befehl:

```
$ ssh -l smith host.example.com
```

Der Client authentifiziert Sie gegenüber dem SSH-Server des entfernten Computers über eine verschlüsselte Verbindung. Das bedeutet, daß Ihr Benutzername und Ihr Paßwort verschlüsselt werden, bevor sie den lokalen Rechner verlassen. Der SSH-Server meldet Sie dann an, und die gesamte Login-Session ist verschlüsselt, während Daten zwischen Client und Server übertragen werden. Weil diese Verschlüsselung transparent erfolgt, werden Sie keinen Unterschied zwischen *telnet* und einem *telnet*-artigen SSH-Client feststellen.

1.4.2   Sichere Übertragung von Dateien

Stellen Sie sich vor, Sie verfügen über Accounts auf zwei Internet-Rechnern: *me@firstaccount.com* und *metoo@secondaccount.com*. Sie wollen eine Datei vom ersten auf den zweiten Account übertragen. Nun enthält diese Datei aber Geschäftsgeheimnisse Ihres Unternehmens, die vor neugierigen Blicken geschützt werden müssen. Ein traditionelles Programm zur Übertragung von Dateien, etwa *ftp, rcp* oder auch E-Mail, stellt keine sichere Lösung dar. Dritte könnten die Datenpakete bei der Übertragung über das Netzwerk abfangen und lesen. Um dieses Problem zu umgehen, können Sie die Datei auf *firstaccount.com* mit einem Programm wie etwa Pretty Good Privacy (PGP) verschlüsseln, es mit traditionellen Mitteln übertragen und dann auf *secondaccount.com* wieder entschlüsseln. Ein solcher Prozeß ist für den Benutzer aber mühsam und nicht transparent.

Mit SSH kann die Datei mit nur einem Kopierbefehl sicher zwischen den Rechnern übertragen werden. Für die Datei *myfile* lautet der auf *firstaccount.com* auszuführende Befehl wie folgt:

```
$ scp myfile metoo@secondaccount.com:
```

---

3   Das gilt für das Standard-Telnet. Einige Implementierungen besitzen allerdings zusätzliche Sicherheits-Features.

Terminologie: Netzwerke

Lokaler Computer (lokaler Host, lokaler Rechner, lokale Maschine)
Ein Computer, in dem Sie eingeloggt sind und (üblicherweise) einen SSH-Client ausführen.

Entfernter Computer (entfernter Host, entfernter Rechner, entfernte Maschine)
Ein zweiter Computer, auf den Sie von Ihrem lokalen Computer aus zugreifen. Typischerweise läuft auf diesem entfernten Computer ein SSH-Server, und der Zugriff erfolgt über einen SSH-Client. Es kann auch darin ausarten, daß der lokale und der entfernte Rechner die gleiche Maschine sind.

Lokaler Benutzer
Ein in einen lokalen Rechner eingeloggter Benutzer.

Entfernter Benutzer
Ein in einen entfernten Rechner eingeloggter Benutzer.

Server
Ein SSH-Server-Programm.

Server-Rechner
Ein das SSH-Server-Programm ausführender Computer. Wir verwenden manchmal einfach den Begriff »Server« für den Server-Rechner, wenn der Kontext den Unterschied zwischen dem laufenden SSH-Server-Programm und dessen Host-Rechner deutlich macht (oder dieser unerheblich ist).

Client
Ein SSH-Client-Programm.

Client-Rechner
Ein einen SSH-Client ausführender Computer. Wie bei der Server-Terminologie verwenden wir manchmal einfach den Begriff »Client«, wenn die Bedeutung aus dem Kontext ersichtlich wird.

~ oder $HOME
Das Home-Verzeichnis eines Benutzers auf einem Unix-Rechner. Wird hauptsächlich in Pfadnamen wie *~/dateiname* verwendet. Die meisten Shells erkennen ~ als Homeverzeichnis des Benutzers, wobei die Bourne-Shell die zu erwähnende Ausnahme bildet. $HOME wird von allen Shells erkannt.

Bei der Übertragung durch *scp* wird die Datei automatisch verschlüsselt, bevor sie *firstaccount.com* verläßt, und automatisch wieder entschlüsselt, wenn sie *secondaccount.com* erreicht.

1.4.3 Sichere Ausführung entfernter Befehle

Stellen Sie sich vor, Sie sind ein Systemadministrator, der den gleichen Befehl auf vielen Computern ausführen muß. Sie möchten sich gerne die aktiven Prozesse aller Benutzer auf vier verschiedenen Rechnern – *grape, lemon, kiwi* und *melon* – eines lokalen Netzwerks mit Hilfe des Unix-Befehls */usr/ucb/w* ansehen. Traditionell könnte man *rsh* verwenden, vorausgesetzt, der *rsh*-Daemon *rshd* ist auf den entfernten Computern richtig konfiguriert:

```
#!/bin/sh
for machine in grape lemon kiwi melon

do
    rsh $machine /usr/ucb/w

done
```

Dies ist ein Shell-Skript.
Auf jedem dieser vier Rechner wird nacheinander ...

... das Programm »/usr/ucb/w« ausgeführt, das eine Liste aller laufenden Prozesse ausgibt.

Diese Methode funktioniert zwar, ist aber unsicher. Die Ergebnisse von */usr/ucb/w* werden als gewöhnlicher Text im Netzwerk übertragen. Wenn es sich also um sensible Daten handelt, ist das Risiko nicht akzeptabel. Schlimmer ist aber, daß der *rsh*-Authentifizierungsmechanismus extrem unsicher und einfach zu untergraben ist. Verwenden Sie statt dessen den *ssh*-Befehl:

```
#!/bin/sh
for machine in grape lemon kiwi melon

do
    ssh $machine /usr/ucb/w

done
```

Beachten Sie das »ssh« anstelle des »rsh«

Die Syntax ist nahezu gleich und die sichtbare Ausgabe ist identisch. Hinter den Kulissen werden der Befehl und die Ergebnisse für die Übertragung im Netzwerk aber verschlüsselt, und gleichzeitig können starke Authentifizierungstechniken genutzt werden, wenn die Verbindung mit entfernten Rechnern aufgebaut wird.

1.4.4 Schlüssel und Agenten

Nehmen wir einmal an, Sie besitzen Accounts auf vielen Computern eines Netzwerks. Aus Sicherheitsgründen wollen Sie für jeden Account ein anderes Paßwort verwenden, aber sich so viele Paßwörter zu merken ist schwierig. Auch birgt dies ein erneutes Sicherheitsrisiko. Je häufiger Sie ein Paßwort eingeben müssen, desto wahrscheinlicher wird es, daß Sie es an der falschen Stelle eingeben. (Haben Sie Ihr Paßwort jemals versehentlich anstelle des Loginnamens angegeben, so daß es jeder lesen konnte? Autsch! Bei vielen Systemen werden solche Versehen in den Logdateien festgehalten und geben so Ihr Paßwort preis.) Wäre es nicht wunderbar, wenn man sich selbst nur einmal identifizieren müßte und dann einen sicheren Zugriff auf alle Accounts erhalten würde, ohne fortlaufend Paßwörter eingeben zu müssen?

SSH besitzt verschiedene Authentifizierungsmechanismen, und der sicherste basiert nicht auf Paßwörtern, sondern auf *Schlüsseln*. Schlüssel werden in Kapitel 6 ausführlich diskutiert, für den Augenblick definieren wir einen Schlüssel als kleine Anhäufung von

Bits, die einen SSH-Benutzer eindeutig identifizieren. Aus Sicherheitsgründen bleibt ein Schlüssel verschlüsselt. Er kann nur verwendet werden, nachdem man eine geheime sog. *Paßphrase* zu dessen Entschlüsselung eingegeben hat.

Die Verwendung von Schlüsseln zusammen mit einem als *Authentifizierungsagenten* bezeichneten Programm erlauben es SSH, Sie auf allen Computern sicher anzumelden, ohne daß Sie sich viele Paßwörter merken oder diese wiederholt eingeben müssen. Und das funktioniert so:

1. Im Vorfeld (und nur einmal) legen Sie Dateien mit einem *öffentlichen Schlüssel* (Public Key) unter Ihren Accounts auf den entfernten Rechnern ab. Diese ermöglichen Ihren SSH-Clients (*ssh*, *scp*) den Zugriff auf Ihre entfernten Accounts.

2. Auf Ihrem lokalen Rechner rufen Sie das Programm *ssh-agent* auf, das im Hintergrund ausgeführt wird.

3. Wählen Sie den (oder die) Schlüssel, die Sie während Ihrer Login-Session benötigen werden.

4. Übergeben Sie den/die Schlüssel mit dem Programm *ssh-add* an den Agenten. Hierfür benötigen Sie die geheime Paßphrase jedes Schlüssels.

An diesem Punkt läuft ein *ssh-agent* auf Ihrer lokalen Maschine und behält Ihre geheimen Schlüssel im Speicher. Sie sind jetzt fertig und verfügen über einen Paßwort-freien Zugriff auf alle entfernten Rechner, die Ihre Dateien mit dem öffentlichen Schlüssel beinhalten. Verabschieden Sie sich von der lästigen Wiedereingabe Ihrer Paßwörter! Das Setup bleibt so lange erhalten, bis Sie sich vom lokalen Rechner abmelden oder *ssh-agent* beenden. Behalten Sie aber im Hinterkopf, daß der Paßwort-freie Zugriff auch für Viren, Würmer und Trojaner gilt.

1.4.5   Zugriffssteuerung

Stellen Sie sich vor, Sie möchten es einer anderen Person ermöglichen, Ihren Account zu verwenden, aber nur für bestimmte Zwecke. So soll man während einer Dienstreise zwar Ihre E-Mails lesen, ansonsten aber nichts mit Ihrem Account anstellen können. Mit SSH können Sie den Zugriff auf Ihren Account ermöglichen, ohne Ihr Paßwort herausgeben oder ändern zu müssen, und auch nur mit dem Recht, das E-Mail-Programm auszuführen und sonst nichts. Um diesen eingeschränkten Zugriff einzurichten, sind keinerlei Systemadministrator-Privilegien notwendig. (Dieses Thema ist Gegenstand von Kapitel 8.)

1.4.6   Port-Forwarding

SSH kann die Sicherheit anderer TCP/IP-basierter Anwendungen wie *telnet*, *ftp* und dem X-Window-System erhöhen. Eine als *Port-Forwarding* oder *Tunneling* bezeichnete Technik leitet eine TCP/IP-Verbindung so um, daß sie durch eine SSH-Verbindung läuft und auf diese Weise transparent verschlüsselt wird. Das Port-Forwarding kann auch Anwendungen durch Netzwerk-Firewalls laufen lassen, deren Verwendung anderenfalls unterbunden worden wäre.

Stellen Sie sich vor, daß Sie auf einem Rechner eingeloggt sind, der nicht in Ihrem Büro steht. Nun möchten Sie aber den internen News-Server dort (*news.yoyodyne.com*) nutzen. Das Yoyodyne-Netzwerk ist mit dem Internet verbunden, aber eine Netzwerk-Firewall blockiert eingehende Verbindungen zu den meisten Ports, insbesondere zu Port 119, dem News-Port. Die Firewall erlaubt aber eingehende SSH-Verbindungen, weil das SSH-Protokoll sogar den schwer paranoiden Systemadministratoren bei Yoyodyne sicher genug ist. SSH kann einen sicheren Tunnel auf einem beliebigen lokalen TCP-Port, beispielsweise Port 3002, mit dem News-Port des entfernten Rechners herstellen. In diesem frühen Stadium sieht der Befehl vielleicht ein wenig kryptisch aus, aber hier ist er:

```
$ ssh -L 3002:localhost:119 news.yoyodyne.com
```

Mit diesem Befehl fordern Sie *ssh* auf, eine sichere Verbindung vom TCP-Port 3002 Ihres lokalen Rechners mit dem TCP-Port 119 (dem News-Port) auf *news.yoyodyne.com* aufzubauen. Um also News sicher lesen zu können, konfigurieren Sie Ihren News-Reader so, daß er auf Ihrem lokalen Rechner die Verbindung zu Port 3002 herstellt. Der von *ssh* automatisch erzeugte sichere Tunnel kommuniziert mit dem News-Server auf *news.yoyodyne.com,* und die durch diesen Tunnel laufenden News werden durch eine Verschlüsselung geschützt. [9.1]

1.5   Die Geschichte von SSH

SSH1 und das SSH-1-Protokoll wurden 1995 von Tatu Ylönen, einem Forscher der Universität Helsinki, entwickelt. Nachdem das Universitätsnetz im gleichen Jahr Opfer eines Paßwort-Sniffing-Angriffs geworden war, entwickelte Ylönen SSH1 für den eigenen Bedarf. Als die Betaversionen aber begannen, die Aufmerksamkeit auf sich zu ziehen, erkannte er, daß sein Sicherheitsprodukt für eine breitere Öffentlichkeit von Interesse sein könnte.

Im Juli 1995 wurde SSH1 als freie Software mit dem Quellcode veröffentlicht. Es war also erlaubt, das Programm ohne weitere Kosten zu kopieren und zu nutzen. Bis zum Ende des Jahres hatten schätzungsweise 20000 Nutzer in 50 Ländern SSH1 übernommen und Ylönen kämpfte mit täglich etwa 150 E-Mails, in denen er um Unterstützung gebeten wurde. Als Reaktion darauf gründete Ylönen im Dezember 1995 die SSH Communications Security, Ltd., (SCS, *http://www.ssh.com/*), um SSH zu pflegen, zu kommerzialisieren und die Entwicklung fortzusetzen. Heute ist er Vorsitzender und technischer Direktor (chief technology officer) des Unternehmens.

Ebenfalls 1995 dokumentierte Ylönen das SSH-1-Protokoll in einem Internet Engineering Task Force (IETF) Internet Draft, das die Funktionsweise der SSH1-Software grundsätzlich beschreibt. Da es sich um ein aus der Not geborenes Protokoll handelte, wurden eine Reihe von Problemen und Einschränkungen erst aufgedeckt, als die Software größere Verbreitung fand. Diese Probleme konnten nicht behoben werden, ohne die Kompatibilität mit älteren Versionen zu verlieren. Aus diesem Grund stellte SCS 1996 eine neue Version des Protokolls, SSH 2.0 oder SSH-2, vor, die neue Algorithmen enthielt, die zu SSH-1 inkompatibel waren. Als Reaktion darauf bildete die IETF eine Arbeitgruppe namens SECSH (Secure Shell), um das Protokoll zu standardisieren und die Entwicklung im öffentlichen Interesse zu leiten. Die SECSH-Arbeitsgruppe gab den ersten Internet Draft für das SSH-2.0-Protokoll im Februar 1997 heraus.

1998 gab SCS das Softwareprodukt »SSH Secure Shell« (SSH2) frei, das auf dem anspruchsvollen SSH-2-Protokoll basierte. Allerdings konnte SSH2 SSH1 in der Praxis aus zwei Gründen nicht verdrängen. Erstens fehlten SSH2 eine Reihe nützlicher und praktischer Features und Konfigurationsoptionen von SSH1. Zweitens waren die Lizenzbestimmungen für SSH2 restriktiver. Das ursprüngliche SSH1 war von Ylönen und der Technischen Universität Helsinki frei verfügbar. Spätere SSH1-Versionen von SCS waren in den meisten Fällen ebenfalls frei verfügbar, selbst im kommerziellen Einsatz, solange die Software nicht direkt verkauft oder im Rahmen einer Dienstleistung für den Kunden bereitgestellt wurde. SSH2 war hingegen ein kommerzielles Produkt, das die kostenlose Nutzung nur für Bildungseinrichtungen und den nicht-gewerblichen Bereich erlaubte. Die Folge war, daß die meisten SSH1-Anwender bei Erscheinen von SSH2 nur wenige Vorteile sahen und SSH1 weiter nutzten. Während diese Zeilen geschrieben werden (drei Jahre nach der Einführung des SSH2-Protokolls), ist SSH-1 immer noch die am häufigsten eingesetzte Version im Internet, obwohl SSH-2 ein besseres und sichereres Protokoll ist.

Diese Situation verspricht sich aber aufgrund zweier Entwicklungen zu ändern: einer Lockerung der SSH2-Lizenz und dem Erscheinen freier SSH-2-Implementierungen. Als die Originalausgabe dieses Buches gegen Ende des Jahres 2000 in Druck ging, lockerte SCS die SSH2-Lizenz dahingehend, daß für sich qualifizierende nicht-gewerbliche Einrichtungen arbeitende Einzelpersonen es frei verwenden dürfen. Die freie Nutzung wurde auch auf die Betriebssysteme Linux, NetBSD, FreeBSD und OpenBSD ausgedehnt, und zwar in jedem Kontext, also auch einem gewerblichen. Zur gleichen Zeit gewinnt OpenSSH (*http://www.openssh.com/*) als SSH-Implementierung an Popularität. Es wird unter der Schirmherrschaft des OpenBSD-Projekts (*http://www.openbsd.org/*) entwickelt und ist zu den Bedingungen der OpenBSD-Lizenz frei verfügbar. Basierend auf der letzten freien Release von Original-SSH (Version 1.2.12) hat sich OpenSSH schnell entwickelt. Auch wenn viele an der Entstehung von OpenSSH beteiligt waren, ist es dennoch größtenteils das Werk des Software-Entwicklers Markus Friedl. Es unterstützt SSH-1 und SSH-2 in einem einzigen Satz von Programmen, während SSH1 und SSH2 getrennte Executables verwenden und die SSH-1-Kompatibilität bei SSH2 die Installation beider Produkte verlangt. Auch wenn OpenSSH unter OpenBSD entwickelt wurde, konnte es erfolgreich auf Linux, Solaris, AIX und andere Betriebssysteme portiert werden (mit kurzen Verzögerungen gegenüber den Hauptreleases). Obwohl OpenSSH relativ neu ist und einige Features von SSH1 und SSH2 fehlen, schreitet die Entwicklung schnell voran, und es verspricht, in naher Zukunft eine der wichtigsten SSH-Varianten zu werden.

Zur Drucklegung der amerikanischen Originalausgabe dieses Buches wurde die Entwicklung von SSH1 eingestellt (bis auf wichtige Bug-Fixes), während die Entwicklung von SSH2 und OpenSSH weiterhin aktiv betrieben wird. Andere SSH-Implementierungen sind sehr zahlreich vorhanden. Erwähnenswert sind hier insbesondere die kommerziellen SSH1- und SSH2-Versionen, die von der F-Secure Corporation gepflegt und vertrieben werden, aber auch einige Portierungen und Neuentwicklungen für PC, Macintosh, Palm Pilot und andere Betriebssysteme. [13.3] Es gibt schätzungsweise über zwei Millionen SSH-Nutzer weltweit, inklusive Hundertausender registrierter Nutzer von SCS-Produkten.

 Machmal reden wir von »SSH1/SSH2 und deren Derivaten«. Damit bezeichnen wir SCSs SSH1 und SSH2, F-Secures SSH Server (Version 1 und 2), OpenSSH und alle anderen Portierungen der SSH1- oder SSH2-Codebasis für Unix oder andere Betriebssysteme. Andere SSH-Produkte (SecureCRT, NiftyTelnet SSH, F-Secures Windows- und Macintosh-Clients etc.) sind damit nicht gemeint.

1.6 Verwandte Technologien

SSH ist populär und bequem, aber wir wollen natürlich nicht den Anspruch erheben, daß es sich um die ultimative Sicherheitslösung für alle Netzwerke handelt. Authentifizierung, Verschlüsselung und Netzwerksicherheit wurden lange vor SSH ins Leben gerufen und in viele andere Systeme integriert. Lassen Sie uns einige repräsentative Systeme betrachten.

1.6.1 Die rsh-Familie (r-Befehle)

Die Unix-Programme *rsh*, *rlogin* und *rcp* – zusammen auch als die *r-Befehle* bekannt – sind die direkten Vorläufer der SSH1-Clients *ssh*, *slogin* und *scp*. Die Benutzerschnittstellen und die sichtbare Funktionalität sind mit ihren SSH1-Gegenstücken nahezu identisch, nur daß SSH1-Clients sicher sind. Die r-Befehle verschlüsseln aber ihre Verbindungen nicht und besitzen ein schwaches, einfach zu unterlaufendes Authentifizierungsmodell.

Ein Server für r-Befehle verläßt sich in Sachen Sicherheit auf zwei Mechanismen: einen netzwerkbasierten Namens-Service und die Idee »privilegierter« TCP-Ports. Beim Eintreffen einer Verbindung von einem Client ermittelt der Server die Netzwerkadresse des anfordernden Hosts und wandelt diese in einen Hostnamen um. Dieser Hostname muß in einer Konfigurationsdatei des Servers, üblicherweise */etc/hosts.equiv*, enthalten sein, damit der Server den Zugriff erlaubt. Der Server überprüft auch, ob die anfordernde TCP-Portnummer im Bereich von 1 bis 1023 liegt, weil diese Portnummern nur vom Unix-Superuser (dem Benutzer-ID »root«) angefordert werden können. Besteht die Verbindung beide Prüfungen, glaubt der Server, mit einem vertrauenswürdigen Programm auf einem vertrauenswürdigen Host zu reden, und loggt den Client unter jedem gewünschten Benutzer ein!

Die beiden Sicherheitsprüfungen sind einfach zu unterlaufen. Die Abbildung einer Netzwerkadresse auf einen Hostnamen erfolgt über einen Naming-Service wie Suns Network Information Service (NIS) oder das Internet Domain Name System (DNS). Die meisten Implementierungen und/oder Installationen von NIS- und DNS-Diensten besitzen Sicherheitslücken, die den Server dazu veranlassen können, einem Host zu vertrauen, dem sie nicht vertrauen sollten. In einem solchen Fall kann sich ein entfernter Benutzer einfach unter einem Account einloggen, indem er schlicht den entsprechenden Benutzernamen verwendet.

In gleicher Weise repräsentiert das blinde Vertrauen in privilegierte TCP-Ports ein ernsthaftes Sicherheitsrisiko. Ein Cracker, dem es gelingt, Root-Rechte eines vertrauenswürdigen Rechners zu erlangen, kann einfach eine abgewandelte Version des *rsh*-Clients ausführen und sich so unter einem beliebigen Benutzeraccount auf dem Serverhost einloggen. Insgesamt können in einer Welt von Desktop-Computern, bei denen administrative Rechte eine Selbstverständlichkeit darstellen oder deren Betriebssysteme mehrere Benutzer- oder Privilegebenen (etwa Windows 9x und der Macintosh) gar nicht erst unterstützen, solche Portnummern nicht länger vertrauenswürdig sein.

Würden Benutzerdatenbanken auf vertrauenswürdigen Hosts immer mit dem Server abgeglichen, die Installationen privilegierter Programme (setuid root) genau überwacht, Rootrechte garaniert nur von vertrauenswürdigen Personen gehalten und würde das physikalische Netzwerk geschützt werden, wären auch die r-Befehle halbwegs sicher. Solche Annahmen konnte man in den frühen Tagen der Netzwerktechnik noch gelten lassen, als Hosts selten und teuer waren und von einer kleinen und vertrauenswürdigen Gruppe von Administratoren überblickt werden konnten. Mittlerweile haben sie ihren Sinn aber längst verloren.

Aufgrund der ausgezeichneten Sicherheits-Features von SSH sowie der Rückwärtskompatibilität von *ssh* mit *rsh* (und von *scp* mit *rcp*) sehen wir keinen zwingenden Grund mehr, die r-Befehle noch zu benutzen. Installieren Sie SSH und seien Sie glücklich.

1.6.2   *Pretty Good Privacy (PGP)*

PGP ist ein von Phil Zimmermann entwickeltes, weit verbreitetes Verschlüsselungsprogramm, das es für eine Vielzahl von Computerplattformen gibt. Es kann Benutzer authentifizieren und Daten sowie E-Mails verschlüsseln.

SSH schließt einige der gleichen Algorithmen wie PGP mit ein, wendet Sie aber auf andere Weise an. PGP arbeitet Datei-basiert, d.h., es wird üblicherweise jeweils eine Datei oder eine E-Mail auf einem einzelnen Computer verschlüsselt. SSH verschlüsselt hingegen eine fortlaufende Verbindung zwischen vernetzten Computern. Den Unterschied zwischen PGP und SSH kann man sich also wie den Unterschied zwischen einem Batch-Job und einem interaktiven Prozeß vorstellen.

Es gibt noch eine weitere Verbindung zwischen PGP und SSH: SSH2 kann optional PGP-Schlüssel zur Authentifizierung nutzen. [5.5.1.6]

Weitere Informationen zu PGP finden Sie unter *http://www.pgpi.com/.*

1.6.3 Kerberos

Kerberos ist ein sicheres Authentifizierungssystem für Umgebungen, in denen Netzwerke überwacht werden können und Computer keiner zentralen Kontrolle unterliegen. Es wurde als Teil des Athena-Projekts entwickelt (einem weitreichenden Forschungs- und Entwicklungsprojekt am Massachusetts Institute of Technology, MIT). Kerberos authentifiziert Benutzer über *Tickets,* kurze Bytefolgen mit beschränkter Lebensdauer, während die Benutzerpasswörter auf einem zentralen Rechner sicher verwahrt werden.

Kerberos und SSH lösen ähnliche Probleme, wenn auch in einem völlig anderen Rahmen. SSH ist kompakt und einfach einzusetzen. Es wurde entworfen, um auf existierenden Systemen mit nur minimalen Änderungen zu laufen. Um den sicheren Zugriff von einem Rechner auf den anderen zu ermöglichen, installieren Sie einfach einen SSH-Client auf dem einen und einen Server auf dem anderen und starten dann den Server. Im Gegensatz dazu verlangt Kerberos erst einmal den Aufbau einer nicht unerheblichen Infrastruktur, etwa die Einrichtung administrativer Benutzeraccounts, einen stark gesicherten zentralen Host und Software zur netzwerkweiten Synchronisation der Uhrzeit. Im Gegenzug für diese erhöhte Komplexität stellt Kerberos sicher, daß Paßwörter im Netzwerk sowenig wie möglich übertragen und auf nur einem zentralen Host gespeichert werden. SSH sendet Paßwörter bei jedem Login über das Netzwerk (natürlich über verschlüsselte Verbindungen) und legt Schlüssel auf jedem Host ab, auf dem SSH verwendet wird. Kerberos übernimmt auch andere Aufgaben, die über die Fähigkeiten von SSH hinausgehen. Dazu gehörten eine zentralisierte Datenbank mit Benutzeraccounts, Zugriffs-Kontrollisten und ein hierarchisches Modell des »Vertrauens«.

Einen weiterer Unterschied zwischen SSH und Kerberos bildet der Ansatz zur Sicherung von Client-Anwendungen. SSH kann auf einfache Weise in Programme integriert werden, die *rsh* im Hintergrund nutzen, etwa in den populären Mailreader Pine. [11.3] Konfigurieren Sie das Programm einfach so, daß es *ssh* anstelle von *rsh* nutzt, und die entfernten Verbindungen des Programms sind transparent geschützt. Bei Programmen mit direkten Netzwerkverbindungen bietet die Port-Forwarding-Fähigkeit von SSH eine weitere bequeme Form der Integration. Kerberos andererseits enthält eine Reihe von Programmierbibliotheken für das Einbinden der Authentifizierung und Verschlüsselung in andere Anwendungen. Entwickler können Anwendungen mit Kerberos ausstatten, indem sie ihren Quellcode so anpassen, daß die Kerberos-Bibliotheken[4] aufgerufen

---

4 SSH2 hat sich ebenfalls in Richtung dieses Modells bewegt. Es ist in Form einer Reihe von Bibliotheken organisiert, die das SSH2-Protokoll implementieren, auf die über eine API zugegriffen wird.

werden. Die MIT Kerberos-Distribution wird mit einer Reihe gängiger »kerberisierter« Dienste ausgeliefert, darunter sichere Versionen von *telnet*, *ftp* und *rsh*.

Wenn sich für Sie die Features von Kerberos und SSH beide gut anhören, haben Sie Glück: Man hat sie schon kombiniert. [11.4] Weitere Informationen zu Kerberos finden Sie unter:

> *http://web.mit.edu/kerberos/www/*
> *http://nii.isi.edu/info/kerberos/*

1.6.4   IPSEC

Internet Protocol Security (IPSEC) ist ein sich entwickelnder Internet-Standard für die Netzwerksicherheit. Von einer IETF-Arbeitsgruppe entwickelt, besteht IPSEC aus einer auf IP-Ebene implementierten Authentifizierung und Verschlüsselung. Dies stellt eine niedrigere Ebene dar als der von SSH adressierte Netzwerk-Stack. Es ist für Endanwender völlig transparent, die dadurch kein besonderes Programm mehr wie SSH benötigen, um sicher arbeiten können. Statt dessen werden die vorhandenen unsicheren Datenübertragungen im Netzwerk durch das darunterliegende System automatisch geschützt. IPSEC kann einen einzelnen Rechner sicher über ein unsicheres Netzwerk (wie das Internet) hinweg mit einem entfernten Netzwerk verbinden, kann aber auch ganze Netzwerke koppeln (was der hinter »virtuellen privaten Netzwerken«, kurz VPNs, stehenden Idee entspricht).

SSH ist häufig schneller und einfacher einzusetzen als IPSEC, weil SSH einfach ein Anwendungsprogramm ist, während IPSEC entsprechende Erweiterungen der Host-Betriebssysteme auf beiden Seiten verlangt, wenn diese noch nicht vorhanden sind. Von Fall zu Fall sind hiervon auch Netzwerkeinrichtungen wie Router betroffen. SSH stellt außerdem die Authentifizierung von Benutzern bereit, während IPSEC nur mit einzelnen Hosts arbeitet. Andererseits stellt IPSEC einen grundlegenderen Schutzmechanismus dar und besitzt Fähigkeiten, die SSH nicht hat. So diskutieren wir beispielsweise in Kapitel 11 detailliert die Schwierigkeiten, mit denen man es zu tun hat, wenn man versucht, das FTP-Protokoll mittels SSH zu schützen. Wenn Sie ein vorhandenes unsicheres Protokoll wie FTP sichern müssen, dem mit SSH nicht beizukommen ist, dann ist IPSEC eine mögliche Lösung.

IPSEC kann allein der Authentifizierung dienen, wozu man sich eines sogenannten Authentication Headers (AH) bedient, es kann aber auch die Authentifizierung und die Verschlüsselung übernehmen, wozu ein als Encapsulated Security Payload (ESP) bezeichnetes Protokoll verwendet wird. Detaillierte Informationen zu IPSEC finden Sie unter:

> *http://www.ietf.org/ids.by.wg/ipsec.html*

1.6.5 Secure Remote Password (SRP)

Das Secure Remote Password-Protokoll (SRP) wurde von der Stanford University entwickelt und ist ein Sicherheitsprotokoll, das einen ganz anderen Bereich abdeckt als SSH. Es handelt sich um ein reines Authentifizierungsprotokoll, während SSH Authentifizierung, Verschlüsselung, Integrität, Session Management etc. zu einem großen Ganzen vereint. SRP ist keine in sich geschlossene Sicherheitslösung, sondern vielmehr eine Technik, die Teil eines Sicherheitssystems sein kann.

Das Entwurfsziel von SRP ist die Verbesserung der Sicherheitseigenschaften der Paßwort-basierten Authentifizierung bei gleichzeitiger Erhaltung seiner praktischen Vorteile. Die Nutzung der SSH Public-Key-Authentifizierung ist für den Reisenden schwierig, insbesondere wenn er nicht seinen eigenen Computer verwendet, sondern die Rechner anderer nutzen muß. Sie müssten Ihren privaten Schlüssel auf einer Diskette mit sich herumtragen und hoffen, den Schlüssel irgendwie auf den verwendeten Rechner übertragen zu können. Hoppla, man hat Ihnen ein X-Terminal gegeben, na ja ...

Ihren verschlüsselten privaten Schlüssel mit sich herumzutragen ist natürlich auch ein Schwachpunkt, denn wenn ihn jemand stiehlt, kann er für einen Dictionary-Angriff genutzt werden, bei dem man versucht, Ihre Paßphrase zu ermitteln und den Schlüssel zu entschlüsseln. Dann stehen Sie wieder vor dem uralten Problem mit Paßwörtern: Damit sie nützlich sind, müssen sie kurz und leicht zu merken sein, während sie gleichzeitig lang und eher zufällig sein müssen, um sicher zu sein.

SRP stellt eine starke, wechselseitige Zwei-Parteien-Authentifizierung bereit, bei der sich der Client nur ein kurzes Paßwort merken muß, das nicht allzu zufällig zu sein braucht. Bei traditionellen Paßwort-Schemata pflegt der Server eine sensible Datenbank, die es zu schützen gilt, etwa die Paßwörter selbst oder eine Hash-Variante dieser Paßwörter (wie bei den Unix-Dateien */etc/passwd* und */etc/shadow*). Diese Daten müssen geheim gehalten werden, weil deren Aufdeckung es Angreifern erlauben würde, sich unter falschen Namen anzumelden oder die Paßwörter durch entsprechende Dictionary-Angriffe zu ermitteln. Der Enwurf von SRP vermeidet eine solche Datenbank und erlaubt weniger zufällige (und dadurch besser zu merkende und nützlichere) Paßwörter, weil er Dictionary-Angriffe verhindert. Der Server enthält immer noch die zu schützenden sensiblen Daten, die Konsequenzen einer Aufdeckung sind aber weniger katastrophal.

SRP verzichtet auch ganz bewußt auf die Verwendung von Verschlüsselungsalgorithmen. Auf diese Weise wird verhindert, daß man gegen Exportverbote für Verschlüsselungstechniken verstößt, die es verhindern, daß bestimmte Kryptografietechniken mit anderen Ländern genutzt werden können.

SRP ist eine interessante Technik, die hoffentlich eine breitere Akzeptanz finden wird. Sie ist ein ausgezeichneter Kandidat für eine weitere Authentifizierungsmethode für SSH. Die aktuelle SRP-Implementierung umfaßt sichere Clients und Server für die Telnet- und FTP-Protokolle für Unix und Windows. Weitere SRP-Informationen finden Sie unter:

http://srp.stanford.edu/

1.6.6 Secure Socket Layer (SSL)-Protokoll

Das Secure Socket Layer-Protokoll (SSL) ist eine Authentifizierungs- und Verschlüsselungstechnik, die TCP-Clients mit Sicherheitsdiensten in Form einer API im Stil der Berkeley Sockets versorgt. Es wurde ursprünglich von der Netscape Communications Corporation entwickelt, um das HTTP-Protokoll zwischen Web-Clients und -Servern sicher zu machen, und wird hauptsächlich auch immer noch zu diesem Zweck genutzt, auch wenn es nichts HTTP-Spezifisches besitzt. Es ist als RFC-2246 unter dem Namen »TLS« (für Transport Layer Security) auf der Liste der IETF-Standards zu finden.

Ein SSL-Teilnehmer stellt seine Identität durch ein *digitales Zertifikat,* eine Reihe kryptographischer Daten, bereit. Ein Zertifikat signalisiert, daß eine vertrauenswürdige dritte Partei die Verbindung zwischen einer Identität und einem gegebenen kryptographischen Schlüssel überprüft hat. Webbrowser prüfen automatisch das von einem Webserver bei der Verbindung über SSL bereitgestellte Zertifikat und stellen auf diese Weise sicher, daß der Benutzer auch mit dem Server arbeitet, den der Benutzer verwenden wollte. Danach erfolgen die Übertragungen zwischen dem Browser und dem Webserver verschlüsselt.

SSL wird meist in Webanwendungen verwendet, kann aber auch andere Protokolle »tunneln«. Es ist (wie im Grunde auch SSH) nur sicher, wenn der Schlüssel überprüft wird. Bei SSL kann die Schlüsselüberprüfung durch eine »vertrauenswürdige dritte Partei« geschehen. Als Zertifizierungsstellen dienende *Certificate Authorities* (CAs) übernehmen diese Funktion. Möchte ein Unternehmen ein Zertifikat von einer Zertifizierungsstelle, muß das Unternehmen seine Identität gegenüber der CA durch verschiedene Mittel, etwa rechtsgültige Dokumente, nachweisen. Sobald die Identität zufriedenstellend nachgewiesen werden konnte, stellt die CA das Zertifikat aus.

Weitere Informationen finden Sie beim OpenSSL-Projekt unter:

http://www.openssl.org/

1.6.7 SSL-erweitertes Telnet und FTP

Zahlreiche TCP-basierte Kommunikationsprogramme wurden um SSL erweitert, darunter *telnet* (z.B. SSLtelnet, SRA telnet, SSLTel, STel) und *ftp* (SSLftp) und stellen so einen Teil der Funktionalität von SSH zur Verfügung. Obwohl diese Tools nützlich sind, erfüllen sie doch nur eine einzige Aufgabe und stellen typischerweise gepatchte oder gehackte Versionen von Programmen dar, die ursprünglich nicht für die gesicherte Kommunikation entworfen wurden. Die wichtigsten SSH-Implementierungen bilden auf der anderen Seite eher umfangreiche Werkzeugsammlungen für die unterschiedlichsten Anwendungsfälle, die von Grund auf unter Sicherheitsaspekten entworfen wurden.

1.6.8 stunnel

stunnel ist ein von Micha Trojnara aus Polen entwickeltes SSL-Tool. Es erweitert existierende TCP-basierte Dienste in einer Unix-Umgebung wie etwa POP- oder IMAP-Server um einen Schutz durch SSL, ohne daß man Änderungen am Quellcode des Servers vornehmen müßte. Es kann als Wrapper für eine Reihe von Service-Daemons von *inetd* aus aufgerufen oder für sich ausgeführt werden und eigenständig Netzwerkverbindungen für einen bestimmten Dienst verarbeiten. *stunnel* führt die Authentifizierung und Autorisierung eingehender Verbindungen mittels SSL durch. Wird die Verbindung erlaubt, wird der gewünschte Dienst ausgeführt und eine SSL-geschützte Session zwischen Client- und Server-Programm aufgebaut.

Das ist besonders nützlich, weil verschiedene populäre Anwendungen die Option besitzen, einige Client/Server-Protokolle über SSL auszuführen. So erlauben beispielsweise sowohl der Netscape Communicator als auch der Microsoft Internet Explorer die Verbindung von POP-, IMAP- und SMTP-Servern mittels SSL. Weitere Informationen zu *stunnel* finden Sie unter:

> *http://mike.daewoo.com.pl/computer/stunnel/*

1.6.9 Firewalls

Eine *Firewall* kann durch Hardware oder Software realisiert werden. Sie verbietet bestimmten Daten den Zugang zu oder das Verlassen aus einem Netzwerk. Zum Beispiel könnte eine zwischen einer Website und dem Internet liegende Firewall dafür sorgen, daß nur HTTP- und HTTPS-Daten die Site erreichen. Eine Firewall könnte auch, um noch ein weiteres Beispiel zu nennen, alle TCP/IP-Pakete ablehnen, solange diese nicht aus einem festgelegten Satz von Internetadressen stammen.

Firewalls sind kein Ersatz für SSH oder andere Authentifizierungs- und Verschlüsselungsansätze, wenden sich aber ähnlichen Problemen zu. Umgekehrt stellt SSH keinerlei Ersatz für Firewalls dar. Beide Techniken können zusammen eingesetzt werden.

1.7 Zusammenfassung

SSH ist ein leistungsfähiger und bequemer Ansatz zur Absicherung der Kommunikation in einem Computernetzwerk. Über sichere Authentifizierungs- und Verschlüsselungstechniken unterstützt SSH sichere entfernte Logins, die sichere entfernte Ausführung von Befehlen, sichere Dateitransfers, Zugriffskontrolle, TCP/IP-Port-Forwarding und weitere wichtige Features.

2

Grundlegende Verwendung der Clients

SSH ist eine einfache Idee, die aber viele komplexe Teile besitzt. Dieses Kapitel soll es Ihnen ermöglichen, einen schnellen Einstieg in SSH zu finden. Wir behandeln die Grundlagen der nützlichsten SSH-Features:

- Einloggen in einen entfernten Rechner über eine gesicherte Verbindung
- Dateitransfer zwischen Computern über gesicherte Verbindungen

Wir führen auch die Authentifizierung mittels kryptographischer Schlüssel ein, die eine sicherere Variante zu den normalen Paßwörtern darstellen. Fortgeschrittene Anwendungen von Client-Programmen, wie etwa mehrere Schlüssel, Client-Konfigurationsdateien und TCP-Port-Forwarding, werden in späteren Kapiteln behandelt.

Wir verwenden in allen Beispielen SSH1 und SSH2 (und gelegentlich OpenSSH). Wenn sich die Syntax zwischen den Produkten unterscheidet, weisen wir entsprechend darauf hin.

2.1   Ein Fallbeispiel

Stellen Sie sich vor, daß Sie sich auf einer Geschäftsreise außerhalb Ihrer Stadt befinden und Ihre E-Mails lesen möchten, die auf einem Ihrem ISP gehörenden Unix-Rechner namens *shell.isp.com* liegen. Eine Bekannte an einer nahegelegenen Universität erlaubt es Ihnen, ihren Unix-Account auf der Maschine *local.university.edu* zu nutzen und sich »remote« in Ihren Account einzuloggen. Für diesen entfernten Login könnten Sie die Programme *telnet* oder *rlogin* verwenden, aber wie Sie gesehen haben, sind solche Verbindungen zwischen den Rechnern unsicher. (Zweifellos würde ein subversiver Student Ihr Paßwort abfangen und Ihren Account in einen Webserver mit raubkopierter Software und MP3-Dateien von Ani DiFranco verwandeln.) Glücklicherweise ist sowohl auf dem Rechner Ihrer Bekannten als auch bei Ihrem ISP ein SSH-Produkt installiert.

In dem in diesem Kapitel verwendeten Beispiel stellen wir den Shell-Prompt der lokalen Maschine *local.university.edu* als Dollarzeichen ($) dar und den Prompt auf *shell.isp.com* als `shell.isp.com>`.

2.2   Entfernte Terminal-Sessions mit ssh

Nehmen wir einmal an, Ihr Benutzername auf *shell.isp.com* lautet »pat«. Um die Verbindung mit Ihrem entfernten Account über den Account Ihrer Bekannten auf *local.university.edu* herzustellen, geben Sie folgendes ein:

```
$ ssh -1 pat shell.isp.com
pats password: ******
Last login: Mon May 24 19:32:51 1999 from quondam.nefertiti.org
You have new mail.
shell.isp.com>
```

Das führt zu der in Abbildung 2-1 dargestellten Situation. Der *ssh*-Befehl führt einen Client aus, der den Kontakt zum SSH-Server auf *shell.isp.com* über das Internet herstellt und diesen auffordert, Sie unter dem Account mit dem Benutzernamen pat einzuloggen.[1] Sie können auch die Syntax *benutzer@host* anstelle der Option *–l* verwenden, um das gleiche Ergebnis zu erzielen:

```
$ ssh pat@shell.isp.com
```

Abbildung 2-1: Unser Beispiel-Szenario

Beim ersten Kontakt baut SSH einen gesicherten Kanal zwischen dem Client und dem Server auf, damit die gesamte Datenübertragung zwischen diesen beiden verschlüsselt erfolgen kann. Der Client fordert dann Ihr Paßwort an und übergibt es dem Server über den gesicherten Kanal. Der Server authentifiziert Sie, indem er Ihr Paßwort überprüft, und erlaubt das Login. Der gesamte noch folgende Datenaustausch zwischen Client und

---

1   Stimmen der lokale und der entfernte Benutzername überein, können Sie die Option *–l* (*–l pat*) weglassen und einfach `ssh shell.isp.com` eingeben.

Server erfolgt über diesen gesicherten Kanal, einschließlich des Inhalts Ihrer E-Mails, die Sie mit einem Mail-Programm auf *shell.isp.com* lesen.

Es ist wichtig, sich daran zu erinnern, daß dieser gesicherte Kanal nur zwischen dem SSH-Client und dem Server existiert. Wenn Sie sich auf *shell.isp.com* mit *ssh* eingeloggt haben und dann mit *telnet* oder *ftp* auf eine weitere Maschine namens *insecure.isp.com* gehen, dann ist die Verbindung zwischen *shell.isp.com* und *insecure.isp.com* nicht gesichert. Natürlich können Sie einen weiteren *ssh*-Client von *shell.isp.com* auf *insecure.isp.com* ansetzen, einen weiteren gesicherten Kanal erzeugen und so die Kette der gesicherten Verbindungen weiterhin aufrechterhalten.

Wir haben hier nur den einfachsten Anwendungsfall von *ssh* beschrieben. In Kapitel 7 erhalten Sie sehr viel differenziertere Informationen über die zahlreichen Features und Optionen.

2.2.1 Dateitransfer mit scp

Setzen wir unser Fallbeispiel fort und stellen uns vor, daß Sie beim Lesen Ihrer E-Mail ein Attachment entdecken, das Sie gerne ausdrucken möchten. Um diese Datei auf dem lokalen Drucker der Universität ausgeben zu können, müssen Sie sie zuerst nach *local.university.edu* übertragen. Erneut lehnen Sie die traditionell unsicheren Dateitransfer-Programme wie *ftp* und *rcp* ab. Statt dessen verwenden Sie ein weiteres SSH-Client-Programm namens *scp*, um eine Datei über einen gesicherten Kanal im Netzwerk zu übertragen.

Zuerst müssen Sie mit Hilfe Ihres E-Mail-Clients das Attachment in eine Datei im Home-Verzeichnis von *shell.isp.com* verwandeln. Diese Datei wollen wir *druckmich* nennen. Nachdem Sie mit dem Lesen der anderen E-Mails fertig sind, melden Sie sich auf *shell.isp.com* ab, beenden die SSH-Session und kehren wieder zum Shell-Prompt auf *local.university.edu* zurück. Sie sind nun bereit, die Datei sicher zu kopieren.

Das Programm *scp* verwendet eine Syntax, die dem traditionellen Unix-Programm *cp* sehr ähnlich und mit dem unsicheren Programm *rcp* nahezu identisch ist. Diese Syntax sieht etwa wie folgt aus:

```
scp name-der-quelldatei name-der-zieldatei
```

In unserem Fall kopiert *scp* die Datei *druckmich* auf *shell.isp.com* über das Netzwerk in eine lokale Datei auf *local.university.edu*, die wir ebenfalls *druckmich* nennen:

```
$ scp pat@shell.isp.com:druckmich druckmich
```

Die Datei wird über eine SSH-gesicherte Verbindung übertragen. Die Quell- und Zieldateien können nicht nur den Datei-, sondern auch den Benutzer- (in unserem Beispiel also »pat«) und den Hostnamen (*shell.isp.com*) enthalten und auf diese Weise die Lage der Datei im Netzwerk angeben. In Abhängigkeit von Ihren Anforderungen können Sie verschiedene Teile der Quell- und Zielnamen weglassen und mit Standardwerten arbeiten. Lassen Sie beispielsweise den Benutzernamen und das »at«-Zeichen (pat@) weg, dann geht *scp* davon aus, das der entfernte Benutzername mit dem lokalen Namen identisch ist.

Wie *ssh* fordert auch *scp* Ihr entferntes Paßwort an und übergibt es dem SSH-Server zur Überprüfung. Bei erfolgreicher Prüfung loggt sich *scp* in den pat-Account auf *shell.isp.com* ein, kopiert die dort liegende Datei *druckmich* auf den lokalen Rechner – ebenfalls unter dem Namen *druckmich* – und loggt sich dann bei *shell.isp.com* wieder aus. Die lokale Datei *druckmich* kann nun an einen Drucker gesendet werden.

Der Name der Zieldatei muß mit dem Namen der entfernten Datei nicht übereinstimmen. Wenn Ihnen beispielsweise nach Französisch zumute ist, können Sie die lokale Datei auch *imprime-moi* nennen:

```
$ scp pat@shell.isp.com:druckmich imprime-moi
```

Die vollständige Syntax von *scp* kann lokale und entfernte Dateien auf sehr leistungsfähige Art und Weise darstellen. Das Programm verfügt darüber hinaus über eine Vielzahl von Kommandozeilen-Optionen. [7.5]

2.3   Ein etwas komplexeres Beispiel

Die obige Beispiel-Session bot einen sehr kurzen Einstieg in die beiden am häufigsten verwenden Client-Programme *ssh* und *scp*. Wir haben dabei ein Format verwendet, das Sie nachvollziehen können, während Sie am Computer sitzen. Nachdem Sie nun die Grundlagen kennengelernt haben, wollen wir unser Beispiel fortsetzen, diesmal aber Situationen und Komplikationen berücksichtigen, die wir eben noch ignoriert haben. Hierzu gehört das Sicherheitsfeature der »Known Hosts«, also der bekannten Hosts, sowie das SSH-Escapezeichen.

Wenn Sie diesem Buch am Computer sitzend folgen, könnten sich Ihre SSH-Clients von unseren im Verhalten deutlich unterscheiden. Wie Sie im Verlauf des Buches noch sehen werden, können SSH-Implementierungen in einem hohen Maß angepaßt werden, und zwar sowohl von Ihnen als auch von den Systemadministratoren auf beiden Seiten der Verbindung. Dieses Kapitel beschreibt das Standardverhalten von SSH-Programmen, basierend auf deren Standard-Installationen. Ihr System kann natürlich völlig anders eingerichtet sein.

Wenn ein Befehl nicht so arbeitet wie erwartet, versuchen Sie es mit der Kommandozeilen-Option *–v* (für »verbose«):

```
$ ssh -v shell.isp.com
```

Damit veranlassen Sie den Client, eine Vielzahl von Informationen über seine Arbeit auszugeben, und finden so häufig die Fehlerquelle.

2.3.1 Known Hosts

Erkennt ein SSH-Client einen neuen entfernten Rechner zum ersten Mal, macht er sich etwas zusätzliche Arbeit und gibt etwa folgende Meldung aus:

```
$ ssh -l pat shell.isp.com
Host key not found from the list of known hosts.
Are you sure you want to continue connecting (yes/no)?
```

Diese Meldung besagt einfach, daß dieser Host in der Liste mit den bekannten Hosts noch nicht enthalten ist. Wenn Sie die Frage nach dem Fortfahren mit »yes« (der üblichen Antwort) beantworten, setzt der Client seine Arbeit fort:

```
Host shell.isp.com added to the list of known hosts.
```

Die Meldung, daß der Host in die Liste der bekannten Hosts aufgenommen wurde, erscheint nur beim ersten Mal, wenn Sie einen bestimmten entfernten Host kontaktieren. Diese Nachricht ist ein Sicherheits-Feature, das etwas mit dem SSH-Konzept der *Known Hosts*, also der »bekannten Hosts«, zu tun hat.

Stellen Sie sich vor, jemand möchte sich Ihr Paßwort erschleichen. Dieser Jemand weiß, daß Sie mit SSH arbeiten, und kann daher Ihre Netzwerkverbindung nicht ausspionieren. Statt dessen untergräbt er den von Ihrem lokalen Host verwendeten Naming-Service in der Form, daß der Name des von Ihnen gewünschten entfernten Hosts *shell.isp.com* fälschlicherweise auf eine IP-Adresse eines beim ihm laufenden Computers umgewandelt wird! Dann installiert er einen modifizierten SSH-Server auf dem falschen entfernten Host und wartet. Wenn Sie sich über Ihren (scheinbar sicheren) SSH-Client einloggen, vermerkt der modifizierte SSH-Server Ihr Paßwort für den späteren Gebrauch (oder wohl eher Mißbrauch). Der falsche Server kann die Verbindung dann mit einer angeblichen Fehlermeldung beenden. Schlimmer noch, man könnte Sie vollständig täuschen und Ihr Paßwort dazu verwenden, Sie beim echten entfernten Host *shell.isp.com* anzumelden, Informationen transparent zwischen Ihnen und dem Server hin- und hertransportieren und dabei gleichzeitig die gesamte Session mitschneiden. Diese hinterlistige Strategie wird als Man-in-the-Middle- (also »Mann in der Mitte«-) Angriff bezeichnet. [3.10.4] Wenn Sie während der Session nicht gerade die IP-Adresse auf dem Server prüfen, werden Sie diese Täuschung gar nicht bemerken.

Der *Known-Host-Mechanismus* von SSH verhindert solche Angriffe. Wenn SSH-Client und -Server eine Verbindung aufbauen, prüft jeder die Identität des anderen. Ja, Sie lesen richtig, der Server authentifiziert nicht nur den Client (wie es vorhin bei der Überprüfung von pats Paßwort der Fall war), sondern auch der Client authentifiziert den Server, und zwar mit Hilfe der sog. Public-Key-Kryptographie. [3.1.4] Kurz gesagt, besitzt jeder SSH-Server eine geheime, eindeutige Identifikation, den sog. *Host Key*, mit dem er sich den Clients gegenüber ausweist. Beim ersten Kontakt mit einem entfernten Host wird ein öffentlicher Teil des Host Keys kopiert und unter Ihrem lokalen Account gespeichert (vorausgesetzt, Sie haben die obige Frage des Clients mit »yes« beantwortet). Bei jeder neuen Verbindung mit diesem entfernten Host überprüft der SSH-Client die Identität des entfernten Hosts mit Hilfe des öffentlichen Schlüssels.

Natürlich ist es besser, den öffentlichen Host Key vor der ersten Verbindung zu kennen, weil Sie technisch anderenfalls auch beim ersten Zugriff für einen Man-in-the-Middle-Angriff anfällig sind. Administratoren können für eine gegebene Menge von Hosts eine systemweite Liste bekannter Hosts pflegen, was Ihnen aber beim Zugriff auf neue Hosts auch nicht weiterhilft. Solange es keine zuverlässige, weit verbreitete Methode der sicheren Ermittlung solcher Schlüssel gibt (z.B. Secure DNS oder die X.509-based Public-Key-Infrastruktur), ist dieser »Notieren bei der ersten Nutzung«-Mechanismus ein akzeptabler Kompromiß. Gestalten Sie diesen Kompromiß möglichst sicher, indem Sie den Schlüssel nicht einfach notieren, sondern überprüfen, ob er tatsächlich der Richtige ist!

Schlägt die Authentifizierung des Servers fehl, passieren je nach Fehlerursache und SSH-Konfiguration verschiedene Dinge. Typischerweise erscheint eine Warnung auf dem Bildschirm, die von der Wiederholung der Known-Hosts-Meldung

```
Host key not found from the list of known hosts.
Are you sure you want to continue connecting (yes/no)?
```

bis hin zu folgenden schrecklichen Worten führen kann:

```
@@@@@@@@@@@@@@@@@@@@@@@@@@@@@@@@@@@@@@@@@@@@@@@@
@    WARNING: HOST IDENTIFICATION HAS CHANGED!    @
@@@@@@@@@@@@@@@@@@@@@@@@@@@@@@@@@@@@@@@@@@@@@@@@
IT IS POSSIBLE THAT SOMEONE IS DOING SOMETHING NASTY!
Someone could be eavesdropping on you right now (man-in-the-middle attack)!
It is also possible that the host key has just been changed.
Please contact your system administrator.
Add correct host key in <path>/known_hosts to get rid of this message.
Agent forwarding is disabled to avoid attacks by corrupted servers.
X11 forwarding is disabled to avoid attacks by corrupted servers.
Are you sure you want to continue connecting (yes/no)
```

Wenn Sie mit »Ja« antworten, erlaubt *ssh* die Verbindung, deaktiviert aus Sicherheitsgründen aber verschiedene Features. Ihre persönliche Known-Hosts-Datenbank wird darüber hinaus nicht mit dem neuen Schlüssel aktualisiert, d.h., Sie müssen das selbst machen, um diese Meldung verschwinden zu lassen.

Wie es der Text in der Warnung schon sagt, wurden Sie nicht notwendigerweise gehackt. So könnte beim entfernten Host aus durchaus legitimen Gründen der Host-Key geändert worden sein. In manchen Fällen werden Sie selbst nach dem Lesen dieses Buches den genauen Grund für diese Meldungen nicht kennen. Fragen Sie im Zweifel lieber Ihren Systemadministrator, statt versehentlich Ihr Paßwort offenzulegen. Wir behandeln diese Aspekte ausführlicher, wenn wir die persönliche Known-Hosts-Datenbank und das Anpassen des Verhaltens von SSH-Clients im Hinblick auf Host-Keys diskutieren. [7.4.3]

2.3.2 Das Escape-Zeichen

Lassen Sie uns zu unserem *shell.isp.com*-Beispiel zurückkommen. Sie haben gerade das Attachment in Ihrer E-Mail entdeckt und es auf dem entfernten Rechner unter dem Namen *druckmich* abgelegt. In unserem ursprünglichen Beispiel haben Sie sich danach von *shell.isp.com* abgemeldet und *scp* ausgeführt, um die Datei zu übertragen. Was aber ist zu tun, wenn Sie sich nicht ausloggen wollen? Wenn Sie an einer Workstation mit Window-System sitzen, können Sie ein neues Fenster öffnen und *scp* ausführen. Wenn Sie aber nur an einem einfachen Text-Terminal sitzen oder das Window-System auf dem Rechner Ihrer Bekannten nicht kennen, gibt es eine Alternative. Sie können die SSH-Verbindung kurzfristig unterbrechen, die Datei übertragen (und jeden anderen lokalen Befehl ausführen) und die Verbindung dann wieder aufnehmen.

ssh unterstützt ein *Escape-Zeichen,* ein spezielles Fluchtsymbol, dem eine besondere Aufmerksamkeit durch den SSH-Client zuteil wird. Normalerweise sendet *ssh* jedes von Ihnen eingegebene Zeichen an den Server. Das Escape-Zeichen wird hingegen vom Client abgefangen, und nachfolgende Zeichen werden als spezielle Befehle interpretiert. Standardmäßig ist die Tilde (~) dieses Fluchtsymbol, Sie können aber auch ein anderes Zeichen festlegen. Um das Risiko des versehentlichen Sendens dieses Zeichens zu reduzieren, muß das Zeichen als erstes Zeichen in der Kommandozeile vorkommen, d.h. auf einen Zeilenvorschub (Newline, `Control-J`) oder einen Wagenrücklauf (Carriage Return, `Control-M`) folgen. Ist das nicht der Fall, wird es vom Client nicht als Fluchtsymbol interpretiert und unverändert weitergegeben.

Nachdem der Client durch das Escape-Zeichen aufmerksam geworden ist, legt das nachfolgend eingegebene Zeichen den Effekt des Fluchtsymbols fest. So wird beispielsweise bei der Eingabe des Escape-Zeichens, dem `Control-Z` folgt, *ssh* wie jeder andere Shell-Job unterbrochen und die Kontrolle an die lokale Shell zurückgegeben. Ein solches Zeichenpaar wird als *Escape-Sequenz* bezeichnet. Tabelle 2-1 faßt die unterstützten Escape-Sequenzen zusammen. Den jeweiligen Sequenzen folgen kurze Beschreibungen ihrer Bedeutungen.

Tabelle 2-1: ssh Escape-Sequenzen

Sequenz	Beispiel mit <ESC> = ~	Bedeutung
<ESC> ^Z	~ ^Z	Verbindung unterbrechen (^Z bedeutet `Control-Z`).
<ESC> .	~ .	Verbindung beenden.
<ESC> #	~ #	Alle weitergeleiteten Verbindungen aufführen.[a]
<ESC> &	~ &	*ssh* in den Hintergrund schieben (wenn auf zu beendende Verbindungen gewartet wird).[a]
<ESC> r	~ r	Sofortige Neuaushandlung der Schlüssel anfordern (nur SSH2).
<ESC><ESC>	~ ~	Das Escape-Zeichen senden (indem man es zweimal eingibt).

Tabelle 2-1: ssh Escape-Sequenzen (Fortsetzung)

Sequenz	Beispiel mit <ESC> = ~	Bedeutung
<ESC> ?	~ ?	Hilfetext ausgeben.
<ESC> -	~ -	Das Escape-Zeichen deaktivieren (nur SSH2).
<ESC> V	~ V	Versionsinformation ausgeben (nur SSH2).
<ESC> s	~ s	Session-Statistik ausgeben (nur SSH2).

a. Für SSH2 ist diese Option zwar dokumentiert, aber mit Versionsstand 2.3.0 nicht implementiert.

- »Verbindung unterbrechen« unterbricht *ssh*, schiebt es in den Hintergrund und gibt die Kontrolle des Terminals wieder an die lokale Shell zurück. Um wieder in *ssh* zurückzukehren, verwenden Sie den entsprechenden Jobsteuerungsbefehl Ihrer Shell (typischerweise *fg*). Während einer solchen Unterbrechung wird *ssh* nicht ausgeführt. Bleibt es lange genug unterbrochen, kann die Verbindung beendet werden, weil der Client nicht auf den Server reagiert. Auch alle weitergeleiteten Verbindungen sind auf ähnliche Weise blockiert, während *ssh* unterbrochen ist. [9.2.9]

- »Verbindung beenden« beendet die SSH-Verbindung sofort. Das ist am nützlichsten, wenn Sie die Kontrolle über eine Session verloren haben, etwa wenn sich ein Shell-Befehl auf dem entfernten Rechner aufgehangen hat und nicht mehr beendet werden kann. Jegliches X- und TCP-Port-Forwarding wird ebenfalls sofort beendet. [9.2.9]

- »Alle weitergeleiteten Verbindungen aufführen« gibt eine Liste aller vorhandenen X-Forwarding- und TCP-Port-Forwarding-Verbindungen aus. Es werden nur aktive Forwarding-Instanzen aufgeführt, d.h., wenn das Forwarding zwar verfügbar ist, aber momentan nicht genutzt wird, wird hier auch nichts ausgegeben.

- »ssh in den Hintergrund schieben« stellt, genau wie »Verbindung unterbrechen«, wieder die Verbindung mit der Shell her, die *ssh* gestartet hat, hält den *ssh*-Prozeß aber nicht an. *ssh* läuft also weiter. Das ist nicht besonders nützlich, weil der im Hintergrund liegende *ssh*-Prozeß sofort einen Fehler entdeckt.[2] Diese Escape-Sequenz wird nützlich, wenn Ihre *ssh*-Session aktive weitergeleitete Verbindungen besitzt, wenn Sie sich ausloggen. Normalerweise gibt der Client in dieser Situation die Meldung:

```
Waiting for forwarded connections to terminate...
The following connections are open:
X11 connection from shell.isp.com port 1996
```

aus und wartet dann darauf, daß die weitergeleiteten Verbindungen geschlossen werden, bevor er sich beendet. Während sich der Client in diesem Zustand befindet, bringt Sie diese Escape-Sequenz in Ihre lokale Shell zurück.

---

2 Der Fehler tritt auf, wenn *ssh* versucht, Eingaben von dem nun abgetrennten Pseudoterminal zu lesen.

- »Sofortiges Rekeying anfordern« veranlaßt SSH2-Client und -Server, neue interne Schlüssel für die Verschlüsselung und die Integrität zu erzeugen und auch zu verwenden.

- »Das Escpae-Zeichen senden« weist den Client an, wirklich die Tilde (oder das gerade gewählte Escape-Zeichen) an den SSH-Server zu senden und es nicht als Escape-Zeichen zu interpretieren. »Das Escape-Zeichen deaktivieren« unterbindet die zukünftige Interpretation von Escape-Sequenzen. Die restlichen Escape-Sequenzen sind selbsterklärend.

Um das *ssh*-Escape-Zeichen zu ändern, verwenden Sie die Kommandozeilen-Option *–e*. So wird im folgenden Beispiel das Prozentzeichen (%) zum Escape-Zeichen für die Verbindung des Benutzers pat auf *shell.isp.com*:

```
$ ssh -e "%" -l pat shell.isp.com
```

2.4 Authentifizierung über kryptographische Schlüssel

In unserem Fallbeispiel wird der Benutzer pat vom SSH-Server über das Login-Paßwort authentifiziert. Paßwörter haben allerdings schwerwiegende Nachteile.

- Sichere Paßwörter müssen lang und zufällig sein, aber solche Paßwörter kann man sich nur schwer merken.

- Ein über das Netzwerk übertragenes Paßwort kann, selbst wenn es über einen gesicherten SSH-Kanal übertragen wird, auf dem entfernten Host abgefangen werden, wenn dieser Host unterwandert wurde.

- Die meisten Betriebssysteme unterstützen nur ein einziges Paßwort pro Account. Bei gemeinsam genutzten Accounts (z.B. einem Superuser-Account) führt das zu Problemen.

  - Die Änderung von Paßwörtern ist unbequem, weil das neue Paßwort an jeden weitergegeben werden muß, der diesen Account nutzt.

  - Die Nutzung eines Accounts zu verfolgen ist schwierig, weil das Betriebssystem die verschiedenen Nutzer des Accounts nicht unterscheidet.

Um diese Probleme zu umgehen, unterstützt SSH die sog. *Public-Key-Authentifizierung*: Statt sich also auf das Paßwort-Schema des Host-Betriebssystems zu verlassen, kann SSH kryptographische *Schlüssel* (Keys) verwenden. [3.2.2] Solche Schlüssel sind generell sicherer als Paßwörter und vermeiden alle vorhin aufgezählten Mängel.

2.4.1 Eine kurze Einführung in Schlüssel

Ein Schlüssel ist eine Art digitaler Identitätsversicherung. Es handelt sich dabei um einen eindeutigen String binärer Daten, die »Ich bin wirklich ich, ich schwöre!« aussagen. Und mit ein klein wenig kryptographischer Magie kann Ihr SSH-Client einem Server beweisen, daß sein Schlüssel authentisch ist und Sie also über das Wissen verfügen, das Sie zum Zugang berechtigt.

Eine SSH-Identität verwendet zwei Schlüssel, einen privaten und einen öffentlichen. Der *private Schlüssel* (private key) ist ein streng gehütetes Geheimnis, das nur Sie besitzen. Ihre SSH-Clients verwenden ihn, um Servern gegenüber Ihre Identität zu beweisen. Der *öffentliche Schlüssel* (public key) ist, wie der Name schon sagt, öffentlich. Sie können ihn ganz offen (aber bei ausschließlich »lesendem Zugriff«, also ohne Schreibrechte!) auf allen Ihren Accounts auf SSH-Server-Rechnern hinterlegen. Während der Authentifizierung führen der SSH-Client und der -Server eine kleine Unterhaltung über Ihren privaten und öffentlichen Schlüssel. Wenn diese (einem kryptographischen Test zufolge) stimmen, ist Ihre Identität bewiesen, und die Authentifizierung ist erfolgreich.

Nachfolgend zeigen wir Ihnen eine solche Konversation zwischen Client und Server. [3.4.1] (Das Ganze spielt sich hinter den Kulissen ab, d.h., Sie müssen sich hier nichts merken. Wir dachten einfach, daß es Sie vielleicht interessiert.)

1. Ihr Client sagt: »Hallo Server, ich würde gerne eine SSH-Verbindung mit einem Account deines Systems herstellen, und zwar zum Account des Benutzers schmitz.«

2. Der Server sagt: »Nun, vielleicht. Zuerst fordere ich dich aber auf, deine Identität zu beweisen«! Und der Server sendet einige Daten an den Client, die als *Challenge* (Herausforderung) bezeichnet werden.

3. Ihr Client sagt: »Ich nehme die Herausforderung an. Hier ist der Beweis meiner Identität. Ich habe ihn selbst hergestellt, indem ich mathematisch deine Challenge und meinen privaten Schlüssel kombiniert habe«. Diese Antwort an den Server bezeichnet man als *Authenticator*.

4. Der Server sagt: »Danke für den Authenticator. Ich werde jetzt den Account des Benutzers schmitz überprüfen und sehen, ob der Zugang gewährt werden kann«. Der Server prüft nun die öffentlichen Schlüssel des Benutzers schmitz dahingehend, ob einer von ihnen mit dem Authenticator übereinstimmt. (Dieses »Matching« stellt eine weitere kryptographische Operation dar.) Ist das der Fall, sagt der Server: »OK, komm rein«! Anderenfalls schlägt die Authentifizierung fehl.

Bevor Sie die Public-Key-Authentifizierung nutzen können, gilt es, einige Dinge einzurichten:

1. Sie benötigen einen privaten und einen öffentlichen Schlüssel, die man gemeinsam als *Schlüssel-Paar* (Key Pair) bezeichnet. Sie benötigen außerdem eine geheime »Paßphrase«, um Ihren privaten Schlüssel zu schützen. [2.4.2]

2. Sie müssen Ihren öffentlichen Schlüssel auf dem SSH-Server-Rechner installieren. [2.4.3]

2.4.2 Generierung von Schlüssel-Paaren mit ssh-keygen

Um die kryptographische Authentifizierung nutzen zu können, müssen Sie sich zuerst ein eigenes Schlüsselpaar genererieren. Dieses Schlüsselpaar besteht aus einem privaten Schlüssel (Ihrer digitalen Identität, die auf dem Client-Rechner hinterlegt wird) und einem öffentlichen Schlüssel (der auf dem Server-Rechner hinterlegt wird). Zu diesem Zweck verwenden Sie das Programm *ssh-keygen*, dessen Verhalten bei SSH1, SSH2 und OpenSSH variiert. Bei einem SSH1-System heißt das Programm *ssh-keygen* oder *ssh-keygen1*. Wenn Sie es aufrufen, erzeugt *ssh-keygen* ein RSA-Schlüssel-Paar und fragt Sie nach einer geheimen Paßphrase zum Schutz Ihres privaten Schlüssels:

```
$ ssh-keygen1
Initializing random number generator...
Generating p:  ...............................++ (distance 1368)
Generating q:  ....++ (distance 58)
Computing the keys...
Testing the keys...
Key generation complete.
Enter file in which to save the key (/home/pat/.ssh/identity):
Enter passphrase: **************
Enter the same passphrase again: **************
Your identification has been saved in identity.
Your public key is:
1024 35 112727219578779368805091678587329704858725674867038216368 30\
1950099934876023218886571857276011133767701853088352661186539160906\
9214986989240214507621864063548908730298546478215446737245984456708\
9631066077107611074114663544313782992987840457273825436579285836220\
2493395730648451296601594344979290457421809236729 path@shell.isp.com
Your public key has been saved in identity.pub.
```

Bei SSH2-Systemen heißt der Befehl *ssh-keygen* oder *ssh-keygen2*. Er verhält sich etwas anders und erzeugt entweder einen DSA-Schlüssel (die Voreinstellung) oder einen RSA-Schlüssel:

```
$ ssh-keygen2
Generating 1024-bit dsa key pair
   1 ..oOo.oOo.oO
   2 o.oOo.oOo.oO
   3 o.oOo.oOo.oO
   4 o.oOo.oOo.oO
Key generated.
1024-bit dsa, created by pat@shell.isp.com Mon Mar 20 13:01:15 2000
Paßphrase : **************
Again     : **************
Private key saved to /home/pat/.ssh2/id_dsa_1024_a
Public key saved to /home/pat/.ssh2/id_dsa_1024_a.pub
```

Die OpenSSH-Version von *ssh-keygen* kann ebenfalls RSA- oder DSA-Schlüssel erzeugen, wobei RSA voreingestellt ist. Die Funktionsweise ähnelt der von *ssh-keygen1*.

Normalerweise führt *ssh-keygen* alle zur Generierung eines Schlüssels notwendigen mathematischen Operationen selbständig durch, bei einigen Betriebssystemen könnten Sie aber um Ihre Hilfe gebeten werden. Die Generierung von Schlüsseln verlangt einige Zufallszahlen, und wenn Ihr Betriebssystem keinen Zufallszahlengenerator zur Verfügung stellt, werden Sie gebeten, etwas Text einzugeben. *ssh-keygen* nutzt das Timing Ihrer Tastatureingaben zur Initialisierung seines internen Zufallszahlengenerators. Bei einem 300-MHz-Pentium unter Linux benötigt die Generierung eines 1024-Bit-RSA-

Schlüssels etwa drei Sekunden. Wenn Ihre Hardware langsamer läuft oder höher ausgelastet ist, kann die Generierung deutlich länger (bis zu einer Minute und mehr) dauern. Es kann auch länger dauern, wenn der Prozeß keine weiteren zufälligen Elemente mehr besitzt und *ssh-keygen* auf weitere warten muß.

ssh-keygen legt dann Ihr lokales SSH-Verzeichnis (*~/.ssh* bei SSH1 und OpenSSH, bzw. *~/.ssh2* bei SSH2) an, wenn es noch nicht existiert, und speichert dort die privaten und öffentlichen Komponenten des Schlüssels in zwei Dateien ab. Standardmäßig lauten deren Namen *identity* und *identity.pub* (SSH1, OpenSSH) oder *id_dsa_1024_a* und *id_dsa_1024_a.pub* (SSH2). SSH-Clients betrachten diese Dateien als Ihre Standard-Identität zu Authentifizierungszwecken.

 Geben Sie Ihren privaten Schlüssel und die Paßphrase niemals preis. Sie sind genauso sensibel wir Ihr Login-Paßwort. Jeder, der sie kennt, kann sich unter Ihrem Namen anmelden!

Nach der Generierung kann Ihre Identitäts-Datei nur von Ihrem Account gelesen werden und deren Inhalt wird noch weiter geschützt, indem man sie mit der Paßphrase verschlüsselt, die Sie während der Generierung angegeben haben. Wir verwenden den Begriff »Paßphrase« anstelle von »Paßwort«, um es einerseits von Ihrem Login-Paßwort zu unterscheiden und um andererseits zu betonen, daß hier Leer- und Interpunktionszeichen nicht nur erlaubt, sondern auch erwünscht sind. Wir empfehlen eine Paßphrase von mindestens 10 – 15 Zeichen Länge und ohne grammatikalische Bedeutung.

ssh-keygen besitzt zahlreiche Optionen zur Verwaltung von Schlüsseln: Ändern der Paßphrase, Wahl eines anderen Namens für die Schlüssel-Datei etc. [6.2]

2.4.3 Installation eines öffentlichen Schlüssels auf einer SSH-Server-Maschine

Werden Paßwörter zur Authentifizierung verwendet, pflegt das Betriebssystem die Verknüpfung von Benutzername und Paßwort. Bei kryptographischen Schlüsseln muß eine ähnliche Verknüpfung manuell erstellt werden. Nachdem ein Schlüssel-Paar auf dem lokalen Host erzeugt wurde, müssen Sie den öffentlichen Schlüssel auf Ihrem Account des entfernten Rechners installieren. Auf einem entfernten Account können viele öffentliche Schlüssel vorhanden sein, um auf verschiedenen Wegen darauf zugreifen zu können.

Wenn wir uns wieder unserem Fallbeispiel zuwenden, müssen wir einen öffentlichen Schlüssel im Account für »pat« auf *shell.isp.com* hinterlegen. Dies geschieht durch das Editieren einer Datei im SSH-Konfigurationsverzeichnis: *~/.ssh/authorized_keys* für SSH1 und OpenSSH[3] bzw. *~/.ssh2/authorization* für SSH2.

---

3 OpenSSH verwendet für SSH-2-Verbindungen *authorized_keys2*. Der Einfachheit halber diskutieren wir OpenSSH später. [8.2.3]

Bei SSH1 und OpenSSH erzeugen oder editieren Sie die Datei *~/.ssh/authorized_keys* und hängen Ihren öffentlichen Schlüssel, d.h. den Inhalt der auf dem lokalen Rechner generierten Datei *identity.pub*, an. Eine typische *authorized_keys*-Datei enthält eine Liste mit Public-Key-Daten mit jeweils einem Schlüssel pro Zeile. Unser Beispiel zeigt nur zwei öffentliche Schlüssel, jeder in einer eigenen Zeile, aber diese sind zu lang, um auf die Seite zu passen. Die Zeilenumbrüche innerhalb der langen Zahlen sind durch den Druck bedingt. Wären sie tatsächlich in der Datei enthalten, wäre diese falsch formatiert und das Ganze würde nicht funktionieren.

```
1024 35 86975112479875257848665262245054742042922603572156161599823275879568883143
3621470288764944265166826775502194258270021748903096722032197009371877779797705864
10754910660881120414204660006679019694069110076868251850660060148167668682874280 7
110888494083109892341424756942985205759773124780255518391 my personal key
1024 37 11408682009162275087753319826593872536077527934228436209102586188206219 96
94182451606931952513667158526769811265969073625915037413084689683697083490981532
87735270606110725784546274379367941186671546767282611262919848332016778391458096 5
67400173102387204296527383919299825006179548356843643312339262 9 my work key
```

Zu sehen sind öffentliche RSA-Schlüssel: Die erste Zahl jedes Eintrags gibt die Anzahl der Bits im Schlüssel an, während die zweite und dritte Zahl RSA-spezifische Parameter (*Public Exponent* und *Modulus*) angeben. Auf diese Werte folgt eine beliebige Menge Text, die als Kommentar betrachtet wird. [8.2.1]

Bei SSH2 müssen Sie zwei Dateien editieren, jeweils eine auf dem Client- und eine auf dem Server-Rechner. Auf dem Client-Rechner erzeugen oder editieren Sie die Datei *~/.ssh2/identification* und fügen dort eine Zeile ein, in der Sie die Datei mit dem privaten Schlüssel angeben:

```
IdKey id_dsa_1024_a
```

Auf der Server-Maschine erzeugen oder editieren Sie die Datei *~/.ssh2/authorization*, die jeweils in einer eigenen Zeile Informationen über öffentliche Schlüssel enthält. Im Gegensatz zur SSH1-Datei *authorized_keys*, die Kopien der öffentlichen Schlüssel enthält, gibt die *authorization*-Datei nur den Namen der Datei an, die den Schlüssel enthält:

```
Key id_dsa_1024_a.pub
```

Abschließend kopieren Sie *id_dsa_1024_a.pub* von Ihrem lokalen Rechner auf den entfernten SSH2-Server-Rechner und plazieren sie in *~/.ssh2*.

Unabhängig von der verwendeten SSH-Implementierung müssen Sie das entfernte SSH-Verzeichnis und die entsprechenden Dateien so absichern, daß nur Ihr Account Schreibrechte darauf besitzt:[4]

```
# SSH1, OpenSSH
$ chmod 755 ~/.ssh
$ chmod 644 ~/.ssh/authorized_keys
```

---

4 Um NFS-Probleme zu vermeiden, machen wir die Dateien für jedermann lesbar und durchsuchbar [10.7.2].

```
# Nur OpenSSH
$ chmod 644 ~/.ssh/authorized_keys2

# Nur SSH2
$ chmod 755 ~/.ssh2
$ chmod 644 ~/.ssh2/id_dsa_1024_a.pub
$ chmod 644 ~/.ssh2/authorization
```

Der SSH-Server ist im Hinblick auf die Zugriffsrechte von Dateien und Verzeichnissen recht wählerisch, d.h., er kann die Authentifizierung verweigern, wenn die SSH-Konfigurationsdateien des entfernten Accounts über unsichere Zugriffsrechte verfügen. [5.4.2.1]

Nun können Sie Ihren neuen Schlüssel für den Zugriff auf den »pat«-Account verwenden:

```
# SSH1, SSH2, OpenSSH;abgebildete Ausgabe für  SSH1
$ ssh -l pat shell.isp.com
Enter passphrase for RSA key Your Name <you@local.org>: ************
Last login: Mon May 24 19:44:21 1999 from quincunx.nefertiti.org
You have new mail.
shell.isp.com>
```

Wenn alles gutgeht, werden Sie auf dem entfernten Account eingeloggt. Abbildung 2-2 zeigt den gesamten Prozeß.

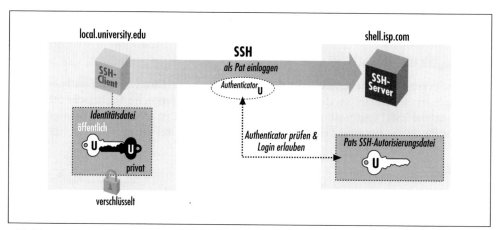

Abbildung 2-2: Public-Key-Authentifizierung

Beachten Sie die Ähnlichkeit zum früheren Beispiel mit Paßwort-Authentifizierung. [2.2] Oberflächlich betrachtet besteht der einzige Unterschied darin, daß Sie die Paßphrase für den privaten Schlüssel angeben und nicht Ihr Login-Paßwort. Hinter den Kulissen läuft aber etwas völlig anderes ab. Bei der Paßwort-Authentifizierung wird das Paßwort an den entfernten Host übertragen. Bei der kryptographischen Authentifizierung dient die Paßphrase nur der Entschlüsselung des privaten Schlüssels, um einen Authenticator zu erzeugen. [2.4.1]

Die Public-Key-Authentifizierung ist sicherer als die Paßwort-Authentifizierung, weil:

- Sie zwei geheime Komponenten verlangt – die Identitätsdatei auf der Festplatte und Ihre Paßphrase –, d.h., beide müssen einem Eindringling bekannt sein, um auf Ihren Account zugreifen zu können. Die Paßwort-Authentifizierung benötigt nur eine Komponente, das Paßwort, die einfacher gestohlen werden kann.

- Weder die Paßphrase noch der Schlüssel werden an den entfernten Host gesendet, sondern nur der vorhin erwähnte Authenticator. Daher werden keinerlei geheime Informationen vom Client-Rechner übertragen.

- Maschinengenerierte kryptographische Schlüssel sind kaum zu erraten. Von Menschen generierte Paßwörter werden routinemäßig über eine als *Dictionary-Angriff* bezeichnete Technik geknackt. Ein solcher Dictionary-Angriff kann auch auf eine Paßphrase erfolgen, allerdings muß hierzu erst einmal der private Schlüssel vorhanden sein.

Die Sicherheit eines Hosts kann deutlich erhöht werden, indem man die Paßwort-Authentifizierung völlig unterbindet und nur SSH-Verbindungen mittels Schlüssel erlaubt.

2.4.4   Wenn Sie Ihren Schlüssel ändern

Nehmen wir einmal an, Sie haben ein Schlüssel-Paar, *identity* und *identity.pub*, erzeugt und *identity.pub* auf eine Reihe von SSH-Server-Maschinen kopiert. Alles funktioniert prima. Eines Tages entscheiden Sie sich für eine neue Identität und führen *ssh-keygen* ein zweites Mal aus, wobei Sie *identity* und *identity.pub* überschreiben. Was passiert nun? Richtig, Ihr vorheriger öffentlicher Schlüssel ist nun ungültig, und Sie müssen den neuen öffentlichen Schlüssel wieder auf allen SSH-Server-Maschinen installieren. Das kann Ihnen bei der Verwaltung einige Kopfschmerzen bereiten, weshalb Sie sorgfältig darüber nachdenken sollten, bevor Sie ein Schlüssel-Paar ändern (und das alte Paar zerstören). Hier einige Hinweise:

- Sie sind nicht auf ein Schlüssel-Paar beschränkt. Sie können so viele erzeugen, wie Sie wollen, diese in unterschiedlichen Dateien ablegen und für unterschiedliche Zwecke verwenden. [6.4]

- Wenn Sie die Paßphrase ändern wollen, müssen Sie kein neues Paar Schlüssel erzeugen. *ssh-keygen* besitzt Kommandozeilen-Optionen, mit denen die Paßphrase eines vorhandenen Schlüssels ersetzt werden kann: *–p* für SSH1 und OpenSSH [6.2.1] sowie *–e* für SSH2 [6.2.2]. In diesem Fall bleibt der öffentliche Schlüssel gültig, weil er sich nicht geändert hat, sondern nur die zur Entschlüsselung notwendige Paßphrase.

2.5 Der SSH-Agent

Jedesmal, wenn Sie *ssh* oder *scp* mit Public-Key-Authentifizierung nutzen, müssen Sie Ihre Paßphrase erneut eingeben. Am Anfang wird Sie das vielleicht nicht stören, aber irgendwann wird es Ihnen lästig. Wäre es nicht schön, sich selbst nur einmal identifizieren zu müssen und von *ssh* und *scp* Ihre Identität bis auf weiteres festhalten zu lassen (z.B. bis zum Logout), ohne nach Ihrer Paßphrase gefragt zu werden? Tatsächlich ist das genau das, was ein *SSH-Agent* für Sie tut.

Ein Agent ist ein Programm, das die privaten Schlüssel im Speicher behält und Authentifizierungsdienste für SSH-Clients übernimmt. Wenn Sie einen Agenten mit privaten Schlüsseln am Anfang einer Login-Session laden, werden SSH-Clients Sie nicht nach Paßphrasen fragen. Statt dessen kommunizieren Sie je nach Bedarf mit dem Agenten. Der Agent arbeitet, bis Sie ihn beenden, was üblicherweise vor dem Ausloggen der Fall ist. Das Agenten-Programm für SSH1, SSH2 und OpenSSH heißt *ssh-agent*.

Im allgemeinen führen Sie einen einzelnen *ssh-agent* in Ihrer lokalen Login-Session aus, bevor Sie irgendwelche SSH-Clients aufrufen. Sie können den Agenten von Hand ausführen, aber üblicherweise passt man seine Logindateien (zum Beispiel *~/.login* oder *~/.xsession*) so an, daß der Agent automatisch gestartet wird. SSH-Clients kommunizieren mit dem Agenten über die Prozeß-Umgebung,[5] d.h., alle Clients (und alle anderen Prozesse[6]) innerhalb Ihrer Login-Session haben Zugriff auf den Agenten. Um den Agenten auszuprobieren, geben Sie folgendes ein:

```
$ ssh-agent $SHELL
```

Dabei ist SHELL die Umgebungsvariable, die den Namen Ihrer Login-Shell enthält. Alternativ können Sie den Namen jeder beliebigen anderen Shell wie *sh*, *bash*, *csh*, *tcsh* oder *ksh* angeben. Der Agent startet die Shell als Child-Prozeß und führt sie dann aus. Zu erkennen ist einfach nur ein weiteres Shell-Prompt, aber diese Shell hat Zugriff auf den Agenten.

Sobald der Agent läuft, wird es Zeit, die privaten Schlüssel mit Hilfe des Programms *ssh-add* einzubinden. Standardmäßig lädt *ssh-add* den Schlüssel aus Ihrer Standard identity-Datei:

```
$ ssh-add
Need passphrase for /u/you/.ssh/identity (Your Name <you@local.org>).
Enter passphrase: ************
Identity added: /u/you/.ssh/identity (Your Name <you@local.org>).
```

Nun können *ssh* und *scp* die Verbindung mit anderen Hosts herstellen, ohne Sie nach der Paßphrase fragen zu müssen. Abbildung 2-3 verdeutlicht diesen Prozeß.

---

5 Bei Unix erfolgt die Unterhaltung mit dem Client über eine benannte Pipe, deren Dateiname in einer Umgebungsvariablen abgelegt ist. [6.3.2]

6 Behalten Sie im Hinterkopf, daß dies natürlich auch auf Viren und Trojaner zutrifft!

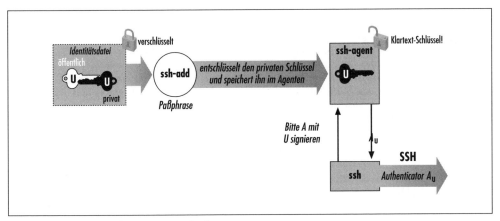

Abbildung 2-3: Wie der SSH-Agent funktioniert

ssh-add liest die Paßphrase standardmäßig über Ihr Terminal ein. Optional kann dies auch nicht-interaktiv über die Standardeingabe erfolgen. Anderenfalls, wenn Sie mit dem X-Windowsystem arbeiten, die Umgebungsvariable DISPLAY gesetzt ist und die Standardeingabe kein Terminal ist, liest *ssh-add* Ihre Paßphrase über ein graphisches X-Programm namens *ssh-askpass* ein. Dieses Verhalten ist nützlich, wenn Sie *ssh-add* aus X-Session Setup-Skripten heraus aufrufen.[7]

ssh-add besitzt noch weitere Fähigkeiten, insbesondere bei SSH2, und kann mit mehreren Identitätsdateien umgehen. [6.3.3] Für den Moment seien nur einige wenige nützliche Befehle genannt. Um einen anderen Schlüssel als Ihre Standard-Identität in den Agenten zu laden, müssen Sie den entsprechenden Dateinamen als Argument an *ssh-add* übergeben:

```
$ ssh-add meine-andere-schlüsseldatei
```

Sie können auch die momentan vom Agenten gehaltenen Schlüssel auflisten:

```
$ ssh-add -l
```

einen Schlüssel aus dem Agenten löschen:

```
$ ssh-add -d name-der-schlüsseldatei
```

oder auch alle Schlüssel aus dem Agenten entfernen:

```
$ ssh-add -D
```

---

7 Um *ssh-add* zu zwingen, X zum Einlesen der Paßphrase zu verwenden, geben Sie in der Kommandozeile `ssh-add < /dev/null` ein.

Wenn Sie einen SSH-Agenten nutzen, sollten Sie Ihr Terminal nicht unbeaufsichtigt lassen, während Sie eingeloggt sind. Während Ihre privaten Schlüssel im Agenten geladen sind, kann jeder Ihr Terminal nutzen, um auf die entfernten Accounts zuzugreifen, die über diese Schlüssel zugänglich sind, ohne Ihre Paßphrase zu benötigen! Ein erfahrener Eindringling kann auch Ihre Schlüssel aus dem laufenden Agenten herauslesen und diese stehlen.

Wenn Sie einen Agenten verwenden, sollten Sie daran denken, Ihr Terminal zu sperren, wenn Sie Ihren Arbeitsplatz verlassen. Sie können auch ssh-add -D nutzen, um alle geladenen Schlüssel zu entfernen, und diese bei Ihrer Rückkehr erneut laden. Zusätzlich verfügt *ssh-agent2* über ein »Locking«-Feature, das es vor nicht-autorisierten Benutzern schützt. [6.3.3]

2.5.1 Weitere Einsatzmöglichkeiten von Agenten

Weil *ssh*- und *rsh*-Kommandozeilen eine ähnliche Syntax besitzen, könnten Sie *rsh* leicht durch *ssh* ersetzen wollen. Stellen Sie sich ein Automatisierungs-Skript vor, das *rsh* verwendet, um entfernte Prozesse auszuführen. Wenn Sie statt dessen *ssh* verwenden, fragt Ihr Skript nach der Paßphrase, was der Automatisierung nicht besonders zuträglich ist. Ruft das Skript *ssh* häufig auf, ist die wiederholte Eingabe der Paßphrase nicht nur lästig, sondern auch fehleranfällig. Wenn Sie aber einen Agenten laufen lassen, kann das Skript ohne eine einzige Anforderung der Paßphrase augeführt werden. [11.1]

2.5.2 Ein etwas komplexeres Paßphrasen-Problem

In unserem Fallbeispiel haben wir eine Datei von einem entfernten auf unseren lokalen Host kopiert:

```
$ scp pat@shell.isp.com:druckmich imprime-moi
```

Tatsächlich kann *scp* eine Datei vom entfernten Host *shell.isp.com* direkt auf einen dritten, mit SSH arbeitenden Host kopieren, auf dem Sie einen Account (sagen wir »psmith«) besitzen:

```
$ scp pat@shell.isp.com:druckmich psmith@dritter.host.net:imprime-moi
```

Statt die Datei zuerst auf den lokalen Host und von dort erneut an das eigentliche Ziel zu kopieren, läßt dieser Befehl sie von *shell.isp.com* direkt an *dritter.host.net* übertragen. Wenn Sie so vorgehen, stehen Sie aber plötzlich vor dem folgenden Problem:

```
$ scp pat@shell.isp.com:print-me psmith@other.host.net:imprime-moi
Enter passphrase for RSA key Your Name <you@local.org>: ************
You have no controlling tty and no DISPLAY.  Cannot read passphrase.
lost connection
```

Was ist passiert? Wenn Sie *scp* auf Ihrem lokalen Rechner ausführen, stellt es den Kontakt mit *shell.isp.com* her und ruft intern einen zweiten *scp*-Befehl auf, um das eigentliche Kopieren zu erledigen. Unglücklicherweise benötigt der zweite *scp*-Befehl ebenfalls die Paßphrase für Ihren privaten Schlüssel. Weil es keine Terminal-Session gibt, in der die Paßphrase angefordert werden könnte, schlägt das zweite *scp* fehl und somit auch das eigentliche *scp*. Der SSH-Agent löst dieses Problem: Der zweite *scp*-Befehl fragt einfach Ihren lokalen SSH-Agenten ab, d.h., die Abfrage der Paßphrase ist nicht notwendig.

Der SSH-Agent löst bei diesem Beispiel noch ein weiteres subtiles Problem. Ohne den Agenten benötigt das zweite *scp* (auf *shell.isp.com*) Zugriff auf die Datei mit Ihrem privaten Schlüssel, aber diese Datei liegt auf Ihrem lokalen Rechner. Sie müßten die Datei mit dem privaten Schlüssel also auf *shell.isp.com* kopieren. Das ist nicht gerade die ideale Lösung; was tun, wenn *shell.isp.com* keine sichere Maschine ist? Auch ist eine solche Lösung nicht skalierbar: Bei einem Dutzend unterschiedlicher Accounts ist ein erheblicher Verwaltungsaufwand nötig, um den privaten Schlüssel auf allen unterzubringen. Glücklicherweise steht Ihnen hier erneut der SSH-Agent bei. Der entfernte *scp*-Prozeß kontaktiert einfach Ihren lokalen SSH-Agenten und übernimmt dann durch einen als Agent-Forwarding bezeichneten Prozeß die Authentifizierung und die gesicherte Übertragung.

2.5.3   Agent-Forwarding

Im vorherigen Beispiel hatte die entfernte Instanz von *scp* keinen direkten Zugriff auf Ihren privaten Schlüssel, weil der Agent auf Ihrem lokalen Rechner und nicht auf dem entfernten lief. SSH bietet für dieses Problem das sog. *Agent-Forwarding* [6.3.5] an.

Ist das Agent-Forwarding aktiv,[8] verhält sich der entfernte SSH-Server wie ein zweiter *ssh-agent*, wie in Abbildung 2-4 zu erkennen ist. Er akzeptiert Authentifizierungsanforderungen dortiger SSH-Client-Prozesse, gibt sie über die SSH-Verbindung zur Verarbeitung an den lokalen Agenten zurück und leitet die Ergebnisse an die entfernten Clients weiter. Kurz gesagt, erhalten entfernte Clients transparenten Zugang zum lokalen *ssh-agent*. Weil alle über *ssh* auf der entfernten Seite ausgeführten Programme Child-Prozesse des Servers sind, besitzen sie auch alle Zugriff auf den lokalen Agenten, als ob sie auf dem lokalen Host laufen würden.

Bei unserem »entfernt-entfernten« *scp*-Beispiel laufen beim Agent-Forwarding die folgenden Prozesse ab (siehe Abbildung 2-5):

1.   Sie führen den Befehl auf Ihrer lokalen Maschine aus:

     ```
     $ scp pat@shell.isp.com:druckmich psmith@dritter.host.net:imprime-moi
     ```

2.   Dieser *scp*-Prozeß kontaktiert Ihren lokalen Agenten und authentifiziert Sie gegenüber *shell.isp.com*.

3.   Ein zweiter *scp*-Befehl wird auf *shell.isp.com* automatisch gestartet, um das Kopieren an *dritter.host.net* zu übernehmen.

---

8   Es ist bei SSH1 und SSH2 standardmäßig aktiv, nicht aber bei OpenSSH.

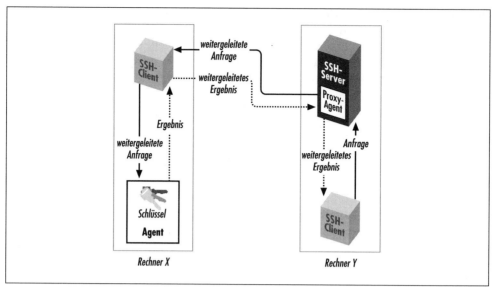

Abbildung 2-4: Wie Agent-Forwarding funktioniert

4. Weil das Agent-Forwarding aktiv ist, fungiert der SSH-Server auf *shell.isp.com* als Agent.

5. Der zweite *scp*-Prozeß versucht, Sie gegenüber *dritter.host.net* zu authentifizieren, indem er den »Agenten« kontaktiert, der in Wirklichkeit der SSH-Server auf *shell.isp.com* ist.

6. Hinter den Kulissen kommuniziert der SSH-Server auf *shell.isp.com* mit Ihrem lokalen Agenten, der einen Authenticator mit Ihrer Identität erzeugt und diesen an den Server zurückgibt.

7. Der Server verifiziert Ihre Identität gegenüber dem zweiten *scp*-Prozeß, und die Authentifizierung auf *dritter.host.net* kann erfolgen.

8. Die Datei wird kopiert.

Das Agent-Forwarding funktioniert über mehrere Verbindungen hinweg, was es Ihnen erlaubt, mit *ssh* von einer Maschine zur nächsten zu wechseln, wobei Ihnen die Verbindung zum Agenten die ganze Zeit erhalten bleibt. Diese Maschinen können schrittweise weniger sicher sein, aber weil das Agent-Forwarding keine privaten Schlüssel an den entfernten Host sendet, sondern Authentifizierungsanforderungen zur Bearbeitung an den ersten Host übergibt, bleibt Ihr Schlüssel sicher.

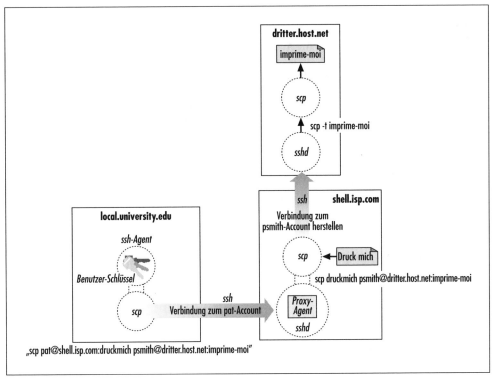

Abbildung 2-5: Über eine dritte Partei mit Agent-Forwarding

2.6   Verbindung ohne Paßwort und Paßphrase

Eine der am häufigsten gestellten Fragen zu SSH lautet: »Wie kann ich die Verbindung zu einem entfernten Rechner herstellen, ohne ein Paßwort oder eine Paßphrase eingeben zu müssen?« Wie Sie gesehen haben, kann das ein SSH-Agent ermöglichen, es gibt aber noch andere Möglichkeiten, die jedoch ihre jeweiligen Vor- und Nachteile haben. Nachfolgend eine Liste der vorhandenen Methoden, zusammen mit einem Verweis auf die Abschnitte, in denen sie behandelt werden.

Um SSH-Clients bei *interaktiven Sessions* ohne Paßwörter oder Paßphrasen zu verwenden, haben Sie verschiedene Möglichkeiten:

- Public-Key-Authentifizierung mit einem Agenten [2.5] [6.3]

- Trusted-Host-Authentifizierung [3.4.2.3]

- Kerberos-Authentifizierung [11.4]

Eine weitere Möglichkeit des paßwortfreien Logins besteht in der Verwendung unverschlüsselter privater Schlüssel ohne Paßphrase. Zwar kann diese Technik für Automatisierungszwecke geeignet sein, für den interaktiven Einsatz ist sie aber auf keinen Fall zu empfehlen. Verwenden Sie statt dessen den SSH-Agenten, der Ihnen die gleichen Vorteile bei wesentlich höherer Sicherheit bietet. Verwenden Sie keine unverschlüsselten Schlüssel für interaktives SSH!

Auf der anderen Seite können nicht-interaktive, unbeaufsichtigte Programme wie *cron*-Jobs oder Batch-Skripten ebenfalls davon profitieren, kein Paßwort bzw. keine Paßphrase zu besitzen. In diesem Fall führen die verschiedenen Techniken zu relativ komplexen Aspekten, weshalb wir deren relative Leistungen und Sicherheitsmerkmale später betrachten wollen. [11.1]

2.7 Weitere Clients

Neben *ssh* und *scp* gibt es noch eine Reihe weiterer Clients:

- *sftp*, ein *ftp*-artiger Client für SSH2
- *slogin*, ein Link auf *ssh* analog zum *rlogin*-Programm
- Hostname-Links auf *ssh*

2.7.1   sftp

Der *scp*-Befehl ist bequem und nützlich, aber viele Benutzer sind bereits mit FTP (File Transfer Protocol) vertraut, einer weit verbreiteten Technik zur Übertragung von Dateien im Internet.[9] *sftp* ist ein separates, auf SSH aufgesetztes Werkzeug zur Übertragung von Dateien. Es wurde von SSH Communications Security entwickelt und war ursprünglich nur in SSH2 implementiert. Mittlerweile gibt es aber auch andere Implementierungen (z.B. Client-Support bei SecureFX und sowohl einen Client wie einen Server bei OpenSSH). *sftp* für OpenSSH kann entweder über SSH-1 oder SSH-2 laufen, während die SSH2-Version aufgrund von Implementierungsdetails nur über SSH-2 laufen kann.

sftp ist aus verschiedenen Gründen vorteilhaft:

- Es ist sicher, da es einen SSH-geschützten Kanal zur Datenübertragung verwendet.
- Mehrere Befehle zum Kopieren und Manipulieren von Dateien können in einer einzigen *sftp*-Session aufgerufen werden, während *scp* bei jedem Aufruf eine neue Session startet.
- Ein Skripting mit der vertrauten Befehlssprache von *ftp* ist möglich.

---

9 Aufgrund der Natur des FTP-Protokolls sind FTP-Clients im Gegensatz zu anderen TCP-basierten Clients nur schwer mittels TCP-Port-Forwarding zu schützen. [11.2]

- Bei anderen Softwareanwendungen, die einen FTP-Client im Hintergrund ausführen, können Sie versuchen, *sftp* einzufügen und die Datenübertragung dieser Anwendung auf diese Weise abzusichern.

Möglicherweise müssen Sie bei diesen oder ähnlichen Austausch-Aktionen von FTP einen Agenten verwenden, weil FTP verwendende Programme möglicherweise das von *sftp* ausgegebene Prompt zur Abfrage Ihrer Paßphrase nicht erkennen oder davon ausgehen, daß Sie das Paßwort-Prompt von FTP deaktiviert haben (beispielsweise mittels einer *.netrc*-Datei).

Jeder, der mit FTP vertraut ist, wird sich bei *sftp* gleich heimisch fühlen, *sftp* besitzt aber einige erwähnenswerte zusätzliche Features:

- Kommandozeilen-Editierung mittels GNU Emacs-typischer Tastenkombinationen (`Control-B` für »ein Zeichen zurück« oder `Control-E` für das Dateiende usw.)

- Reguläre Ausdrücke bei der Erkennung von Dateinamen. Wird in der *sshregex*-Manpage von SSH2 dokumentiert, die Sie im Anhang A finden.

- Verschiedene Kommandozeilenoptionen:

  −b dateiname
  > Liest Befehle nicht vom Terminal, sondern aus der angegebenen Datei.

  −S pfad
  > Lokalisiert das *ssh2*-Programm über den angegebenen Pfad.

  −h Gibt einen Hilfetext aus.

  −V Gibt die Programmversion aus.

  −D modul=level
  > Gibt Debugging-Meldungen aus. [5.8.2.2]

sftp kennt darüber hinaus die bei Standard-FTP übliche Unterscheidung zwischen ASCII- und Binärtransfer nicht. Es gibt nur einen Binärmodus. Alle Dateien werden unverändert übertragen. Wenn Sie also ASCII-Textdateien zwischen Windows und Unix mit *sftp* übertragen, werden die Zeilenende-Zeichen nicht sauber übersetzt. Normalerweise übersetzt der ASCII-Modus von FTP das »Carriage Return plus Newline« von Windows und das Newline von Unix korrekt.

2.7.2 slogin

slogin ist ein anderer Name für *ssh*, genau wie *rlogin* ein Synonym für *rsh* ist. Bei Unix-Systemen ist *slogin* einfach ein symbolischer Link auf *ssh*. Beachten Sie, daß der *slogin*-Link bei SSH1 und OpenSSH existiert, nicht aber bei SSH2. Wir empfehlen Ihnen, der Konsistenz wegen einfach mit *ssh* zu arbeiten. Es ist in allen Implementierungen vorhanden, und man braucht weniger zu tippen.

2.7.3 Hostnamen-Links

ssh verhält sich bei SSH1 und OpenSSH noch in einem weiteren Punkt wie *rlogin*: Es unterstützt Hostnamen-Links. Wenn Sie einen Link auf das *ssh*-Executable anlegen und wenn der Name dieses Links keinem der von *ssh* erkannten Menge bekannter Namen entspricht,[10] weist *ssh* ein besonderes Verhalten auf. Es betrachtet den Linknamen als Hostnamen und versucht, eine Verbindung zu diesem entfernten Host herzustellen. Wenn Sie beispielsweise einen Link namens *terpsichore.muses.org* anlegen und diesen dann ausführen:

```
$ ln -s /usr/local/bin/ssh terpsichore.muses.org
$ terpsichore.muses.org
Welcome to Terpsichore!  Last login January 21st, 201 B.C.
terpsichore>
```

dann entspricht das der Ausführung des folgenden Befehls:

```
$ ssh terpsichore.muses.org
Welcome to Terpsichore!  Last login January 21st, 201 B.C.
terpsichore>
```

Sie können eine Reihe solcher Links für die am häufigsten genutzten entfernten Hosts anlegen. Beachten Sie, daß die Unterstützung von Hostnamen-Links bei SSH2 entfernt wurde. (Wir selbst haben diese Möglichkeit nie als besonders nützlich empfunden, aber sie existiert bei SSH1 und OpenSSH.)

2.8 Zusammenfassung

Aus Sicht des Benutzers besteht SSH aus verschiedenen Client-Programmen und einigen Konfigurationsdateien. Die am häufigsten genutzten Clients sind *ssh* für das entfernte Login und *scp* für den Dateitransfer. Die Authentifizierung gegenüber entfernten Hosts kann mittels vorhandener Login-Paßwörter oder mit Techniken der Public-Key-Kryptographie erfolgen. Paßwörter sind direkter und einfacher einzusetzen, aber die Public-Key-Authentifizierung ist flexibler und sicherer. Die Programme *ssh-keygen*, *ssh-agent* und *ssh-add* generieren und verwalten SSH-Schlüssel.

---

10 Diese sind *rsh*, *ssh*, *rlogin*, *slogin*, *ssh1*, *slogin1*, *ssh.old*, *slogin.old*, *ssh1.old*, *slogin1.old* und *remsh*.

3

Aufbau von SSH

SSH schützt Ihre Daten bei der Übertragung über ein Netzwerk, aber wie genau *funktioniert* das? In diesem Kapitel bewegen wir uns langsam auf technischen Boden und erläutern die eigentliche Funktionsweise von SSH. Lassen Sie uns die Ärmel hochkrempeln und in Bits und Bytes abtauchen.

Dieses Kapitel wendet sich an Systemadministratoren, Netzwerkadministratoren und Sicherheitsprofis. Unser Ziel besteht darin, Ihnen genug über SSH beizubringen, damit Sie eine intelligente, technisch fundierte Entscheidung über dessen Verwendung treffen können. Wir behandeln die SSH-1- und SSH-2-Protokolle getrennt voneinander, weil sie wichtige Unterschiede aufweisen.

Natürlich bilden die Protokoll-Standards sowie der Quellcode einer Implementierung die ultimativen Referenzen für SSH. Wir werden die Protokolle nicht vollständig analysieren oder jeden von der Software unternommenen Schritt rekapitulieren. Vielmehr wollen wir sie zusammenfassen, um Ihnen eine solide technische Übersicht über deren Funktionalität zu geben. Wenn Sie weitere Informationen brauchen, sollten Sie sich die Dokumente des Standards ansehen. Die Version 2 des SSH-Protokolls befindet sich im IETF Standards-Track noch im Draft-Status. Sie erhalten es unter:

> *http://www.ipsec.com/tech/archive/secsh.html*
> *http://www.ietf.org/*

Das bei SSH1 und OpenSSH/1 implementierte Protokoll ist die Version 1.5 und wird in einer Datei namens *RFC* dokumentiert, die im SSH1-Quellpaket enthalten ist.

3.1   Features im Überblick

Die wichtigsten Features und »Garantien« des SSH-Protokolls sind:

- *Schutz* Ihrer Daten durch eine leistungsfähige Verschlüsselung

- *Integrität* der Kommunikation, die garantiert, daß keine Änderungen vorgenommen wurden

- *Authentifizierung,* d.h., die Identität von Sender und Empfänger wird nachgewiesen

- *Autorisierung,* also eine accountbezogene Zugangskontrolle

- *Forwarding* (*Tunneling*) zur Verschlüsselung anderer TCP/IP-basierter Sessions

3.1.1   Schutz Ihrer Daten (Verschlüsselung)

Schutz bedeutet hier, Ihre Daten vor Unbefugten zu schützen. Typische Computernetzwerke können diesen Schutz nicht garantieren. Jede Person mit Zugang zur Netzwerk-Hardware oder zu mit diesem Netzwerk verbundenen Hosts könnte in der Lage sein, alle über das Netzwerk laufende Daten zu lesen (»*Sniffing*«). Obwohl moderne, mit Switching arbeitende Netzwerke dieses Problem in lokalen Netzwerken reduziert haben, ist das Thema doch immer noch aktuell. Paßwörter werden regelmäßig durch solche Sniffing-Angriffe gestohlen.

SSH bietet diesen Schutz, indem es die über das Netzwerk laufenden Daten verschlüsselt. Diese Verschlüsselung zwischen den beiden Enden einer Verbindung basiert auf zufälligen Schlüsseln, die auf sichere Art und Weise für eine Session ausgehandelt werden. Diese Schlüssel verlieren ihre Gültigkeit, sobald die Session endet. SSH unterstützt eine Reihe von Verschlüsselungsalgorithmen für die Daten der Session, darunter solche Standard-Verfahren wie ARCFOUR, Blowfish, DES, IDEA und Triple-DES (3DES).

3.1.2   Integrität

Integrität bedeutet, daß die Daten von einem Ende der Netzwerkverbindung am anderen Ende unverändert ankommen. Der SSH zugrundeliegende Transport (TCP/IP) besitzt Integritätsprüfungen zur Erkennung von Veränderungen, die durch Netzwerkprobleme (elektrische Störungen, verlorene Pakete durch hohes Datenaufkommen etc. ausgelöst werden). Diese Methoden versagen aber bei wohldurchdachten Änderungen und können so von einem geschickten Angreifer umgangen werden. Zwar verschlüsselt SSH den Datenstrom so, daß ein Angreifer nicht ohne weiteres ausgewählte Teile verändern kann, um ein bestimmtes Ergebnis zu erzielen, aber die Intergritätsprüfungen von TCP/IP können nicht verhindern, daß ein Angreifer Datenmüll in Ihre Session einschleust.

Ein etwas komplexeres Beispiel ist ein sog. *Replay-Angriff.* Stellen Sie sich vor, daß Attila, der Angreifer, Ihre SSH-Session überwacht und Ihnen gleichzeitig über die Schulter schaut (physikalisch oder indem er die Tastatureingaben an Ihrem Terminal beobachtet). Im Verlauf Ihrer Arbeit sieht Attila, daß Sie den Befehl rm -rf * in einem kleinen Verzeichnis eingeben. Er kann die verschlüsselten Daten der SSH-Session nicht entschlüsseln, aber er kann den Anstieg an Aktivität bei der Verbindung mit Ihrer Tastatureingabe in Beziehung setzen und die Pakete abfangen, die die verschlüsselte Version Ihres Befehls enthalten. Später, wenn Sie in Ihrem Home-Verzeichnis arbeiten, fügt Attila die abgefangenen Bits Ihrer SSH-Session ein, und Ihr Terminal löscht auf mysteriöse Weise all Ihre Dateien!

Attilas Replay-Angriff war erfolgreich, weil die von ihm eingefügten Pakete gültig waren. Er konnte sie aufgrund der Verschlüsselung nicht selbst erzeugt haben, aber er konnte sie kopieren und zu einem späteren Zeitpunkt erneut »wiedergeben« (Replay). Integritätsprüfungen erfolgen bei TCP/IP nur auf Paketbasis, d.h., Attilas Angriff kann so nicht erkannt werden. Natürlich muß die Integritätsprüfung auf den gesamten Datenstrom angewandt werden, um sicherzustellen, daß die Bits so ankommen, wie sie gesendet wurden, und zwar in der gleichen Reihenfolge und ohne Wiederholungen.

Das SSH-2-Protokoll verwendet eine kryptographische Integritätsprüfung, die sicherstellt, daß die übertragenen Daten nicht verändert wurden und wirklich vom anderen Ende der Verbindung stammen. SSH-2 verwendet hierzu auf MD5 und SHA-1 basierende Keyed-Hash-Algorithmen. Diese Algorithmen sind gut bekannt und werden weithin als sicher anerkannt. SSH-1 verwendet andererseits eine vergleichsweise unsichere Methode: eine 32-Bit-CRC-Prüfsumme (Cyclic Redundancy Check) auf die unverschlüsselten Daten jedes Pakets. [3.9.3]

3.1.3 Authentifizierung

Authentifizierung bedeutet, die Identität einer Person zu überprüfen. Stellen Sie sich vor, ich behaupte, Richard Silverman zu sein, und Sie möchten diese Behauptung überprüfen (also authentifizieren). Solange nicht viel auf dem Spiel steht, wird Ihnen vielleicht mein Wort reichen. Wenn Sie etwas unsicher sind, fragen Sie mich vielleicht nach meinem Ausweis. Als Bankangestellter, der zu entscheiden hat, ob mir ein Schließfach geöffnet wird oder nicht, werden Sie von mir vielleicht zusätzlich einen (physikalischen) Schlüssel verlangen und so weiter. Es hängt alles davon ab, wie sicher Sie sich sein wollen. Das Arsenal hochtechnisierter Authentifizierungstechniken wächst stetig und umfaßt DNA-testende Mikrochips, Retina- und Fingerabdrucksscanner und Stimmanalysatoren.

Jede SSH-Verbindung verlangt zwei Authentifizierungen: Der Client überprüft die Identität des SSH-Servers (*Server-Authentifizierung*), und der Server überprüft die Identität des Benutzers, der die Verbindung anfordert (*Benutzer-Authentifizierung*). Die Server-Authentifizierung stellt sicher, daß der Server keine Fälschung, sondern echt ist. Auf diese Weise schützen Sie sich vor Angreifern, die Ihre Netzwerkverbindung auf einen anderen Rechner umleiten. Die Server-Authentifizierung schützt darüber hinaus vor Man-in-the-Middle-Angriffen, bei denen sich ein Angreifer unsichtbar zwischen Sie und den Server einhängt. Dem Client auf der einen Seite spiegelt er dann vor, der Server zu sein, während er sich dem Server gegenüber als Client ausgibt. Auf diese Weise werden beide Seiten hintergangen, und der gesamte laufende Datenverkehr kann mitgelesen werden!

Die Meinungen bezüglich der Granularität der Server-Authentifizierung sind geteilt: Soll zwischen verschiedenen Server-Hosts oder zwischen einzelnen Instanzen des SSH-Servers unterschieden werden? Müssen also alle SSH-Server auf einem bestimmten Host den gleichen Host-Schlüssel verwenden, oder sollten sie verschiedene Schlüssel haben? Der Begriff »Host-Schlüssel« reflektiert natürlich eine gewisse Vorliebe für die erste

Interpretation, der auch SSH1 und OpenSSH folgen: Deren Listen bekannter Hosts können mit einem bestimmten Hostnamen nur jeweils einen Schlüssel verknüpfen. SSH2 verfolgt hingegen den zweiten Ansatz: »Host-Schlüssel« sind hier mit einzelnen Listen-Sockets verknüpft, was mehrere Schlüssel pro Host erlaubt. Das könnte eine pragmatische Notwendigkeit widerspiegeln und nicht so sehr eine grundsätzliche Abkehr vom Prinzip. Beim Erscheinen von SSH2 unterstützte es nur DSA-Host-Keys, während SSH-1 nur RSA-Keys unterstützte. Es war daher für einen einzelnen Server aufgrund der Implementierung unmöglich, sowohl einen SSH-1- als auch einen SSH2-Server zu betreiben und sich beide einen Host-Schlüssel teilen zu lassen.

Die Authentifizierung von Benutzern erfolgt traditionell über Paßwörter, die unglücklicherweise ein Sicherheitsrisiko darstellen. Um Ihre Identität zu beweisen, müssen Sie das Paßwort preisgeben und eröffnen so die Möglichkeit des Diebstahls. Darüber hinaus werden Paßwörter von den Benutzern meist kurz gehalten und besitzen eine Bedeutung, damit man sie sich besser merken kann. Bei längeren Paßwörtern entscheiden sich manche für Wörter oder Sätze ihrer Muttersprache, und solche Paßwörter sind sehr leicht zu knacken. Aus Sicht der Informationstheorie enthalten grammatikalische Sätze nur wenig reale Information (technisch als *Entropie* bekannt): Bei englischem Text im allgemeinen weniger als zwei Bit je Zeichen, weit weniger als die 8 bis 16 Bit pro Zeichen, die man bei Computer-Codierungen findet.

SSH unterstützt die Authentifizierung mittels Paßwort, wobei das Paßwort verschlüsselt wird, während es über das Netzwerk transportiert wird. Das ist eine große Verbesserung gegenüber den anderen gängigen Protokollen für den entfernten Zugriff (Telnet, FTP), die Ihr Paßwort generell im Klartext (unverschlüsselt) über das Netzwerk übertragen, wo es von jedem gestohlen werden kann, der über ausreichenden Netzwerkzugang verfügt! Dennoch ist dies nur eine einfache Paßwort-Authentifizierung, weshalb SSH noch andere, leistungsfähigere und besser zu verwaltende Mechanismen bereitstellt: benutzerbasierte Public-Key-Signaturen und eine verbesserte *rlogin*-artige Authentifizierung, bei der die Identität des Hosts durch einen öffentlichen Schlüssel verfiziert wird. Darüber hinaus unterstützen verschiedene SSH-Implementierungen noch andere Systeme wie Kerberos, RSA Securitys SecurID-Tokens, S/Key-Einmalpaßwörter und das PAM-System (Pluggable Authentication Modules). SSH-Client und -Server handeln untereinander aus, welcher Authentifizierungsmechanismus (basierend auf ihren Konfigurationen) zu verwenden ist. SSH2 kann sogar verschiedene Formen der Authentifizierung verlangen.

3.1.4 Autorisierung

Autorisierung steht für die Entscheidung, was jemand tun darf oder nicht. Sie erfolgt nach der Authentifizierung, weil Sie niemandem Privilegien zugestehen können, solange Sie nicht wissen, wer es ist. SSH-Server verfügen über verschiedene Möglichkeiten, die Handlung von Clients zu beschränken. Der Zugriff auf interaktive Login-Sessions, TCP-Port- und X-Window-Forwarding, Key-Agent-Forwarding usw. kann kontrolliert werden (wenn auch nicht all diese Features bei allen SSH-Implementierungen verfügbar sind) und ist nicht immer so allgemein oder flexibel, wie Sie sich das vielleicht wünschen. Die Autorisierung kann auf Serverebene (z.B. bei SSH1 über die Datei */etc/sshd_config*), Account-bezogen oder in Abhängigkeit von der verwendeten Authentifizierungsmethode (z.B. die Dateien *~/.ssh/authorized_keys*, *~/.ssh2/authorization*, *~/.shosts*, *~/.k5login* etc. aller Benutzer) erfolgen.

3.1.5 Forwarding (Tunneling)

Forwarding oder Tunneling bedeutet das Kapseln anderer TCP-basierter Dienste wie Telnet oder IMAP innerhalb einer SSH-Session. Auf diese Weise übertragen Sie die Sicherheitsvorteile von SSH (Privatsphäre, Integrität, Authentifizierung, Autorisierung) auf andere TCP-basierte Dienste. Beispielsweise überträgt eine normale Telnet-Verbindung Ihren Benutzernamen, Ihr Paßwort und den gesamten Rest Ihrer Session im Klartext. Indem Sie *telnet* durch SSH »tunneln«, werden alle Daten automatisch verschlüsselt und auf ihre Integrität geprüft, und eine Authentifizierung mittels SSH ist ebenfalls möglich.

SSH unterstützt drei Arten des Forwarding. Das allgemeine TCP-Port-Forwarding funktioniert so, wie früher für jeden TCP-basierten Dienst beschrieben. [9.2] X-Forwarding umfaßt zusätzliche Features zur Sicherung des X-Protokolls (d.h. X-Windows). [9.3] Der dritte Typ, das sog. Agent-Forwarding, erlaubt es SSH-Clients, auf öffentliche SSH-Schlüssel auf entfernten Rechnern zuzugreifen. [6.3.5]

3.2 Grundlagen der Kryptographie

Sie kennen nun die grundlegenden Eigenschaften von SSH. Wir wollen uns nun auf die Kryptographie konzentrieren und wichtige Begriffe und Ideen dieser Technologie erläutern. Es gibt sehr viele gute Nachschlagewerke zur kryptographischen Theorie und Praxis, und wir wollen nicht versuchen, mit diesen mitzuhalten. (Umfangreichere Informationen finden Sie beispielsweise in Bruce Schneiers exzellentem Buch *Angewandte Kryptographie*, erschienen bei Addison-Wesley.) Wir erläutern die Ver- und Entschlüsselung, Plaintext (Klartext) und Ciphertext (Chiffretext), Schlüssel (Keys), Secret-Key- und Public-Key-Kryptographie sowie Hash-Funktionen. Die Begriffe werden ganz allgemein diskutiert, aber auch in ihrer Anwendung bei SSH.

Verschlüsselung (engl. Encryption) ist der Prozeß, bei dem man Daten scheinbar zufällig so durcheinanderwirbelt, daß sie von unbefugten Dritten nicht gelesen werden können. Ein *Verschlüsselungsalgorithmus* (*Chiffrierung* oder englisch *Cipher*) ist eine bestimmte Methode, nach der diese Vermischung der Daten erfolgt. Beispiele momentan weit verbreiteter Verschlüsselungsalgorithmen sind RSA, RC4 und IDEA. Die ursprünglichen, lesbaren Daten werden als *Plaintext* (»Klartext«) bezeichnet, während man die verschlüsselte Version Ciphertext nennt. Um Plaintext in Ciphertext umzuwandeln, wenden Sie einen durch einen Schlüssel (Key) parametrisierten Verschlüsselungsalgorithmus an. Dieser Schlüssel ist ein String, den üblicherweise nur Sie kennen. Ein Verschlüsselungsalgorithmus wird als sicher betrachtet, wenn es »unmöglich« ist, die verschlüsselten Daten ohne den Schlüssel zu lesen (zu *entschlüsseln*). Den Versuch der Entschlüsselung von Daten ohne Schlüssel bezeichnet man als *Kryptanalyse*.

3.2.1 Wie sicher ist sicher?

Es ist wichtig, das im letzten Abschnitt verwendete Wort »unmöglich« zu verstehen. Die heutzutage populärsten und sichersten Chiffrierungen sind durch sog. *Brute-Force-* Angriffe verwundbar: Wenn Sie jeden möglichen Schlüssel ausprobieren, werden Sie letztendlich mit der Entschlüsselung Erfolg haben. Ist die Zahl der möglichen Schlüssel aber sehr groß, verlangt eine Brute-Force-Suche sehr viel Zeit und Rechenleistung. Beim Stand der Technik von Computerhardware und Algorithmen ist es möglich, hinreichend große Schlüsselgrößen zu verwenden, die solche Brute-Force-Suchen nach dem Schlüssel für Ihren Gegner »unmöglich« machen. Was man unter »unmöglich« versteht, hängt nun aber davon ab, wie wertvoll Ihre Daten sind, wie lange sie geschützt werden müssen und wie motiviert und kompetent Ihr Gegner ist. Etwas vor einem rivalisierenden Unternehmen für ein paar Tage geheimzuhalten ist eine Sache, es für zehn Jahre vor einer Weltmacht zu verstecken eine ganz andere.

Damit so etwas überhaupt sinnvoll ist, müssen Sie natürlich überzeugt sein, daß Brute Force die einzige Möglichkeit ist, Ihre Chiffrierung anzugreifen. Verschlüsselungsalgorithmen besitzen Struktur und können einer mathematischen Analyse unterzogen werden. Über die Jahre sind viele Chiffrierungen, die bis dahin als sicher galten, den Fortschritten der kryptographischen Analyse zum Opfer gefallen. Es ist momentan nicht möglich, die Sicherheit einer Chiffre zu *beweisen*. Vielmehr erfährt eine Chiffrierung Respekt, indem sie von Mathematikern und Kryptographie-Experten einer eingehenden Untersuchung unterzogen wird. Kann eine neue Chiffrierung gute Entwurfsprinzipien vorweisen und wird sie von anerkannten Forschern einige Zeit untersucht, denen es nicht gelingt, eine praktikabel schnellere Methode als Brute Force zu finden, um diesen Schlüssel zu knacken, dann wird sie als sicher betrachtet.[1]

3.2.2 Public- und Secret-Key-Kryptographie

Die bislang beschriebenen Verschlüsselungsalgorithmen werden als *symmetrische* oder *Secret-Key*-Chiffren bezeichnet. Der gleiche Schlüssel wird zur Ver- und Entschlüsselung benutzt. Beispiele sind Blowfish, DES, IDEA und RC4. Eine solche Chiffrierung bringt uns unmittelbar zum Problem der Distribution von Schlüsseln (Key-Distribution):

---

1 In seinen Pionierarbeiten zur Informationstheorie und zur Verschlüsselung hat der Mathematiker Claude Shannon ein Modell der Chiffrier-Sicherheit definiert und eine Chiffrierung vorgestellt, die entsprechend diesem Modell vollständig sicher ist: den Einmal-Schlüssel (*one-time-pad*). Er ist vollständig sicher, weil die verschlüsselten Daten dem Angreifer keinerlei Hinweise auf den eigentlichen Plaintext liefern. Der Ciphertext kann bei gleichbleibender Wahrscheinlichkeit zu jedem beliebigen Plaintext entschlüsselt werden. Das Problem des Einmal-Pads sind seine Umständlichkeit und Fragilität. Es verlangt Schlüssel, die genauso lang sein müssen wie die zu schützende Nachricht, die Schlüssel müssen nach einem perfekten Zufallsschema generiert werden und dürfen niemals wiederverwendet werden. Wird eine dieser Forderungen verletzt, wird das Einmal-Pad extrem unsicher. Die heute gängigen Chiffren sind in Shannons Sinn nicht vollständig sicher, aber bei den besten sind Brute Force-Angriffe sehr aufwendig.

Wie gelangt der Schlüssel zum gewünschten Empfänger? Wenn man sich gelegentlich mal sieht und eine Liste von Schlüsseln austauschen kann, läßt sich das realisieren, aber bei der dynamischen Kommunikation über Computernetzwerke funktioniert es nicht.

Public-Key- oder *asymmetrische* Kryptographie ersetzt den einzelnen Schlüssel durch ein Paar zusammengehörender Schlüssel: einen privaten und einen öffentlichen Schlüssel. Dieses Paar gehört auf mathematisch clevere Art zusammen: Mit dem öffentlichen Schlüssel verschlüsselte Daten können mit dem privaten Gegenstück entschlüsselt werden, und es ist unmöglich, den privaten Schlüssel aus dem öffentlichen abzuleiten. Sie sorgen dafür, daß der private Schlüssel geheim bleibt, und geben den öffentlichen Schlüssel, ohne sich weiter Gedanken zu machen, an jeden weiter, der ihn haben möchte. Idealerweise veröffentlichen Sie ihn in einem Verzeichnis (wie etwa einem Telefonbuch) direkt neben Ihrem Namen. Andere kennen nun Ihren öffentlichen Schlüssel, sind aber nicht in der Lage, eine Nachricht zu entschlüsseln. Das können nur Sie mit dem entsprechenden privaten Schlüssel. Die Public-Key-Kryptographie bringt uns beim Problem der Verteilung von Schlüsseln einen großen Schritt weiter.[2]

Public-Key-Methoden bilden auch die Basis *digitaler Signaturen:* an ein digitales Dokument angehängte Informationen, die beweisen, daß eine bestimmte Person das Dokument gelesen hat und ihm zustimmt, vergleichbar mit einer Unterschrift auf Papier. Jede asymmetrische Chiffrierung (RSA, ElGamal, Elliptic Curve etc.) kann für digitale Signaturen genutzt werden, was umgekehrt aber nicht der Fall sein muß. So ist beispielsweise der vom SSH-2-Protokoll für die Schlüssel verwendete DSA-Algorithmus ein nur für Signaturen geeignetes Public-Key-Schema, das nicht zur Verschlüsselung verwendet werden kann.[3]

Secret-Key- und Public-Key-Verschlüsselungsalgorithmen unterscheiden sich noch in einem weiteren Punkt: Alle gängigen Public-Key-Algorithmen sind sehr viel langsamer als Secret-Key-Chiffrierungen. Es ist einfach unmöglich, große Datenmengen mit einem Public Key-Cipher zu verschlüsseln. Aus diesem Grund verwendet die moderne Datenverschlüsselung beide Techniken. Nehmen wir einmal an, Sie wollen einige Daten gesichert an einen Freund übertragen. Ein modernes Verschlüsselungsprogramm macht dabei folgendes:

1. Generierung eines zufälligen Schlüssels, dem sog. *Bulk Key,* für einen schnellen Secret-Key-Algorithmus wie 3DES (das ist der sog. *Bulk Cipher*).

2. Verschlüsselung der zu schützenden Daten mit dem Bulk Key.

---

2 Es gibt immer noch den Aspekt, zuverlässig bestimmen zu können, welcher öffentliche Schlüssel wem gehört, aber das ist eine Frage der Public-Key-Infrastruktur oder der PKI-Systeme, und das ist ein etwas umfangreicherer Themenkomplex.

3 Zumindest war das die Idee, auch wenn sich gezeigt hat, daß eine allgemeine DSA-Implementierung sowohl zur RSA- als auch zur ElGamal-Verschlüsselung verwendet werden kann. Beabsichtigt war das allerdings nicht.

3. Absicherung des Bulk Keys durch Verschlüsselung mit dem Public Key des Freundes, so daß nur der Freund ihn entschlüsseln kann. Weil Secret Keys klein sind (maximal einige Hundert Bit), ist die Geschwindigkeit des Public-Key-Algorithmus nicht von Bedeutung.

Um die Operation umzukehren, muß das Entschlüsselungsprogramm Ihres Freundes zuerst den Bulk-Key entschlüsseln und diesen dann verwenden, um den Ciphertext zu entschlüsseln. Diese Methode bietet die Vorteile beider Verschlüsselungstechniken, und tatsächlich ist das auch die von SSH genutzte Methode. Über eine SSH-Verbindung laufende Benutzerdaten werden mit Hilfe einer schnellen Secret-Key-Chiffrierung verschlüsselt, der Schlüssel selbst wird mit Public-Key-Methoden zwischen Client und Server ausgetauscht.

3.2.3 Hash-Funktionen

In der Kryptographie (und überall sonst in der Computer- und Netzwerktechnik), ist es häufig nützlich zu wissen, ob sich eine Sammlung von Daten geändert hat. Natürlich kann man die Originaldaten zu Vergleichszwecken mitschicken (oder irgendwo festhalten), aber das kostet nicht nur Zeit, sondern auch Speicherplatz. Das gängige Verfahren für diesen Fall wird als *Hash-Funktion* bezeichnet. Hash-Funktionen werden bei SSH-1 zur Integritätsprüfung verwendet (und haben in der Kryptographie noch verschiedene andere Anwendungen, die wir hier nicht diskutieren wollen).

Eine Hash-Funktion bildet einfach eine größere Menge von Daten auf eine kleinere Menge ab. Beispielsweise könnte eine Hash-Funktion H als Eingabe einen Bitstring von bis zu 50000 Bit annehmen und erzeugt daraus einheitlich eine Ausgabe mit einer Länge von 128 Bit. Die Idee besteht darin, beim Senden einer Nachricht m an Alice auch einen Hash-Wert $H(m)$ mitzuschicken. Alice berechnet $H(m)$ selbst und vergleicht den Wert mit dem eingetroffenen Wert für $H(m)$. Wenn sich die Werte unterscheiden, geht sie davon aus, daß die Nachricht bei der Übertragung verändert wurde.

Diese einfache Technik kann nicht hundertprozentig wirksam sein. Weil der Bereich der Hash-Funktion deutlich kleiner ist als der Datenbereich, besitzen viele verschiedene Nachrichten den gleichen Hash-Wert. Um nützlich zu sein, muß H die Eigenschaft besitzen, daß die bei der Übertragung zu erwartenden Alternierungen mit sehr großer Wahrscheinlichkeit zu einer Änderung des Hash-Wertes führen. Formulieren wir es anders: Bei einer angenommenen Nachricht m und einer auf typische Art und Weise veränderten Nachricht m muß $H(m) = H(m)$ unwahrscheinlich sein.

Eine Hash-Funktion muß also auf die ihr zugedachte Verwendung angepaßt werden. Ein typisches Einsatzgebiet ist die Netzwerktechnik: Über ein Netzwerk übertragene Datagramme enthalten häufig einen Hash-Wert, der Übertragungsfehler aufgrund fehlerhafter Hardware oder Software erkennt. Eine weitere Anwendung findet sich in der Kryptographie bei der Implementierung digitaler Signaturen. Das Signieren großer Datenmengen ist besonders kostspielig, weil neben langsamen Public-Key-Operationen auch eine vollständig verschlüsselte Kopie der eigentlichen Daten mit übertragen werden muß. Tatsächlich wendet man die Hash-Funktion zuerst auf das Dokument an, um einen kleinen Hashwert zu erzeugen, den man dann signiert. Dieser signierte Hash wird dann mit übertragen. Ein Überprüfungssystem berechnet zuerst den Hash und verifiziert diesen dann mit der Signatur und dem zugehörigen Schlüssel. Bei einer erfolgreichen Überprüfung schließt das System daraus, daß die Signatur (mit hoher Wahrscheinlichkeit) gültig ist und daß sich die Daten nicht geändert haben, seit sie vom Besitzer des öffentlichen Schlüssels signiert wurden.

Diese beiden Anwendungen besitzen allerdings unterschiedliche Anforderungen, und eine zur Erkennung von Übertragungsfehlern durch Rauschen geeignete Hash-Funktion könnte ungeeignet sein, bewußte Änderungen eines menschlichen Angreifers zu erkennen! Eine kryptographische Hash-Funktion muß es rechnerisch unmöglich machen, zwei verschiedene Nachrichten mit dem gleichen Hash oder eine bestimmte Nachricht mit dem gleichen Hash zu finden. Eine solche Funktion wird als *kollisionsresistent* (oder *kollisionssicher*, auch wenn das ein wenig irreführend ist) und *Pre-Image-resistent* bezeichnet. Der zur Erkennung versehentlicher Datenänderungen (z.B. bei der Übertragung von Ethernet-Frames) verwendete Cyclic Redundancy Check ist ein Beispiel eines nicht-kollisionsresistenten Hashes. Hash-Kollisionen bei CRC-32 sind zu einfach zu finden und der oben dargestellte SSH-Replay-Angriff basiert auf dieser Tatsache. [3.10.5] Beispiele kryptographisch starker Hash-Funktionen sind MD5 und SHA-1.

3.3   Die Architektur eines SSH-Systems

SSH besitzt über ein Dutzend verschiedener, miteinander interagierender Komponenten, die zusammen zu den genannten Features führen. [3.1] Abbildung 3-1 zeigt die wichtigsten Komponenten und ihre Beziehungen untereinander.

Mit »Komponente« meinen wir nicht notwendigerweise ein »Programm«. SSH besitzt auch Schlüssel, Sessions und andere lustige Dinge. In diesem Abschnitt bieten wir eine kurze Übersicht aller Komponenten, und Sie können anfangen, sich ein Gesamtbild von SSH zu machen:

Server
> Ein Programm, das auf einer Maschine eingehende SSH-Verbindungen ermöglicht, und Authentifizierung, Autorisierung etc. übernimmt. Bei den meisten SSH-Implementierungen unter Unix heißt dieser Server *sshd*.

Client
> Ein Programm, das die Verbindung zu einem SSH-Server herstellt und solche Dienste wie »log mich ein« oder »kopier diese Datei« anfordert. Bei SSH1, SSH2 und OpenSSH sind *ssh* und *scp* die wichtigsten Clients.

Session
> Eine fortlaufende Verbindung zwischen Client und Server. Sie beginnt, sobald sich der Client gegenüber dem Server erfolgreich authentifiziert hat, und endet, sobald die Verbindung beendet wird. Sessions können interaktiv oder im Batchmodus verwendet werden.

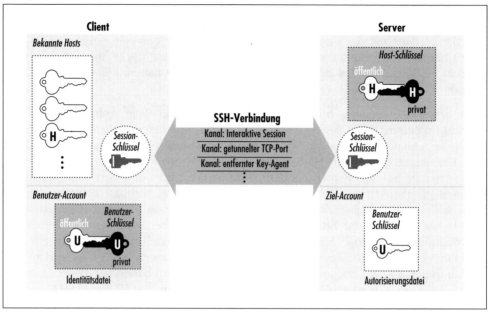

Abbildung 3-1: SSH-Architektur

Schlüssel (Key)

Eine relativ kleine Datenmenge, üblicherweise irgendwo zwischen hundert und ein- oder zweitausend Bit. Wird bei kryptographischen Algorithmen wie der Verschlüsselung oder der Authentifizierung von Nachrichten als Parameter verwendet. Die Verwendung des Schlüssels bindet die Operation des Algorithmus in irgendeiner Weise an den Halter des Schlüssels: Bei der Verschlüsselung wird sichergestellt, daß nur der gewünschte Empfänger die Nachricht entschlüsseln kann. Bei der Authentifizierung wird es Ihnen möglich, zu einem späteren Zeitpunkt zu prüfen, ob der Schlüssel-Halter die Nachricht tatsächlich signiert hat. Es gibt zwei Arten von Schlüsseln: symmetrische (Secret Key) und asymmetrische (Public Key). [3.2.2] Ein asymmetrischer Schlüssel besteht aus zwei Teilen: einer öffentlichen und einer privaten Komponente. SSH arbeitet, wie in Tabelle 3-1 zusammengefaßt, mit vier Schlüsseln. Diese Schlüssel werden nachfolgend beschrieben.

Tabelle 3-1: Schlüssel, Schlüssel, Schlüssel

Name	Lebens-erwartung	Erzeugt durch	Typ	Aufgabe
Benutzer-Schlüssel	Persistent	Benutzer	öffentlich	Identifizierung eines Benutzers gegenüber einem Server
Session-Schlüssel	Eine Session	Client (und Server)	geheim	Abgesicherte Kommunikation

Tabelle 3-1: Schlüssel, Schlüssel, Schlüssel (Fortsetzung)

Name	Lebens- erwartung	Erzeugt durch	Typ	Aufgabe
Host- Schlüssel	Persistent	Administrator	öffentlich	Identifizierung eines Ser- vers/einer Maschine
Server- Schlüssel	1 Stunde	Server	öffentlich	Verschlüsselung des Session- Schlüssels (nur SSH1)

Benutzer-Schlüssel (User Key)

Ein persistenter asymmetrischer Schlüssel, der von Clients als Beweis für die Identität eines Benutzers verwendet wird. (Ein einzelner Benutzer kann mehrere Schlüssel/Identitäten besitzen.)

Host-Schlüssel

Ein persistenter asymmetrischer Schlüssel, der von einem Server als Beweis für seine Identität verwendet wird. Wird auch vom Client verwendet, wenn als Teil der »Trusted-Host-Authentifizierung« die Identität des Hosts bewiesen werden muß. [3.4.2.3] Wird auf einem Rechner ein einziger SSH-Server betrieben, identifiziert der Host-Schlüssel auch eindeutig die Maschine. (Führt eine Maschine mehrere SSH-Server aus, kann jeder einen anderen Host-Schlüssel verwenden oder diese gemeinsam nutzen.) Wird häufig mit dem Server-Schlüssel verwechselt.

Server-Schlüssel

Ein vom SSH-1-Protokoll verwendeter temporärer, asymmetrischer Schlüssel. Wird vom Server in regelmäßigen Abständen (standardmäßig eine Stunde) neu generiert und schützt den (nachfolgend definierten) Session-Schlüssel. Wird häufig mit dem Host-Schlüssel verwechselt. Dieser Schlüssel wird niemals auf der Platte abgelegt, und die private Komponente wird niemals über die Leitung übertragen. Er bietet »perfekte Forwarding-Sicherheit« für SSH-1-Sessions. [3.4.1]

Session-Schlüssel

Ein zufällig generierter symmetrischer Schlüssel zur Verschlüsselung der Kommunikation zwischen SSH-Client und -Server. Wird während des SSH-Verbindungsaufbaus von beiden Parteien in sicherer Form gemeinsam genutzt, so daß er vor neugierigen Augen sicher ist. Beide Seiten besitzen diesen Session-Schlüssel und nutzen ihn zur Verschlüsselung der Kommunikation. Am Ende der SSH-Session wird der Schlüssel verworfen.

SSH-1 verwendet einen einzelnen Session-Schlüssel, SSH-2 besitzt hingegen mehrere: Jede Richtung (Server an Client und Client an Server) besitzt Schlüssel zur Verschlüsselung und weitere zur Integritätsprüfung. Bei unseren Erläuterungen betrachten wir alle SSH-2-Session-Schlüssel als Einheit und sprechen der Bequemlichkeit halber von »dem Session-Schlüssel«. Wenn es der Kontext verlangt, erläutern wir selbstverständlich, welchen Schlüssel wir genau meinen.

Schlüssel-Generator

Ein Programm, das persistente Schlüssel (Benutzer- und Host-Schlüssel) für SSH generiert. SSH1, SSH2 und OpenSSH verwenden das Programm *ssh-keygen*.

Known-Hosts-Datenbank

Eine Sammlung von Host-Schlüsseln. Clients und Server greifen auf diese »Datenbank bekannter Hosts« zu, um sich gegenseitig zu authentifizieren.

Agent

Ein Programm, das Benutzer-Schlüssel im Speicher festhält, damit Benutzer Ihre Paßphrasen nicht immer wieder eingeben müssen. Der Agent antwortet auf Schlüssel-bezogene Operationen wie das Signieren eines Authenticators, gibt die Schlüssel selbst aber nicht bekannt. Ein solcher Agent dient nur der Bequemlichkeit. SSH1, SSH2 und OpenSSH besitzen den Agenten *ssh-agent*. Das Programm *ssh-add* dient der Aktualisierung des Schlüssel-Zwischenspeichers.

Signer

Ein Programm, das hostbasierte Authentifizierungspakete signiert. Wir werden genauer darauf eingehen, wenn wir die Trusted-Host-Authentifizierung diskutieren. [3.4.2.3]

Random seed

Ein Pool zufälliger Daten, die von SSH-Komponenten zur Initialisierung softwarebasierter Pseudo-Zufallszahlen-Generatoren verwendet werden.

Konfigurationsdatei

Eine Reihe von Einstellungen, die das Verhalten eines SSH-Clients oder -Servers beeinflussen.

Nicht jede dieser Komponenten ist zur Implementierung von SSH notwendig. Server, Clients und Schlüssel sind natürlich Pflicht, aber viele Implementierungen besitzen keinen Agenten und einige nicht einmal einen Schlüssel-Generator.

3.4   *Das Innere von SSH-1*

Nachdem Sie nun die wichtigsten Features und Komponenten von SSH kennengelernt haben, wollen wir uns den Details des SSH-1-Protokolls zuwenden. SSH-2 wird separat diskutiert. [3.5] Die Architektur von SSH-1 wird in Abbildung 3-2 zusammengefaßt. Wir behandeln folgende Themen:

- Wie eine sichere Session aufgebaut wird
- Die Authentifizierung durch Paßwort, Public Key oder Trusted Host
- Integritätsprüfung
- Datenkomprimierung

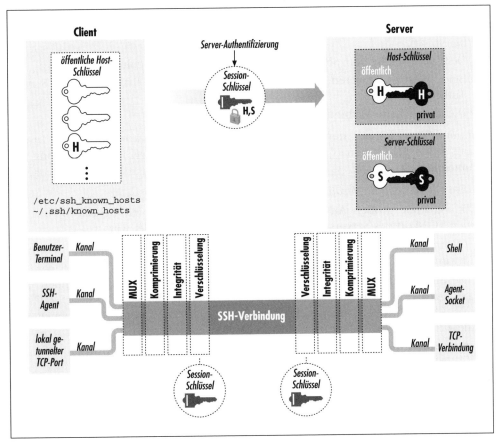

Abbildung 3-2: SSH-1-Architektur

3.4.1   Aufbau der abgesicherten Verbindung

Bevor eine sinnvolle Interaktion erfolgen kann, müssen SSH-Client und -Server eine abgesicherte Verbindung aufbauen. Das erlaubt die gemeinsame Nutzung von Schlüsseln, Paßwörtern und letztendlich der zu übertragenden Daten.

Wir wollen nun erläutern, wie das SSH-1-Protokoll die Sicherheit einer Netzwerkverbindung garantiert. In einem mehrstufigen Prozeß einigen sich SSH-1-Client und -Server auf einen Verschlüsselungsalgorithmus und generieren einen geheimen Session-Schlüssel, den sie gemeinsam nutzen, um eine abgesicherte Verbindung aufzubauen:

1. Der Client stellt den Kontakt zum Server her.
2. Client und Server geben die jeweils unterstützten Versionen des SSH-Protokolls bekannt.
3. Client und Server wechseln zu einem paketbasierten Protokoll.
4. Der Server identifiziert sich gegenüber dem Client und stellt Session-Parameter bereit.
5. Der Client sendet dem Server einen geheimen (Session-) Schlüssel.
6. Beide Seiten aktivieren die Verschlüsselung und vervollständigen die Server-Authentifizierung.
7. Die abgesicherte Verbindung ist aufgebaut.

Client und Server können nun über verschlüsselte Nachrichten kommunizieren. Lassen Sie uns jeden Schritt genau untersuchen. Der gesamte Prozeß ist in Abbildung 3-3 zusammengefaßt.

1. *Der Client stellt die Verbindung zum Server her.*

   Erfolgt ohne großen Aufwand, indem einfach eine Verbindungsanforderung an den TCP-Port des Servers, per Konvention Port 22, gesendet wird.

2. *Client und Server geben die jeweils unterstützten Versionen des SSH-Protokolls bekannt.*

   Die Protokolle werden durch ASCII-Strings wie »SSH-1.5-1.2.27« repräsentiert. Das besagt, daß das SSH-Protokoll in der Version 1.5 über die SSH1-Version 1.2.27 implementiert ist. Sie können sich diesen String ansehen, indem Sie mit einem Telnet-Client die Verbindung zum SSH-Server-Port herstellen:

```
$ telnet server 22
Trying 192.168.10.1
Connected to server (192.168.10.1).
Escape character is ^].
SSH-1.5-1.2.27
```

   Die Implementierungsversion (1.2.27) ist einfach ein Kommentar und im String optional. Einige Implementierungen untersuchen aber den Kommentar, um bestimmte Software-Versionen zu erkennen und bekannte Bugs oder Inkompatibilitäten zu umgehen.[4]

---

4 Manche Systemadministratoren entfernen diesen Kommentar. Sie möchten nicht, daß die ganze Welt das Softwarepaket und die Version kennt; schließlich gibt das Angreifern wertvolle Hinweise.

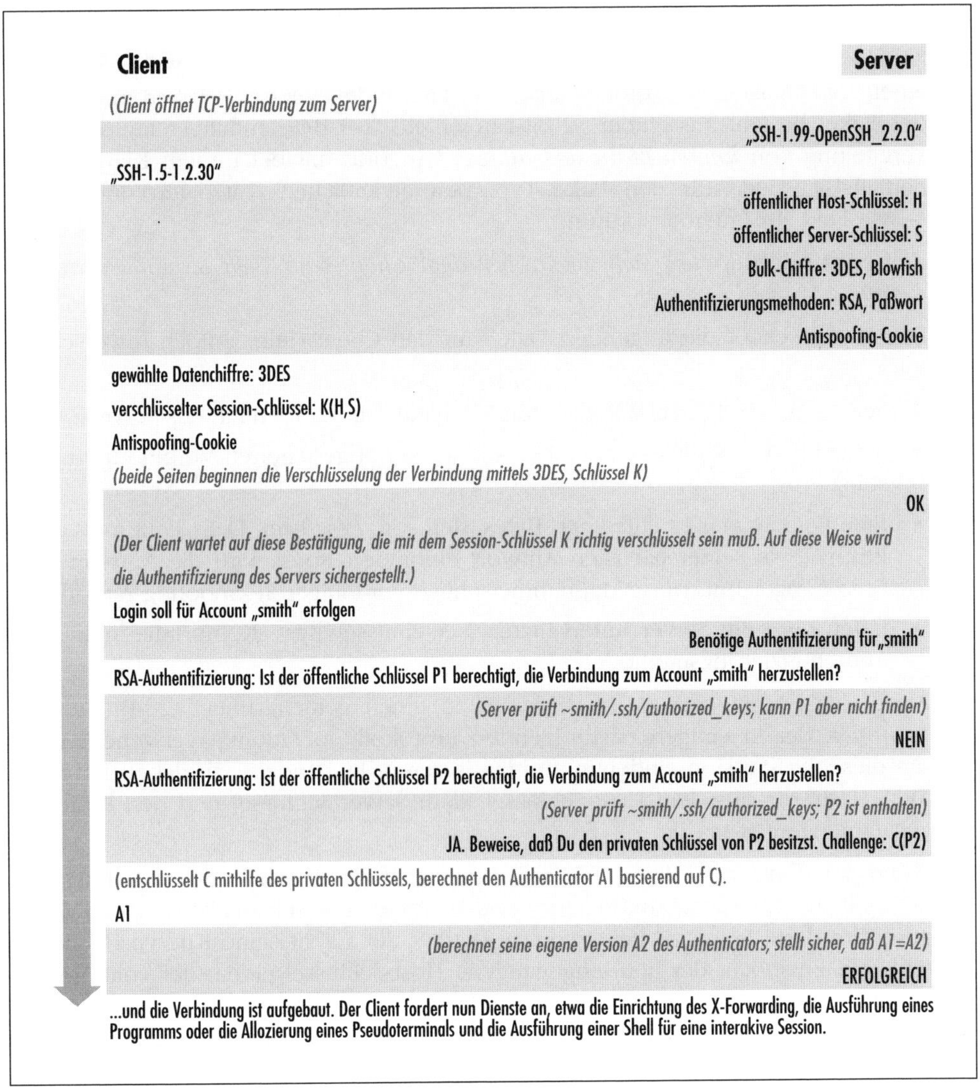

Client **Server**

(Client öffnet TCP-Verbindung zum Server)

„SSH-1.99-OpenSSH_2.2.0"

„SSH-1.5-1.2.30"

öffentlicher Host-Schlüssel: H
öffentlicher Server-Schlüssel: S
Bulk-Chiffre: 3DES, Blowfish
Authentifizierungsmethoden: RSA, Paßwort
Antispoofing-Cookie

gewählte Datenchiffre: 3DES

verschlüsselter Session-Schlüssel: K(H,S)

Antispoofing-Cookie

(beide Seiten beginnen die Verschlüsselung der Verbindung mittels 3DES, Schlüssel K)

OK

(Der Client wartet auf diese Bestätigung, die mit dem Session-Schlüssel K richtig verschlüsselt sein muß. Auf diese Weise wird die Authentifizierung des Servers sichergestellt.)

Login soll für Account „smith" erfolgen

Benötige Authentifizierung für „smith"

RSA-Authentifizierung: Ist der öffentliche Schlüssel P1 berechtigt, die Verbindung zum Account „smith" herzustellen?

(Server prüft ~smith/.ssh/authorized_keys; kann P1 aber nicht finden)

NEIN

RSA-Authentifizierung: Ist der öffentliche Schlüssel P2 berechtigt, die Verbindung zum Account „smith" herzustellen?

(Server prüft ~smith/.ssh/authorized_keys; P2 ist enthalten)

JA. Beweise, daß Du den privaten Schlüssel von P2 besitzt. Challenge: C(P2)

(entschlüsselt C mithilfe des privaten Schlüssels, berechnet den Authenticator A1 basierend auf C).

A1

(berechnet seine eigene Version A2 des Authenticators; stellt sicher, daß A1=A2)

ERFOLGREICH

...und die Verbindung ist aufgebaut. Der Client fordert nun Dienste an, etwa die Einrichtung des X-Forwarding, die Ausführung eines Programms oder die Allozierung eines Pseudoterminals und die Ausführung einer Shell für eine interakive Session.

Abbildung 3-3: SSH-1-Protokoll-Datenaustausch

Wenn Client und Server ihre Versionen für kompatibel halten, geht der Verbindungsaufbau weiter. Anderenfalls könnte sich jede Seite dafür entscheiden, die Verbindung abzubrechen. Wenn zum Beispiel ein reiner SSH-1-Client einen reinen SSH-2-Server entdeckt, wird die Verbindung abgebrochen und eine Fehlermeldung ausgegeben. Auch andere Aktionen sind möglich. So könnte ein reiner SSH-2-Server beispielsweise einen SSH-1-Server aufrufen, um die eingehende Verbindung zu verarbeiten.

3. *Client und Server wechseln zu einem paketbasierten Protokoll.*

    Sobald der Austausch der Protokoll-Version erfolgt ist, wechseln beide Seiten zu einem paketbasierten Protokoll über die zugrundeliegende TCP-Verbindung. Jedes Paket besteht aus einem 32-Bit-Längenfeld, 1-8 Byte zufälliger Fülldaten zur Vereitelung von *known plain text attacks* (Angriffe mit bekanntem Klartext*)*, einem 1-Byte-Code für den Paket-Typ, den eigentlichen Nutzdaten und einem 4-Byte-Feld zur Integritätsprüfung.

4. *Der Server identifiziert sich gegenüber dem Client und stellt Session-Parameter bereit.*

    Der Server sendet die folgenden Daten an den Client (immer noch unverschlüsselt):

    *   Seinen Host-Schlüssel zur späteren Überprüfung der Identität des Servers.

    *   Seinen Server-Schlüssel, was den Aufbau der abgesicherten Verbindung unterstützt.

    *   Eine Folge von acht zufälligen Bytes, den sog. *Prüfbytes*. Der Client muß diese Prüfbytes in seiner nächsten Antwort einbinden, sonst wird die Antwort vom Server abgelehnt. Diese Maßnahme schützt vor einigen IP-Spoofing-Angriffen.

    *   Listen der vom Server unterstützten Verschlüsselungs-, Komprimierungs- und Authentifizierungsmethoden.

    An diesem Punkt berechnen beide Seiten einen gemeinsamen 128-Bit-*Session-Identifier,* der in einigen nachfolgenden Protokoll-Operationen verwendet wird, um diese SSH-Session eindeutig zu identifizieren. Es handelt sich dabei um einen MD5-Hash, der aus dem Host-Schlüssel, dem Server-Schlüssel und den Prüfbytes zusammengesetzt wurde.

    Wenn der Client den Host-Schlüssel empfängt, fragt er sich: »Habe ich mich bereits mit diesem Server unterhalten, und wenn ja, wie sah der Host-Schlüssel da aus?« Um diese Frage zu beantworten, befragt der Client seine Known-Hosts-Datenbank. Entspricht der neu eingegangene Host-Schlüssel einem der vorangegangenen, dann ist alles gut. Es gibt aber noch zwei weitere Möglichkeiten: Der Server ist nicht in der Datenbank der bekannten Hosts enthalten, oder er ist unter einem anderen Host-Schlüssel vorhanden. In beiden Fällen muß sich der Client entscheiden, ob er dem neu eingegangenen Schlüssel traut oder ihn ablehnt. [7.4.3.1] Menschlicher Rat könnte notwendig sein: So könnte der Benutzer des Clients beispielsweise gefragt werden, ob der Schlüssel akzeptiert oder abgelehnt werden soll.

    Lehnt der Client den Host-Schlüssel ab, endet die Verbindung. Lassen Sie uns annehmen, daß der Host-Schlüssel akzeptabel ist und die Verbindung fortgesetzt wird.

5. *Der Client sendet dem Server einen geheimen (Session-) Schlüssel.*

    Nun generiert der Client zufällig einen neuen Schlüssel für einen Bulk-Cipher [3.2.2], den sowohl Client als auch Server unterstützen. Dieser wird als Session-

Schlüssel bezeichnet. Dessen Aufgabe besteht darin, zwischen dem Client und dem Server übertragene Nachrichten zu ver- und entschlüsseln. Dieser Session-Schlüssel muß nur dem Server übergeben werden, und schon können beide Seiten die Verschlüsselung aktivieren und mit der abgesicherten Kommunikation beginnen.

Natürlich kann der Client den Session-Schlüssel nicht einfach an den Server schikken. Die Verschlüsselung ist noch nicht aktiv, und wenn eine dritte Partei den Schlüssel abfängt, kann sie den Datenaustausch zwischen Client und Server entschlüsseln. Adieu, Sicherheit! Der Client muß den Session-Schlüssel also abgesichert übertragen. Das erfolgt durch zweifache Verschlüsselung: einmal mit dem öffentlichen Host-Schlüssel des Servers und einmal mit dem Server-Schlüssel. Dieser Schritt stellt sicher, daß nur der Server ihn lesen kann. Nachdem der Session-Schlüssel doppelt verschlüsselt ist, sendet der Client ihn an den Server, und zwar zusammen mit den Prüfbytes und einer Auswahl von Algorithmen (die aus der vom Server in Schritt 4. übermittelte Liste unterstützter Algorithmen ausgewählt wurde).

6. *Beide Seiten aktivieren die Verschlüsselung und vervollständigen die Server-Authentifizierung.*

Nach der Übertragung des Session-Schlüssels beginnen beide Seiten mit der Verschlüsselung der Session-Daten mit diesem Schlüssel und dem gewählten Bulk-Cipher. Bevor er allerdings weitere Daten sendet, wartet der Client auf eine Bestätigungsmeldung vom Server, die (wie alle nachfolgenden Daten) mit dem Session-Schlüssel verschlüsselt sein muß. Diesen letzte Schritt bildet die Server-Authentifizierung: Nur der gewünschte Server kann den entschlüsselten Session-Schlüssel besitzen, weil dieser mit dem Host-Schlüssel verschlüsselt wurde, der vorhin mit der Known-Hosts-Liste verglichen wurde.

Ohne den Session-Schlüssel kann ein betrügerischer Server die nachfolgenden Daten des Protokolls nicht entschlüsseln und im Gegenzug auch keine gültigen Antworten liefern, was der Client bemerkt. Daraufhin wird die Verbindung unterbrochen.

Beachten Sie, daß die Server-Authentifizierung implizit erfolgt. Es gibt keine expliziten Austausch von Daten zur Verifikation des Host-Schlüssels des Servers. Daher ist es für den Client wichtig, auf eine gültige Antwort vom Server (mit dem neuen Session-Schlüssel) zu warten, bevor weitere Daten übertragen werden. Erst diese Antwort verfiziert die Identität des Servers. Das SSH-1-Protokoll ist in diesem Punkt nicht besonders genau, aber SSH-2 verlangt das, wenn die Server-Authentifizierung implizit beim Austausch des Session-Schlüssels erfolgt.

Die zweite Verschlüsselung des Session-Schlüssels mit dem Server-Schlüssel führt zu einer Eigenschaft, die als *perfekte Forwarding-Sicherheit* bezeichnet wird. Das bedeutet, daß keine persistenten Schlüssel herumliegen, deren Aufdeckung die Sicherheit vergangener oder zukünftiger SSH-Sessions verletzen könnten. Wenn nur der Host-Schlüssel des Servers zum Schutz des Session-Schlüssels verwendet wird, kompromittiert die Aufdeckung des privaten Host-Schlüssels die gesamte zukünftige Kommunikation und erlaubt die Entschlüsselung aufgezeichneter Sessions. Die zusätzliche Verwendung des Server-Schlüssels für diesen Zweck entfernt diesen Schwachpunkt, weil er temporär ist, niemals explizit auf der Platte abgelegt und regelmäßig ersetzt wird (standardmäßig einmal pro Stunde). Falls er den privaten Schlüssel des Servers gestohlen hat, muß ein Angreifer immer noch einen aktiven Man-in-the-Middle- oder Server-Spoofing-Angriff starten, um die Session zu kompromittieren.

7. *Die sichere Verbindung ist aufgebaut.*

Weil Client und Server (und niemand sonst) nun den Session-Schlüssel besitzen, können sie einander verschlüsselte Nachrichten schicken (mit Hilfe des vereinbarten Bulk-Ciphers), die nur sie wieder entschlüsseln können. Darüber hinaus wurde auch die Authentifizierung des Server abgeschlossen. Wir sind nun bereit, mit der Client-Authentifizierung zu beginnen.

3.4.2 Client-Authentifizierung

Sobald eine gesicherte Verbindung aufgebaut ist, versucht der Client, sich gegenüber dem Server zu authentifizieren. Der Client kann jede ihm zur Verfügung stehende Authentifizierungsmethode verwenden, bis eine erfolgreich ist oder bis alle fehlgeschlagen sind. Die sechs vom SSH-1.5-Protokoll definierten Authentifizierungsmethoden sind zum Beispiel (in der Reihenfolge, wie sie von der SSH1-Implementierung aufgerufen werden):

1. Kerberos[5]
2. Rhosts
3. RhostsRSA
4. Public-Key
5. TIS[5]
6. Paßwort (Varianten: Login-Paßwort, Kerberos, SecurID, S/Key etc.)

Der F-Secure SSH Client für Windows (siehe Kapitel 16) versucht nacheinander folgendes:

1. Public-Key
2. Paßwort

Das Wissen um die Reihenfolge ist für Ihren Client gut. Es hilft bei der Diagnose von Problemen, wenn die Authentifizierung fehlschlägt oder sich ungewöhnlich verhält.

---

5 Diese Methode ist standardmäßig nicht verfügbar, sondern muß während der Kompilierung festgelegt werden.

3.4.2.1 Paßwort-Authentifizierung

Bei der Paßwort-Authentifizierung übergibt der Benutzer dem SSH-Client ein Paßwort, das vom Client sicher über die abgesicherte Verbindung übertragen wird. Der Server prüft dann, ob das übergebene Paßwort für den Zielaccount gültig ist, und erlaubt die Verbindung, wenn das der Fall ist. Im einfachsten Fall prüft der SSH-Server dies durch einen Betriebssystem-eigenen Paßwort-Authentifizierungsmechanismus des Hostrechners.

Die Paßwort-Authentifizierung ist recht bequem, weil sie für den Benutzer keinerlei zusätzliches Setup verlangt. Sie müssen keinen Schlüssel erzeugen, kein ~/.ssh-Verzeichnis auf der Server-Maschine einrichten oder irgendwelche Konfigurationsdateien editieren. Das ist besonders bequem für SSH-Neulinge und für häufig reisende Benutzer, die ihre privaten Schlüssel nicht mit sich herumtragen wollen. Möglicherweise wollen Sie Ihre privaten Schlüssel nicht auf fremden Rechnern ablegen, oder vielleicht ist es nicht möglich, sie auf die fragliche Maschine zu bekommen. Wenn Sie häufig reisen, sollten Sie darüber nachdenken, ob Sie SSH nicht für die Verwendung von Einmal-Paßwörtern einrichten wollen (falls Ihre Implementierung dies unterstützt) und auf diese Weise die Sicherheit Ihres Paßwort-Schemas erhöhen. [3.4.2.5]

Andererseits ist die Paßwort-Authentifizierung unbequem, weil Sie bei jedem Verbindungsaufbau ein Paßwort eingeben müssen. Auch ist die Paßwort-Authentifizierung weniger sicher als die Public-Key-Variante, weil das sensible Paßwort vom Client weg übertragen wird. Es kann im Netzwerk zwar nicht ausgeschnüffelt werden, ist aber anfällig, sobald es am Server ankommt, falls dieser Rechner geknackt wurde. Das ist ein Unterschied zur Public-Key-Authentifizierung, bei der selbst ein geknackter Server aufgrund des Protokolls den privaten Schlüssel nicht knacken kann. Daher sollten Sie, bevor Sie sich für die Paßwort-Authentifizierung entscheiden, die Vertrauenswürdigkeit von Client und Server abwägen, weil Sie diesen den Schlüssel zu Ihrem elektronischen Königreich offenbaren.

Die Paßwort-Authentifizierung ist einfach ein Konzept, allerdings speichern und prüfen verschiedene Unix-Varianten Paßwörter auf unterschiedliche Art und Weise, was zu einer gewissen Komplexität führt. OpenSSH verwendet standardmäßig PAM zur Paßwort-Authentifizierung, was aber sorgfältig konfiguriert werden muß. [4.3] Die meisten Unix-Systeme verschlüsseln Paßwörter mit DES (mit der Bibliotheksroutine crypt()). Jüngst haben einige Systeme damit begonnen, den MD5 Hash-Algorithmus zu verwenden, was aber Konfigurationsfragen aufwirft. [4.3] Das Verhalten der Paßwort-Authentifizierung ändert sich auch, wenn der SSH-Server Kerberos [5.5.1.7] oder SecurID unterstützt [5.5.1.9].

3.4.2.2 Public-Key-Authentifizierung

Die Public-Key-Authentifizierung verwendet die Public-Key-Kryptographie, um die Identität eines Clients zu verifizieren. Um auf einen Account auf einem SSH-Server zuzugreifen, erbringt der Client den Beweis, daß er den privaten Teil eines autorisierten öffentlichen Schlüssels besitzt. Ein Schlüssel gilt als »autorisiert«, wenn seine öffentliche

Komponente in der Autorisierungsdatei des Accounts (z.B., *~/.ssh/authorized_keys*) enthalten ist. Die Abfolge der durchzuführenden Aktionen sieht wie folgt aus:

1. Der Client sendet dem Server einen Request zur Public-Key-Authentifizierung mit einem bestimmten Schlüssel. Die Anforderung enthält den Modulus des Schlüssels als Identifier.[6]

   Es handelt sich dabei implizit um einen RSA-Schlüssel. Das SSH-1-Protokoll spezifiziert den RSA-Algorithmus als ausschließliches Verfahren für Public-Key-Operationen.

2. Der Server liest die Autorisierungsdatei des gewünschten Accounts und sucht nach einem Eintrag mit dem passenden Schlüssel. Gibt es keinen passenden Eintrag, schlägt der Authentifizierungs-Request fehl.

3. Gibt es einen passenden Eintrag, wird der Schlüssel vom Server eingelesen, und alle eventuellen Nutzungsbeschränkungen werden festgehalten. Der Server kann den Request dann unmittelbar auf Basis dieser Beschränkungen ablehnen, z.B. wenn der Schlüssel nicht vom Client-Host verwendet werden soll. Anderenfalls geht der Prozeß weiter.

4. Der Server generiert einen zufälligen 256-Bit-Challenge-String, verschlüsselt ihn mit dem öffentlichen Schlüssel des Clients und sendet diesen an den Client.

5. Der Client empfängt die Challenge und entschlüsselt sie mit dem zugehörigen privaten Schlüssel. Dann wird die Challenge mit dem Session-Identifier kombiniert und ein MD5-Hash auf das Ergebnis angewandt. Der resultierende Hash-Wert wird dem Server als Antwort auf die Challenge zurückgesendet. Der Session-Identifier wird mit eingefügt, um den Authenticator an die aktuelle Session zu binden. Auf diese Weise kann man sich vor Replay-Angriffen schützen, die eine schwache oder kompromittierte Zufallszahlengenerierung der Challenge nutzen wollen.

   Die Hash-Operation ist dazu gedacht, einen Mißbrauch des privaten Schlüssels des Clients über das Protokoll zu verhindern (einschließlich eines sog. Chosen-Plaintext-Angriffs[7]). Würde der Client einfach nur die entschlüsselte Challenge zurückliefern, könnte ein »geschädigter« Server einfach beliebige mit dem öffentlichen Schlüssel des Clients verschlüsselte Daten präsentieren, und der nichtsahnende Client würde diese vertrauensvoll entschlüsseln und zurückliefern. Dabei könnte es sich vielleicht um den Datenverschlüsselungs-Schlüssel einer dechiffrierten E-Mail handeln, die vom Angreifer abgefangen wurde. Denken Sie auch daran, daß die »Entschlüsselung« von Daten mit dem privaten Schlüssel tatsächlich das gleiche bedeutet, wie sie zu »signieren«. Der Server könnte also bestimmte *unverschlüsselte* Daten als »Challenge« an den Client senden, um sie mit

---

6 Ein RSA-Schlüssel besteht aus zwei Teilen: dem *Exponenten* und dem *Modulus*. Der Modulus ist die lange Zahl in der Datei, die den öffentlichen Schlüssel enthält (*.pub*).

7 Bei einem *Chosen-Plaintext*-Angriff kann der Cryptoanalyst beliebige Klartext/Ciphertext-Paare vergleichen, die mit dem zu knackenden Schlüssel verschlüsselt wurden. Der RSA-Algorithmus ist für Chosen-Plaintext-Angriffe besonders anfällig, weshalb es für ein RSA nutzendes Protokoll besonders wichtig ist, solche Angriffe zu verhindern.

dem privaten Schlüssel des Clients signieren zu lassen – vielleicht mit einem »OWID OFMA NIS« oder noch Schlimmeres enthaltenden Dokument.

6.   Der Server berechnet den gleichen MD5-Hash aus Challenge und Session-ID. Stimmt er mit der Antwort des Clients überein, erfolgt die Authentifizierung.

Die Public-Key-Methode ist, allgemein ausgedrückt, die sicherste Authentifizierungsmöglichkeit bei SSH. Zuerst muß der Client zwei Geheimnisse kennen, um sich authentifizieren zu können: den privaten Schlüssel und die Paßphrase zu dessen Entschlüsselung. Nur einen zu stehlen beeinträchtigt die Sicherheit des Ziels nicht (eine starke Paßphrase vorausgesetzt). Der private Schlüssel ist unmöglich zu erraten und verläßt den Client-Host nie, was einen Diebstahl schwieriger macht als bei einem Paßwort. Eine starke Paßphrase ist durch Brute-Force-Angriffe nur schwer zu knacken und, wenn nötig, können Sie die Paßphrase ändern, ohne den dazugehörigen Schlüssel ändern zu müssen. Außerdem vertraut die Public-Key-Authentifizierung keinerlei vom Client-Host gelieferten Informationen. Der Beweis des Besitzes des privaten Schlüssels ist das einzige Kriterium. Das unterscheidet sich von der RhostsRSA-Authentifizierung, bei der der Server einen Teil der Verantwortung für den Authentifizierungsprozeß auf den Client-Host überträgt: Wurden Identität und Privilegien des Client-Hosts und des Clients verifiziert, wird der Client-Software zugestanden, hinsichtlich der Identität des Benutzers nicht zu lügen. [3.4.2.3] Gelingt es jemandem, sich als Client-Host auszugeben, kann dieser Jemand jeden Benutzer vorgaukeln, ohne vom Benutzer irgend etwas stehlen zu müssen. Bei der Public-Key-Authentifizierung kann einem das nicht passieren.[8]

Die Public-Key-Authentifizierung ist auch die flexibelste Methode bei SSH, weil sie eine zusätzliche Kontrolle über die Autorisierung bietet. Sie können jeden öffentlichen Schlüssel mit Beschränkungen belegen, die in Kraft treten, sobald die Authentifizierung erfolgreich war: Welcher Client-Host darf die Verbindung herstellen, welche Befehle können ausgeführt werden und so weiter. [8.2] Das ist natürlich kein der Public-Key-Methode innewohnender Vorteil, sondern vielmehr ein Implementierungsdetail von SSH (wenn auch ein wichtiges).[9]

Ein Nachteil der Public-Key-Authentifizierung besteht darin, daß sie etwas aufwendiger ist als die anderen Methoden. Sie verlangt von den Benutzern, Schlüssel und Autorisierungsdateien zu erzeugen und zu verwalten, und ist dementsprechend für alle damit verbundenen Fehler anfällig: Syntaxfehler in *authorized_keys*-Einträgen, falsche Zugriffsrechte für SSH-Verzeichnisse oder -Dateien, verlorengegangene Dateien mit privaten Schlüsseln (was neue Schlüssel und dementsprechende Updates aller Zielaccounts erfor-

---

8   Verwechseln Sie dieses *Vorgaukeln* eines Client-Hosts nicht mit dem *Einbrechen*. Wenn Sie tatsächlich in einen Client-Host einbrechen und dessen Sicherheitsmaßnahmen umgehen können, dann ist alles zu spät. Sie können die Schlüssel, Paßwörter etc. aller Benutzer auf diesem Host stehlen. SSH schützt Sie nicht vor Einbruchsversuchen.

9   Wir würden uns wünschen, daß es anders wäre. Statt die Authentifizierungs- und Autorisierungsfunktionen auf diese Weise zu vermischen, sollte SSH in der Lage sein, beliebige Beschränkungen auf alle Verbindungen anwenden zu können, und zwar unabhängig von der verwendeten Authentifizierungsmethode. Allerdings hält (soweit wir wissen) keine SSH-Implementierung die Authentifizierung und Autorisierung wirklich streng getrennt.

dert) etc. SSH stellt keine Management-Infrastruktur zur Verteilung und Pflege von Schlüsseln im großen Ausmaß zur Verfügung. Sie können SSH jedoch mit dem Kerberos-Authentifizierungsystem (das ein solches Management erlaubt) kombinieren, um die Vorteile beider Systeme nutzen zu können. [11.4]

 Eine technische Beschränkung bezüglich der Public-Key-Authentifizierung ergibt sich in Verbindung mit der Verschlüsselungsbibliothek RSAref. [3.9.1.1] RSAref unterstützt Schlüssel nur bis zu einer Länge von 1024 Bit, während die SSH-interne RSA-Software längere Schlüssel unterstützt. Wenn Sie SSH/RSAref mit einem längeren Schlüssel verwenden, erhalten Sie eine Fehlermeldung. Das kann mit (vielleicht schon im Vorfeld existierenden) Benutzer- und Host-Schlüsseln passieren, wenn Sie erst kürzlich zu RSAref gewechselt haben oder wenn die Schlüssel von Systemen kommen, die nicht mit der RSAref-Version von SSH arbeiten. In allen Fällen müssen Sie die Schlüssel durch kürzere ersetzen.

3.4.2.3 Trusted-Host-Authentifizierung (Rhosts and RhostsRSA)

Die Paßwort- und Public-Key-Authentifizierung verlangt vom Client den Beweis seiner Identität durch das Wissen um ein Geheimnis: ein Paßwort oder einen privaten Schlüssel, der für den gewünschten Account auf dem Server geeignet ist. Die Lage des Clients, d.h. des Computers, auf dem er läuft, ist für die Authentifizierung nicht relevant.

Die Trusted-Host-Authentifizierung ist anders.[10] Statt Sie auf jedem von Ihnen besuchten Host Ihre Identität beweisen zu lassen, baut die Trusted-Host-Authentifizierung auf Vertrauen basierende Beziehungen zwischen den Rechnern auf. Wenn Sie als Benutzer Andrew auf Rechner A eingeloggt sind und mit SSH mittels Trusted-Host-Authentifizierung eine Verbindung zum Account Bob auf Rechner B herstellen, überprüft der SSH-Server auf Rechner B Ihre Identität nicht direkt. Statt dessen überprüft er die Identität von Host A und stellt dabei sicher, daß A ein »vertrauenswürdiger« Host ist. Weiterhin wird geprüft, ob die Verbindung von einem vertrauenswürdigen Programm auf A kommt, das vom Systemadministrator installiert wurde, der bezüglich der Identität von Andrew keine falschen Angaben macht. Wenn die Verbindung diese beiden Tests übersteht, glaubt der Server den Aussagen von A, daß Sie als Andrew authentifiziert sind. Er prüft dann, ob andrew@A autorisiert ist, den Account bob@B zu nutzen.

Gehen wir diesen Authentifizierungsprozeß Schritt für Schritt durch:

1. Der SSH-Client fordert eine Verbindung vom SSH-Server an.

2. Der SSH-Server verwendet seinen lokalen Name-Service, um einen Hostnamen für die Quelladresse der Verbindung im Client-Netzwerk zu ermitteln.

---

10 Der Begriff »Trusted-Host« (zu deutsch also »vertrauenswürdiger Host«) stammt von uns. Er verweist auf die Gesamtheit der hostbasierten Authentifizierungsmethoden von Rhosts, SSH-1 RhostsRSA und SSH-2.

3. Der SSH-Server befragt Autorisierungsregeln in verschiedenen lokalen Dateien, die angeben, ob ein bestimmter Host vertrauenswürdig ist oder nicht. Findet der Server einen passenden Hostnamen, geht die Authentifizierung weiter, anderenfalls schlägt sie fehl.

4. Der Server stellt sicher, daß das entfernte Programm im Sinne der alten Unix-Konvention *privilegierter Ports* als sicher bezeichnet werden kann. Unix-basierte TCP- und UDP-Stacks reservieren die Ports von 1 bis 1023 als privilegiert, d.h., nur unter root ausgeführte Prozesse dürfen an diesen Ports arbeiten und sie auf der lokalen Seite der Verbindung nutzen. Der Server prüft einfach, ob der Quell-Port der Verbindung innerhalb des privilegierten Bereichs liegt. Ausgehend davon, daß der Client sicher ist, kann nur der Superuser dafür sorgen, daß ein Programm eine solche Verbindung herstellen kann, weshalb der Server daran glaubt, es mit einem vertrauenswürdigen Programm zu tun zu haben.

5. Wenn alles gut geht, ist die Authentifizierung erfolgreich.

Diese Vorgehensweise wurde jahrelang von den Berkeley r-Befehlen *rsh*, *rlogin*, *rcp*, *rexec* etc. praktiziert. Leider ist dies eine berüchtigt schwache Authentifizierungsmethode in modernen Netzwerken. IP-Adressen können manipuliert werden, Name-Services können unterwandert werden und privilegierte Ports sind in einer Welt von Desktop-PCs nicht mehr ganz so privilegiert, da die Endanwender üblicherweise alle Superuser-(Administrator)-Rechte besitzen. Tatsächlich fehlt einigen Desktop-Betriebssystemen (wie MacOS) das Konzept eines Benutzers, während andere (Windows) die »privilegierte-Port«-Konvention nicht implementieren, d.h., jeder Benutzer kann auf jeden freien Port zugreifen.

Dennoch hat die Trusted-Host-Authentifizierung ihre Vorteile. Zum einen ist sie einfach: Sie müssen keine Paßwörter oder Paßphrasen eingeben oder Schlüssel generieren, verteilen und pflegen. Sie vereinfacht auch die Automatisierung. Unbeaufsichtigte Prozesse wie *cron*-Jobs können Schwierigkeiten mit SSH haben, wenn im Skript ein Schlüssel, eine Paßphrase oder ein Paßwort benötigt wird, aber in einer geschützten Datei liegt oder im Speicher behalten wird. Das ist nicht nur ein potentielles Sicherheitsrisiko, sondern auch ein Verwaltungs-Albtraum. Sollte sich der Authenticator jemals ändern, müssen Sie alles prüfen und die fest codierten Kopien ändern. Das führt geradezu zwangsläufig dazu, daß die Dinge irgendwann aus einem mysteriösen Grund nicht mehr funktionieren. Trusted-Host-Authentifizierung umgeht solche Probleme elegant.

Weil Trusted-Host-Authentifizierung eine nützliche Idee ist, wird sie von SSH1 auf zwei Arten unterstützt. *Rhosts-Authentifizierung* verhält sich einfach (wie in den Schritten 1-5 beschrieben) wie die normalen Berkeley r-Befehle. Diese Methode ist standardmäßig deaktiviert, weil sie recht unsicher ist, obwohl sie gegenüber *rsh* immer noch eine Verbesserung darstellt, da sie Server-Host-Authentifizierung, Verschlüsselung und Integrität bietet. Noch wichtiger ist aber, daß SSH1 eine sicherere Version der Trusted-Host-Authentifizierung, die sog. *RhostsRSA-Authentifizierung,* bereitstellt. Hierbei werden die Schritte 2 und 4 durch Verwendung des Client-Host-Schlüssels verbessert.

Der zweite Schritt wird durch eine genauere Prüfung der Identität des Client-Hosts verbessert. Anstatt sich auf die Quell-IP-Adresse und einen Name-Service wie DNS zu verlassen, verwendet SSH die Public-Key-Kryptographie. Erinnern Sie sich daran, daß jeder Host, auf dem SSH installiert ist, einen asymmetrischen »Host-Schlüssel« besitzt, der ihn identifiziert. Dieser Host-Schlüssel authentifiziert den Server gegenüber dem Client, während die abgesicherte Verbindung aufgebaut wird. Bei der RhostsRSA-Authentifizierung authentifiziert der Host-Schlüssel des Clients den Client-Host gegenüber dem Server. Der Client-Host gibt seinen Namen und den öffentlichen Schlüssel bekannt und muß dann in der bekannten Challenge/Response-Operation beweisen, daß er auch den privaten Schlüssel besitzt. Der Server pflegt eine Liste bekannter Hosts zusammen mit deren öffentlichen Schlüsseln und kann so ermitteln, ob der Client den Status eines bekannten, vertrauenswürdigen Hosts besitzt.

Der vierte Schritt, also die Überprüfung, ob der Server mit einem vertrauenswürdigen Programm spricht, wird auch wieder durch die Verwendung des Host-Schlüssels des Clients verbessert. Der private Schlüssel wird so geschützt, daß nur ein Programm mit besonderen Rechten (z.B. setuid root) ihn lesen kann. Wenn der Client also auf den lokalen Host-Schlüssel zugreifen kann – was er können muß, um die Authentifizierung in Schritt 2 abschließen zu können –, dann muß der Client zwangsläufig diese besonderen Rechte besitzen. Daher wurde der Client auf dem vertrauenswürdigen Host von einem Systemadministrator installiert und ist daher auch vertrauenswürdig. SSH1 behält die »privilegierter Port«-Prüfung bei, die nicht deaktiviert werden kann.[11] SSH2 verzichtet völlig auf diese Prüfung, weil sie nichts bringt.

Trusted-Host Zugriffsdateien. Zwei Dateipaare auf dem SSH-Serverrechner bilden den Zugriffskontrollmechanismus der Trusted-Host-Authentifizierung sowohl für die schwache als auch für die sicherere Variante:

- */etc/hosts.equiv* und *~/.rhosts*
- */etc/shosts.equiv* und *~/.shosts*

Die in */etc* liegenden Dateien gelten global für die gesamte Maschine, während die im jeweiligen Home-Verzeichnis liegenden Dateien nur für diesen Account gelten. Die Dateien *hosts.equiv* und *shosts.equiv* besitzen die gleiche Syntax, ebenso wie *.rhosts* und *.shosts*, und standardmäßig werden sie auch alle geprüft.

Erlaubt eine dieser Dateien für eine bestimmte Verbindung den Zugriff, bleibt sie auch erlaubt, selbst wenn eine der restlichen Dateien sie verbietet.

---

11 SSH1 besitzt das Konfigurations-Schlüsselwort `UsePrivilegedPort`, das den Client aber anweist, in seinem Quell-Socket keinen privilegierten Port zu verwenden, was die Session für die rhosts- und RhostsRSA-Authentifizierung unbrauchbar macht. Die Aufgabe dieses Features besteht darin, Firewalls umgehen zu können, die von privilegierten Ports eingehende Verbindungen blockieren könnten. Es wird also eine andere Authentifizierungsmethode benötigt.

Die Dateien */etc/hosts.equiv* und *~/.rhosts* stammen von den unsicheren r-Befehlen. Der Rückwärtskompatibilität zuliebe kann SSH auch diese Dateien nutzen, um seine Trusted-Host-Entscheidungen zu fällen. Wenn Sie aber mit r-Befehlen und SSH arbeiten, sollten die beiden Systeme nicht die gleiche Konfiguration verwenden. Auch ist es aufgrund ihrer großen Unsicherheit üblich, die r-Befehle zu deaktivieren, indem man die Server in *inetd.conf* austrägt und/oder die Software entfernt. In diesem Fall werden Sie keine traditionellen Steuerungsdateien herumliegen haben wollen, sozusagen als Vorsichtsmaßnahme, falls es einem Angreifer doch gelingen sollte, einen dieser Dienste wieder zu aktivieren.

Um sich selbst von den r-Befehlen zu unterscheiden, liest SSH die beiden zusätzlichen Dateien */etc/shosts.equiv* und *~/.shosts* ein. Diese haben die gleiche Syntax und die gleiche Bedeutung wie */etc/hosts.equiv* und *~/.rhosts,* sind aber SSH-spezifisch. Wenn Sie nur die SSH-spezifischen Dateien verwenden, können Sie SSH mit der Trusted-Host-Authentifizierung nutzen, ohne irgendwelche Dateien herumliegen zu haben, die von den r-Befehlen genutzt werden.[12]

Alle vier Dateien besitzen die gleiche Syntax, und SSH interpretiert sie sehr ähnlich – wenn auch nicht identisch – wie die r-Befehle. Lesen Sie die folgenden Abschnitte sehr sorgfältig, um sicherzugehen, daß Sie diesen Sachverhalt verstehen.

Details der Steuerdateien. Hier nun das gemeinsame Format aller vier Trusted-Host-Steuerdateien. Jeder Eintrag steht in einer einzelnen Zeile, die eine oder zwei Token enthält, die durch Tabulatoren und/oder Leerzeichen getrennt sind. Kommentare beginnen mit #, erstrecken sich bis zum Ende der Zeile und können an beliebiger Stelle stehen. Leere und nur aus Kommentaren bestehende Zeilen sind erlaubt.

```
# Beispielhafter Eintrag in einer Steuerdatei
[+-][@]hostspec  [+-][@]userspec  # Kommentar
```

Die beiden Token repräsentieren Host(s) und Benutzer, der *userspec* kann weggelassen werden. Ist das »at«-Zeichen (@) vorhanden, wird das Token als Netzgruppe (siehe Kasten »Netzgruppen«) interpretiert, über den Bibliotheksaufruf `innetgr()` ermittelt, und die so resultierende Liste von Benutzer- oder Hostnamen wird eingefügt. Anderenfalls wird das Token als einzelner Host- oder Benutzername interpretiert. Hostnamen müssen hinsichtlich `gethostbyaddr()` auf dem Server-Host kanonisch sein; andere Namen funktionieren nicht.

Steht vor einem oder beiden Token ein Minuszeichen (–), wird damit der Zugriff für den ganzen Eintrag (Rechner/Benutzer) negiert. Es spielt keine Rolle, vor welchem Token das Minuszeichen steht, der Effekt ist der gleiche. Lassen Sie uns einige Beispiele betrachten, bevor wir die einzelnen Regeln erläutern.

---

12 Leider können Sie den Server nicht so konfigurieren, daß er sich nur den einen Satz ansieht, nicht aber den anderen. Sieht er in *~/.shosts* nach, betrachtet er auch *~/.rhosts*, und die beiden globalen Dateien werden immer beachtet.

Netzgruppen

Eine Netzgruppe definiert eine Liste von aus jeweils drei Elementen (*Host, Benutzer, Domain*) bestehenden Einträgen. Netzgruppen werden verwendet, um Listen von Benutzern, Rechnern oder Accounts zu erstellen, üblicherweise für die Zugriffskontrolle. Zum Beispiel kann man eine Netzgruppe dazu nutzen, festzulegen, welche Hosts ein NFS-Dateisystem mounten dürfen (z.B. mit dem Solaris-Befehl *share* oder dem BSD-Befehl *exportfs*).

Verschiedene Unix-Varianten implementieren Netzgruppen auf unterschiedliche Art und Weise, auch wenn man immer der Systemadministrator sein muß, um eine Netzgruppe definieren zu können. Mögliche Quellen solcher Netzgruppen-Definitionen sind:

- eine einfache Textdatei wie */etc/netgroup*
- eine Datenbankdatei in verschiedenen Formaten, z.B. */etc/netgroup.db*
- ein Informationsdienst wie Suns YP/NIS

Bei vielen modernen Unix-Varianten ist die Quelle der Netzgruppen-Information mit der »Network Service Switch«-Einrichtung konfigurierbar, siehe */etc/nsswitch.conf*. Seien Sie gewarnt, daß Netzgruppen bei einigen SunOS- und Solaris-Versionen nur in NIS definiert werden können. Es beschwert sich zwar nicht, wenn Sie »files« als Quelle in *nsswitch.conf* angeben, aber es funktioniert nicht. Jüngere Linux-Systeme unterstützen */etc/netgroup*, auch wenn C-Bibliotheken vor *glibc* 2.1 Netzgruppen nur über NIS unterstützen.

Eine typische Netzgruppen-Definition könnte wie folgt aussehen:

```
# Definiert eine aus zwei Hosts "print1" und »print2« bestehende Gruppe
# in den (wahrscheinlich NIS-) Domains one.foo.org  und two.foo.com.
print-server      (print1,,one.foo.com) (print2,,two.foo.com)
# Eine Liste mit drei Login-Servern
login-server      (login1,,foo.com) (login2,,foo.com) (login1,,foo.com)
# Nutzung zweier vorhandener Netzgruppen zur Definition einer Liste aller
# Hosts. Gleichzeitig wird auch noch another.foo.com aufgenommen.
all-hosts         print-servers login-servers (another,,foo.com)
# Für irgendwelche Zugriffskontrollaufgaben definierte Liste von Benutzern.
# Mary darf innerhalb der Domain foo.com von überall, Peter aber nur von
# einem Host. Alice darf uneingeschränkt von überall.
allowed-users     (,mary,foo.com) (login1,peter,foo.com) (,alice,)
```

Wenn über die Mitgliedschaft in einer Netzgruppe entschieden wird, wird das zu vergleichende Objekt immer aus einem entsprechenden Triple zusammengesetzt. Ein Triple (*x, y, z*) paßt zu einer Netzgruppe *N*, wenn ein Triple (*a, b, c*) in *N* existiert, das (*x, y, z*) entspricht. Sie definieren wiederum, daß die zwei Triples nur dann übereinstimmen, wenn die folgenden Bedingungen erfüllt sind:

– Fortsetzung –

$x = a$ **oder** x ist null **oder** a ist null

und:

$y = b$ **oder** y ist null **oder** b ist null

und:

$z = c$ **oder** z ist null **oder** c ist null

Das bedeutet, daß ein Nullfeld in einem Triple als Wildcard fungiert. »Null« steht hierbei für nicht vorhanden, d.h., im Triple (, *benutzer, domain*) ist der Host-Teil null. Das ist nicht mit dem leeren String identisch: ("", *benutzer, domain*) . In diesem Triple ist der Host-Teil nicht null. Es handelt sich um den Leerstring, und das Triple kann nur mit einem anderen übereinstimmen, dessen Host-Teil ebenfalls den Leerstring enthält.

Wenn SSH einen Benutzernamen U gegen eine Netzgruppe prüft, wird das Triple (, U ,) überprüft. Ebenso wird bei der Überprüfung eines Hostnamens H auf (H , ,) geprüft. Sie könnten erwarten, daß dabei (, U, D) und (H, , D) verwendet wird, wobei D die Domain des Hosts ist, aber das ist nicht der Fall.

Der folgende *hostspec*-Eintrag erlaubt jedem Benutzer von *fred.flintstone.gov* das Login, solange der entfernte und der lokale Benutzername identisch sind:

```
# /etc/shosts.equiv
fred.flintstone.gov
```

Die folgenden *hostspec*-Einträge erlauben jedem Host in der Netzgruppe »trusted-hosts« das Login, wenn der entfernte und der lokale Benutzername identisch sind. Ausgenommen ist *evil.empire.org*, selbst wenn er in der Netzgruppe aufgeführt ist.

```
# /etc/shosts.equiv
-evil.empire.org
@trusted-hosts
```

Der folgende Eintrag (*hostspec* und *userspec*) erlaubt es *mark@way.too.trusted*, sich unter jedem lokalen Account anzumelden! Selbst wenn ein Benutzer *-way.too.trusted mark* in seiner *~/.shosts* stehen hat, würde das den Zugriff nicht verhindern, weil die globale Datei zuerst untersucht wird. Sie werden so etwas wahrscheinlich nie machen wollen.

```
# /etc/shosts.equiv
way.too.trusted mark
```

Im Gegensatz dazu erlauben es die folgenden Einträge jedem Benutzer von *sister.host.org*, sich unter dem gleichen Accountnamen einzuloggen, bis auf Mark, der auf keinen lokalen Account zugreifen kann. Denken Sie aber daran, daß ein Zielaccount die Beschränkung aufheben kann, indem `sister.host.org mark` in *~/.shosts* eingetragen wird. Beachten Sie auch, daß die negierte Zeile, wie vorhin gezeigt, zuerst kommen muß. Bei einer anderen Reihenfolge hätte sie keine Wirkung.

```
# /etc/shosts.equiv
sister.host.org -mark
sister.host.org
```

Der folgende *hostspec* erlaubt es Benutzer wilma auf *fred.flintstone.gov*, sich unter dem lokalen wilma-Account einzuloggen:

```
# ~wilma/.shosts
fred.flintstone.gov
```

Der folgende Eintrag erlaubt dem Benutzer fred auf *fred.flintstone.gov* das Login unter dem lokalen wilma-Account, aber niemandem sonst – selbst *wilma@fred.flintstone.gov* nicht:

```
# ~wilma/.shosts
fred.flintstone.gov fred
```

Die folgenden Einträge erlauben sowohl dem Benutzer fred als auch dem Benutzer wilma auf *fred.flintstone.gov* das Login zum lokalen wilma-Account:

```
# ~wilma/.shosts
fred.flintstone.gov fred
fred.flintstone.gov
```

Nachdem wir Ihnen einige Beispiele gezeigt haben, wollen wir die genauen Regeln behandeln. Stellen Sie sich vor, daß C der Client-Benutzername und T der Zielaccount des SSH-Befehls ist. Dann gilt:

1. Ein *hostspec*-Eintrag ohne *userspec* erlaubt den Zugrif von allen *hostspec*-Hosts, wenn T = C.

2. In einer Account-bezogenen Datei (*~/.rhosts* oder *~/.shosts*) erlaubt ein *hostspec userspec*-Eintrag den Zugriff auf den entsprechenden Account von *hostspec*-Hosts aus, wenn C einer der *userspec*-Benutzernamen ist.

3. In einer globalen Datei (*/etc/hosts.equiv* or */etc/shosts.equiv*) erlaubt ein *hostspec userspec*-Eintrag den Zugriff auf jeden lokalen Zielaccount von jedem *hostspec*-Host, wenn C einer der *userspec*-Benutzernamen ist.

4. Bei negierten Einträgen ersetzen Sie das »erlaubt« in den vorstehenden Regeln durch »verwehrt«.

Beachten Sie Regel 3 sorgfältig. Sie sollten auf Ihrem Rechner niemals eine solche Sicherheitslücke entstehen lassen. Der einzig vernünftige Einsatz dieser Regel ist die Negation, d.h., der Zugriff auf jeden lokalen Account wird für den jeweiligen entfernten Host deaktiviert. Wir stellen gleich einige Beispiele vor.

Die Dateien werden in der nachfolgenden Reihenfolge überprüft (eine fehlende Datei wird einfach übersprungen und hat keinerlei Auswirkung auf die Autorisierungsentscheidung):

1. */etc/hosts.equiv*
2. */etc/shosts.equiv*
3. *~/.shosts*
4. *~/.rhosts*

SSH macht eine besondere Ausnahme, wenn es sich beim Ziel-Account um den Benutzer root handelt: Die globalen Dateien werden nicht überprüft. Der Zugang zum root-Account kann nur über die Account-eigenen */.rhosts-* und */.shosts-*Dateien gewährt werden. Wenn Sie diese Dateien mit der Serverdirektive `IgnoreRootRhosts` sperren, können Sie effektiv den Zugriff auf den root-Account über die Trusted-Host-Authentifizierung unterbinden.

Bei der Prüfung dieser Dateien gilt es, an zwei Regeln zu denken. Die erste Regel lautet, daß die erste akzeptierte Zeile gewinnt. Wenn Sie also die beiden folgenden Netzgruppen besitzen:

```
set      (eins,,) (zwei,,) (drei,,)
subset   (eins,,) (zwei,,)
```

dann erlaubt die folgende */etc/shosts.equiv* nur den Zugriff von Host 3:

```
-@subset
@set
```

Im folgenden Beispiel erlaubt man hingegen allen dreien den Zugriff:

```
@set
-@subset
```

Die zweite Zeile wirkt sich nicht aus, weil die Hosts in der vorigen Zeile bereits akzeptiert wurden.

Die zweite Regel lautet, daß eine Verbindung erlaubt ist, sobald eine dieser Dateien sie akzeptiert. Wenn */etc/shosts.equiv* also eine Verbindung verbietet, die *~/.shosts* des gewünschten Benutzers sie aber erlaubt, dann wird sie akzeptiert. Aus diesem Grund kann der Systemadministrator nicht darauf vertrauen, daß die globale Datei Verbindungen verhindert. Ebenso kann eine Account-bezogene Datei eine Verbindung zwar verbieten, aber das kann durch eine sie erlaubende globale Datei überschrieben werden. Daran müssen Sie immer denken, wenn Sie die Trusted-Host-Authentifizierung verwenden.[13]

Netzgruppen als Wildcards. Ihnen ist vielleicht aufgefallen, daß die Regel-Syntax keine Wildcards besitzt. Es wurde bewußt auf sie verzichtet. Die r-Befehle erkennen reine Plus- und Minuszeichen als positive bzw. negative Wildcards, und eine Reihe von Angriffen basiert darauf, heimlich ein »+« in eine *.rhosts*-Datei einzufügen. Ist das passiert, kann sich jeder mittels *rlogin* unter diesem Benutzer anmelden. SSH ignoriert

---

13 Indem Sie das Server-Schlüsselwort `IgnoreRhosts` auf `yes` setzen, können Sie dafür sorgen, daß der Server die Account-bezogenen Dateien vollständig ignoriert und statt dessen ausschließlich die globalen Dateien konsultiert. [5.5.1.3]

daher bewußt diese Wildcards. Sie werden entsprechende Meldungen in der Debugging-Ausgabe des Servers finden, wenn ein solches Wildcard entdeckt wird:

```
Remote: Ignoring wild host/user names in /etc/shosts.equiv
```

Allerdings gibt es trotzdem die Möglichkeit, den Effekt von Wildcards nachzubilden: die Verwendung der bei Netzgruppen vorhandenen Wildcards. Eine leere Netzgruppe:

```
leer  # nichts vorhanden
```

erkennt nichts. Die Netzgruppe:

```
wild  (,,)
```

erkennt hingegen alles. Tatsächlich erkennt eine irgendwo enthaltene Netzgruppe (,,) alles, unabhängig davon, was noch in der Netzgruppe steht. Der Eintrag:

```
# ~/.shosts
@wild
```

erlaubt also den Zugriff von jedem beliebigen Host,[14] solange der entfernte und der lokale Benutzername übereinstimmen. Mit:

```
# ~/.shosts
way.too.trusted @wild
```

ist es jedem Benutzer auf *way.too.trusted* möglich, sich in diesen Account einzuloggen, während der Eintrag:

```
# ~/.shosts
@wild @wild
```

jedem Benutzer den Zugriff von überall her erlaubt.

Aufgrund dieses Wildcard-Verhaltens ist es wichtig, der Definition von Netzgruppen besondere Aufmerksamkeit zu schenken. Es ist einfacher, eine Wildcard-Netzgruppe zu definieren, als Sie vielleicht denken. Die Verwendung des Null-Triples (,,) ist da noch der offensichtlichste Fall. Denken Sie aber auch daran, daß die Reihenfolge der Elemente eines Netzgruppen-Triples die Form (*Host,Benutzer,Domain*) aufweist. Nehmen wir einmal an, Sie definieren die Gruppe »ups« wie folgt:

```
ups      (fred,,) (wilma,,) (barney,,)
```

Sie wollten eine Gruppe von Benutzernamen definieren, haben diese Benutzernamen aber im Host-Feld abgelegt und die Felder für die Benutzernamen leer gelassen. Verwenden Sie diese Gruppe als Benutzerspezifikation in einer Regel, wird sie sich als Wildcard verhalten. Der Eintrag:

```
# ~/.shosts
home.flintstones.gov @ups
```

---

14 Wenn die starke Trusted-Host-Authentifizierung verwendet wird, d.h., jeder durch einen öffentlichen Schlüssel verfizierte Host wird mit der Server-Datenbank bekannter Hosts abgeglichen.

erlaubt es also jedem Benutzer auf *home.flintstones.gov* sich unter Ihrem Account einzuloggen, nicht nur Ihren drei Freunden. Also Vorsicht!

Zusammenfassung. Trusted-Host-Authentifizierung ist für Benutzer und Administratoren bequem, weil eine automatische Authentifizierung zwischen Hosts erfolgen kann, die auf der Übereinstimmung von Benutzernamen und Vertrauensverhältnissen zwischen Hosts basiert. Das erspart einem die lästige Eingabe von Paßwörtern und das Management von Schlüsseln. Allerdings ist diese Form der Authentifizierung stark von der korrekten Administration und Sicherheit der betroffenen Hosts abhängig. Der Einbruch in einen vertrauenswürdigen Host liefert dem Angreifer automatisch Zugriff auf alle Accounts auf anderen Hosts. Darüber hinaus sind die Regeln für Zugriffskontrolldateien kompliziert, fragil, und es ist sehr einfach, die Sicherheit kompromittierende Fehler zu machen. In einer Umgebung, bei der es mehr um Belauschen und Enthüllung als um aktive Angriffe geht, kann es unter Umständen akzeptabel sein, RhostsRSA (SSH-2-»hostbasierte«) Authentifizierung zur allgemeinen Authentifizierung von Benutzern zu verwenden. Bei Szenarien mit erhöhtem Sicherheitsbedarf ist sie aber wohl ungeeignet, auch wenn sie für spezielle Accounts, etwa unbeaufsichtigte Batch-Jobs [11.1.3], eingesetzt werden kann.

Die Verwendung der schwachen (»Rhosts«) Trusted-Host-Authentifizierung bei SSH1 und OpenSSH/1 können wir überhaupt nicht empfehlen, weil sie absolut unsicher ist.

3.4.2.4 Kerberos-Authentifizierung

SSH1 und OpenSSH unterstützen die Kerberos-basierte Authentifizierung, SSH2 noch nicht.[15] [11.4] Tabelle 3-2 faßt die unterstützenden Features dieser Produkte zusammen.

Tabelle 3-2: Unterstützung der Kerberos-Authentifizierung bei SSH

Produkt	Kerberos-Version	Tickets	Paßwort-Authentifizierung	AFS	Forwarding
SSH1	5	Ja	Ja	Nein	Ja
OpenSSH	4	Ja	Ja	Ja	Nur mit AFS

Die folgende Liste erläutert die Spalten:

Tickets

Führt die Standard Kerberos-Authentifizierung durch. Der Client erhält ein Ticket für den »Host«- (v5) oder »rcmd«- (v4) -Service auf dem Server und sendet diesen an den SSH-Server als Beweis seiner Identität. Der Server validiert ihn auf die übliche Weise. SSH1 und OpenSSH führen beide eine gegenseitige Kerberos-Authentifizie-

---

15 Zur Drucklegung der amerikanischen Originalausgabe dieses Buches wurde gerade eine experimentelle Kerberos-Unterstützung in SSH2 2.3.0 integriert.

rung durch. Das ist nicht wirklich nötig, weil SSH den Server bereits beim Aufbau der Verbindung authentifiziert hat, aber diese zusätzliche Prüfung tut auch nicht weh.

Paßwort-Authentifizierung

Option zur serverseitigen Paßwort-Authentifizierung mittels Kerberos. Statt das Paßwort mit der Account-Datenbank des Betriebssystems zu prüfen, versucht der SSH-Server, das initiale Kerberos-Ticket für den Zielbenutzer (ein »ticket-granting-ticket« oder TGT) zu erhalten. Ist dieser Versuch erfolgreich, ist der Benutzer authentifiziert. Auch speichert der Server das TGT für die Session ab, so daß der Benutzer darauf zugreifen kann, was die Notwendigkeit eines expliziten *kinit* vermeidet.

AFS

Das Andrew File System (*http://www.faqs.org/faqs/afs-faq/*), kurz AFS, verwendet Kerberos-4 in spezialisierter Form für seine Authentifizierung. OpenSSH besitzt zusätzliche Unterstützung zur Ermittlung und Weiterleitung von AFS-Credentials. Das kann für Umgebungen entscheidend sein, in denen AFS zum Filesharing verwendet wird. Bevor die Authentifizierung erfolgt, muß *sshd* das Home-Verzeichnis des Zielaccounts lesen, um zum Beispiel *~/.shosts* oder *~/.ssh/authorized_keys* zu prüfen. Ist dieses Home-Verzeichnis über AFS zugänglich, dann ist *sshd* aufgrund der Abhängigkeit von AFS-Rechten möglicherweise nicht in der Lage, diese zu lesen, bis gültige AFS-Credentials für den Eigentümer vorliegen. Der OpenSSH AFS-Code ermöglicht dies, indem er die Kerberos-4-TGT des Quell-Benutzers und das AFS-Ticket an den entfernten Host weiterleitet, wo sie von *sshd* genutzt werden können.

Forwarding

Kerberos-Credentials können normalerweise nur auf der Maschine genutzt werden, an die sie ausgegeben wurden. Das Kerberos-5-Protokoll erlaubt es einem Benutzer, diese Credentials von einer Maschine an eine andere weiterzuleiten, an der dieser Benutzer authentifiziert ist, wodurch wiederholte Aufrufe von *kinit* vermieden werden. SSH1 unterstützt dies durch die Option `KerberosTgtPassing`. Kerberos-4 unterstützt keine Weiterleitung von Tickets, weshalb OpenSSH dieses Feature nicht zur Verfügung – außer bei AFS, dessen modifizierte Kerberos-4-Implementierung eine Form von Ticket-Forwarding ermöglicht.

 OpenSSH unterstützt Kerberos nur bei Verwendung des SSH-1-Protokolls.

3.4.2.5 Einmal-Paßwörter

Die Paßwort-Authentifizierung ist bequem, weil sie von überall einfach verwendet werden kann. Wenn Sie viel reisen oder häufig anderer Leute Computer benutzen, sind Paßwörter für Sie möglichweise die beste Form der SSH-Authentifizierung. Andererseits ist das genau die Situation, in der Sie sich Sorgen darüber machen sollten, daß jemand Ihr Paßwort stiehlt (indem er die Tastatur-Aktivität bei einem geknackten Computer überwacht oder Ihnen einfach über die Schulter sieht). Einmal-Paßwörter oder OTP-Systeme (von »One-Time-Password«) erhalten die Bequemlichkeit des Paßwort-Zugriffs und minimieren gleichzeitig deren Risiken: Jedes Login verlangt ein anderes, unvorhersehbares Paßwort. Hier die Eigenschaften einiger OTP-Systeme:

- Mit dem freien S/Key OTP-System führen Sie eine gedruckte Liste von Paßwörtern mit oder berechnen das nächste Paßwort mit einer Software auf Ihrem Laptop oder PDA.

- Mit dem SecurID-System von RSA Security, Inc. führen Sie ein kleines Gerät (von der Größe einer Kreditkarte oder eines Schlüsselanhängers) mit sich, in das ein LCD-Display integriert ist. In diesem Display erscheint ein häufig wechselnder Code, der mit dem SecurID-Server (der den Code prüft), synchron läuft.

- Das OTP-System von Trusted Information Systems, Inc. (TIS) ist eine als *Challenge-Response* bezeichnete Variante: Der Server gibt die sog. Challenge aus, die Sie in Ihre Soft- oder Hardware eingeben müssen. Das Gerät liefert die entsprechende Antwort (Response), die Sie angeben müssen, um sich zu authentifizieren.

SSH1 unterstützt SecurID als Variante der Paßwort-Authentifizierung und TIS als separate Methode mit Hilfe des Konfigurations-Schlüsselwortes `TISAuthentication`. (Wie bereits erwähnt, handelt es sich hierbei tatsächlich um einen separaten Authentifizierungstyp des SSH-1-Protokolls.) OpenSSH unterstützt TIS nicht, verwendet statt dessen aber die TIS-Message-Typen des SSH-1-Protokolls, um S/Key zu implementieren. Das funktioniert, weil TIS und S/Key beide das Modell des Challenge/Response-Austauschs verwenden.

Die Verwendung dieser Systeme verlangt den Einsatz der benötigten Bibliotheken und Header-Dateien, die Kompilierung von SSH mit den richtigen *configure*-Switches, die Aktivierung der richtigen SSH-Authentifizierungsmethode und die Einrichtung des Systems entsprechend den Anweisungen. Wenn Sie SecurID oder TIS verwenden, sollten die benötigten Bibliotheken und Header-Dateien mit der Software ausgeliefert worden oder zumindest vom Anbieter erhältlich sein. S/Key ist im Netz weit verbreitet, allerdings in den verschiedensten Versionen, und wir kennen hierfür keine anerkannte Referenzseite. Eine populäre Implementierung findet sich im *logdaemon*-Paket von Wietse Venema; siehe *http://www.porcupine.org/wietse/*. Die Details dieser externen Pakete liegen größtenteils außerhalb des Rahmens von SSH, weshalb wir hier auch nicht weiter auf sie eingehen wollen.

3.4.3   Integritätsprüfung

Das SSH-1-Protokoll verwendet eine schwache Integritätsprüfung: einen 32-Bit-CRC-32 (Cyclic Redundancy Check). Diese Art der Prüfung genügt für die Erkennung unbeabsichtigter Änderungen, reicht bei einer vorsätzlichen Beschädigung aber nicht aus. Tatsächlich nutzt die »Insertion Attack« von Futoransky und Kargieman genau diese Schwäche von SSH-1 aus. [3.10.5] Die Verwendung von CRC-32 als Integritätsprüfung ist eine ernstzunehmende Schwäche von SSH-1, die bei der Evolution von SSH-2 geholfen hat. Bei SSH-2 wird eine kryptographisch starke Integritätsprüfung verwendet, die durch solche Angriffe nicht verwundbar ist.

3.4.4   Komprimierung

Das SSH-1-Protokoll unterstützt die Komprimierung von Session-Daten über den »deflate«-Algorithmus von GNU *gzip* (*ftp://ftp.gnu.org/pub/gnu/gzip/*). Datenbytes in Paketen werden in beiden Richtungen separat komprimiert, und zwar jeder in einen einzigen großen Stream ohne Rücksicht auf Paketgrenzen.

Obwohl das bei LAN- oder schnellen WAN-Verbindungen üblicherweise nicht nötig ist, kann die Komprimierung die Geschwindigkeit über langsame Verbindungen (etwa analoge Modem-Verbindungen) merklich steigern. Sie ist besonders vorteilhaft bei Dateiübertragungen, beim X-Forwarding und der Ausführung von curses-basierten Programmen (z.B. Texteditoren) in Terminal-Sessions. Da die Komprimierung vor der Verschlüsselung erfolgt, kann sie darüber hinaus Verzögerungen durch die Verschlüsselung reduzieren. Das kann sich insbesondere für das recht langsame 3DES lohnen.

3.5   Das Innere von SSH-2

In diesem Abschnitt wenden wir uns dem Design und den Interna von SSH-2 zu, insbesondere im Bezug auf die Unterschiede und Verbesserungen gegenüber SSH-1. Auf die Gemeinsamkeiten beider Protokolle werden wir nicht noch einmal eingehen. Wir vergleichen auch die beiden Produkte SSH1 und SSH2, Unterschiede ihrer Software-Implementierungen und der unterstützten Protokolle. Abbildung 3-4 faßt die Architektur von SSH-2 zusammen.

Der wichtigste Unterschied zwischen SSH1 und SSH2 ist die Unterstützung verschiedener, nicht-kompatibler Versionen des SSH-Protokolls: SSH-1.5 und SSH-2.0. [1.5] Die Produkte besitzen auch wichtige Unterschiede in der Implementierung, die zum Teil auf die unterschiedlichen Protokolle zurückzuführen sind. Vieles wurde aber auch einfach weggelassen, weil es sich bei SSH2 um ein völlig neu entwickeltes Produkt handelt.

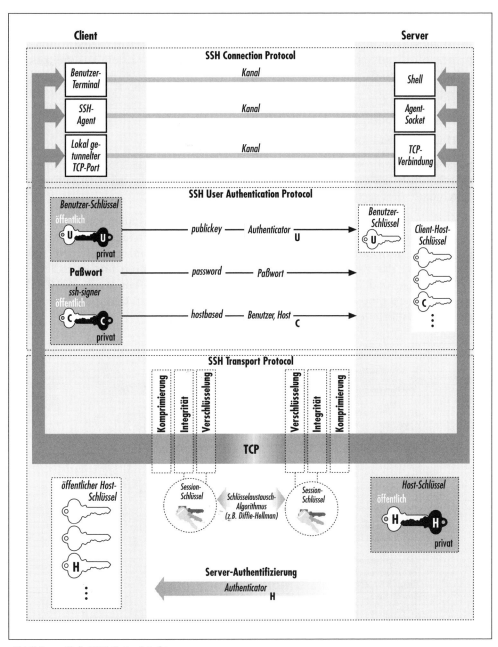

Abbildung 3-4: SSH-2-Architektur

3.5.1   Unterschiede im Protokoll (SSH-1 verglichen mit SSH-2)

SSH-1 ist monolithisch, faßt also mehrere Funktionen in einem einzelnen Protokoll zusammen. SSH-2 andererseits wurde in Module unterteilt und besteht aus drei zusammenarbeitenden Protokollen:

* SSH Transport Layer Protocol (SSH-TRANS)
* SSH Authentication Protocol (SSH-AUTH)
* SSH Connection Protocol (SSH-CONN)

Jedes dieser Protokolle wurde separat spezifiziert, und ein viertes Dokument, SSH Protocol Architecture (SSH-ARCH), beschreibt die Gesamtarchitektur des SSH-2-Protokolls, das durch diese drei separaten Spezifikationen realisiert wurde.

Abbildung 3-5 verdeutlicht die Arbeitsteilung zwischen den Modulen und veranschaulicht, welche Beziehungen zueinander, zu Anwendungsprogrammen und dem Netzwerk bestehen. SSH-TRANS bildet den grundlegenden Baustein. Es stellt den Aufbau der Verbindung, das Paketprotokoll, die Server-Authentifizierung und grundlegende Verschlüsselungs- und Integritätsdienste bereit. Nach dem Aufbau einer SSH-TRANS-Verbindung besitzt eine Anwendung einen einzelnen, sicheren Vollduplex-Bytestream zu einem authentifizierten Peer.

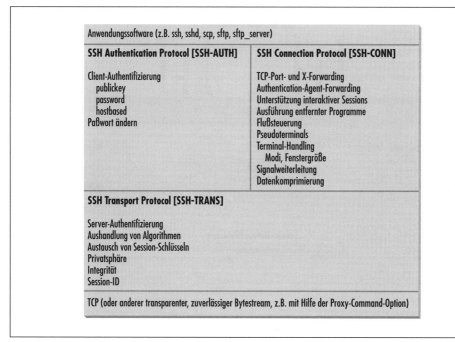

Abbildung 3-5: SSH-2-Protokoll-Familie

Danach kann der Client SSH-AUTH über die SSH-TRANS-Verbindung nutzen, um sich selbst gegenüber dem Server zu authentifizieren. SSH-AUTH definiert drei Authentifizierungsmethoden: publickey, hostbased und password. Publickey ähnelt der SSH-1-Methode »RSA«, ist aber allgemeiner gehalten und kann jeden Public-Key-Algorithmus einbinden. Der Standard verlangt nur einen Algorithmus, DSA, weil RSA bis vor kurzem durch Patentbeschränkungen belastet wurde.[16] Hostbased ähnelt der SSH-1-Methode RhostsRSA und bietet eine Trusted-Host-Authentifizierung, die sich kryptographisch der Identität des Client-Hosts versichert. Die password-Methode ist mit der Paßwort-Authentifizierung von SSH-1 identisch. Auch das Ändern des Paßworts eines Benutzers ist möglich, obwohl wir noch keine Implementierung gesehen haben, die dieses Feature unterstützt. Die schwache und unsichere Rhosts-Authentifizierung von SSH-1 fehlt.

Das SSH-CONN-Protokoll bietet Clients schließlich eine Vielzahl verschiedener Dienste über die von SSH-TRANS bereitgestellte Pipe. Dies schließt alles ein, was notwendig ist, um mehrere interaktive und nicht-interaktive Sessions zu unterstützen: Multiplexing mehrerer Streams (oder *Kanäle*) über die darunterliegende Pipe; Verwaltung des X-, Port- und Agent-Forwardings; Weiterleitung von Anwendungs-Signalen über die Verbindung (etwa SIGWINCH bei Größenänderungen des Terminal-Fensters); Terminal-Handling; Datenkomprimierung und die entfernte Ausführung von Programmen. Im Gegensatz zu SSH-1 kann SSH-CONN mehrere interaktive Verbindungen über die gleiche Verbindung abwickeln. Das bedeutet, daß SSH-2 das X- und Port-Forwarding ermöglicht, ohne daß eine separate Terminal-Session existieren muß, was bei SSH-1 nicht möglich ist.

Beachten Sie, daß SSH-CONN nicht über SSH-AUTH angesiedelt ist; beide liegen auf der gleichen Ebene über SSH-TRANS. Ein spezialisierter SSH-Server für einen ganz bestimmten (eingeschränkten) Einsatzbereich benötigt möglicherweise keine Authentifizierung. Vielleicht gibt sie jedem, der eine Verbindung herstellt, einfach nur »Schön, Sie zu sehen!« aus. Als etwas praxisnäheres Beispiel könnte man einen anonymen *sftp*-Server nennen, der jedem Gast freie Downloads erlaubt. Ein solcher Server könnte einem Client die Teilnahme an SSH-CONN erlauben, sobald eine SSH-TRANS-Verbindung aufgebaut wurde, während ein allgemeiner Login-Server zuerst immer eine erfolgreiche Authentifizierung über SSH-AUTH verlangen würde.

Wir wollen nun die wichtigsten Unterschiede zwischen SSH-1 und SSH-2 untersuchen. Zu diesen zählen:

- Erweiterte Aushandlung von Algorithmen zwischen Client und Server.
- Mehrere Methoden zum Austausch von Schlüsseln.
- Zertifikate für öffentliche Schlüssel.
- Größere Flexibilität bei der Authentifizierung, einschließlich partieller Authentifizierung.

---

16 RSA erreichte im September 2000 die Public Domain, nachdem es viele Jahre ein patentierter Algorithmus war.

- Stärkere Integritätsprüfung durch Kryptographie.

- Regelmäßiges Ersetzen des Session-Schlüssels (»Rekeying«).

3.5.1.1 Auswahl und Aushandlung des Algorithmus

Ein nettes Feature von SSH-1 ist die Aushandlung des Algorithmus (*Algorithm Negotiation*), bei der sich der Client eine Chiffre aussucht, die vom Server für die Bulk-Verschlüsselung unterstützt wird. Andere Algorithmen unter SSH-1 sind allerdings fest codiert und nicht flexibel. SSH-2 baut darauf auf und ermöglicht es, daß noch weitere Algorithem zwischen Client und Server ausgehandelt werden können: Authentifizierung, Hash-Funktion. Austausch von Session-Schlüsseln und Datenkomprimierung. SSH-2 verlangt die Unterstützung jeweils einer Methode pro Kategorie, um die Funktionalität sicherzustellen. Darüber hinaus definiert es verschiedene andere empfohlene und optionale Methoden. [3.9]

Eine weitere Verbesserung von SSH-2 ist ein erweiterbarer Namensraum für Algorithmen. SSH-1 identifiziert die auszuhandelnden Bulk-Cipher durch einen numerischen Code, der keine Werte für lokale Erweiterungen zur Verfügung stellt. Im Gegensatz dazu werden SSH-2-Algorithmen (ebenso wie Protokolle, Dienste und Schlüssel/Zertifikat-Formate) durch Strings benannt, und lokale Definitionen werden explizit unterstützt. In SSH-ARCH heißt es dazu (frei übersetzt):

> Namen, die kein at-Zeichen (@) enthalten, sind für eine Zuweisung durch die IANA (Internet Assigned Numbers Authority) reserviert. Beispiele hierfür sind 3des-cbc, sha1, hmac-sha1 und zlib. Zusätzliche Namen dieses Formats können bei der IANA registriert werden [und] DÜRFEN NICHT verwendet werden, ohne zuerst bei der IANA registriert worden zu sein. Registrierte Namen DÜRFEN KEIN at-Zeichen (@) oder Komma (,) enthalten. Jedermann kann zusätzliche Algorithmen definieren, indem er Namen im Format name@domainname (z.B. ourcipher-cbc@ssh.fi) verwendet. Das Format des Teils vor dem at-Zeichen ist nicht spezifiziert. Es *muß* bis auf das at-Zeichen und das Komma aus US-ASCII-Zeichen bestehen. Der auf das at-Zeichen folgende Name *muß* ein gültiger, vollständig qualifizierter Internet-Domainname [RFC-1034] sein, der unter der Kontrolle der Person oder Organisation steht, die den Namen definiert. Jede Domain entscheidet, wie ihr lokaler Namensraum verwaltet wird.

Dieses Format erlaubt die Einbindung neuer Algorithmen, ohne die Kompatibilität mit anderen SSH-2-Implementierungen zu beeinträchtigen, selbst wenn diese ebenfalls lokale Erweiterungen verwenden. OpenSSH nutzt diese Fähigkeit zur Definition eines Algorithmus zur Integritätsprüfung namens `hmac-ripemd160@openssh.com`.

3.5.1.2 Austausch des Session-Schlüssels und der Server-Schlüssel

Erinnern Sie sich daran, daß der *Session-Schlüssel* der gemeinsam genutzte symmetrische Schlüssel für den Bulk-Cipher ist – also derjenige, der direkt zur Verschlüsselung von Benutzerdaten über die SSH-Verbindung verwendet wird. [3.3] Bei SSH-1 wird dieser Schlüssel vom Client generiert und in sicherer Form an den Server übergeben, indem er mit dem Server-Schlüssel und dem Host-Schlüssel des Servers doppelt verschlüsselt wird. Die Aufgabe des Server-Schlüssels ist die perfekte Vorwärts-Sicherheit. [3.4.1]

Entsprechend seinem Design hat SSH-2 einen etwas allgemeineren Mechanismus eingeführt, um mehrere Methoden zum Austausch von Schlüsseln unterbringen zu können. Der zu verwendende Mechanismus wird dann von den beiden Parteien ausgehandelt. Die gewählte Methode erzeugt ein gemeinsam genutztes »Geheimnis«, das nicht direkt als Session-Schlüssel verwendet wird, sondern als Ausgangspunkt für einen weiteren Prozeß dient, der den Session-Schlüssel generiert. Diese zusätzliche Verarbeitung stellt sicher, daß keine Seite den Session-Schlüssel vollständig ermitteln kann (und zwar unabhängig von der verwendeten Methode), und schützt vor Replay-Angriffen. [3.1.2] Die Schlüssel-Austausch-Phase des SSH-2-Protokolls ist (genau wie bei SSH-1) auch für die Server-Authentifizierung verantwortlich.

SSH-2 definiert momentan nur eine Methode zum Austausch von Schlüsseln, `diffie-hellman-group1-sha1`, die von allen Implementierungen unterstützt werden muß. Wie es der Name andeutet, handelt es sich um den Diffie-Hellman-Schlüsselaustausch-Algorithmus mit einer festen Gruppe,[17] zusammen mit der SHA-1-Hash-Funktion. Der Diffie-Hellman-Algorithmus bietet Vorwärts-Sicherheit von Haus aus, weshalb ein Server-Schlüssel nicht benötigt wird. Unabhängig von der eben beschriebenen Verarbeitung stellt der Diffie-Hellman-Algorithmus von selbst sicher, daß keine Seite das gemeinsam genutzte Geheimnis diktieren kann.

`diffie-hellman-group1-sha1` bietet bereits eine Vorwärts-Sicherheit, weshalb sie nutzende SSH-2-Implementierungen keine Server-Schlüssel benötigen. Weil andere Schlüssel-Austausch-Methoden für SSH-2 definiert werden können, könnte man theoretisch den SSH-1-Schlüssel-Austausch-Algorithmus implementieren, der einen Server-Schlüssel (oder eine vergleichbare Methode) benötigt, um die perfekte Vorwärts-Sicherheit zu garantieren. Eine solche Methode wurde aber nicht definiert, weshalb man Server-Schlüssel nur bei SSH1 und OpenSSH/1 findet. Aus diesem Grund ist ein reiner SSH-2-Server für den Einsatz unter *inetd* besser geeignet, weil er den Overhead der Generierung eines Server-Schlüssels beim Start vermeidet. [5.4.3.2] Beispiele sind SSH2 oder OpenSSH mit deaktivierter SSH-1-Unterstützung.

3.5.1.3 Bindung von Schlüssel und Identität

Bei jedem Public-Key-System ist das entscheidende Problem die Verifikation des Besitzers eines Schlüssels. Stellen Sie sich vor, Sie wollen verschlüsselte Nachrichten mit Ihrer Freundin Alice austauschen. Einem Eindringling, nennen wir ihn Mallory, gelingt es aber nun, daß Sie einen *seiner* öffentlichen Schlüssel als den von Alice akzeptieren. Nun sind alle Nachrichten, die Sie (vermeintlich) für Alice verschlüsseln, auch für Mal-

---

17 Eine *Gruppe* ist eine mathematische Abstraktion, die für die Diffie-Hellman-Prozedur von Bedeutung ist. Sollten Sie neugierig sein, sei auf die entsprechende Literatur zur Gruppentheorie, Zahlentheorie oder abstrakten Algebra verwiesen.

lory zugänglich. Natürlich werden Sie und Alice das Problem schnell entdecken, sobald Alice bemerkt, daß sie Ihre Nachrichten nicht lesen kann, aber dann ist der Schaden schon entstanden.

Das Problem des Schlüssel-Besitzes (»key-ownership«) wird mit einer als *Public-Key-Zertifikat* bezeichneten Technik gelöst. Ein Zertifikat ist eine Datenstruktur, die bestätigt, daß eine *vertrauenswürdige dritte Partei* für den Besitzer des Schlüssels bürgt. Genauer gesagt, verbürgt das Zertifikat die Bindung zwischen einem öffentlichen Schlüssel und einer bestimmten Identität (einem persönlichen oder einem Firmennamen, einer E-Mail-Adresse, URL etc.) oder einer Fähigkeit (das Recht zur Nutzung einer Datenbank, Modifikation einer Datei, Nutzung eines Accounts etc.). Diese Bestätigung erfolgt durch die dritte Partei in Form einer digitalen Signatur. In unserem Beispiel könnten also Sie und Alice eine vertrauenswürdige dritte Partei, Pete, dazu bewegen, ihre jeweiligen öffentlichen Schlüssel zu beglaubigen und Sie würden daher Mallorys falschem, unsignierten Schlüssel nicht vertrauen.

Das ist alles schön und gut, aber wer bürgt für den Bürgen? Woher wissen Sie, daß wirklich Pete für den Schlüssel von Alice bürgt? Dieses Problem taucht rekursiv auf, weil Sie den öffentlichen Schlüssel des Bürgen benötigen und dazu das entsprechende Zertifikat und so weiter. Diese Zertifikatsketten können in einer Hierarchie angeordnet werden, deren Wurzeln bei allgemein bekannten Zertifikatsvergabestellen, den sog. Certificate Authorities, liegen. Alternativ können sie in einem dezentralisierten Netzwerk angeordnet werden, dem sog. »Netz des Vertrauens« (»web of trust«), wie es von PGP verwendet wird. Solche Anordnungen oder Vertrauensmodelle bilden die Basis einer Public-Key-Infrastruktur (PKI).

Bei SSH taucht dieses Schlüssel-Besitz-Problem bei den Bindungen zwischen Hostnamen und Hostschlüsseln auf. Alle aktuellen SSH-Implementierungen verwenden einfache Datenbanken mit Hostnamen, Adressen und Schlüsseln, die vom Benutzer oder Systemadministrator gepflegt und verteilt werden müssen. Man kann wohl kaum von einem skalierbaren System reden. SSH-2 erlaubt es, Zertifikate in öffentliche Schlüssel aufzunehmen, und öffnet so die Türen für PKI-Techniken. Die aktuelle SSH-2-Spezifikation definiert Formate für X.509-, SPKI- und OpenPGP-Zertifikate, obwohl keine aktuelle SSH-Implementierung deren Verwendung unterstützt.

Zertifikate können theoretisch auch für die Benutzer-Authentifizierung angewandt werden. Zum Beispiel kann ein Zertifikat einen Benutzernamen an einen öffentlichen Schlüssel binden, und SSH-Server können gültige Zertifikate als Autorisierung für den Besitzer des privaten Schlüssels akzeptieren, um ihm den Zugang zu einem Account zu ermöglichen. Dieses System bietet die Vorteile der hostbasierten Authentizerung ohne die fragile Abhängigkeit der Sicherheit des Hosts auf der Gegenseite. Wenn sich PKIs weiter verbreiten, werden solche Features vielleicht auch erscheinen.

3.5.1.4 Authentifizierung

Um eine Authentifizierung vorzunehmen, probiert ein SSH-1-Client eine Reihe von Authentifizierungsmethoden, die er aus einer vom Server vorgegebenen Menge wählt – Public-Key, Paßwort, Trusted Host etc. – bis eine erfolgreich ist oder alle fehlgeschlagen sind. Bei dieser Methode geht es um alles oder nichts: Es gibt für den Server keine Möglichkeit, mehrere Formen der Authentifizierung zu verlangen, weil die Authentifizierungsphase endet, sobald eine Methode erfolgreich war.

Das SSH-2-Protokoll ist da flexibler: Der Server informiert den Client, welche Authentifizierungsmethoden an den jeweiligen Punkten des Austauschs verwendet werden können, d.h. das Ganze ist im Gegensatz zu SSH-1 nicht nur auf den Anfang der Verbindung beschränkt. Ein SSH-2-Server kann daher zum Beispiel entscheiden, daß die Public-Key-Authentifizierung nach zwei erfolglosen Versuchen deaktiviert wird, und sich dann allein auf die Paßwort-Methode beschränken. Eine Anwendung dieses Features ist besonders erwähnenswert. SSH-2-Clients führen üblicherweise den ersten Authentifizierungsversuch mit der speziellen Methode »none« durch. Diese schlägt immer fehl und liefert die eigentlichen, vom Server erlaubten Authentifizierungsmethoden zurück. Wenn Sie verwirrende Einträge in den SSH-Logs finden, die angeben, daß die Methode »none« fehlgeschlagen ist (»failed«), wissen Sie nun, was vorgeht (und daß es normal ist).

Ein SSH-2-Server kann auch partiellen Erfolg andeuten: daß eine bestimmte Methode erfolgreich war, aber noch eine weitere Authentifizierung notwendig ist. Der Server kann daher vom Client noch mehrere Authentifizierungen für das Login verlangen, etwa Paßwort und hostbasiert. Das Konfigurations-Schlüsselwort `RequiredAuthentications` des SSH-2-Servers steuert dieses Feature, das OpenSSH/2 momentan fehlt. [5.5.1]

3.5.1.5 Integritätsprüfung

Um die schwache CRC-32-Integritätsprüfung von SSH-1 zu verbessern, verwendet SSH-2 krypotographisch starke MAC-Algorithmen (Message Authentication Code), um die Integrität und den Ursprung der Daten sicherzustellen. Die MAC-Methoden und die Schlüssel für jede Richtung werden (neben den Verschlüsselungs-Schlüsseln für die Session) während der Schlüssel-Austausch-Phase des Protokolls ermittelt. SSH-2 definiert verschiedene MAC-Algorithmen und verlangt die Unterstützung von `hmac-sha1`, einem 160-Bit-Hash, das das HMAC-Konstrukt mit SHA-1 verwendet. (Siehe RFC-2104, »HMAC: Keyed-Hashing for Message Authentication«.)

3.5.1.6 Hostbasierte Authentifizierung

Ein SSH-Server benötigt irgendeine Möglichkeit der Identifizierung des Client-Hosts, um eine hostbasierte Authentifizierung vornehmen zu können. Er braucht das insbesondere für zwei Operationen:

- Lookup des Schlüssels des Client-Hosts
- Erkennung des Client-Hosts bei der Autorisierung über die hostbasierten Steuerungsdateien (*shosts.equiv*, etc.)

Wir nennen diese Operationen den *HAUTH*-Prozeß. Nun gibt es einen wichtigen Unterschied in der Trusted-Host-Authentifizierung zwischen den Protokollen 1 und 2: Bei SSH-2 verlangt die Authentifizierung den Hostnamen des Clients, was bei SSH-1 nicht der Fall ist. Das bedeutet, daß SSH-1 gezwungen ist, die IP-Adresse des Clients als Identifier zu verwenden oder einen Namen, der über einen entsprechenden Nameservice aus dieser Adresse abgeleitet wurde. Weil die Vorstellung des SSH-1-Servers zur Identität des Client-Hosts an die Netzwerkadresse des Clients gebunden ist, kann die RhostsRSA Authentifizierung unter den folgenden, gängigen Szenarien nicht vollständig (und manchmal überhaupt nicht) funktionieren:

- Mobiler Client mit wechselnder IP-Adresse (z.B. ein Laptop, der in unterschiedliche Netzwerke eingehängt wird)

- Client hinter einem im Netzwerk sichtbaren Proxy wie etwa SOCKS

- Client mit mehreren Netzwerkadressen (»Multihoming«), solange die jeweiligen DNS-Einträge nicht entsprechend angeordnet sind

Das SSH-2-Protokoll kennt diese Beschränkung hingegen nicht: Der Prozeß der hostbasierten Authentifizierung ist prinzipiell unabhängig von der Netzwerkadresse des Clients. Ein SSH-2-Server besitzt für den Client-Identifier zwei mögliche Kandidaten: den Namen in der Authentifizierungs-Anforderung (N_{auth}) und den Namen, der über die Netzwerkadresse des Clients ermittelt wurde (N_{net}). N_{net} kann einfach ignoriert und statt dessen N_{auth} für *HAUTH* verwendet werden. Natürlich müssen die Liste bekannter Hosts und die hostbasierten Autorisierungsdateien entsprechend diesem Namensraum gepflegt werden. Natürlich kann N_{auth} für jeden Identifier-Raum gewählt werden und muß nicht notwendigerweise an den Netzwerk-Namensdienst gebunden sein. Der Klarheit halber sollte man wahrscheinlich fortfahren, den kanonischen Hostnamen zu verwenden.

So, wie es augenblicklich implementiert ist, macht SSH2 das nicht. *sshd2* verhält sich wie *sshd1*, verwendet also N_{net} für *HAUTH* und verwendet N_{auth} nur als Rückversicherung. Ist $N_{net} \neq N_{auth}$, schlägt die Authentifizierung bei *sshd2* fehl. Das ist tatsächlich ein Rückschritt und läßt die hostbasierte Authentifizierung weit weniger nützlich erscheinen, als sie sein könnte, weil die oben erwähnten Szenarien immer noch nicht funktionieren. Die Autoren haben SCS anstelle von N_{auth} für *HAUTH* empfohlen und die Prüfung von $N_{net} = N_{auth}$ als hostbezogene Option. Das sorgt in den Fällen für zusätzliche Sicherheit, in denen man weiß, daß sich die Hostadresse des Clients nicht ändern sollte. Das entspricht der Public-Key-Authentifizierung, die unabhängig von der Hostadresse des Clients ist, gleichzeitig bei Bedarf aber zusätzliche Beschränkungen, basierend auf der Quelladresse, erlaubt (über die `"hosts="` *authorized_keys*-Option).

3.5.1.7 *Session-Rekeying*

Je mehr Daten mit einem bestimmen Schlüssel verschlüsselt werden und zur Analyse zur Verfügung stehen, desto besser sind die Chancen für Angreifer, die Verschlüsselung zu knacken. Es ist daher klug, die Schlüssel in regelmäßigen Abständen zu ändern, wenn große Datenmengen verschlüsselt werden. Für asymmetrische Schlüssel ist das

kein großes Thema, weil diese üblicherweise nur zur Verschlüsselung kleiner Datenmengen verwendet werden, um etwa digitale Signaturen über Hash-Werte oder symmetrische Schlüssel zu verschlüsseln. Der Schlüssel des Bulk-Ciphers einer SSH-Verbindung könnte hingegen Hunderte MByte Daten verschlüsseln, wenn etwa große Dateien
übertragen oder gesicherte Backups durchgeführt werden. Das SSH-2-Protokoll bietet
beiden Seiten einer SSH-Verbindung die Möglichkeit, die Wahl eines neuen Schlüssels
(Rekeying) einer Session zu initiieren. Client und Server handeln daraufhin einen neuen
Session-Schlüssel aus und nehmen ihn in Betrieb. SSH-1 besitzt keine Möglichkeit, den
Bulk-Cipher-Schlüssel einer Session zu ändern.

3.5.1.8 SSH-1/SSH-2: Zusammenfassung

Tabelle 3-3 faßt die wichtigsten Unterschiede zwischen den Versionen 1.5 und 2.0 des
SSH-Protokolls zusammen.

Tabelle 3-3: Unterschiede zwischen SSH-1 und SSH-2

SSH-2	SSH-1
Separate Transport-, Authentifizierungs- und Verbindungsprotokolle.	Ein monolithisches Protokoll.
Starke kryptographische Integritätsprüfung.	Schwache CRC-32-Integritätsprüfung.
Unterstützt Änderung von Paßwörtern.	Nicht vorhanden.
Beliebige Anzahl von Session-Kanälen pro Verbindung (auch keine).	Jeweils ein Session-Kanal pro Verbindung (verlangt den Start eines entfernten Befehls, selbst wenn Sie keinen möchten).
Vollständige Aushandlung modularer krypo-tographischer und Komprimierungsalgorith-men einschließlich Bulk-Verschlüsselung, MAC und Public-Key.	Nur der Bulk-Cipher wird ausgehandelt, alle anderen sind fest.
Verschlüsselung, MAC und Komprimierung werden für jede Richtung mit unabhängigen Schlüsseln ausgehandelt.	Die gleichen Algorithmen und Schlüssel wer-den in beide Richtungen verwendet (obwohl RC4 separate Schlüssel verwendet, weil das Design des Algorithmus die Wiederverwen-dung von Schlüsseln verbietet).
Ein erweiterbares Namensschema für Algo-rithmen/Protokolle erlaubt lokale Erweite-rungen bei gleichzeitiger Erhaltung der Kom-patibilität.	Feste Codierung verhindert kompatible Erweiterungen.
Methoden der Benutzer-Authentifizierung: • Public-Key (DSA, RSA, OpenPGP) • hostbasiert • Paßwort • (Rhosts aufgrund des Sicherheitsrisikos weggelassen)	Unterstützt eine größere Anzahl: • Public-Key (nur RSA) • RhostsRSA • Paßwort • Rhosts (*rsh*-Stil) • TIS • Kerberos

Tabelle 3-3: Unterschiede zwischen SSH-1 und SSH-2 (Fortsetzung)

SSH-2	SSH-1
Verwendung der Diffie-Hellman-Schlüssel-Vereinbarung macht Server-Schlüssel unnötig.	Server-Schlüssel wird zur Vorwärts-Sicherheit des Session-Schlüssels verwendet.
Unterstützt Public-Key-Zertifikate.	Nicht vorhanden.
Die Benutzer-Authentifizierung ist flexibler und erlaubt mehrere Formen der Authentifizierung.	Erlaubt genau eine Form der Authentifizierung pro Session.
Hostbasierte Authentifizierung ist prinzipiell unabhängig von der Netzwerkadresse des Clients und kann so auch mit Proxies, mobilen Clients etc. funktionieren (aber siehe [3.5.1.6]).	Die RhostsRSA-Authentifizierung ist effektiv an die Hostadresse des Clients gebunden und schränkt damit ihren Nutzen ein.
Regelmäßige Ersetzung des Session-Schlüssels.	Nicht verfügbar.

3.5.2 Implementierungs-Unterschiede

Die aktuellen Implementierungen von SSH-1 und SSH-2 weisen viele Unterschiede auf. Einige dieser Unterschiede resultieren direkt aus den unterschiedlichen Protokollen, etwa die Fähigkeit, mehrere Formen der Authentifizierung zu verlangen, oder die Unterstützung des DSA Public-Key-Algorithmus. Bei anderen handelt es sich um unterschiedliche Features, die nicht durch die Protokolle diktiert werden, sondern einfach nur von den Software-Autoren aufgenommen oder weggelassen wurden. Nachfolgend diskutieren wir einige nicht Protokoll-bezogene Entwurfs- und Feature-Unterschiede zwischen OpenSSH, SSH1 und SSH2:

* Host-Schlüssel
* Kein Fallback zu *rsh*
* Setuid-Client
* SSH-1-Rückwärtskompatiblität

3.5.2.1 Host-Schlüssel

SSH-Host-Schlüssel sind langfristige asymmetrische Schlüssel, die SSH (oder, je nach SSH-Implementierung, Instanzen des SSH-Servers) betreibende Hosts unterscheiden und identifizieren. Beim SSH-Protokoll erfolgt das an zwei Stellen:

1. Bei der Server-Authentifizierung, die die Identität des Server-Hosts gegenüber Clients, die die Verbindung herstellen, verifiziert. Dieser Prozeß tritt bei jeder SSH-Verbindung auf.[18]

---

18 Bei SSH-1 verschlüsselt der Host-Schlüssel auch den Session-Schlüssel zur Übertragung zum Server. Allerdings dient dies tatsächlich mehr der Server-Authentifizierung als dem Schutz der Daten. Der Server beweist später seine Identität, indem er zeigt, daß er den Session-Schlüssel korrekt entschlüsseln konnte. Der Schutz des Session-Schlüssels wird erreicht, indem er ein zweites Mal mit dem kurzlebigen Server-Schlüssel verschlüsselt wird.

2. Authentifizierung eines Client-Hosts gegenüber dem Server. Wird nur bei Rhosts-RSA- oder hostbasierter Benutzer-Authentifizierung verwendet.

Leider ist der Begriff »Host-Schlüssel« etwas irreführend. Er impliziert, daß nur ein solcher Schlüssel zu einem bestimmten Host gehören kann. Das stimmt für die Client-Authentifizierung auch, nicht aber für die Server-Authentifizierung, weil mehrere SSH-Server auf einer einzelnen Maschine laufen können, jeder mit einem anderen ihn identifizierenden Schlüssel.[19] Dieser sogenannte »Host-Schlüssel« identifiziert dann tatsächlich eine laufende Instanz des SSH-Server-Programms und nicht die Maschine.

SSH1 verwaltet eine einzelne Datenbank, die sowohl der Server- als auch der Client-Authentifizierung dient. Sie ist die Vereinigung der *known_hosts*-Datei (*/etc/ssh_known_hosts*) des Systems mit der benutzereigenen *~/.ssh/known_hosts*-Datei auf der Quell- (zur Server-Authentifizierung) oder der Zielmaschine (zur Client-Authentifizierung). Die Datenbank bildet einen Hostnamen oder eine Adresse auf eine Menge von Schlüsseln ab, die zur Authentifizierung eines Hosts mit diesem Namen oder dieser Adresse akzeptabel sind. Ein Name kann mit mehreren Schlüsseln assoziiert werden (mehr hierzu gleich).

SSH2 pflegt zu diesem Zweck hingegen zwei separate Dateien:

- Die *hostkeys*-Abbildung zur Server-Host-Authentifizierung.
- Die *knownhosts*-Abbildung zur Client-Host-Authentifizierung.

Hurra, noch mehr verwirrende Terminologie. Hier wird der Begriff »known hosts« in einem leicht unterschiedlichen Format (knownhosts gegen known_hosts) für einen sich überschneidenden, aber nicht identischen Zweck genutzt.

Während SSH1 die Host-Schlüssel in einer Datei mit mehreren Einträgen behält, speichert SSH2 diese in einem Verzeichnis mit jeweils einem Schüssel pro Datei, indexiert nach Dateiname. Ein *knownhosts*-Verzeichnis könnte beispielsweise wie folgt aussehen:

```
$ ls -l /etc/ssh2/knownhosts/
total 2
-r--r--r--   1 root      root          697 Jun  5 22:22 wynken.sleepy.net.ssh-dss.pub
-r--r--r--   1 root      root          697 Jul 21  1999 blynken.sleepy.net.ssh-dss.pub
```

Beachten Sie, daß der Dateiname die Form *<hostname>.<schlüsseltyp>.pub* hat.

Die andere Abbildung, *hostkeys*, ist nicht nur nach Name/Adresse aufgelistet, sondern auch nach dem TCP-Listen-Port des Servers, also nach TCP-Sockets. Das erlaubt mehrere Schlüssel pro Host in einer spezifischeren Form als bisher. Hier weisen die Dateinamen die Form *key_<portnummer>_<hostname>.pub* auf. Das folgende Beispiel zeigt die öffentlichen Schlüssel für einen auf *wynken*, Port 22, sowie zwei auf *blynken* an den Ports 22 und 220 laufenden SSH-Servern. Zusätzlich haben wir einen symboli-

---

19 Oder, wenn Sie das wünschen, der gemeinsamen Nutzung des gleichen Schlüssels, vorausgesetzt, die Server sind zueinander kompatibel.

schen Link angelegt, der »nod« zu einem anderen Namen für den Server an *wynken*:22 macht. Endbenutzer können diese Tabellen erweitern (manuell oder automatisch durch den Client), indem Schlüssel in die Verzeichnisse *~/.ssh2/knownhosts* und *~/.ssh2/hostkeys* eingetragen werden.

```
$ ls -l /etc/ssh2/hostkeys/
total 5
-rw-r--r--  1 root     root      757 May 31 14:52 key_22_blynken.sleepy.net.pub
-rw-r--r--  1 root     root      743 May 31 14:52 key_22_wynken.sleepy.net.pub
-rw-r--r--  1 root     root      755 May 31 14:52 key_220_wynken.sleepy.net.pub
lrwxrwxrwx  1 root     root       28 May 31 14:57 key_22_nod.pub ->
                                                  key_22_wynken.sleepy.net.pub
```

Auch wenn es mehrere Schlüssel je Host erlaubt, fehlt SSH2 doch ein nützliches Feature von SSH1: mehrere Schlüssel *pro Name*. Hört sich gleich an, weist aber einen subtilen Unterschied auf: Namen können auf mehr als einen Host verweisen. Ein typisches Beispiel sind lastverteilende Login-Server, die hinter einem einzelnen Hostnamen verborgen werden. Eine Universität könnte drei Maschinen für das allgemeine Login vorsehen, von denen jede einen eigenen Namen und eine IP-Adresse besitzt:

> *login1.foo.edu* → 10.0.0.1
> *login2.foo.edu* → 10.0.0.2
> *login3.foo.edu* → 10.0.0.3

Zusätzlich gibt es einen generischen Namen, der alle drei Adressen umfaßt:

> *login.foo.edu* → {10.0.0.1, 10.0.0.2, 10.0.0.3}

Das Universitäts-Rechenzentrum weist die Leute an, die Verbindung nur über *login.foo.edu* herzustellen, und der Universitäts-eigene Nameservice gibt diese drei Adressen abwechselnd aus (mittels Round-Robin-DNS), um die Last zwischen diesen drei Maschinen zu verteilen. Standardmäßig hat SSH mit einem solchen Setup Probleme. Bei jeder Verbindung zu *login.foo.edu* besteht eine 2/3-Chance, eine andere Maschine als beim letzten Mal zu erreichen, die dann natürlich einen anderen Schlüssel besitzt. SSH beschwert sich beständig, daß sich der Host-Schlüssel von *login.foo.com* geändert hat, und gibt eine Warnung bezüglich eines möglichen Angriffs gegen Ihren Client aus. Das wird schnell lästig. Bei SSH1 können Sie die Datei *known_hosts* ändern, um einen generischen Namen mit jedem einzelnen Host-Schlüssel zu verknüpfen. Aus:

```
login1.foo.edu 1024 35 1519086808544755383...
login2.foo.edu 1024 35 1508058310547044394...
login3.foo.edu 1024 35 1087309429906462914...
```

machen Sie also:

```
login1.foo.edu,login.foo.edu 1024 35 1519086808544755383...
login2.foo.edu,login.foo.edu 1024 35 1508058310547044394...
login3.foo.edu,login.foo.edu 1024 35 1087309429906462914...
```

Bei SSH2 gibt es hingegen keine allgemeine Möglichkeit, dies zu tun. Weil die Datenbank nach Einträgen in einem Verzeichnis indexiert ist (mit jeweils einem Schlüssel pro Datei), kann sie nicht mehr als einen Schlüssel pro Namen besitzen.

Nun scheint man auf diese Weise etwas an Sicherheit zu verlieren, aber das glauben wir nicht. Schließlich erkennt man letztendlich nur, daß ein bestimmter Name zu verschiedenen Zeiten auf verschiedene Hosts verweist. Sie weisen SSH also nur an, einer Verbindung zu vertrauen, wenn der Name durch eine gegebene Menge von Schlüsseln authentifiziert werden kann. Meist besitzt diese Menge nur einen Eintrag, und Sie sagen SSH: »Wenn ich die Verbindung zu diesem Namen herstelle, möchte ich sicherstellen, daß ich auch mit dem entsprechenden Host verbunden werde.« Bei mehreren Schlüsseln pro Name können Sie auch sagen: »Wenn ich die Verbindung zu diesem Namen herstelle, möchte ich sicherstellen, daß ich mit einem aus der folgenden Menge von Hosts verbunden werde.« Das ist eine durchaus gültige und nützliche Sache.

Eine andere Möglichkeit zur Lösung dieses Problems besteht für den Systemadministrator von *login. foo.com* darin, den gleichen Host-Schlüssel auf allen drei Maschinen zu installieren. Aber damit rauben Sie SSH die Fähigkeit, diese Hosts zu unterscheiden, selbst wenn Sie es möchten. Wir empfehlen den anderen Ansatz.

3.5.2.2   Kein Fallback zu rsh

SSH1 unterstützt nicht nur die Authentifizierung im *rsh*-Stil, *ssh* kann *rsh* sogar automatisch starten, wenn auf einem entfernten Host kein SSH-Server läuft. Neben der Unterstützung der Rhosts-Authentifizierung wurde dieses Feature bei SSH2 aufgrund der mangelnden Sicherheit von *rsh* bewußt weggelassen. [7.4.5.8]

3.5.2.3   Setuid-Client

Der SSH1-Client muß unter setuid root installiert werden, um die RhostsRSA-Authentifizierung nutzen zu können. Hierfür gibt es zwei Gründe: Zugriff auf Host-Schlüssel und privilegierte Quell-Ports. Der vom Client benötigte privilegierte Port ist ein Überbleibsel der Authentifizierung nach *rsh*, der die Sicherheit von RhostsRSA nicht erhöht. Diese Anforderung wurde bei der hostbasierten Authentifizierung von SSH2 fallengelassen. [3.4.2.3]

Bleibt als Grund für einen setuid-Client noch der Zugriff auf die private Datei mit den Host-Schlüsseln. Der Host-Schlüssel wird unverschlüsselt abgelegt, weshalb SSH darauf zugreifen kann, ohne von jemandem eine Paßphrase anfordern zu müssen. Aus diesem Grund muß die Datei, die den privaten Host-Schlüssel enthält, davor geschützt werden, von jedem gelesen werden zu können. Der SSH-Server läuft üblicherweise aus anderen Gründen mit Root-Rechten und kann daher jede Datei lesen. Der Client wird hingegen von normalen Anwendern genutzt, muß aber trotzdem auf den privaten Host-Schlüssel zugreifen, um die Trusted-Host-Authentifizierung durchführen zu können. Die Datei wird üblicherweise so installiert, daß nur root sie lesen kann und deshalb müssen Clients unter setuid root laufen.

Nun vermeidet man soweit wie möglich die Installation von setuid-Programmen – insbesondere die mit setuid root. Jedes dieser Programme muß sorgfältig entwickelt werden, um einen Mißbrauch zu vermeiden. Ein setuid-Programm sollte vorzugsweise klein und einfach sein, mit sowenig Benutzer-Interaktion wie möglich. Der umfangreiche, komplizierte SSH-Client, der fortlaufend mit Benutzern und anderen Maschinen kommuniziert, ist definitiv kein sicherer Kandidat.

SSH2 umgeht dieses Problem durch die Einführung des Programms *ssh-signer2*. *ssh-signer2* lagert in einem separaten Programm den Teil des Clients aus, der Zugriff auf den privaten Host-Schlüssel benötigt. Es spricht in der Standardein- und -ausgabe das SSH-Paketprotokoll. Als Eingabe verlangt es eine zu signierende hostbasierte Authentifizierungs-Anforderung. Diese Anforderung wird sorgfältig auf ihre Gültigkeit hin geprüft, insbesondere wird geprüft, ob der Benutzername in der Anforderung mit dem übereinstimmt, unter dem *ssh-signer2* läuft, und ob der Hostname der kanonische Name des aktuellen Hosts ist. Ist die Anforderung gültig, signiert *ssh-signer2* sie mit dem Host-Schlüssel und gibt diesen zurück.

Weil *ssh-signer2* relativ klein und einfach ist, kann man zuversichtlich sein, daß es sorgfältig entwickelt und sicher genug ist, um setuid zu laufen. Im Gegenzug ist der SSH-Client selbst nicht länger setuid. Muß eine hostbasierte Authentifizierungs-Anforderung signiert werden, führt es *ssh-signer2* als Unterprozeß auf, um die Signatur zu erhalten.

Auch wenn der Installationsprozeß von SSH2 den privaten Host-Schlüssel nur für root lesbar macht und *ssh-signer2* setuid root setzt, so gibt es doch keinen triftigen Grund, den root-Account zu diesem Zweck zu verwenden, vielmehr spricht alles dagegen. Es reicht aus, einen neuen, unprivilegierten Benutzer, vielleicht »ssh«, zu diesem Zweck anzulegen. Hierbei sollte es sich um einen geschützten Account ohne Paßwort und irgendeine Möglichkeit des Einloggens handeln, und alle Account-Informationen sollten nicht im NIS, sondern in lokalen Dateien (*/etc/passwd, /etc/group*) enthalten sein. Sie müssen dann sicherstellen, daß die Datei mit dem Host-Schlüssel nur von diesem Account gelesen werden kann, und den Besitz von *ssh-signer2* diesem Account zuordnen und entsprechend setuid setzen:

```
# chown ssh /etc/ssh_host_key
# chmod 400 /etc/ssh_host_key
# chown ssh /usr/local/bin/ssh-signer2
# chmod 04711 /usr/local/bin/ssh-signer2
```

Damit erreichen Sie den gleichen Effekt wie bei der Standardinstallation und minimieren sogar noch das Risiko, weil kein Programm mit setuid root notwendig ist.

Sie können das gleiche auch mit *ssh1* machen, allerdings wird dadurch die Trusted-Host-Authentifizierung unmöglich, weil der Server einen privilegierten Quellport für den RhostsRSA-Mechanismus verlangt.

3.5.2.4   Rückwärtskompatibilität mit SSH-1

SSH2 kann Rückwärtskompatibilität mit dem SSH-1-Protokoll bereitstellen, wenn das gesamte SSH1-Paket ebenfalls auf der gleichen Maschine installiert ist. SSH2-Client und -Server führen einfach die entsprechenden SSH1-Gegenstücke aus, wenn die Verbindung zu einem Partner hergestellt wird, der das alte Protokoll verwendet. Das ist recht mühselig und außerdem verschwenderisch und langsam, weil jeder neue *sshd1* seinen eigenen Server-Schlüssel erzeugen muß, den der einzelne Master-Server anderenfalls nur einmal pro Stunde neu generieren würde. Man verschwendet Entropie (manchmal ein wertvolles Gut), und es kann zu deutlichen Verzögerungen beim Aufbau von SSH-1-Verbindungen zu SSH2-Servern kommen. Darüber hinaus ist es administrativer Mehraufwand und ein Sicherheitsproblem, weil zwei getrennte SSH-Serverkonfigurationen gepflegt werden müssen und sichergestellt werden muß, daß die gewünschten Beschränkungen in beiden Konfigurationen adäquat abgedeckt werden.

Beginnend mit der Version 2.1.0, unterstützt OpenSSH SSH-1 und SSH-2 in einer einzelnen Gruppe von Programmen, auch wenn diese Unterstützung nicht so vollständig ist wie bei SSH2. (So fehlt zum Beispiel die hostbasierte Authentifizierung, was aber die SSH-2-Konformität nicht beinträchtigt, weil diese Unterstützung optional ist.) Diese Technik vermeidet das dem SSH2-Mechanismus innewohnende Problem. Das SSH-1-Protokoll wird aber immer noch als erste Wahl betrachtet. Greifen Sie auf einen Server zu, der beide Protokolle unterstützt, verwendet der OpenSSH-Client SSH-1. Sie können die Verwendung von SSH-2 mit dem Switch *–2* oder der Konfigurationsanweisung »protocol 2« erzwingen.

3.6   *Benutzer-Zugriff (userfile)*

Der SSH-Server läuft üblicherweise als root (ebenso wie unter bestimmten Umständen auch der Client). An verschiedenen Punkten benötigt SSH Zugriff auf Dateien, die den Quell- oder Ziel-Accounts gehören. Die Privilegien des root-Accounts stehen über den meisten Zugriffskontrollen, nicht aber über allen. So besitzt der root-Account auf einem NFS-Client nicht notwendigerweise irgendwelche besonderen Zugriffsrechte auf die Dateien in einem entfernten Dateisystem. Ein weiteres Beispiel sind POSIX-Zugriffskontrolllisten (Access Control Lists, kurz ACLs). Nur der Eigentümer einer Datei kann eine Datei-ACL ändern, und root kann diese Beschränkung nicht aufheben.

Bei Unix gibt es für einen Prozeß die Möglichkeit, die Identität eines anderen Benutzers anzunehmen: den Systemaufruf setuid. root kann die Einrichtung nutzen, um zu jedem Benutzer zu »werden«. Allerdings ist dieser Aufruf für die Dauer des Prozesses nicht mehr rückgängig zu machen, d.h., ein Programm kann seine vorherigen Privilegien nicht wiedererlangen, was setuid für SSH ungeeignet macht. Einige Unix-Implementierungen besitzen eine umkehrbare Form (set effective user ID), die aber nicht universell verfügbar und nicht Teil von POSIX ist.[20]

---

20 Tatsächlich besitzt POSIX das gleiche Feature unter einem anderen Namen, aber auch das ist nicht immer vorhanden.

Um die Portabilität zu unterstützen, verwenden SSH1 und SSH2 den zuverlässig verfügbaren setuid-Systemaufruf. Beim ersten Zugriff auf eine Datei unter dem regulären Benutzer wird ein Unterprozeß gestartet. Dieser Unterprozeß ruft setuid auf und wechselt (unwiderruflich) auf die gewünschte UID, während das SSH-Hauptprogramm weiterhin als root läuft. Von nun an sendet das SSH-Hauptprogramm bei jedem Dateizugriff unter diesem Benutzer eine Nachricht an den Unterprozeß, der die gewünschte Operation vornimmt und die Ergebnisse zurückgibt. Intern wird diese Einrichtung als *userfile*-Modul bezeichnet.

Behalten Sie dieses Verhalten im Hinterkopf, wenn Sie einen SSH-Prozeß mit SunOS *trace*, Solaris *truss*, Linux *strace* oder einem anderen Prozeß-Tracer debuggen. Standardmäßig erfolgt bei diesen Programmen nur ein Tracing des obersten Prozesses, d.h., Sie müssen immer daran denken, beim Tracing auch die Unterprozesse zu berücksichtigen. (Die entsprechende Option finden Sie in der Manpage des Tracers, auch wenn diese üblicherweise –*f* heißt.) Wenn Sie das vergessen und das Problem beim Dateizugriff liegt, werden Sie es nicht sehen können, weil der userfile-Unterprozeß die Systemaufrufe für den Dateizugriff (open, read, write, stat etc.) übernimmt.

3.7   Zufälligkeit

Kryptographische Algorithmen und Protokolle verlangen eine gute Quelle für zufällig gewählte Bits, oder den mittleren Informationsgehalt (Entropie). Diese »Zufälligkeit« wird auf verschiedene Arten genutzt:

* zur Generierung von Datenverschlüsselungs-Schlüsseln.
* zum Klartext-Padding und für Initialisierungsvektoren in Verschlüsselungs-Algorithmen, um die Kryptanalyse zu vereiteln
* Als Prüfbytes oder *Cookies* während des Protokoll-Austauschs, als Mittel gegen Paket-Spoofing-Angriffe.

Die Zufälligkeit ist schwerer zu erzielen, als Sie vielleicht glauben. Tatsächlich ist selbst die Definition der Zufälligkeit schwierig (oder zumindest die Wahl der richtigen Definition für die jeweilige Situation). So können beispielsweise für statistische Modelle wunderbar funktionierende »Zufallszahlen« für die Kryptographie verheerend sein. Jede dieser Anwendungen verlangt von ihren Zufallswerten bestimmte Eigenschaften wie etwa eine gleichmäßige Verteilung. Besonders die Kryptographie ist auf *Unvorhersehbarkeit* angewiesen, damit ein die Daten lesender Angreifer unsere Schlüssel nicht erraten kann.

Echte Zufälligkeit – im Sinne vollständiger Unvorhersehbarkeit – kann durch ein Computerprogramm nicht erzeugt werden. Jede als Ausgabe von einem Programm erzeugte Folge von Bits wiederholt sich irgendwann wieder. Für eine echte Zufälligkeit müssen Sie sich an physikalische Prozesse halten, wie etwa das Strömungsverhalten von Flüssigkeiten oder den Quantenwürfel radioaktiven Zerfalls. Selbst dann müssen Sie aber noch darauf achten, daß Ihr Meßverfahren nicht ungewollte Strukturen einführt.

Es gibt aber Algorithmen, die lange Folgen praktisch unvorhersehbarer Ausgaben erzeugen und statistisch gesehen gute zufällige Eigenschaften besitzen. Für viele kryptographische Anwendungen sind diese Algorithmen ausreichend. Man bezeichnet diese Algorithmen als Pseudo-Zufallszahlen-Generatoren (engl. Pseudo Random Number Generators, kurz PRNGs). Ein PRNG verlangt eine kleine zufällige Eingabe, den sog. *Seed* (den »Samen«), damit er nicht immer die gleiche Ausgabe erzeugt. Aus dieser Eingabe erzeugt der PRNG einen wesentlich größeren String akzeptabler zufälliger Ausgaben. Er »streckt« den Zufall also ein wenig. Verwendet ein Programm also einen PRNG, benötigt es immer noch einige zufällig gewählte Bits (nur halt weniger), die dann aber auch nicht vorhersehbar sein dürfen.

Weil eine Vielzahl von Programmen solche zufälligen Bits benötigt, bieten einige Betriebssysteme fest eingebaute Einrichtungen an, die diese bereitstellen. Einige Unix-Varianten (darunter auch Linux und OpenBSD) besitzen einen Gerätetreiber, auf den durch */dev/random* und */dev/urandom* zugegriffen werden kann, der Zufallszahlen liefert, wenn dieses »Gerät« wie eine Datei geöffnet und gelesen wird. Die Bits werden aus den unterschiedlichsten (darunter einigen wirklich cleveren) Methoden abgeleitet. Sauber gefilterte Zeitmessungen von Plattenzugriffen können beispielsweise Fluktuationen von Luftturbulenzen um die Schreib-/Leseköpfe darstellen. Eine andere Technik besteht darin, sich die niederwertigsten Bits des Rauschens anzusehen, die von einem nicht genutzten Mikrofon kommen. Und natürlich kann man sich laufend ändernde Ereignisse wie die Ankunftszeit von Netzwerkpaketen, Tastatur-Ereignisse, Interrupts etc. verwenden.

SSH-Implementierungen nutzen diese Zufälligkeit, der Prozeß ist für den Endbenutzer aber größtenteils unsichtbar. Hinter den Kulissen passiert aber so einiges. SSH1 und SSH2 verwenden zum Beispiel eine Kernel-basierte Quelle für Zufallszahlen (wenn diese verfügbar ist) zusammen mit (hoffentlich) wechselnden Systemparametern, die durch die Ausführung von Programmen wie *ps* oder *netstat* ermittelt werden. Diese Quellen werden als Seed für den PRNG verwendet, aber auch, um ab und zu den Nachschub an »Zufall« nicht versiegen zu lassen. Weil dieses Zusammentragen von Zufall recht kostspielig sein kann, hält SSH den Pool an zufälligen Bits zwischen den einzelnen Aufrufen des Programms in einer Datei fest:

	SSH1	SSH2
Server	*/etc/ssh_random_seed*	*/etc/ssh2/random_seed*
Client	*~/.ssh/random_seed*	*~/.ssh2/random_seed*

Dieses Dateien müssen geschützt werden, weil sie sensible Informationen enthalten, die die Sicherheit von SSH schwächen können, wenn sie von einem Angreifer aufgedeckt werden, auch wenn SSH Schritte unternimmt, um diese Möglichkeit zu reduzieren. Die Seed-Information wird immer mit einer neuen Entropie vermischt, bevor sie verwendet wird, und nur die Hälfte des Pools wird überhaupt auf der Platte festgehalten, um die Vorhersagbarkeit zu verringen, falls sie doch gestohlen werden sollte.

Bei SSH1 und SSH2 geschieht das alles automatisch und unsichtbar. Bei der Kompilierung von OpenSSH auf einer Plattform ohne */dev/random* können Sie wählen. Wenn Sie eine zusätzliche Quelle für Zufallszahlen besitzen, etwa den von OpenSSH empfohlenen »Entropy Gathering Daemon« (EGD, *http://www.lothar.com/tech/crypto/*), kann OpenSSH diese mit dem Switch `--with-egd-pool` nutzen. Legen Sie keinen Pool fest, verwendet OpenSSH einen internen Mechanismus. Sie können festlegen, welche Programme hier eingesetzt werden und »wie zufällig« diese sind, indem Sie die Datei */etc/ssh_prng_cmds* editieren. Beachten Sie auch, daß OpenSSH-Seeds (auch die vom Daemon) in der Datei *~/.ssh/prng_seed* gehalten werden, also in der Seed-Datei des Benutzers root.

3.8 SSH und Dateitransfers (scp und sftp)

Das erste, was Sie über SSH und Dateitransfers wissen müssen, ist die Tatsache, daß SSH keine Dateitransfers durchführt.

Ähm, ja.

Nachdem wir nun Ihre ungeteilte Aufmerksamkeit besitzen, stellt sich die Frage, was wir wohl damit meinen. Schließlich gibt es in diesem Buch ganze Abschnitte, die sich nur damit beschäftigen zu erläutern, wie *scp1*, *scp2* und *sftp* für Dateitransfers genutzt werden. Was wir damit meinen, ist, daß im SSH-Protokoll nichts zur Übertragung von Dateien steht: ein SSH-Benutzer kann die Gegenseite nicht bitten, Dateien über das Protokoll zu senden oder zu empfangen. Und die gerade erwähnten Programme implementieren selbst weder das SSH-Protokoll noch irgendwelche anderen Sicherheits-Features. Statt dessen führen sie den SSH-Client als Unterprozeß auf, um die Verbindung zum entfernten Host herzustellen, und führen die andere Hälfte des Dateitransfer-Prozesses dort aus. Es gibt nicht sehr viel SSH-Spezifisches über diese Programme zu erzählen. Sie verwenden SSH auf die gleiche Weise wie die anderen von uns behandelten Anwendungen wie etwa CVS und Pine.

Der einzige Grund für *scp1* war die Tatsache, daß es kein weit verbreitetes, allgemeines Dateitransfer-Protokoll gab, das mit einem einzelnen Vollduplex-Bytestream auskam, wie er für die entfernte Ausführung von Programmen bei SSH zur Verfügung gestellt wird. Könnte man existierende FTP-Implementierungen einfach unter SSH in Betrieb nehmen, gäbe es keinen Grund für *scp1*, aber wie wir sehen werden, ist FTP hierfür völlig ungeeignet. [11.2] Daher schrieb Tatu Ylönen *scp1* und machte es zu einem Teil von SSH1. Das dort verwendete Protokoll (nennen wir es »SCP1«) blieb völlig undokumentiert, selbst als Ylönen das erste, das SSH-1-Protokoll dokumentierende, RFC schrieb.

Später, als SSH Communications Security SSH2 entwickelte, sollte auch weiterhin ein Tool für den Dateitransfer enthalten sein. Man behielt das Modell bei, es über SSH aufzusetzen, entschied sich aber, es völlig neu zu implementieren. Daher wurde das »scp1-Protokoll« durch das »SFTP-Protokoll« (wie man es allgemein nennt) ersetzt. Auch das SFTP-Protokoll ist einfach eine Möglichkeit, bidirektionale Dateitransfers über einen einzelnen, zuverlässigen Vollduplex-Bytestream durchzuführen. Es scheint auf dem gleichen Paketprotokoll zu basieren, das auch die Grundlage für das SSH-Verbindungsprotokoll bildet, offensichtlich der Bequemlichkeit halber. Die Entwickler besaßen bereits ein Tool zur Übertragung Record-orientierter Nachrichten über eine byteorientierte Pipe und haben es einfach wiederverwendet. SFTP blieb bis zur Drucklegung der amerikanischen Originalausgabe dieses Buches ein undokumentiertes, proprietäres Protokoll. Auch wenn in der IETF SECSH-Arbeitsgruppe die Arbeiten beginnen, es zu dokumentieren und zu standardisieren.

Der Name SFTP ist wirklich sehr verwirrend. Viele glauben, der Name stehe für »Secure FTP«, also sicheres FTP. Erstens ist es, genau wie *scp1*, als Protokoll überhaupt nicht sicher. Die Implementierung leitet ihre Sicherheit daraus ab, daß sie das Protokoll über eine SSH-Verbindung anspricht. Zweitens hat es nichts, aber auch gar nichts mit dem FTP-Protokoll zu tun. Ein gängiger Fehler besteht darin zu glauben, daß man SFTP irgendwie verwenden kann, um sich gesichert mit einem FTP-Server zu unterhalten – bei dem Namen eine durchaus vernünftige Annahme.

Ein weiterer verwirrender Aspekt des Dateitransfers unter SSH2 ist die Beziehung zwischen den beiden Programmen *scp2* und *sftp* und dem SFTP-Protokoll. Bei SSH1 gibt es ein einzelnes Dateitransfer-Protokoll, SCP1, und ein einzelnes es nutzendes Programm: *scp1*. Bei SSH2 gibt es ebenfalls ein einziges (neues) Dateitransfer-Protokoll: SFTP. Es gibt aber drei verschiedene Programme, die es implementieren, und zwei verschiedene Clients. Die Server-Seite bildet das Programm *sftp-server*. Die beiden Clients sind *scp2* und *sftp*. *scp2* und *sftp* sind einfach zwei unterschiedliche Frontends für den gleichen Prozeß: Jeder startet den SSH2-Client in einem Unterprozeß, um sich mit dem *sftp-server* auf dem entfernten Host zu unterhalten. Sie stellen nur verschiedene Benutzerschnittstellen zur Verfügung: *scp2* ist mehr wie das traditionelle *rcp*, während *sftp* bewußt einem FTP-Client ähnelt.

Diese verwirrende Terminologie wird kein bißchen durchschaubarer durch die Tatsache, daß sowohl SSH1 als auch SSH2 symbolische Links anlegen, die die Verwendung der vertrauten Namen »scp«, »ssh« etc. anstelle von »scp1« oder »ssh2« erlauben. Wenn wir von diesen beiden SSH-bezogenen Dateitransfer-Protokollen sprechen, werden wir sie die SCP1- und SFTP-Protokolle nennen. SCP1 wird manchmal auch einfach das »scp-Protokoll« genannt, was technisch mehrdeutig ist, üblicherweise aber verstanden wird. Man könnte SFTP wohl auch als »scp2-Protokoll« bezeichnen, aber wir haben diesen Namen noch niemals gehört und empfehlen ihn Ihnen auch nicht, wenn Sie Ihren Verstand nicht verlieren wollen.[21]

3.8.1   scp1 im Detail

Wenn Sie *scp1* ausführen, um eine Datei vom Client auf den Server zu kopieren, wird *ssh1* dabei wie folgt ausgeführt:

```
ssh -x -a -o "FallBackToRsh no" -o "ClearAllForwardings yes" server-host scp ...
```

---

21 Besonders weil *scp2 scp1* aus der Kompatiblität zu SSH-1 heraus ausführt!

Dadurch wird eine weitere Kopie von *scp* auf dem entfernten Host gestartet. Diese Kopie wird mit den undokumentierten Switches *–t* und *–f* (für »to« und »from«) gestartet, was sie in den SCP1-Servermodus schaltet. Die folgende Tabelle zeigt einige Beispiele. Abbildung 3-6 zeigt die Details.

Der scp-Befehl auf dem Client:	führt den folgenden entfernten Befehl aus:
scp foo server:bar	scp -t bar
scp server:bar foo	scp -f bar
scp *.txt server:dir	scp -d -t dir

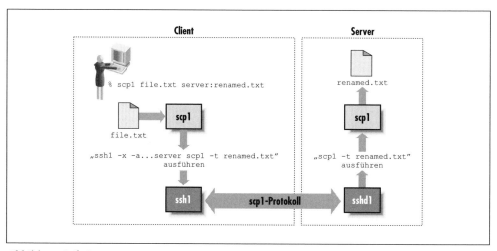

Abbildung 3-6: Operation von scp1

Wenn Sie *scp1* starten, um eine Datei zwischen zwei entfernten Hosts zu kopieren, wird einfach ein weiterer *scp1*-Client auf dem Quellhost ausgeführt, um die Datei zum Ziel zu kopieren. Beispielsweise führt der Befehl:

```
scp1 source:music.au target:playme
```

den folgenden Befehl im Hintergrund aus:

```
ssh1 -x -a ... wie oben ... source scp1 music.au target:playme
```

3.8.2 scp2/sftp im Detail

Wenn Sie *scp2* oder *sftp* ausführen, wird hinter den Kulissen *ssh2* mit diesem Befehl ausgeführt:

```
ssh2 -x -a -o passwordprompt "%U@%H\s password:"
         -o "nodelay yes"
         -o "authenticationnotify yes"
         server host
         -s sftp
```

Im Gegensatz zu *scp1* ändert sich hier der Befehl nicht in Abhängigkeit von der Richtung oder dem Typ des Dateitransfers. Alle benötigten Informationen werden innerhalb des SFTP-Protokolls übertragen.

Beachten Sie, daß diese Befehle den *sftp-server* nicht durch einen entfernten Befehl starten, sondern über die Option *–s sftp* über den »Subsystem«-Mechanismus von SSH2. [5.7] Das bedeutet, daß der SSH2-Server so konfiguriert sein muß, daß er dieses Subsystem verarbeiten kann. Dazu ist eine Zeile wie die folgende in */etc/ssh2/sshd2_config* notwendig.

```
subsystem-sftp          /usr/local/sbin/sftp-server
```

Ist der *ssh2*-Befehl erfolgreich, beginnen *sftp* und *sftp-server* eine Unterhaltung im SFTP-Protokoll über die SSH-Session, und der Benutzer kann Dateien senden und empfangen. Abbildung 3-7 zeigt die Details.

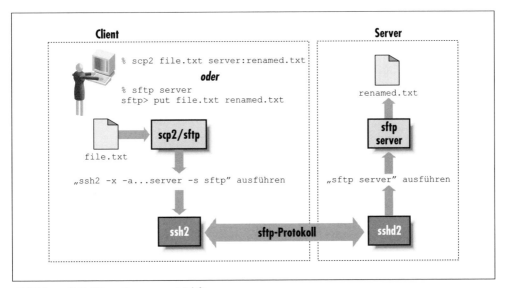

Abbildung 3-7: Operation von scp2/sftp

Unsere Tests haben eine Reduktion des Durchsatzes von *scp1* zu *scp2* um etwa den Faktor 4 ergeben. Wir haben beobachtet, daß der SFTP-Mechanismus das SSH-Paketprotokoll zweimal verwendet, eines im anderen gekapselt. Das SFTP-Protokoll selbst verwendet das Paketprotokoll als Basis und wird dann über eine SSH-Session ausgeführt. Obwohl das natürlich ineffizient ist, scheint es als Grund für den dramatischen Performance-Einbruch unwahrscheinlich. Vielleicht gibt es einfach Implementierungsprobleme, die man beheben kann, etwa fehlerhafte Interaktionen bei der Pufferung in verschiedenen Schichten des Protokoll-Codes. Wir haben uns selbst nicht mit dem Code beschäftigt, um den Grund für diese Verlangsamung zu ergründen.

3.9 Von SSH verwendete Algorithmen

Die Tabellen 3-4 bis 3-6 fassen die in den SSH-Protokollen und ihren Implementierungen verwendeten Chiffrierungen zusammen. Verlangte Algorithmen sind fett, empfohlene kursiv gedruckt. Die anderen sind optional. Klammern geben an, daß ein Algorithmus vom Protokoll nicht definiert, in einigen Implementierungen aber vorhanden ist. Die Bedeutung der Einträge lautet:

x Die Implementierung unterstützt den Algorithmus, und dieser wird auch bei der normalen Kompilierung eingebunden.

o Die Implementierung unterstützt den Algorithmus, dieser wird aber bei der normalen Kompilierung nicht eingebunden, sondern muß explizit angegeben werden.

– Die Implementierung unterstützt den Algorithmus nicht.

Tabelle 3-4: Algorithmen der SSH-Protokolle

	SSH-1.5	SSH-2.0
Public-Key	RSA	DSA, DH
Hash	MD5, CRC-32	SHA-1, MD5
Symmetrisch	3DES, IDEA, ARCFOUR, DES	3DES, Blowfish, Twofish, CAST-128, IDEA, ARCFOUR
Komprimierung	zlib	zlib

Beachten Sie, daß die Tabelle 3-4 einfach die Algorithmen unterschiedlicher Kategorien aufführt, die in den beiden Protokoll-Spezifikationen verwendetet werden, ohne sich um deren Zweck zu kümmern. So verwendet SSH-1 zum Beispiel sowohl MD5 als auch CRC-32, aber für unterschiedliche Aufgaben. Diese Auflistung besagt nicht, daß SSH-1 die Möglichkeit hätte, MD5 zur Integritätsprüfung zu nutzen.

Tabelle 3-5: SSH-1-Chiffrierungen

	3DES	IDEA	RC4	DES	(Blowfish)
SSH1	x	x	o	o	x
OpenSSH	x	–	–	–	x

Tabelle 3-6: SSH-2-Chiffrierungen

	3DES	Blowfish	Twofish	CAST-128	IDEA	RC4
SSH2	x	x	x	–	–	x
F-Secure SSH2	x	x	x	x	–	x
OpenSSH	x	x	–	x	–	x

Warum werden einige Algorithmen von verschiedenen Programmen nicht unterstützt? DES fehlt häufig bei SSH-1-Software, weil es nicht als ausreichend sicher betrachtet wird. RC4 fehlt aufgrund von Problemen, die durch die Art seiner Verwendung im SSH-1-Protokoll entstehen. Diese führen zur Verletzlichkeit gegenüber aktiven Angriffen auf Netzwerkebene. Dieses Problem wurde bei SSH-2 behoben. IDEA fehlt bei OpenSSH und den nicht-kommerziellen Versionen von SSH1 und SSH2, weil es patentiert ist und bei kommerziellem Gebrauch Lizenzgebühren fällig werden. Twofish fehlt bei OpenSSH, weil es noch nicht Teil des OpenSSL-Toolkits ist, auf dem OpenSSH basiert. CAST-128 ist frei, und wir wissen nicht, warum es beim nicht-kommerziellen SSH2 fehlt.

Die freie Version von SSH2 unterstützt nur den verlangten DSA-Algorithmus für Public Keys, während der kommerzielle F-Secure SSH2-Server partiell RSA-Schlüssel für die Benutzer-Authentifizierung unterstützt. [6.2.2]. Der F-Secure-Server startet, wenn sein Host-Schlüssel vom Typ RSA ist und meldet, daß er den Schlüssel erfolgreich lesen konnte. Allerdings bietet er den Host-Schlüssel in seinen Key-Exchange-Meldungen als DSA an, obwohl er dann trotzdem den RSA-Schlüssel übergibt, was beim Client zu einem Fehler führt, wenn er diesen Schlüssel zu lesen versucht. Natürlich bleibt da noch die Frage, ob der Client RSA-Host-Schlüssel richtig verarbeiten könnte, wenn diese sauber erkannt würden. OpenSSH/2 unterstützt RSA überhaupt nicht. Nachdem das RSA-Patent nun aber ausgelaufen ist, wird der Schlüsseltyp ssh-rsa in das SSH-2-Protokoll aufgenommen, und die Unterstützung wird wohl in Kürze folgen.

Wir wollen nun die genannten Algorithmen zusammenfassen. Betrachten Sie diese Zusammenfassungen aber nicht als vollständige Analysen. Sie können aus den Charakteristika individueller Algorithmen (positiv oder negativ) nicht auf die gesamten Systeme schließen, ohne die anderen Teile zu berücksichtigen. Sicherheit ist da schon etwas komplizierter.

3.9.1 Public-Key-Algorithmen

3.9.1.1 Rivest-Shamir-Adleman (RSA)

Der Rivest-Shamir-Adleman-Public-Key-Algorithmus (RSA) ist die am häufigsten eingesetzte asymmetrische Chiffrierung. Er leitet seine Sicherheit aus der Schwierigkeit der Faktorisierung großer natürlicher Zahlen ab, die das Produkt zweier großer Primzahlen ungefähr gleicher Bit-Länge sind. Die Faktorisierung wird allgemein als unlösbar betrachtet (d.h. als in annehmbarer Zeit nicht zu knacken), auch wenn dies nicht bewiesen ist. RSA kann sowohl zur Verschlüsselung als auch für Signaturen verwendet werden.

Bis zum September 2000 unterlag RSA in den USA einem Patent von Public Key Partners, Inc. Bei diesem Unternehmen ist RSA Security, Inc. einer dieser Partner. (Der Algorithmus ist mittlerweile in der Public Domain.) Als das Patent noch in Kraft war, beanspruchte PKP die Kontrolle der Verwendung des RSA-Algorithmus in den USA und erklärte nicht-autorisierte Implementierungen für illegal. Seit der Mitte der 90er Jahre stellte RSA Security eine frei verfügbare Referenzimplementierung (RSAref) zur Verfügung. Die Lizenzbestimmungen erlaubten eine Nutzung im Bildungssektor und im weiteren kommerziellen Einsatz (solange die Software selbst nicht kommerziell verkauft wurde). Dieser Toolkit wird nun nicht länger unterstützt oder verteilt, obwohl er noch weit verbreitet ist. Weil RSA nun in der Public Domain ist, gibt es keinen Grund mehr, RSAref zu verwenden. Es wird nicht länger unterstützt, einige Versionen enthalten Sicherheitslücken, und es gibt bessere Implementierungen. Wir raten von der Verwendung ab.

Das SSH-1-Protokoll spezifiziert die Verwendung von RSA explizit. SSH-2 kann mehrere Public-Key-Algorithmen verwenden, definiert aber nur DSA. [3.9.1.2] Die SECSH-Arbeitsgruppe plant nun, nachdem das Patent ausgelaufen ist, die Aufnahme des RSA-Algorithmus. In der Zwischenzeit implementiert nur der F-Secure SSH2-Server RSA-Schlüssel unter SSH2. Er verwendet hierzu den globalen Schlüsselformat-Identifier »ssh-rsa«, der noch nicht Teil des Standards ist: Um aus technischer Sicht korrekt zu sein, sollte ein lokalisierter Name verwendet werden, also z.B. *ssh-rsa@datafellows.com*. [3.5.1.1] Allerdings ist es kaum wahrscheinlich, daß das zu einem echten Problem führt. Das Feature ist nützlich bei der Authentifizierung gegenüber einem SSH2-Server mit einem existierenden SSH1-Schlüssel, so daß Sie keinen neuen (DSA-) Schlüssel erzeugen müssen.

3.9.1.2   *Digital Signature Algorithm (DSA)*

Der Digital Signature Algorithm (DSA) wurde von der amerikanischen National Security Agency (NSA) entwickelt und vom amerikanischen National Institute of Standards and Technology (NIST) als Teil des Digital Signature Standard (DSS) veröffentlicht. Der DSS wurde im Mai 1994 als Federal Information Processing Standard, FIPS-186, herausgegeben. Es handelt sich um einen Public-Key-Algorithmus, der auf den Schnorr- und ElGamal-Methoden basiert. Er verläßt sich auf die Schwierigkeit der Berechnung diskreter Logarithmen in einem finiten Feld. Er wurde als reines Signatur-Schema entworfen, das nicht zur Verschlüsselung verwendet werden kann. Allerdings kann eine vollständige allgemeine Implementierung leicht RSA- und ElGamal-Verschlüsselung durchführen.

Um DSA hat es seit seiner Einführung eine Reihe von Kontroversen gegeben. Das NIST hat zuerst behauptet, DSA selbst entwickelt zu haben, hat dann schließlich aber zugegeben, daß die NSA es entwickelt habe. Viele stellen die Motive und ethischen Grundsätze der NSA in Frage, und das aus gutem Grund, wie die Vergangenheit gezeigt hat.[22] Der Forscher Gus Simmons hat einen verdeckten Kanal in DSA entdeckt, der es einem Implementierer erlaubt, Informationen – etwa die Bits des geheimen Schlüssels – mit jeder Signatur abzugreifen.[23] Weil der Algorithmus (als Teil des Capstone-Programms der amerikanischen Regierung) als geschlossene Hardware-Implementierung in Smartcards verwendet werden sollte, fanden viele Leute diese Eigenschaft höchst verdächtig. Schließlich wollte NIST DSA allen Benutzern lizenzkostenfrei zur Verfügung stellen. Zu diesem Zeitpunkt war der Algorithmus von David Kravitz patentiert (Patent #5,231,668),

---

22 Eine investigative Geschichte der NSA finden Sie in James Bamfords Buch *The Puzzle Palace* (Penguin).

23 G. J. Simmons, »The Subliminal Channels in the U.S. Digital Signature Algorithm (DSA).« *Proceedings of the Third Symposium on: State and Progress of Research in Cryptography*, Rome: Fondazione Ugo Bordoni, 1993, pp. 35-54.

einem damaligen Mitarbeiter der NSA, der das Patent der amerikanischen Regierung überließ. Es gibt allerdings Klagen, wonach DSA bestehende kryptographische Patente verletze, darunter auch das Schnorr-Patent. Soweit wir wissen, müssen diese Ansprüche noch vor Gericht geltend gemacht werden.

Das SSH-2-Protokoll verwendet DSA als einen notwendigen (und momentan einzig definierten) Public-Key-Algorithmus zur Host-Identifikation.

3.9.1.3 Der Diffie-Hellman-Algorithmus

Der Diffie-Hellman-Schlüsselaustausch-Algorithmus war das erste Public-Key-System, entwickelt von Whitfield Diffie, Martin Hellman und Ralph Merkle im Jahr 1976. Es wurde von ihnen im Jahr 1977 patentiert (das Patent wurde 1980 unter Patent #4,200,770 erteilt). Dieses Patent ist nun ausgelaufen, und der Algorithmus gehört zur Public Domain. Wie DSA basiert er auf dem Problem diskreter Logarithmen, und er erlaubt zwei Parteien die sichere Ableitung eines gemeinsam genutzten Secret Keys über einen offenen Kanal. Das bedeutet, daß beide Seiten eine Reihe von Nachrichten austauschen, an dessen Ende sie einen gemeinsamen geheimen Schlüssel besitzen. Es ist für einen Lauscher unmöglich, den geheimen Schlüssel allein dadurch zu bestimmen, daß er die ausgetauschten Nachrichten überwacht.

SSH-2 verwendet den Diffie-Hellman-Algorithmus als notwendige (und momentan einzig definierte) Methode zum Austausch von Schlüsseln.

3.9.2 Secret-Key-Algorithmen

3.9.2.1 International Data Encryption Algorithmus (IDEA)

Der International Data Encryption Algorithmus (IDEA) wurde 1990 von Xuejia Lai und James Massey[24] entwickelt und erlebte verschiedene Überarbeitungen, Verbesserungen und Umbenennungen, bevor er seine aktuelle Form erreichte. Obwohl er relativ neu ist, wird der Algorithmus als sicher erachtet. Der bekannte Kryptographie-Experte Bruce Schneier nannte ihn 1996 »den besten und sichersten Block-Algorithmus, der der Öffentlichkeit gegenwärtig zur Verfügung steht«.

IDEA ist in Europa und den Vereinigten Staaten von der Schweizer Firma Ascom-Tech AG patentiert.[25] Der Name »IDEA« ist eine Schutzmarke von Ascom-Tech. Die Einstellung von Ascom-Tech bezüglich dieses Patents und der Verwendung von IDEA in den Vereinigten Staaten hat sich mit der Zeit geändert, insbesondere mit Blick auf dessen Aufnahme in PGP. Es ist für die nicht-kommerzielle Nutzung frei. Behördliche oder kommerzielle Nutzung kann Lizenzgebühren bedingen, wobei »kommerzielle Nutzung« auch die interne Verwendung innerhalb einer kommerziellen Organisation bedeutet,

---

24 X. Lai and J. Massey, »A Proposal for a New Block Encryption Standard,« *Advances in Cryptology – EURO-CRYPT '92 Proceedings*, Springer-Verlag, 1992, pp 389-404.

25 U.S. patent #5,214,703, 25 May 1993; international patent PCT/CH91/00117, 28 November 1991; European patent EP 0 482 154 B1.

nicht nur den direkten Vertrieb einer Implementierung oder die gewinnorientierte Nutzungsüberlassung. Hier zwei Sites mit weiterführenden Informationen:

http://www.ascom.ch/infosec/idea.html
http://www.it-sec.com/idea.html

3.9.2.2   Data Encryption Standard (DES)

Der Data Encryption Standard (DES) ist das alternde Arbeitstier der symmetrischen Verschlüsselungsalgorithmen. Er wurde in den frühen 70ern unter dem Namen »Lucifer« von IBM-Forschern entwickelt. Die US-Regierung hat DES am 23. November 1976 (FIPS-46) als Standard übernommen. Der Algorithmus wurde von IBM patentiert, aber zur weltweiten freien Nutzung freigegeben. Er wurde seitdem sowohl im privaten als auch im gewerblichen Sektor ausgiebig genutzt. DES wird aber nicht nur als veraltet angesehen, weil die Schlüsselgröße von 56 Bits für die Rechenleistung moderner Computer relativ klein ist. Nachdem er über Jahre der Kryptanalyse gut widerstanden hat, wird DES inzwischen durch eine ganze Reihe allgemein bekannter und billiger »DES-Cracker« bedroht. Das NIST hat daher einen sicheren Nachfolger für DES etabliert, den sog. Advanced Encryption Standard (AES).

3.9.2.3   Triple-DES

Triple-DES oder 3DES ist eine DES-Variante, die die Sicherheit durch einen längeren Schlüssel erhöhen soll. Es wurde bewiesen, daß die DES-Funktion über ihre Schlüssel keine Gruppe bildet,[26] was bedeutet, daß die mehrmalige Verschlüsselung mit unabhängigen Schlüsseln die Sicherheit erhöhen kann. 3DES verschlüsselt den Plaintext in drei Iterationen des DES-Algorithmus, wobei zwei verschiedene Schlüssel verwendet werden. Die effektive Schlüssellänge von 3DES beträgt 112 Bit, eine deutliche Verbesserung gegenüber dem 56-Bit-Schlüssel des normalen DES.

3.9.2.4   ARCFOUR (RC4)

Ron Rivest entwickelte den RC4-Cipher im Jahre 1987 für RSA Data Security, Inc. (RSADSI). Der Name soll für »Rivest Cipher« oder »Ron's Code« stehen. Es handelte sich um ein nicht patentiertes Geschäftsgeheimnis von RSADSI, das in einer ganzen Reihe kommerzieller Produkte von RSADSI-Lizenznehmern verwendet wurde. 1994 tauchte anonym im Internet aber Quellcode auf, der von sich behauptete, RC4 zu implementieren. Experimente bestätigten schnell, daß der gepostete Code tatsächlich RC4-kompatibel war, und die Katze war aus dem Sack. Weil es nie patentiert wurde, fand sich RC4 tatsächlich in der Public Domain wieder, was allerdings nicht bedeutet, daß RSADSI einen nicht verklagen würde, wollte man es in einem kommerziellen Produkt einsetzen. Es scheint da weniger kostspielig zu zahlen, als zu kämpfen. Präzedenzfälle zu dieser

---

26 K. W. Campbell and M. J. Wiener, »DES Is Not a Group,« *Advances in Cryptology – CRYPTO '92 Proceedings*, Springer-Verlag, pp. 512-520.

Sache sind uns aber nicht bekannt. Weil der Name »RC4« eine Schutzmarke von RSADSI ist, hat sich der Name »ARCFOUR« für die öffentliche Version des Algorithmus eingebürgert.

ARCFOUR ist sehr schnell, aber weniger gut untersucht worden als viele andere Algorithmen. Es verwendet Schlüssel variabler Länge. SSH-1 verwendet unabhängige 128-Bit-Schlüssel für jede Richtung der SSH-Session. Die Verwendung unabhängiger Schlüssel für beide Richtungen ist eine Ausnahme bei SSH-1 und äußerst wichtig: ARCFOUR ist in Wirklichkeit ein Einmal-Schlüssel, das die Ausgabe eines Pseudozufallszahlen-Generators nutzt. Daher ist es besonders wichtig, einen Schlüssel nicht wiederzuverwenden, weil das die Kryptanalyse trivial einfach macht. Wird dieser Punkt beachtet, wird ARCFOUR von vielen trotz des Mangels an öffentlichen kryptanalytischen Ergebnissen als sicher betrachtet.

3.9.2.5 Blowfish

Blowfish wurde 1993 von Bruce Schneier entwickelt. Es sollte ein Schritt in die Richtung sein, das alternde DES zu ersetzen. Es ist wesentlich schneller als DES und IDEA, wenn auch nicht ganz so schnell wie ARCFOUR, und es ist nicht patentiert und für jede Art der Nutzung frei. Es ist besonders für die Implementierung auf großen, modernen Allzweck-Mikroprozessoren ausgelegt und eignet sich für Situationen mit nur wenigen Änderungen der Schlüssel. Es ist nicht besonders gut für Low-End-Umgebungen wie Smart-Cards geeignet. Es verwendet einen Schlüssel variabler Länge zwischen 32 und 448 Bit; SSH-2 verwendet 128-Bit-Schlüssel. Blowfish wurde einer großen Menge kryptanalytischer Prüfungen unterzogen und hat sich Angriffen gegenüber bisher als resistent erwiesen. Informationen erhalten Sie von Counterpane, Schneiers Security-Consulting-Unternehmen:

http://www.counterpane.com/blowfish.html

3.9.2.6 Twofish

Twofish ist eine weitere Entwicklung von Bruce Schneier (zusammen mit J. Kelsey, D. Whiting, D. Wagner, C. Hall und N. Ferguson). Es wurde 1998 dem NIST als Kandidat für den Advanced Encryption Standard vorgeschlagen, der DES als symmetrischen Datenverschlüsselungs-Standard der US-Regierung ersetzen soll. Zwei Jahre später war er einer der fünf Finalisten im AES-Auswahlprozeß (aus ursprünglich 15 Vorschlägen). Wie Blowfish ist es ebenfalls nicht patentiert und kann für alle Anwendungen frei genutzt werden. Counterpane hat darüber hinaus Copyright-freie Referenzimplementierungen bereitgestellt, die ebenfalls frei genutzt werden können.

Twofish erlaubt Schlüssel mit einer Länge von 128, 192 oder 256 Bit; SSH-2 verwendet 256-Bit-Schlüssel. Twofish wurde etwas flexibler als Blowfish entworfen, was gute Implementierungen auf einer größeren Zahl von Umgebungen (z.B. langsame Prozessoren, wenig Speicher, In-Hardware) erlaubt. Mehr über Twofish können Sie nachlesen unter:

http://www.counterpane.com/twofish.html

Weitere Informationen zum NIST AES-Programm finden Sie unter:

http://www.nist.gov/aes/

3.9.2.7 CAST

CAST wurde zu Beginn der 90er Jahre von Carlisle Adams und Stafford Tavares entwikkelt. Tavares arbeitet an der Queens University in Kingston, Kanada, während Adams bei der amerikanischen Firma Entrust Technologies angestellt ist. CAST ist patentiert, und die Rechte werden von Entrust gehalten. Zwei Versionen des Algorithmus wurden von Entrust weltweit lizenzfrei für alle Anwendungen zur Verfügung gestellt. Diese Versionen sind CAST-128 und CAST-256, beschrieben in RFC-2144 bzw. RFC-2612. SSH-2 verwendet CAST-128, das seinen Namen aus der Schlüssellänge von 128 Bit ableitet.

3.9.2.8 Geschwindigkeitsvergleiche

Wir haben einige einfache Experimente durchgeführt, um die Bulk-Cipher nach Geschwindigkeit einzuordnen. Weil es kein SSH-Paket gibt, das alle Chiffrierungen enthält, stellen wir zwei Experimente vor, um alle abzudecken. Die Tabellen 3-7 und 3-8 geben die Zeiten an, die notwendig waren, um eine 5 MByte große Datei von einer 300-MHz-Linux-Box auf eine 100-MHz-Sparc-20 über ein ansonsten freies 10-Base-T-Ethernet zu übertragen.

Tabelle 3-7: Transfer mit scp2 (F-Secure SSH2 2.0.13)

Chiffrierung	Übertragungsdauer (Sekunden)	Durchsatz (KByte/Sekunde)
RC4	22.5	227.4
Blowfish	24.5	208.6
CAST-128	26.4	193.9
Twofish	28.2	181.3
3DES	51.8	98.8

Tabelle 3-8: Transfer mit scp1 (SSH-1.2.27)

Chiffrierung	Übertragungsdauer (Sekunden)	Durchsatz (KByte/Sekunde)
RC4	5	1024.0
Blowfish	6	853.3
CAST-128	7	731.4
Twofish	14	365.7
3DES	15	341.3

Dieser Vergleich ist zwangsläufig recht oberflächlich und wir stellen ihn nur als groben Anhaltspunkt vor. Denken Sie daran, daß diese Werte nur die Performance der jeweiligen Implementierungen bei einer einzigen Konfiguration reflektieren, nicht die Algorithmen selbst. Ihre Werte können anders ausfallen. Die Dinge im Spiegel sind näher als sie erscheinen ...

Beachten Sie, daß *scp1* etwa viermal schneller ist als *scp2*. Der Grund dafür ist ein wichtiger Unterschied in der Implementierung: *scp1* verwendet den *scp1 –t*-Server, während *scp2* das SFTP-Subsystem verwendet. [7.5.9] Dennoch stimmen die relativen Chiffrierungs-Geschwindigkeiten an den Stellen überein, an denen sie sich überlappen.

Wir müssen betonen, daß wir RC4 in den SSH1-Test nur der Vollständigkeit halber aufgenommen haben. Aufgrund von Sicherheitslücken sollte RC4 beim SSH-1-Protokoll normalerweise nicht verwendet werden.

3.9.3   Hash-Funktionen

3.9.3.1   CRC-32

Der 32-Bit-Cyclic Redundancy Check (CRC-32), definert in ISO 3309,[27] ist eine nicht-kryptographische Hash-Funktion zur Erkennung versehentlicher Datenänderungen. Das SSH-1-Protokoll verwendet CRC-32 (mit dem Polynom 0xEDB88320) zur Integritätsprüfung, und genau dieser Schwachpunkt erlaubt die später diskutierte »Insertion-Attack«. [3.10.5] Das SSH-2-Protokoll verwendet kryptographisch starke Hash-Funktionen zur Integritätsprüfung, was solchen Angriffen vorbeugt.

3.9.3.2   MD5

MD5 (»Message Digest Algorithmus Nummer 5«) ist ein kryptographisch starker 128-Bit Hash-Algorithmus. Er wurde 1991 von Ron Rivest enworfen und ist einer aus einer ganzen Serie, die Rivest für RSADSI (MD2 bis MD5) entwickelt hat. MD5 ist nicht patentiert, von RSADSI in die Public Domain übergeben worden und in RFC-1321 dokumentiert. Er war lange Zeit ein Standard-Hash-Algorithmus, der in vielen kryptographischen Produkten und Standards eingesetzt wurde. Ein erfolgreicher Kollisions-Angriff auf die MD5-Komprimierungsfunktion durch den Boer und Bosselaers im Jahr 1993 hat für einige Unruhe gesorgt, und obwohl dieser Angriff zu keinerlei praktischen Schwächen führte, wird erwartet, daß er es wird. Seitdem beginnen die Leute, MD5 zu meiden und auf neuere Algorithmen auszuweichen. RSADSI selbst empfiehlt den Wechsel von MD5 zu SHA-1 oder RIPEMD-160 für zukünftige Anwendungen, die auf Kollisionsfestigkeit angewiesen sind.[28]

3.9.3.3   SHA-1

SHA-1 (Secure Hash Algorithm) wurde von NSA und NIST zur Verwendung mit dem Digital Signature Standard der US-Regierung entwickelt. Wie MD5 wurde er als Verbesserung zu MD4 entworfen, verfolgt aber einen anderen Ansatz. Er erzeugt 160-Bit-Hashes. Es gibt keine bekannten Angriffe gegen SHA-1, und damit ist er, wenn er denn

---

27 International Organization for Standardization, *ISO Information Processing Systems – Data Communication High-Level Data Link Control Procedure – Frame Structure*, IS 3309, October 1984, 3rd Edition.
28 RSA Laboratories Bulletin #4, 12 November 1996, *ftp://ftp.rsasecurity.com/pub/pdfs/bulletn4.pdf*.

sicher ist, allein aufgrund seines längeren Hash-Wertes stärker als MD5. Er beginnt MD5 in einigen Anwendungen zu ersetzen. Zum Beispiel verwendet SSH-2 SHA-1 als notwendige MAC-Hash-Funktion, während SSH1 noch MD5 verwendet.

3.9.3.4   RIPEMD-160

Wieder eine andere 160-Bit-MD4-Variante, RIPEMD-160, wurde von Hans Dobbertin, Antoon Bosselaers und Bart Preneel als Teil des RIPE-Projekts der Europäischen Gemeinschaft entwickelt. RIPE steht für RACE Integrity Primitives Evaluation.[29] RACE steht wiederum für das Programm »Research and Development in Advanced Communications Technologies in Europe«, einem von der EG finanzierten Programm, das von Juni 1987 bis Dezember 1995 lief (*http://www.race.analysys.co.uk/race/*). RIPE war Teil der RACE-Bemühungen, die sich mit dem Studium und der Entwicklung von Techniken der Datenintegrität beschäftigten. Dementsprechend sollte man RIPEMD-160 als den »RIPE Message Digest (160 Bit)« lesen. Insbesondere hat er nichts mit RIPEM zu tun, einer alten PEM-Implementierung (Privacy-Enhanced Mail) von Mark Riordan (*http://ripem.msu.edu/*).

RIPEMD-160 ist im SSH-Protokoll nicht definiert, wird aber für einen implementierungsspezifischen MAC-Algorithmus in OpenSSH (unter dem Namen `hmac-ripemd160@` `openssh.com`) verwendet. RIPEMD-160 ist nicht patentiert und für alle Anwendungen frei. Weitere Informationen finden Sie unter:

> *http://www.esat.kuleuven.ac.be/~bosselae/ripemd160.html*

3.9.4   Komprimierungsalgorithmen: zlib

zlib ist momentan der einzige für SSH definierte Komprimierungsalgorithmus. In den SSH-Dokumenten steht der Begriff »zlib« für den »deflate«-Algorithmus, wie er erstmals im weit verbreiteten Komprimierungs-Utility *gzip* verwendet und später in RFC-1951 dokumentiert wurde. Es ist in einer Software-Bibliothek namens ZLIB verfügbar:

> *http://www.info-zip.org/pub/infozip/zlib/*

3.10   Von SSH erkannte Gefahren

Wie jedes andere Sicherheitstool auch ist SSH gegen bestimmte Bedrohungen gewappnet, während es bei anderen nichts ausrichten kann. Wir wollen nachfolgend diskutieren, wogegen SSH Sie schützt.

---

29 Nicht zu verwechseln mit dem anderen »RIPE«, dem Réseaux IP Européens, einer technischen und koordinierenden Gemeinschaft von Einrichtungen, die große (WAN)-IP-Netzwerke in Europa (und anderswo) betreiben (*http://www.ripe.net*).

3.10.1 Lauschangriffe

Ein Lauscher (engl. eavesdropper) schnüffelt im Netzwerk herum und liest Ihren Netzwerk-Traffic mit, ohne ihn in irgendeiner Weise zu verändern. Die Verschlüsselung durch SSH verhindert solche Lauschangriffe, weil der Inhalt einer SSH-Session von einem Lauscher nicht entschlüsselt werden kann.

3.10.2 Nameservice- und IP-Spoofing

Wenn ein Angreifer Ihren Nameservice (DNS, NIS, etc.) unterwandert, könnten netzwerkorientierte Programme Verbindungen zu den falschen Maschinen herstellen. In der gleichen Weise könnte ein Angreifer einen Host personifizieren, indem er dessen IP-Adresse(n) stiehlt. In beiden Fällen haben Sie ein Problem: Ihr Client-Programm kann die Verbindung zu einem falschen Server herstellen, der Ihr Paßwort stiehlt, sobald Sie es angeben. SSH schützt vor solchen Angriffen, indem es kryptographisch die Identität des Server-Hosts prüft. Beim Aufbau einer Session validiert der SSH-Client den Host-Schlüssel des Servers über eine lokale Liste, in der Servernamen und -adressen mit den entsprechenden Schlüsseln verknüpft sind. Stimmt der übergebene Host-Schlüssel nicht mit dem in der Liste überein, beschwert sich SSH. Dieses Feature kann in weniger sicherheitsbewussten Einstellungen deaktiviert werden, wenn die Warnungen lästig werden. [7.4.3.1]

Das SSH-2-Protokoll erlaubt die Einbindung von PKI-Zertifikaten in die Schlüssel. Für die Zukunft hoffen wir, daß die Implementierung dieses Features in SSH-Produkte und die weitere Verbreitung der PKI das Schlüssel-Management vereinfachen und die Notwendigkeit für diesen besonderen Sicherheitskompromiß reduzieren.

3.10.3 Verbindungs-Hijacking

Ein »aktiver Angreifer« – einer, der nicht nur den Netzwerk-Traffic abhorcht, sondern auch eigenen Traffic einschleust – kann eine TCP-Verbindung »entführen« (Hijacking), d.h. von einem der beiden legitimen Endpunkte entfernen. Das ist natürlich eine Katastrophe: Ganz egal, wie gut Ihre Authentifizierungsmethoden sind, der Angreifer kann einfach warten, bis Sie sich einloggen, dann Ihre Verbindung übernehmen und seine eigenen Befehle in Ihre Session einfügen. SSH kann das Hijacking nicht verhindern, weil es sich dabei um einen Schwachpunkt von TCP handelt, das auf einer Ebene unter SSH angesiedelt ist. Allerdings macht SSH einen solchen Angriff unwirksam (außer vielleicht als Denial-of-Service-Angriff). Die Integritätsprüfung von SSH erkennt, ob Session-Daten während der Übertragung verändert wurden, und unterbricht die Verbindung sofort, ohne die beschädigten Daten zu nutzen.

3.10.4 Man-in-the-Middle-Angriffe

Ein *Man-in-the-Middle-Angriff* ist eine besonders subtile Form des aktiven Angriffs und wird in Abbildung 3-8 verdeutlicht. Der Widersacher sitzt zwischen Ihnen und Ihrer eigentlichen Gegenseite (d.h. zwischen dem SSH-Client und -Server), fängt den gesamten Traffic ab und ändert oder löscht Nachrichten nach Belieben. Stellen Sie sich vor,

Sie möchten die Verbindung zu einem SSH-Server herstellen, aber Malicious Mary fängt Ihre Verbindung ab. Sie verhält sich aber genau wie ein SSH-Server (Sie merken also nichts), und es gelingt ihr, sich einen Session-Schlüssel mit Ihnen zu teilen. Gleichzeitig initiiert sie eine eigene Verbindung zu dem von Ihnen gewünschten Server und erhält von diesem einen separaten Session-Schlüssel. Sie kann sich unter Ihrem Namen einloggen, weil Sie die Paßwort-Authentifizierung verwendet haben, Sie ihr also praktischerweise das Paßwort geliefert haben. Sowohl Sie als auch der Server glauben, eine Verbindung zueinander zu besitzen, während Sie beide in Wirklichkeit eine Verbindung zu Mary hergestellt haben. Sie sitzt währenddessen einfach in der Mitte und leitet die Daten zwischen Ihnen und dem Server weiter. Dabei entschlüsselt sie die eine Seite mit dem einen Schlüssel und verschlüsselt sie zur Weitergabe mit dem anderen. Natürlich kann sie alles lesen, was da kommt, und alles unerkannt nach Bedarf ändern.

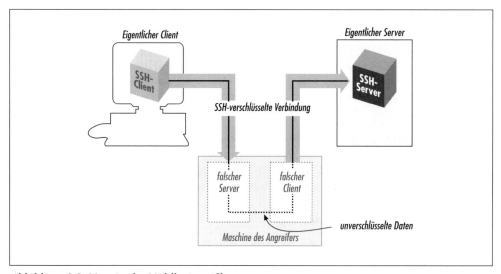

Abbildung 3-8: Man-in-the-Middle-Angriff

SSH wehrt sich gegen solche Angriffe auf zwei Arten. Zum einen ist da die Server-Host-Authentifizierung. Solange Mary nicht in den Server-Host einbrechen kann, ist sie nicht in der Lage, ihr betrügerisches Auftreten durchzusetzen, weil sie den privaten Host-Schlüssel des Servers nicht besitzt. Beachten Sie, daß dieser Schutzmechanismus nur funktionieren kann, wenn der Client den vom Server übergebenen öffentlichen Schlüssel auch wirklich mit seiner Liste bekannter Hosts vergleicht, weil es anderenfalls keine Garantie für die Echtheit des Servers gibt. Wenn Sie zum ersten Mal die Verbindung zu einem neuen Server herstellen und *ssh* den Host-Schlüssel akzeptieren lassen, sind Sie tatsächlich für einen Man-in-the-Middle-Angriff anfällig. Eine einfache Überpüfung des Schlüssels kann aber die Sicherheit künftiger Verbindungen gewährleisten.

Der zweite von SSH bereitgestellte Schutz besteht in der Einschränkung von Authentifizierungsmethoden, die auf solche Angriffe anfällig reagieren. Die Paßwort-Methode ist anfällig, Public-Key- und hostbasierte/RHostsRSA-Methoden sind hingegen immun. Mary kann den Session-Schlüssel nicht einfach durch die Überwachung des Schlüsselaustauschs ermitteln. Vielmehr muß sie einen aktiven Angriff durchführen, bei dem ein separater Austausch für beide Seiten notwendig ist, um eigene separate Schlüssel für den Client und den Server zu erhalten. Bei SSH-1 und SSH-2[30] ist der Schlüsselaustausch so konzipiert, daß, wenn Mary das macht, die Session-IDs für beide Seiten unterschiedlich sind. Wenn ein Client eine digitale Signatur für die Public-Key- oder die Trusted-Host-Authentifizierung bereitstellt, wird die Session-ID in die signierten Daten aufgenommen. Mary kann daher nicht einfach den vom Client bereitgestellten Authenticator an den Server übergeben und besitzt auch keine Möglichkeit, den Client dazu zu bewegen, die andere Session-ID zu signieren.

Wenn man die Übereinstimmung von Servername und Schlüssel nicht prüft, kann Mary den Man-in-the-Middle-Angriff immer noch durchführen, selbst wenn sie sich auf der Server-Seite nicht unter Ihrem Namen einloggen kann. Vielleicht kann sie sich unter ihrem eigenen Namen oder einem anderen geknackten Namen anmelden. Mit etwas Cleverness kann sie Sie immer noch lange genug an der Nase herumführen, um Schaden anzurichten.

3.10.5   Der Insertion-Angriff

Erinnern Sie sich daran zurück, daß SSH-1 einen schwachen Integritäts-Mechanismus verwendet. Dieser Schwachpunkt wurde in einem erfolgreichen Angriff aufgedeckt, der von Ariel Futoransky und Emiliano Kargieman im Juni 1998 durchgeführt wurde (Details finden Sie unter *http://www.core-sdi.com/advisories/ssh-advisory.htm*). Dieser »Einfüge«- (oder »Kompensierungs«-) Angriff erlaubt es einem Widersacher, der einen aktiven Netzwerkangriff fahren kann, willkürlich Daten in den Klartext-Datenstrom zum Client oder zum Server einzufügen. Das bedeutet, er erlaubt das Einfügen verschlüsselter Daten in die Verbindung, die erfolgreich zu dem vom Angreifer gewünschten Klartext entschlüsselt und durch SSH ausgeliefert wird. Die Server-Richtung ist dabei das größte Problem, weil sie es dem Angreifer erlaubt, beliebige Befehle an die Terminal-Session des Benutzers zu senden. Auch wenn dieser Angriff nicht wirklich einfach durchzuführen ist, stellt er eine ernsthafte Sicherheitslücke dar. Der Angriff resultiert aus der Mischung von CRC32-Eigenschaften und bestimmten Bulk-Ciphern in bestimmten Modi. Ein solcher Angriff kann durch die Verwendung der 3DES-Chiffrierung unterbunden werden, der dagegen immun ist.

SSH1 1.2.25, F-Secure SSH1 1.3.5 (und höher) sowie alle OpenSSH-Versionen enthalten den *crc32 Compensation Attack Detector*, der diesen Angriff erkennt und unterbindet. Der Detektor macht diesen Angriff schwieriger, kann ihn aber nicht vollständig verhindern. SSH-2 verwendet kryptographisch starke Integritätsprüfungen, die solche Probleme vermeiden.

---

30 Zumindest beim Schlüssel-Austausch mittels `diffie-hellman-group1-sha1`. Wir gehen davon aus, daß später hinzukommende Austausch-Methoden diese Eigenschaft ebenfalls aufweisen.

3.11 Was SSH nicht verhindern kann

SSH ist keine vollständig sichere Lösung. Nachfolgend finden Sie einige Beispiele für Angriffe, zu deren Verhinderung SSH nicht entworfen wurde.

3.11.1 Paßwort-Cracking

SSH verbessert die Paßwort-Sicherheit deutlich, indem es Ihr Paßwort beim Transfer im Netzwerk verschlüsselt. Dennoch ist ein Paßwort nur eine schwache Form der Authentifizierung, und Sie müssen vorsichtig damit umgehen. Sie müssen ein gutes Paßwort wählen, das Sie sich gut merken können, das für andere aber nicht offensichtlich und nur schwer zu erraten ist. Sie müssen auch vermeiden, daß jemand Ihr Paßwort stiehlt, weil das schon ausreicht, um Zugang zu Ihrem Account zu erhalten. Also Vorsicht: Der Typ am Terminal neben Ihnen könnte verstohlen über Ihre Schulter blicken und mitlesen, was Sie eingeben. Der Computer, den Sie gerade benutzen wollen, könnte so manipuliert worden sein, daß er alle Tatstatureingaben direkt an die Cracker-Zentrale schickt. Auch der nett klingende Typ von Corporate IT, der nach Ihrem Paßwort fragt, um »Ihren Account in Ordnung zu bringen« ist vielleicht nicht das, wofür er sich ausgibt.

Erwägen Sie statt dessen eine Public-Key-Authentifizierung, da diese auf *zwei Faktoren* basiert: Eine gestohlene Paßphrase ist ohne den privaten Schlüssel nutzlos, der Angreifer muß also beides stehlen. Natürlich kann der SSH-Client auf dem Computer, den Sie freundlicherweise benutzen dürfen, so manipuliert sein, daß er Ihren Schlüssel weitergibt, nachdem Sie so freundlich waren, Ihre Paßphrase einzugeben. Wenn Sie sich um so etwas Gedanken machen, dürfen Sie keine fremden Computer benutzen. In Zukunft werden (hoffen wir) kryptographische Smartcards und Kartenleser allgegenwärtig sein und von SSH unterstützt werden. Dann könnte man seine Schlüssel bequem mit sich herumtragen und auf anderen Computern verwenden, ohne Angst haben zu müssen. Wenn Sie die Paßwort-Authentifizierung aufgrund ihrer Bequemlichkeit nutzen möchten, sollten Sie zur Minimierung des Risikos über die Verwendung von Einmal-Paßwörtern (z.B. S/Key) nachdenken. [3.4.2.5]

3.11.2 IP- und TCP-Angriffe

SSH setzt auf TCP auf und ist somit anfällig für bestimmte Angriffe auf Schwachstellen von TCP und IP. Die Garantien von SSH bezüglich Privatsphäre, Integrität und Authentifizierung schränken diese Schwachstellen aber auf Denial-of-Service-Angriffe ein.

TCP/IP ist gegen Netzwerkprobleme wie Datenstau und fehlerhafte Links resistent. Legt ein Widersacher einen Router lahm, kann IP einfach darum herum routen. Gegen bewußt gefälschte Pakete, die ins Netzwerk eingeschleust werden, ist es aber nicht resistent. Der Ursprung von TCP- und IP-Kontrollmeldungen ist nicht authentifiziert. Deshalb hat TCP/IP eine Reihe von Schwächen wie:

SYN-Flooding

SYN steht für »synchronize« und ist ein TCP-Paketattribut. In diesem Fall verweist es auf das erste Paket, das zum Aufbau einer TCP-Verbindung übertragen wird. Dieses Paket sorgt beim Empfänger häufig zu einer Aufstockung der Ressourcen in Erwartung der eingehenden Verbindung. Sendet ein Angreifer eine große Anzahl dieser Pakete, kann der empfangende TCP-Stack überlaufen und keine Verbindungen mehr annehmen.

TCP RST, gefälschtes ICMP

Ein weiterer TCP-Pakettyp ist RST (»Reset«). Beide Seiten einer TCP-Verbindung können zu jeder Zeit ein RST-Paket schicken, was einen unmittelbaren Abbau der Verbindung nach sich zieht. RST-Pakete können sehr einfach in ein Netzwerk eingeschleust werden und führen dann zum sofortigen Abbau der addressierten TCP-Verbindung.

Dann gibt es da noch ICMP, das Internet Control Message Protocol. ICMP erlaubt es IP-Hosts und Routern, Informationen über Netzwerkbedingungen und die Erreichbarkeit von Hosts auszutauschen. Auch hier gibt es keine Authentifizierung, d.h., das Einschleusen gefälschter ICMP-Pakete kann dramatische Auswirkungen haben. So gibt es zum Beispiel ICMP-Meldungen, die besagen, daß ein bestimmter Host oder TCP-Port nicht erreichbar ist. Das Fälschen solcher Meldungen kann zum Abbau von Verbindungen führen. Es gibt auch ICMP-Meldungen, die Routing-Informationen (Redirects und Router-Erkennung) kommunizieren. Die Fälschung solcher Meldungen kann dazu führen, daß sensible Daten durch unerwünschte und möglicherweise unsichere Systeme geleitet werden.

TCP-Desynchronisation und Hijacking

Durch clevere Manipulation des TCP-Protokolls kann ein Angreifer die beiden Seiten einer TCP-Verbindung im Hinblick auf die Daten-Sequenznummern desynchronisieren. In diesem Zustand ist es eingefügten Paketen möglich, als gültiger Teil der Verbindung akzeptiert zu werden. Das erlaubt es einem Angreifer, beliebige Informationen in den TCP-Datenstrom einzufügen.

SSH bietet keinen Schutz vor Angriffen, die den Aufbau von TCP-Verbindungen aufbrechen oder verhindern. Andererseits sind die Verschlüsselung und die Host-Authentifizierung von SSH geeignete Mittel gegen Angriffe, die auf ein falsches Routing aus sind und so das Lesen sensibler Daten oder die Umleitung einer Verbindung auf einen unsicheren Server ermöglichen würden. Auch schlagen Hijacking-Angriffe fehl und Versuche, die TCP-Daten zu verändern, weil SSH solche Angriffe erkennt. Allerdings wird dabei auch die SSH-Verbindung unterbrochen, weil SSH auf solche Probleme mit Abbruch reagiert.

Weil solche Angriffe auf Probleme mit TCP/IP basieren, können sie effektiv nur durch niedrigere, auf Netzwerkebene angesiedelte Techniken wie Link-Verschlüsselung auf Hardware-Ebene oder IPSEC verhindert werden. [1.6.4] IPSEC ist das IP-Sicherheitsprotokoll, Teil des IP-Protokolls der nächsten Generation (IPv6) und als Erweiterung für den aktuellen IP-Standard (IPv4) verfügbar. Es bietet Verschlüsselung, Integrität und Datenursprungs-Authentifizierung auf IP-Paketebene.

3.11.3   Traffic-Analyse

Selbst wenn ein Angreifer Ihren Netzwerk-Traffic nicht lesen kann, kann er eine Vielzahl nützlicher Informationen daraus ziehen und sich Ihren Datenverkehr einfach ansehen – Menge der Daten, Quell- und Zieladressen, Zeiten etc. Ein plötzlicher Anstieg im Datenverkehr mit einem anderen Unternehmen kann für ihn der Hinweis darauf sein, daß ein großes Geschäft bevorsteht. Traffic-Muster können auch Ihre Backup-Zyklen andeuten und über die Zeiten informieren, zu denen Denial-of-Service-Angriffe den größten Schaden anrichten. Anhaltende Stille auf der SSH-Verbindung vom Desktop der Systemadministratorin kann andeuten, daß sie außer Haus ist und nun ein guter Zeitpunkt für einen (elektronischen oder physikalischen) Einbruch ist.

SSH kümmert sich nicht um die Traffic-Analyse. SSH-Verbindungen sind einfach zu identifizieren, weil sie generell an einen bekannten Port gehen, und das SSH-Protokoll unternimmt keinen Versuch, eine Traffic-Analyse in die Irre zu führen. Eine SSH-Implementierung könnte theoretisch nutzlosen Traffic über eine Verbindung senden, wenn diese anderenfalls ungenutzt ist, um solche Aktivitätsmessungen zu untergraben, aber wir kennen kein SSH-Paket, das ein solches Feature bietet.

3.11.4   Verdeckte Kanäle

Ein *verdeckter Kanal* ist ein Mittel, Informationen unauffällig und unbeachtet weiterzuleiten. Stellen Sie sich vor, daß Sysadmin Sally eines schönen Tages entscheidet, daß die Benutzer zu viel Spaß haben, und deshalb E-Mail und Instant Messaging deaktiviert, um das Chatten zu unterbinden. Um das zu umgehen, kommen Sie mit Ihrem Freund überein, die Nachrichten in einer für jeden lesbaren Datei in Ihrem Home-Verzeichnis abzulegen, die Sie hin und wieder auf neue Nachrichten prüfen. Dieser ungewöhnliche Kommunikationsmechanismus ist ein verdeckter Kanal.

Verdeckte Kanäle sind nur schwer zu eliminieren. Wenn Sysadmin Sally Ihre dateibasierte Technik entdeckt, kann sie alle Home-Verzeichnisse für jeden außer dem Besitzer unlesbar machen und dafür sorgen, daß der Besitzer diese Beschränkung nicht aufheben kann. Wenn sie gerade dabei ist, kann Sie auch sicherstellen, daß Sie auch nirgendwo anders eine neue Datei anlegen können, etwa in */tmp*. (Die meisten Ihrer Programme funktionieren jetzt nicht mehr, aber das ist Sally egal.) Doch Sie und Ihr Freund können immer noch die Home-Verzeichnisse des jeweils anderen auflisten, was ja immerhin noch die Modifikationszeiten und die Anzahl von Dateien zurückliefert. Sie entwickeln daraufhin einen auf diesen sichtbaren Parametern basierenden geheimen Code, bei dem die Kommunikation durch Änderung dieser Parameter erfolgt. Das ist ein komplexerer verdeckter Kanal, und man kann sich sogar noch exotischere vorstellen, falls Sally weitere Restriktionen einführt.

SSH versucht nicht, verdeckte Kanäle zu unterbinden. Deren Analyse und Kontrolle ist generell Teil gut gesicherter Computersysteme, etwa solcher, bei denen Informationen im gleichen System in verschiedenen Sicherheitsklassen laufen. Nebenbei bemerkt, kann der SSH-Datenstrom selbst hervorragend als verdeckter Kanal verwendet werden:

Der verschlüsselte Inhalt Ihrer SSH-Session kann ein Rezept für einen Schokoladenkuchen enthalten, während die geheime Nachricht über eine geplante Firmenfusion im Morsecode übergeben wird, wobei gerade und ungerade Paketlängen die Striche und Punkte darstellen.

3.11.5 Gedankenlosigkeit

Mit der Dummheit kämpfen Götter selbst vergebens.

— Friedrich von Schiller

Sicherheitswerkzeuge sichern nicht von selbst. Sie helfen nur den Leuten dabei, Dinge zu sichern. Das ist zwar ein Klischee, aber so wichtig, daß man es doch wiederholen sollte. Die besten Kryptographie-Verfahren und die sichersten Protokolle der Welt helfen Ihnen nicht, wenn Benutzer schlechte Paßwörter wählen oder ihre Paßphrasen auf ein Stück Papier schreiben, das dann auf der Rückseite der Tastatur klebt. Sie helfen auch Sysadmins nicht weiter, die andere Aspekte der Host-Sicherheit vernachlässigen und den Diebstahl von Host-Schlüsseln oder das Abhören von Terminal-Sessions nicht unterbinden.

Wie Bruce Schneier es so gern formuliert: »Sicherheit ist ein Prozeß, kein Produkt«. SSH ist ein gutes Werkzeug, kann aber nur Teil eines allgemeinen und fortlaufenden Prozesses des Sicherheitsbewußtseins sein. Auch andere Aspekte der Host-Integrität wollen beachtet werden. Sicherheits-Advisories für relevante Software und Betriebssysteme, sofortige Anwendung von Patches und Workarounds und die Unterweisung (und das stetige Erinnern) der Leute an ihre Sicherheits-Verantwortlichkeiten. Sie können nicht einfach SSH installieren und denken, daß nun alles sicher sei.

3.12 Zusammenfassung

Das SSH-Protokoll verwendet weit verbreitete, kryptographisch starke Tools, um Netzwerkverbindungen mit Privatsphäre, Integrität und gegenseitiger Authentifizierung zu versorgen. Das SSH-1-Protokoll (d.h. SSH-1.5) ist weit verbreitet, obwohl es etwas aus dem Stegreif gebastelt wirkt: Es ist vor allem eine Dokumentation des Verhaltens der SSH1-Programme. Es hat eine Reihe von Fehlern und Schwächen, von denen die schwache Integritätsprüfung und der darauf basierende Insertion-Angriff von Futoransky/Kargieman das wohl ungeheuerlichste Beispiel ist. Die aktuelle Protokollversion, SSH-2, ist flexibler und behebt die frühen Probleme, erfährt leider aber nur beschränkten Zuspruch. Gründe dafür sind sicher die Beschränkungen durch die Lizensierung und die bestehende Verfügbarkeit der freien SSH1-Software für viele kommerzielle Zwecke.

SSH erkennt viele netzwerkbezogene Angriffe auf die Sicherheit, aber nicht alle. Es ist insbesondere anfällig für Denial-of-Service-Angriffe, die auf Schwächen von TCP/IP basieren, dem zugrundeliegenden Transport-Protokoll. Es greift auch nicht bei einigen Angriffsmethoden, die je nach Umgebung von Bedeutung sein können, etwa die Traffic-Analyse oder verdeckte Kanäle.

4

Installation und Kompilierungs-Konfiguration

Nachdem Sie nun wissen, was SSH ist und wie es funktioniert, stellt sich die Frage, wie man an eine Kopie kommt und es installiert. Dieses Kapitel untersucht verschiedene populäre und robuste Unix-Implementierungen von SSH und beschreibt, wie man sie erhält, kompiliert und installiert:

SSH1 und SSH Secure Shell (SSH2)
> Produkte der Firma SSH Communications Security, Ltd., die die SSH-1- bzw. SSH-2-Protokolle implementieren.

F-Secure SSH Server
> Die SSH1- und SSH2-Versionen der Firma F-Secure.

OpenSSH
> Ein freier SSH1-Ableger mit unabhängig implementierter Unterstützung des SSH-2-Protokolls. Teil von OpenBSD.

Nicht-Unix-Implementierungen von SSH werden in den Kapiteln 13–17 behandelt.

4.1   SSH1 und SSH2

SSH1 und SSH2 (SSH Secure Shell) wurden für Unix entwickelt und auf verschiedene andere Betriebssysteme portiert. Die Distribution beider Produkte erfolgt im Quellcode, der vor dem Einsatz kompiliert werden muß. Vorkompilierte Executables für verschiedene Plattformen sind aber ebenfalls verfügbar.

SSH1 und SSH2 können für nicht-kommerzielle Zwecke kostenlos weitergegeben werden. Ist der kommerzielle Einsatz geplant, müssen Sie die Software entsprechend den Lizenzbestimmungen kaufen. Kommerzielle Versionen werden von SSH Communication Security, Ltd. und F-Secure Corporation verkauft, und wir werden diese später diskutieren. Die genauen Bedingungen der Weitergabe und Verwendung der jeweiligen Versionen sind in der Datei *COPYING* (SSH1) bzw. *LICENSING* (SSH2) nachzulesen. Sie sollten die Bedingungen vor dem Einsatz der Software gelesen und akzeptiert haben. Da bei diesen Produkten auch die Kryptographie eine Rolle spielt, könnte auch die lokale Gesetzgebung Ihnen diktieren, ob Sie die Software verwenden oder verteilen dürfen.

4.1.1   Features

SSH1 und SSH2 definieren den De-facto-Standard für die SSH-Features und sind sehr flexibel und leistungsfähig. Beide Produkte umfassen:

- Client-Programme für entfernte Logins, entfernte Befehlsausführung und sicheres Kopieren von Dateien über ein Netzwerk. Alle Programme verfügen über zahlreiche Laufzeit-Optionen.

- Einen SSH-Server, der sehr differenzierte Konfigurationsmöglichkeiten bietet.

- Kommandozeilen-Schnittstellen für alle Programme, was ein Skripting mit Standard-Unix-Tools (Shells, Perl etc.) ermöglicht.

- Eine Vielzahl wählbarer Verschlüsselungsalgorithmen und Authentifizierungsmechanismen.

- Einen SSH-Agenten, der Schlüssel zur einfacheren Handhabung zwischenspeichert.

- Unterstützung von SOCKS-Proxies.

- Unterstützung von TCP-Port- und X11-Forwarding.

- Debugging-Unterstützung durch History- und Logging-Features.

4.1.2   Beschaffen einer Distribution

SSH1 und SSH2 sind über anonymes FTP von *ftp.ssh.com* (im Verzeichnis */pub/ssh*) verfügbar. Sie können aber über folgende URL heruntergeladen werden:

ftp://ftp.ssh.com/pub/ssh/

Sie erreichen diese Quelle auch über die Website von SSH Communications Security:

http://www.ssh.com/

4.1.2.1   Extrahieren der Dateien

Die Distributionen liegen in einem mit gzip gepackten tar-Format vor. Um die Dateien zu extrahieren, müssen Sie *gunzip,* gefolgt von *tar* aufrufen. Um zum Beispiel die SSH1-Version 1.2.27 aus der gezippten *tar*-Datei *ssh-1.2.27.tar.gz,* zu extrahieren, müssen Sie folgendes eingeben:

```
$ gunzip ssh-1.2.27.tar.gz
$ tar xvf ssh-1.2.27.tar
```

Alternativ können Sie in einer einzigen Befehlszeile mit einer Pipe arbeiten:

```
$ gunzip < ssh-1.2.27.tar.gz | tar xvf -
```

Wenn Sie über GNU-Tar (bei einigen Systemen als *gtar* oder *tar* bezeichnet) verfügen, können Sie einfach folgendes eingeben:

```
$ gtar xzvf ssh-1.2.27.tar.gz
```

Das Endergebnis ist immer ein neues Unterverzeichnis, in dem alle Dateien der Distribution abgelegt sind.

4.1.2.2   *Verifikation mit PGP*

Mit jeder SSH1- und SSH2-Distribution erhalten Sie eine PGP-Signaturdatei für Pretty Good Privacy. Diese garantiert eine saubere, unmodifizierte Distribution. [1.6.2] Zur Datei *ssh-1.2.27.tar.gz*, gehört beispielsweise auch die Datei *ssh-1.2.27.tar.gz.sig*, die eine entsprechende PGP-Signatur enthält. Um prüfen zu können, ob die Distribution sauber ist, muß PGP installiert sein. Ist das der Fall, gehen Sie wie folgt vor:

1. Wenn Sie es noch nicht getan haben, beschaffen Sie sich die öffentlichen PGP-Schlüssel für die jeweilige Distribution. Zur Verifikation von SSH1 und SSH2 werden separate Schlüssel benutzt:

    ftp://ftp.ssh.com/pub/ssh/SSH1-DISTRIBUTION-KEY-RSA.asc

    ftp://ftp.ssh.com/pub/ssh/SSH2-DISTRIBUTION-KEY-RSA.asc

    ftp://ftp.ssh.com/pub/ssh/SSH2-DISTRIBUTION-KEY-DSA.asc

    Nehmen Sie die Schlüssel in die Liste Ihrer PGP-Schlüssel auf, indem Sie sie in temporären Dateien ablegen und dann folgendes eingeben:

    ```
    $ pgp -ka name_der_temporären_datei
    ```

2. Laden Sie sowohl die Distributionsdatei (z.B. *ssh-1.2.27.tar.gz*) als auch die Signaturdatei (z.B. *ssh-1.2.27.tar.gz.sig*) herunter.

3. Verifizieren Sie die Signatur mit dem Befehl

    ```
    $ pgp ssh-1.2.27.tar.gz
    ```

    Erscheint keine Warnung, ist die Distribution sauber.

Überprüfen Sie immer die PGP-Signaturen. Anderenfalls könnten Sie von einer gehackten Version von SSH1 hinters Licht geführt werden, die von einer nicht-vertrauenswürdigen dritten Partei erzeugt wurde. Wenn Sie blind installieren, ohne die PGP-Signatur zu prüfen, könnten Sie Ihre Systemsicherheit gefährden.

4.1.3   *Kompilierung und Installation von SSH1*

Generell wird SSH1 mit den folgenden Schritten kompiliert und installiert. Sie sollten immer alle vorhandenen *README*- und *INSTALL*-Dokumente der Distribution lesen, damit Sie wissen, ob für Ihre Umgebung bekannte Probleme vorhanden oder zusätzliche Installationsschritte notwendig sind.

1. Führen Sie das enthaltene *configure*-Skript aus. [4.1.5] Um alle Voreinstellungen zu akzeptieren, wechseln Sie in das Stammverzeichnis der SSH1-Distribution und geben folgendes ein:

   ```
   $ ./configure
   ```

2. Kompilieren Sie das Paket:

   ```
   $ make
   ```

3. Installieren Sie alles. Sie benötigen Root-Rechte, wenn die Installationsdateien in Systemverzeichnissen abgelegt werden sollen:

   ```
   $ su root
   Password: ********
   # make install
   ```

   Die folgenden Dateien werden installiert:

   - das Server-Programm *sshd1* und ein Link darauf namens *sshd.*
   - die Clients *ssh1* und *scp1* sowie entsprechende Links namens *ssh* bzw. *scp*
   - der symbolische Link *slogin1*, der auf *ssh1* verweist, sowie ein Link namens *slogin,* der auf *slogin1* verweist
   - die Hilfsprogramme *ssh-add1*, *ssh-agent1*, *ssh-askpass1* und *ssh-keygen1* mit den entsprechenden Links *ssh-add*, *ssh-agent*, *ssh-askpass* und *ssh-keygen*
   - das Hilfsprogramm *make-ssh-known-hosts*
   - ein neu generiertes Host-Schlüssel-Paar, von *ssh-keygen* erzeugt und standardmäßig in */etc/ssh_host_key* (privater Schlüssel) und */etc/ssh_host_key.pub* (öffentlicher Schlüssel) abgelegt
   - die Server-Konfigurationsdatei, standardmäßig */etc/sshd_config* [5.3.1]
   - die Client-Konfigurationsdatei, standardmäßig */etc/ssh_config* [7.1.3]
   - Manpages für die verschiedenen Programme

4. Legen Sie die Datei mit den bekannten Hosts an. [4.1.6]

4.1.4 Kompilierung und Installation von SSH2

SSH2 wird fast wie SSH1 kompiliert und installiert. Sie verwenden dazu das *configure*-Skript und *make*-Befehle:

1. Führen Sie die Kompilierungs-Konfiguration wie bei SSH1 durch. [4.1.5] Um alle Standardeinstellungen zu akzeptieren, wechseln Sie einfach in das Stammverzeichnis der SSH2-Distribution und geben folgendes ein:

   ```
   $ ./configure
   ```

2. Kompilieren Sie das Paket:

   ```
   $ make
   ```

3. Installieren Sie alles. Denken Sie daran, sich als root anzumelden, wenn die Dateien in Systemverzeichnisse installiert werden sollen:

   ```
   $ su root
   ```

```
Password: ********
# make install
```

Die folgenden Dateien werden installiert:

- das Server-Programm *sshd2* sowie ein Link darauf namens *sshd*

- das Server-Programm *sftp-server* für den sicheren FTP-Server

- die Clients *ssh2*, *scp2* und *sftp2* mit den entsprechenden Links namens *ssh*, *scp* und *sftp*

- die Hilfsprogramme *ssh-add2*, *ssh-agent2*, *ssh-askpass2*, *ssh-keygen2*, *ssh-probe2* und *ssh-signer2* mit den entsprechenden Links *ssh-add*, *ssh-agent*, *ssh-askpass*, *ssh-keygen*, *ssh-probe* und *ssh-signer*

- die zusätzlichen Hilfsprogramme *ssh-dummy-shell* und *ssh-pubkeymgr*

- ein neu generiertes Host-Schlüssel-Paar, von *ssh-keygen2* erzeugt und standard-mäßig in */etc/ssh2/hostkey* (privater Schlüssel) und */etc/ssh2/hostkey.pub* (öffentlicher Schlüssel) abgelegt

- die Server-Konfigurationsdatei, standardmäßig */etc/ssh2/sshd2_config* [5.3.1]

- die Client-Konfigurationsdatei, standardmäßig */etc/ssh2/ssh2_config* [7.1.3]

- Manpages für die verschiedenen Programme

4.1.4.1 SSH1 und SSH2 auf der gleichen Maschine

Beachten Sie, daß SSH1 und SSH2 bei der Installation einige Dateien mit den gleichen Namen erzeugen, beispielsweise den Link *sshd*. Was passiert nun, wenn Sie versuchen, SSH1 und SSH2 auf der gleichen Maschine zu installieren? Nun, glücklicherweise funktioniert alles wunderbar, selbst wenn Sie beide in die gleichen *bin-* und *etc*-Verzeichnisse kopieren, vorausgesetzt, Sie installieren die aktuellsten Versionen. Beide Makefiles sind nämlich so konstruiert, daß sie die Existenz der jeweils anderen Version erkennen und entsprechend reagieren.

Insbesondere legen sowohl SSH1 als auch SSH2 die symbolischen Links *sshd*, *ssh*, *scp*, *ssh-add*, *ssh-agent*, *ssh-askpass* und *ssh-keygen* an. Wenn Sie zuerst SSH1 und dann SSH2 installieren, hängt das SSH2-Makefile die Endung *.old* an diese Dateien an und erzeugt neue symbolische Links auf die jeweils eigenen SSH2-Programme. Zum Beispiel verweist *ssh* ursprünglich auf *ssh1*. Nach der Installation von SSH2 verweist *ssh* auf *ssh2* und *ssh.old* auf *ssh1*. Das ist korrekt, weil SSH2 eine neuere Version als SSH1 ist.

Wenn Sie andererseits zuerst SSH2 und dann SSH1 installieren, läßt das SSH1-Makefile die SSH2-Links unangetastet. *ssh* verweist also weiter auf *ssh2*, und auf *ssh1* gibt es keinen Link. Das verträgt sich mit der üblichen Praxis, SSH1 zu installieren, um SSH2 einen Fallback auf SSH1 zu ermöglichen.

4.1.5 Kompilierungs-Konfiguration

Die Kompilierung von SSH1 und SSH2 scheint recht einfach zu sein, nicht wahr? Man gibt einfach *configure* und ein paar *make*-Befehle ein, und alles ist fertig. Nun, nicht so schnell. Bei der Kompilierung und Installation eines neuen Sicherheitsprodukts sollten Sie die Standardvorgaben nicht einfach blind akzeptieren. Diese SSH-Produkte besitzen Dutzende Optionen, die zur Kompilierung gesetzt werden können, und Sie sollten jede dieser Optionen sorgfältig erwägen. Wir bezeichnen diesen Prozeß als *Kompilierungs-Konfiguration*.

Die Kompilierungs-Konfiguration erfolgt durch die Ausführung eines Skripts namens *configure* vor der eigentlichen Kompilierung der Distribution.[1] Vereinfacht ausgedrückt, übernimmt *configure* zwei Aufgaben:

- Es untersucht den lokalen Computer und setzt dabei verschiedene Computer- und Betriebssystem-spezifische Optionen. So erkennt *configure* beispielsweise, welche Headerdateien und Bibliotheken verfügbar sind und ob Ihr C-Compiler ANSI-konform ist oder nicht.

- Es nimmt bestimmte, im SSH-Quellcode enthaltene Features auf oder läßt sie weg. So kann *configure* zum Beispiel die Unterstützung der Kerberos-Authentifizierung beibehalten oder weglassen.

Wir diskutieren nur die zweite Aufgabe, weil sie SSH-spezifisch ist, und wir behandeln nur die Konfigurationsoptionen, die direkt etwas mit SSH oder der Sicherheit zu tun haben. So kümmern wir uns beispielsweise nicht um Flags, die direkt mit dem Compiler (z.B. ob Warnungen ausgegeben oder unterdrückt werden sollen) oder dem Betriebssystem (z.B. ob bestimmte Unix-Bibliotheksfunktionen verwendet werden sollen) zu tun haben. Eine vollständige Übersicht aller *configure*-Flags erhalten Sie mit:

```
$ configure --help
```

Sie sollten auch die Dateien *README* und *INSTALL* im Stammverzeichnis der Distribution lesen.

Das Verhalten von SSH1 und SSH2 kann auf drei Ebenen kontrolliert werden. Die erste ist die in diesem Kapitel behandelte Kompilierungs-Konfiguration. Zusätzlich steuert die *Server-weite Konfiguration* (Kapitel 5) globale Einstellungen eines laufenden SSH-Servers, und die *accountbezogene Konfiguration* (Kapitel 8) kontrolliert die Einstellungen für jeden SSH-Verbindungen akzeptierenden Benutzer-Account. Abbildung 4-1 macht deutlich, an welcher Stelle im Gesamtbild die Kompilierungs-Konfiguration einzuordnen ist. Wir werden Sie immer an dieses Bild erinnern, wenn ein neuer Konfigurationstyp eingeführt wird.

---

1 Das *configure*-Skript wird mit einem Free Software Foundation-Paket namens *autoconf* erzeugt. Um SSH1 oder SSH2 zu kompilieren, müssen Sie das nicht wissen, aber wenn Sie mehr über *autoconf* wissen wollen, besuchen Sie die GNU-Website unter *http://www.gnu.org/*.

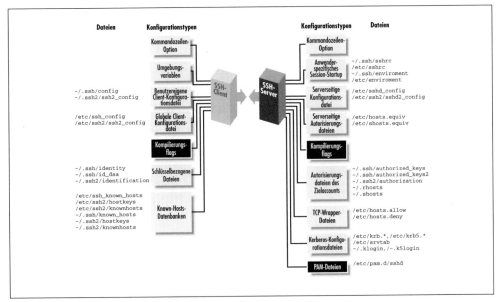

Abbildung 4-1: SSH-Kompilierungs-Konfiguration (hervorgehoben)

4.1.5.1   Konfigurations-Standards

Das *configure*-Skript akzeptiert Kommandozeilen-Flags. Diese beginnen immer mit zwei Minuszeichen (--) und steuern die Aktionen des Skripts. Es gibt zwei Arten von Flags:

Mit/ohne-Flags

Aufnahme eines Pakets während der Kompilierung. Diese Flags beginnen mit --with oder --without. Zum Beispiel können Sie das X-Window-System mit dem Flag --with-x unterstützen bzw. die Untstützung mit --without-x weglassen.

Aktivieren/Deaktivieren-Flags

Legt das Standardverhalten von SSH1 fest. Diese Flags beginnen immer mit --enable oder --disable. Zum Beispiel wird das X-Forwarding bei SSH2 mit dem Flag --enable-X11-forwarding aktiviert und mit --disable-X11-forwarding deaktiviert. Einige dieser Standardeinstellungen können später durch die serverweite oder accountbezogene Konfiguration überschrieben werden.

Mit --with oder --enable beginnenden Flags kann optional ein Gleichheitszeichen und ein Stringwert folgen. Zum Beispiel:

```
--with-etcdir=/usr/local/etc
--enable-X11-forwarding=no
```

Es können verschiedene Stringwerte folgen, aber die gängigsten sind yes und no. Für ein gegebenes Paket *P* sind die Flags --with-*P* und --with-*P*=yes gleich. Die folgende Tabelle verdeutlicht die Beziehungen:

Wenn Sie schreiben:	Entspricht das:
`--with-P=yes`	`--with-P`
`--with-P=no`	`--without-P`

Die nächste Tabelle verdeutlicht die Beziehungen für ein gegebenes Feature *F*:

Wenn Sie schreiben:	Entspricht das:
`--enable-F=yes`	`--enable-F`
`--enable-F=no`	`--disable-F`

In den folgenden Abschnitten zeigen wir Ihnen viele *configure*-Beispiele mit verschiedenen Kommandozeilen-Flags. Die meisten Beispiele sollen nur jeweils ein Flag verdeutlichen, weshalb wir mit Pünktchen arbeiten:

```
$ configure ... --enable-fancy-feature ...
```

um anzudeuten, daß noch andere Flags in der Kommandozeile stehen können. Die korrekte Ausführung von *configure* erfolgt nur einmal vor der Kompilierung mit allen gewünschten Flags in der gleichen Kommandozeile.

Gehen Sie bei der Wahl der *configure*-Flags vorsichtig vor, sonst könnten Sie sehr viel Zeit verlieren. Das *configure*-Skript ist nicht besonders clever und führt nur wenige oder gar keine Plausibilitätsprüfungen mit den Eingaben durch. Wenn Sie ein ungültiges Flag angeben, könnte *configure* mehrere Minuten lang fröhlich vor sich hin werkeln und Hunderte von Konfigurationsoptionen bearbeiten, bis schließlich das falsche Flag erreicht wird und das Skript einfach abbricht. Dann müssen Sie das Skript erneut ausführen.

Verlassen Sie sich auch nicht auf die Standardwerte der Flags, da diese zwischen den SSH-Implementierungen unterschiedlich sein können. Maximale Sicherheit und Kontrolle erhalten Sie, wenn Sie alle Flags bei der Ausführung von *configure* explizit angeben.

4.1.5.2   Installation, Dateien und Verzeichnisse

Lassen Sie uns mit unserer Diskussion der SSH-bezogenen Flags von *configure* beginnen. Zuerst diskutieren wir dateibezogene Flags zur Wahl der Konfigurationsverzeichnisse, die Aktivierung/Deaktivierung von setuid-Bits und die Zuweisung von Gruppen-Schreib- und -Leserechten für diese Verzeichnisse.

Die SSH-Executables werden in einem Verzeichnis Ihrer Wahl – standardmäßig */usr/local* – innerhalb eines Unterverzeichnisses namens *bin* abgelegt. Dieses Verzeichnis wird mit dem *configure*-Flag `--prefix` festgelegt. Um das bin-Verzeichnis also in */usr/local/ssh* unterzubringen und die Executables in */usr/local/ssh/bin* abzulegen, geben Sie folgendes ein:

```
# SSH1, SSH2, OpenSSH
$ configure ... --prefix=/usr/local/ssh ...
```

Einige SSH-bezogene Systemdateien werden im Verzeichnis */etc* abgelegt. Diese Voreinstellung kann mit dem *configure*-Flag `--with-etcdir` (`--sysconfdir` bei OpenSSH) und der Angabe eines anderen Verzeichnisses überschrieben werden:

```
# SSH1, SSH2
$ configure ... --with-etcdir=/usr/local/etc ...
```

Das Flag `--with-etcdir` ist unter den Flags einmalig, weil es kein entsprechendes `--without-etcdir`-Flag gibt. SSH1 und SSH2 müssen über Konfigurationsverzeichnisse verfügen, oder die Makefiles verweigern die Kompilierung der Software.

Als nächstes werden bestimmte Executables standardmäßig als setuid root installiert: *ssh1* (SSH1) und *ssh-signer2* (SSH2). *ssh1* benötigt setuid root zur Trusted-Host-Authentifizierung (d.h. verschiedene Formen der hostbasierten Authentifizierung) aus den folgenden Gründen:

* Zum Zugriff auf den lokalen Host-Schlüssel, der nur von root gelesen werden kann.

* Zur Bereitstellung eines privilegierten Ports, was nur root möglich ist.

Bei SSH2 werden die privilegierten Ports nicht mehr verwendet, und die erste Aufgabe wurde in ein separates Programm namens *ssh-signer2* ausgelagert. Dieses Programm signiert Authentifizierungspakete für die Trusted-Host-Authentifizierung. Setzen Sie dieses Programm nicht aus setuid root, schlägt die hostbasierte Authentifizierung fehl. [3.5.2.3]

Beim *ssh*-Client von SSH1 werden die setuid root-Rechte durch die *configure*-Flags `--enable-suid-ssh` und `--disable-suid-ssh` kontrolliert:

```
# nur SSH1
$ configure ... --disable-suid-ssh ...
```

Auf die gleiche Weise wird bei SSH2 das setuid-Bit von *ssh-signer2* durch `--enable-suid-ssh-signer` und `--disable-suid-ssh-signer` gesteuert:

```
# nur SSH2
$ configure ... --disable-suid-ssh-signer ...
```

Schließlich benötigt der SSH-Server noch bestimmte Rechte für Dateien und Verzeichnisse der Benutzer, wie etwa die *.rhosts*-Datei und die *authorized_keys*-Datei.[2] Insbesondere sind Schreibrechte für Gruppen und den Rest der Welt verboten. Gruppen-

---

2 Nur wenn `StrictModes` beim Server eingeschaltet ist. [5.4.2.1]

Schreibrechte können aber bei gemeinsam genutzten Accounts nützlich sein (so daß die Mitglieder einer Gruppe die SSH-Dateien eines Accounts bequem verändern können). Diese Einschränkung kann mit Hilfe des *configure*-Flags `--enable-group-writeability` aufgehoben werden:

```
# SSH1, SSH2
$ configure ... --enable-group-writeability ...
```

Nun erlaubt der Server SSH-Verbindungen zu Accounts, deren SSH-Dateien mit Gruppen-Schreibrechten versehen sind.

4.1.5.3 TCP/IP-Unterstützung

Die meisten TCP/IP-Features von SSH1 und SSH2 werden von der serverweiten Konfiguration kontrolliert [5.4.3], einige wenige sind aber auch durch die Kompilierungs-Konfiguration einstellbar. Hierzu gehören das TCP NODELAY-Feature, TCP-Wrapper, die Socket-Option SO_LINGER und ein Limit für die maximale Anzahl von Verbindungen.

Wenn Sie die Verwendung von SSH über ein WAN (und nicht über eine schnelle Ethernet-Verbindung) planen, sollten Sie das TCP/IP-Feature NODELAY, d.h. den Nagle-Algorithmus, für SSH-Verbindungen deaktivieren. Der Nagle-Algorithmus reduziert die Anzahl der TCP-Segmente mit sehr kleinen Datenmengen, beispielsweise die kleinen Bytesequenzen einer Terminal-Session. Sie können das während der Kompilierung mit dem Flag `--disable-tcp-nodelay` deaktivieren:

```
# SSH1, SSH2
$ configure ... --disable-tcp-nodelay ...
```

Alternativ können Sie dieses Feature während der serverweiten Konfiguration über das Konfigurations-Schlüsselwort `NoDelay` aktivieren und deaktivieren. [5.4.3.8]

TCP-wrappers ist ein Sicherheits-Feature, das eine Zugriffskontrolle für eingehende TCP-Verbindungen, basierend auf deren Quelladresse, durchführt. [9.4] Zum Beispiel kann TCP-wrappers die Identität eines die Verbindung herstellenden Hosts prüfen, indem er entsprechende DNS-Lookups nimmt, oder er kann Verbindungen für bestimmte Adressen, Adressbereiche oder DNS-Domains ablehnen. SSH verfügt bereits über einen gewissen Grad an Kontrolle mit Features wie `AllowHosts`, `DenyHosts` etc., TCP-wrappers ist aber umfassender. Es erlaubt einige Kontrollen, die momentan in keiner SSH-Version implementiert sind, z.B. die Beschränkung der Quelle weitergeleiteter X-Verbindungen.

SSH1 und SSH2 unterstützen TCP-wrappers, wenn das Flag `--with-libwrap` während der Kompilierung angegeben wird und den Pfad auf die Wrapper-Bibliothek *libwrap.a* enthält:

```
# SSH1, SSH2
$ configure ... --with-libwrap=/usr/local/lib ...
```

Wenn Ihre Unix-Installation die TCP-wrappers-Bibliothek nicht umfaßt, können Sie sie selbst herunterladen und kompilieren:

ftp://ftp.porcupine.org/pub/security/index.html

Weitere Informationen zu TCP-wrappers finden Sie in den Manpages zu *tcpd* und *hosts_access*.

Eine auf recht niedriger Ebene angesiedelte Option für SSH1 betrifft das Socket-Flag SO_LINGER, das bei der Kompilierung ein- und ausgeschaltet werden kann. Stellen Sie sich vor, daß SSH1 über einen offenen Socket kommuniziert, dieser aber geschlossen wird, während noch Daten in der Warteschlange stehen. Was passiert mit den Daten? Die Einstellung des SO_LINGER-Flags bestimmt, was passieren soll. Ist dieses Flag aktiv, wird beim Schließen des Sockets so lange »getrödelt« (»linger«), bis die Daten ausgeliefert sind oder ein festgelegter Timeout überschritten wird. Das Experimentieren mit diesem Flag verlangt eine genaue Kenntnis des TCP/IP- und Socket-Verhaltens. Wenn Sie also wissen, was Sie tun, können Sie das --enable-so-linger-Flag verwenden:

```
# nur SSH1
$ configure ... --enable-so-linger ...
```

Schließlich können Sie *sshd2* noch anweisen, die maximale Anzahl gleichzeitig unterstützter Verbindungen zu beschränken. Per Voreinstellung wird eine beliebige Anzahl von Verbindungen unterstützt, aber wenn Sie die Ressourcen Ihres Servers schonen wollen, können Sie ein Limit setzen. Das entsprechende Flag ist --with-ssh-connection-limit, zusammen mit einem positiven Integer-Argument:

```
# nur SSH2
$ configure ... --with-ssh-connection-limit=50 ...
```

Sie können diesen Wert zur Laufzeit mit dem serverweiten Konfigurations-Schlüsselwort MaxConnections überschreiben. [5.4.3.6]

4.1.5.4 *X-Window-Unterstützung*

Wenn Sie die Verwendung von SSH zur Kommunikation von Hosts planen, auf denen das X-Window System läuft, müssen Sie die X-Unterstützung bei der Kompilierung aktivieren. (Standardmäßig ist sie aktiviert.) Wenn Sie andererseits nie etwas mit X zu tun haben, können Sie die Unterstützung weglassen und etwas Plattenplatz sparen. Verwenden Sie die Flags --with-x oder --without-x ganz nach Bedarf:

```
# SSH1, SSH2
$ configure ... --without-x ...
```

Nur wenige Leute haben ernsthafte Gründe, den X-Support aufzunehmen, aber *configure* besitzt einige wenige andere, X-bezogene Flags. Insbesondere können Sie die Unterstützung des X-Forwarding aktivieren oder deaktivieren, die es auf dem Server geöffneten X-Anwendungen erlaubt, auf dem Display des SSH-Clients zu erscheinen. [9.3]

Bei SSH1 ist die Unterstützung für das X-Forwarding für SSH-Server und -Client separat kontrollierbar:

```
# nur SSH1
$ configure ... --disable-server-x11-forwarding ...
$ configure ... --disable-client-x11-forwarding ...
```

Bei SSH2 wird diese Unterstützung als Ganzes durch das Kompilierungs-Flag `--enable-X11-forwarding` (oder `--disable-X11-forwarding`) festgelegt:

```
# nur SSH2
$ configure ... --disable-x11-forwarding ...
```

Denken Sie daran, daß diese Aktivieren/Deaktivieren-Flags nur das Standardverhalten von SSH festlegen. Das X-Forwarding kann auch weiterhin aktiviert oder deaktiviert werden, indem Sie in der serverweiten Konfiguration die Konfigurations-Schlüssel-wörter `X11Forwarding` (SSH1, OpenSSH) bzw. `ForwardX11` (SSH2) nutzen. [9.3.3]

4.1.5.5 TCP-Port-Forwarding

Das Port-Forwarding sorgt dafür, daß SSH die Daten beliebiger TCP/IP-basierter Programme verschlüsselt. [9.2] Dieses Feature kann auf Wunsch bei der Kompilierung deaktiviert werden. Das X-Window-Forwarding ist von diesen allgemeinen Port-Forwarding-Flags ausgenommen.

Bei SSH1 kann das Port-Forwarding für den Server, den Client oder für beide deaktiviert werden. Um das Port-Forwarding für den Server zu deaktivieren, verwenden Sie das *configure*-Flag `--disable-server-port-forwarding`. Um das Port-Forwading bei SSH1-Clients zu unterbinden, verwenden Sie hingegen das *configure*-Flag `--disable-client-port-forwardings`. Standardmäßig ist das Port-Forwarding bei der Kompilierung aktiv.

Bei SSH2 wird das Port-Forwarding für Clients und Server nicht separat kontrolliert. Die *configure*-Flags `--enable-tcp-port-forwarding` und `--disable-tcp-port-forwarding` aktivieren bzw. deaktivieren dieses Feature.

4.1.5.6 Verschlüsselung und Chiffren

SSH1 kann mit oder ohne Unterstützung bestimmter Verschlüsselungsalgorithmen wie IDEA, Blowfish, DES und ARCFOUR kompiliert werden. (Bei SSH2 wird dieser Support bei der serverweiten Konfiguration durch das Schlüsselwort `Ciphers` kontrolliert. [5.4.5]) Die Flags für diese Unterstützung lauten:

`--with-idea`
  IDEA-Algorithmus unterstützen.

`--with-blowfish`
  Blowfish-Algorithmus unterstützen.

`--with-des`
  DES-Algorithmus unterstützen.

`--with-arcfour`

ARCFOUR-Algorithmus unterstützen.

`--with-none`

Erlaubt unverschlüsselte Übertragung.

Wenn Sie den Support nicht wünschen, verwenden Sie die `--without`-Form des Flags:

```
# nur  SSH1
$ configure ... --without-blowfish ...
```

Wir empfehlen die Verwendung von `--without-none`, um unverschlüsselte Übertragungen zu verbieten. Anderenfalls kann ein Einbrecher auf Ihrer Server-Maschine die SSH-Verschlüsselung für Clients aufheben, indem er eine einfache Zeile (»Ciphers None«) in einer Konfigurationsdatei einträgt. Sie könnten auch andere Sicherheitsrisiken eröffnen. [5.4.5] Wenn Sie unverschlüsselte Übertragungen für Testzwecke benötigen, sollten Sie einen zweiten SSH1-Server mit `--with-none` kompilieren und diesen nur für den Systemadministrator ausführbar machen. Denken Sie auch daran, daß die Deaktivierung der Verschlüsselung beim SSH1-Protokoll nicht nur den Schutz der Daten aufhebt, sondern auch die Server-Authentifizierung und Datenintegrität unwirksam macht.

Einige SSH-Implementierungen enthalten den RSA-Verschlüsselungsalgorithmus zur Public-Key-Authentifizierung. [3.9.1.1] Bei Drucklegung der amerikanischen Originalausgabe dieses Buches fehlte der Algorithmus bei einigen Implementierungen, weil RSA bis September 2000 durch ein Patent geschützt war (mittlerweile ist er in der Public Domain). Während das Patent galt, stellte das Unternehmen eine »Referenzimplementierung« von RSA, genannt RSAREF, bereit, die für Bildungs- und nicht-kommerzielle Zwecke frei eingesetzt werden konnte und das Patent nicht verletzte. Wir glauben, daß RSAREF nicht weiter gebraucht wird, nachdem nun andere, beliebtere RSA-Implementierungen für alle zugänglich sind. Darüber hinaus raten wir von dieser Referenz-Implementierung ab, weil sie Sicherheitslücken enthält und nicht mehr unterstützt wird. Dennoch können Sie SSH1 immer noch anweisen, RSAREF anstelle einer eigenen RSA-Implementierung zu verwenden, indem Sie das *configure*-Flag `--with-rsaref` angeben:

```
# nur SSH1
$ configure ... --with-rsaref
```

Dann entpacken Sie das RSAREF-Paket in einem Verzeichnis namens *rsaref2* unterhalb des Stammverzeichnisses der SSH1-Distribution. Die RSA-Verschlüsselung wird standardmäßig verwendet, oder wenn Sie das *configure*-Flag `--without-rsaref` angeben. (Es gibt kein `--with-rsa`-Flag.) Für weitere Informationen zu RSAREF besuchen Sie einfach *http://www.rsa.com/*.

4.1.5.7 Authentifizierung

SSH1 und SSH2 können bei der Kompilierung verschiedene optionale Authentifizierungstechniken unterstützen. Bei SSH1 sind die in Frage kommenden Techniken Kerberos, SecurID und das Gauntlet Firewall-Toolkit von Trusted Information Systems (TIS). SSH2 kann die Authentifizierung über OpenPGP-Schlüssel unterstützen.[3] Es gibt bei SSH 2.3.0 auch experimentellen Code für die Kerberos-5-Authentifizierung, auch wenn dieser noch nicht unterstützt wird und die relevanten Definitionen noch nicht im SSH-2 Draft Standard aufgenommen wurden.

Kerberos [11.4] ist ein Authentifizierungsmechanismus, der sog. *Tickets* (kurze Bytefolgen mit beschränkter Lebensdauer) anstelle von Benutzerpaßwörtern umherreicht. Die Konfigurations-Flags `--with-kerberos5` und `--without-kerberos5` legen fest, ob Kerberos bei der Kompilierung berücksichtigt wird oder nicht.[4] Dem `--with-kerberos5`-Flag folgt optional ein String, der das Verzeichnis angibt, in dem die Kerberos-Dateien liegen:

```
# nur SSH1
$ configure ... --with-kerberos5=/usr/kerberos ...
```

Fehlt der Verzeichnisname bei `--with-kerberos5`, wird standardmäßig */usr/local* verwendet. Zusätzlich wird das Kerberos-Feature der Weiterleitung von Ticket-gewährenden Tickets (»ticket-granting tickets«) standardmäßig durch das Flag `--enable-kerberos-tgt-passing` aktiviert:

```
# nur SSH1
$ configure ... --enable-kerberos-tgt-passing ...
```

SecurID ist ein Authentifizierungsmechanismus, bei dem die Benutzer ein elektronisches Gerät (etwa in der Größe einer Kreditkarte) mit sich herumtragen. Dieses Gerät zeigt sich ständig ändernde Integerwerte an. Bei der Authentifizierung muß der Benutzer neben Benutzername und Paßwort auch die gerade auf dem Gerät stehende Zahl eingeben.

Um SecurID unter SSH1 zu unterstützen, verwenden Sie das Flag `--with-securid` und übergeben dabei den Pfad auf das Verzeichnis mit den SecurID-Headerdateien und -Bibliotheken:

```
# nur SSH1
$ configure ... --with-securid=/usr/ace ...
```

Gauntlet ist ein Firewall-Toolkit, das einen Authentifizierungsserver namens *authserv* enthält. Wenn Sie Gauntlet verwenden und SSH1 mit dessen Authentifizierungsserver kommunizieren lassen wollen, verwenden Sie das Flag `--with-tis` und übergeben gleichzeitig den Pfad auf Ihr lokales Gauntlet-Verzeichnis:

---

3 SecurID- und Gauntlet-bezogene Flags werden vom SSH2 *configure-Skr*ipt abzeptiert, bei Drucklegung dieses Buches enthielt der Quellcode aber keinerlei Unterstützung für diese Techniken.

4 Kompilieren Sie keine Kerberos-Unterstützung bei SSH1 Version 1.2.27 (oder früher). Es gibt da einen ernsten Sicherheits-Bug. [11.4.4.5] Verwenden Sie 1.2.28 oder höher. OpenSSH hat diesen Bug nicht.

```
# SSH1, SSH2
$ configure ... --with-tis=/usr/local/gauntlet ...
```

Pretty Good Privacy, kurz PGP, ist ein für viele Plattformen verfügbares, weit verbreitetes Verschlüsselungs- und Authentifizierungsprogramm. [1.6.2] SSH2 kann Benutzer optional auf Basis ihrer PGP-Schlüssel authentifizieren, solange diese Schlüssel dem OpenPGP-Standard entsprechen. (RFC-2440, »OpenPGP Message Format«; einige PGP-Versionen, besonders ältere, sind nicht OpenPGP-konform.) Um PGP zu unterstützen, erfolgt die Kompilierung mit dem Flag --with-pgp:

```
# nur SSH2
$ configure ... --with-pgp ...
```

4.1.5.8 *SOCKS-Proxy-Unterstützung*

SOCKS ist ein Netzwerkprotokoll für Proxies. Ein *Proxy* ist eine Software-Komponente, die sich als andere Komponente ausgibt, um die eigentliche Komponente zu verstecken oder zu schützen. Nehmen wir zum Beispiel an, daß ein Unternehmen es den Mitarbeitern gestattet, im Web zu surfen, gleichzeitig aber verhindern möchte, daß die Hostnamen der internen Maschinen außerhalb des Unternehmens bekannt werden. Ein Proxy-Server kann zwischen dem internen Netzwerk und dem Internet eingefügt werden, so daß alle Web-Requests scheinbar von diesem Proxy stammen. Darüber hinaus kann ein Proxy als eine Art Firewall fungieren und verhindern, daß unerwünschter Datenverkehr das interne Netzwerk erreicht.

SSH1 und SSH2 unterstützen beide SOCKS, d.h., es können über einen SOCKS-Proxy laufende Verbindungen aufgebaut werden. Bei SSH1 wird dieser Support optional bei der Kompilierung aktiviert und kann wahlweise die Versionen 4 oder 5 des SOCKS-Protokolls verarbeiten. Die SSH2-Unterstützung beschränkt sich auf SOCKS4, ist aber fest eingebaut und immer verfügbar (d.h., es ist keine externe Bibliothek oder besondere Kompilierungs-Option nötig).

SSH1 ist für seine SOCKS-Unterstützung auf eine externe SOCKS-Bibliothek angewiesen, Sie müssen eine solche Bibliothek also zuerst installieren, bevor Sie SSH1 mit SOCKS kompilieren können. Wir haben unsere Tests mit dem *socks5*-Paket der NEC Networking Systems Laboratory (*http://www.socks.nec.com/*) durchgeführt.[5]

Es gibt drei *configure*-Optionen für SSH1 SOCKS:

--with-socks4
  Verwendet SOCKS4.

--with-socks5
  Verwendet SOCKS5.

--with-socks
  Verwendet SOCKS5 oder SOCKS4. Falls vorhanden, wird SOCKS5 bevorzugt.

---

5 Die NEC *socks5*-Referenzimplementierung ist (frei übersetzt) »nur für nicht-kommerzielle Zwecke frei. Hierzu zählen der akademische Bereich, der Forschungsbereich und der geschäftsinterne Einsatz«.

Das SOCKS-Feature von SSH2 wird durch die Client-Konfigurationsoption SocksServer gesteuert. [7.4.6] Neben den üblichen Methoden, sie in einer Konfigurationsdatei oder der Kommandozeile (mit –o) zu setzen, können Sie auch die Umgebungsvariable SSH_SOCKS_SERVER verwenden.

SocksServer ist standardmäßig leer, d.h., SSH2 nimmt an, daß es keinen SOCKS-Server gibt. Das Konfigurations-Flag:

```
--with-socks-server=string
```

weist diesem Parameter einen Standardwert zu und erlaubt Ihnen die Installation einer SSH2-Version, die von einem SOCKS-Server ausgeht. Beachten Sie, daß das nicht mit der Verwendung der Direktive SocksServer in der globalen Client-Konfigurationsdatei identisch ist, weil die Konfigurationsparameter immer den Wert der Umgebungsvariablen überschreiben. Wenn Sie die Kompilierungs-Option verwenden, können Benutzer mit SSH_SOCKS_SERVER einen alternativen SOCKS-Server angeben. Verwendet man die globale Datei, kann man das nicht (auch wenn es immer noch möglich ist, das mit einer eigenen SocksServer-Direktive zu überschreiben).

Ein detaillierte Behandlung der Funktionsweise der SOCKS-Unterstützung von SSH finden Sie unter [7.4.6]. Weitere Informationen zu SOCKS finden Sie unter *http://www. socks.nec.com/*.

4.1.5.9   Benutzer-Logins und Shells

Verschiedene Aspekte von Logins und Shells können während der Kompilierungs-Konfiguration kontrolliert werden. Sie können ein eigenes Login-Programm anstelle von */bin/login* verwenden und den Suchpfad abweichend vom Systemstandard einstellen.

Loggt sich ein Benutzer über *ssh* oder *slogin* auf einer entfernten Maschine ein, führt der entfernte SSH-Server einen Prozeß aus, um das Login zu ermöglichen. Standardmäßig führt der SSH1-Server eine Login-Shell aus. Alternativ kann der Server ein dediziertes Login-Programm ausführen, etwa */bin/login* (Voreinstellung) oder ein anderes Programm Ihrer Wahl wie etwa das Kerberos-Login-Programm oder eine modifizierte Version */bin/login* mit zusätzlichen Features.

Die Wahl eines alternativen Login-Programms erfolgt bei der Kompilierung mit Hilfe des *configure*-Flags --with-login. Dabei geben Sie gleichzeitig den Pfad auf das Programm an:

```
# nur SSH1
$ configure ... --with-login=/usr/local/bin/my-login ...
```

Ihr alternatives Login-Programm muß die gleichen Kommandozeilen-Flags unterstützen wie */bin/login*, einschließlich –*h* (Angabe des Hostnames), –*p* (Weitergabe von Umgebungsvariablen an die Login-Shell) und –*f* (Login auch ohne Prüfung des Paßworts). Der Grund dafür ist der, daß *sshd1* das Login-Programm mit der folgenden Kommandozeile startet:

```
name_des_login_programms -h hostname -p -f --benutzername
```

Wenn Sie mit `--with-login` arbeiten und ein alternatives Login-Programm verwenden wollen, müssen Sie bei der serverweiten Konfiguration auch das Schlüsselwort `UseLogin` aktivieren: [5.5.3]

```
# Schlüsselwort der serverweiten SSH1-Konfigurationsdatei
UseLogin yes
```

Login-Programme erledigen so nützliche Dinge wie das Setzen des Standard-Suchpfads für Benutzer. Wenn *sshd1* kein Login-Programm aufruft (also mit `--without-login` kompiliert wurde), können Sie den Standard-Suchpfad für durch SSH gestartete Sessions festlegen. Das erfolgt über das Konfigurationsflag `--with-path`:

```
# nur SSH1
$ configure ... --with-path="/usr/bin:/usr/local/bin:/usr/mine/bin" ...
```

Legen Sie `--with-path` nicht fest und macht auch Ihre Unix-Umgebung keine Vorgabe, verwendet *sshd1* standardmäßig folgenden Wert:

```
PATH="/bin:/usr/bin:/usr/ucb:/usr/bin/X11:/usr/local/bin"
```

4.1.5.10 Logins unterbinden

Die Datei */etc/nologin* hat für viele Unix-Versionen eine besondere Bedeutung. Wenn die Datei existiert, sind alle Logins deaktiviert. *sshd* beachtet diese Datei, allerdings können Sie *sshd1* anweisen, die */etc/nologin*-Datei zu umgehen, um bestimmten Benutzern das Login zu erlauben. Das geschieht durch das Anlegen einer zweiten Datei wie */etc/nologin.allow*, die die Ausnahmen enthält: die Namen der Benutzer, die sich einloggen dürfen, selbst wenn */etc/nologin* existiert. Zum Beispiel ist die Aufnahme der Namen aller Systemadministratoren in */etc/nologin.allow* zu empfehlen, weil sie sich anderenfalls auf der Maschine nicht einloggen können. Sie müssen dieses Feature dann noch mit dem *configure*-Flag `--with-nologin-allow` aktivieren und den Namen auf die Datei mit den Ausnahmen angeben:

```
# nur SSH1
$ configure ... --with-nologin-allow=/etc/nologin.allow ...
```

4.1.5.11 Verhalten von scp

Der scp-Client gibt optional Informationen über das Fortschreiten seiner Arbeit aus. Während eine Datei über das Netzwerk kopiert wird, kann *scp* ausgeben, wieviel Prozent der Datei bisher übertragen wurden. Die SSH1-Distribution besitzt im Zusammenhang mit diesen Statistiken verschiedene *configure*-Flags. Ein Flag-Paar kontrolliert, ob der Statistik-Code für *scp* kompiliert wird, und andere steuern das Standardverhalten von *scp* bezüglich der Ausgabe (oder eben nicht) von Statistiken.

Die Flags `--with-scp-stats` und `--without-scp-stats` legen fest, ob der Statistik-Code in *scp* überhaupt aufgenommen wird. Standardmäßig wird der Code aufgenommen. Um die Aufnahme zu unterbinden, geben Sie folgendes an:

```
# nur SSH1
$ configure ... --without-scp-stats ...
```

Wird der Statistik-Code aufgenommen, steuern weitere *configure*-Flags das Standardverhalten von *scp* für statistische Ausgaben. Die Flags `--enable-scp-stats` und
`--disable-scp-stats` legen den Standard für einzelne Dateitransfers fest. Wird keines
der Flags verwendet, sind die Statistiken aktiv. Zur Deaktivierung geben Sie folgendes
ein:

```
# nur SSH1
$ configure ... --disable-scp-stats ...
```

Die Flags `--enable-all-scp-stats` und `--disable-all-scp-stats` legen hingegen den
Standard für die Übertragung mehrerer Dateien fest. Fehlen diese Flags, sind Statistiken
aktiv. Zur Deaktivierung geben Sie folgendes ein:

```
# nur SSH1
$ configure ... --disable-all-scp-stats ...
```

Unabhängig von der Konfiguration für einfache oder mehrfache Dateitransfers können
Statistiken mit *scp*-Kommandozeilenoptionen (*–Q* und *–a*) und über Umgebungsvaria-
blen (SSH_SCP_STATS, SSH_NO_SCP_STATS, SSH_ALL_SCP_STATS und SSH_NO_
ALL_SCP_STATS) ein- und ausgeschaltet werden. [7.5.7] Natürlich muß der Statistik-
Code vorhanden sein (`--with-scp-stats`), damit diese Laufzeit-Konfiguration funk-
tionieren kann.

4.1.5.12   Kompatibilität zu R-Befehlen (rsh)

Wenn *ssh* bei SSH1 und OpenSSH keine gesicherte Verbindung mit dem entfernten
Host aufbauen kann, ist es optional möglich, eine ungesicherte Verbindung über die r-
Befehle (*rsh*, *rcp*, *rlogin*) aufzubauen. Dieses Feature ist aus Gründen der Rückwärtskompatibilität recht nützlich, bei einer gesicherten Umgebung aber möglicherweise
unerwünscht. SSH2 kennt dieses unsichere Feature bewußt nicht.

Die SSH1-*configure*-Flags `--with-rsh` und `--without-rsh` legen fest, ob *ssh* Verbindungen mittels *rsh* aufbaut oder nicht. Um die Verwendung von *rsh* zu ermöglichen, müssen Sie den Pfad auf das Executable angeben:

```
# SSH1, OpenSSH
$ configure ... --with-rsh=/usr/ucb/rsh ...
```

Wenn Sie *rsh* unterstützen, können einzelne Benutzer dessen Verwendung bei in ihren
Accounts gestarteten Clients mit den Schlüsselwörtern `FallBackToRsh` und `UseRsh` festlegen. [7.4.5.8] Soll *ssh* *rsh* überhaupt nicht verwenden, müssen Sie mit folgendem Flag
kompilieren:

```
# SSH1, OpenSSH
$ configure ... --without-rsh ...
```

4.1.5.13   SSH-1/SSH-2-Kompatibilität von Agenten

Die die SSH-1- und SSH-2-Protokolle verwendenden Agenten [2.5] sind normalerweise
nicht kompatibel. Die eine Version kann also weder die Schlüssel der anderen speichern, noch können Verbindungen weitergeleitet werden. [6.3.2.4] Allerdings verfügt

der SSH2-Agent über ein optionales Feature, mit dem er das SSH-1-Protokoll verwendende Anwendungen bedienen kann, wenn die drei folgenden Kriterien erfüllt werden:

- Ihre SSH2-Implementierung muß RSA unterstützen, weil SSH1 RSA zur Verschlüsselung von Schlüsseln verwendet. Bei Drucklegung der Originalausgabe dieses Buches unterstützte der F-Secure SSH2 Server RSA, SSH2 hingegen nicht.

- Das SSH2-*configure*-Skript muß mit dem Flag `--with-ssh-agent1-compat` ausgeführt werden:

  ```
  # nur SSH2
  $ configure ... --with-ssh-agent1-compat ...
  ```

- Der SSH2-Agent *ssh-agent2* muß mit dem Kommandozeilenflag `-1` (eine Eins, kein kleines L) aufgerufen werden:

  ```
  # nur SSH2
  $ ssh-agent2 -1
  ```

4.1.5.14 Debugging-Ausgabe

SSH-Server erzeugen auf Wunsch detaillierte Debugging-Ausgaben. [5.8] Bei der Kompilierung können Sie unterschiedliche Debugging-Ebenen aktivieren und optional auch den Electric Fence-Speicherallozierungs-Debugger unterstützen.

Auf Wunsch kann der SSH2-Server mit oder ohne zwei Level von Debugging-Ausgaben kompiliert werden. Ohne den Debugging-Code könnten die Programme etwas schneller laufen, andererseits sind die Programme besser zu pflegen, wenn Sie den Debugging-Support aktivieren. Wir empfehlen Ihnen, zumindest etwas Debugging-Code aufzunehmen, weil man ja niemals weiß, wann ein Problem diagnostiziert werden muß.

»Light«- und »heavy«-Debugging sind die beiden Debugging-Level, die Sie im Quellcode festlegen können. »Light«-Debugging wird mit den *configure*-Flags `--enable-debug` und `--disable-debug` (Voreinstellung) kontrolliert. »Starkes« Debugging wird durch die *configure*-Flags `--enable-debug-heavy` und `--disable-debug-heavy` (Voreinstellung) gesteuert. Ein Beispiel:

```
# nur SSH2
$ configure ... --enable-debug --disable-debug-heavy ...
```

Die beiden Debug-Level schließen sich nicht gegenseitig aus: Sie können einfaches, starkes, beide oder keins aktivieren. Wie empfehlen die Aktivierung des »heavy«-Modus, weil die Meldungen anderenfalls zu wenig Informationen enthalten, um nützlich zu sein.

Zum Schluß kann die Speicherallozierung von SSH2 noch von Electric Fence, einem frei verfügbaren Debugger zur Speicherallozierung (entwickelt von Bruce Perens von Pixar), verfolgt werden. Damit das funktionieren kann, muß Electric Fence auf der Server-Maschine installiert sein. Die *configure*-Flags `--enable-efence` und `--disable-efence` (Voreinstellung) legen fest, ob Electric Fence unterstützt wird:

```
# nur SSH2
$ configure ... --enable-efence ...
```

Dieses Flag sorgt dafür, daß die SSH2-Programme mit der Electric Fence-Bibliothek *libefence.a* gelinkt werden, die besondere Versionen von `malloc()`, `free()` und anderen arbeitsspeicherbezogenen Funktionen besitzt. Electric Fence erhalten Sie über

> *http://sources.isc.org/devel/memleak/*

4.1.6   Die serverweite Known-Hosts-Datei anlegen

Nach der Konfiguration und Installation von SSH1 auf einem Host wird es Zeit, die für die gesamte Maschine geltende Datei mit den bekannten Hosts anzulegen. [2.3.1] Normalerweise heißt diese Datei */etc/ssh_known_hosts* und enthält die öffentlichen Host-Schlüssel aller Hosts der lokalen Domain oder entfernter Hosts, zu denen in dieser Domain häufig Verbindungen mittels SSH1 hergestellt werden. Beispielsweise enthält die Known-Hosts-Datei auf *myhost.example.com* die Host-Schlüssel aller Maschinen der Domain *example.com* und vielleicht auch noch weitere.

Sie kommen auch zurecht, wenn diese Datei keine Werte enthält, solange der SSH-Client so konfiguriert ist, daß er neue Host-Schlüssel in die benutzereigenen *known_hosts*-Dateien aufnimmt. [7.4.3.1] Allerdings ist es besser, diese zentrale Datei mit so vielen gängigen Hosts aufzufüllen wie möglich. Hierfür sprechen die folgenden Gründe:

- Es macht das Leben der Benutzer einfacher, weil es die häufigen Forderungen nach der Aufnahme von Schlüsseln vermeidet.

- Es ist sicherer. Wenn Sie den Schlüssel für einen neuen SSH-Server akzeptieren, sind Sie für Man-in-the-Middle-Angriffe anfällig. [3.10.4] Ist der Schlüssel des entfernten Hosts jedoch im voraus bekannt, wenn ein Eindringling versucht, sich als dieser Host auszugeben, dann erkennt der SSH-Client den gefälschten Host-Schlüssel.

Die Known-Hosts-Datei wird zur Trusted-Host-Authentifizierung benötigt. [3.4.2.3] Benutzer können mit dieser Methode nur authentifiziert werden, wenn sie von Hosts kommen, deren Schlüssel in dieser Datei vorhanden sind.

Sie können all diese Schlüssel von Hand sammeln, während oder nachdem Sie SSH auf Ihren Hosts installieren. Für eine große Zahl von Hosts kann SSH1 aber mit einem Utility aufwarten, das Sie bei dieser Aufgabe unterstützt: *make-ssh-known-hosts*. Dieses Perl-Skript befragt den Domain Name Service (DNS), um alle Hostnamen in der lokalen Domain zu ermitteln, und stellt dann eine SSH-Verbindung zu ihnen her, um deren Host-Schlüssel zu ermitteln. Diese Schlüssel werden dann in Form einer Liste an die Standardausgabe geschrieben. Diese Liste kann direkt in die Known-Hosts-Datei übernommen werden.

In seiner einfachsten Form wird das Programm mit nur einem Argument, dem Namen der lokalen Domain, aufgerufen:

```
# nur SSH1
$ make-ssh-known-hosts example.com > /etc/ssh_known_hosts
```

make-ssh-known-hosts besitzt einige wenige Kommandozeilenflags, mit denen sein Verhalten verändert werden kann. [4.1.6.1] Darüber hinaus können Sie beschränken, welche Maschinen abgefragt werden, indem Sie Perl-artige reguläre Ausdrücke als weiteres Argument hinter dem Domainnamen angeben. Um zum Beispiel alle Host-Schlüssel auszugeben, bei denen die Hosts in *example.com* mit z beginnende Namen aufweisen, geben Sie folgendes ein:

```
$ make-ssh-known-hosts example.com ^z
```

Ein zweiter regulärer Ausdruck übernimmt genau die entgegengesetzte Aufgabe: Er schließt die Schlüssel von Hosts aus, auf die der reguläre Ausdruck zutrifft. Sie können das letzte Beispiel erweitern, um mit x endende Hosts auszuschließen:

```
$ make-ssh-known-hosts example.com ^z x$
```

Nur zum Spaß hier ein Befehl, der überhaupt keine Host-Schlüssel erzeugt:

```
$ make-ssh-known-hosts example.com mymachine mymachine
```

Hier wird der gleiche String aufgenommen und ausgeschlossen.

4.1.6.1 Kommandozeilenflags für make-ssh-known-hosts

Jedes Flag kann in zwei Formen erscheinen, die wir in der nachfolgenden Diskussion wie folgt präsentieren:

- ein vollständiges Wort mit zwei Minuszeichen, beispielsweise `--passwordtimeout`

- eine Kurzform mit nur einem einzigen Minuszeichen, z.B. `-pa`

Die folgenden Flags stehen in Bezug zu den Standorten von Programmen:

`--nslookup (-n)` *pfad*
> Informiert das Skript über den vollständigen Pfad zu *nslookup*, einem Programm, mit dem DNS-Abfragen möglich sind. Standardmäßig wird versucht, *nslookup* im aktuellen Suchpfad der Shell zu finden.

`--ssh (-ss)` *pfad*
> Informiert das Skript über den vollständigen Pfad zum SSH-Client. Hier können Sie auch Kommandozeilenoptionen an *ssh* übergeben. Standardmäßig wird *ssh* im aktuellen Suchpfad der Shell gesucht.

Hier in Bezug zu Timeouts stehende Flags:

`--passwordtimeout (-pa)` *timeout*
> Wie lange (in Sekunden) wird darauf gewartet, daß der Benutzer ein Paßwort eingibt? Standardmäßig werden keine Paßwörter abgefragt. Der Wert 0 bedeutet, daß kein Timeout bei der Paßwort-Abfrage aktiv ist.

`--pingtimeout (-pi)` *timeout*
> Wie lange (in Sekunden) warten wir auf eine ping-Antwort vom SSH-Port eines Hosts? Voreingestellt sind 3 Sekunden.

`--timeout (-ti)` *timeout*

> Wie lange (in Sekunden) warten wir darauf, daß ein SSH-Befehl abgeschlossen wird? Voreingestellt sind 60 Sekunden.

Hier in Bezug zu Domain-Informationen stehende Flags:

`--initialdns (-i)` *nameserver*

> Anfangs abzufragende Nameserver. Anderenfalls wird die Resolver-Liste verwendet. Die erste Abfrage interessiert sich für das SOA-Record der Zone des Domain-Arguments von *make-ssh-known-hosts*. Dann erfolgt ein Zonentransfer vom Master-Nameserver, der im SOA-Record aufgeführt ist.

`--server (-se)` *nameserver*

> Wenn vorhanden, wird das Lookup des SOA-Records übersprungen und direkt ein Zonentransfer mit diesem Nameserver durchgeführt.

`--subdomains (-su)` *domain1,domain2,...*

> Normalerweise nimmt *make-ssh-known-hosts* Aliases für jeden Host auf, wobei es alle Domainnamen-Kürzel von links nach rechts (bis auf die letzten beiden) aufnimmt. Der Host aliases *foo.bar.baz.geewhiz.edu* erhält also die folgenden Namen:
>
> > *foo*
> > *foo.bar*
> > *foo.bar.baz*
> > *foo.bar.baz.geewhiz.edu*

Mit dieser Option können Sie sich nur einen Teil dieser Unterdomains herauspikken, stattt sie alle aufzunehmen.

`--domainnamesplit (-do)`

> Erzeugt bei der Ausgabe Aliases für jeden Host-Schlüssel, indem die Domainnamen in Präfixe zerlegt werden. So wird zum Beispiel der Domainname *a.b.c* in die Präfixe *a*, *a.b* und *a.b.c* zerlegt, und jeder Präfix wird an jeden Hostnamen angehängt, um den Alias zu erzeugen.

`--norecursive (-nor)`

> Ermittelt Schlüssel nur für die angegebene Domain ohne deren Unterdomains. Per Voreinstellung werden auch die Unterdomains untersucht.

Hier die in Bezug zur Ausgabe und dem Debugging stehenden Flags:

`--debug (-de)` *level*

> Angabe eines positiven Integerwertes für den gewünschten Debugging-Level. Je höher der Level, desto umfangreichere Debugging-Ausgaben werden erzeugt. Voreingestellt ist 5. Zur Drucklegung dieses Buches war 80 der höchste bei *make-ssh-known-hosts* genutzte Level.

`--silent (-si)`

> Erzeugt keine Klingeltöne am Terminal. Per Voreinstellung wird geklingelt.

`--keyscan (-k)`

> Die Ergebnisse werden in einem alternativen Format ausgegeben, das von *ssh-keyscan* (einem Programm zur Ermittlung öffentlicher SSH-Schlüssel) verwendet wird. *ssh-keyscan* ist eine separate Software und nicht Teil von SSH1. [13.4]

Abschließend noch dieses Flag zur Fehlerbehebung:

`--notrustdaemon (-notr)`

> *make-ssh-known-hosts* ruft *ssh host cat /etc/ssh_host_key.pub* auf, um den öffentlichen Schlüssel eines Hosts zu ermitteln. Schlägt der Befehl aus irgendeinem Grund fehl (z.B. weil die Schlüsseldatei woanders liegt), kann SSH den Schlüssel über das SSH-Protokoll trotzdem erhalten und in der *~/.ssh/known_hosts*-Datei des Benutzers abgelegt haben. Normalerweise verwendet *make-ssh-known-hosts* diesen Schlüssel auch, mit `--notrustdaemon` hingegen wird der Schlüssel zwar aufgenommen, aber auskommentiert.

4.2   F-Secure SSH Server

F-Secure Corporation, früher DataFellows, Ltd. (ein finnisches Software-Unternehmen), produziert kommerzielle SSH-Implementierungen, die sich aus denen von SSH Communications Security ableiten. Die Server-Produktlinie von F-Secure, F-Secure SSH Server, läuft unter Unix. SSH-1- und SSH-2-Server sind als separate Produkte verfügbar. Es handelt sich dabei um neu verpackte SSH1- und SSH2-Versionen mit kommerziellen Lizenzen und einigen zusätzlichen Features:

- Ein Handbuch, das die F-Secure SSH-Produkte für alle Plattformen (Unix, Windows, Macintosh) behandelt.
- Zusätzliche Verschlüsselungsalgorithmen im SSH-2-Produkt, beispielsweise RSA und IDEA. (Eine vollständige Liste finden Sie im F-Secure-Handbuch)
- Ein zusätzlicher SSH-Client, *edd* (Encryption Data Dump). Hierbei handelt es sich um einen Unix-Filter, der die SSH-Ver- und -Entschlüsselung auf die Standardeingabe anwendet und die Ergebnisse an die Standardausgabe schreibt.
- Einige zusätzliche Optionen bei SSH1 (siehe Anhang B).

4.2.1   Beschaffung und Installation

Der F-Secure SSH Server ist über *http://www.f-secure.com/* verfügbar. Neben den kommerziellen SSH-Produkten, die über die Website erworben und heruntergeladen werden können, sind freie »Evaluationsversionen« verfügbar.

Mit Ausnahme der im letzten Abschnitt beschriebenen zusätzlichen Features sind Installation, Konfiguration und Betrieb von F-Secure Unix SSH nahezu identisch mit den SCS-Versionen. SSH2 wurde um neue Features erweitert, die in der F-Secure-Variante nicht enthalten sind. Beachten Sie also die F-Secure-Dokumentation, um zu sehen, ob bestimmte Features vorhanden sind.

4.3   OpenSSH

OpenSSH ist eine freie Implementierung von SSH-1 und SSH-2, die Sie sich über die OpenSSH-Website beschaffen können:

http://www.openssh.com/

Weil sie vom OpenBSD-Projekt entwickelt wird, ist die Hauptversion von OpenSSH speziell auf das OpenBSD-Unix-Betriebssystem ausgerichtet und sogar in der Open-BSD-Basisinstallation enthalten. In einem separaten, aber doch verwandten Projekt pflegt ein anderes Team eine »portable« Version, die auf einer Vielzahl von Unix-Varianten kompiliert werden kann. Zu den unterstützten Plattformen gehören Linux, Solaris AIX, IRIX, HP/UX, FreeBSD und NetBSD (OpenSSH ist auch bei FreeBSD enthalten). Die portable Version enthält immer das Suffix »p«. So ist 2.1.1p4 beispielsweise die vierte Release der portablen Version von OpenSSH 2.1.1.

4.3.1   Voraussetzungen

OpenSSH ist von zwei anderen Software-Paketen abhängig: OpenSSL und zlib. OpenSSL ist eine kryptographische Bibliothek, die über *http://www.openssl.org/* heruntergeladen werden kann. Alle kryptographischen Fähigkeiten von OpenSSH basieren auf OpenSSL. zlib ist eine Bibliothek von Routinen zur Datenkomprimierung, die über *http://www.gzip.org/zlib/* heruntergeladen werden kann. Vor der Kompilierung von OpenSSH müssen Sie sich diese Pakete beschaffen und installieren.

4.3.2   Kompilierung

Die Kompilierung von OpenSSH ähnelt der Kompilierung von SSH1 und SSH2. Auch hier ist die Folge von *configure – make – make install* zu durchlaufen. Bei einigen OpenSSH-Versionen vor 2.2.0 werden durch *make install* die Host-Schlüssel aber nicht automatisch erzeugt und installiert. Wenn Ihre Host-Schlüssel fehlen, können Sie sie mit *make host-key* installieren.

4.3.3   PAM

Standardmäßig verwendet OpenSSH PAM zur Paßwort-Authentifizierung. PAM, Pluggable Authentication Modules, ist ein generisches Grundgerüst für die Authentifizierung, die Autorisierung und das Accounting (AAA). Die Idee besteht darin, daß Programme PAM aufrufen, um AAA-Funktionen durchführen zu lassen. Gleichzeitig steht es dem Systemadministrator frei, einzelne Programme so zu konfigurieren, daß sie verschiedene Formen der Authentifizierung über dynamisch geladene Bibliotheken unterstützen. Weitere Informationen zu PAM finden Sie auf *http://www.kernel.org/pub/linux/libs/pam/*.

Nutzt ein Programm PAM, ist generell eine Konfiguration des Hosts notwendig, um zu beschreiben, wie sich PAM für dieses Programm verhalten soll. Die PAM-Konfigurationsdateien befinden sich üblicherweise im Verzeichnis */etc/pam.d*.

Bei vielen PAM unterstützenden Betriebssystemen, darunter auch Red-Hat Linux, wird OpenSSH standardmäßig mit PAM-Support kompiliert (Sie können das mit `configure --without-pam` deaktivieren). Allerdings müssen Sie PAM dann auf dem Host so konfigurieren, daß es *sshd* kennt, weil sonst die Paßwort-Authentifizierung nicht funktioniert. Per Voreinstellung lehnt PAM die Authentifizierung für Programme ab, die in der Konfiguration nicht explizit erwähnt werden.

Die PAM-Konfiguration für SSH besteht üblicherweise nur darin, die *sshd.pam*-Datei aus dem *contrib*-Verzeichnis der Distribution nach */etc/pam.d/sshd* zu kopieren. Beispieldateien sind für verschiedene Unix-Varianten verfügbar.

Sie müssen *sshd* übrigens nicht neu starten, wenn Sie die PAM-Konfiguration ändern, weil die Konfigurationsdateien bei jeder Verwendung von PAM überprüft werden.

4.3.4 Zufälligkeit

Die Haupt-Codebasis von OpenSSH verläßt sich auf das Host-Betriebssystem als Quelle der Entropie, oder Zufälligkeit, auf die durch den Gerätetreiber */dev/urandom* zugegriffen wird. Das liegt daran, daß das OpenBSD-Betriebssystem ein solches »Gerät« bereitstellt. Wenn Sie OpenSSH auf einer Plattform kompilieren, bei der ein solches Gerät fehlt (z.B. Solaris), wird eine andere Quelle für den Zufall benötigt. Sie haben zwei Möglichkeiten:

* Nutzung des fest eingebauten »internal entropy-gathering«-Systems
* Installation des »Entropy Gathering Daemon« (EGD)-Pakets *(http://www.lothar. com/tech/crypto/)*

OpenSSH verwendet standardmäßig das interne System, d.h., EGD muß explizit konfiguriert werden. Das interne System verwendet eine konfigurierbare Menge von Befehlen, die wechselnde Aspekte des Betriebssystems überwachen und deren Ausgaben zusammenführen. Sie können in der Datei */etc/ssh_prng_cmds* steuern, welche Befehle verwendet werden (und wie).

4.3.5 Kompilierungsflags

Ebenso wie die anderen SSH-Implementierungen, verfügt OpenSSH über eine Reihe von Kompilierungsflags, von denen viele gleich, einige aber auch unterschiedlich sind. Hier die wichtigsten:

`--without-pam`   *PAM-Support deaktivieren*
    PAM-Support für OpenSSH weglassen. Dieses Flag ist normalerweise nicht notwendig, weil der *configure*-Prozeß erkennt, ob der Host über PAM verfügt. Wenn das so ist, will man es üblicherweise auch nutzen.

`--with-md5-passwords`   *Verwendung von MD5-Paßwörtern aktivieren*

`--without-shadow`   *Unterstützung von Shadow-Paßwörtern deaktivieren*
Diese Optionen steuern, wie OpenSSH die Unix Account-Datenbank behandelt. Sie sind nur von Bedeutung, wenn OpenSSH nicht mit PAM arbeitet, weil anderenfalls PAM die Accountinformationen liest und nicht der OpenSSH-Code.

Aktivieren Sie `--with-md5-passwords`, wenn Ihr System MD5 anstelle der traditionellen *crypt*-Funktion zum Hashing von Paßwörtern verwendet und nicht mit PAM gearbeitet wird.

»Shadow-Paßwörter« beschreiben die Paxis, gehashte Paßwörter in einer beschränkt zugänglichen Datei namens */etc/shadow* abzulegen (*/etc/passwd* muß für jeden lesbar sein). Verwenden Sie `--without-shadow`, um das Lesen der */etc/shadow*-Datei zu unterdrücken, falls das notwendig sein sollte.

`--with-ssl-dir=`*PFAD*   *Pfad auf OpenSSL-Installation festlegen*
Ist OpenSSL nicht an der üblichen Stelle installiert (*/usr/local/ssl*), können Sie die Position mit diesem Flag angeben.

`--with-xauth=`*PFAD*   *Pfad auf xauth-Programm festlegen*
Bei OpenSSH ist die Standardposition des *xauth*-Programms ein Kompilierungsparameter.

`--with-random=`*DATEI*   *Zufallswerte aus angegebener Datei lesen*
Legt die Gerätedatei fest, die als Quelle für Zufallszahlen dient. Üblicherweise */dev/urandom*.

`--with-egd-pool=`*DATEI*   *Zufallswerte aus EGD-Pool DATEI lesen*
Wenn Sie EGD wie vorhin beschrieben installieren, teilen Sie OpenSSH mit diesem Flag mit, daß EGD die Quelle für Zufallswerte ist.

`--with-kerberos4=`*PFAD*   *Kerberos-4-Support aktivieren*

`--with-afs=`*PFAD*   *AFS-Support aktivieren*
Diese Flags dienen Kerberos-4 und AFS. [3.4.2.4] Beachten Sie, daß OpenSSH Kerberos-5 nicht unterstützt.

`--with-skey`   *S/Key-Support aktivieren*
Aktiviert die Unterstützung des S/Key-Einmal-Paßwort-Systems mit Paßwort-Authentifizierung. [3.4.2.5]

`--with-tcp-wrappers`   *TCP-wrappers-Support aktivieren*
Entspricht dem SSH1-*configure*-Flag `--with-libwrap`. [4.1.5.3]

`--with-ipaddr-display`   *Nimmt bei $DISPLAY die IP-Adresse statt des Hostnamens*
Beim X-Forwarding werden DISPLAY-Werte der Form 192.168.10.1:10.0 anstelle von hostname:10.0 verwendet. Dieses Flag umgeht bestimmte fehlerhafte X-Bibliotheken, die merkwürdige Dinge mit der Hostnamen-Variante anstellen und anstelle von TCP irgendeine Form von IPC-Mechanismus verwenden, um sich mit dem X-Server zu unterhalten.

`--with-default-path=`*PFAD*   *Standard Server-PFAD*

Der zur Ausführung von Unterprogrammen von OpenSSH verwendete Standardpfad.

`--with-ipv4-default`   *Verwendet IPv4, wenn »-6« nicht angegeben wird*

`--with-4in6`   *Prüft und bildet IPv4- in IPv6-Adressen ab*

OpenSSH unterstützt IPv6, die TCP/IP-Protokoll-Suite der nächsten Generation. Diese befindet sich immer noch in der Entwicklung, und ihr Einsatz im Internet steht noch am Anfang. (Die aktuelle IP-Version ist IPv4). Die Standardkonfiguration von OpenSSH versucht, wann immer möglich, IPv6 zu nutzen, und das führt manchmal zu Problemen. Wenn Sie »af=10« oder »address family 10« (das ist IPv6) betreffende Fehler entdecken, sollten Sie die Laufzeit-Option –4 verwenden oder mit `--with-ipv4-default` kompilieren.

`--with-pid-dir=PFAD`   *Legt die Position der Datei ssh.pid fest*

Position der OpenSSH-PID-Datei, in der die PID des momentan laufenden Daemons abgelegt wird. Voreingestellt ist */var/run/sshd.pid*.

4.4   Software-Inventar

Tabelle 4-1 ist eine Referenz der vielen bei SSH installierten Dateien und Programme.

Tabelle 4-1: Software-Inventar

Komponente	SSH1	OpenSSH	SSH2
Server-Konfiguration	*/etc/sshd_config*	*/etc/sshd_config*	*/etc/ssh2/sshd2_config*
Globale Client-Konfiguration	*/etc/ssh_config*	*/etc/ssh_config*	*/etc/ssh2/ssh2_config*
Privater Host-Schlüssel	*/etc/ssh_host_key*	*/etc/ssh_host_dsa_key*	*/etc/ssh2/hostkey*
Öffentlicher Host-Schlüssel	*/etc/ssh_host_key.pub*	*/etc/ssh_host_dsa_key.pub*	*/etc/ssh2/hostkey.pub*
Client-Host-Schlüssel	*/etc/ssh_known_hosts* ~/.ssh/ssh_known_hosts*	*/etc/ssh_known_hosts* ~/.ssh/ssh_known_hosts* ~/.ssh/ssh_known_hosts2*	*/etc/ssh2/hostkeys* ~/.ssh2/hostkeys/**
Schlüssel entfernter Hosts	*~/.ssh/ssh_known_hosts*	*~/.ssh/ssh_known_hosts* ~/.ssh/ssh_known_hosts2*	*~/.ssh2/knownhosts/**
libwrap-Steuerdateien	*/etc/hosts.allow* */etc/hosts.deny*	*/etc/hosts.allow* */etc/hosts.deny*	*/etc/hosts.allow* */etc/hosts.deny*

Tabelle 4-1: Software-Inventar (Fortsetzung)

Komponente	SSH1	OpenSSH	SSH2
Autorisierung für Login mittels Public Key	~/.ssh/authorized_ keys	~/.ssh/authorized_ keys ~/.ssh/authorized_ keys2	~/.ssh2/ authorization
Autorisierung für Login mittels Trusted-Host	/etc/hosts.equiv /etc/shosts.equiv ~/.shosts ~/.rhosts	/etc/hosts.equiv /etc/shosts.equiv ~/.shosts ~/.rhosts	/etc/hosts.equiv /etc/shosts.equiv ~/.shosts ~/.rhosts
Standard-Schlüssel-paar für Public-Key-Authentifizierung	~/.ssh/identity{.pub}	SSH-1/RSA: ~/.ssh/identity{.pub} SSH-2/DSA: ~/.ssh/id_dsa{.pub}[a]	(No default)
Seed (Zufallszahlen-generator)	~/.ssh/random_seed /etc/ssh_random_seed	~/.ssh/prng_seed[b]	~/.ssh2/random_seed /etc/ssh2/random_seed
Befehle zur Generierung von Zufallszahlen	–	/etc/ssh_prng_cmds	–
Kerberos	/etc/krb5.conf ~/.k5login	/etc/krb.conf ~/.klogin	–
Terminal-Client	ssh1 slogin link to ssh1	ssh slogin link to ssh	ssh2
Secure File Copy Client	scp1	scp	scp2
Signer-Programm	–	–	ssh-signer2
sftp2/scp2-Server	–	–	sftp-server2
Authentifizierungs-Agent	ssh-agent1	ssh-agent	ssh-agent2
Key-Generator	ssh-keygen1	ssh-keygen	ssh-keygen2
Schlüssel hinzufügen/löschen	ssh-add1	ssh-add	ssh-add2
SSH-Server suchen	–	–	ssh-probe2
Paßphrase über Terminal oder X anfordern	ssh-askpass1	–	ssh-askpass2
Server-Programm	sshd1	sshd	sshd2

a. Kann nicht wie bei OpenSSH/1 mit *–i* geändert werden; verwenden Sie statt dessen *–o Identity2=key_file*.
b. Nur vorhanden, wenn OpenSSHs interner Entropy-Gathering-Mechanismus verwendet wird (d.h. kein */dev/random* o.ä. verfügbar ist). SSH1 und SSH2 verwenden Seed-Dateien, selbst wenn */dev/random* existiert.

4.5 R-Befehle durch SSH ersetzen

SSH und die r-Befehle (*rsh*, *rcp*, *rlogin*) können auf der gleichen Maschine eine friedliche Koexistenz führen. Da die r-Befehle aber unsicher sind, ziehen es manche Systemadministratoren vor, diese durch die entsprechenden SSH-Gegenstücke (*ssh*, *scp*, *slogin*) zu ersetzen. Dieses Ersetzen besteht aus zwei Teilen:

- SSH installieren und *rsh*, *rcp* und *rlogin* ersetzen. Verlangt eine gewisse Umschulung der Benutzer.

- Anpassung anderer Programme und Skripten, die die r-Befehle nutzen.

Die r-Befehle sind den entsprechenden SSH-Befehlen so ähnlich, daß man versucht sein könnte, die SSH-Befehle einfach in die r-Befehle umzubenennen (z.B. *ssh* in *rsh* etc.). Schließlich sind gängige Befehle wie die folgenden in der Syntax praktisch identisch:

```
$ rsh -l jones remote.example.com
$ ssh -l jones remote.example.com

$ rcp myfile remote.example.com:
$ scp myfile remote.example.com:
```

Warum also nicht einfach umbenennen? Nun, die beiden Gruppen von Programmen sind in gewisser Weise inkompatibel. Zum Beispiel unterstützen nicht alle Versionen von *ssh* die *rsh*-Funktionalität des symbolischen Linkens auf einen Host-Namen [2.7.3], und einige ältere Versionen von *rcp* verwenden zur Angabe entfernter Dateien eine andere Syntax.

In den folgenden Abschnitten diskutieren wir einige gängige Unix-Programme, die r-Befehle aufrufen, und erläutern, wie man sie für SSH anpassen kann.

4.5.1 Das /usr/hosts-Verzeichnis

Das Programm *rsh* besitzt ein interessantes Feature, das als *Hostnamen-Links* bezeichnet wird. [2.7.3] Benennen Sie das Executable von »rsh« in etwas anderes um, betrachtet das Programm seinen neuen Namen als Hostnamen und stellt standardmäßig die Verbindung zu diesem Host her. Benennen Sie *rsh* beispielsweise in »petunia« um, wird beim Aufruf *rsh petunia* ausgeführt. Dieses Umbenennen kann literal erfolgen oder durch Anlegen eines festen oder symbolischen Links auf *rsh*:

```
$ ls -l petunia
lrwxrwxrwx  1 root      12 Jan 31  1996 petunia -> /usr/ucb/rsh
$ petunia
Welcome to petunia!
Last login was Wed Oct 6 21:38:14 from rhododendron
You have mail.
```

Einige Unix-Maschinen besitzen ein Verzeichnis, üblicherweise */usr/hosts*, das symbolische Links auf *rsh* enthält, die auf die verschiedenen Hosts des lokalen Netzwerks (oder darüber hinaus) verweisen:

```
$ ls -l /usr/hosts
lrwxrwxrwx  1 root          12 Jan 31  1996 lily -> /usr/ucb/rsh
lrwxrwxrwx  1 root          12 Jan 31  1996 petunia -> /usr/ucb/rsh
lrwxrwxrwx  1 root          12 Jan 31  1996 rhododendron -> /usr/ucb/rsh
...
```

Wenn Sie */usr/ucb/rsh* von einer solchen Maschine löschen, werden diese Links natürlich ungültig. Löschen und ersetzen Sie sie durch Links auf *ssh*, vielleicht mit einem Skript wie dem folgenden:

```
#!/bin/sh
SSH=/usr/local/bin/ssh
cd /usr/hosts
for file in *
do
  rm -f $file
  ln -s $SSH $file
  echo "Linked $file to $SSH"
done
```

4.5.2   Concurrent Version System (CVS)

CVS ist ein *Versions-Kontrollsystem*. Es verwaltet eine Historie der Änderungen einer Reihe von Dateien und hilft bei der Koordination der Arbeit mehrerer Leute in der gleichen Datei. Es kann *rsh* verwenden, um die Verbindung zu den sog. Repositories auf entfernten Hosts herzustellen. Sie nehmen eine neue Version einer Datei (»check in«) wie folgt auf:

```
$ cvs commit myfile
```

Liegt das Repository auf einer entfernten Maschine, kann CVS *rsh* aufrufen, um auf das entfernte Repository zuzugreifen. Um eine sicherere Lösung zu erreichen, kann CVS *ssh* anstelle von *rsh* aufrufen. Natürlich muß auf der entfernten Maschine ein SSH-Server laufen, und wenn Sie mit Public-Key-Authentifizierung arbeiten, muß der entfernte Account Ihren Schlüssel am richtigen Platz enthalten.[6]

Um CVS mit *ssh* arbeiten zu lassen, setzten Sie die Umgebungsvariable CVS_RSH einfach auf den Pfad Ihres *ssh*-Clients:

```
# Bourne-Shell-Familie
# Durch Aufnahme in ~/.profile bleibt es erhalten.
CVS_RSH=/usr/local/bin/ssh
export CVS_RSH

# C-Shell-Familie
# Durch Aufnahme in ~/.login bleibt es erhalten.
setenv CVS_RSH /usr/local/bin/ssh
```

---

6 CVS verwendet auch eine Methode für den entfernten Zugriff, bei der ein eigener Server namens *pserver* zum Einsatz kommt. Dieser Mechanismus kann durch den SSH Port-Forwarding-Mechanismus abgesichert werden. Siehe Kapitel 9.

Bei diesem Ansatz gibt es ein Problem: Bei jedem Check-In einer Datei ist der Name desjenigen, der sich einloggt, der Name des entfernten Benutzers, der vielleicht nicht Ihr eigener ist. Das Problem kann gelöst werden, indem man die entfernte Variable LOGNAME mit Hilfe der »environment=«-Option in der entfernten *authorized_keys*-Datei von Hand setzt. [8.2.6.1]

4.5.3   GNU Emacs

Die Emacs-Variable `remote-shell-program` enthält den Pfad auf das zur Ausführung einer entfernten Shell gewünschte Programm. Definieren Sie diese Variable einfach mit dem vollständigen Pfad auf Ihr *ssh*-Executable neu. Auch das *rlogin*-Paket *rlogin.el* definiert eine Variable `rlogin-program`, die Sie zur Nutzung von *slogin* umdefinieren können.

4.5.4   Pine

Der Mailreader Pine verwendet *rsh* zum Aufruf von Mailserver-Software auf entfernten Maschinen. Zum Beispiel könnte es den IMAP-Daemon *imapd* auf einem entfernten Mailserver aufrufen. Ein anderes Programm kann anstelle von *rsh* verwendet werden, indem man den Wert der Pine-Konfigurationsvariable `rsh-path` ändert. Diese Variable enthält den Namen des Programms, mit dem entfernte Shells aufgebaut werden können, normalerweise */usr/ucb/rsh*. Ein neuer Wert kann in der benutzereigenen Pine-Konfigurationsdatei *~/.pinerc* oder in der systemweiten Konfigurationsdatei, üblicherweise */usr/local/lib/pine.conf*, angegeben werden. Ein Beispiel:

```
# In Pine-Konfigurationsdatei zu setzen
rsh-path=/usr/local/bin/ssh
```

Eine zweite Variable, `rsh-command`, konstruiert die eigentliche Befehlszeile, die auf dem entfernten Mailserver auszuführen ist. Der Wert ist ein Muster im Stil der C-Funktion `printf()`. Sehr wahrscheinlich müssen Sie den Wert nicht ändern, weil *rsh* und *ssh* dem nachfolgend aufgeführten Standardmuster entsprechen:

```
"%s %s -l %s exec /etc/r%sd"
```

Die ersten drei »%s«-Mustersubstitutionen stehen für den `rsh-path`-Wert, den entfernten Hostnamen und den entfernten Benutzernamen. (Das vierte Muster bildet den Namen des entfernten Mail-Daemons, der uns hier aber nicht interessiert.) Standardmäßig evaluiert `rsh-command` mit dem Benutzernamen *alice* und dem entfernten Mailserver *mail.example.com* zu:

```
/usr/ucb/rsh mail.example.com -l alice ...
```

Durch die Änderung von `rsh-path` wird das zu:

```
/usr/local/bin/ssh mail.example.com -l alice ...
```

Wie gesagt, müssen Sie `rsh-command` wahrscheinlich nicht ändern, aber nur für den Fall der Fälle haben wir es der Referenz halber aufgenommen. Eine detaillierte Fallstudie der Integration von Pine und SSH1 stellen wir später noch vor. [11.3]

4.5.5   rsync, rdist

rsync und *rdist* sind Software-Tools, mit denen Dateien zwischen Verzeichnissen auf der gleichen Maschine oder zwischen zwei verschiedenen Hosts abgeglichen werden können. Beide können *rsh* aufrufen, um die Verbindung zu einem entfernten Host herzustellen, und beide können auf einfache Weise für die Nutzung von SSH angepaßt werden: Setzen Sie lediglich RSYNC_RSH für *rsync* und verwenden Sie die Option *−P* mit *rdist*. *rsync* mit SSH ist eine besonders effektive Methode, Mirrors kompletter Verzeichnisbäume sicher und einfach zu verwalten.

4.6   Zusammenfassung

SSH1, SSH2, F-Secure SSH Server und OpenSSH können bei der Kompilierung durch das *configure*-Skript auf unterschiedliche Weise angepaßt werden. Wir haben die SSH-spezifischen Flags diskutiert, aber denken Sie daran, daß weitere Betriebssystem-spezifische Flags für Ihre Installation gültig sein können. Lesen Sie also auf jeden Fall die mit der Software gelieferten Installationshinweise.

Sobald sie einmal installiert ist, kann die SSH-Software die unsicheren r-Befehle Ihres Unix-Systems ersetzen, und zwar nicht nur bei der direkten Ausführung, sondern auch mit anderen *rsh* nutzenden Programmen wie Emacs und Pine.

5

Serverweite Konfiguration

Nach der Installation eines SSH-Servers (*sshd*) wird es Zeit, qualifizierte Entscheidungen über die Arbeitsweise des Servers zu treffen. Welche Authentifizierungstechniken sollen erlaubt sein? Wie viele Bits soll der Server-Schlüssel enthalten? Sollen ungenutzte Verbindungen nach einer gewissen Zeit abgebaut werden oder für immer erhalten bleiben? Diese und andere Fragen wollen sorgfältig überlegt sein. *sshd* besitzt vernünftige Standardwerte, akzeptieren Sie diese aber nicht blindlings. Ihr Server sollte mit einer sorgfältig geplanten Sicherheits-Policy übereinstimmen. Glücklicherweise ist *sshd* sehr differenziert konfigurierbar, so daß es eine Vielzahl interessanter Tricks möglich macht.

sshd kann auf drei Ebenen konfiguriert werden, und dieses Kapitel behandelt die zweite, die *serverweite Konfiguration*, bei der ein Systemadministrator das globale Laufzeitverhalten des Servers kontrolliert. Hierzu gehört eine Vielzahl von Features wie TCP/IP-Einstellungen, Verschlüsselung, Authentifizierung, Zugriffskontrolle und Fehler-Logging. Einige Features werden durch Modifikation einer serverweiten Konfigurationsdatei kontrolliert, andere über Kommandozeilenoptionen, die dem Server beim Start mit übergeben werden.

Die beiden anderen Konfigurationsebenen sind die Kompilierungs-Konfiguration (Kapitel 4), bei der der Server mit oder ohne bestimmte Funktionalitäten kompiliert wird, und die Account-bezogene Konfiguration (Kapitel 8), bei der das Verhalten des Servers von Endanwendern nur für ihre Accounts verändert wird. Wir werden den Unterschied zwischen diesen drei Ebenen später in diesem Kapitel noch detaillierter erläutern.

Dieses Kapitel behandelt nur die SSH1/SSH2-Server und deren Derivate OpenSSH und F-Secure SSH Server. Unsere Referenzimplementierungen sind aber SSH1 und SSH2 für Unix. Wir haben zwar versucht, die in den verschiedenen Varianten von *sshd* enthaltenen bzw. fehlenden Features aufzuführen, aber diese werden sich natürlich mit dem Erscheinen neuer Versionen ändern. Lesen Sie also die neuesten Informationen in der jeweiligen Produktdokumentation nach.

5.1   Der Name des Servers

Der SSH-Server heißt *sshd1* bei SSH1, *sshd2* bei SSH2 und *sshd* bei OpenSSH. Dennoch können Sie *sshd1* und *sshd2* als *sshd* aufrufen, weil deren Makefiles einen symbolischen Link namens *sshd* erzeugen. [4.1.3] [4.1.4] Dieser Link verweist auf *sshd2,* wenn er installiert ist, anderenfalls auf *sshd1* (das SSH1-Makefile ersetzt durch SSH2 erzeugte Links nicht).

Einige Features in diesem Kapitel gelten nur für *sshd1, sshd2,* OpenSSHs *sshd* oder für verschiedene Kombinationen. Wir geben das wie folgt an:

- Wenn eine Kommandozeilenoption nur auf ein Paket zutrifft, z.B. SSH1, präsentieren wir das Beispiel mit *sshd1* und einem Kommentar. So könnte bei SSH1 etwa die Option *–d* (Debugging-Modus) erscheinen:

  ```
  # Nur SSH1
  $ sshd1 -d
  ```

- Gilt eine Kommandozeilenoption nur für SSH2, verwenden wir *sshd2*. Dessen *–d*-Option verlangt ein Argument:

  ```
  # Nur SSH2
  $ sshd2 -d 2
  ```

- OpenSSH- und F-Secure-spezifische Features identifizieren wir durch Kommentare:

  ```
  # Nur OpenSSH
  # Nur F-Secure SSH
  ```

- Funktioniert eine Kommandozeilenoption mit mehreren Paketen, bezeichnen wir den Server als *sshd*. So ist beispielsweise die Option *–b* (die die Anzahl der Bits im Server-Schlüssel setzt) für SSH1 und OpenSSH gleich, was wir wie folgt schreiben:

  ```
  # SSH1, OpenSSH
  $ sshd -b 1024
  ```

- Auch bei den Konfigurations-Schlüsselwörtern gelten einige nur für SSH1, SSH2, OpenSSH oder verschiedene Kombinationen. Um zu differenzieren, versehen wir die Beispiele mit einem Kommentar. So wird beispielsweise das Schlüsselwort MaxConnections, das die Zahl der verfügbaren TCP/IP-Verbindungen beschränkt, nur von SSH2 unterstützt. Unser Beispiel würde also wie folgt aussehen:

  ```
  # Nur SSH2
  MaxConnections 32
  ```

5.2   Ausführen des Servers

Normalerweise wird der SSH-Server ausgeführt, wenn der Hostrechner gebootet wird, und läuft dann als Daemon. Das funktioniert in den meisten Fällen ausgezeichnet. Alternativ können Sie den Server von Hand starten. Das ist von Vorteil, wenn Sie einen Server debuggen, mit Server-Optionen experimentieren oder einen Server nicht als Superuser betreiben. Der manuelle Aufruf verlangt etwas mehr Arbeit und Voraussicht, ist aber in manchen Situationen die einzige Alternative.

Meist läuft auf einem Computer nur ein SSH-Server. Er verarbeitet mehrere Verbindungen durch das Starten von Child-Prozessen, jeweils einen pro Verbindung.[1] Wenn Sie wollen, können Sie aber auch mehrere Server ausführen. So könnten Sie zum Beispiel *sshd1* und *sshd2* betreiben oder mehrere Versionen eines Servers, die unterschiedliche TCP-Ports nutzen.

5.2.1 Ausführung unter dem Superuser

Der SSH-Server wird ausgeführt, indem man einfach seinen Namen eingibt:

```
# SSH1, SSH2, OpenSSH
$ sshd
```

Der Server wird automatisch im Hintergrund ausgeführt, weshalb am Ende der Zeile auch kein &-Zeichen notwendig ist.

Um den Server beim Booten des Hostrechners zu starten, fügen Sie entsprechende Zeilen in */etc/rc.local* bzw. der Startup-Datei Ihres Systems hinzu. Zum Beispiel:

```
# Pfad auf sshd festlegen.
SSHD=/usr/local/bin/sshd
# Wenn sshd existiert, führen wir es aus und geben eine entsprechende Meldung
  auf der Konsole aus.
if [ -x "$SSHD" ]
then
   $SSHD && echo Starting sshd
fi
```

SSH2 wird mit einem Beispiel-Skript im SysV-Stil namens *sshd2.startup* geliefert.

5.2.2 Ausführung unter einem normalen Benutzer

Jeder Benutzer kann *sshd* ausführen, solange vorher die folgenden Schritte eingehalten wurden:

1. Die Erlaubnis von Ihrem Systemadministrator wurde eingeholt.
2. Ein Host-Schlüssel ist generiert.
3. Eine Portnummer ist gewählt.
4. Eine Server-Konfigurationsdatei wurde angelegt (optional).

Bevor Sie loslegen, sollten Sie Ihren Systemadministrator fragen, ob Sie einen SSH-Server betreiben können. Obwohl das aus technischer Sicht nicht notwendig ist, ist es eine gute Idee. Ein Administrator wird es vermutlich nicht schätzen, wenn Sie hinter seinem Rücken neue Login-Möglichkeiten schaffen. Auch wird der Administrator gute (Sicherheits-)Gründe haben, wenn er SSH oder bestimme SSH-Features deaktiviert. Das sollten Sie nicht einfach unterlaufen!

---

1 *sshd* kann auch über inetd gestartet werden und erzeugt dann jeweils einen *sshd*-Prozeß pro Verbindung. [5.4.3.2]

Als nächstes müssen Sie Ihren eigenen Host-Schlüssel erzeugen. Jeder andere existierende Host-Schlüssel kann wahrscheinlich nur vom Superuser gelesen werden. Host-Schlüssel werden mit dem Programm *ssh-keygen* generiert. [6.2] Um also einen 1024-Bit-Host-Schlüssel in der Datei *~/myserver/hostkey* abzulegen, geben Sie bei SSH1 und OpenSSH folgendes ein:

```
# SSH1, OpenSSH
$ ssh-keygen -N    -b 1024 -f ~/myserver/hostkey
```

Dieser Befehl generiert die Dateien *hostkey* und *hostkey.pub* im Verzeichnis *~/myserver* (also stellen Sie sicher, daß das Verzeichnis existiert). Hier der entsprechende Befehl für SSH2:

```
# Nur SSH2
$ ssh-keygen2 -P -b 1024 ~/myserver/hostkey
```

–P und *–N* sorgen dafür, daß der generierte Schlüssel im Klartext abgelegt wird, weil *sshd* erwartet, ihn lesen zu können, ohne jemanden nach der Paßphrase fragen zu müssen.

Im dritten Schritt müssen Sie eine Portnummer wählen, an der der SSH-Server auf Verbindungen wartet. Die Portnummer wird mit der *sshd*-Kommandozeilenoption *–p* festgelegt oder mit dem `Port`-Schlüsselwort der Konfigurationsdatei (was wir später noch diskutieren). Ihr Server kann nicht auf dem Standardport 22 laufen, weil nur der Superuser Prozesse ausführen kann, die mit diesem Port arbeiten. Ihre Portnummer muß größer oder gleich 1024 sein, weil die niedrigen Portnummern vom Betriebssystem für die Verwendung durch privilegierte Programme reserviert sind. [3.4.2.3] Die Portnummer darf sich auch nicht mit anderen auf dem Hostrechner laufenden Programmen überschneiden. Ist das der Fall, erhalten Sie beim Start des Servers eine Fehlermeldung:

```
error: bind: Address already in use
```

Wenn diese Meldung erfolgt, müssen Sie es mit einem anderen Integerwert im freien Bereich (über 1024) versuchen. Vermeiden Sie Werte, die in der Servicetabelle des Computers erwähnt werden (überlicherweise */etc/services* oder die Network Information Service (NIS) »Services«, die Sie sich mit dem Unix-Befehl *ypcat–k* services ansehen können). Diese Werte wurden vom Systemadministrator für die Verwendung durch bestimmte Programme oder Protokolle vorgesehen, und Sie könnten für einigen Ärger sorgen, wenn Sie einen stehlen.

Zum Schluß müssen Sie Ihre eigene SSSH-Server-Konfigurationsdatei anlegen. Anderenfalls verwendet der Server fest eingebaute Standardwerte oder (falls vorhanden) eine systemweite Konfigurationsdatei und funktioniert vielleicht nicht so, wie Sie das wünschen.

Wenn Sie einen Host-Schlüssel in *~/myserver/hostkey* erzeugt, den Port 2345 gewählt und eine Konfigurationsdatei in *~/myserver/config* angelegt haben, wird der Server mit dem folgenden Befehl gestartet:

```
# SSH1, SSH2, OpenSSH
$ sshd -h ~/myserver/hostkey -p 2345 -f ~/myserver/config
```

Ein unter einem normalen Benutzer laufender Server hat einige Nachteile:

- Er läuft unter der UID des normalen Benutzers, nicht root, und kann daher nur die Verbindung zum Account des Benutzers herstellen.

- Er wird beim Booten des Computers nicht automatisch gestartet, sondern muß von Hand angestoßen werden. Das bedeutet also, daß Sie mit dem Computer eine Verbindung ohne SSH herstellen müssen, um den SSH-Server starten zu können. Bei jedem Neustart des Computers wird der Server beendet, und Sie müssen diesen Schritt wiederholen. Natürlich wäre es denkbar, einen *cron*-Job einzurichten, der diese Aufgabe automatisch erledigt.

- Beim Einrichten eines Servers ist es nützlich, die vom Server ausgegebenen Diagnosemeldungen zu lesen, für den Fall, daß etwas nicht richtig funktioniert. Aber leider werden die Log-Meldungen des Servers in die Logdateien des Systems geschrieben, die Ihnen nicht gehören und auf die Sie möglicherweise keinen Zugriff haben. Weil das Logging bei *sshd* über den syslog-Service erfolgt, kann ein normaler Benutzer nicht beeinflussen, wohin die Log-Meldungen gehen. Um sie sehen zu können, müssen Sie die Systemlogs ausfindig machen. Diese können, abhängig von den Einstellungen des *syslogd*, in */var/adm/messages*, */var/log/ messages* oder an irgendeiner anderen Stelle stehen, und Sie benötigen die entsprechenden Rechte, um diese Dateien lesen zu können. Um dieses Problem zu umgehen, könnten Sie den Server im Debugging-Modus betreiben, damit Meldungen auf Ihrem Terminal (aber auch in den Systemlogs) erscheinen. [5.8] Auf diese Weise können Sie sich die Fehlermeldungen in Ruhe ansehen, bis der Server richtig läuft.

Dennoch wiegen die Vorteile von SSH die Nachteile für viele Benutzer wieder auf. Vorausgesetzt, daß der Systemadministrator damit einverstanden ist, können Sie Ihre Logins mit *sshd* absichern, selbst wenn Sie kein Superuser sind.

5.3 *Server-Konfiguration: Ein Überblick*

Wie zu Beginn des Kapitels erwähnt, kann das Verhalten des Servers, *sshd*, auf drei Ebenen gesteuert werden:

- *Kompilierungs-Konfiguration* (Kapitel 4) erfolgt, wenn *sshd* kompiliert wird. Ein Server kann zum Beispiel mit oder ohne Unterstützung der *rhosts*-Authentifizierung kompiliert werden.

- *Serverweite Konfiguration*, das Thema dieses Kapitels, wird vom Systemadministrator vorgenommen und auf eine laufende Instanz des Servers angewandt. Ein Administrator kann beispielsweise den SSH-Zugriff für alle Hosts einer bestimmten Domain verbieten oder den Server an einen bestimmten Port binden.

  Die serverweite Konfiguration kann von der Kompilierungs-Konfiguration abhängig sein. So kann die Trusted-Host-Authentifizierung des Servers zum Beispiel nur dann funktionieren, wenn die Trusted-Host-Authentifizierung bei der Kompilierung mit berücksichtigt wurde. Ist das nicht der Fall, haben die Optionen keinerlei Auswirkungen. Wir weisen auf solche Abhängigkeiten an zahlreichen Stellen dieses Buches hin. Abbildung 5-1 macht die Aufgaben der serverweiten Konfiguration deutlich.

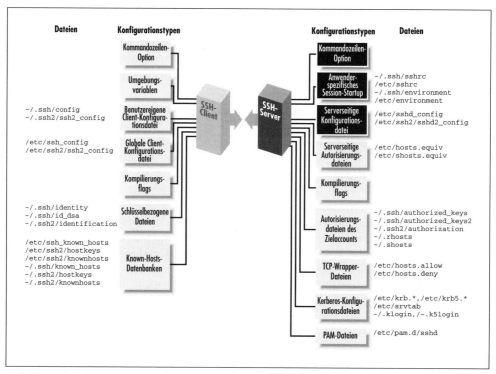

Abbildung 5-1: Serverweite Konfiguration (hervorgehobene Teile)

- *Account-bezogene Konfiguration* (Kapitel 8) wird vom Endanwender vorgenommen, genauer gesagt, dem Besitzer eines Accounts, zu dem eine SSH-Verbindung angefordert wurde. So können Benutzer zum Beispiel den Zugriff auf ihre Accounts von bestimmten Hosts erlauben oder unterbinden und so die serverweite Konfiguration überschreiben.

Nehmen wir an, der Benutzer deborah auf der Maschine *client.unc.edu* ruft einen SSH-Client auf. Das Verhalten des Clients wird durch die bei der Kompilierung der Software gewählten Kompilierungs-Optionen, die maschinenweite Client-Konfigurationsdatei auf *client.unc.edu*, Deborahs eigene Client-Konfigurationsdatei und die von Deborah beim Aufruf des Clients verwendeten Kommandozeilenoptionen bestimmt. Ein auf *server. unc.edu* laufender Server akzeptiert Deborahs Verbindung zum Account charlie. Das Verhalten des Servers wird durch die bei der Kompilierung von *sshd* gewählten Kompilierungs-Optionen, die maschinenweite Server-Konfigurationsdatei auf *server. unc.edu*, die beim Start des Servers angegebenen Kommandozeilenoptionen, Charlies private Server-Konfigurationsdatei (z.B. eine *authorized_keys*-Datei) sowie verschiedene Dateien, die Umgebungsvariablen für eine erfolgreiche Login-Session setzen, bestimmt.

Bei drei Ebenen für die Server-Konfiguration und mehreren Einstiegspunkten zur Modifikation des Verhaltens auf jeder dieser drei Ebenen können die Dinge ziemlich kompliziert werden. Insbesondere können verschiedene Optionen zusammenarbeiten oder einander aufheben. Zum Beispiel kann der Benutzer Charlie seinen Account auf *server.unc.edu* so konfigurieren, daß Verbindungen von *client.unc.edu* akzeptiert werden, während der Systemadministrator auf *server.unc.edu* den SSH-Server so konfigurieren kann, daß sie abgelehnt werden. (In diesem Fall hat Charlie verloren.) Administratoren müssen nicht nur die Konfiguration des Servers selbst verstehen, sondern auch, wie ihre Entscheidungen sich auf Kompilierungs- und Account-bezogene Einstellungen auswirken.

5.3.1 Server-Konfigurationsdateien

Die serverweite Konfiguration wird auf zwei Wegen erreicht: durch eine Server-Konfigurationsdatei und über Kommandozeilenoptionen. In einer *Server-Konfigurationsdatei* werden die Werte zahlreicher Konfigurationsvariablen, sog. *Schlüsselwörter*, festgelegt. Um beispielsweise den TCP-Port festzulegen, mit dem der Server arbeitet, kann eine Konfigurationsdatei die folgende Zeile enthalten:

```
# SSH1, SSH2, OpenSSH
Port 1022
```

Die Konfigurationsdateien heißen üblicherweise */etc/sshd_config* bei SSH1 und OpenSSH bzw. */etc/ssh2/sshd2_config* bei SSH2. Die Datei enthält Schlüsselwörter und deren Werte (wie in unserem Port-Beispiel) mit jeweils einem Schlüssel/Wert-Paar pro Zeile. Die Groß-/Kleinschreibung wird bei Schlüsselwörtern ignoriert, also `Port`, `port` und `PoRt` stehen alle für das gleiche Schlüsselwort. Kommentare können ebenfalls in der Datei enthalten sein. Jede mit einem Rautenzeichen (`#`) beginnende Zeile ist ein Kommentar:

```
# Dies ist ein Kommentar
```

Um eine andere als die übliche Konfigurationsdatei zu verwenden, rufen Sie *sshd* mit der Kommandozeilenoption *–f* auf und übergeben dabei den entsprechenden Dateinamen als Argument:

```
# SSH1, SSH2, OpenSSH
$ sshd -f /usr/local/ssh/my_config
```

Bei SSH2 besitzt das Format der Konfigurationsdatei neben den Schlüsselwörtern noch folgende Erweiterungen:

Abschnitte (sections)

Das Label `*:` erscheint oft am Anfang der Konfigurationsdateien, weil es in der mit SSH2 ausgelieferten Beispielkonfiguration enthalten ist. Tatsächlich dient das kei-

nem direkten Zweck und ist verwirrend. Beachten Sie hierzu das folgende Käst-
chen.

Subsysteme

Mit dem String »subsystem-« beginnende Schlüsselwörter wie etwa

```
# Nur SSH2
subsystem-sftp        sftp-server
```

zeigen ein Subsystem an, einen vordefinierten Befehl, der von SSH2-Clients über
den Namen aufgerufen werden kann. Subsysteme bilden eine Abstraktionsschicht
und dienen der Bequemlichkeit. [5.7]

Was soll das *: ?

Die bei SSH2 mitgelieferte Datei *sshd2_config* enthält am Anfang vor den Schlüsselwörtern die folgenden Zeilen:

```
# The "*" defines for all hosts
*:
```

Das ist unnötig und mißverständlich. In der Client-Konfigurationsdatei leitet der
Doppelpunkt einen benannten *Abschnitt* der Konfigurationsdatei ein [7.1.3.3], die
die nachfolgenden Konfigurationsanweisungen (bis zum nächsten Label oder dem
Ende der Datei) nur anwendet, wenn der Client die Verbindung zu einem Host
herstellt, dessen Name auf das Label zutrifft.

Diese Syntax für Abschnittslabel wird auch in der Server-Konfigurationsdatei erkannt, dient dort aber keinem Zweck. So wie der Code geschrieben ist, kann das
einzig erkannte Label auf seiten des Servers nur * lauten, was definitiv dem Stan-
dardlabel entspricht und somit unnötig ist.

Dieses Abschnittslabel ist irreführend, weil es zu der Annahme verleiten könnte,
daß Sie einen Abschnitt der Server-Konfigurationsdatei wie folgt benennen könnten:

```
client.host.net:
    AllowUsers smith
```

Analog zur Client-Konfigurationsdatei könnten Sie glauben, daß das Logins von
der Maschine *client.host.net* nur auf den Zugriff des Accounts »smith« beschränkt.
Nun, das funktioniert nicht. Tatsächlich werden alle Anweisungen, die von * ab-
weichende Label verwenden, von *sshd* heimlich, still und leise ignoriert. Also Vorsicht!

5.3.2 Kommandozeilen-Optionen

Zusätzlich können beim Start des Servers Kommandozeilenoptionen übergeben werden. So kann der gewünschte Port zum Beispiel mit der Kommandozeilenoption *−p* festgelegt werden:

```
# SSH1, SSH2, OpenSSH
$ sshd -p 1022
```

Kommandozeilenoptionen überschreiben die Einstellungen der Konfigurationsdatei. Wenn in der Konfigurationsdatei also der Port 1022 steht, der Server aber mit *−p 2468* aufgerufen wird, dann wird der Port 2468 verwendet.

Die meisten Kommandozeilenoptionen bilden der Bequemlichkeit halber Features der Konfigurationsdatei ab, während einige wenige eine einmalige Funktionalität aufweisen. Zum Beispiel weist die Option *−f sshd* an, eine andere Konfigurationsdatei zu verwenden, ein Feature, das in einer Konfigurationsdatei völlig sinnlos wäre.

Andererseits müssen Schlüsselwörter nicht unbedingt entsprechende Kommandozeilen-Gegenstücke besitzen. Bei den meisten SSH1- und OpenSSH-Schlüsselwörtern ist das der Fall. Jedes SSH2-Schlüsselwort kann allerdings durch die Server-Kommandozeilen-option *−o* gesetzt werden. Wenn zum Beispiel der TCP-Port auf diese Weise gesetzt werden soll, geben Sie folgendes ein:

```
# Nur SSH2
$ sshd2 -o "Port 1022"
```

5.3.3 Ändern der Konfiguration

sshd liest seine Konfigurationsdatei beim Start. Wenn Sie die Datei also modifizieren, während der Server läuft, wirken sich die Änderungen nicht auf den Server aus. Sie müssen den Server zwingen, die Datei erneut einzulesen, damit die Änderungen übernommen werden. Sie machen das, indem Sie dem Server-Prozeß ein SIGHUP-Signal senden.[2] Die PID des Servers finden Sie in einer Datei, üblicherweise */etc/sshd.pid* für SSH1, */var/run/sshd2_22.pid* für SSH2 bzw. */var/run/sshd.pid* für OpenSSH. [5.4.1.3]

Nehmen wir einmal an, die PID-Datei heißt */etc/sshd.pid*, was der Standardeinstellung von *sshd1* entspricht. Um ein SIGHUP-Signal zu senden, führen Sie den Unix-Befehl *kill* aus:

```
$ cat /etc/sshd.pid
119384
$ kill -HUP 119384
```

Noch knapper geht es mit Backquotes:

```
$ kill -HUP cat /etc/sshd.pid
```

---

2 Der SSH2-Server unterstützt SIGHUP-Neustarts ab Version 2.0.12 und höher.

Das SIGHUP-Signal startet *sshd* (mit einer anderen PID) neu, unterbricht laufende SSH-Verbindungen aber nicht. Sie können das Signal also auch senden, wenn Verbindungen zu Clients bestehen. Der neue *sshd*-Prozeß liest die neue Konfiguration ein und paßt sich entsprechend an.

Die SIGHUP-Technik funktioniert nur bei Einstellungen in der Konfigurationsdatei, nicht mit Kommandozeilenoptionen. Um diese zu ändern, müssen Sie den laufenden Server zuerst beenden und dann mit den gewünschten Optionen neu starten. Hier ein Beispiel:

```
# SSH1, SSH2, OpenSSH
$ kill 119384
$ sshd neue_optionen
```

5.3.4 Ein schwierigeres Rekonfigurationsbeispiel

Weil Kommandozeilenoptionen die entsprechenden Gegenstücke in der Konfigrationsdatei überschreiben, kann es zu einigen interessanten Situationen kommen. Stellen Sie sich vor, daß die Konfigurationsdatei die Zahl der Bits des Server-Schlüssels mit 1024 angibt:

```
# SSH1, OpenSSH
ServerKeyBits 1024
```

Der Server wird nun aber mit der Kommandozeilenoption *−b* aufgerufen und überschreibt diesen Wert mit 512:

```
# SSH1, OpenSSH
$ sshd -b 512
```

Der Server verwendet also den 512-Bit-Schlüssel. Nun starten Sie *sshd* mit SIGHUP neu:

```
# Nur SSH1
$ kill -HUP cat /etc/sshd.pid
```

```
# Nur OpenSSH
$ kill -HUP cat /var/run/sshd.pid
```

und zwingen so *sshd* zum erneuten Einlesen seiner Konfigurationsdatei. Was glauben Sie, passiert nun mit der Länge des Schlüssels? Setzt der Server die Länge nach dem erneuten Einlesen der Konfigurationsdatei auf 1024, oder bleibt die Kommandozeilenoption mit der 512-Bit-Schlüssel aktiv? Tatsächlich hat die Kommandozeilenoption erneut Vorrang, und der 512-Bit-Schlüssel bleibt erhalten. *sshd* speichert seinen Argumentvektor (argv) ab und wendet ihn beim Neustart erneut an.

5.4 Das Setup vorbereiten

Wir werden nun die SSH-Serverkonfiguration detailliert betrachten und dabei sowohl Schlüsselwörter als auch Kommandozeilenoptionen berücksichtigen. Bitte denken Sie daran, daß SSH2 und OpenSSH immer noch in der Entwicklung befindliche Produkte sind, deren Features sich noch ändern können. Lesen Sie also die Dokumentation, um auf dem neuesten Stand zu bleiben. SSH1 wird nicht länger aktiv weiterentwickelt, weshalb sich die angebotenen Features wohl kaum noch ändern werden.

Wir beginnen mit grundlegenden Setup-Entscheidungen wie der Frage, wo die wichtigen Dateien gespeichert werden sollen. Welche Zugriffsrechte müssen sie aufweisen? Welche TCP/IP-Einstellungen müssen verwendet werden? Welches sind die Eigenschaften des Server-Schlüssels? Welche Verschlüsselungsalgorithmen werden verwendet?

5.4.1 Datei-Positionen

sshd erwartet das Vorhandensein bestimmter Dateien, die den Host-Schlüssel des Servers, den Seed-Wert des Zufallsgenerators und andere Daten enthalten. Der Server sucht nach diesen Dateien an bestimmten Standardorten, Sie können diese aber wie später beschrieben durch Schlüsselwörter und Kommandozeilenoptionen überschreiben.

Zwar können Sie diese Dateien an beliebigen Stellen plazieren, aber wir empfehlen Ihnen doch wärmstens, sie auf einer lokalen Platte Ihres Server-Rechners zu behalten und nicht auf einer (z.B. mit NFS) entfernt gemounteten Platte. Das sollte aus Sicherheitsgründen passieren, weil NFS munter Ihre sensiblen Daten völlig unverschlüsselt über das Netzwerk überträgt. Das wäre für den unverschlüsselten privaten Host-Schlüssel ganz besonders verheerend!

Wir verwenden als Beispiel ein von uns eingeführtes Verzeichnis namens */usr/local/ssh* als bevorzugtes (standardmäßig nicht verwendetes) Verzeichnis für die Dateien des SSH-Servers.

5.4.1.1 Host-Schlüssel-Dateien

Der Host-Schlüssel von *sshd* identifiziert einen Server eindeutig gegenüber einem SSH-Client. Der Host-Schlüssel wird in einem Paar von Dateien abgelegt, wobei die eine Datei den privaten und die andere den öffentlichen Schlüssel enthält. Bei SSH1 und OpenSSH wird der private Schlüssel in */etc/ssh_host_key* gespeichert und kann nur von privilegierten Programmen wie dem SSH-Server und den -Clients gelesen werden. Deren Lage kann mit dem Schlüsselwort `HostKey` geändert werden:

```
# SSH1, OpenSSH
HostKey /usr/local/ssh/key
```

Der öffentliche Schlüssel des Servers wird in einer zweiten Datei abgelegt, die den gleichen Namen hat, an die aber ein *.pub* angehängt wird. Die Voreinstellung für SSH1 und

OpenSSH lautet */etc/ssh_host_key.pub,* und das vorstehende `HostKey`-Beispiel impliziert */usr/local/ssh/key.pub.*

Der OpenSSH-Server besitzt auch einen SSH-2-Host-Schlüssel, der standardmäßig in */etc/ssh_host_dsa_key* zu finden ist und dessen Lage mit dem Schlüsselwort `HostDsaKey` geändert werden kann:

```
# Nur OpenSSH
HostDsaKey /usr/local/openssh/key2
```

Bei SSH2 liegt die Datei mit dem privaten Schlüssel in */etc/ssh2/hostkey,* wenn der Server vom Superuser ausgeführt wird, bzw. in *~/.ssh2/hostkey,* wenn er von einem anderen Benutzer ausgeführt wird. Um eine andere Datei für den privaten Schlüssel festzulegen, verwenden Sie das Schlüsselwort `HostKeyFile`:

```
# Nur SSH2
HostKeyFile /usr/local/ssh/key
```

Die Datei mit dem öffentlichen Schlüssel des Servers, */etc/ssh2/hostkey.pub* für Superuser bzw. *~/.ssh2/hostkey.pub* für die anderen Benutzer, kann unabhängig mit dem Schlüsselwort `PublicHostKeyFile` geändert werden:

```
# Nur SSH2
PublicHostKeyFile /usr/local/ssh/pubkey
```

Wenn Sie Kommandozeilenoptionen vorziehen, können Sie die von *sshd* unterstützte Kommandozeilenoption *–h* verwenden, um die Datei mit dem privaten Schlüssel anzugeben:

```
# SSH1, SSH2, OpenSSH
$ sshd -h /usr/local/ssh/key
```

Erneut wird der Name der Datei mit dem öffentlichen Schlüssel abgeleitet, indem *.pub* an den Namen der Datei mit dem privaten Schlüssel angehängt wird, in unserem Fall also */usr/local/ssh/key.pub.*

5.4.1.2 Seed-Datei

Der SSH-Server generiert Pseudozufallszahlen für kryptographische Operationen. [3.7] Er pflegt zu diesem Zweck einen Pool zufälliger Daten, die, wenn vorhanden, über das Betriebssystem (bei einigen Unix-Varianten z.B. aus */dev/random)* oder aus verschiedenen Teilen sich ständig ändernder Maschinendaten (z.B. Uhrzeit, Nutzungsstatistiken zu von Prozessen genutzten Ressourcen etc.) abgeleitet werden. Dieser Pool wird als *Random Seed* bezeichnet. SSH1 speichert ihn in */etc/ssh_random_seed,* und seine Lage kann mit dem Schlüsselwort `RandomSeed` geändert werden:

```
# Nur SSH1
RandomSeed /usr/local/ssh/seed
```

Bei SSH2 ist die Seed-Datei in */etc/ssh2/random_seed* zu finden, und die Lage kann mit dem Schlüsselwort `RandomSeedFile` überschrieben werden:

```
# Nur SSH2
RandomSeedFile /usr/local/ssh/seed2
```

Bei einem System mit einer Quelle für Zufallszahlen, etwa */dev/urandom*, erzeugt OpenSSH keine Seed-Datei.

5.4.1.3 Prozess-ID-Datei

Wir haben vorhin erwähnt, daß die PID des SSH1-Servers in */etc/ssh.pid* abgelegt wird und daß diese Lage mit dem Schlüsselwort `PidFile` verändert werden kann:

```
# SSH1, OpenSSH
PidFile /usr/local/ssh/pid
```

Es gibt kein entsprechendes Schlüsselwort für SSH2. Dort heißt die PID-Datei immer */var/run/sshd2_N.pid*, wobei `N` die TCP-Portnummer des Servers ist. Weil standardmäßig Port 22 eingestellt ist, heißt die Standard-PID-Datei */var/run/sshd2_22.pid*. Wenn auf der gleichen Maschine mehrere *sshd2*-Prozesse gleichzeitig laufen, können deren PID-Dateien über diese Namenskonvention unterschieden werden.

5.4.1.4 Server-Konfigurationsdatei

Die Server-Konfigurationsdatei ist für SSH1- und OpenSSH-Server normalerweise in */etc/sshd_config* untergebracht und beim SSH2-Server in */etc/ssh2/sshd2_config*. Eine alternative Konfigurationsdatei kann mit der Kommandozeilenoption *–f* angegeben werden:

```
# SSH1, SSH2, OpenSSH
$ sshd -f /usr/local/ssh/config
```

Das ist beim Testen einer neuen Server-Konfiguration nützlich: Erzeugen Sie die neue Datei und weisen Sie *sshd* an, sie zu lesen. Diese Option ist auch notwendig, wenn Sie mehrere *sshd*s auf der gleichen Maschine betreiben wollen, die gleichzeitig unterschiedliche Konfigurationen verwenden sollen.

5.4.1.5 SSH-Verzeichnis des Benutzers

sshd1 erwartet die benutzereigenen SSH-relevanten Dateien im Verzeichnis *~/.ssh*. Diese Position kann durch die serverweite Konfiguration nicht geändert werden. (Sie müssen hierzu den Quellcode ändern.)

sshd2 erwartet die Benutzerdateien standardmäßig im Verzeichnis *~/.ssh2*, was aber mit dem Schlüsselwort `UserConfigDirectory` geändert werden kann. Der Verzeichnisname kann direkt, etwa mit

```
# Nur SSH2
UserConfigDirectory /usr/local/ssh/my_dir
```

oder mit `printf`-artigen Mustern wie:

```
# Nur SSH2
UserConfigDirectory %D/.my-ssh
```

angegeben werden. Das Muster %D wird zum Home-Verzeichnis des Benutzers aufgelöst. Das vorstehende Beispiel wird also zu ~/.*my-ssh.* Die folgende Tabelle führt die verfügbaren Muster auf:

Muster	Bedeutung
%D	Home-Verzeichnis des Benutzers
%U	Loginname des Benutzers
%IU	UID des Benutzers (Unix UID)
%IG	GID des Benutzers (Unix GID)

Für den Systemadministrator ist das UserConfigDirectory-Schlüsselwort eine schnelle Möglichkeit, die SSH2-Präferenzen aller Benutzer zu überschreiben. Insbesondere können Sie *sshd2* veranlassen, alle ~/.*ssh2*-Verzeichnisse zu ignorieren und statt dessen Ihr eigenes zu verwenden. So weist beispielsweise die Zeile

```
# Nur SSH2
UserConfigDirectory /usr/sneaky/ssh/%IU/
```

sshd2 an, die Präferenzen der jeweiligen Benutzer in */usr/sneaky/ssh/<benutzername>* statt in ~/.*ssh* zu suchen. Dieses leistungsfähige Feature kann allerdings auch mißbraucht werden, wenn in Ihre Maschine eingebrochen wurde. Wenn ein Eindringling die folgende Zeile in die *sshd2_config* eingefügt hätte:

```
# Nur SSH2
UserConfigDirectory /tmp/hack
```

und seinen eigenen öffentlichen Schlüssel in */tmp/hack* abgelegt hätte, hätte er SSH2-Zugriff auf alle Benutzeraccounts.

5.4.1.6 Account-bezogene Autorisierungsdateien

Die SSH1- und OpenSSH-Server erwarten die Public-Key-Autorisierungsdatei in ~/.*ssh/authorized_keys* (und ~/.*ssh/authorized_keys2* bei OpenSSH/2). Diese Position kann durch die serverweite Konfiguration nicht verändert werden.

Der SSH2-Server verwendet ein anderes Layout für die Schlüssel-Datei. [6.1.2] Die Autorisierungsdatei, normalerweise ~/.*ssh2/authorization*, enthält die Namen separater Public-Key-Dateien anstelle der eigentlichen Schlüssel. Sie können *sshd2* anweisen, die Autorisierungsdateien an anderer Stelle zu suchen, indem Sie das Schlüsselwort AuthorizationFile verwenden.

```
# Nur SSH2
AuthorizationFile my_public_keys
```

Dateinamen können absolut oder relativ zum SSH2-Verzeichnis des Benutzers angegeben werden. Die vorstehende Zeile spezifiziert die Datei ~/.*ssh2/my_public_keys.*

5.4.2 Zugriffsrechte

Als Sicherheitsprodukte verlangen SSH1, SSH2 und OpenSSH, daß bestimmte Dateien und Verzeichnisse auf der Server-Maschine vor ungewolltem Zugriff geschützt sind. Stellen Sie sich vor, Ihre *authorized_keys*- oder *.rhosts*-Datei könnte von jedem geschrieben werden. Jeder auf diesem Host könnte sie modifizieren und so bequem Zugang zu Ihrem Account erhalten. *sshd* besitzt verschiedene Konfigurations-Schlüsselwörter, die dieses Risiko minimieren.

5.4.2.1 Akzeptable Zugriffsrechte für Benutzerdateien

Benutzer sind nicht immer sorgfältig, wenn es um den Schutz wichtiger Dateien und Verzeichnisse (wie etwa deren *.rhosts*-Datei oder ihr persönliches SSH-Verzeichnis) ihrer Accounts geht. Solche Fehler können zu Sicherheitslücken und kompromittierten Accounts führen. Um das zu bekämpfen, können Sie *sshd* so konfigurieren, daß Verbindungen zu allen Benutzer-Accounts abgelehnt werden, deren Zugriffsrechte nicht akzeptabel sind.

Das Schlüsselwort `StrictModes` mit dem (voreingestellten) Wert `yes` veranlaßt *sshd* dazu, die Zugriffsrechte auf wichtige Dateien und Verzeichnisse zu überprüfen. Diese müssen dem Besitzer des Accounts oder root gehören, und die Schreibrechte für die Gruppe und alle anderen müssen deaktiviert sein. Bei SSH1 prüft `StrictModes` folgendes:

- Home-Verzeichnis des Benutzers
- ~/.*rhosts*- und ~/.*shosts*-Datei des Benutzers
- SSH-Konfigurationsverzeichnis ~/.*ssh* des Benutzers
- ~/.*ssh/authorized_keys*-Datei des Benutzers

Bei OpenSSH prüft `StrictModes` die gleichen Dateien wie bei SSH1 und zusätzlich noch die Benutzer-Autorisierungsdatei für SSH-2-Verbindungen ~/.*ssh/authorized_ keys2*.

Bei SSH2 ist die Liste kürzer und wird nur bei Trusted-Host-Authentifizierung geprüft:[3] [3.4.2.3]

- Home-Verzeichnis des Benutzers
- ~/.*rhosts*- und ~/.*shosts*-Datei des Benutzers

Schlägt eine dieser Prüfungen fehl, lehnt der Server eingehende SSH-Verbindungen für diesen Account ab. Wird `StrictModes` der Wert `no` zugewiesen, erfolgen diese Prüfungen nicht.

```
# SSH1, SSH2, OpenSSH
StrictModes no
```

Allerdings raten wir Ihnen dringend, diese Prüfungen aktiviert zu lassen.

---

3 Die *sshd2_config*-Manpage für SSH2 2.2.0 besagt, daß `StrictModes` nicht implementiert ist, aber diese Aussage ist veraltet.

Doch selbst wenn `StrictModes` aktiv ist, kann es auf zwei Arten unterlaufen werden. Erstens kann *sshd* mit dem Flag `--enable-group-writeability` [4.1.5.2] kompiliert werden, das durch Gruppen schreibbare Dateien für `StrictModes` akzeptabel macht. Das kann bei gemeinsam genutzten Accounts nützlich sein, da man es so allen Mitgliedern einer Gruppe ermöglicht, SSH-bezogene Dateien eines Accounts zu modifizieren. Zweitens könnten Sie POSIX ACLs verwenden, die bei Solaris und einigen anderen Unix-Varianten unterstützt werden, um die Datei-Zugriffsrechte mit größerer Genauigkeit festzulegen. *sshd* prüft ACLs nicht, weshalb man argumentieren könnte, `StrictModes` sei ein unvollständiger Test.

5.4.2.2 Zugriffsrechte für neu angelegte Dateien

Die *umask* eines Unix-Prozesses bestimmt die Standard-Zugriffsrechte für von diesem Prozeß erzeugte Dateien und Verzeichnisse. Die umask von *sshd1* kann mit dem Schlüsselwort `Umask` angegeben werden, so daß alle von diesem Daemon erzeugten Dateien die gewünschten Rechte erhalten. Der Wert ist ein normaler Unix-umask-Wert, der üblicherweise als Oktalzahl angegeben wird:

```
# Nur SSH1
# Create files rw-r--r-- and directories rwx-r-xr-x:
Umask 022
```

Denken Sie daran, daß eine führende Null notwendig ist, damit *sshd1* den Wert als Oktalzahl interpretiert. Weitere Informationen zu umask finden Sie in den Unix-Man-pages zu *umask* und den meisten Shells.

sshd1 erzeugt eine PID-Datei (*/etc/sshd.pid* bzw. der Wert von `PidFile`) und eine Seed-Datei (*/etc/ssh_random_seed* bzw. der Wert von `RandomSeed`). Nur die PID-Datei ist von der umask des Servers betroffen. Die Seed-Datei wird explizit mit dem Modus 0600 erzeugt, d.h., sie kann nur vom Besitzer gelesen und geschrieben werden. Genau genommen, wird die umask auch auf andere von *sshd1* angestoßene Prozesse angewandt – insbesondere Benutzer-Shells –, aber der Wert wird überlicherweise von Shells überschrieben.

5.4.3 TCP/IP-Einstellungen

Weil das SSH-Protokoll über TCP/IP arbeitet, erlaubt *sshd* die Kontrolle über verschiedene mit TCP/IP im Zusammenhang stehende Parameter.

5.4.3.1 Portnummer und Netzwerk-Schnittstelle

Per Voreinstellung verwendet *sshd* den TCP-Port 22. Diese Portnummer kann mit dem Schlüsselwort `Port`:

```
# SSH1, SSH2, OpenSSH
Port 9876
```

oder der Kommandozeilenoption –*p* geändert werden:

```
# SSH1, SSH2, OpenSSH
$ sshd -p 9876
```

Die SSH1- und OpenSSH-Server akzeptieren Werte dezimal, oktal oder hexadezimal, während der SSH2-Server alle Werte als Dezimalzahlen interpretiert. Beachten Sie hierzu den Kasten »Numerische Werte in Konfigurationsdateien«.

Sie können *sshd* auch so konfigurieren, daß er den Port an eine bestimmte Netzwerkschnittstelle bindet. Standardmäßig wird der Port an alle aktiven Netzwerk-Schnittstellen des Hosts gebunden. Das Schlüsselwort `ListenAddress` weist *sshd* an, nur eine Schnittstelle (Standardwert 0.0.0.0 zu verwenden).

Nehmen wir zum Beispiel an, daß ein Computer zwei Ethernet-Karten besitzt und mit zwei verschiedenen Netzwerken verbunden ist. Eine Schnittstelle besitzt die Adresse 192.168.10.23, die andere die Adresse 192.168.11.17. Standardmäßig beachtet *sshd* beide Schnittstellen, d.h., Sie können den Server erreichen, indem Sie über eine der Adressen eine Verbindung zu Port 22 herstellen. Allerdings ist das nicht immer das, was Sie wollen. Vielleicht soll SSH nur für die Hosts des einen Netzwerks, nicht aber für die des anderen zur Verfügung stehen:

```
# SSH1, SSH2, OpenSSH
ListenAddress 192.168.10.23
```

Natürlich ist das nur dann wirklich eine Einschränkung, wenn die beiden Netzwerke nicht auf andere Weise miteinander verbunden sind (etwa durch einen Router), so daß Port 22 auf 192.168.10.23 für das Netzwerk 192.168.11/24 unerreichbar ist.

OpenSSH erlaubt in der Konfigurationsdatei mehr als eine `ListenAddress`-Zeile, was die Verwendung mehrerer Schnittstellen ermöglicht:

```
# Nur OpenSSH
ListenAddress 192.168.10.23
ListenAddress 192.168.11.17
```

Numerische Werte in Konfigurationsdateien

SSH1 und OpenSSH akzeptieren numerische Werte dezimal, oktal und hexadezimal, wobei die bei C übliche Notation verstanden wird. Beginnt ein Wert mit `0x`, wird er als hexadezimal betrachtet. Beginnt er mit einer führenden Null, gilt er als Oktalzahl. Jeder andere numerische Wert wird als Dezimalzahl interpretiert.

SSH2 verlangt hingegen die Angabe aller Zahlen als Dezimalzahlen.

5.4.3.2   Aufruf über inetd

sshd wird normalerweise als Daemon ausgeführt, der zur Verarbeitung eingehender Verbindungen entsprechende Child-Prozesse anstößt. Alternativ kann der Server wie viele andere Netzwerk-Daemons über *inetd* gestartet werden. In diesem Fall startet *inetd* bei jeder eingehenden Verbindung eine neue Instanz des Servers.

Wird das *inetd*-Verhalten gewünscht, muß ein Eintrag für SSH in der TCP/IP-Service-tabelle (*/etc/services* oder */etc/inet/services*) vorhanden sein, der wie folgt aussieht:

```
ssh    tcp/22
```

Außerdem muß die entsprechende Zeile für den SSH-Service in der *inetd*-Konfigurationsdatei */etc/inetd.conf* stehen. In dieser Zeile muß *sshd* mit der Kommandozeilen-option *−i* aufgerufen werden, die das *inetd*-Verhalten aktiviert:

```
ssh stream tcp    nowait root    /usr/local/sbin/sshd    sshd -i
```

Diese Option bewirkt, daß *sshd* gestartet wird und genau eine Verbindung über den mit seiner Ein- und Ausgabe verbundenen TCP-Socket verarbeitet. Das steht im genauen Gegensatz zum üblichen Verhalten ohne *−i*, bei dem der Server als Master-Server auf alle eingehenden TCP-Verbindungen achtet und entsprechende Unterprozesse startet, um die eingehenden Verbindungen abzuarbeiten.

Der *inetd*-Ansatz hat Vor- und Nachteile. Ein Nachteil *inetd*-basierter SSH-Verbindun-gen besteht darin, daß diese langsamer gestartet werden, weil *sshd* jedesmal einen neuen Schlüssel erzeugt. Das ist bei Verbindungen mit SSH-1-Protokoll der Fall, d.h. bei den SSH1- und OpenSSH/1-Servern. [3.5.1.2] Ob das allerdings ein relevanter Aspekt ist, hängt von der Geschwindigkeit des fraglichen Server-Rechners ab. Der Vorteil des *inetd*-Ansatzes besteht wiederum darin, daß *sshd* über einen Wrapper aufgerufen wer-den kann, falls das notwendig sein sollte. Darüber hinaus bietet *inetd* einen einzelnen, zentralisierten Punkt zur Steuerung aller Arten von Netzwerkverbindungen, was die Pflege vereinfacht. Wenn Sie zum Beispiel alle Arten von TCP/IP-Verbindungen unter-binden wollen, deaktivieren Sie einfach *inetd*, statt herumzulaufen und einzelne Daemons von Hand zu beenden.

5.4.3.3   *Ungenutzte Verbindungen*

Stellen Sie sich vor, daß eine SSH-Verbindung zwischen einem Server und einem Client existiert, über einen langen Zeitraum aber keinerlei Daten über diese Verbindung über-tragen wurden. Was soll der Server tun: die Verbindung aufrechterhalten oder sie been-den?

SSH1 stellt das Schlüsselwort `IdleTimeout` bereit, mit dem Sie das Verhalten des Servers bei ungenutzten Verbindungen bestimmen können, also wenn der Benutzer innerhalb einer bestimmten Zeit keine Daten überträgt. Ist `IdleTimeout` null (Voreinstellung), macht der Server nichts und hält die Leitung aufrecht:

```
# Nur SSH1
IdleTimeout 0
```

Anderenfalls beendet der Server die Verbindung nach der für den Leerlauf festgelegten Zeitspanne. In diesem Fall ist der Wert für `IdleTimeout` ein positiver Integerwert, dem optional ein Buchstabe folgt: `s` für Sekunden, `m` für Minuten, `h` für Stunden, `d` für Tage oder `w` für Wochen. Wird kein Buchstabe angegeben, wird in Sekunden gerechnet.

Hier verschiedene Möglichkeiten, `IdleTimeout` auf genau einen Tag zu setzen:

```
# Nur SSH1
IdleTimeout 1d
IdleTimeout 24h
IdleTimeout 1440m
IdleTimeout 86400s
IdleTimeout 86400
```

Dieser Timeout-Wert kann auch für einen bestimmten Schlüssel in der *authorized_keys*-Datei des Benutzers über die Idle-Timeout-Option festgelgt werden. [8.2.7] Diese Option überschreibt den `IdleTimeout`-Wert des Servers, aber nur für diesen Schlüssel. Hier haben wir den seltenen Fall, daß eine Account-bezogene Option eine serverweite Option überschreibt.

5.4.3.4   *KeepAlive*

`KeepAlive` ist ein ähnliches, aber nicht identisches Feature wie `IdleTimeout`. Während `IdleTimeout` funktionierende, aber ungenutzte Verbindungen erkennt, beschäftigt sich `KeepAlive` mit der Erkennung fehlerhafter Verbindungen. Stellen Sie sich vor, daß ein Client eine SSH-Verbindung aufbaut und dieser Client etwas später aus welchen Gründen auch immer abstürzt. Wenn der SSH-Server nicht freiwillig Nachrichten an den Client schickt, bemerkt er möglicherweise nie die ungenutzte Verbindung seines Partners, *sshd* bleibt bis ans Ende aller Tage aktiv und verbraucht Ressourcen wie Speicher oder einen Prozeß-Slot (was die *ps*-Ausgabe des Sysadmins durcheinanderbringt).

Das Schlüsselwort `KeepAlive` sagt *sshd*, wie bei Verbindungsproblemen wie einem anhaltenden Netzwerkausfall oder einem Absturz der Client-Maschine zu verfahren ist:

```
# SSH1, SSH2, OpenSSH
KeepAlive yes
```

Der Wert `yes` (Voreinstellung) weist den Server an, die TCP-Keepalive-Option bei seiner Verbindung zum Client zu setzen. Diese sorgt dafür, daß TCP periodisch Keepalive-Meldungen überträgt und erwartet. Werden während einer bestimmten Zeitspanne keine Antworten empfangen, wird ein Fehler an *sshd* zurückgegeben, der die Verbindung daraufhin beendet. Der Wert `no` bedeutet, daß keine Keepalive-Meldungen verwendet werden sollen.

Das Keepalive-Feature von TCP und damit auch das `KeepAlive` von SSH sind dazu gedacht, die Anhäufung nicht genutzter Verbindungen zu unterbinden. Das Intervall von Keepalive-Meldungen und die Timeout-Periode spiegeln das wider: Sie sind recht lang, üblicherweise im Bereich von mehreren Stunden. Gründe dafür sind die Minimierung der durch Keepalive-Meldungen verursachten Netzwerklast und die Verhinderung des unnötigen Herunterfahrens von Verbindungen aufgrund flüchtiger Probleme wie temporärer Netzwerkausfälle oder Routenwechsel. Diese Timer werden nicht durch SSH gesetzt, sondern sind Eigenschaften des TCP-Stacks des Hosts. Sie sollten nicht leichtfertig geändert werden, weil sie jede TCP-Verbindung betreffen, die auf diesem Host mit Keepalives arbeitet.

KeepAlive und Verbindungs-Timeouts. Wir möchten darauf hinweisen, daß `KeepAlive` nicht dazu gedacht ist, mit Verbindungsverlusten aufgrund von Firewall-, Proxy-, NAT- oder IP-Masquerading-Timeouts umzugehen. Solche Probleme treten auf, wenn Ihre SSH-Verbindung über eine dieser Einrichtungen läuft, die dann selbsttätig entscheiden, eine Verbindung herunterzufahren, wenn diese für eine bestimmte Zeit nicht genutzt wurde. Weil solche Timeouts zur Erhaltung gemeinsam genutzter Ressourcen (etwa einem beschränkten Pool externer, routingfähiger IP-Adressen) verwendet werden, sind sie üblicherweise recht kurz, vielleicht im Bereich von einigen Minuten bis zu einer Stunde. Der Name »KeepAlive« legt nahe, daß er für das Gewünschte der richtige sein könnte – Ihre Verbindung aufrechtzuerhalten. In Wirklichkeit ist `KeepAlive` aber der falsche Name für das, was passiert, er sollte besser »DetectDead« lauten (was aber nach einem Bannspruch klingen würde, den ein zweitklassiger Geisterjäger verwendet, um nicht von Zombies verspeist zu werden). Damit `KeepAlive` mit diesem Problem umgehen kann, müssen Sie das TCP-Keepalive-Intervall auf dem SSH-Host drastisch verkürzen. Das widerspricht aber seinem eigentlichen Zweck und beeinflußt nicht nur SSH-Verbindungen, sondern alle mit Keepalives arbeitenden TCP-Verbindungen (also auch diejenigen, die das nicht brauchen). Dies auf der Seite des Servers zu tun, weil man es als kostengünstiges Feature betrachtet, ist eine ganz besonders schlechte Idee, weil ein ausgelasteter Server viele TCP-Verbindungen verlieren kann und `KeepAlive` bei vielen aktiviert wird. Das kann zu einer unnötigen und schädlichen zusätzlichen Netzwerklast führen, besonders wenn sich diese Praxis verbreitet.

Es ist gut, sich daran zu erinnern, daß es für den nervenden Timeout einen Grund gibt. Sie wollen vielleicht eine SSH-Verbindung auch über einen längeren (ungenutzten) Zeitraum erhalten, aber wenn sie eine von nur wenigen verfügbaren Internet-TCP-Verbindungen Ihres Unternehmens belegt, sollten Sie sie vielleicht zugunsten des Allgemeinwohls aufgeben. Ab und zu mal `ssh` eingeben zu müssen ist nicht wirklich eine Zumutung; verwenden Sie das Alias-Feature Ihrer Shell, wenn Ihnen die Eingabe Schwierigkeiten bereitet. Wenn Sie dennoch glauben, daß das Timeout ungerechtfertigt und unnötig sei, sollten Sie den Fall mit Ihrem Netzwerkadministrator diskutieren und ihn zu überzeugen versuchen.

Für die Fälle, in denen es wirklich notwendig ist, besteht die richtige Lösung für diese Art von Keepalive-Verhalten in einem auf Anwendungsebene in SSH implementierten Mechanismus – periodisch SSH-Protokollnachrichten über die Verbindung zu senden, um sie nicht ungenutzt erscheinen zu lassen. Dieses Feature ist bei keiner uns bekannten SSH-Implementierung vorhanden, aber wir wollen zu dessen Aufnahme ermuntern. Bei NAT etc. sind Timeouts ein weit verbreitetes Problem, und wir raten vom Mißbrauch von TCP-Keepalives zu diesem Zweck ab. In der Zwischenzeit besteht die bessere Low-Tech-Lösung schlicht darin, ab und zu mal einige Zeichen über Ihre Verbindung zu senden. Führen Sie Emacs aus und lassen Sie es die Zeit in der Moduszeile ausgeben. Führen Sie ein Programm im Hintergrund aus, daß alle 20 Minuten »Buh!« auf Ihrem Terminal ausgibt. Ihrer Phantasie sind keine Grenzen gesetzt.

5.4.3.5   Fehlgeschlagene Logins

Stellen Sie sich vor, daß sich ein Benutzer über SSH einloggen wird, die Authentifizierung aber fehlschlägt. Was soll der Server tun? Die Schlüsselwörter `LoginGraceTime` und `PasswordGuesses` steuern die Reaktion des Servers.

Benutzer erhalten eine beschränkte Zeitspanne, um sich erfolgreich zu authentifizieren. Diese Zeit beträgt standardmäßig 10 Minuten. Das entsprechende Timeout wird durch das Schlüsselwort `LoginGraceTime` gesteuert, dem eine Zeit in Sekunden angegeben wird:

```
# SSH1, SSH2, OpenSSH
LoginGraceTime 60
```

Alternativ können Sie die Kommandozeilenoption –*g* verwenden:

```
# SSH1, SSH2, OpenSSH
$ sshd -g 60
```

Um dieses Feature zu deaktivieren, setzen Sie den `LoginGraceTime`-Wert auf null:

```
# SSH1, SSH2, OpenSSH
LoginGraceTime 0
```

oder nutzen die Kommandozeilenoption:

```
# SSH1, SSH2, OpenSSH
$ sshd -g 0
```

Wird bei einer Verbindungsanforderung die Paßwort-Authentifizierung genutzt, erlaubt *sshd2* einem Client nur drei Authentifizierungsversuche, bevor die Verbindung unterbrochen wird. Die Anzahl der Versuche kann mit dem Schlüsselwort `PasswordGuesses` verändert werden:

```
# Nur SSH2
PasswordGuesses 5
```

Bei der Public-Key-Authentifizierung ist die Situation etwas komplizierter. In diesem Fall kann ein Client zwei Arten von Requests vornehmen: die Abfrage, ob ein bestimmter öffentlicher Schlüssel autorisiert ist, sich in den Ziel-Account einzuloggen, und den tatsächlichen Authentifizierungsversuch einschließlich der Signatur des entsprechenden privaten Schlüssels. Hier sollte man eine unbeschränkte Anzahl von Queries erlauben, weil man anderenfalls die Anzahl von Schlüsseln beschränkt, die man zum Beispiel in einem Agenten verwenden kann. Dabei ist es schon klug, die Anzahl fehlerhafter Versuche zu beschränken. Leider macht keiner der aktuellen SSH-Server das, was wir für richtig erachten würden. SSH1 und SSH2 erlauben einfach eine unbeschränkte Anzahl von Schlüsselanfragen oder Versuchen. OpenSSH andererseits limitiert die Gesamtzahl der Authentifizierungsversuche oder Queries jeglicher Art und verwendet hierfür eine fest installierte, nicht zu konfigurierende Grenze von fünf Fehlversuchen (der Quellcode sagt sechs, aber so, wie er codiert ist, kommt fünf heraus). Wenn Sie also fünf Schlüssel bei Ihrem Agenten liegen haben, werden Sie mit dem OpenSSH-Server nie in den Genuß der Paßwort-Authentifizierung kommen, weil dieser Ihre Verbindung ablehnt, nachdem er herausgefunden hat, daß Sie keinen dieser Schlüssel verwenden können. Und wenn Sie sechs Schlüssel besitzen und der sechste der gesuchte ist, dann haben Sie ebenfalls Pech. Sie müssen dem Agenten einen oder mehrere Schlüssel abnehmen (oder keinen Agenten nutzen) um es ans Laufen zu bringen. (Die Werte sind bei OpenSSH/2 übrigens um eins kleiner.)

Natürlich gibt es hier noch ein Sicherheitsargument. Es ist in gewissem Sinne besser, Queries nicht zu erlauben und vom Client immer einen Versuch zu erzwingen. Auf diese Weise weiß der Client bei einem Fehlschlag nicht, ob die Signatur falsch oder der Schlüssel einfach nicht autorisiert war. Das macht es einem Angreifer schwerer zu ermitteln, welche Schlüssel es zu stehlen gilt. Im normalen Betrieb ist das aus computertechnischer Sicht aber mit so hohen Kosten verbunden, daß das Protokoll solche Abfragen erlaubt.

5.4.3.6 Limitierung simultaner Verbindungen

sshd kann standardmäßig beliebig viele simultane Verbindungen verarbeiten. SSH2 stellt das Schlüsselwort `MaxConnections` bereit, um diese Zahl zu beschränken, wenn Sie beispielsweise die Ressourcen des Server-Rechners schonen wollen:

```
# Nur SSH2
MaxConnections 32
```

Um eine unbeschränkte Zahl von Verbindungen zu erlauben, geben Sie den Wert null an:

```
# Nur SSH2
MaxConnections 0
```

Natürlich kann die Anzahl der Verbindungen auch durch den verfügbaren Speicher oder andere Betriebssystem-Ressourcen beschränkt werden. `MaxConnections` hat auf diese anderen Faktoren keinen Einfluß. (Es tut uns leid, aber wir können Ihre CPU-Geschwindigkeit nicht durch ein Schlüsselwort erhöhen!)

5.4.3.7 Reverse Mapping von IP-Adressen

Der SSH2-Server führt optional einen »reverse DNS-Lookup« der IP-Adresse eines Clients durch. Das heißt, daß er den mit einer Adresse verknüpften Namen heraussucht und dann die Adressen für diesen Namen ermittelt und sicherstellt, daß sich die Adresse des Clients darunter befindet. Schlägt diese Prüfung fehl, lehnt der Server die Verbindung ab.

sshd2 verwendet die Systemdienste `gethostbyname()` und `gethostbyaddr()`, um diese Abbildungen vorzunehmen, weshalb die entsprechend konsultierten Datenbanken von der Betriebssystem-Konfiguration des Hosts abhängen. Es könnten das DNS, der »Network Information Service« (NIS oder YP), statische Dateien des Servers oder eine Kombination aus allem verwendet werden.

Um diese Prüfung zu aktivieren, verwenden Sie das Schlüsselwort `RequireReverse-Mapping` mit dem Wert `yes` oder `no` (Voreinstellung):

```
# Nur SSH2
RequireReverseMapping yes
```

Dieses Feature ist so etwas wie eine sicherheitsorientierte Konsistenzprüfung. SSH verwendet kryptographische Signaturen zur Bestimmung der Identität der Gegenseite, aber die Liste der öffentlichen Schlüssel (die Datenbank mit den bekannten Hosts) wird häufig über den Hostnamen indexiert, und so muß SSH die Adresse in einen Namen übersetzen, um die Identität der Gegenseite zu prüfen. Das Reverse Mapping versucht sicherzustellen, daß mit dem Nameservice niemand seine Spielchen treibt. Es gibt allerdings einen Nachteil, weil im heutigen Internet das DNS Reverse Mapping nicht immer auf dem neuesten Stand ist. Der SSH-Server könnte gültige Verbindungen aufgrund nicht-aktueller Reverse-Mappings (auf die Sie keinen Einfluß haben) ablehnen. Im allgemeinen empfehlen wir, dieses Feature zu deaktivieren, weil es den Ärger nicht wert ist.

5.4.3.8   Kontrolle von TCP_NODELAY

TCP/IP besitzt ein als Nagle-Algorithmus bezeichnetes Feature, das die Anzahl von TCP-Segmenten mit nur sehr kleinen Datenmengen (z.B. einem Byte) beschränkt. Es wird üblicherweise bei interaktiven Sessions genutzt. Bei schnellen Links wie etwa einem Ethernet ist der Nagle-Algorithmus generell nicht notwendig. Bei WANs kann er aber zu deutlichen Verzögerungen bei der Reaktion von X-Clients und zeichenorientierten Terminals führen, weil aus mehreren Bytes bestehende Terminal-Steuersequenzen durch den Algorithmus unglücklich übertragen werden können. In solchen Fällen sollten Sie den Nagle-Algorithmus mit dem Schlüsselwort `NoDelay` deaktivieren:

```
# Nur SSH2
NoDelay yes
```

`NoDelay` deaktiviert den Nagle-Algorithmus über das TCP_NODELAY-Bit bei der Anforderung einer TCP-Verbindung vom Unix-Kernel. Gültige Werte sind `yes` (deaktivieren) und `no` (aktivieren; Voreinstellung).

Um funktionieren zu können, muß dieses Feature bei der Kompilierung mit `--enable-tcp-nodelay` aktiviert worden sein. [4.1.5.3] Beachten Sie auch, daß `NoDelay` nicht nur serverweit, sondern auch durch den SSH2-Client gesetzt werden kann. Hierzu dient das Client-Konfigurationsschlüsselwort `NoDelay`. [7.4.4.4]

5.4.3.9   Entdecken anderer Server

SSH2 2.1.0 verfügt über ein Feature, mit dem automatisch nach SSH2-Servern gesucht werden kann. Das Schlüsselwort `MaxBroadcastsPerSecond` sorgt bei einem Integerwert größer null dafür, daß ein SSH2-Server auf UDP-Broadcasts an Port 22 achtet:

```
# Nur SSH2
MaxBroadcastsPerSecond 10
```

Ein bei SSH2 neu mitgeliefertes Programm namens *ssh-probe2* sendet Broadcast-Queries und gibt die Lage und Version aller entdeckten SSH2-Server aus. Der Server antwortet pro Sekunde nur auf eine festgelegte Anzahl von Queries, was Denial-of-Service-Angriffe unterbindet, die den Server mit Queries überfluten und seine ganze Zeit für entsprechende Antworten in Anspruch nehmen.

`MaxBroadcastsPerSecond` und *ssh-probe2* stellen eher eine Notlösung zur Lokalisierung von SSH2-Servern dar. Vielleicht sind solche Tricks nicht mehr notwendig, wenn Dynamisches DNS und SRV-Records weitere Verbreitung finden.

5.4.3.10 Agent-Forwarding

Agent-Forwarding erlaubt es einer Reihe von SSH-Verbindungen (von einer Maschine zur nächsten, zur nächsten ...), nahtlos mit nur einem Agenten zu arbeiten. [6.3.5] Das Agent-Forwarding kann bei einem SSH2-Server mit den Schlüsselwörtern `ForwardAgent` oder `AllowAgentForwarding` und den Werten `yes` (Voreinstellung) oder `no` aktiviert bzw. deaktiviert werden:

```
# Nur SSH2
ForwardAgent no
```

Es kann auch vom Client aktiviert bzw. deaktiviert werden. [6.3.5.3]

Das Agent-Forwarding ist bequem, in einer sensiblen Umgebung könnte es aber notwendig sein, dieses Feature zu deaktivieren. Weil weitergeleitete Agenten-Verbindungen als Unix- Domain-Sockets implementiert sind, kann ein Angreifer möglicherweise den Zugang zu ihnen gewinnen. Diese Sockets sind einfach Knoten im Dateisystem, die nur durch Dateizugriffsrechte geschützt sind, die man unterlaufen kann.

Nehmen wir zum Beispiel einmal an, daß Sie ein Netzwerk von ungesicherten Maschinen verwalten, auf das Sie aus einem gesicherteren Netzwerk mittels SSH zugreifen. Sie sollten darüber nachdenken, das Agent-Forwarding auf den ungesicherten Maschinen zu deaktivieren. Anderenfalls kann ein Angreifer eine ungesicherte Maschine knacken, die Kontrolle über einen weitergeleiteten Agenten von einer gültigen, eingehenden SSH-Verbindung übernehmen und die im Agenten geladenen Schlüssel verwenden, um über SSH Zugang zum gesicherten Netzwerk zu erhalten. (Der Angreifer kann sich die Schlüssel auf diese Weise aber nicht selbst beschaffen.)

5.4.3.11 Forwarding

Das Forwarding- (oder Tunneling)-Feature von SSH schützt andere TCP/IP-basierte Anwendungen durch die Verschlüsselung ihrer Verbindungen. Wir behandeln das Forwarding in Kapitel 9 genauer, führen hier aber die serverweiten Konfigurationsschlüsselwörter zur Aktivierung bzw. Deaktivierung ein.

Das TCP-Port-Forwarding kann mit dem Schlüsselwort `AllowTcp-Forwarding` aktiviert oder deaktiviert werden. Hierzu muß der Wert `yes` (Voreinstellung) oder `no` angegeben werden:

```
# SSH1, SSH2, OpenSSH
AllowTcpForwarding no
```

Es kann auch für bestimmte Benutzer oder Unix-Gruppen genauer festgelegt werden:

```
# Nur SSH2
AllowTcpForwardingForUsers smith jones roberts
AllowTcpForwardingForGroups students faculty
DenyTcpForwardingForUsers badguys
DenyTcpForwardingForGroups bad*
```

Das Forwarding für X, das populäre Window-System, kann separat mit dem Schlüsselwort `X11Forwarding` (SSH1, SSH2, OpenSSH) bzw. `ForwardX11` oder `AllowX11Forwarding` (die SSH2-Synonyme für `X11Forwarding`) aktiviert oder deaktiviert werden. Voreingestellt ist der Wert `yes`, der das Forwarding aktiviert:

```
# SSH1, SSH2, OpenSSH
X11Forwarding no
```

```
# Nur SSH2: either will work
ForwardX11 no
AllowX11Forwarding no
```

5.4.4 Generierung des Server-Schlüssels

Alle SSH-Server pflegen einen persistenten Host-Schlüssel, der vom Systemadministrator bei der Installation von SSH generiert wird. Dieser Schlüssel identifiziert den Host für Authentifizierungszwecke. [5.4.1.1]

Unabhängig davon pflegt ein SSH-1-Server einen weiteren Schlüssel während des Programmlaufs, den sog. Server-Schlüssel, der die Client/Server-Kommunikation schützt. Dieser Schlüssel ist temporär und wird niemals explizit auf der Platte abgelegt. Der Server generiert ihn beim Start und regeneriert ihn in regelmäßigen Intervallen. SSH1 und OpenSSH können die Länge des Server-Schlüssels in Bit festlegen. Die Länge des Schlüssels beträgt per Voreinstellung 768 Bit, 512 Bit sind das Minimum. Eine andere Länge können Sie mit dem Schlüsselwort `ServerKeyBits` wählen:

```
# SSH1, OpenSSH
ServerKeyBits 1024
```

oder Sie verwenden die Kommandozeilenoption *–b*:

```
# SSH1, OpenSSH
$ sshd -b 1024
```

Sie können auch die Lebenserwartung, d.h. das *Regenerierungsintervall,* des Server-Schlüssels festlegen. Wenn diese Lebenserwartung endet, wird ein anderer Schlüssel generiert, und dieser Prozeß wiederholt sich dann etwa alle 10 Minuten. Dieses Feature dient der Sicherheit: Wenn ein Eindringling den Server-Schlüssel abfängt, kann er Übertragungen nur für eine bestimmte Zeitdauer entschlüsseln (in unserem Beispiel also 10 Minuten).

Ebenso wird, sollte eine verschlüsselte Übertragung von einem Sniffer abgefangen werden, der zur Entschlüsselung der Session benötigte Server-Schlüssel nach 10 Minuten ersetzt.

Die Regenerierungszeit wird in Sekunden angegeben. Standardmäßig erfolgt diese alle 3600 Sekunden (eine Stunde). Das Intervall kann mit dem Schlüsselwort `KeyRegenerationInterval` festgelegt werden:

```
# SSH1, OpenSSH
KeyRegenerationInterval 1200
```

oder Sie können die Kommandozeilenoption *–k* verwenden:

```
# SSH1, OpenSSH
$ sshd -k 1200
```

Der Wert null deaktiviert die Regenerierung des Schlüssels:

```
# SSH1, OpenSSH
KeyRegenerationInterval 0
```

oder:

```
# SSH1, OpenSSH
$ sshd -k 0
```

Das Schlüsselwort `RekeyIntervalSeconds` legt fest, wie oft (in Sekunden) *sshd2* den Austausch des Schlüssels mit dem Client vornimmt, um die Datenverschlüsselungs- und Integritätsschlüssel der Session zu ersetzen. Voreingestellt sind 3600 Sekunden (eine Stunde), und der Wert null deaktiviert das Rekeying:[4]

```
# Nur SSH2
RekeyIntervalSeconds 7200
```

5.4.5 Verschlüsselungsalgorithmen

Der SSH-Server unterstützt eine Reihe von Datenverschlüsselungsalgorithmen für seine gesicherte Verbindung. Der Client wählt die zu verwendende Chiffrierung aus einer Liste der vom Server unterstützten Algorithmen aus. SSH2 besitzt eine Server-Konfigurationsoption, mit der die Liste der erlaubten Chiffrierungen festgelegt werden kann, wobei die Auswahl aus den von der Server-Software unterstützten Algorithmen erfolgt. Diesem Zweck dient das Schlüsselwort `Ciphers`. Der Wert kann dabei zwei verschiedene Formen annehmen:

- Eine kommaseparierte Liste von Algorithmen-Namen (Strings), die die erlaubten Algorithmen angeben. Die nachfolgende Tabelle stellt die unterstützten Werte dar.

---

4 Bei Drucklegung der amerikanischen Originalausgabe dieses Buches mußte man das Session-Rekeying beim SSH2-Server deaktivieren, wenn man viele andere SSH-Clients unterstützen wollte, weil diese das Session-Rekeying noch nicht unterstützten. Die Verbindung wird mit einem Fehler abgebrochen, sobald das Rekeying-Intervall abgelaufen ist.

Wert	Bedeutung
3des-cbc	3DES-(Triple DES)-Algorithmus
blowfish-cbc	Blowfish-Algorithmus
twofish-cbc	TwoFish-Algorithmus
arcfour	ARCFOUR-Algorithmus
none	keine Verschlüsselung

Der none-Algorithmus ist nur verfügbar, wenn SSH mit dem Flag --with-none kompiliert wurde. Das Suffix -cbc steht für »cipher block chaining«. Diese Algorithmen stammen aus der Klasse der sog. *Block-Cipher*, die in verschiedenen Modi operieren können. CBC ist einer dieser Modi.

- Ein einzelner String, der für eine Gruppe von Algorithmen steht. Die folgende Tabelle enthält die unterstützten Werte:

Wert	Bedeutung
none	unverschlüsselte Übertragung
any	jeder vom Server implementierte Algorithmus einschließlich none
anycipher	wie any, aber ohne none
anystd	jeder im IETF SecSH-Draft aufgeführte Standardalgorithmus (vorausgesetzt, er ist im Server implementiert), einschließlich none
anystdcipher	wie anystd, aber ohne none

Hier einige Beispiele:

```
# SSH2, OpenSSH/2
Ciphers 3des-cbc
Ciphers 3des-cbc,blowfish-cbc,arcfour
Ciphers any
```

Einzelne Algorithmen und Gruppen von Algorithmen können nicht vermischt werden:

```
# Das ist NICHT ERLAUBT
Ciphers 3des,anystd
```

Das Schlüsselwort Ciphers ist nützlich, wenn einzelne Verschlüsselungsalgorithmen schnell deaktiviert werden sollen, etwa weil bei einem eine Sicherheitslücke entdeckt wurde. Lassen Sie den Algorithmus in der Ciphers-Liste einfach weg und starten Sie den Server neu.

Die Unterstützung einiger Algorithmen kann bei der Kompilierung des SSH-Servers weggelassen werden. [4.1.5.6] Insbesondere wird die Unterstützung des Cipher-Typs none standardmäßig nicht mitkompiliert. Dieses Weglassen ist ein Sicherheits-Feature, das den Aufbau unsicherer SSH-Sessions erschweren soll. Anderenfalls könnte ein Angreifer, wenn er für einen Moment Zugang zu Ihrem Account bekommt, einfach »Ciphers none« in die SSH Client-Konfigurationsdatei aufnehmen. Sie selbst bemerken diese kleine Änderung vielleicht gar nicht, aber Ihre zukünftigen SSH-Verbindungen wären unsicher.[5]

Verwenden Sie den none-Cipher nur zu Testzwecken. Die Verwendung des SSH-1-Protokolls ohne Verschlüsselung stellt ein ernsthaftes Risiko dar: Sie verlieren nicht nur den Schutz Ihrer Daten, sondern effektiv auch die Server-Authentifizierung und den Integritätsschutz. SSH2 kennt diese Probleme nicht. In beiden Fällen ist die Paßwort-Authentifizierung aber nicht verfügbar, weil das Paßwort im Klartext zu übertragen wäre.

5.4.5.1 MAC-Algorithmen

Das Schlüsselwort MAC erlaubt die Wahl der erlaubten Algorithmen zur Integritätsprüfung, bekannt als Message Authentication Code, von *sshd2*. [3.2.3] Hier die verfügbaren Algorithmen: [3.9.3]

```
hmac-sha1
hmac-md5
hmac-md5-96
```

Die nachfolgende Tabelle zeigt Schlüsselwörter mit einer speziellen Bedeutung, die ebenfalls verwendet werden können:

Wert	Bedeutung
any	jeder unterstützte Algorithmus
anymac	jeder unterstützte Algorithmus außer none
anystd	jeder Standard-Algorithmus, d.h. jeder im aktuellen Draft des SSH-2-Protokolls definierte Algorithmus
anystdmac	wie anystd, aber ohne none
none	kein MAC, was aber sehr unsicher ist

5.4.6 SSH-Protokollauswahl

OpenSSH erlaubt es Ihnen, die unterstützten Protokolle mit SSH-1, SSH-2 oder beiden festzulegen. Hierzu wird das Schlüsselwort Protocol verwendet. Die möglichen Werte sind 1 (für SSH-1, die Voreinstellung), 2 (für SSH-2) oder 1 und 2, jeweils durch Komma getrennt:

```
# Nur OpenSSH
Protocol 1,2
```

---

5 Wird die Verbindung über den Cipher none hergestellt, gibt *ssh* die Warnung »WARNING: Encryption is disabled!« aus. Ein Angreifer kann aber den QuietMode bei Ihren Clients aktivieren und so diese Nachricht unterdrücken. [5.8.1.3]

5.5   Zugang gewähren: Authentifizierung und Zugriffskontrolle

Ein Großteil der Aufgaben des SSH-Servers besteht darin, Verbindungen von Clients zu erlauben oder abzulehnen. Das erfolgt auf zwei Ebenen: *Authentifizierung* und *Zugriffskontrolle* (d.h. *Autorisierung*).

Authentifizierung bedeutet, wie schon erläutert, die Überprüfung der Identität des Benutzers, der eine Verbindung anfordert. Zugriffskontrolle bedeutet, SSH-Verbindungen von bestimmten Benutzern, Maschinen oder Internet-Domains zu erlauben oder zu verweigern.

5.5.1   Authentifizierung

sshd unterstützt verschiedene Techniken der Authentifizierung, die aktiviert oder deaktiviert werden können. [3.1.3] [3.4.2] Wenn Sie beispielsweise der Paßwort-Authentifizierung nicht vertrauen, können Sie diese serverweit deaktivieren, während die Public-Key-Authentifizierung aktiv bleibt.

Während SSH entstanden ist, hat sich die Syntax zur Authentifizierungs-Konfiguration mehrfach geändert. Wir behandeln hier nicht nur die aktuellen Schlüsselwörter, sondern auch die veralteten, für den Fall, daß Sie noch eine alte Version von *sshd* verwenden.

Bei SSH1 und OpenSSH werden verschiedene Authentifizierungstechniken mit Schlüsselwörtern ein- und ausgeschaltet, die die folgende Form aufweisen:

```
Name_der_TechnikAuthentication
```

So wird beispielsweise die Paßwort-Authentifizierung durch das Schlüsselwort `PasswordAuthentication` kontrolliert, die Public-Key-Authentifizierung nach RSA durch `RSAAuthentication` und so weiter, jeweils ein Schlüsselwort pro Technik. Die Werte lauten `yes` oder `no`:

```
# SSH1, OpenSSH; bei SSH2 veraltet
RSAAuthentication yes
```

Frühe Versionen von SSH2 haben ebenfalls jeweils ein Schlüsselwort pro Authentifizierungstechnik verwendet, die Schlüsselwörter waren aber etwas allgemeiner gehalten. Anstelle von `RSAAuthentication`, die den RSA-Algorithmus bezeichnet, wurde das Schlüsselwort zu `PubKeyAuthentication`, ohne einen bestimmten Algorithmus zu benennen.

```
# Nur SSH2 aber veraltet
PubKeyAuthentication yes
```

Das läßt ein Hintertürchen für die Unterstützung anderer Public-Key-Algorithmen offen. Die älteren Schlüsselwörter wie `RSAAuthentication` konnten als Synonyme für die allgemeineren Schlüsselwörter aber immer noch verwendet werden.

Heute verwendet SSH2 eine völlig andere Syntax. Statt ein neues Schlüsselwort für jede Technik einzuführen, verwendet es nur noch die beiden Schlüsselwörter Allowed-Authentications und RequiredAuthentications. Jedem dieser Schlüsselwörter folgen die Namen einer oder mehrerer Authentifizierungstechniken:

```
# Nur SSH2; empfohlene Technik
AllowedAuthentications password,hostbased,publickey
```

AllowedAuthentications legt die Techniken fest, die verwendet werden können, um eine Verbindung mit diesem SSH-Server herzustellen.[6] Im Gegensatz dazu legt Required-Authentications fest, welche Techniken verwendet werden müssen.[7] Eine Konfigurationsdatei wie:

```
# Nur SSH2; empfohlene Technik
AllowedAuthentications publickey,password
RequiredAuthentications publickey,password
```

bedeutet, daß der Server sowohl die Public-Key- als auch die Paßwort-Authentifizierung verlangt, bevor eine Verbindung erlaubt wird. Die RequiredAuthentications-Liste muß eine Untermenge der AllowedAuthentications sein: Eine verlangte Technik muß auch erlaubt sein. Standardmäßig erlaubt *sshd2* nur die Paßwort- und die Public-Key-Authentifizierung.

Wenn man darüber nachdenkt, sind diese Schlüsselwörter ein wenig verwirrend oder zumindest nicht gut gewählt. In der Praxis weist RequiredAuthentications, wenn Sie es denn nutzen, immer genau den gleichen Wert auf wie AllowedAuthentications: Es macht keinen Sinn, eine Methode zu erlauben, ohne Sie zu »verlangen«, weil die Methode Ihnen keine Verbindung verschaffen kann. Es wäre nützlicher, wenn man in der Lage wäre, mehrere Teilmengen erlaubter Methoden anzugeben, die die akzeptablen Kombinationen für die Authentifizierung des Clients darstellen.

Tabelle 5-1 führt die authentifizierungsbezogenen Schlüsselwörter auf:

Tabelle 5-1: Authentifizierungsbezogene Schlüsselwörter

Typ	SSH1	OpenSSH	Neues SSH2	Altes SSH2
AllowedAuthentications	Nein	Nein	Ja	Nein
DSAAuthentication	Nein	Ja[a]	Nein	Nein
KerberosAuthentication	Ja	Ja	Nein	Nein
PasswordAuthentication	Ja	Ja	Veraltet	Ja
PubKeyAuthentication	Nein	Nein	Veraltet	Ja
RequiredAuthentications	Nein	Nein	Ja	Nein
RhostsAuthentication	Ja	Ja	Nein	Ja

---

6   Die Reihenfolge ist ohne Bedeutung, weil der Client den Authentifizierungsprozeß steuert.

7   RequiredAuthentications war bei SSH2 2.0.13 fehlerhaft, was dazu führte, daß die Authentifizierung immer fehlschlug. Das Problem wurde in Version 2.1.0 behoben.

Tabelle 5-1: Authentifizierungsbezogene Schlüsselwörter (Forts.)

Typ	SSH1	OpenSSH	Neues SSH2	Altes SSH2
RhostsPubKeyAuthentication	Nein	Nein	Nein	Ja
RhostsRSAAuthentication	Ja	Ja	Nein	Ja
RSAAuthentication	Ja	Ja	Veraltet	Ja
SKeyAuthentication	Nein	Ja	Nein	Nein
TISAuthentication	Ja	Ja[b]	Nein	Nein

a. Nur SSH-2-Protokoll.
b. Bedeutet in Wirklichkeit S/Key-Authentifizierung, nicht TIS.

Wir beschreiben nun, wie Sie jeden Authentifizierungstyp aktivieren bzw. deaktivieren.

5.5.1.1 Paßwort-Authentifizierung

Die Paßwort-Authentifizierung akzeptiert Ihr Login-Paßwort als Beweis Ihrer Identität. [3.4.2.1] Bei SSH1 und OpenSSH wird die Paßwort-Authentifizierung mit dem Schlüsselwort `PasswordAuthentication` und dem Wert `yes` (erlaubt, Voreinstellung) oder `no` (nicht erlaubt) festgelegt:

```
# SSH1, OpenSSH; bei  SSH2 veraltet
PasswordAuthentication yes
```

`PasswordAuthentication` funktioniert bei SSH2 zwar, von der Verwendung raten wir aber ab. Statt dessen sollten Sie das Schlüsselwort `AllowedAuthentications` mit dem Wert `password` verwenden:

```
# Nur SSH2
AllowedAuthentications password
```

Normalerweise verlangt die Paßwort-Authentifizierung Ihr normales Login-Paßwort. Allerdings kann man das in der Kompilierungs-Konfiguration ändern. Ist bei der Kompilierung von SSH1 die Unterstützung von Kerberos oder SecurID berücksichtigt worden, wird bei der Paßwort-Authentifizierung Kerberos [5.5.1.7] oder SecurID [5.5.1.9] unterstützt.

5.5.1.2 Public-Key-Authentifizierung

Die Public-Key-Authentifizierung überprüft die Identität eines Benutzers anhand kryptographischer Schlüssel. [3.4.2.2] Bei SSH1 und OpenSSH/1 verwendet die Public-Key-Authentifizierung die RSA-Verschlüsselung und kann mit dem Schlüsselwort `RSAAuthentication` aktiviert bzw. deaktiviert werden. Die möglichen Werte sind `yes` (Voreinstellung) oder `no`:

```
# SSH1, OpenSSH; bei  SSH2 veraltet
RSAAuthentication yes
```

Das Schlüsselwort `RSAAuthentication` funktioniert auch bei SSH2, ebenso das etwas allgemeiner gehaltene Schlüsselwort `PubKeyAuthentication`, das die gleiche Aufgabe besitzt. Beide werden aber nicht länger empfohlen. Statt dessen sollten Sie das Schlüsselwort `AllowedAuthentications` mit dem Wert `publickey` verwenden.

```
# Nur SSH2
AllowedAuthentications publickey
```

OpenSSH stellt die Public-Key-Authentifizierung für SSH2-Verbindungen über das Schlüsselwort `DSAAuthentication` bereit:

```
# Nur OpenSSH/2
DSAAuthentication yes
```

Die Public-Key-Authentifizierung kann bei den meisten Unix-SSH-Implementierungen sehr gut konfiguriert werden. Details zur Anpassung der Authentifizierung einzelner Accounts finden Sie in Kapitel 8.

5.5.1.3 Rhosts-Authentifizierung

Die Trusted-Host-Authentifizierung überprüft die Identität eines SSH-Clients durch die Überprüfung des entfernten Hostnamens und des damit verknüpften Benutzernamens. [3.4.2.3] Bei SSH1 und OpenSSH werden zwei Arten der Trusted-Host-Authentifizierung unterstützt. Die schwächere Rhosts-Authentifizierung imitiert das Verhalten der Berkeley r-Befehle (*rsh*, *rcp*, *rlogin*), bei denen die Serverdateien */etc/hosts.equiv* und *~/.rhosts* untersucht werden, um zu prüfen, ob das Recht der Authentifizierung besteht. Dabei werden Netzwerk-Namensdienste (wie DNS, NIS) sowie privilegierte TCP-Quellports verwendet, um die Identität des Clients zu überprüfen. SSH2 unterstützt diese unsichere Technik nicht.

Die Rhosts-Authentifizierung wird mit dem Schlüsselwort `RhostsAuthentication` und den entsprechenden Werten `yes` (Voreinstellung) oder `no` erlaubt bzw. verboten:

```
# SSH1, OpenSSH
RhostsAuthentication yes
```

Die Rhosts-Authentifizierung kann nützlich sein, ermöglicht leider aber auch Verbindungen über die unsicheren r-Befehle, weil es die gleichen Rechte-Dateien verwendet. Um dieses potentielle Sicherheitsrisiko zu vermeiden, sollten Sie statt dessen die SSH-spezifischen Dateien */etc/shosts.equiv* und *~/.shosts* verwenden und */etc/hosts.equiv* sowie *~/.rhosts* löschen. Sie können den SSH-Server auch anweisen, die *.rhosts*- und *.shosts*-Dateien aller Benutzer zu ignorieren. Hierzu verwenden Sie das Schlüsselwort `IgnoreRhosts`. Die erlaubten Werte sind `yes` (um sie zu ignorieren) oder `no` (Voreinstellung):

```
# SSH1, SSH2, OpenSSH
IgnoreRhosts yes
```

Einige Feinheiten: Obwohl das Schlüsselwort ein »Rhosts« im Namen trägt, müssen Sie daran denken, daß es auch für *.shosts*-Dateien gilt. Darüber hinaus bleiben, auch wenn die Benutzerdateien durch `IgnoreRhosts` ignoriert werden, die Dateien */etc/hosts.equiv* und */etc/shosts.equiv* in Kraft.

SSH1 und SSH2 erlauben die separate Kontrolle über die Rhosts-Authentifizierung für den Benutzer root. Das Schlüsselwort `IgnoreRootRhosts` erlaubt bzw. verhindert die Verwendung der *.rhosts*- und *.shosts*-Dateien des Superusers. `IgnoreRhosts` wird hier überschrieben:

```
# SSH1, SSH2
IgnoreRootRhosts yes
```

Erlaubt sind die Werte `yes` (Dateien ignorieren) oder `no` (nicht ignorieren). Wird er nicht festgelegt, entspricht der Wert von `IgnoreRootRhosts` dem von `IgnoreRhosts`. Zum Beispiel können Sie alle *.rhosts*-Dateien außer für root erlauben:

```
# Nur SSH1
IgnoreRhosts no
IgnoreRootRhosts yes
```

Sie können auch alle *.rhosts*-Dateien außer für root ignorieren:

```
# Nur SSH1
IgnoreRhosts yes
IgnoreRootRhosts no
```

Erneut verhindert `IgnoreRootRhosts` nicht, daß der Server */etc/hosts.equiv* und */etc/shosts.equiv* beachtet. Zur Erhöhung der Sicherheit ist es am besten, den *.rhosts*-Zugriff vollständig zu deaktivieren.

Die Rhosts-Authentifizierung kann auch durch andere Aspekte Ihrer Server-Umgebung wie DNS, NIS und die Anordnung der Einträge in statischen Hostdateien kompliziert werden. Sie kann auch neue Wege eröffnen, um Ihr System anzugreifen.[3.4.2.3]

5.5.1.4 Stärkere Trusted-Host-Authentifizierung

Der zweite, stärkere Typ der Trusted-Host-Authentifizierung wird von SSH1, SSH2 und OpenSSH unterstützt. Bei SSH1 und OpenSSH/1 wird sie RhostsRSA-Authentifizierung genannt, bei SSH2 hostbasierte Authentifizierung.[8] In beiden Fällen werden die weniger sicheren Teile der *rhosts*-Authentifizierung durch kryptographische Prüfungen von Host-Schlüsseln ergänzt. [3.4.2.3] Die Dateien */etc/hosts.equiv* und *~/.rhosts* (und die SSH-spezifischen Dateien */etc/shosts.equiv* und *~/.shosts*) werden immer noch konsultiert, reichen aber nicht aus, um den Test zu bestehen.

SSH1 und OpenSSH verwenden (Überraschung!) das Schlüsselwort `RhostsRSAAuthentication`, um diese Art der Authentifizierung zu aktivieren bzw. zu deaktivieren:

```
# SSH1, OpenSSH; für SSH2 veraltet
RhostsRSAAuthentication yes
```

Das Schlüsselwort `RhostsRSAAuthentication` wird von *sshd2* akzeptiert, genau wie das etwas allgemeiner klingende Schlüsselwort `RhostsPubKeyAuthentication`. Beide besit-

---

8 OpenSSH 2.3.0 unterstützt noch keine hostbasierte Authentifizierung für SSH2-Verbindungen.

zen die gleiche Funktion, und beide werden als veraltet betrachtet. Statt dessen sollten Sie das Schlüsselwort `AllowedAuthentications` mit dem Wert `hostbased` verwenden:

```
# Nur SSH2
AllowedAuthentications hostbased
```

5.5.1.5 Public Keys bekannter Hosts

sshd2 benötigt die öffentlichen Schlüssel aller Hosts, denen Zugang über die hostbasierte Authentifizierung gewährt werden soll. Diese Schlüssel befinden sich in separaten Dateien im Verzeichnis */etc/ssh2/knownhosts*. Der Public Key eines Hosts wird aus diesem Verzeichnis gelesen, wenn ein Host eine Verbindung anfordert. Optional durchsucht der Server auch das Verzeichnis *~/.ssh2/knownhosts* im Ziel-Benutzeraccount. Dieses optionale Feature wird mit dem Schlüsselwort `UserKnownHosts` aktiviert, das den Wert `yes` (Voreinstellung) oder `no` aufweisen kann:

```
# Nur SSH2
UserKnownHosts no
```

OpenSSH unterstützt die gleiche Funktionalität, wenn auch unter umgekehrten Vorzeichen, mit dem Schlüsselwort `IgnoreUserKnownHosts`. Der Wert `yes` sorgt hier dafür, daß die Known-Hosts-Datenbank des Benutzers ignoriert wird. Voreingestellt ist der Wert `no`:

```
# Nur OpenSSH
IgnoreUserKnownHosts yes
```

sshd die Known-Hosts-Datenbank des Benutzers untersuchen zu lassen könnte in einer unter Sicherheitsgesichtspunkten sensiblen Umgebung inakzeptabel sein. Weil die hostbasierte Authentifizierung von der Integrität und korrekten Administration des Clients-Hosts abhängt, vergibt der Systemadministrator das Recht zur hostbasierten Authentifizierung nur an eine beschränkte Menge entsprechend geprüfter Hosts. Wird nun die entsprechende Benutzerdatei akzeptiert, kann ein Benutzer dieses Vertrauen auf einen möglicherweise unsicheren entfernten Host ausweiten. Ein Angreifer kann dann:

1. den unsicheren entfernten Host kompromittieren
2. den Benutzer auf dem entfernten Host imitieren
3. den lokalen Account des Benutzers über SSH nutzen, ohne eine Paßphrase oder ein Paßwort für den lokalen Account zu benötigen

5.5.1.6 PGP-Authentifizierung

Pretty Good Privacy (PGP) ist ein anderes Sicherheitsprodukt, das auf der Public-Key-Authentifizierung basiert. [1.6.2] PGP-Schlüssel und SSH-Schlüssel sind unterschiedlich implementiert und können nicht ausgetauscht werden. Jüngere SSH-Versionen unterstützen allerdings die Authentifizierung per PGP-Schlüssel, wenn dieser dem OpenPGP-Standard entspricht. Ja, Sie können Ihren Lieblings-PGP-Schlüssel verwenden, um Ihre Identität gegenüber einem SSH2-Server zu beweisen (solange dieser Schlüssel Open-PGP-kompatibel ist; einige PGP-Schlüssel, insbesondere die durch ältere Software-Versionen erzeugten, sind das nicht). Zur Drucklegung der amerikanischen Originalausgabe dieses Buches war dieses Feature nur spärlich dokumentiert. Wie man es dennoch zum Laufen bringt, wollen wir nachfolgend beschreiben.

Zuerst muß SSH2 2.0.13 (oder höher) oder eine entsprechende Version von F-Secure sowohl auf dem Client- als auch auf dem Server-Rechner installiert sein. Beide Implementierungen müssen mit der entsprechenden PGP-Unterstützung kompiliert worden sein, d.h., das Kompilierungs-Flag `--with-pgp` muß angegeben worden sein. [4.1.5.7]

Auf dem Client-Rechner müssen Sie den SSH2-Clients Ihren PGP-Secret-Key-Ring und den gewünschten geheimen Schlüssel für die Authentifizierung zugänglich machen. Das geht wie folgt:

1. Kopieren Sie Ihren PGP-Secret-Key-Ring in das SSH2-Verzeichnis Ihres Accounts (*~/.ssh2*). Lassen Sie uns als Namen *secring.pgp* annehmen.

2. In einer Identifikationsdatei, *~/.ssh2/identification* oder einer anderen Datei Ihrer Wahl, geben Sie den Secret-Key-Ring mit dem Schlüsselwort `PgpSecretKeyFile` bekannt:

   ```
   # Nur SSH2
   PgpSecretKeyFile secring.pgp
   ```

3. Identifizieren Sie den PGP-Schlüssel, den Sie zur Authentifizierung verwenden wollen. Das kann mit einem von drei Schlüsselwörtern geschehen:

   - Zur namentlichen Identifikation des Schlüssels verwenden Sie `IdPgpKeyName`:

     ```
     # Nur SSH2
     IdPgpKeyName mykey
     ```

   - Zur Identifikation des Schlüssels über den PGP-Fingerprint verwenden Sie `IdPgpKeyFingerprint`:

     ```
     # Nur SSH2
     IdPgpKeyFingerprint 48 B5 EA 28 80 5E 29 4D 03 33 7D 17 5E 2E CD 20
     ```

   - Zur Identifikation des Schlüssels mittels Schlüssel-ID verwenden Sie `IdPgpKeyId`:

     ```
     # Nur SSH2
     IdPgpKeyId 0xD914738D
     ```

Bei `IdPgpKeyId` ist das führende `0x` notwendig, da es einen Hexadezimalwert einleitet. Sie können den Wert auch dezimal eingeben, wenn Sie das führende `0x` weglassen, aber da PGP den Wert hexadezimal ausgibt, ist es unwahrscheinlich, daß Sie das auch wollen.

Auf dem Server-Rechner (nennen wir ihn *server.example.com*) müssen Sie dem SSH2-Server Ihren Public-Key-Ring und den gewünschten öffentlichen Schlüssel für die Authentifizierung zur Verfügung stellen:

1. Kopieren Sie den Public-Key-Ring von der Client-Maschine auf den Server-Rechner. (Beachten Sie, daß es sich um einen Key-Ring handelt, nicht um einen einzelnen Schlüssel.) Plazieren Sie den Ring in Ihrem *~/.ssh2*-Verzeichnis auf dem Server. Lassen Sie ihn uns *pubring.pgp* nennen.

2. In Ihrer Autorisierungsdatei (*~/.ssh2/authorization*) identifizieren Sie den Public-Key-Ring mit dem Schlüsselwort `PgpPublicKeyFile`:

```
# Nur SSH2
PgpPublicKeyFile pubring.pgp
```

3. Identifizieren Sie den Public Key durch den Namen, den Fingerprint oder die Schlüssel-ID, wie in der Identifikationsdatei des Clients. Die entsprechenden Schlüsselwörter unterscheiden sich ein wenig: `PgpKeyName`, `PgpKeyFingerprint` und `PgpKeyId`. (Die Schlüsselwörter für die Identifikationsdatei beginnen mit »Id«.)

```
# Nur SSH2: verwenden Sie EINE dieser Möglichkeiten
PgpKeyName mykey
PgpKeyFingerprint 48 B5 EA 28 80 5E 29 4D 03 33 7D 17 5E 2E CD 20
PgpKeyId 0xD914738D
```

Sie sind fertig! Initiieren Sie vom Client aus eine SSH2-Verbindung. Nehmen wir einmal an, Sie erzeugen eine alternative Identifikationsdatei zur PGP-Authentifizierung namens *~/.ssh2/idpgp*, die das `PgpSecretKeyFile` und andere Zeilen enthält. Verwenden Sie das Flag *–i*, um die Datei festzulegen, und initiieren Sie die Verbindung mit:

```
$ ssh2 -i idpgp server.example.com
```

Wenn alles richtig eingerichtet wurde, werden Sie nach Ihrer PGP-Paßphrase gefragt:

```
Paßphrase for pgp key "mykey":
```

Geben Sie Ihre PGP-Paßphrase ein, und die Authentifizierung sollte erfolgreich sein.

5.5.1.7 *Kerberos-Authentifizierung*

Kerberos kann als Authentifizierungsmechanismus für SSH1 und OpenSSH[9] verwendet werden. Wir fassen die Kerberos-bezogenen Konfigurations-Schlüsselwörter hier zusammen. Für weitere Details sei auf die ausführlichere Behandlung dieses Themas verwiesen. [11.4] Gerade als dieses Buch in Druck ging, wurde SSH2 2.3.0 mit »experimenteller« Kerberos-5-Unterstützung veröffentlicht, auf die wir hier nicht eingehen.

Als erstes gilt es zu beachten, daß die Kerberos-Authentifizierung nur unterstützt wird, wenn sie bei der Kompilierung berücksichtigt wurde. Wird die Konfigurationsoption `--with-kerberos5` (SSH1) bzw. `--with-kerberos4` (OpenSSH) nicht genutzt, wird Kerberos von *sshd* nicht unterstützt.

Unter der Voraussetzung, daß der Server sie unterstützt, wird die Kerberos-Authentifizierung über das Schlüsselwort `KerberosAuthentication` mit den Werten `yes` oder `no` aktiviert bzw. deaktiviert:

```
# SSH1, OpenSSH
KerberosAuthentication yes
```

---

9 Es werden unterschiedliche Kerberos-Versionen verwendet: Kerberos-5 für SSH1 und Kerberos-4 für OpenSSH.

Per Voreinstellung wird yes verwendet, wenn der Server mit Kerberos-Unterstützung kompiliert wurde. Anderenfalls ist no voreingestellt.

Verbindungen können per Kerberos-Ticket authentifiziert werden oder per Paßwort (authentifiziert vom Kerberos-Server), wenn die Paßwort-Authentifizierung ebenfalls aktiv ist:

```
# SSH1, OpenSSH
KerberosAuthentication yes
PasswordAuthentication yes
```

Statt die Prüfung gegen das lokale Login-Paßwort vorzunehmen, fordert *sshd* ein Kerberos-TGT für den Benutzer an und erlaubt das Login, wenn das Ticket mit dem Paßwort übereinstimmt.[10] Dieses TGT wird außerdem zwischengespeichert, was ein separates *kinit* überflüssig macht.

Schlägt die Paßwort-Validierung über Kerberos fehl, kann der Server optional das gleiche Paßwort per gewöhnlicher Paßwort-Authentifizierung validieren. Das ist für Umgebungen nützlich, in denen Kerberos verfügbar ist, aber nicht für jedermann. Um diese Option zu aktivieren, verwenden Sie das Schlüsselwort KerberosOrLocalPasswd mit dem Wert yes. Voreingestellt ist der Wert no:

```
# SSH1, OpenSSH
KerberosOrLocalPasswd yes
```

Schließlich gibt es noch das Schlüsselwort KerberosTgtPassing. Es kontrolliert, ob der SSH-Server Kerberos-TGT-Forwarding (Ticket-Granting-Ticket) durchführt:

```
# SSH1, OpenSSH
KerberosTgtPassing yes
```

Der Standardwert folgt dabei der gleichen Regel wie KerberosAuthentication: Wenn mit Kerberos-Unterstützung kompiliert wurde, lautet die Voreinstellung yes, anderenfalls no.

OpenSSH besitzt noch das Schlüsselwort KerberosTicketCleanup, das den Kerberos-Ticket-Cache des Benutzers beim Logout löscht. Die Werte sind yes und no, und voreingestellt ist yes, d.h., der Cache wird gelöscht:

```
# Nur OpenSSH
KerberosTicketCleanup yes
```

5.5.1.8 TIS-Authentifizierung

Der SSH1-Server kann Benutzer über das Gauntlet Firewall Toolkit von Trusted Information Systems (TIS) authentifizieren. Wenn ein SSH-Client die Authentifizierung über Gauntlet versucht, kommuniziert der SSH-Server mit dem Gauntlet-Authentifizierungsserver *authsrv* und leitet die *authsrv*-Anfragen an den Client weiter. Der Client wiederum antwortet *authsrv*.

---

10 Das verlangt als Antispoofing-Mittel auch die erfolgreiche Vergabe eines Host-Tickets für den lokalen Host.

TIS-Authentifizierung ist eine Kompilierungsoption, die mit dem Konfigurationsflag --with-tis kontrolliert wird. [4.1.5.7] Vorausgesetzt, *sshd* wurde mit entsprechender Unterstützung kompiliert, kann TIS-Authentifizierung mit dem Schlüsselwort TIS-Authentication und dem Wert yes oder no (Voreinstellung) aktiviert bzw. deaktiviert werden:

```
# Nur SSH1
TISAuthentication yes
```

Weitere Informationen zur TIS-Authentifizierung finden Sie in der *README.TIS*-Datei der SSH1-Distribution. Zusätzliche Informationen zu Trusted Information Systems und *authsrv* finden Sie unter:

> *http://www.tis.com/*
> *http://www.msg.net/utility/FWTK/*
> *http://www.fwtk.org/*

5.5.1.9 *SecurID-Authentifizierung*

SecurID von Security Dynamics ist eine Hardware-basierte Authentifizierungstechnik. Die Benutzer benötigen zur Authentifizierung eine Hardware-Einrichtung, die sog. SecurID-Karte. Diese Karte enthält einen Mikrochip, der (auf einem kleinen LCD-Display) einen Integerwert ausgibt, der sich in regelmäßigen Intervallen ändert. Zur Authentifizierung müssen Sie diesen Integerwert zusammen mit Ihrem Paßwort angeben. Einige Versionen der SecurID-Karte besitzen auch ein Tastenfeld, das die Eingabe eines Paßworts für eine zwei-Faktoren-Authentifizierung erlaubt.

Wurde der SSH1-Server mit Unterstützung für SecurID kompiliert (mit --with-securid), dann wird die Paßwort-Authentifizierung zu einer SecurID-Authentifizierung. [4.1.5.7] Die Benutzer müssen den aktuellen Integerwert der Karte eingeben, um sich authentifizieren zu können.

5.5.1.10 *S/Key-Authentifizierung*

S/Key ist ein Einmal-Paßwort-System der Firma Bellcore. Als Methode zur SSH-Authentifizierung wird sie nur von OpenSSH unterstützt. »Einmal« bedeutet, daß Sie bei jeder Authentifizierung ein anderes Paßwort angeben müssen, was Sie vor Angriffen schützt, weil ein abgefangenes Paßwort völlig nutzlos ist. Und das funktioniert so:

1. Wenn Sie die Verbindung zu einem entfernten Dienst herstellen, werden Sie mit einem Integerwert und einem String versorgt, die als *Sequenznummer* und *Schlüssel* bezeichnet werden.

2. Sie geben die Sequenznummer und den Schlüssel in ein Programm namens *s/key calculator* auf Ihrer lokalen Maschine ein.

3. Sie geben auch eine geheime Paßphrase in diesen Kalkulator ein, die nur Sie selbst kennen. Diese Paßphrase wird nicht über das Netzwerk übertragen, sondern nur vom Kalkulator auf dem lokalen Rechner verwendet, so daß die Sicherheit gewahrt bleibt.

4. Basierend auf den von Ihnen gemachten drei Eingaben, erzeugt der Kalkulator ein Einmal-Paßwort.

5. Sie geben dieses Paßwort zur Authentifizierung gegenüber dem entfernten Dienst an.

Der OpenSSH-Server unterstützt die S/Key-Authentifizierung optional, wenn das Schlüsselwort SKeyAuthentication gesetzt ist. Voreingestellt ist yes, d.h., sie wird unterstützt. Um sie abzuschalten, verwenden Sie den Wert no.

```
# Nur OpenSSH
SkeyAuthentication no
```

Weitere Informationen zu Einmal-Paßwörtern finden Sie unter:

http://www.ietf.cnri.reston.va.us/html.charters/otp-charter.html

5.5.1.11 PAM-Authentifizierung

Das PAM-System (Pluggable Authentication Modules) von Sun Microsystems ist eine Infrastruktur zur Unterstützung mehrerer Authentifizierungsmethoden. Beim Erscheinen eines neuen Authentifizierungsmechanismus müssen entsprechende Programme üblicherweise neu geschrieben werden, um diesen Mechanismus zu unterstützen. PAM befreit einen von solchen Problemen. Programme werden mit PAM-Unterstützung entwickelt, und neue Authentifizierungsmechanismen können zur Laufzeit eingebunden werden, ohne den Quellcode modifizieren zu müssen. Weitere Informationen zu PAM finden Sie unter:

http://www.sun.com/solaris/pam/

OpenSSH unterstützt PAM. SSH1 1.2.27 wurde durch Dritte mit PAM-Unterstützung versehen, die Kombination verlangt aber Änderungen des SSH1-Quellcodes. Details finden Sie unter:

http://diamond.rug.ac.be/sshd_PAM/

5.5.1.12 AFS Token-Passing

Das Andrew File System (AFS) ist ein verteiltes Dateisystem mit ähnlichen Zielen wie NFS, ist aber kultivierter und skalierbarer. Es verwendet eine modifizierte Version des Kerberos 4-Protokolls zur Authentifizierung. OpenSSH kann AFS unterstützen, wenn die Kompilierungsflags --with-afs und --with-kerberos4 verwendet werden. Das Schlüsselwort AFSTokenPassing kontrolliert dieses Feature, wobei die Werte yes (weitergeleitete Tokens akzeptieren, Voreinstellung) oder no möglich sind:

```
# Nur OpenSSH
KerberosAuthentication   yes
KerberosTGTPassing       yes
AFSTokenPassing          yes
```

AFSTokenPassing veranlaßt OpenSSH zur Etablierung von Kerberos/AFS-Credentials auf dem entfernten Host, basierend auf den vorhandenen Credentials des Clients (die vorher mit *klog* oder *kinit* ermittelt werden mußten). Das kann durchaus eine Notwendigkeit sein, um OpenSSH in einer AFS-Umgebung überhaupt nutzen zu können, nicht einfach nur eine Bequemlichkeit: Wenn Ihr entferntes Home-Verzeichnis in einem AFS liegt, benötigt *sshd* AFS-Credentials, um auf Ihr entferntes *~/.ssh*-Verzeichnis zugreifen und (zum Beispiel) überhaupt eine Public-Key-Authentifizierung durchführen zu können. In diesem Fall müssen Sie möglicherweise auch AFS-Tools verwenden, um die Rechte im entfernten *~/.ssh*-Verzeichnis so anzupassen, daß *sshd* die benötigten Daten lesen kann. Stellen Sie nur sicher, daß andere Ihre sensiblen Dateien (*~/.ssh/identity*, andere private Schlüssel und *~/.ssh/random_seed*) nicht lesen können. Weitere Informationen zu AFS finden Sie unter:

> *http://www.alw.nih.gov/Docs/AFS/AFS_toc.html*
> *http://www.faqs.org/faqs/afs-faq/*

5.5.2 Zugriffskontrolle

Die serverweite Zugriffskontrolle erlaubt oder verbietet Verbindungen von bestimmten Hosts oder Internet-Domains oder zu bestimmten Accounts auf der Server-Maschine. Sie wird unabhängig von der Authentifizierung angewandt, d.h., Sie können beispielsweise Verbindungen für einen bestimmten Benutzer ablehnen, auch wenn dessen Identität gültig ist. In gleicher Weise könnten Sie SSH-Verbindungen von einem bestimmten Computer oder einer Internet-Domain ablehnen, wenn diese nicht ausreichend gesichert sind.

Die SSH-Zugriffskontrolle ist nur spärlich dokumentiert und weist viele Fallstricke auf. Die Bedeutung der Konfigurations-Schlüsselwörter scheint offensichtlich zu sein, ist es aber nicht. Unser Hauptziel bei diesem Abschnitt besteht darin, die dunklen Ecken zu erhellen und so dafür zu sorgen, daß Sie eine korrekte und effektive Konfiguration für die Zugriffskontrolle entwickeln können.

Denken Sie daran, daß der SSH-Zugriff auf einen Accont nur möglich ist, wenn sowohl der Server als auch der Client mit einer entsprechenden Erlaubnis konfiguriert sind. Wenn ein Server SSH-Verbindungen für Accounts erlaubt, können einzelne Benutzer Verbindungen zu Ihren Accounts dennoch ablehnen. [8.2] Umgekehrt kann, wenn ein Account den SSH-Zugang erlaubt, der SSH-Server auf dem Host den Zugriff verbieten. Dieses System der zwei Ebenen gilt für die gesamte SSH-Zugriffskontrolle, weshalb wir das nicht weiter hervorheben werden. Abbildung 5-2 faßt dieses zweistufige Zugriffskontrollsystem zusammen.[11]

---

[11] Dieses Konzept gilt für die in diesem Abschnitt diskutierten Konfigurations-Schlüsselwörter, nicht aber für Trusted-Host-Steuerdateien, d.h. *~/.rhosts* und */etc/hosts.equiv*. Tatsächlich kann jede dieser Dateien die anderen überschreiben. [3.4.2.3]

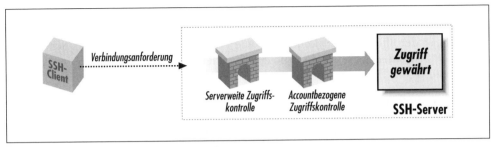

Abbildung 5-2: Stufen der Zugriffskontrolle

5.5.2.1 Account-bezogene Zugriffskontrolle

Normalerweise kann jeder Account SSH-Verbindungen entgegennehmen, solange er korrekt eingerichtet ist. Dieser Zugriff kann durch die Server-Schlüsselwörter `Allow-Users` und `DenyUsers` überschrieben werden. `AllowUsers` legt fest, daß nur eine beschränkte Menge lokaler Accounts SSH-Verbindungen entgegennehmen kann. So erlaubt zum Beispiel die Zeile

```
# SSH1, SSH2, OpenSSH
AllowUsers smith
```

dem lokalen Account smith den Empfang von SSH-Verbindungen, und zwar *nur* dem smith-Account. Die Konfigurationsdatei kann mehrere `AllowUsers`-Zeilen enthalten:

```
# SSH1, SSH2, OpenSSH
AllowUsers smith
AllowUsers jones
AllowUsers oreilly
```

In diesem Fall sind die Ergebnisse kumulativ: Die lokalen Accounts smith, jones und oreilly, und wirklich nur diese Accounts, können SSH-Verbindungen entgegennehmen. Der SSH-Server verwaltet eine Liste aller `AllowUsers`-Werte, und wenn eine Verbindungsanforderung eingeht, führt er einen Stringvergleich (wie Sie gleich sehen werden, eigentlich einen Pattern-Match) gegen diese Liste durch. Wird ein Treffer erkannt, wird die Verbindung erlaubt, anderenfalls wird sie abgelehnt.

 Ein einziges `AllowUsers`-Schlüsselwort in der Konfigurationssdatei unterbindet den SSH-Zugriff für alle anderen, nicht genannten Accounts. Besitzt die Konfigurationsdatei kein `AllowUsers`-Schlüsselwort, dann ist die `AllowUsers`-Liste des Servers leer, und Verbindungen sind für alle Accounts erlaubt.

`DenyUsers` ist das Gegenstück zu `AllowUsers`: Es verhindert SSH-Zugriffe für die genannten Accounts. So legt

```
# SSH1, SSH2, OpenSSH
DenyUsers smith
```

beispielsweise fest, daß der Account smith keine SSH-Verbindungen empfangen darf. Das Schlüsselwort `DenyUsers` kann, genau wie `AllowUsers`, mehrmals vorkommen, und auch hier ist der Effekt wieder kumulativ. Wie bei `AllowUsers` verwaltet der Server eine Liste aller `DenyUsers`-Werte und vergleicht eingehende Verbindungsanforderungen mit dieser Liste.

`AllowUsers` und `DenyUsers` akzeptieren beide komplizitere Werte als einfache Account-Namen. Eine interessante, aber möglicherweise auch verwirrende Syntax, die von *sshd1* und *sshd2* unterstützt wird, erlaubt die Angabe des Accounts zusammen mit einem Hostnamen (oder einer numerischen IP-Adresse), getrennt durch ein @-Symbol:

```
# SSH1, SSH2
AllowUsers jones@example.com
```

Trotz seines Aussehens ist dieser String keine E-Mail-Adressse und steht auch nicht für »den Benutzer jones auf der Maschine *example.com*«. Vielmehr wird die Beziehung zwischen einem *lokalen* Account, jones, und einem *entfernten* Client-Rechner, *example.com,* beschrieben. Der String bedeutet also: »Clients auf *example.com* können die Verbindung zum Account jones herstellen.« Auch wenn diese Bedeutung vielleicht überraschend ist, wäre es wohl noch seltsamer, wenn jones ein entfernter Account wäre, weil der SSH-Server keine Möglichkeit hat, die Account-Namen auf entfernten Client-Rechnern zu ermitteln (außer mit der hostbasierten Authentifizierung).

Bei SSH1 und OpenSSH sind Wildcard-Zeichen im Benutzer- und Hostteil der `Allow-Users`- und `DenyUsers`-Argumente erlaubt. Das ?-Symbol repräsentiert ein einzelnes Zeichen außer @, und das *-Zeichen steht für eine beliebige Zeichenfolge, wobei auch hier @ ausgeklammert ist. Bei SSH2 können Sie vollständige reguläre Ausdrücke verwenden, auch wenn die Syntax sich von der üblichen ein wenig unterscheidet, um auch die »fileglob«-Syntax berücksichtigen zu können. Siehe Anhang A.

 Bei SSH2 umfaßt die Sprache für reguläre Ausdrücke Schlüsselwörter, in denen Doppelpunkte enthalten sind, z.B. `[:digit:]`. Die Verwendung eines Doppelpunktes in einem SSH2-Zugriffskontrollmuster kann zu einem unangenehmen, schwer zu verfolgenden Problem führen: Es wird, zusammen mit dem Rest Ihrer Konfigurationsdatei, ignoriert! Das Problem besteht darin, daß der Parser relativ einfach gestrickt ist und den Doppelpunkt als Einleitung eines benannten Abschnitts der Datei interpretiert. Dieses Label paßt mit nichts zusammen, und daher wird der Rest der Datei, die nun zu diesem Abschnitt zählt, stillschweigend ignoriert. Sie können dieses Problem vermeiden, indem Sie das Muster einfach in Anführungszeichen setzen:

```
AllowHosts "10.1.1.[:digit:]##"
```

Sie ist zwar nicht dokumentiert, aber diese Quoting-Syntax funktioniert.

Hier einige Beispiele. SSH-Verbindungen sind nur zu Accounts erlaubt, die aus fünf Buchstaben bestehen, die mit »mith« enden:

```
# SSH1, SSH2, OpenSSH
AllowUsers ?mith
```

SSH-Verbindungen sind nur für Accounts erlaubt, deren Namen mit dem Buchstaben »s« beginnen und von Hosts stammen, deren Namen mit ».edu« enden:

```
# SSH1, SSH2, OpenSSH
AllowUsers s*@*.edu
```

SSH2-Verbindungen sind nur für Hostnamen der Form »test$N$« erlaubt, wobei N eine Zahl ist, z.B. »test123«.

```
# Nur SSH2
AllowUsers test[0-9]##
```

Bedauerlicherweise können IP-Netzwerke nicht in der traditionellen »Adresse/Masken-länge«-Syntax, z.B. 10.1.1.0/28 (also die Adressen 10.1.1.0 bis 10.1.1.15), angegeben werden.[12] Verbindungen auf diesen Adreßbereich zu beschränken ist mit AllowHosts [5.5.2.3] etwas aufwendiger:

```
# SSH1
AllowHosts *@10.1.1.? *@10.1.1.10 *@10.1.1.11 *@10.1.1.12 *@10.1.1.13
AllowHosts *@10.1.1.14 *@10.1.1.15
```

oder komplizierter:

```
# SSH2
AllowHosts *@10.1.1.(?|(1[0-5]))
```

Beschränkungen auf Netzwerke, die an Oktetgrenzen liegen, sind natürlich einfacher:

```
# SSH1, SSH2
# Erlaubt nur Verbindungen von 10.1.1.0/24
AllowHosts *@10.1.1.*
```

Beachten Sie, daß das auf einfache Weise unterlaufen werden kann. Ein Angreifer benötigt nur die Kontrolle über irgendeinen Domain-Server und kann die Verbindung dann über eine Maschine namens 10.1.1.evil.org herstellen. Eine etwas effektivere Anweisung wäre:

```
# Nur SSH2
AllowUsers "*@10.1.1.[:isdigit:]##"
```

Selbst das ist nicht narrensicher. Adreß- und Hostnamen-basierte Beschränkungen sind bestenfalls schwache Beschränkungen. Sie sollten nur als Anhängsel einer starken Authentifizierungsmethode genutzt werden.

Mehrere Strings können in einer einzelnen AllowUsers-Zeile erscheinen. SSH1 und OpenSSH trennen Strings durch Whitespace, allerdings unterscheidet sich die Syntax zwischen SSH1/OpenSSH und SSH2:

---

12 Bei dieser Notation gibt die Maske die Anzahl von 1-Bits im höherwertigen Teil der Netzmaske an. Sie sind möglicherweise mit der älteren, gleichwertigen Notation vertraut, bei der die gesamte Maske angegeben wird, z.B. 10.1.1.0/255.255.255.240.

```
# SSH1, OpenSSH
AllowUsers  smith jones cs*
```

SSH2 trennt durch Kommata, Whitespace ist nicht erlaubt:

```
# Nur SSH2
AllowUsers  smith,jones,cs*
```

`AllowUsers` und `DenyUsers` können wirksam kombiniert werden. Nehmen wir an, Sie halten einen Kurs und möchten, daß Ihre Teilnehmer die einzigen sind, die SSH-Zugriff auf Ihren Server haben. Zufälligerweise beginnen nur die Benutzernamen der Studenten mit »stu«, weshalb Sie folgendes angeben können:

```
# SSH1, SSH2, OpenSSH
AllowUsers stu*
```

Zu einem späteren Zeitpunkt verläßt einer Ihrer Studenten, stu563, den Kurs, und Sie möchten dessen SSH-Zugang deaktivieren. Ändern Sie die Konfiguration einfach wie folgt ab:

```
# SSH1, SSH2, OpenSSH
AllowUsers stu*
DenyUsers stu563
```

Hmm ... sieht etwas befremdlich aus. Die zwei Zeilen scheinen sich zu widersprechen, weil die erste stu563 erlaubt, während die zweite sie verbietet. Der Server handhabt das einfach dadurch, daß er den Zugriff auf einen Account verweigert, wenn eine beliebige Zeile den Zugang verbietet. Im obigen Beispiel wird stu563 der Zugang durch die zweite Zeile verboten.

Betrachten wir ein anderes Beispiel:

```
# SSH1, SSH2, OpenSSH
AllowUsers smith
DenyUsers s*
```

Es erlaubt SSH-Verbindungen für den Account smith, verbietet aber jegliche Verbindungen für Accounts, die mit dem Buchstaben »s« beginnen. Was macht der Server bei diesem klaren Widerspruch? Er lehnt die Verbindungen zum smith-Account ab, indem er der gleichen Regel folgt: Verbietet ein Eintrag den Zugriff, wie etwa die obige `Deny-Users`-Zeile, dann wird der Zugriff verweigert. Der Zugriff ist nur erlaubt, wenn es keinerlei Beschränkungen gibt.

sshd kann maximal 256 Benutzerstrings für `AllowUsers` und 256 für `DenyUsers` verarbeiten. Dieses nicht-dokumentierte statische Limit gilt sowohl für Strings in einem einzelnen Schlüsselwort (z.B. `AllowUsers`, gefolgt von 256 Strings) als auch für mehrere Schlüsselwörter (z.B. 16 `AllowUsers`-Schlüsselwörter mit jeweils 16 Strings). Diese Grenze ist also Server-intern bedingt und hat nichts mit der Länge einer Zeile der Konfigurationsdatei zu tun.

Abschließend noch ein nützliches Konfigurationsbeispiel, ausgedrückt in SSH1-Syntax:

```
AllowUsers walrus@* carpenter@* *@*.beach.net
```

Damit beschränken Sie den Zugriff für die meisten Accounts auf Verbindungen, die aus der Domain *beach.net* stammen. Ausgenommen sind die Accounts »walrus« und »carpenter«, bei denen der Zugang von überall erfolgen kann. Das auf walrus und carpenter folgende @* ist nicht unbedingt nötig, verdeutlicht aber den Sinn der Zeile.

Es sei noch darauf hingewiesen, daß die Hostnamen in diesen Zugriffskontroll-Anweisungen von der Integrität des DNS abhängig sind, das auf einfache Weise unterlaufen werden kann. Wenn das für Sie ein Thema ist, sollten Sie statt dessen mit IP-Adressen arbeiten, selbst wenn die Pflege dadurch etwas umständlicher wird.

5.5.2.2 Gruppenbezogene Zugriffskontrolle

sshd kann den SSH-Zugriff für alle Accounts einer Unix-Gruppe auf dem Server-Rechner erlauben oder unterbinden. Die Schlüsselwörter `AllowGroups` und `DenyGroups` dienen diesem Zweck. Auf diese Schlüsselwörter folgen einer oder mehrere Gruppennamen:

```
# SSH1, OpenSSH (Trennung durch Whitespace)
AllowGroups faculty
DenyGroups students secretaries

# Nur SSH2 (Trennung durch Komma)
AllowGroups faculty
DenyGroups students,secretaries
```

Diese Schlüsselwörter arbeiten fast wie `AllowUsers` und `DenyUsers`. SSH1 und OpenSSH akzeptieren die Wildcard-Zeichen * und ? in Gruppennamen, während SSH2 seine üblichen regulären Ausdrücke (siehe Anhang A) erlaubt. Auch hier sind mehrere Strings pro Zeile möglich:

```
# SSH1, OpenSSH
AllowGroups ?aculty s*s

# Nur SSH2
AllowGroups ?aculty,s*s
```

Leider gelten diese Direktiven nur für die *primäre* Gruppe des gewünschten Benutzers, d.h. für diejenige, die im *passwd*-Datensatz des entsprechenden Accounts aufgeführt ist. Ein Account kann auch noch anderen Gruppen angehören (z.B. durch Einträge in der Datei */etc/groups* oder im NIS), SSH nimmt davon aber keine Notiz. Es ist ein Jammer: Würden zusätzliche Gruppen unterstützt werden, könnten Sie auf einfache Weise eine Untergruppe SSH-fähiger Accounts festlegen, indem Sie einfach eine entsprechende Gruppe – etwa *sshusers* – definieren und den SSH-Server mit `AllowGroups` sshusers konfigurieren. Diese Möglichkeit würde automatisch auch den Zugriff auf Systemaccounts wie *bin*, *news* und *uucp* unterbinden, die kein SSH benötigen. Vielleicht werden die SSH-Implementatoren das eines Tages integrieren.

Per Voreinstellung ist der Zugriff für alle Gruppen erlaubt. Sobald das Schlüsselwort `AllowGroups` auftaucht, wird der Zugriff nur auf die angegebenen primären Gruppen beschränkt (und kann mit `DenyGroups` noch weiter eingeschränkt werden).

Wie bei `AllowUsers` und `DenyUsers` werden Konflikte so restriktiv wie möglich aufgelöst. Verbietet eine `AllowGroups`- oder `DenyGroups`-Zeile den Zugriff für die gegebene Gruppe, dann wird der Zugang für diese Gruppe unterbunden, auch wenn eine andere Zeile ihn erlaubt. Auch gilt das statische Limit von 256 Strings, die in der Konfigurationsdatei auf die Schlüsselwörter `AllowGroups` oder `DenyGroups` folgen können.

5.5.2.3   Hostnamen-bezogene Zugriffskontrolle

Bei unserer Diskussion über `AllowUsers` und `DenyUsers` haben wir beschrieben, wie man SSH-1-Verbindungen zu einem bestimmten Host, z.B. *example.com*, erlauben bzw. unterbinden kann:

```
# SSH1, OpenSSH
AllowUsers *@example.com
DenyUsers *@example.com
```

SSH1 und SSH2 stellen die Schlüsselwörter `AllowHosts` und `DenyHosts` zur Verfügung, um den hostbezogenen Zugriff noch knapper formulieren zu können, da sie uns die unnötige Accountnamen-Wildcard ersparen:

```
# SSH1, SSH2
AllowHosts example.com
DenyHosts example.com
```

Die Schlüsselwörter `AllowHosts` und `DenyHosts` erlauben bzw. unterbinden SSH-Verbindungen für die gegebenen Hosts.[13] Wie bei `AllowUsers` und `DenyUsers`:

- können Werte die Wildcard-Zeichen ? und * (SSH1, OpenSSH) oder reguläre Ausdrücke (SSH2, Anhang A) enthalten.

- können Werte mehrere Strings enthalten, die durch Whitespace (SSH1, OpenSSH) oder Kommata (SSH2) voneinander getrennt werden.

- können diese Schlüsselwörter in der Konfigurationsdatei mehrfach vorkommen, und die Ergebnisse sind kumulativ.

- können Hostnamen oder IP-Adressen verwendet werden.

- dürfen in der Konfigurationsdatei maximal 256 Strings auf die Schlüsselwörter `AllowHosts` und `DenyHosts` folgen.

`AllowHosts` und `DenyHosts` verfügen unter den Zugriffskontroll-Schlüsselwörtern über ein einmaliges Feature. Lehnt *sshd1* eine Verbindung basierend auf `AllowHosts` oder `DenyHosts` ab, wird dem Client optional eine entsprechende Information ausgegeben:

```
Sorry, you are not allowed to connect.
```

Diese Ausgabe wird durch das Schlüsselwort `SilentDeny` kontrolliert. Besitzt es den Wert `no` (Voreinstellung), wird die Meldung ausgegeben, bei `yes` wird sie hingegen unterdrückt (d.h. eine »stillschweigende Ablehnung«):

---

13 Eine feinere Kontrolle bietet die Option »from« in *authorized_keys*. [8.2.5] Jeder öffentliche Schlüssel kann mit einer Liste von Hosts gekoppelt werden, für die eine Verbindung über diesen Schlüssel erlaubt ist.

```
# Nur SSH1
SilentDeny no
```

Ein Nebeneffekt von `SilentDeny` besteht darin, daß fehlgeschlagene Verbindungsanforderungen nicht im Server-Log erscheinen. Mit ausgeschaltetem `SilentDeny` sehen Sie folgendes im Log:

```
log: Connection from client.marceau.net not allowed.
fatal: Local: Sorry, you are not allowed to connect.
```

Ist `SilentDeny` eingeschaltet, erscheinen diese Meldungen nicht in den Server-Logs. `SilentDeny` hat keinerlei Auswirkungen auf andere Zugriffskontroll-Schlüsselwörter (`DenyUsers`, `DenySHosts` etc.) und steht auch in keinerlei Beziehung zur Authentifizierung.

5.5.2.4 Zugriffskontrolle mittels shosts

`AllowHosts` und `DenyHosts` bieten eine komplett auf Hostnamen basierende Zugriffskontrolle, die vom Typ der angeforderten Authentifizierung völlig unabhängig ist. Eine ähnliche, aber weniger restriktive Zugriffskontrolle ermöglicht die Trusted-Host-Authentifizierung. Sie können den Zugriff auf Hosts verweigern, die in den Dateien *.rhosts*, *.shosts*, */etc/hosts.equiv* und */etc/shosts.equiv* eingetragen sind. Sie erreichen das mit den Schlüsselwörtern `AllowSHosts` und `DenySHosts`.[14]

So verbietet zum Beispiel die Zeile:

```
# SSH1, SSH2
DenySHosts badguy.com
```

den Zugriff von *badguy.com*, aber nur, wenn die Trusted-Host-Authentifizierung verwendet wird. In gleicher Weise erlaubt `AllowSHosts` den Zugriff nur für die angegebenen Hosts, wenn die Trusted-Host-Authentifizierung verwendet wird. Die Werte folgen der gleichen Syntax wie bei `AllowHosts` und `DenyHosts`. Demzufolge können Systemadministratoren die Werte in den *.rhosts*- und *.shosts*-Dateien der Benutzer überschreiben (was gut ist, weil das über die Dateien */etc/hosts.equiv* oder */etc/shosts.equiv* nicht möglich ist).

Wie bei `AllowHosts` und `DenyHosts`:

- können Werte die Wildcards ? und * (SSH1) oder reguläre Ausdrücke (SSH2, Anhang A) enthalten.

- können Werte mehrere Strings enthalten, die durch Whitespace (SSH1) bzw. Kommata (SSH2) voneinander getrennt sind.

- können Schlüsselwörter in der Konfigurationsdatei mehrfach vorkommen, und die Ergebnisse sind kumulativ.

- können Hostnamen oder IP-Adressen verwendet werden.

---

14 Obwohl in den Schlüsselwörtern »SHosts« enthalten ist, wirken sie sich auch auf die Dateien *.rhosts* und */etc/hosts.equiv* aus.

- dürfen in der Konfigurationsdatei maximal 256 Strings auf die Schlüsselwörter `AllowSHosts` oder `DenySHosts` folgen.

5.5.2.5 Zugriffskontrolle für den Benutzer root

sshd besitzt einen separaten Zugriffkontrollmechanismus für den Superuser. Das Schlüsselwort `PermitRootLogin` erlaubt bzw. unterbindet den SSH-Zugriff auf den root-Account:

```
# SSH1, SSH2, OpenSSH
PermitRootLogin no
```

Die möglichen Werte für dieses Schlüsselwort sind `yes` (Voreinstellung), was den Zugriff auf den root-Account durch SSH erlaubt, `no`, um alle diese Zugriffe abzulehnen, sowie `nopwd` (SSH1, SSH2) bzw. `without-password` (OpenSSH), um den Zugriff außer bei der Paßwort-Authentifizierung zu erlauben.

Bei SSH1 und OpenSSH gilt `PermitRootLogin` nur für Logins, nicht für in *authorized_keys* festgelegte Befehle. [8.2.4] Enthält die *authorized_keys*-Datei für root beispielsweise eine wie folgt beginnende Zeile:

```
command="/bin/dump" ....
```

dann ist der root-Account durch SSH für den *dump*-Befehl zugänglich, ganz egal, welchen Wert `PermitRootLogin` aufweist. Diese Fähigkeit erlaubt entfernten Clients die Ausführung von Superuser-Prozessen wie Backups oder Dateisystem-Prüfungen, unterbindet gleichzeitig aber uneingeschränkte Login-Sessions.

Der Server prüft `PermitRootLogin`, nachdem die Authentifizierung abgeschlossen wurde. Mit anderen Worten wird bei `PermitRootLogin no` einem Client die Möglichkeit der Authentifizierung geboten (d.h., es wird nach Paßwort oder Paßphrase gefragt), die Verbindung wird danach aber auf jeden Fall abgebrochen.

Wir haben vorhin ein ähnliches Schlüsselwort gesehen, `IgnoreRootRhosts`, das den Zugriff auf den root-Account bei der Trusted-Host-Authentifizierung steuert. Es hindert Einträge in *~root/.rhosts* und *~root/.shosts* daran, zur Authentifizierung von root verwendet zu werden. Weil *sshd* `PermitRootLogin` prüft, nachdem die Authentifizierung bereits erfolgt ist, überschreibt es jeden Wert von `IgnoreRootRhosts`. Tabelle 5-2 macht die Interaktion dieser beiden Schlüsselwörter deutlich.

Tabelle 5-2: Kann root sich einloggen?

	IgnoreRootRhosts yes	IgnoreRootRhosts no
`PermitRootLogin yes`	Ja, aber nicht mittels Trusted-Host	Ja
`PermitRootLogin no`	Nein	Nein
`PermitRootLogin nopwd` (nopassword)	Ja, aber nicht mittels Trusted-Host oder Paßwort	Ja, aber nicht mittels Paßwort

5.5.2.6 Zugriff auf Verzeichnisse mittels chroot beschränken

Der Unix-Systemaufruf *chroot* veranlaßt einen Prozeß, ein angegebenes Verzeichnis als Root-Verzeichnis zu betrachten. Jeder Versuch, mit *cd* aus diesem festgelegten Unterverzeichnis auszubrechen, schlägt fehl. Das ist nützlich, um einen Benutzer oder einen Prozeß aus Sicherheitsgründen auf eine Teilmenge des Dateisystems einzuschränken.

SSH2 besitzt zwei Schlüsselwörter, mit denen diese Beschränkung für eingehende SSH-Clients verhängt werden kann. ChRootUsers legt fest, daß SSH-Clients, wenn sie einen bestimmten Account verwenden, auf das Home-Verzeichnis und die Unterverzeichnisse des Accounts beschränkt sind:

```
# Nur SSH2
ChRootUsers smith
```

Mehrere Accounts können, durch Kommata getrennt, in der gleichen Zeile angegeben werden. Jeder dieser Accounts ist dann entsprechend eingeschränkt, wenn der Zugriff über SSH2 erfolgt:

```
# Nur SSH2
ChRootUsers smith,jones,mcnally
```

Das andere Schlüsselwort, ChRootGroups, funktioniert ähnlich, gilt aber für alle Accounts der angegebenen Unix-Gruppe:

```
# Nur SSH2
ChRootGroups users,wheel,mygroup
```

 ChRootGroups untersucht nur die *primäre* Gruppe eines Accounts; zusätzliche Gruppen werden nicht beachtet. Das macht es zu einem weit weniger nützlichen Feature, als es sein könnte. Hoffentlich wird es in Zukunft eine umfassendere Implementierung geben.

Um diese *chroot*-Funktionalität nutzen zu können, müssen Sie einige Systemdateien in den fraglichen Account kopieren. Anderenfalls könnte das Login fehlschlagen, weil benötigte Ressourcen wie Shared Libraries nicht verfügbar sind. Bei unserem Linux-System mussten wir die folgenden Programme und Bibliotheken kopieren:

/bin/ls
/bin/bash
/lib/ld-linux.so.2
/lib/libc.so.6
/lib/libtermcap.so.2

Solche Probleme lassen sich durch statisches Linken der SSH-Executables etwas reduzieren. SSH2 hat jüngst ein Tool namens *ssh-chrootmgr* eingeführt, das bei diesem Prozeß hilft. Leider ist es so kurz vor Drucklegung dieses Buches erschienen, daß wir es hier nicht mehr berücksichtigen konnten. Für Details müssen wir daher auf die Manpage verweisen.

5.5.2.7 Zusammenfassung der Authentifizierung und Zugriffskontrolle

SSH stellt verschiedene Möglichkeiten zur Verfügung, Verbindungen zu bestimmten Accounts oder von bestimmten Hosts zu erlauben bzw. zu unterbinden. Die Tabellen 5-3 und 5-4 fassen die verfügbaren Optionen zusammen.

Tabelle 5-3: Zusammenfassung der Authentifizierung und Zugriffskontrolle bei SSH1 und OpenSSH

Sie sind ...	... und wollen folgendes erlauben oder beschränken ...	Dann verwenden Sie ...
Benutzer	Verbindungen zu Ihrem Account mittels Public-Key-Authentifizierung	*authorized_keys* [8.2.1]
Administrator	Verbindungen zu einem Account	`AllowUsers`, `DenyUsers`
Benutzer	Verbindungen von einem Host	*authorized_keys* from=»...« option [8.2.5.1]
Administrator	Verbindungen von einem Host	`AllowHosts`, `DenyHosts` (or `AllowUsers`, `DenyUsers`)
Benutzer	Verbindungen zu Ihrem Account mittels Trusted-Host-Authentifizierung	*.rhosts, .shosts*
Administrator	Trusted-Host-Authentifizierung	`RhostsAuthentication`, `RhostsRSAAuthentication`, `IgnoreRhosts`, `AllowSHosts`, `DenySHosts`, */etc/hosts.equiv*, */etc/shosts.equiv*
Administrator	Root-Logins	`IgnoreRootRhosts`, `PermitRootLogin`

Tabelle 5-4: Zusammenfassung der Authentifizierung und Zugriffskontrolle bei SSH2

Sie sind ...	... und wollen folgendes erlauben oder beschränken ...	Dann verwenden Sie ...
User	Verbindungen zu Ihrem Account mittels Public-Key-Authentifizierung	*authorization*-Datei [8.2.2]
Administrator	Verbindungen zu einem Account	`AllowUsers`, `DenyUsers`
User	Verbindungen von einem Host	nicht verfügbar
Administrator	Verbindungen von einem Host	`AllowHosts`, `DenyHosts`
User	Verbindungen zu Ihrem Account mittels Trusted-Host-Authentifizierung	*.rhosts, .shosts*

Tabelle 5-4: Zusammenfassung der Authentifizierung und Zugriffskontrolle bei SSH2 (Forts.)

Sie sind ...	... und wollen folgendes erlauben oder beschränken ...	Dann verwenden Sie ...
Administrator	Trusted-Host-Authentifizierung	`AllowedAuthentications,` `AllowSHosts, DenySHosts,` */etc/hosts.equiv, /etc/shosts.equiv*
Administrator	Root-Logins	`PermitRootLogin`

5.5.3 Wahl eines Login-Programms

Eine andere Möglichkeit, die Authentifizierung und den Zugriff auf eine Maschine zu kontrollieren, besteht darin, das Unix-Programm *login* zu ersetzen. SSH1 bietet hierzu einen entsprechenden Hook an, allerdings verlangt er eine genaue Kenntnis der Login-Prozedur Ihres Betriebssystems.

Wenn ein SSH1-Client eine Terminal-Session mit dem Server initiiert, ruft der Server die Login-Shell des lokalen Accounts normalerweise direkt auf. Sie können diese Wahl überschreiben, indem Sie --with-login [4.1.5.9] während der Kompilierung angeben. Damit sorgen Sie dafür, daß der Server zuerst ein entsprechendes Login-Programm aufruft (z.B. */bin/login* oder Kerberos *login.krb5*).[15]

Wo ist der Unterschied? Das hängt vom Betriebssystem der Servermaschine ab. Das Login-Programm könnte einige zusätzliche Umgebungsvariablen setzen (etwa das DIS-PLAY für das X-Windows-System), zusätzliche Prüfungen und Logs durchführen oder andere Aktionen vornehmen, die die Shell nicht erledigt.

Damit das über --with-login festgelegte Login-Programm von *sshd1* auch aufgerufen wird, müssen Sie darüber hinaus das nicht-dokumentierte Schlüsselwort UseLogin verwenden. Als Wert ist yes (anderes Login-Programm verwenden) bzw. no (Voreinstellung) möglich:

```
# SSH1, OpenSSH
UseLogin yes
```

OpenSSH kennt --with-login nicht, d.h., Sie können hier kein anderes Login-Programm angeben. Die UseLogin-Anweisung von OpenSSH wählt nur zwischen */bin/login* und einer Login-Shell.

Das Verhalten eines Login-Programms gegenüber einer Login-Shell ist völlig implementierungsspezifisch, weshalb wir hier nicht auf die Details eingehen. Wenn Sie mit Use-Login arbeiten wollen, müssen Sie zuerst die Features Ihres Betriebssystems und Ihres Login-Programms im Detail kennen.

---

15 Wenn */bin/login* aufgerufen wird, könnten Sie sich wundern, warum es nicht jeden SSH-Client nach dem Paßwort fragt. Nun, der Server führt */bin/login -f* aus, was die Paßwort-Authentifizierung von *login* deaktiviert. Die Option *–f* bleibt in der *login*-Manpage vieler Betriebssysteme unerwähnt.

5.6 Benutzer-Logins und -Accounts

Im Falle eines Logins kann der SSH-Server spezielle Aktionen durchführen. Nachfolgend diskutieren wir die folgenden:

- Ausgabe einer Begrüßungsmeldung für den Benutzer
- Behandlung abgelaufener Accounts oder Paßwörter
- Behandlung leerer Paßwörter
- Ausführung beliebiger Aktionen über */etc/sshrc*

5.6.1 Begrüßungsmeldungen für den Benutzer

Loggt sich ein Benutzer ein, gibt *sshd* einige informative Meldungen aus, etwa die »message of the day«-Datei (*/etc/motd*) und ob den Benutzer E-Mails erwarten. Diese Ausgabe kann in der Konfigurationsdatei ein- und ausgeschaltet werden. Weil die meisten Unix-Shells die Information beim Login ausgeben, sind diese SSH-Features häufig überflüssig und daher ausgeschaltet.

Um die »Meldung des Tages« zu aktivieren bzw. zu deaktivieren, verwenden Sie das Schlüsselwort `PrintMotd` mit dem Wert `yes` (Voreinstellung) oder `no`:

```
# SSH1, SSH2, OpenSSH
PrintMotd no
```

Übrigens folgt *sshd* der Unix »Hushlogin«-Konvention. Wenn die Datei *~/.hushlogin* existiert, wird */etc/motd* beim Login nicht ausgegeben, und zwar unabhängig vom Wert von `PrintMotd`.

Eine Nachricht zu vorhandenen E-Mails (»You have mail«) wird beim Login ausgegeben, wenn das Schlüsselwort `CheckMail` den Wert `yes` aufweist (Voreinstellung), beim Wert `no` wird die Meldung übersprungen:

```
# SSH1, SSH2, OpenSSH
CheckMail yes
```

5.6.2 Abgelaufene Accounts oder Paßwörter

Läuft das Paßwort oder der Account eines Benutzers bald aus, kann *sshd1* optional entsprechende Warnungen ausgeben, wenn sich der Benutzer über SSH einloggt:

```
WARNING: Your password expires in 7 days
WARNING: Your account expires in 10 days
```

Diese Meldungen können mit den Schlüsselwörtern `PasswordExpireWarningDays` und `AccountExpireWarningDays` ein- bzw. ausgeschaltet werden:

```
# Nur SSH1
PasswordExpireWarningDays 7
AccountExpireWarningDays 10
```

Der auf das Schlüsselwort folgende Wert gibt die Zahl der Tage an, und beide Werte sind mit 14 voreingestellt. Der Wert null bedeutet, daß die Warnung unterdrückt wird. Beachten Sie, daß der Ablauf von Paßwörtern und Accounts keine SSH-Features sind, sondern Features des Betriebssystems.[16]

Ist ein Paßwort abgelaufen, kann der SSH-Server den Benutzer beim Login auffordern, es zu ändern. Dieses Feature wird durch das Schlüsselwort `ForcedPasswdChange` kontrolliert, dem der Wert `yes` oder `no` (Voreinstellung) zugewiesen werden kann. Ist das Feature aktiviert:

```
# Nur SSH1
ForcedPasswdChange yes
```

wird der Benutzer aufgefordert, sein Paßwort zu ändern, wenn es abgelaufen ist. Solange das Paßwort nicht geändert wird, werden SSH-Verbindungen abgelehnt.

5.6.3   Leere Paßwörter

Wird die Paßwort-Authentifizierung genutzt und besitzt ein Account ein leeres Paßwort, kann der SSH-Server den Zugang zu diesem Account verweigern. Diese Möglichkeit wird durch das Schlüsselwort `PermitEmptyPasswords` mit dem Wert `yes` (Voreinstellung) oder `no` gesteuert. Ist es aktiv:

```
# SSH1, SSH2, OpenSSH
PermitEmptyPasswords yes
```

sind leere Paßwörter erlaubt, anderenfalls nicht.

Der SSH1-Server kann darüber hinaus Benutzer mit leeren Paßwörtern zwingen, diese zu ändern. Das Schlüsselwort `ForcedEmptyPasswdChange` kontrolliert dieses Feature in ähnlicher Weise wie `ForcedPasswdChange` bei abgelaufenen Paßwörtern. Das Schlüsselwort `ForcedEmptyPasswdChange` kann die Werte `yes` oder `no` (Voreinstellung) haben:

```
# Nur SSH1
ForcedEmptyPasswdChange yes
```

Steht dieser Wert auf `yes` und ist das Paßwort leer, dann wird der Benutzer beim Login aufgefordert, das Paßwort zu ändern. Ein Login ist erst wieder möglich, nachdem das Paßwort geändert wurde.

5.6.4   Ausführung beliebiger Aktionen über /etc/sshrc

Loggt sich ein Benutzer ein, führt das normale Unix-Login-System typischerweise einige Shellskripten wie */etc/profile* aus. Zusätzlich führt *sshd* das Skript */etc/sshrc* für jeden SSH-basierten Login aus. Dieses Features erlaubt Systemadministratoren die Ausführung spezieller Befehle für SSH-Logins, die bei normalen Logins nicht vorkommen. Zum Beispiel können Sie ein zusätzliches Logging der SSH-Verbindungen vornehmen, Begrüs-

---

16 Der Ablauf von Accounts verlangt von Ihrem Betriebssystem die Unterstützung von */etc/shadow*. Der Ablauf von Paßwörtern verlangt von `struct passwd` ein `pw_expire`-Feld à la FreeBSD.

sungsmeldungen nur für SSH-Benutzer ausgeben und eine Reihe SSH-bezogener Umgebungsvariablen setzen.

Alle drei, SSH1, SSH2 und OpenSSH, arbeiten */etc/sshrc* durch die Bourne-Shell (*/bin/sh*) ab, nicht durch die Benutzer-Shell. Auf diese Weise kann das Skript für alle Accounts unabhängig von den verwendeten Shells zuverlässig abgearbeitet werden. Es wird für Logins (z.B. *ssh my-host*) und entfernte Befehle (*ssh my-host /bin/who*) ausgeführt, bevor die Shell oder der Befehl des Benutzers gestartet wird. Es läuft unter der UID des Ziel-Accounts und kann daher keine privilegierten Aktionen durchführen. Endet das Skript aufgrund eines Fehlers (etwa eines Syntaxfehlers), läuft die SSH-Session normal weiter.

Beachten Sie, daß diese Datei als Eingabe für die Bourne-Shell ausgeführt wird: *sshd* führt also */bin/sh /etc/sshrc* aus, nicht */bin/sh −c /etc/sshrc*. Das bedeutet, daß es sich nicht um ein beliebiges Programm handeln kann, sondern um eine Bourne-Shell-Befehle enthaltende Datei (bei der das Execute-Bit nicht gesetzt sein muß).

/etc/sshrc ist maschinenweit gültig, d.h., es wird für jede eingehende SSH-Verbindung ausgeführt. Eine feinere Kontrolle ist möglich, indem ein Benutzer ein Skript in *~/.ssh/rc* anlegt, das anstelle von */etc/sshrc* ausgeführt wird. [8.4] */etc/sshrc* wird nicht ausgeführt, wenn *~/.ssh/rc* im Ziel-Account vorhanden ist. Beachten Sie, daß SSH *rc*-Dateien mit der X-Authentifizierung interagieren. [9.3.5.2]

5.6.4.1   */etc/nologin*

Wenn die Datei */etc/nologin* existiert, erlaubt *sshd* nur root den Login. Allen anderen Accounts wird der Zugang verweigert. Der Befehl *touch /etc/nologin* bietet daher eine schnelle Möglichkeit, den Zugriff nur dem Systemadministrator zu erlauben, ohne SSH neu konfigurieren oder herunterfahren zu müssen.

5.7   Subsysteme

Subsysteme sind eine (größtenteils undokumentierte) Abstraktionsschicht zur Definition und zum Aufruf entfernter Befehle bei SSH2 und OpenSSH/2. Normalerweise können Sie entfernte Befehle direkt aufrufen, indem Sie diese in der Kommandozeile des Clients angeben. So ruft zum Beispiel die folgende Zeile das Unix-Backup-Programm *tar* entfernt auf, um das */home*-Verzeichnis auf Band zu sichern:

```
# SSH2, OpenSSH/2
$ ssh server.example.com /bin/tar c /home
```

Subsysteme sind eine Reihe entfernter Befehle, die auf der Servermaschine vordefiniert wurden, um bequem ausgeführt werden zu können.[17] Diese Befehle werden in der Ser-

---

17 Genau genommen, muß ein Subsystem kein separates Programm sein. Es kann auch eine direkt in den SSH-Server integrierte Funktion aufrufen (daher der Name). Im Moment gibt es aber keine entsprechende Implementierung.

ver-Konfigurationsdatei definiert, wobei sich die Syntax zwischen OpenSSH und SSH2 leicht unterscheidet. Ein Subsystem zum Aufruf des obigen Backup-Befehls lautet:

```
# SSH2
subsystem-backups        /bin/tar c /home

# OpenSSH/2
subsystem backups        /bin/tar c /home
```

Beachten Sie, daß SSH2 ein Schlüsselwort der Form »subsystem-*name*« mit einem Argument verwendet, während OpenSSH das Schlüsselwort »subsystem« mit zwei Argumenten nutzt. Diese SSH2-Syntax ist etwas befremdlich und läuft dem ganzen Rest der Konfigurationssprache entgegen. Wir wissen nicht, wie es dazu kommen konnte.

Um diesen Befehl auf dem Server auszuführen, rufen Sie *ssh* mit der Option –s auf:

```
# SSH2, OpenSSH/2
$ ssh -s backups server.example.com
```

Dieser Befehl verhält sich genauso wie der obige Befehl, bei dem */bin/tar* explizit aufgerufen wurde.

Standardmäßig definiert die Datei *sshd2_config* ein Subsystem:

```
subsystem-sftp        sftp-server
```

 Entfernen Sie die subsystem-sftp-Zeile nicht aus der *sshd2_config*: Sie wird für das Funktionieren von *scp2* und *sftp* benötigt. Intern führen beide Programme *ssh2 –s sftp* bei Dateitransfers aus.

Subsysteme sind hauptsächlich ein der Bequemlichkeit dienendes Feature, mit dem vordefinierte Befehle von SSH-Clients einfach aufgerufen werden können. Diese zusätzliche Abstraktionsebene kann für Systemadminstratoren hilfreich sein, die nützliche Subsysteme für Ihre Benutzer definieren und bereitstellen wollen. Stellen Sie sich vor, Ihre Benutzer verwenden den Mailreader Pine, um eine Verbindung zu Ihrem IMAP-Server herzustellen, wobei SSH2 genutzt wird, um diese Verbindung abzusichern. [11.3] Statt jedem mitzuteilen, daß er den folgenden Befehl verwenden muß:

```
$ ssh2 server.example.com /usr/sbin/imapd
```

und damit den Pfad auf den IMAP-Daemon *imapd* bekanntzugeben, können Sie ein Subsystem definieren, das diesen Pfad versteckt, falls er sich in Zukunft ändern sollte:

```
# Nur SSH2
subsystem-imap /usr/sbin/imapd
```

Die Benutzer können nun den folgenden Befehl ausführen:

```
$ ssh2 -s imap server.example.com
```

und auf diese Weise gesicherte IMAP-Verbindungen über das Subsystem aufbauen.

5.7.1   Shell Startup-Dateien deaktivieren

Ist Ihre entfernte Shell eine C-Shell oder *tcsh*, liest diese üblicherweise zu Beginn der Session Ihre entfernte Shell Startup-Datei (*.cshrc*, *.tcshrc*). Einige Befehle in diesen Startup-Dateien, insbesondere die, die an die Standardausgabe schreiben, können den Datei-Kopierbefehlen *scp2* und *sftp* Probleme bereiten. Bei SSH2 erfolgt das Kopieren von Dateien über das Subsystem *sftp-server*, weshalb SSH2 das Lesen von *.cshrc* und *.tcshrc* bei Subsystemen deaktiviert. [3.5.2.4] Sie können das wieder aktivieren, indem Sie das Schlüsselwort `AllowCshrcSourcingWithSubsystems` mit dem Wert `yes` (*.cshrc* und *.tcshrc* verarbeiten) angeben. Die Voreinstellung `no` deaktiviert diese Option:

```
# Nur SSH2
AllowCshrcSourcingWithSubsystems yes
```

SSH2 deaktiviert das Einlesen entfernter *.cshrc*- und *.tcshrc*-Dateien durch Übergabe der Kommandozeilenoption *–f* beim Aufruf der entfernten C-Shell oder *tcsh*.

5.8   History, Logging und Debugging

Während der SSH-Server läuft, erzeugt er optional Log-Meldungen, die festhalten, was vorgeht. Log-Meldungen helfen dem Systemadministrator dabei, den Server zu überwachen und Fehler zu erkennen und zu diagnostizieren. Lehnt der Server zum Beispiel Verbindungen ab, die er eigentlich akzeptieren sollte, ist der Server-Log eine der ersten Stellen, an denen man nach der Ursache forschen sollte.

Das Logging funktioniert bei den SSH1-, SSH2- und OpenSSH-Servern unterschiedlich, weshalb wir sie auch separat diskutieren.

5.8.1   Logging und SSH1

Standardmäßig schreibt *sshd1* alle Logs an syslog, die bei Unix übliche Logging-Einrichtung (siehe den Kasten »Der Syslog-Logging-Service«). So generiert beispielsweise ein Server-Startup folgende syslog-Einträge:

```
log: Server listening on port 22.
log: Generating 768 bit RSA key.
log: RSA key generation complete.
```

Ein die Verbindung auf- und abbauender Client erscheint wie folgt:

```
log: Connection from 128.11.22.33 port 1022
log: Rhosts with RSA host authentication accepted for smith, smith on myhost.net
log: Closing connection to 128.11.22.33
```

sshd1 erlaubt eine Kontrolle über das Logging auf drei Arten:

Das FascistLogging-Modell
> Schreibt zusätzliche Debugging-Meldungen in die System-Logdatei. Wird durch das Schlüsselwort `FascistLogging` aktiviert.

Debugging-Modus

Eine Obermenge des »Fascist«-Modus. Wird mit der Kommandozeilenoption *−d* aktiviert.

Quiet-Modus

Unterdrückt alle Logging-Meldungen mit Ausnahme fataler Fehler. Wird durch das Schlüsselwort `QuietMode` bzw. die Kommandozeilenoption *−q* aktiviert.

Der Syslog-Logging-Service

Syslog ist der bei Unix standardmäßig verfügbare Logging-Service. Programme senden ihre Logs an den syslog-Daemon *syslogd*, der sie wiederum an andere Ziele wie die Konsole oder eine Datei weiterleitet. Diese Ziele werden in der syslog-Konfigurationsdatei */etc/syslog.conf* festgelegt.

Von *syslogd* empfangene Nachrichten werden entsprechend ihrer Zugehörigkeit, der sog. Facility, verarbeitet, die den Ursprung der Nachrichten angibt. Zu den Standard-syslog-Facilities gehören KERN (Nachrichten aus dem Betriebssystem-Kernel), DAEMON (Nachrichten von System-Daemons), USER (Nachrichten von Benutzer-Prozessen), MAIL (Nachrichten vom E-Mail-System) und andere. Standardmäßig ist DAEMON die Facility für SSH-Server. Sie können das mit dem SSH-Schlüsselwort `SyslogFacility` ändern, das den syslog-Facility-Code für das Logging von SSH-Meldungen bestimmt:

```
# SSH1, SSH2, OpenSSH
SyslogFacility USER
```

Andere mögliche Werte sind USER, AUTH, LOCAL0, LOCAL1, LOCAL2, LOCAL3, LOCAL4, LOCAL5, LOCAL6 und LOCAL7. Weitere Informationen zu diesem Logging-Service finden Sie in den Manpages zu *syslog*, *syslogd* und *syslog.conf.*

5.8.1.1   SSH1-Fascist Logging

Fascist Logging veranlaßt *sshd1* zur fortlaufenden Ausgabe von Debugging-Meldungen in der System-Logdatei. Ein Beispiel:

```
debug: Client protocol version 1.5; client software version 1.2.26
debug: Sent 768 bit public key and 1024 bit host key.
debug: Encryption type: idea
debug: Received session key; encryption turned on.
```

Dieser Modus wird in der Server-Konfigurationsdatei durch das Schlüsselwort `Fascist-Logging` kontrolliert. Mögliche Argumente sind `yes` oder `no` (Voreinstellung):[18]

---

18 Wie Sie noch sehen werden, wird es bei SSH2 aber kaum unterstützt. [5.8.2.5]

```
# SSH1 (and SSH2)
FascistLogging yes
```

5.8.1.2 SSH1-Debugging-Modus

Wie das Fascist Logging sorgt auch der Debugging-Modus dafür, daß der Server Debugging-Meldungen in den Log schreibt. Dieser Modus ist standardmäßig deaktiviert und wird mit der Kommandozeilenoption *–d* von *sshd* aktiviert:

```
# SSH1, OpenSSH
$ sshd -d
```

Der Debugging-Modus gibt die gleichen Diagnosemeldungen aus wie das Fascist Logging, schreibt diese aber auch an den Standardfehler-Kanal. Zum Beispiel könnte ein im Debugging-Modus an TCP-Port 9999 laufender Server die folgenden Diagnosemeldungen ausgeben:

```
# SSH1, OpenSSH
$ sshd -d -p 9999
debug: sshd version 1.2.26 [sparc-sun-solaris2.5.1]
debug: Initializing random number generator; seed file /etc/ssh_random_seed
log: Server listening on port 9999.
log: Generating 768 bit RSA key.
Generating p:  .....++ (distance 100)
Generating q:  ...........++ (distance 122)
Computing the keys...
Testing the keys...
Key generation complete.
log: RSA key generation complete.
```

Der Server wartet dabei im Vordergrund auf Verbindungen. Trifft eine ein, gibt der Server folgendes aus:

```
debug: Server will not fork when running in debugging mode.
log: Connection from 128.11.22.33 port 1022
debug: Client protocol version 1.5; client software version 1.2.26
debug: Sent 768 bit public key and 1024 bit host key.
debug: Encryption type: idea
debug: Received session key; encryption turned on.
debug: Installing crc compensation attack detector.
debug: Attempting authentication for smith.
debug: Trying rhosts with RSA host authentication for smith
debug: Rhosts RSA authentication: canonical host myhost.net
log: Rhosts with RSA host authentication accepted for smith, smith on myhost.net
debug: Allocating pty.
debug: Forking shell.
debug: Entering interactive session.
```

Beendet der Client seine Arbeit, bricht auch der Server ab, weil (wie an den vorangegangenen Meldungen zu erkennen) der Server im Debugging-Modus keine Unterprozesse über fork anstößt, sondern nur eine Verbindung innerhalb eines Prozesses abarbeitet:

```
debug: Received SIGCHLD.
debug: End of interactive session; stdin 13, stdout (read 1244, sent 1244),
stderr 0 bytes.
debug: pty_cleanup_proc called
debug: Command exited with status 0.
debug: Received exit confirmation.
log: Closing connection to 128.11.22.33
```

Der Debugging-Modus verfügt über folgende Features, die über das Fascist Logging hinausgehen:

- Log-Meldungen werden auch an den Standardfehler-Kanal ausgegeben.

- Er gibt einige zusätzliche Meldungen an den Standardfehler-Kanal aus, die nicht in die Logdatei geschrieben werden, etwa Nachrichten zur Generierung von RSA-Schlüsseln.

- Er unterdrückt das Threading des Servers, d.h., er verhindert den Start von Unterprozessen über fork. (Daher die Meldung »Server will not fork when running in debugging mode« in der letzten Ausgabe.) Der Server beendet seine Arbeit nach der Verabeitung einer Verbindungsanforderung. Das ist bei der Fehlersuche hilfreich, weil Sie sich auf eine einzelne Client-Verbindung konzentrieren können.

- Er setzt LoginGraceTime auf null, so daß eine Verbindung nicht abgebaut wird, solange Sie mit dem Debugging eines Problems beschäftigt sind. (Sehr rücksichtsvoll.)

- Er veranlaßt den Unix-SSH-Client beim Verbindungsaufbau dazu, die serverseitigen Umgebungsvariablen über den Standardfehler-Kanal auszugeben. Das kann beim Debugging von Verbindungsproblemen nützlich sein. Zum Beispiel erzeugt eine Verbindung zu Port 9999 des vorhin erwähnten Servers die folgenden Diagnosemeldungen:

```
$ ssh -p 9999 myserver.net
[...Login-Ausgabe beginnt...]
Environment:
HOME=/home/smith
USER=smith
LOGNAME=smith
PATH=/bin:/usr/bin:/usr/ucb
MAIL=/var/mail/smith
SHELL=/usr/bin/ksh
TZ=US/Eastern
HZ=100
SSH_CLIENT=128.11.22.33 1022 9999
SSH_TTY=/dev/pts/3
TERM=vt220
REMOTEUSER=smith
[...Login-Ausgabe geht weiter...]
```

Aufgrund dieser der Bequemlichkeit dienenden Features ist der Debugging-Modus generell nützlicher als Fascist Logging.

5.8.1.3 SSH1-Quiet-Modus

Quiet-Modus unterdrückt bei *sshd1* einige Diagnosemeldungen in Abhängigkeit von den Einstellungen für Fascist Logging und Debugging-Modus. Die Tabelle 5-5 verdeutlicht das Verhalten des Quiet-Modus im Zusammenhang mit diesen Modi.

Tabelle 5-5: Verhalten des SSH1-Quiet-Modus

Quiet	Debug	Fascist Logging	Ergebnisse
Nein	Nein	Nein	Standard-Logging (syslog); keine »debug:«-Meldungen
Nein	Nein	Ja	Fascist Logging (syslog)
Nein	Ja	Ja/Nein	Debugging-Modus (syslog, stderr)
Ja	Nein	Nein	Nur fatale Fehler werden geloggt (syslog).
Ja	Nein	Ja	Nur fatale Fehler werden geloggt (syslog).
Ja	Ja	Ja/Nein	Logging fataler Fehler (syslog, stderr) und Meldungen zur Generierung von Schlüsseln

Der Quiet-Modus wird in der Server-Konfigurationsdatei durch das Schlüsselwort `QuietMode` kontrolliert. Mögliche Argumente sind `yes` oder `no` (Voreinstellung):

```
# SSH1, SSH2
QuietMode yes
```

Alternativ können Sie diesen Modus auch mit der Kommandozeilenoption *−q* aktivieren:

```
# SSH1, SSH2, OpenSSH
$ sshd -q
```

5.8.2 Logging bei SSH2

Die Logging-Modi von SSH2 unterscheiden sich von denen von SSH1. Die Schlüsselwörter und Optionen sind nahezu identisch, das Verhalten ist aber unterschiedlich.

Debugging-Modus
> Gibt Debugging-Meldungen an Standardfehler aus. Wird mit der Kommandozeilenoption *−d* aktiviert, der ein Integerwert (ein Debug-Level) oder eine Modulangabe (für ein feineres Logging) folgt.

»Verbal«-Modus (Verbose)
> Abkürzung für den Debug-Level 2. Wird mit der Kommandozeilenoption *−v* oder dem Schlüsselwort `VerboseMode` aktiviert.

Fascist Logging
> Undokumentiert und nahezu sinnlos. Wird mit dem Schlüsselwort `FascistLogging` aktiviert.

Quiet-Modus

Unterdrückt alle Logs außer bei fatalen Fehlern. Wird mit dem Schlüsselwort `Quiet-Mode` oder der Kommandozeilenoption *−q* aktiviert.

Wir empfehlen Ihnen wärmstens, SSH2 bei der Kompilierung mit dem Flag `--enable-debug-heavy` zu einem starken Debugging zu verhelfen. [4.1.5.14] Die daraus resultierenden Log-Meldungen sind wesentlich detaillierter.

5.8.2.1 SSH2-Debugging-Modus (allgemein)

Der Debugging-Modus wird bei SSH2 nur mit einer Kommandozeilenoption aktiviert, nicht durch ein Schlüsselwort. Genau wie bei SSH1 wird der Debugging-Modus durch die Kommandozeilenoption *−d* aktiviert. Im Gegensatz zu SSH1 verlangt die Option aber ein Argument, das den Debugging-Level angibt, und die Ausgabe wird an Standardfehler (stderr) geschickt.

Ein Debugging-Level kann auf zwei Arten angegeben werden. Zum einen über einen positiven Integerwert:

```
# Nur SSH2
$ sshd2 -d 1
```

Die zur Drucklegung der Originalausgabe dieses Buches unterstützten Level sind in Beispiel 5-1 aufgeführt. Die Angabe eines Debugging-Levels *n* bedeutet, daß Meldungen für alle Level kleiner oder gleich *n* ausgegeben werden. Der Debugging-Level 9 bedeutet also, daß Debugging-Meldungen der Level 0 bis 9 ausgegeben werden.

Beispiel 5-1: SSH2-Debugging-Level

```
Nicht in Schleifen zu verwenden:

   0) Software-Fehlfunktionen
   1)
   2) (0-2 sollten auch mit log-event geloggt werden)
   3) Externe, nicht fatale High-Level-Fehler
        - von äußerer Quelle erhaltenes ungültiges Format
        - fehlgeschlagene Verhandlungen
   4) Positive High-Level-Info
        - erfolgreiche Verhandlung
   5) Start einer Operation auf hoher oder mittlerer Ebene
        - Start einer Verhandlung
        - Öffnen eines Geräts
        - nicht zu  verwenden von Funktionen, die aus Schleifen heraus aufgerufen
          werden

Können in Schleifen verwendet werden:

   6) Ungewöhnliche Situationen, die durch Bugs verursacht worden sein können
```

Beispiel 5-1: SSH2-Debugging-Level (Forts.)

```
 7) Nett-zu-wissen-Info
    - Eintritt in oder Ausstieg aus einer Funktion
    - Ergebnis einer Low-Level-Operation
 8) Datenblock-Dumps
    - Hash
    - Schlüssel
    - Zertifikate
    - andere Datenblöcke (keine Massendaten)
 9) Protokollpaket-Dumps
    - TCP
    - UDP
    - ESP
    - AH
10) Zwischenergebnisse
    - innerhalb von Schleifen
    - nicht-abschließende Ergebnisse
11-15) Für Programmierer-eigenes Debugging
    - nach eigenem Ermessen
    - wird nur zur Suche nach Bugs benötigt
```

5.8.2.2 SSH2-Debugging-Modus (Modul-basiert)

Die Debugging-Level können auch für jedes »Modul« des Quellcodes von SSH2 unterschiedlich gesetzt werden. Das erlaubt eine feinere Kontrolle über das Logging, aber auch die Produktion von riesigen Mengen an Debugging-Ausgaben. Diese Art Debugging wird nur im Quellcode dokumentiert (*lib/sshutil/sshcore/sshdebug.h*), d.h., um diesen Modus effektiv nutzen zu können, sollten Sie etwas Erfahrung in der C-Programmierung besitzen.

Eine SSH2-Quelldatei wird für Debugging-Zwecke als »Modul« definiert, indem man innerhalb der Datei den Wert SSH_DEBUG_MODULE definiert. Beispielsweise hat die Datei *apps/ssh/auths-passwd.c* den Modulnamen Ssh2AuthPasswdServer, weil sie die folgende Zeile enthält:

```
#define SSH_DEBUG_MODULE "Ssh2AuthPasswdServer"
```

Die vollständige Übersicht aller Modulnamen für SSH2 2.3.0 finden Sie in Tabelle 5-6.

Tabelle 5-6: SSH2-Modulnamen

ArcFour	GetOptCompat	Main
Scp2	Sftp2	SftpCwd
SftpPager	Ssh1KeyDecode	Ssh2
Ssh2AuthClient	Ssh2AuthCommonServer	Ssh2AuthHostBasedClient
Ssh2AuthHostBasedRhosts	Ssh2AuthHostBasedServer	Ssh2AuthKerberosClient
Ssh2AuthKerberosServer	Ssh2AuthKerberosTgtClient	Ssh2AuthKerberosTgtServer
Ssh2AuthPasswdClient	Ssh2AuthPasswdServer	Ssh2AuthPubKeyClient
Ssh2AuthPubKeyServer	Ssh2AuthServer	Ssh2ChannelAgent

Tabelle 5-6: SSH2-Modulnamen (Forts.)

Ssh2ChannelSession	Ssh2ChannelSsh1Agent	Ssh2ChannelTcpFwd
Ssh2ChannelX11	Ssh2Client	Ssh2Common
Ssh2PgpPublic	Ssh2PgpSecret	Ssh2PgpUtil
Ssh2Trans	Ssh2Transport	SshADT
SshADTArray	SshADTAssoc	SshADTList
SshADTMap	SshADTTest	SshAdd
SshAgent	SshAgentClient	SshAgentPath
SshAppCommon	SshAskPass	SshAuthMethodClient
SshAuthMethodServer	SshBufZIP	SshBuffer
SshBufferAux	SshConfig	SshConnection
SshDSprintf	SshDebug	SshDecay
SshDirectory	SshEPrintf	SshEncode
SshEventLoop	SshFCGlob	SshFCRecurse
SshFCTransfer	SshFSM	SshFastalloc
SshFileBuffer	SshFileCopy	SshFileCopyConn
SshFileXferClient	SshFilterStream	SshGenCiph
SshGenMP	SshGetCwd	SshGlob
SshInet	SshKeyGen	SshPacketImplementation
SshPacketWrapper	SshPgpCipher	SshPgpFile
SshPgpGen	SshPgpKey	SshPgpKeyDB
SshPgpPacket	SshPgpStringToKey	SshProbe
SshProtoSshCrDown	SshProtoSshCrup	SshProtoTrKex
SshReadLine	SshReadPass	SshRegex
SshSPrintf	SshServer	SshServerProbe
SshSftpServer	SshSigner2	SshStdIOFilter
SshStream	SshStreamPair	SshStreamstub
SshTUserAuth	SshTime	SshTimeMeasure
SshTimeMeasureTest	SshTtyFlags	SshUdp
SshUdpGeneric	SshUnixConfig	SshUnixPtyStream
SshUnixTcp	SshUnixUser	SshUnixUserFiles
SshUserFileBuffer	SshUserFiles	Sshd2
TestMod	TestSshFileCopy	TestSshGlob
TestTtyFlags	t-fsm	

Um den aktuellen Satz der Modulnamen aus dem Quellcode zu ermitteln, suchen Sie in allen Quelldateien vom Stammverzeichnis der SSH2-Distribution nach SSH_DEBUG_MODULE:

```
$ find . -type f -exec grep SSH_DEBUG_MODULE {} \;
```

Sobald Sie den Namen des gewünschten Moduls identifiziert haben, führen Sie den Server im Debug-Modus aus und übergeben den Namen des Moduls und den Debug-Level:

```
$ sshd2 -d "module_name=debug_level_integer"
```

Das veranlaßt das angegebene Modul, entsprechende Log-Nachrichten im festgelegten Debug-Level auszugeben. Beispielsweise veranlaßt

```
$ sshd2 -d "Ssh2AuthPasswdServer=2"
```

das Ssh2AuthPasswdServer-Modul dazu, ein Logging bei Debug-Level 2 vorzunehmen. Die Nachrichten enthalten den Namen der Funktion, in der sie auftraten, und den Namen der Quelldatei, in der der Code zu finden ist.

Mehrere Modulnamen können, durch Kommata getrennt, angegeben werden und jeweils eigene Debug-Level verwenden:

```
$ sshd2 -d "Ssh2AuthPasswdServer=2,SshAdd=3,SshSftp=1"
```

Zusätzlich lassen sich mit den Wildcards * und ? mehrere Modulnamen festlegen:

```
$ sshd2 -d Ssh2*=3
```

Denken Sie daran, die Muster in Apostrophe zu stellen, um deren Auflösung durch die Unix-Shell zu verhindern.

Beachten Sie, daß eine Quelldatei, nur weil ein entsprechender Debugging-Modulname mit ihr verknüpft ist, nicht unbedingt irgendwelche Informationen auf diese Weise loggen muß. Sie werden feststellen, daß die Aktivierung des Debuggings für bestimmte Module keinerlei zusätzliche Debugging-Ausgaben liefert.

5.8.2.3 *Debugging bei sshd2 -i*

Wenn Sie SSH2 über *inetd* starten, ist das Debugging etwas komplizierter. Wenn Sie keine zusätzlichen Schritte unternehmen, geht die Debugging-Ausgabe zusammen mit den normalen Protokolldaten an den Client, was die Dinge etwas durcheinanderbringt und die Verbindung fehlschlagen läßt. Sie müssen daher den *sshd*-Standardfehler in eine Datei umleiten. Idealerweise machen Sie das direkt in */etc/inetd.conf*:

```
ssh stream tcp nowait root /bin/sh /bin/sh -c "/usr/sbin/sshd2 -i -d2 2>
/tmp/foo"
```

Viele *inetd*s erlauben allerdings die Einbettung von Leerzeichen in Programmargumenten nicht (d.h., sie erkennen die in diesem Beispiel verwendeten Quoting-Zeichen nicht). Sie können das durch ein separates Skript umgehen:

```
/etc/inetd.conf
  ssh stream tcp nowait root /path/to/debug-sshd2-i debug-sshd2-i

debug-sshd2-i
  #!/bin/sh
  # redirect sshd2 standard error to a file
  exec /usr/local/sbin/sshd2 -i -d2 2> /tmp/sshd2.debug
```

5.8.2.4 SSH2-Verbose-Modus

Der Verbose-Modus entspricht genau dem Debugging-Level 2. Er kann mit der Kommandozeilenoption *−v* von *sshd2* aktiviert werden:

```
# Nur SSH2
$ sshd2 -v    Verwendung von −v
$ sshd2 -d 2  Mit vorstehender Zeile identisch
```

Alternativ können Sie in der Server-Konfigurationsdatei das Schlüsselwort VerboseMode mit dem Wert yes oder no (Voreinstellung) verwenden:

```
# Nur SSH2
VerboseMode yes
```

5.8.2.5 SSH2-Fascist Logging

Fascist Logging ist bei SSH2 nicht dokumentiert. Seine einzige Aufgabe scheint darin zu bestehen, den Quiet-Modus zu überschreiben. [5.8.2.6] Erlaubte Werte sind yes oder no (Voreinstellung):

```
# SSH1, SSH2
FascistLogging yes
```

5.8.2.6 SSH2-Quiet-Modus

Im Quiet-Modus werden nur fatale Fehler im Log festgehalten. Er kann durch den nicht dokumentierten Fascist Logging-Modus überschrieben werden. Wie bei SSH1 wird der Quiet-Modus durch das Schlüsselwort QuietMode in der serverweiten Konfigurationsdatei kontrolliert. Die möglichen Argumente sind yes oder no (Voreinstellung):

```
# SSH1, SSH2
QuietMode yes
```

Alternativ können Sie die Kommandozeilenoption *−q* von *sshd* nutzen:

```
# SSH1, SSH2, OpenSSH
$ sshd -q
```

5.8.3 Logging und OpenSSH

Bei OpenSSH erfolgt das Logging über syslog und wird durch zwei Konfigurations-Schlüsselwörter kontrolliert: SyslogFacility und LogLevel. SyslogFacility bestimmt den »Facility«-Code, der beim Senden an den syslog-Service verwendet wird. Abhängig von der Syslog-Konfiguration hilft das zu bestimmen, was mit den Log-Meldungen zu geschehen hat (schreiben an die Konsole, speichern in Datei etc.). LogLevel legt fest, wie detailliert die festgehaltenen Informationen sind. Die Werte in der Reihenfolge des Informationsgehaltes sind:

```
QUIET, FATAL, ERROR, INFO, VERBOSE, DEBUG
```

Das Logging auf DEBUG-Level verletzt die Privatsphäre des Benutzers und sollte nur zur Diagnose von Problemen, nicht im normalen Betrieb, verwendet werden.

Läuft *sshd* im Debug-Modus (*–d*), erfolgt das Logging nicht über syslog, sondern an Standardfehler. Der Quiet-Modus (`LogLevel Quiet` oder *sshd –q*) sendet nichts an den System-Log (auch wenn einige aus OpenSSH-Aktivitäten resultierende Meldungen, etwa von PAM, doch festgehalten werden).

5.8.3.1 *Fehlende RSA-Unterstützung*

OpenSSH muß nicht mit RSA-Unterstützung kompiliert werden, wenn es sich auf die Protokoll-Version 2 beschränkt, allerdings führt die fehlende Unterstützung dazu, daß *sshd* eine Fehlermeldung ausgibt. Um diese Fehlermeldung zu unterdrücken, verwenden Sie die Option *–Q*:

```
# Nur OpenSSH
$ sshd -Q
```

5.9   *Kompatibilität zwischen SSH-1- und SSH-2-Servern*

OpenSSH Version 2 unterstützt innerhalb eines einzelnen Daemons sowohl das SSH-1- als auch das SSH-2-Protokoll, d.h., beide Arten von Verbindungen werden akzeptiert. Bei SSH1 und SSH2 ist die Sache hingegen etwas komplizierter.

Der SSH2-Server kann Verbindungen von SSH1-Clients akzeptieren. Diese Kompatibilität wird erreicht, indem der SSH2-Server den SSH1-Server ausführt, wenn eine SSH-1-Verbindung angefordert wird. Dieses Kompatibilitäts-Feature wird mit dem SSH2-Schlüsselwort `Ssh1Compatibility` aktiviert bzw. deaktiviert, wobei als Wert `yes` oder `no` angegeben wird:

```
# Nur SSH2
Ssh1Compatibility yes
```

Ist `Ssh1Compatibility` aktiv und versucht ein SSH-1-Client, die Verbindung mit dem SSH2-Server herzustellen, tauschen die beiden Programme Strings aus, die die jeweiligen Programmversionen enthalten. [3.4.1] *sshd2* sucht dann das *sshd1*-Executable, indem es den Wert des Schlüsselwortes `Sshd1Path` untersucht:

```
# Nur SSH2
Sshd1Path /usr/local/bin/sshd1
```

sshd2 startet dann einen *sshd1*-Prozeß und übergibt dabei den Versionsstring des Clients mit der Kommandozeilenoption *-V* an *sshd1*:[19]

```
# Nur SSH2, automatischer Aufruf durch sshd2
/usr/local/bin/sshd1 -V "client-Versionsstring" <weitere Argumente>
```

---

19 Beachten Sie, daß Sie mindestens die Version 1.2.26 (F-Secure 1.3.6) von SSH1 benötigen, um diesen Kompatibilitätsmodus nutzen zu können, weil diese Option in früheren Versionen nicht implementiert ist.

Die Kommandozeilenoption −V wird nur *sshd2*-intern verwendet. Die Option ist notwendig, weil der Client bereits seine Versionsangabe gemacht hat, wenn *sshd1* gestartet wird. An diesen Versionsstring muß *sshd1* aber irgendwie herankommen. Wir können uns keinen praktischen Grund für die manuelle Verwendung dieser Option vorstellen, stellen sie hier aber der Vollständigkeit halber vor.

Wenn Sie SSH2 kompilieren und installieren, während SSH1 schon installiert ist, dann setzt das configure-Skript [4.1.4] den internen, fest einkompilierten Standardwert für `Ssh1Compatibility` auf `yes` und `Sshd1Path` auf den richtigen Pfad zu *sshd1*. Ist SSH1 nicht installiert, wird `no` für `Ssh1Compatibility` und der Nullstring für `Sshd1Path` einkompiliert.

Der OpenSSH-Server implementiert ebenfalls die Option −V, d.h, Sie können OpenSSH anstelle von SSH1 für die SSH2-Rückwärtskompatibilität nutzen.

 Zwar kann *sshd2* Verbindungen von SSH1-Clients verarbeiten und weiterleiten, der umgekehrte Fall ist aber nicht möglich: *sshd1* kann keine SSH2-Verbindungen verarbeiten.

5.9.1 Sicherheitsaspekte des SSH-1-Kompatibilitätsmodus von SSH2

Es gibt einen ganz wesentlichen Punkt, an den Sie unbedingt denken müssen, wenn Sie das SSH-1-Kompatiblitäts-Feature bei SSH2 nutzen: Sie müssen zwei separate SSH-Serverkonfigurationen pflegen. Wenn *sshd2 sshd1* startet, handelt es sich um einen völlig neuen Prozeß mit einer eigenen SSH1-Server-Konfigurationsdatei. Keine der in Ihrer SSH2-Server-Konfiguration festgelegten Beschränkungen gilt hier. Selbst Beschränkungen, die angewandt werden könnten, etwa `AllowHosts`, kommen nicht zum Tragen, weil *sshd2 sshd1* aufruft, bevor diese Prüfungen vorgenommen werden.

Das bedeutet, daß Sie zwei Konfigurationen im Hinblick auf Ihre Sicherheitsbedürfnisse synchron halten müssen. Anderenfalls könnte ein Angreifer Ihre sorgfältig entwickelte SSH2-Konfiguration einfach unterlaufen, indem er mit einem SSH-1-Client arbeitet.

5.10 Zusammenfassung

Wie Sie sehen, besitzen SSH-Server eine Vielzahl von Konfigurationsoptionen und in einigen Fällen mehrere Möglichkeiten, um die gleichen Ergebnisse zu erzielen. Diese Leistungsfähigkeit hat allerdings ihren Preis. Bei der Einrichtung eines gesicherten Systems ist es extrem wichtig, jede einzelne Option sorgfältig zu prüfen und entsprechende Werte zu wählen. Sie sollten verstehen, worum es geht: Die Sicherheit Ihres Systems kann davon abhängen. Kapitel 10 führt Konfigurationen für SSH1, SSH2 und

OpenSSH auf. Darüber hinaus erscheinen alle in diesem Kapitel erwähnten Schlüssel-wörter und Optionen in Anhang B.

Denken Sie daran, daß die serverweite Konfiguration nur eine Möglichkeit darstellt, das Verhalten des Servers zu beeinflussen. Wir diskutieren die Kompilierungs-Konfiguration in Kapitel 4 und die Account-bezogene Konfiguration in Kapitel 8.

6

Key-Management und Agenten

Ihr privater SSH-Schlüssel ist ein wertvolles Gut. Wenn Sie die Public-Key-Authentifizierung verwenden, beweist der Schlüssel gegenüber SSH-Servern Ihre Identität. Wir haben bereits verschiedene Programme vorgestellt, die etwas mit Schlüsseln zu tun haben:

ssh-keygen
> Erzeugt Schlüssel-Paare.

ssh-agent
> Hält private Schlüssel im Speicher vor und erspart Ihnen die wiederholte Eingabe Ihrer Paßphrase.

ssh-add
> Lädt private Schlüssel in den Agenten.

Bislang sind wir aber nicht allzusehr in die Tiefe gegangen, sondern haben nur die grundlegendsten Operationen mit Schlüsseln beschrieben. Nun wird es Zeit, diese Konzepte und Programme im Detail vorzustellen.

Wir beginnen mit einer Übersicht der SSH-*Identitäten* und der sie repräsentierenden Schlüssel. Danach beschäftigen wir uns umfassend mit SSH-Agenten und deren vielen Features. Abschließend fassen wir die Vorteile mehrerer SSH-Identitäten zusammen. Wenn Sie bislang mit nur einem Schlüssel ausgekommen sind und Agenten kaum genutzt haben, haben wir einige wirklich interessante Dinge für Sie auf Lager. Abbildung 6-1 faßt die Rolle des Schlüssel-Managements im gesamten Konfigurationsprozeß zusammen.

Dieses Kapitel ist das erste in einer Reihe fortgeschrittener SSH-Themen für Endanwender und richtet sich nicht so sehr an Systemadministratoren. Nachdem wir in diesem Kapitel das Schlüssel-Management abgearbeitet haben, werden wir Sie durch die Client-Konfiguration, die Server-Konfiguration und das Forwarding begleiten.

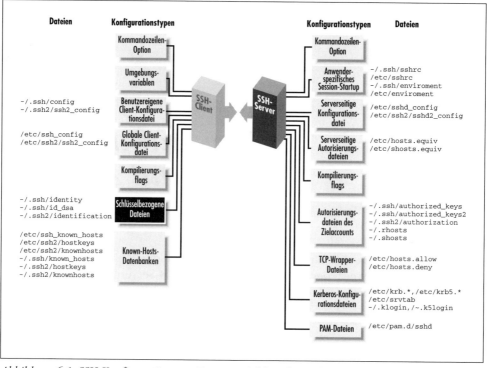

Abbildung 6-1: SSH-Konfiguration von Benutzer-Schlüsseln und Agenten (hervorgehoben)

6.1   Was ist eine Identität?

Eine SSH-Identität ist eine Folge von Bits, die besagt: »Ich bin wirklich ich«. Es handelt sich um ein mathematisches Konstrukt, mit dessen Hilfe ein SSH-Client sich gegenüber einem SSH-Server ausweisen kann, so daß der Server sagt: »Ah ja, du bist wirklich du. Du bist authentifiziert und darfst eintreten«.

Eine Identität besteht aus zwei Teilen, dem sog. privaten Schlüsel (private key) und dem öffentlichen Schlüssel (public key). Zusammen werden sie als Schlüssel-Paar (key pair) bezeichnet.

Der private Schlüssel repräsentiert Ihre Identität für ausgehende SSH-Verbindungen. Wenn Sie unter Ihrem Account einen SSH-Client wie *ssh* oder *scp* ausführen und eine Verbindung mit einem SSH-Server aufbauen, verwendet der Client diesen privaten Schlüssel, um Ihre Identät gegenüber dem Server zu beweisen.

 Private Schlüssel müssen geheimgehalten werden. Ein Eindringling kann mit Ihrem privaten Schlüssel Ihren Account genauso einfach nutzen wie Sie selbst.

Der öffentliche Schlüssel repräsentiert Ihre Identität bei eingehenden Verbindungen zu Ihrem Account. Fordert ein SSH-Client den Zugang zu Ihrem Account an, wozu er den privaten Schlüssel als Beweis seiner Identität verwendet, dann untersucht der SSH-Server den entsprechenden öffentlichen Schlüssel. Wenn diese Schlüssel (entsprechend einer kryptographischen Prüfung [3.4.2.2]) übereinstimmen, dann ist die Authentifizierung erfolgreich, und die Verbindung wird aufgebaut. Öffentliche Schlüssel müssen nicht geheimgehalten werden; sie können nicht genutzt werden, um in einen Account einzubrechen.

Ein Schlüssel-Paar wird üblicherweise in einem Datei-Paar mit ähnlichen Namen abgelegt.[1] Bei SSH wird der Dateiname für den öffentlichen Schlüssel gebildet, indem das Suffix *.pub* an den Dateinamen angehängt wird. Wenn also beispielsweise die Datei *mykey* einen privaten Schlüssel enthält, findet sich der zugehörige öffentliche Schlüssel in *mykey.pub*.[2]

Sie können so viele SSH-Identitäten besitzen, wie Sie wollen. Die meisten SSH-1- und SSH-2-Implementierungen erlauben die Angabe einer *Standard-Identität*, die von den Clients verwendet wird, solange sie keine anderen Anweisungen erhalten. Um eine andere Identität zu verwenden, müssen Sie eine Einstellung über die Kommandozeile, die Konfigurationsdatei oder ein anderes Konfigurationstool ändern.

Die Struktur von Identitätsdateien unterscheidet sich bei SSH1, SSH2 und OpenSSH, weshalb wir sie separat erläutern wollen. Ihre Lage innerhalb des Dateisystems zeigen die Abbildungen 6-2 (private Schlüssel) und 6-3 (öffentliche Schlüssel).

6.1.1   SSH1-Identitäten

Eine SSH1-Identität wird in zwei Dateien gespeichert. Bei SSH1 wird der private Schlüssel standardmäßig in der Datei *identity* abgelegt, während der öffentliche Schlüssel in *identity.pub* abgelegt wird. Dieses Schlüssel-Paar, das im Verzeichnis *~/.ssh* vorgehalten wird, bildet Ihre Standard-Identität, die die Clients verwenden, solange man nichts anderes angibt.

Die Ihren öffentlichen Schlüssel enthaltende *.pub*-Datei hat für sich genommen keinerlei Funktion. Bevor sie zur Authentifizierung verwendet werden kann, muß dieser öffentliche Schlüssel in eine Autorisierungsdatei auf einer SSH-1-Server-Maschine kopiert werden (*~/.ssh/authorized_keys* bei SSH1 oder OpenSSH). Fordert dann ein SSH-1-Client eine Verbindung zu Ihrem Server an (den privaten Schlüssel als Beweis seiner Identität nutzend), untersucht der SSH1-Server Ihre *authorized_keys*-Datei, um den passenden öffentlichen Schlüssel zu finden. [3.4.2.2]

---

1   Im Gegensatz dazu speichern einige Windows-Implementierungen wie der F-Secure SSH-Client Schlüssel in der Windows-Registrierung ab.

2   Tatsächlich enthält die sog. »Private-Key-Datei« bei SSH1 der Vollständigkeit halber auch den öffentlichen Schlüssel, und nur der Teil der Datei, der den privaten Schlüssel enthält, ist mit der Paßphrase verschlüsselt. Die Datei mit dem privaten Schlüssel liegt aber auch in einem privaten Binärformat vor. Die Datei mit dem öffentlichen Schlüssel liegt nur der Bequemlichkeit halber vor. Sie macht es zum Beispiel einfach, den öffentlichen Schlüssel mit Hilfe eines Texteditors in die *authorized_keys*-Datei einzufügen.

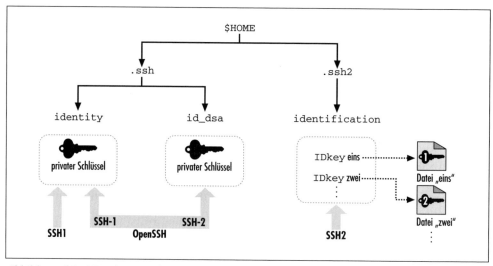

Abbildung 6-2: SSH-Identitätsdateien (private Schlüssel) und die sie nutzenden Programme

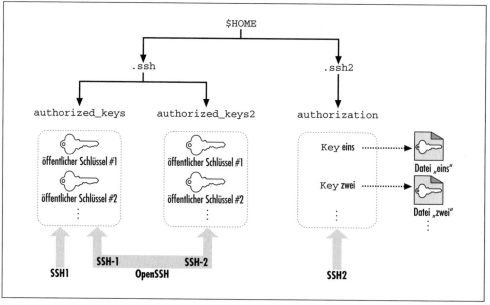

Abbildung 6-3: SSH-Autorisierungsdateien (öffentliche Schlüssel) und die sie nutzenden Programme

6.1.2   SSH2-Identitäten

Ein SSH-2 Schlüssel-Paar wird, genau wie der SSH1-Vorläufer, in zwei Dateien festgehalten. Auch die Namen der beiden Daten weisen die gleiche Form auf (d.h., der Dateiname für den privaten Schlüssel plus *.pub* ergibt den Namen der Datei mit dem öffentlichen Schlüssel). Die Namen von SSH2-Schlüsseldateien basieren häufig auf den kryptographischen Eigenschaften der Schlüssel. Zum Beispiel wird ein 1024-Bit-DSA-verschlüsselter Schlüssel standardmäßig in den SSH2-Dateien *id_dsa_1024_a* und *id_dsa_1024_a.pub* abgelegt.

Im Gegensatz zu SSH1 ist eine SSH2-Identität aber nicht ein einzelner Schlüssel, sondern eine *Sammlung* von Schlüsseln. Wenn ein SSH2-Client eine Authentifizierung versucht, kann er alle Schlüssel seiner Sammlung nutzen. Schlägt die Authentifizierung mit dem ersten Schlüssel fehl, probiert der SSH2-Client automatisch den zweiten und so weiter, bis die Authentifizierung erfolgreich ist oder alle Schlüssel aufgebraucht sind.

Um eine Identität bei SSH2 zu erzeugen, müssen private Schlüssel in einer als *Identifikationsdatei* bezeichneten Datei enthalten sein. Ihre Standard-Identität wird in *~/.ssh2/identification* gespeichert.[3] In der Datei steht jeweils ein privater Schlüssel pro Zeile. Für die Public-Key-Authentifizierung beginnt eine Zeile mit dem Schlüsselwort `IdKey`, gefolgt vom Namen der Datei mit dem privaten Schlüssel:

```
# SSH2-Identifikationsdatei
# Die folgenden Namen sind relativ zu ~/.ssh2
IdKey id_dsa_1024_a
IdKey my-other-ssh2-key
# Absolute Pfade funktionieren bei  SSH2 2.1.0 und höher
IdKey /usr/local/etc/third-key
```

Vielleicht erinnern Sie sich daran, daß SSH2 die Authentifizierung mittels PGP-Schlüssel unterstützt. [5.5.1.6] Die Identifikationsdatei kann ebenfalls PGP-bezogene Schlüsselwörter enthalten:

```
# SSH2-Identifikationsdatei
PgpSecretKeyFile my-file.pgp
IdPgpKeyName my-key-name
```

Die Verwendung einer separaten Identifikationsdatei mag umständlich erscheinen, bietet aber eine Flexibilität, die SSH1 nicht besitzt. Wie bereits erwähnt, erlaubt sie einer Identität mehrere Schlüssel, die Sie identifizieren können. Ein anderer Vorteil des SSH2-Systems ist das einfache Löschen von Einträgen. Um einen privaten SSH2-Schlüssel aus dem Weg zu räumen, entfernen Sie einfach den Eintrag aus der Identifikationsdatei oder kommentieren die entsprechende Zeile aus. Um das gleiche bei SSH1 hinzukriegen, müssen Sie die Datei mit dem privaten Schlüssel umbenennen.

Wie SSH1 besitzt auch SSH2 eine Autorisierungsdatei für eingehende Verbindungen. Allerdings enthält diese keine Kopien der öffentlichen Schlüssel, sondern führt mit Hilfe des Schlüsselworts `Key` nur die Namen der die Schlüssel enthaltenden Dateien auf:

---

3   Diese Voreinstellung kann mit dem Schlüsselwort `IdentityFile` geändert werden. [7.4.2]

```
# SSH2 authorization file
Key id_dsa_1024_a.pub
Key something-else.pub
```

Das macht die Pflege einfacher als bei der *authorized_keys*-Datei von SSH1, weil nur jeweils eine Kopie des öffentlichen Schlüssels existiert. Im Gegensatz dazu gibt es bei SSH1 und OpenSSH separate Kopien in den *.pub*- und *authorized_keys*-Dateien. [8.2.2]

6.1.3 OpenSSH-Identitäten

Für SSH-1-Verbindungen verwendet OpenSSH genau die gleichen Identitäts- und Autorisierungsdateien wie SSH1. Für SSH-2-Verbindungen liegt Ihre Standard-Identität in den Dateien *~/.ssh/id_dsa* (privater Schlüssel) und *~/.ssh/id_dsa.pub* (öffentlicher Schlüssel). Die SSH-2-Autorisierungsdatei für OpenSSH ist *~/.ssh/authorized_keys2,* und ihr Format entspricht dem von *~/.ssh/authorized_keys*. [8.2.1]

6.2 Eine Identität erzeugen

Die meisten SSH-Implementierungen enthalten ein Programm zur Erzeugung von Schlüssel-Paaren. Wir behandeln *ssh-keygen* in den SSH1-, SSH2- und OpenSSH-Varianten.

6.2.1 Generierung von RSA-Schlüsseln für SSH1

SSH1 und seine Derivate verwenden das Programm *ssh-keygen1* zur Erzeugung von Schlüssel-Paaren. [2.4.2] Je nachdem, wie SSH1 installiert wurde, kann das Programm auch *ssh-keygen* heißen. Schauen wir uns das Programm nun etwas genauer an als bisher. Anhang B faßt die *ssh-keygen*-Optionen zusammen.

ssh-keygen1 kann neue Schlüssel erzeugen oder vorhandene modifizieren. Wenn Sie einen neuen Schlüssel erzeugen, können Sie mit den Kommandozeilenoptionen folgendes festlegen:

* Die Anzahl der Bits des Schlüssels mit –*b*. Voreingestellt sind 1024 Bit.

    ```
    $ ssh-keygen1 -b 2048
    ```

* Den Namen der zu erzeugenden privaten Schlüsseldatei mit –*f*. Die Namensangabe erfolgt relativ zum aktuellen Arbeitsverzeichnis. Erinnern Sie sich daran, daß die Datei mit dem öffentlichen Schlüssel so heißt wie die mit dem privaten, nur daß ein *.pub* angehängt wird. Geben Sie diese Option nicht an, werden Sie nach den Daten gefragt.

    ```
    $ ssh-keygen1 -f mykey          Erzeugt mykey und mykey.pub
    $ ssh-keygen1
    Enter file in which to save the key (/home/barrett/.ssh/identity): mykey
    ```

* Die zur Dekodierung des Schlüssels zu verwendende Paßphrase mit –*N*. Geben Sie diese Option nicht an, werden Sie nach der Generierung nach der Paßphrase gefragt.

```
$ ssh-keygen1 -N secretword
$ ssh-keygen1
Enter passphrase:                [Es wird nichts ausgegeben]
Enter the same passphrase again: [Es wird nichts ausgegeben]
```

- Einen mit dem Schlüssel verknüpften Textkommentar mit *−C*. Nutzen Sie diese Option nicht, lautet der Kommentar »benutzername@host«, wobei der Benutzername Ihr Benutzername auf der lokalen Maschine ist und der Host der vollständig qualifizierte Domainname der lokalen Maschine.

```
$ ssh-keygen1 -C "mein bevorzugter Schlüssel"
```

Wenn Sie *−f* (Ausgabedatei festlegen) und *−N* (Paßwort festlegen) angeben, fordert *ssh-keygen1* keine Daten an. Sie können die Generierung von Schlüsseln also automatisieren, wenn Sie diese Optionen nutzen (und vielleicht noch die Ausgabe auf */dev/null* umleiten):

```
$ ssh-keygen1 -f mykey -N secretword
```

Sie könnten diese Technik nutzen, um die Generierung einer großen Anzahl von Schlüsseln für irgendeinen Zweck zu automatisieren. Verwenden Sie diese Möglichkeit aber vorsichtig auf einer abgesicherten Maschine. Das Paßwort in der Kommandozeile ist für die anderen Benutzer auf der gleichen Maschine über *ps* oder ähnliche Programme wahrscheinlich sichtbar, und wenn Sie diese Technik in Skripten verwenden, sollten die Paßphrasen natürlich nicht lange in den Dateien vorgehalten werden.

Neben der Generierung neuer Schlüssel können Sie mit *ssh-keygen1* vorhandene Schlüssel wie folgt modifizieren:

- Durch Ändern der Paßphrase eines existierenden Schlüssels mit *−p*. Sie können den Dateinamen über *-f* angeben und die neuen und alten Paßphrasen mit *−P* bzw. *−N*:

```
$ ssh-keygen1 -p -f mykey -P secretword -N newword
```

Lassen Sie sie weg, werden Sie aber nach den Daten gefragt:

```
$ ssh-keygen1 -p
Enter file key is in (/home/barrett/.ssh/identity): mykey
Enter old passphrase: [Es wird nichts ausgegeben]
Key has comment my favorite key
Enter new passphrase: [Es wird nichts ausgegeben]
Enter the same passphrase again:
```

Beachten Sie, daß das die Paßphrase ändert, nicht aber den Schlüssel. Der Schlüssel wird einfach mit der neuen Paßphrase neu verschlüsselt. Daher muß die entsprechende Datei mit dem öffentlichen Schlüssel auf dem SSH-Server, auf den Sie sie kopiert haben, weder geändert noch ersetzt werden.

Bevor Sie irgendwelche Optionen verwenden, die Ihre Paßphrase in der Kommandozeile verlangen, also etwa *−N* oder *−P*, sollten Sie sorgfältig die Auswirkungen auf die Sicherheit erwägen. Weil die Paßphrase auf dem Bildschirm erscheint, ist sie für Zuschauer sichtbar, und während des Programmlaufs kann sie in der Prozeßliste des Rechners auftauchen. Weil sie in der Kommandozeile vorkommt, ist sie für andere Benutzer des Rechners über den *ps*-Befehl sichtbar. Wenn Ihre Shell History-Dateien der von Ihnen eingegebenen Befehle anlegt, wird Ihre Paßphrase darüber hinaus in einer solchen History-Datei festgehalten, wo sie von Dritten gelesen werden kann.

Wenn Sie außerdem glauben, einen guten Grund zu haben, und einfach nur die **Return**-Taste anstelle eines Paßworts eingeben, dann denken Sie noch einmal darüber nach. Das ist eigentlich dasselbe, als würden Sie Ihr Paßwort in einer Datei in Ihrem Home-Verzeichnis ablegen und diese Datei *MEINPASSWORT.KLAUMICH* nennen. Wenn Sie die Paßphrase nicht immer eingeben wollen, besteht die richtige Lösung darin, mit *ssh-agent*, Trusted-Host-Authentifizierung oder Kerberos zu arbeiten. Es gibt nur sehr wenige Fälle, die etwas mit unbeaufsichtigter Abarbeitung zu tun haben (z.B. *cron*-Jobs), wo ein Client-Schlüssel im Klartext ohne Paßphrase akzeptabel sein könnte. [11.1]

- Ändern des Kommentars eines vorhandenen Schlüssels mit *−c*. Sie können den Dateinamen, die Paßphrase und einen neuen Kommentar mit *−f*, *−P* bzw. *−C* angeben, oder Sie werden danach gefragt:

```
$ ssh-keygen -c -f mykey -P secretword -C "mein zweitliebster Schlüssel"
$ ssh-keygen -c
Enter file key is in (/home/barrett/.ssh/identity): mykey
Enter passphrase: [Es wird nichts ausgegeben]
Key now has comment mein liebster Schl üssel
Enter new comment: mein zweitliebster Schlüssel
The comment in your key file has been changed.
```

- Durch Aktualisierung eines alten SSH1-Schlüssels (damit er mit der aktuellen SSH1-Version funktioniert) mit *−u*. Ältere Versionen von SSH1 verwenden den IDEA-Algorithmus zur Verschlüsselung eines Schlüssels mit der Paßphrase. Heutzutage verwendet SSH1 hingegen 3DES für diesen Zweck, was die älteren Schlüssel unbrauchbar macht. Die Option *−u* sorgt dafür, daß *ssh-keygen1* den Schlüssel dechiffriert und mit dem SSH1-Standardalgorithmus (normalerweise 3DES) neu verschlüsselt. Damit wird er für die aktuelle SSH1-Version wieder nutzbar:

```
$ ssh-keygen1 -u -f mykey -P secretword
$ ssh-keygen1 -u
Enter file key is in (/home/barrett/.ssh/identity): mykey
Enter passphrase: [Es wird nichts ausgegeben]
Keys cipher has been updated.
```

Wenn Sie Änderungen an einem Schlüssel vornehmen, etwa an der Paßphrase oder dem Kommentar, werden diese Änderungen nur auf die Schlüsseldatei angewandt. Liegen solche Schlüssel einem SSH-Agenten vor, sind die Kopien dieser Schlüssel im Agenten nicht betroffen. Wenn Sie sich zum Beispiel die Liste der Schlüssel eines Agenten mit *ssh-add1 –l* (kleines L) ausgeben lassen, nachdem Sie den Kommetar geändert haben, erscheint im Agenten immer noch der alte Kommentar. Damit auch im Agenten diese Änderungen aktiv werden, müssen Sie die entsprechenden Schlüssel entfernen und wieder neu laden.

6.2.2   Generierung von RSA/DSA-Schlüsseln für SSH2

SSH2 und seine Derivate verwenden das clever benannte Programm *ssh-keygen2* zur Generierung von Schlüssel-Paaren. Das Programm kann, je nach SSH2-Installation, auch *ssh-keygen* heißen. Wie bei *ssh-keygen1* können Sie neue Schlüssel erzeugen oder vorhandene modifizieren, allerdings unterscheiden sich die Kommandozeilenoptionen deutlich. *ssh-keygen2* besitzt außerdem einige weitere Optionen zur Ausgabe von Diagnosemeldungen.

Wenn Sie einen neuen Schlüssel erzeugen, können Sie den Namen der zu generierenden Datei mit dem privaten Schlüssel festlegen, indem Sie den Namen am Ende der Kommadozeile angeben:

```
$ ssh-keygen2 mykey          erzeugt mykey und mykey.pub
```

Der Name liegt relativ zum aktuellen Arbeitsverzeichnis, und wie üblich wird die Datei mit dem öffentlichen Schlüssel nach der mit dem privaten Schlüssel benannt und die Endung *.pub* angehängt. Lassen Sie diese Option weg, wird der Schlüssel im Verzeichnis ~/.ssh2 in einer Datei abgelegt, deren Name den Verschlüsselungsalgorithmus und die Anzahl der Bits widerspiegelt. Ein Beispiel ist *id_dsa_1024_a*, das mit dem DSA-Algorithmus und 1024 Bit generiert wurde:

Mit den Kommandozeilenoptionen können Sie noch folgendes angeben:

*   Die Anzahl der Bits im Schlüssel mit *–b*. Voreinstellt sind 1024 Bit.

    ```
    $ ssh-keygen2 -b 2048
    ```

*   Den Typ des Schlüssels (etwa DSA oder RSA) mit *–t*. Voreingestellt – und die einzige Möglichkeit – für SSH2 ist DSA (angegeben als »dsa«):[4]

    ```
    $ ssh-keygen2 -t dsa
    ```

*   Ein mit dem Schlüssel verknüpfter Textkommentar mittels *–c*:

    ```
    $ ssh-keygen2 -c "my favorite SSH2 key"
    ```

    Lassen Sie diese Option weg, beschreibt der generierte Kommentar, wie und von wem der Schlüssel erzeugt wurde. Ein Beispiel:

    ```
    "1024-bit dsa, barrett@server.example.com, Tue Feb 22 2000 02:03:36"
    ```

*   Die Paßphrase zur Verschlüsselung des Schlüssels mit *–p*. Lassen Sie diese Option weg, werden Sie nach der Generierung des Schlüssels nach der Paßphrase gefragt.

    ```
    $ ssh-keygen2 -p secretword
    ```

---

4   Der F-Secure SSH2-Server unterstützt, wenn auch eingeschränkt, auch RSA (Argument »rsa«). [3.9]

Sie können bei *−P* auch ein leeres Paßwort angeben. Das sollte man generell zwar nicht machen, es kann aber in einigen Sonderfällen trotzdem angemessen sein. [11.1.2.2]

```
$ ssh-keygen2 -P
```

Neben der Erzeugung von Schlüsseln können Sie mit *ssh-keygen2* existierende Schlüssel wie folgt bearbeiten:

- Ändern der Paßphrase und des Kommentars für einen existierenden Schlüssel mittels *−e*. Die Option bringt *ssh-keygen2* in einen interaktiven Modus, bei dem die neuen Daten angefordert werden. Dieser Modus ist primitiv und lästig, verlangt nahezu zehn Benutzereingaben zur Änderung von Paßphrase und Kommentar, erledigt aber seine Aufgabe:

```
$ ssh-keygen2 -e mykey
Paßphrase needed for key "mein SSH2-Lieblingsschlüssel"
Paßphrase : [Es wird nichts ausgegeben]
Do you want to edit key "mein SSH2-Lieblingsschlüssel" (yes or no)? yes
Your key comment is "mein SSH2-Lieblingsschlüssel".
 Do you want to edit it (yes or no)? yes
New key comment: das ist mühsam,
Do you want to edit passphrase (yes or no)? yes
New passphrase : [Es wird nichts ausgegeben]
Again          : [Es wird nichts ausgegeben]
Do you want to continue editing key "das ist mühsam" (yes or no)? um Gottes wil-
len
(yes or no)? no
Do you want to save key "das ist mühsam" to file mykey (yes or no)? yes
```

Wie bei *ssh-keygen1* gehen die Änderungen in die Schlüsseldateien ein, werden aber nicht an die im Agenten vorhandenen Kopien durchpropagiert. (Wenn Sie also beispielsweise mit *ssh-add2 −l* die Liste der Schlüssel ausgeben, sehen Sie den alten Kommentar.)

- Die Ausgabe des öffentlichen Schlüssels, abgeleitet aus dem privaten Schlüssel, mittels *−D*, falls Sie die Datei mit Ihrem privaten Schlüssel jemals verlieren sollten.

```
$ ssh-keygen2 -D mykeyfile
Paßphrase : ********
Public key saved to mykeyfile.pub
```

- Die Konvertierung eines Schlüssels im SSH-1-Format in das SSH-2-Format mittels *−1* (der Ziffer »Eins«, nicht dem kleinen L). Diese Option ist momentan noch nicht implementiert.

```
$ ssh-keygen2 -1 ssh1key
```

ssh-keygen2 ermöglicht Ihnen auch die Kontrolle über die Ein- und Ausgabe sowie einige Diagnosemeldungen:

- Durch Ausgabe des sog. *Fingerprints* (»Fingerabdrucks«) einer gegebenen Schlüsseldatei mit *−F*. Weitere Informationen finden Sie im Kasten »Key-Fingerprints««. Der Fingerprint kann aus dem öffentlichen Schlüssel berechnet werden:

```
# Nur SSH2
$ ssh-keygen2 -F stevekey.pub
Fingerprint for key:
xitot-larit-gumet-fyfim-sozev-vyned-cigeb-sariv-tekuk-badus-bexax
```

- Durch Ausgabe der Programm-Versionsnummer mit −*V*:

```
$ ssh-keygen2 -V
ssh2: SSH Secure Shell 2.1.0 (noncommercial version)
```

- Durch Ausgabe eines Hilfetextes mit −*h* oder −*?*. Die meisten Unix-Shells verlangen die Verwendung eines Fluchtsymbols für das Fragezeichen, um innerhalb der Shell eine Interpretation als Wildcard-Zeichen zu unterbinden.

```
$ ssh-keygen2 -h
$ ssh-keygen2 -\?        Escape-Sequenz für Fragezeichen
```

- Durch Unterdrückung der Fortschrittsanzeige mittels −*q*. Die Fortschrittsanzeige ist eine Folge von Os und Punkten, die ausgegeben werden, während *ssh-keygen2* läuft: .oOo.oOo.oOo.oOo.

```
$ ssh-keygen2
Generating 1024-bit dsa key pair
.oOo.oOo.oOo.oOo
Key generated.

$ ssh-keygen2 -q
Generating 1024-bit dsa key pair
Key generated.
```

- Durch Ausgabe von Informationen zu einem existierenden Schlüssel mit −*i*:

```
$ ssh-keygen2 -i mykey
```

Diese Option ist momentan nicht implementiert.

Schließlich besitzt *ssh-keygen2* noch die Guru-Option −*r*, mit der die Zufallszahlen für die Generierung von Schlüsseln beeinflußt werden können. Dadurch ersetzt *ssh-keygen2* die Daten in ~/.ssh2/random_seed durch Daten, die Sie über die Standardeingabe eingeben. [3.7] Die SSH2-Manpages bezeichnen das als »stirring data into the random pool« (zu deutsch also etwa »Daten in den Random-Pool unterrühren«). Beachten Sie, daß das Programm die Daten nicht von Ihnen anfordert, sondern einfach nur auf Eingaben wartet und so aussieht, als wäre es abgestürzt. In diesem Fall geben Sie einfach so viele Daten ein, wie Sie wollen, und drücken dann EOF (Control-D bei den meisten Shells).

```
$ ssh-keygen2 -r
I am stirring the random pool.
blah blah blah
^D
Stirred in 46 bytes.
```

Key-Fingerprints

Fingerprints (»Fingerabdrücke«) sind ein weit verbreitetes kryptographisches Feature, mit dessen Hilfe man überprüfen kann, ob zwei an verschiedenen Orten liegende Schlüssel identisch sind, wenn ein literaler Vergleich – Bit für Bit – unmöglich ist. OpenSSH und SSH2 können Fingerprints berechnen.

Stellen Sie sich vor, Steve möchte mittels SSH auf Judys Account zugreifen. Er sendet Judy seinen öffentlichen Schlüssel per E-Mail, und sie installiert diesen in ihrer SSH-Autorisierungsdatei. Nun ist dieser Austausch des Schlüssels zwar eine einfache Sache, aber auch unsicher: eine böswillige dritte Partei könnte Steves Schlüssel abfangen, durch einen eigenen ersetzen und so Zugang zu Judys Account erhalten.

Um dieses Risiko auszuschalten, benötigt Judy eine Möglichkeit sicherzustellen, daß der empfangene Schlüssel auch von Steve stammt. Sie könnte den Schlüssel telefonisch mit Steve abgleichen, aber einen 500 Byte langen verschlüsselten öffentlichen Schlüssel vorzulesen ist lästig und fehlerträchtig. Aus diesem Grund gibt es Fingerprints.

Ein Fingerprint ist ein kleiner Wert, der aus dem Schlüssel errechnet wird. Er ist mit einer Prüfsumme zu vergleichen, die sicherstellt, daß ein Datenstring nicht verändert wurde – in unserem Fall ist dieser Datenstring ein Schlüssel. Um die Gültigkeit eines Schlüssels mit Hilfe von Fingerprints zu prüfen, können Steve und Judy folgendes tun:

1. Judy erhält einen öffentlichen Schlüssel, bei dem es sich um Steves Schlüssel handeln soll und legt diesen in der Datei *stevekey.pub* ab.

2. Judy und Steve betrachten separat den Fingerprint für den Schlüssel:

    ```
    # Nur OpenSSH
    $ ssh-add -l stevekey.pub
    1024 5c:f6:e2:15:39:14:1a:8b:4c:93:44:57:6b:c6:f4:17 Steve@sshbook.com

    # Nur SSH2
    $ ssh-keygen2 -F stevekey.pub
    Fingerprint for key:
    xitot-larit-gumet-fyfim-sozev-vyned-cigeb-sariv-tekuk-badus-bexax
    ```

3. Judy ruft Steve an und läßt sich den Fingerprint vorlesen. Judy stellt sicher, daß der Fingerprint mit dem des empfangenen Schlüssels übereinstimmt. Fingerprints sind nicht einmalig, die Wahrscheinlichkeit ist aber sehr gering, daß zwei bestimmte Schlüssel den gleichen Fingerprint aufweisen. Daher sind Fingerprints eine schnelle und bequeme Möglichkeit sicherzustellen, daß ein Schlüssel nicht verändert wurde.

– Fortsetzung –

Wie Sie sehen verwenden OpenSSH und SSH2 verschiedene Ausgabeformate für Fingerprints. Das numerische Format von OpenSSH ist etwas traditioneller und sollte PGP-Benutzern vertraut sein. SSH2 verwendet ein als «Bubble Babble» bezeichnetes Textformat, das angeblich einfacher zu lesen und zu merken sein soll.

Fingerprints tauchen auch auf, wenn Sie die Verbindung zu einem SSH-Server herstellen, dessen Host-Schlüssel sich geändert hat. In diesem Fall gibt OpenSSH eine Warnung und den Fingerprint des neuen Schlüssels aus. Der Fingerprint kann dann bequem mit dem Figerprint des realen Host-Schlüssels verglichen werden, sollte Ihnen dieser vorliegen.

6.2.3 Generierung von RSA/DSA-Schlüsseln für OpenSSH

Die OpenSSH-Variante des *ssh-keygen*-Programms unterstützt die gleichen Features und Optionen wie ihr SSH1-Gegenstück. Sie besitzt darüber hinaus die Möglichkeit, DSA-Schlüssel für SSH-2-Verbindungen zu generieren und besitzt noch einige wenige weitere Optionen:

* −*d* generiert einen DSA-Schlüssel anstelle eines RSA-Schlüssels:

```
# Nur OpenSSH
$ ssh-keygen -d
```

* −*x*, −*X* und −*y* wandeln die Schlüssel-Speicherungsformate zwischen SSH2 und OpenSSH um. Die folgende Tabelle zeigt die möglichen Konvertierungen:

Option	Extrahieren/Konvertieren aus ...	Nach ...
−*x*	private OpenSSH DSA-Schlüsseldatei	öffentlicher SSH2-Schlüssel
−*X*	öffentliche SSH2-Schlüsseldatei	öffentlicher OpenSSH DSA-Schlüssel
−*y*	private OpenSSH DSA-Schlüsseldatei	öffentlicher OpenSSH DSA-Schlüssel

Eine »private« Schlüsseldatei enthält bei OpenSSH in Wirklichkeit sowohl den öffentlichen als auch den privaten Schlüssel eines Paares, d.h., die Optionen −*x* und −*y* extrahieren einfach den öffentlichen Schlüssel und geben ihn im gewünschten Format aus. Verwenden Sie −*x*, um einen öffentlichen OpenSSH-Schlüssel in Ihre *~/.ssh2/authorization*-Datei auf einem SSH2-Server-Host aufzunehmen und −*X* für den umgekehrten Fall. Die Option −*y* ist nützlich, wenn Sie versehentlich Ihren öffentlichen OpenSSH-Schlüssel gelöscht haben und ihn wiederherstellen müssen.

Eine fehlende Funktion wäre die Konvertierung der *privaten* Schlüssel. Das wäre nützlich, wenn Sie auf einem OpenSSH-Server-Host auch SSH2 laufen lassen wollen, und die beiden SSH-Server sich einen Host-Schlüssel teilen sollen.

- −*l* gibt den sog. *Fingerprint* einer gegebenen Schlüsseldatei aus. Weitere Informationen finden Sie im Kasten »Key-Fingerprints««. Dieser Fingerprint kann aus dem öffentlichen Schlüssel berechnet werden:

```
# Nur OpenSSH
$ ssh-keygen -l -f stevekey.pub
1024 5c:f6:e2:15:39:14:1a:8b:4c:93:44:57:6b:c6:f4:17 steve@sshbook.com
```

- −*R* erkennt, ob OpenSSH RSA-Schlüssel unterstützt oder nicht. Weil RSA bis zum September 2000 eine patentierte Technik war, könnten einige OpenSSH-Installationen diesen Algorithmus nicht unterstützen. [3.9.1.1] Rufen Sie *ssh-keygen* mit dieser Option auf, wird das Programm sofort wieder beendet, und es wird der Code 0 zurückgegeben, wenn RSA unterstützt wird. Anderenfalls wird der Wert 1 zurückgegeben:

```
# Nur OpenSSH. RSA wird unterstützt
$ ssh-keygen -R; echo $?
0

# Nur OpenSSH. RSA wird nicht untersützt
$ ssh-keygen -R; echo $?
1
```

6.2.4   Wahl einer Paßphrase

Wählen Sie Paßphrasen sorgfältig. Sie sollten aus mindestens zehn Zeichen bestehen und eine Mischung aus Groß-/Kleinbuchstaben, Ziffern und nicht-alphanumerischen Symbolen sein. Gleichzeitig soll die Paßphrase einfach zu merken sein, für andere aber nur schwer zu erraten. Verwenden Sie für die Paßphrase nicht Ihren Namen, Benutzernamen, Ihre Telefonnummer oder andere einfach zu erratende Informationen. Die Wahl einer effizienten Paßphrase kann eine Qual sein, aber die zusätzliche Sicherheit ist es wert.

Wenn Sie die Paßphrase vergessen, haben Sie Pech: der entsprechende private SSH-Schlüssel wird unbrauchbar, weil er nicht entschlüsselt werden kann. Die gleiche Verschlüsselung, die SSH so sicher macht, sorgt dafür, daß Paßphrasen nicht einfach wiederhergestellt werden können. Sie müssen Ihren SSH-Schlüssel aufgeben, einen neuen generieren und eine neue Paßphrase für sie wählen. Sie müssen auch einen neuen öffentlichen Schlüssel auf jeder Maschine installieren, die Ihr Original besaß.

6.3   SSH-Agenten

Ein SSH-Agent ist ein Programm, das private Schlüssel zwischenspeichert und auf authentifizierungsbezogene Queries von SSH-Clients antwortet. [2.5] Sie sind sehr arbeitssparende Einrichtungen, die alle im Zusammenhang mit Schlüsseln stehenden Operationen verarbeiten und dafür sorgen, daß Sie Ihre Paßphrase nicht immer wieder eingeben müssen.

Die in Bezug zu Agenten stehenden Programme sind *ssh-agent* und *ssh-add*. *ssh-agent* führt einen Agenten aus, und *ssh-add* fügt Schlüssel in den Cache des Agenten ein bzw. entfernt sie. Eine typische Anwendung könnte wie folgt aussehen:

```
# Den Agenten starten
$ ssh-agent $SHELL
# Standard-Identität laden
$ ssh-add
Need passphrase for /home/barrett/.ssh/identity (barrett@example.com).
Enter passphrase: ********
```

Durch die einmalige Eingabe Ihrer Paßphrase wird Ihr privater Schlüssel dechiffriert und dann im Speicher des Agenten abgelegt. Von nun an kontaktieren SSH-Clients automatisch den Agenten bei allen Schlüssel-relevanten Operationen, und zwar bis der Agent beendet wird oder Sie sich ausloggen. Sie müssen Ihre Paßphrase nicht erneut eingeben.

Wir wollen nun kurz erläutern, wie Agenten arbeiten. Danach gehen wir in die Praxis und zeigen die beiden Wege auf, über die man einen Agenten starten kann. Wir stellen verschiedene Konfigurationsoptionen vor ebenso wie unterschiedliche Techniken zum automatischen Laden Ihrer Schlüssel in den Agenten. Zum Schluß behandeln wir die Sicherheit von Agenten, das Agent-Forwarding und die Kompatiblität zwischen SSH-1- und SSH-2-Agenten.

6.3.1 Agenten decken keine Schlüssel auf

Agenten führen zwei Aufgaben aus:

- Sie legen private Schlüssel im Speicher ab.
- Sie beantworten Fragen (von SSH-Clients) zu diesen Schlüsseln.

Allerdings senden Agenten Ihre privaten Schlüssel nirgendwohin. Es ist wichtig, daß Sie das verstehen. Einmal geladen, verbleiben private Schlüssel beim Agenten, unsichtbar für SSH-Clients. Um auf einen Schlüssel zuzugreifen, sagt der Client: »Hey, Agent! Ich benötige deine Hilfe. Bitte führe eine Schlüssel-bezogene Operation für mich aus«. Der Agent gehorcht und sendet die Ergebnisse an den Client (siehe Abbildung 6-4).

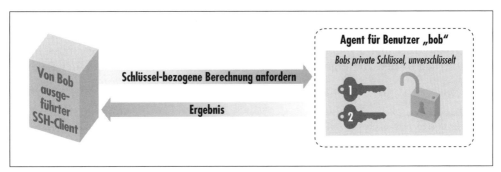

Abbildung 6-4: Wie ein SSH-Agent mit seinen Clients arbeitet

Muß *ssh* zum Beispiel einen Authenticator signieren, sendet es dem Agenten eine Signierungsanforderung, die die Authenticator-Daten und einen Hinweis auf den zu verwendenden Schlüssel enthält. Der Agent führt die kryptographische Operation selbst durch und gibt die Signatur zurück.

Auf diese Weise verwenden SSH-Clients den Agenten, ohne überhaupt jemals die privaten Schlüssel des Agenten zu sehen. Diese Technik ist wesentlich sicherer, als die Clients mit den Schlüsseln zu versehen. Je weniger private Schlüssel gespeichert oder gesendet werden, desto schwerer wird es, sie zu stehlen.[5]

6.3.2   Start eines Agenten

Es gibt zwei Möglichkeiten, einen Agenten in Ihrem Login-Account aufzurufen:

* Die *Single-Shell*-Methode, die Ihre akutelle Login-Shell nutzt.

* Die *Subshell*-Methode, die eine Subshell startet, um die Vererbung einiger Umgebungsvariablen sicherzustellen.

Starten Sie den Agenten nicht mit dem »offensichtlichen«, aber falschen Befehl

```
$ ssh-agent
```

Der Agent wird zwar ohne Widerspruch ausgeführt, aber SSH-Clients können keinen Kontakt zu ihm herstellen, und der Abbruchbefehl (*ssh-agent −k*) hält ihn nicht an, weil einige Umgebungsvariablen nicht korrekt gesetzt sind.

6.3.2.1   Single-Shell-Methode

Die Single-Shell-Methode führt den Agenten in Ihrer aktuellen Login-Shell aus. Das ist am bequemsten, wenn Sie mit einer Login-Shell auf einem einzelnen Terminal arbeiten und nicht mit einem Unix-Window-System wie X. Geben Sie folgendes ein:

```
# SSH1, SSH2, OpenSSH
$ eval ssh-agent
```

und ein *ssh-agent*-Prozeß wird im Hintergrund gestartet. Der Prozeß koppelt sich selbständig vom Terminal ab, und Sie erhalten Ihr Prompt zurück, d.h., Sie müssen ihn nicht manuell in den Hintergrund bringen (mit dem &-Zeichen am Ende der Befehls-

---

5 Dieses Design paßt auch gut zur *Token-basierten Schlüssel-Speicherung*, bei der Sie Ihre Schlüssel auf einer SmartCard bei sich tragen. Beispiele sind die Fortezza Card (ein Standard der US-Regierung) und das Keon-System von RSA Security. Wie Agenten antworten Smartcards auf Schlüssel-bezogene Requests, geben aber keine Schlüssel aus, so daß eine Integration in SSH problemlos möglich sein sollte. Auch wenn die Adaption von Tokens langsam vonstatten geht, glauben wir, daß sich die Technik in Zukunft durchsetzen wird.

zeile). Beachten Sie, daß es sich bei den Quoting-Zeichen um Backquotes handelt, nicht um Apostrophe.

Welchem Zweck dient das *eval?* Nun, während *ssh-agent* gestartet wird, verschiebt es sich nicht nur selbst in den Hintergrund, sondern gibt auch einige Befehle aus, die verschiedene Umgebungsvariablen setzen, die für den Einsatz durch den Agenten benötigt werden. Diese Variablen sind SSH_AUTH_SOCK (für SSH1 und OpenSSH) oder SSH2_AUTH_SOCK (SSH2) sowie SSH_AGENT_PID (SSH1, OpenSSH) oder SSH2_AGENT_PID (SSH2).[6] Der *eval*-Befehl sorgt dafür, daß die durch *ssh-agent* ausgegebenen Befehle interpretiert und so die entsprechenden Umgebungsvariablen gesetzt werden. Lassen Sie das *eval* weg, werden diese Befehle beim Aufruf von *ssh-agent* über die Standardausgabe ausgegeben. Ein Beispiel:

```
$ ssh-agent
SSH_AUTH_SOCK=/tmp/ssh-barrett/ssh-22841-agent; export SSH_AUTH_SOCK;
SSH_AGENT_PID=22842; export SSH_AGENT_PID;
echo Agent pid 22842;
```

Nun läuft der Agent zwar, ist aber für die Shell nicht zugänglich. Sie können den Prozeß beenden, indem Sie die oben ausgegebene PID verwenden:

```
$ kill 22842
```

oder Sie können die Verbindung zur Shell manuell herstellen, indem Sie die Umgebungsvariablen genau wie angegeben setzen:

```
$ SSH_AUTH_SOCK=/tmp/ssh-barrett/ssh-22841-agent; export SSH_AUTH_SOCK;
$ SSH_AGENT_PID=22842; export SSH_AGENT_PID;
```

Aber natürlich ist die Single-Shell-Form des Befehls einfacher, da sie alles für Sie erledigt.[7]

Um den Agenten zu beenden, verwenden Sie die angegebene PID als Argument für kill:

```
# SSH1, SSH2, OpenSSH
$ kill 22842
```

und setzen die Umgebungsvariablen mit unset wieder zurück:

```
$ unset SSH_AUTH_SOCK      # SSH2 verwendet statt dessen SSH2_AUTH_SOCK
$ unset SSH_AGENT_PID      # SSH verwendet statt dessen SSH2_AGENT_PID
```

---

6 Ältere Versionen von SSH1 verwenden SSH_AUTHENTICATION_SOCKET anstelle von SSH_AUTH_SOCK. Ist das bei Ihnen der Fall, empfehlen wir, SSH_AUTH_SOCK selbst zu setzen, zum Beispiel (in der C-Shell) mit:

```
if ( "$SSH_AUTHENTICATION_SOCK" != "" ) then
  setenv SSH_AUTH_SOCK $SSH_AUTHENTICATION_SOCKET
endif
```

Auf diese Weise funktioniert Ihr Account auch dann noch, wenn Sie die SSH-Software aktualisieren.

7 Warum kann *ssh-agent* seine Umgebungsvariablen nicht auf weniger umständliche Art setzen? Weil ein Programm bei Unix keine Umgebungsvariablen in der Parent-Shell setzen kann.

Bei SSH1 und OpenSSH können Sie die bequemere Kommandozeilenoption *–k* verwenden:

```
# SSH1, OpenSSH
$ eval ssh-agent -k
```

Dadurch werden entsprechende Terminierungsbefehle an die Standardausgabe übergeben, so daß sie von *eval* ausgeführt werden können. Wenn Sie nicht mit *eval* arbeiten, wird der Agent zwar beendet, aber die Umgebungsvariablen werden nicht zurückgesetzt:

```
# SSH1, OpenSSH
$ ssh-agent1 -k
unset SSH_AUTH_SOCK        # Würde nicht zurückgesetzt werden
unset SSH_AGENT_PID        # und diese auch nicht,
echo Agent pid 22848 killed # aber der Agent würde dennoch beendet werden.
```

Die Ausführung des Agenten in einer einzigen Shell verursacht im Gegensatz zur nachfolgend vorgestellten Methode (Start einer Subshell) ein Problem. Endet Ihre Login-Session, wird der *ssh-agent*-Prozeß nicht beendet. Nach mehreren Logins werden Sie also mehrere Agenten laufen haben, die keinem Zweck dienen.[8]

```
$ /usr/ucb/ps uax | grep ssh-agent
barrett   7833  0.4  0.4  828  608 pts/1    S  21:06:10  0:00 grep agent
barrett   4189  0.0  0.6 1460  844 ?        S    Feb 21  0:06 ssh-agent
barrett   6134  0.0  0.6 1448  828 ?        S  23:11:41  0:00 ssh-agent
barrett   6167  0.0  0.6 1448  828 ?        S  23:24:19  0:00 ssh-agent
barrett   7719  0.0  0.6 1456  840 ?        S  20:42:25  0:02 ssh-agent
```

Sie können dieses Problem umgehen, indem Sie *ssh-agent –k* bei der Abmeldung automatisch ausführen. Bei Bourne-orientierten Shells (*sh, ksh, bash*) kann das mit dem Abfangen des Unix-Signals 0 am Anfang der *~/.profile* erfolgen:

```
# ~/.profile
trap
  test -n "$SSH_AGENT_PID"  && eval ssh-agent1 -k ;
  test -n "$SSH2_AGENT_PID" && kill $SSH2_AGENT_PID
 0
```

Bei der C-Shell und *tcsh* beenden Sie den Agenten in Ihrer *~/.logout*-Datei:

```
# ~/.logout
if ( "$SSH_AGENT_PID" != "" ) then
  eval ssh-agent -k
endif
if ( "$SSH2_AGENT_PID" != "" ) then
  kill $SSH2_AGENT_PID
endif
```

Sobald das einmal eingerichtet ist, wird der *ssh-agent*-Prozeß automatisch bei jeder Abmeldung beendet und gibt dabei in etwa folgende Meldung aus:

```
Agent pid 8090 killed
```

---

8 Sie können zwar die Verbindung zu einem bei einem früheren Login gestarteten Agenten wiederherstellen, indem Sie SSH_AUTH_SOCK auf den alten Socket zeigen lassen, aber diese Lösung wäre grotesk.

6.3.2.2   Subshell-Methode

Die zweite Möglichkeit, einen Agenten zu starten, ruft eine *Subshell* auf. Sie übergeben *ssh-agent* ein Argument, das den Pfad auf eine Shell oder ein Shell-Skript darstellt. Hier einige Beispiele:

```
$ ssh-agent /bin/sh
$ ssh-agent /bin/csh
$ ssh-agent $SHELL
$ ssh-agent mein-shell-skript        # Führt ein Shell-Skript anstelle einer Shell aus
```

Diesmal wird *ssh-agent* im Vordergrund ausgeführt, statt einen Prozeß im Hintergrund anzustoßen, startet eine Subshell und setzt die vorhin erläuterten Umgebungsvariablen automatisch. Der Rest Ihrer Login-Session läuft innerhalb dieser Subshell, und wenn diese beendet wird, bricht auch *ssh-agent* ab. Diese Methode ist, wie Sie später noch sehen werden, am bequemsten, wenn Sie ein Window-System wie X laufen haben und den Agenten in Ihrer Initialisierungsdatei (z.B. *~/.xsession*) aufrufen. Die Methode kann aber auch problemlos für Single-Terminal-Logins verwendet werden.

Wenn Sie die Subshell-Methode verwenden, müssen Sie sie zur richtigen Zeit aufrufen. Wir empfehlen die letzte Zeile Ihrer Login-Initialisierungsdatei (z.B. *~/.profile* oder *~/.login*) oder direkt den ersten eingegebenen Befehl nach dem Login. Wenn Sie hingegen zuerst einige Hintergrundprozesse starten und den Agenten erst dann aufrufen, werden diese Hintergrundprozesse unerreichbar, bis Sie die Subshell des Agenten beenden. Wenn Sie zum Beispiel den Editor *vi* ausführen, ihn unterbrechen und den Agenten starten, dann verlieren Sie den Kontakt zur Editor-Session, bis Sie den Agenten beenden.

```
$ vi myfile                          # Editor starten
^Z                                   # unterbrechen
$ jobs                               # Hintergrundprozesse ansehen
[1] + Stopped (SIGTSTP) vi
$ ssh-agent $SHELL                   # Subshell ausführen
$ jobs                               # Keine Jobs vorhanden! Liegen alle in der Parent-Shell
$ exit                               # Subshell des Agenten beenden
$ jobs                               # Nun sehen Sie wieder Ihre Prozesse
[1] + Stopped (SIGTSTP) vi
```

Die Vor- und Nachteile beider Methoden sind in Tabelle 6-1 zusammengefaßt.

Tabelle 6-1: Vor- und Nachteile der Aufrufmethoden des Agenten

Methode	Vorteile	Nachteile
eval ssh-agent	Einfach, intuitiv.	Muß manuell beendet werden.
ssh-agent $SHELL	Umgebungsvariablen des Agenten werden automatisch propagiert, Terminierung erfolgt bei der Abmeldung.	Die Login-Shell wird von der »Gesundheit« des Agenten abhängig. Stirbt der Agent, kann auch die Shell abstürzen.

6.3.2.3   Format von Umgebungsvariablen-Befehlen

Wie bereits erwähnt, gibt *ssh-agent* eine Folge von Shell-Befehlen aus, um verschiedene Umgebungsvariablen zu setzen. Die Syntax dieser Befehle ist je nach verwendeter Shell unterschiedlich. Sie können die Verwendung der Bourne- oder C-Shell-Syntax über die Optionen *–s* bzw. *–c* erzwingen:

```
# Befehle in Bourne-Shell-Syntax
$ ssh-agent -s
SSH_AUTH_SOCK=/tmp/ssh-barrett/ssh-3654-agent; export SSH_AUTH_SOCK;
SSH_AGENT_PID=3655; export SSH_AGENT_PID;
echo Agent pid 3655;

# Befehle in C-Shell-Syntax
$ ssh-agent -c
setenv SSH_AUTH_SOCK /tmp/ssh-barrett/ssh-3654-agent;
setenv SSH_AGENT_PID 3655;
echo Agent pid 3655;
```

Normalerweise erkennt *ssh-agent* Ihre Login-Shell und gibt die jeweils passenden Zeilen aus, weshalb Sie *–c* und *–s* eigentlich nicht benötigen. Ein Fall, in dem Sie diese Optionen benötigen, tritt ein, wenn Sie *ssh-agent* innerhalb eines Shell-Skripts aufrufen, das Skript aber eine Shell verwendet, die nicht Ihrer Login-Shell entspricht. Wenn Ihre Login-Shell beispielsweise */bin/csh* lautet und Sie dieses Skript aufrufen:

```
#!/bin/sh
ssh-agent
```

dann gibt *ssh-agent* C-Shell-Befehle aus, die aber fehlschlagen. Sie müssen also folgendes eingeben:

```
#!/bin/sh
ssh-agent -s
```

Das ist besonders wichtig, wenn Sie einen Agenten unter X betreiben und Ihre *~/.xsession*-Datei (oder eine andere Startup-Datei) in einer Shell ausgeführt wird, die nicht der Login-Shell entspricht.

6.3.2.4   Kompatibilität von SSH-1- und SSH-2-Agenten

Ein SSH-1-Agent kann Requests von SSH-2-Clients nicht bearbeiten. Der umgekehrte Fall wird von SSH2 allerdings unterstützt. Wenn *ssh-agent2* mit der Option *–1* (eine numerische Eins, kein kleines L) aufgerufen wird, verarbeitet der Agent Anforderungen von SSH-1-Clients, selbst von *ssh-add1*. Das funktioniert nur bei RSA unterstützenden SSH-2-Implementierungen, weil SSH-1 RSA-Schlüssel verwendet. Bei Drucklegung der amerikanischen Originalausgabe dieses Buches war nur der F-Secure SSH2-Server mit SSH-1-Agenten kompatibel.

```
# SSH2-Agenten in SSH1-Kompatiblitätsmodus starten
$ eval ssh-agent2 -1

# SSH1-Schlüssel hinzufügen
```

```
$ ssh-add1
Need passphrase for /home/smith/.ssh/identity (smith SSH1 key).
Enter passphrase: ****
Identity added (smith SSH1 key).

# SSH2-Schlüssel hinzufügen
$ ssh-add2
Adding identity: /home/smith/.ssh2/id_dsa_1024_a.pub
Need passphrase for /home/smith/.ssh2/id_dsa_1024_a
  (1024-bit dsa, smith SSH2 key, Thu Dec 02 1999 22:25:09-0500).
Enter passphrase: ********

# ssh-add1 gibt nur die SSH1-Schlüssel aus
$ ssh-add1 -l
1024 37 14250473581663289788510457740638775571270... und so weiter

# ssh-add2 führt beide Schlüssel auf
# Nur F-Secure SSH-Server
$ ssh-add2 -l
Listing identities.
The authorization agent has 2 keys:
id_dsa_1024_a: 1024-bit dsa, smith SSH2 key, Thu Dec 02 1999 22:25:09-0500
smith SSH1 key
```

Nun kann ein SSH-1-Client transparent auf *ssh-agent2* zugreifen und glaubt dabei, es mit einem SSH-1-Agenten zu tun zu haben:

```
$ ssh1 server.example.com
```
[Paßphrasen-Prompt erscheint nicht]

ssh-agent2 erreicht diese Kompatibilität durch Setzen der gleichen Umgebungsvariablen wie *ssh-agent1*: SSH_AUTH_SOCK und SSH_AGENT_PID. Daher werden alle Requests von SSH-2-Agenten an *ssh-agent2* weitergeleitet.

Wenn ein *ssh-agent1*-Prozeß läuft und Sie *ssh-agent2 -1* aufrufen, wird Ihr alter *ssh-agent1*-Prozeß unerreichbar, weil *ssh-agent2* dessen Umgebungsvariablen überschreibt.

Die Kompatiblität des Agenten funktioniert nur, wenn die SSH2-Distribution mit dem Flag `--with-ssh-agent1-compat` kompiliert wurde. [4.1.5.13] Sie hängt außerdem vom Wert des Client-Konfigurations-Schlüsselworts `Ssh1AgentCompatibility` ab. [7.4.14]

6.3.3   Schlüssel laden mit ssh-add

Das Programm *ssh-add* ist Ihr persönlicher Kommunikationskanal zu einem *ssh-agent*-Prozeß. (Es sei noch einmal darauf hingewiesen, daß dieser Befehl *ssh-add1* unter SSH1 und *ssh-add2* unter SSH2 sein kann, wobei *ssh-add* ein Link auf das eine oder das andere Programm ist.)

Wenn Sie einen SSH-Agenten zum ersten Mal aufrufen, enthält er noch keine Schlüssel. *ssh-add* nimmt, wie Sie es sich anhand des Namens wohl denken können, private Schlüssel in einen SSH-Agenten auf. Der Name ist allerdings etwas irreführend, weil das Programm den Agenten auch auf andere Weise kontrolliert, etwa bei der Auflistung von Schlüsseln, dem Löschen von Schlüsseln und dem Sperren des Agenten, damit er keine weiteren Schlüssel akzeptiert.

Wenn Sie *ssh-add* ohne Argumente aufrufen, wird Ihr Standard-SSH-Schlüssel in den Agenten geladen, sobald Sie die richtige Paßphrase eingegeben haben:

```
$ ssh-add1
Need passphrase for /home/smith/.ssh/identity (smith@client).
Enter passphrase: ********
Identity added: /home/smith/.ssh/identity (smith@client).

$ ssh-add2
Adding identity: /home/smith/.ssh2/id_dsa_1024_a.pub
Need passphrase for /home/smith/.ssh2/id_dsa_1024_a
 (1024-bit dsa, smith@client, Thu Dec 02 1999 22:25:09-0500).
Enter passphrase: ********
```

Üblicherweise liest *ssh-add* die Paßphrase vom Terminal des Benutzers ein. Ist die Standardeingabe aber kein Terminal und ist die Umgebungsvariable DISPLAY gesetzt, ruft *ssh-add* statt dessen ein grafisches X-Window-Programm namens *ssh-askpass* auf, das ein Fenster öffnet, um Ihre Paßphrase einzulesen. Das ist besonders bei *xdm* Startup-Skripten nützlich.[9]

Sowohl *ssh-add1* als auch *ssh-add2* unterstützen die folgenden Kommandozeilenoptionen zur Auflistung und zum Löschen von Schlüsseln sowie zum Einlesen der Paßphrase:

* Auflisten aller im Agenten geladenen Identitäten mit *−l*:

```
$ ssh-add1 -l
1024 35 160492176677516137918174595057109941250284 6... und so weiter
1024 37 123619462195547437658465892192215215047284 4... und so weiter

$ ssh-add2 -l
Listing identities.
The authorization agent has one key:
id_dsa_1024_a: 1024-bit dsa, smith@client, Thu Dec 02 1999 22:25:09-0500
```

Bei OpenSSH arbeitet die Option *−l* anders, d.h., sie gibt den Fingerprint des Schlüssels aus und nicht den öffentlichen Schlüssel (weitere Details finden Sie im weiter vorne stehenden Kasten »Key-Fingerprints«):

---

9   X hat natürlich seine eigenen Sicherheitsprobleme. Kann jemand die Verbindung zu Ihrem X-Server herstellen, kann er alle Tastatureingaben einschließlich Ihrer Paßphrase überwachen. Ob das bei der Verwendung von *ssh-askpass* ein Aspekt ist oder nicht, hängt von Ihrem System und Ihr Sicherheitsbedürfnissen ab.

```
# Nur OpenSSH
$ ssh-add -l
1024 1c:3d:cc:1a:db:74:f8:e6:46:6f:55:57:9e:ec:d5:fc smith@client
```

Um den öffentlichen Schlüssel auszugeben, müssen Sie bei OpenSSH mit *–L* arbeiten:

```
# Nur OpenSSH
$ ssh-add -L
1024 35 1604921766775161379181745950571099412502846... und so weiter
1024 37 1236194621955474376584658921922152150472844... und so weiter
```

- Löschen einer Identität aus dem Agenten mit *–d*:

```
$ ssh-add -d ~/.ssh/second_id
Identity removed: /home/smith/.ssh/second_id (my alternative key)

$ ssh-add2 -d ~/.ssh2/id_dsa_1024_a
Deleting identity: id_dsa_1024_a.pub
```

Geben Sie keine Schlüsseldatei an, entfernt *ssh-add1* Ihre Standard-Identität aus dem Agenten:

```
$ ssh-add -d
Identity removed: /home/smith/.ssh/identity (smith@client)
```

ssh-add2 verlangt hingegen die Angabe einer Schlüsseldatei:

```
$ ssh-add2 -d
(es passsiert nichts)
```

- Löschen aller Identitäten aus dem Agenten mit *–D*. Damit werden alle momentan geladenen Schlüssel entfernt, der Agent läuft aber weiter:

```
$ ssh-add -D
All identities removed.

$ ssh-add2 -D
Deleting all identities.
```

- Einlesen der Paßphrase von der Standardeingabe mit *–p* (im Gegensatz zum üblicherweise direkten Lesen des TTYs). Diese Option ist nützlich, wenn Sie *ssh-add* Ihre Paßphrase innerhalb eines Programms übergeben wollen. Das folgende Perl-Fragment macht das deutlich:

```
open(SSHADD,"|ssh-add -p") || die "cant start ssh-add";
print SSHADD $passphrase;
close(SSHADD);
```

Zusätzlich besitzt *ssh-add2* weitere Features, die über die Kommandozeilenoptionen kontrolliert werden:

- Sperren und Freigeben (Locking/Unlocking) des Agenten über ein Schlüsselwort mit *–L* und *–U*. Ein gesperrter Agent lehnt alle *ssh-add2*-Operationen außer dem Entsperren ab. Genauer:

  - Wenn Sie versuchen, den Zustand des Agenten zu verändern (durch das Hinzufügen oder Entfernen von Schlüsseln etc.), wird die Operation mit folgender Meldung abgelehnt:

    ```
    The requested operation was denied.
    ```

– Wenn Sie versuchen, eine Liste der Schlüssel des Agenten auszugeben, dann behauptet der Agent, keine Schlüssel zu besitzen:

```
The authorization agent has no keys.
```

Sie sperren den Agenten mit:

```
$ ssh-add2 -L
Enter lock password: ****
Again: ****
```

und geben ihn wie folgt wieder frei:

```
$ ssh-add2 -U
Enter lock password: ****
```

Das Locking ist eine bequeme Möglichkeit, den Agenten zu schützen, wenn Sie Ihren Computer verlassen, ohne sich abzumelden. Natürlich könnten Sie alle Schlüssel mit *ssh-add –D* entfernen, aber dann müssen Sie sie bei Ihrer Rückkehr wieder laden. Wenn Sie nur einen Schlüssel verwenden, macht das keinen Unterschied, bei mehreren Schlüsseln ist es aber eine Qual. Leider ist dieser Locking-Mechanismus nicht besonders sicher. *ssh-agent2* speichert das Locking-Paßwort einfach im Speicher ab und lehnt die Verarbeitung weiterer Requests ab, bis eine Unlock-Nachricht mit dem gleichen Paßwort eingeht. Der gesperrte Agent ist Angriffen gegenüber aber immer noch anfällig: Erlangt ein Angreifer Zugriff auf Ihren Account (oder den root-Account), kann er einen Dump des Prozeß-Adreß-raums des Agenten erzeugen und Ihre Schlüssel herausfiltern. Das Lock-Feature verhindert sicherlich den zufälligen Mißbrauch, die Möglichkeit eines Angriffs bleibt aber real. Wenn Sie sich um die Aufdeckung von Schlüsseln ernsthaft Gedanken machen, sollten Sie genau darüber nachdenken, ob Sie das Locking nutzen wollen. Wir würden uns eine Implementierung dieses Features wünschen, bei der alle im Agenten geladenen Schlüssel mit dem Paßwort verschlüsselt werden. Das bietet dem Benutzer die gleiche Bequemlichkeit, schafft aber besseren Schutz.

• Setzen eines Timeouts für einen Schlüssel mit *–t*. Wenn Sie normalerweise einen Schlüssel in einen Agenten aufnehmen, bleibt dieser für immer im Agenten vorhanden, also bis der Agent beendet wird oder der Schlüssel manuell wieder entfernt wird. Die Option *–t* legt die Lebensdauer eines Schlüssels in Minuten fest. Nachdem die angegebene Zeitspanne verstrichen ist, entfernt der Agent den Schlüssel automatisch.

```
# Schlüssel nach 30 Minuten entfernen
$ ssh-add2 -t 30 mykey
```

• Das Agent-Forwarding mit *–f* und *–F* einschränken. (Agent-Forwarding, das wir bald behandeln werden, leitet Agent-Requests zwischen Hosts weiter.) Die Option *–f* erlaubt die Beschränkung der Distanz, den Requests für einen gegebenen Schlüssel durchlaufen dürfen. Erfolgt ein Request aus zu weiter Entfernung (gemessen in Hops von Maschine zu Maschine), dann schlägt der Request fehl. Ein Hop-Wert von null deaktiviert das Forwarding für diesen Schlüssel:

```
# Lade einen nur lokal zu verwendenden Schlüssel
$ ssh-agent2 -f 0 mykey
```

```
# Lade einen Schlüssel und erlaube Requests mit einer Distanz von bis zu 3 Hops
$ ssh-agent2 -f 3 mykey
```

Die Option *–F* erlaubt die Beschränkung der Menge von Hosts, für die Requests auf diesen Schlüssel erlaubt sind. Als Argument übergeben Sie eine Reihe von Hostnamen, Domains und IP-Adressen, die Requests machen oder weiterleiten dürfen. Dieses Argument ist eine kommaseparierte Liste aus Wildcard-Mustern wie bei den serverweiten Konfigurations-Schlüsselwörtern `AllowHosts` und `DenyHosts`. [5.5.2.3]

```
# Request-Forwarding für einen Schlüssel auf die Domain example.com beschränken
$ ssh-agent2 -F *.example.com mykey


# Forwarding von server.example.com und der Domain harvard.edu erlauben
$ ssh-agent2 -F server.example.com,*.harvard.edu mykey


# Wie oben, aber Forwarding auf 2 Hops beschränken
$ ssh-agent2 -F server.example.com,*.harvard.edu -f 2 mykey
```

SSH1-Agenten unterstützen dieses Feature nicht. Verwenden Sie einen SSH2-Agenten im SSH1-Kompatibilitätsmodus, müssen diese Forwarding-Features nicht unbedingt funktionieren.

- Den gegebenen Schlüssel für Requests von SSH-1-Clients unsichtbar machen, wenn *ssh-agent2* im SSH1-Kompatibilitätsmodus läuft, mit *–1* (eine Eins, kein kleines L). Es muß sich um einen RSA-Schlüssel handeln, weil alle öffentlichen SSH1-Schlüssel RSA-Schlüssel sind. Die einzige SSH-2-Implementierung, die RSA-Schlüssel (zur Drucklegung dieses Buches) unterstützt, ist der F-Secure SSH2-Server. Wir demonstrieren dieses Feature anhand eines Beispiels:

  a. Generieren Sie einen SSH2-RSA-Schlüssel `my-rsa-key`:

  ```
  $ ssh-keygen2 -t rsa my-rsa-key
  ```

  b. Führen Sie den Agenten im SSH1-Kompatibilitätsmodus aus:

  ```
  $ eval ssh-agent2 -1
  ```

  c. Laden Sie den Schlüssel ganz normal in den Agenten:

  ```
  $ ssh-add2 my-rsa-key
  Enter passphrase: ********
  ```

Achten Sie darauf, wie der Schlüssel im SSH1-Kompatiblitätsmodus sowohl für SSH1-Clients:

```
$ ssh-add1 -l
1023 33 75303014325017878443176359O... my-rsa-key ...
```

als auch für SSH2-Clients sichtbar ist:

```
$ ssh-add2 -l
Listing identities.
The authorization agent has one key:
my-rsa-key: 1024-bit rsa, smith@client, Mon Jun 05 2000 23:37:19 -040
```

Löschen Sie den Schlüssel nun und wiederholen Sie das Experiment:

```
$ ssh-add2 -D
Deleting all identities.
```

Diesmal laden Sie den Schlüssel aber mit der Option *–1*, damit SSH1-Clients ihn nicht sehen:

```
$ ssh-add2 -1 my-rsa-key
Enter passphrase: ********
```

Beachten Sie, daß der Schlüssel für SSH2-Clients weiterhin sichtbar ist:

```
$ ssh-add2 -1
Listing identities.
The authorization agent has one key:
my-rsa-key: 1024-bit rsa, smith@client, Mon Jun 05 2000 23:37:19 -040
```

Für SSH1-Clients ist er aber unsichtbar:

```
$ ssh-add1 -1
The agent has no identities.
```

- Operationen mit PGP-Schlüsseln durchführen. Die *ssh-add2*-Manpage dokumentiert die Optionen *–R*, *–N*, *–P* und *–F* für OpenPGP Keyring-Operationen, zur Drucklegung dieses Buches waren diese aber nicht implementiert.

6.3.3.1   Agenten automatisch starten (Single-Shell-Methode)

Der manuelle Aufruf von *ssh-agent* und/oder *ssh-add* bei jedem Login ist sehr mühsam. Mit nur wenigen cleveren Zeilen in Ihrer Login-Initialisierungsdatei können Sie einen Agenten automatisch starten und Ihre Standard-Identität laden. Wir wollen Ihnen das mit beiden Formen des Agentenaufrufs (Single-Shell und Subshell) zeigen.

Die Hauptschritte für die Single-Shell-Methode sehen wie folgt aus:

1. Stellen Sie sicher, daß nicht bereits ein Agent läuft, indem Sie die Umgebungsvariablen SSH_AUTH_SOCK oder SSH2_AUTH_SOCK prüfen.

2. Führen Sie den Agenten *ssh-agent1* oder *ssh-agent2* mittels *eval* aus.

3. Ist Ihre Shell an ein TTY gekoppelt, laden Sie Ihre Standard-Identität mit *ssh-add1* oder *ssh-add2*.

Für die Bourne-Shell und ihre Derivate (*ksh*, *bash*) können Sie die folgenden Zeilen in *~/.profile* eintragen:

```
# Beenden von ssh-agent1 und ssh-agent2 beim Logout sicherstellen
trap
  test -n "$SSH_AGENT_PID"  && eval ssh-agent1 -k ;
  test -n "$SSH2_AGENT_PID" && kill $SSH2_AGENT_PID
 0

# Läuft kein Agent und besitzen wir ein Terminal, führen wir ssh-agent und ssh-
# add aus.
# (Für SSH2 verwenden Sie SSH2_AUTH_SOCK, ssh-agent2 und ssh-add2.)
if [ "$SSH_AUTH_SOCK" = "" ]
then
```

```
      eval ssh-agent
      /usr/bin/tty > /dev/null && ssh-add
   fi
```

Für die C-Shell und *tcsh* verwenden Sie die folgenden Zeilen in *~/.login*:

```
# Verwenden Sie SSH2_AUTH_SOCK für SSH2
if ( ! $?SSH_AUTH_SOCK ) then
   eval ssh-agent
   /usr/bin/tty > /dev/null && ssh-add
endif
```

und den folgenden Code in *~/.logout*:

```
# ~/.logout
if ( "$SSH_AGENT_PID" != "" ) eval ssh-agent -k
if ( "$SSH2_AGENT_PID" != "" ) kill $SSH2_AGENT_PID
```

6.3.3.2 Agenten automatisch starten (Subshell-Methode)

Der zweite Weg, einen Agenten während des Logins zu starten, verwendet die Subshell-Methode zum Aufruf des Agenten. Bei dieser Methode müssen Sie zusätzliche Zeilen in Ihre Login-Initialisierungsdatei (*~/.profile* oder *~/.login*), eine optionale zweite Datei Ihrer Wahl sowie Ihre Shell-Initialisierungsdatei (*~/.cshrc*, *~/.bashrc* etc.) aufnehmen. Die Methode funktioniert nicht für die Bourne-Shell, die keine Shell-Initialisierungsdatei besitzt.

1. In Ihrer *Login*-Initialisierungsdatei müssen Sie sicherstellen, daß der Agent nicht bereits läuft, indem Sie die Umgebungsvariablen SSH_AUTH_SOCK oder SSH2_AUTH_SOCK prüfen.

2. In der letzten Zeile Ihrer Login-Initialisierungsdatei führen Sie *ssh-agent* aus, wodurch eine Subshell angestoßen wird. Optional führen Sie eine *zweite* Initialisierungsdatei aus, um verschiedene Aspekte der Subshell zu konfigurieren.

3. In Ihrer *Shell*-Initialisierungsdatei prüfen Sie, ob die Shell an ein TTY gekoppelt ist, und stellen sicher, daß der Agent noch keine Identitäten geladen hat. Ist das der Fall, laden Sie Ihre Standard-Identität mit *ssh-add1* oder *ssh-add2*.

Nachfolgend wollen wir Ihnen zeigen, wie man das für die Bourne- und C-Shell-Familien macht. Bei Derivaten der Bourne-Shell (*ksh*, *bash*) stellen Sie die folgende Zeile an das Ende der *~/.profile*:

```
test -n "$SSH_AUTH_SOCK" && exec ssh-agent $SHELL
```

Das führt den Agenten aus und stößt eine Subshell an. Soll die Umgebung der Subshell angepaßt werden, erzeugen Sie ein entsprechendes Skript (etwa *~/.profile2*) und verwenden es statt dessen:

```
test -n "$SSH_AUTH_SOCK" && exec ssh-agent $SHELL $HOME/.profile2
```

Als nächstes plazieren Sie die folgenden Zeilen in Ihrer Shell-Initialisierungsdatei ($ENV für *ksh* bzw. ~/.*bashrc* für *bash*), um Ihre Standard-Identität zu laden, falls (und nur falls) das noch nicht erfolgt ist:

```
# Sicherstellen, daß wir an TTY gekoppelt sind
if /usr/bin/tty > /dev/null
then
    # Ausgabe von "ssh-add -1" auf Identitäten prüfen.
    # Für SSH2 verwenden Sie folgende Zeile:
    #  ssh-add2 -1 | grep no keys > /dev/null
    #
    ssh-add1 -1 | grep no identities > /dev/null
    if [ $? -eq 0 ]
    then
        # Ihre Standard-Identität laden. Verwenden Sie ssh-add2 für SSH2.
        ssh-add1
    fi
fi
```

6.3.3.3   Agenten automatisch starten (X-Window-System)

Wenn Sie mit X arbeiten und den Agenten mit Ihrer Standard-Identität automatisch starten wollen, dann ist das eine einfache Sache. Verwenden Sie einfach die Single-Shell-Methode. Zum Beispiel können Sie in Ihrer X-Startup-Datei, üblicherweise ~/.*xsession*, die beiden folgenden Zeilen eintragen:

```
eval ssh-agent
ssh-add
```

6.3.4   Agenten und Sicherheit

Wie bereits früher erwähnt, geben Agenten keine privaten Schlüssel an SSH-Clients bekannt. Statt dessen beantworten sie Requests von Clients zu diesen Schlüsseln. Dieser Ansatz ist sicherer als das Herumreichen von Schlüsseln, dennoch bleiben einige Sicherheitserwägungen. Es ist wichtig, daß Sie diese Aspekte verstehen, bevor Sie dem Agentenmodell völlig vertrauen.

* Agenten verlassen sich auf externe Zugriffs-Kontrollmechanismen.

* Agenten können geknackt werden.

6.3.4.1   Zugriffskontrolle

Wenn Ihr Agent mit privaten Schlüsseln geladen ist, tauchen potentielle Sicherheitsfragen auf. Wie unterscheidet der Agent zwischen legitimen Requests Ihrer SSH-Clients und illegitimen Requests nicht-autorisierter Quellen? Überraschenderweise unterscheidet der Agent überhaupt nicht. Agenten authentifizieren ihre Clients nicht. Sie antworten auf jeden sauber geformten Request, der über den IPC-Kanal, einem Unix Domain Socket, eingeht.

Wie wird die Sicherheit des Agenten dann gehandhabt? Das Betriebssystem des Hostrechners ist dafür verantwortlich, daß der IPC-Kanal vor nicht-autorisiertem Zugriff geschützt wird. Bei Unix wird dieser Schutz durch die Datei-Zugriffsrechte für das Socket erreicht. SSH1 und SSH2 halten ihre Agenten-Sockets in einem geschützten Verzeichnis namens */tmp/ssh-BENUTZERNAME* vor, wobei *BENUTZERNAME* Ihr Login-Name ist. OpenSSH nennt das Verzeichnis hingegen */tmp/ssh-STRING*, wobei der STRING ein zufälliger Text ist, der auf der PID des Agenten basiert. In beiden Fällen ist das Verzeichnis aber vor allen anderen Benutzern geschützt (Modus 700). Sie sind der Eigentümer:

```
$ ls -la /tmp/ssh-smith/
drwx------   2 smith    smith         1024 Feb 17 18:18 .
drwxrwxrwt   9 root     root          1024 Feb 17 18:01 ..
srwx------   1 smith    smith            0 May 14  1999 agent-socket-328
s-w--w--w-   1 root     root            0 Feb 14 14:30 ssh-24649-agent
srw-------   1 smith    smith            0 Dec  3 00:34 ssh2-29614-agent
```

In diesem Beispiel besitzt der Benutzer smith verschiedene Agenten-bezogene Sockets in seinem Verzeichnis. Die beiden smith gehörenden Sockets wurden von Agenten erzeugt, die von smith ausgeführt wurden und ihm gehören. Das dritte Socket kann von jedem geschrieben werden und gehört root. Es wurde vom SSH-Server erzeugt und hat Auswirkungen auf das Agent-Forwarding.[10] [6.3.5]

Die Organisation von Benutzer-Sockets in einzelne Verzeichnisse dient nicht nur der Ordnung, sondern auch der Sicherheit und Portabilität, weil verschiedene Betriebssysteme Socket-Rechte unterschiedlich behandeln. Zum Beispiel scheint Solaris alle Rechte vollständig zu ignorieren. Selbst ein Socket mit den Zugriffsrechten 000 (kein Zugriff für niemanden) akzeptiert alle Verbindungen. Linux respektiert die Socket-Zugriffsrechte, allerdings erlaubt ein rein schreiborientiertes Socket sowohl das Schreiben als auch das Lesen. Um diese diversen Implementierungen zu verarbeiten, hält SSH Ihre Sockets in einem Verzeichnis vor, das Ihnen gehört, und weist dem Verzeichnis Zugriffsrechte zu, die es jedem außer Ihnen verbieten, auf die in diesem Verzeichnis enthaltenen Sockets zuzugreifen.

Die Verwendung eines Unterverzeichnisses innerhalb von */tmp* anstelle von */tmp* selbst verhindert darüber hinaus eine Gruppe von Angriffen, die als *Temp Races* bezeichnet werden. Ein Temp-Race-Angriff nutzt Race Conditions (d.h. eine Situation der Prozeßkonkurrenz) aus, die den üblichen Einstellungen des »Sticky«-Modusbits des Unix-*/tmp*-Verzeichnisses innewohnen. Dieser erlaubt es jedem, dort eine Datei anzulegen, das Löschen von Dateien ist aber nur den Prozessen erlaubt, die die gleiche UID aufweisen wie die Datei.

6.3.4.2 Einen Agenten knacken

Wenn die Maschine, auf der Ihr Agent läuft, geknackt wird, kann sich ein Angreifer auf einfache Weise Zugang zum IPC-Kanal verschaffen und somit zu Ihrem Agenten. Das

---

10 Auch wenn dieses Socket von jedem geschrieben werden kann, ist nur dem Benutzer smith der Zugriff darauf möglich, weil die Zugriffsrechte auf das Parent-Verzeichnis */tmp/ssh-smith* entsprechend eingestellt sind.

erlaubt es dem Eindringling, zumindest einmal Requests an Ihren Agenten zu schicken. Sobald Sie sich ausloggen oder die Schlüssel aus Ihrem Agenten entfernen, ist die Sicherheitslücke geschlossen. Daher sollten Sie Agenten nur auf vertrauenswürdigen Maschinen ausführen und Ihre Schlüssel (mit *ssh-agent –D*) löschen, wenn Sie den Computer für eine längere Zeit, etwa über Nacht, verlassen.

Weil Agenten keine Schlüssel herausgeben, scheinen Schlüssel vor Diebstahl geschützt zu sein, auch wenn eine Maschine geknackt wurde. Leider ist das nicht der Fall. Ein einfallsreicher Cracker hat, sobald er einmal in der Maschine eingeloggt ist, verschiedene Möglichkeiten, an Ihre Schlüssel zu gelangen:

- die Datei mit Ihrem privaten Schlüssel stehlen und versuchen, Ihre Paßphrase zu erraten

- Ihre laufenden Prozesse überwachen und Ihre Paßphrase abfangen, während Sie sie eingeben

- Trojanische Pferde: modifizierte Versionen von Systemprogrammen wie dem Login-Programm, Shells oder der SSH-Implementierung selbst installieren, die dann Ihre Paßphrase stehlen

- eine Kopie des Arbeitsspeichers Ihres laufenden Agenten erzeugen und sich die Schlüssel direkt heraussuchen (etwas schwerer als die anderen Möglichkeiten)

Die Moral lautet also wie folgt: Führen Sie Agenten nur auf vertrauenswürdigen Maschinen aus. SSH entbindet Sie nicht von der Aufgabe, andere Teile Ihres Systems abzusichern.

6.3.5   Agent-Forwarding

Bislang haben sich unsere SSH-Clients nur mit einem SSH-Agenten auf der gleichen Maschine unterhalten. Mit Hilfe eines als *Agent-Forwarding* bezeichneten Features können Clients sich auch mit Agenten auf entfernten Maschinen unterhalten. Dieses Feature dienst sowohl der Bequemlichkeit – es erlaubt Clients auf mehreren Maschinen die Nutzung nur eines Agenten –, ist aber auch ein Mittel, um einige durch Firewalls auftretende Probleme zu lösen.

6.3.5.1   Ein Firewall-Beispiel

Stellen Sie sich vor, Sie wollen von Ihrem Homecomputer H die Verbindung zu einem Computer C im Büro herstellen. Wie viele Computer des Unternehmens liegt C hinter einer Firewall und kann vom Internet aus nicht direkt erreicht werden. Sie können also keine SSH-Verbindung zwischen H und C herstellen. Hmm ..., was kann man tun? Sie rufen den technischen Support an, und überraschenderweise gibt es mal gute Neuigkeiten. Man teilt Ihnen mit, daß es im Unternehmen ein Gateway, einen sog. »Bastion«-Host B gibt, der vom Internet aus zu erreichen ist und auf dem ein SSH-Server läuft. Sie sollten also in der Lage sein, C zu erreichen, indem Sie eine SSH-Verbindung von H zu B herstellen und dann von B zu C, weil die Firewall SSH-Traffic erlaubt. Der technische

Support gibt Ihnen einen Account auf dem Bastion-Host B, und das Problem scheint gelöst ... oder nicht?

Aus Sicherheitsgründen erlaubt das Unternehmen den Zugriff auf seine Computer nur mittels Public-Key-Authentifizierung. Mit Ihrem privaten Schlüssel auf Ihrem Rechner H zu Hause können Sie die Verbindung zum Bastion-Host B erfolgreich herstellen. Hier treffen Sie nun aber auf ein Hindernis: Ebenfalls aus Sicherheitsgründen verbietet es das Unternehmen, SSH-Schlüssel auf dem »offenen« Bastion-Host B zu speichern, weil diese gestohlen werden könnten, wenn B geknackt wird. Das sind schlechte Nachrichten, weil der SSH-Client auf B einen Schlüssel benötigt, um die Verbindung mit Ihrem Account auf C herstellen zu können. Ihr Schlüssel liegt zu Hause auf H. (Abbildung 6-5 macht das Problem deutlich.) Was nun?

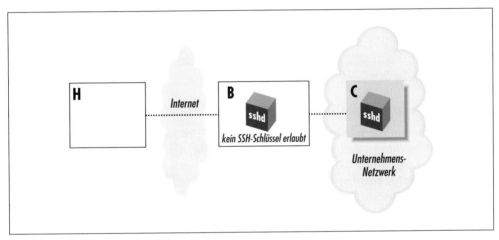

Abbildung 6-5: Bastion-Host-Szenario

Beachten Sie, daß dieses Problem mit *telnet* oder *rsh* nicht auftritt. Sie geben einfach Ihr (natürlich ungeschütztes)[11] Paßwort ein, um C zu erreichen. Eine Lösung bieten SSH-Agenten und das Agent-Forwarding.

Das SSH-Agent-Forwarding erlaubt es einem Programm, das auf einem entfernten Host wie B läuft, transparent auf Ihren *ssh-agent* auf H zuzugreifen, als ob dieser Agent auf B laufen würde. Ein auf B laufender entfernter SSH-Client kann nun also Daten mit Ihrem Schlüssel auf H signieren und verschlüsseln. Abbildung 6-6 macht das deutlich. Auf diese Weise können Sie eine SSH-Session von B zur Ihrem Arbeitsplatzrechner C herstellen und das Problem lösen.

---

11 Dieses Problem der Schlüssel-Distribution kann auch mit netzwerkfähigen Filesharing-Protokollen wie NFS, SMB oder AFP gelöst werden, diese sind aber in den hier diskutierten Situationen des entfernten Zugriffs nicht verfügbar.

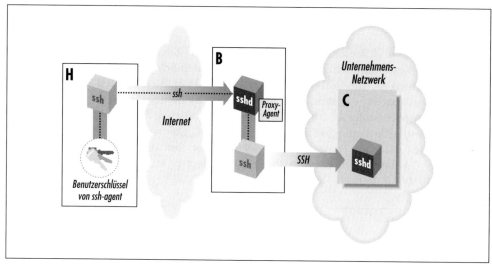

Abbildung 6-6: Lösung mit SSH-Agent-Forwarding

6.3.5.2 Wie Agent-Forwarding funktioniert

Das Agent-Forwarding läuft, wie das gesamte SSH-Forwarding (Kapitel 9), »hinter den Kulissen« ab. In diesem Fall leitet ein SSH-Client seine Agent-Requests über eine separate, vorher aufgebaute SSH-Session an einen Agenten weiter, der die benötigten Schlüssel besitzt. Abbildung 6-7 macht das deutlich. Die Übertragung erfolgt natürlich über eine gesicherte SSH-Verbindung. Lassen Sie uns im Detail die durchgeführten Schritte untersuchen.

1. Nehmen wir an, Sie sind auf Maschine X eingeloggt und rufen *ssh* auf, um eine entfernte Terminal-Session mit Maschine Y herzustellen:

   ```
   # Auf Maschine X:
   $ ssh Y
   ```

2. Vorausgesetzt, daß das Agent-Forwarding aktiv ist, sagt der Client beim Aufbau der Vebindung zum SSH-Server: »Ich möchte gerne das Agent-Forwarding nutzen«.

3. *sshd* auf Maschine Y prüft seine Konfiguration, um zu sehen, ob das Agent-Forwarding erlaubt ist. Lassen Sie uns annehmen, daß es aktiviert ist.

4. *sshd* auf Maschine Y richtet auf Y einen lokalen IPC-Kanal (Interprozeß-Kommunikation) ein, indem er einige Unix Domain-Sockets erzeugt und einige Umgebungsvariablen setzt. [6.3.2.1] Der resultierende IPC-Mechanismus entspricht dem von *ssh-agent*. *sshd* ist nun also in der Lage, sich als SSH-Agent auszugeben.

5. Ihre SSH-Session zwischen X und Y wird nun aufgebaut.

6. Auf Rechner Y führen Sie nun einen weiteren *ssh*-Befehl aus, um eine SSH-Session mit einer dritten Maschine Z aufzubauen:

   ```
   # Auf Maschine Y:
   $ ssh Z
   ```

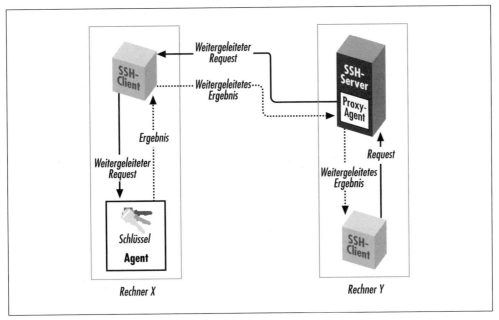

Abbildung 6-7: Wie Agent-Forwarding funktioniert

7. Dieser neue *ssh*-Client benötigt nun einen Schlüssel, um die Verbindung mit Z herzustellen. Er glaubt, daß ein Agent auf der Maschine Y läuft, weil *sshd* auf Y sich als einer ausgibt. Der Client führt daher einen Authentifizierungs-Request über den IPC-Kanal aus.

8. *sshd* fängt, als Agent »verkleidet«, diesen Request ab, und sagt: »Hallo, ich bin der Agent. Was möchtest Du tun?« Der Prozeß ist transparent: Der Client glaubt, sich mit einem Agenten zu unterhalten.

9. *sshd* leitet dann diesen Agenten-bezogenen Request zurück an die ursprüngliche Maschine X, wobei die gesicherte Verbindung zwischen X und Y verwendet wird. Der Agent auf Maschine X empfängt diesen Request, greift auf Ihren lokalen Schlüssel zu, und seine Antwort wird dann an den *sshd* auf Maschine Y weitergeleitet.

10. *sshd* auf Y gibt diese Anwort an den Client weiter, und die Verbindung zu Maschine Z kann hergestellt werden.

Dank des Agent-Forwarding haben Sie transparenten Zugriff von Maschine Y auf alle SSH-Schlüssel auf Maschine X. Alle SSH-Clients auf Y können also auf alle Hosts zugreifen, die durch Ihre Schlüssel auf X erlaubt sind. Um das zu testen, können Sie den folgenden Befehl auf Maschine Y ausführen, um sich die Schlüssel anzusehen:

```
# Auf Maschine Y:
$ ssh-agent -l
```

Es werden alle Schlüssel ausgegeben, die Ihr Agent auf Maschine X geladen hat.

Bleibt noch zu erwähnen, daß die Agent-Forwarding-Beziehung transitiv ist: Wiederholen Sie diesen Prozeß und bilden Sie so eine Kette von SSH-Verbindungen von Maschine zu Maschine, hat der letzte Host immer noch Zugriff auf alle Schlüssel des ersten Hosts (X). (Das setzt natürlich voraus, daß das Agent-Forwarding durch *sshd* auf allen dazwischenliegenden Hosts erlaubt ist.)

6.3.5.3 Agent-Forwarding aktivieren

Bevor ein SSH-Client die Vorteile des Agent-Forwarding nutzen kann, muß dieses Feature zuerst aktiviert werden. Die Standard-Einstellungen für dieses Feature variieren bei den verschiedenen SSH-Implementierungen, und natürlich kann der Systemadministrator sie ändern. Wenn nötig, können Sie es manuell mit dem Konfigurations-Schlüsselwort ForwardAgent[12] in der Client-Konfigurationsdatei *~/.ssh/config* anpassen. Die möglichen Werte sind yes (Voreinstellung) oder no:

```
# SSH1, SSH2, OpenSSH
ForwardAgent yes
```

Ebenso können Sie mit Kommandozeilen-Optionen arbeiten. Neben der Kommandozeilenoption *–o*, die beliebige Konfigurations-Schlüsselwörter samt Wert akzeptiert:

```
# SSH1, SSH2, OpenSSH
$ ssh -o "ForwardAgent yes" ...
```

schaltet die *ssh*-Option *–a* das Agent-Forwarding aus:

```
# SSH1, SSH2, OpenSSH
$ ssh -a ...
```

Zusätzlich akzeptieren *ssh2* und OpenSSHs *ssh* Optionen, die das Agent-Forwarding aktivieren, obwohl es standardmäßig schon eingeschaltet ist:

```
# Nur SSH2
$ ssh2 +a ...

# Nur OpenSSH
$ ssh -A ...
```

6.3.6 Nutzung der CPU durch Agenten

Bevor wir die Diskussion zu Agenten beenden, wollen wir noch einen letzten Hinweis auf die Performance geben. Agenten übernehmen die gesamte kryptographische Arbeit, die anderenfalls die SSH-Clients erledigen würden. Das bedeutet, daß ein Agent merklich CPU-Zeit beanspruchen kann. In einem Fall haben einige unserer Freunde SSH1 für umfangreiche Automatisierungsaufgaben verwendet, bei der Hunderte kurzzeitiger SSH-Sessions nacheinander abliefen. Unsere Freunde waren sehr überrascht herauszufinden, daß der einzelne *ssh-agent*, der von all diesen Prozessen verwendet wurde, den Löwenanteil an CPU-Zeit dieser Maschine beanspruchte.

---

12 SSH2 unterstützt das Schlüsselwort AllowAgentForwarding als Synonym für ForwardAgent.

6.4   Mehrere Identitäten

Bislang sind wir davon ausgegangen, daß Sie nur eine einzelne SSH-Identität besitzen, die Sie gegenüber einem SSH-Server eindeutig identifiziert. Sie besitzen eine Standard-Identität – unsere früheren *ssh-add*-Beispiele haben mit ihr gearbeitet –, können aber so viele Identitäten erzeugen, wie Sie wollen.

Warum mehrere Identitäten? Schließlich können Sie mit einer einzigen SSH-Identität und einer einzigen Paßphrase die Verbindung zu allen entfernten Maschinen herstellen. Das ist sehr einfach und bequem. Tatsächlich kommen die meisten Leute mit nur einer Identität wunderbar zurecht. Für verschiedene Identitäten gibt es aber wichtige Anwendungen:

Zusätzliche Sicherheit
> Wenn Sie verschiedene SSH-Schlüssel für unterschiedliche entfernte Accounts nutzen und einer dieser Schlüssel geknackt wird, wird nur ein Teil Ihrer entfernten Accounts angreifbar.

Sichere Batch-Prozesse
> Durch Verwendung eines SSH-Schlüssels mit einer leeren Paßphrase können Sie sichere, automatisierte Prozesse zwischen interagierenden Computern aufbauen, z.B. für unbeaufsichtigte Backups. [11.1.2.2] Allerdings wollen Sie definitiv nicht, daß Ihre regulären Logins einen unverschlüsselten privaten Schlüssel verwenden. Zu diesem Zweck erzeugen Sie also einen zweiten Schlüssel.

Verschiedene Account-Einstellungen
> Sie können Ihren entfernten Account so einrichten, daß er sich, basierend auf dem jeweils verwendeten Schlüssel, unterschiedlich verhält. Zum Beispiel könnte Ihre Unix-Login-Session, abhängig vom verwendeten Schlüssel, unterschiedliche Startup-Dateien ausführen.

Anstoßen entfernter Programme
> Ihr entfernter Account kann so eingerichtet werden, daß er bestimmte Programme ausführt, wenn ein anderer Schlüssel verwendet wird. [8.2.4]

Um mehrere Identitäten verwenden zu können, müssen Sie wissen, wie man zwischen ihnen wechselt. Hier gibt es zwei Möglichkeiten: manuell oder automatisch über einen Agenten.

6.4.1   Manueller Wechsel der Identität

ssh und *scp* erlauben den Wechsel der Identität mit der Kommandozeilenoption *−i* und dem Konfigurationsschlüsselwort `IdentityFile`. Bei beiden Techniken geben Sie den Namen der Datei mit dem gewünschten privaten Schlüssel (SSH1, OpenSSH) oder der Identifikationsdatei (SSH2) an. [7.4.2] Tabelle 6-2 faßt die Syntax zusammen.

Tabelle 6-2: Syntax-Zusammenfassung

Version	ssh	scp	IdentityFile (Schlüsselwort)
SSH1, OpenSSH	*ssh1 –i key_file* ...	*scp1 –i key_file* ...	`IdentityFile` *key_file*
SSH2	*ssh2 –i id_file* ...	*scp2 –i id_file* ...	`IdentityFile` *id_file*

6.4.2 Identitätswechsel mit einem Agenten

Nutzen Sie einen SSH-Agenten, erfolgt der Identitätswechsel automatisch. Sie nehmen einfach alle gewünschten Identitäten mit *ssh-add* in den Agenten auf. Versuchen Sie dann einen Verbindungsaufbau, fordert (und erhält) Ihr SSH-Client eine Liste aller Identitäten vom Agenten. Der Client probiert dann nacheinander alle Identitäten aus, bis eine Authentifizierung erfolgreich ist oder alle fehlgeschlagen sind. Selbst wenn Sie zehn unterschiedliche Identitäten für zehn verschiedene SSH-Server besitzen, liefert ein einzelner Agent (der diese Schlüssel besitzt) die passenden Schlüssel-Daten an Ihre SSH-Clients, damit diese sich bei allen zehn Servern problemlos authentifizieren können.

All das erfolgt völlig transparent, ohne daß Sie irgendwie eingreifen müssen. Allerdings könnten Sie auf zwei potentielle Probleme stoßen, wenn Sie zwei SSH-Identitäten besitzen, die für den gleichen SSH-Server verwendet werden können.

Das erste Problem taucht auf, wenn der Agent Identitäten in der Reihenfolge speichert, in der sie von *ssh-add* empfangen werden. Wie gesagt, probiert der SSH-Client die Identitäten »nacheinander« aus, also in der Reihenfolge, in der er sie vom Agenten erhält. Aus diesem Grund liegt es in Ihrer Verantwortlichkeit, Identitäten in einer sorgfältig gewählten, sinnvollen Reihenfolge an den Agenten zu übergeben. Anderenfalls kann ein SSH-Client, wenn in einem Fall zwei oder mehr Identitäten passen, die falsche Identität verwenden.

Nehmen wir beispielsweise einmal an, Sie haben zwei SSH1-Identitäten in den Dateien *id-normal* und *id-backups* abgelegt. Sie verwenden *id-normal* für normale Terminal-Sessions zu *server.example.com* und *id-backups* zum Aufruf eines entfernten Backup-Programms auf *server.example.com* (d.h. mit einem erzwungenen Befehl [8.2.4]). Bei jedem Login nehmen Sie beide Schlüssel in einem Agenten auf. Sie verwenden hierzu ein cleveres Skript, das alle Schlüssel-Dateien in einem gegebenen Verzeichnis lokalisiert und lädt:

```
#!/bin/csh
cd ~/.ssh/my-keys    # Ein Beispiel-Verzeichnis
foreach keyfile (*)
  ssh-add $keyfile
end
```

Was passiert, wenn Sie einen SSH-Client aufrufen?

```
$ ssh server.example.com
```

In diesem Fall wird das entfernte Backup-Programm ausgeführt, die Authentifizierung erfolgt mit dem Schüssel in der Datei *id-backups*. Das Wildcard-Zeichen gibt die Liste der Schlüssel-Dateien in alphabetischer Reihenfolge zurück, d.h., *id-backups* wird vor *id-normal* eingefügt, als hätten Sie folgendes eingegeben:

```
$ ssh-add id-backups
$ ssh-add id-normal
```

Aus diesem Grund verwenden Ihre SSH-Clients immer den Schlüssel *id-backups*, wenn die Verbindung zu *server.example.com* hergestellt werden soll, weil der Agent ihn in einer ersten Antwort auf den Client-Request zurückliefert. Das ist vielleicht nicht das, was Sie sich gewünscht haben.

Das zweite Problem macht dieses Verhalten nur schlimmer: Identitäten eines Agenten haben Vorrang vor manuell angegebenen Identitäten. Kann die Identität aus einem Agenten erfolgreich authentifiziert werden, gibt es keine Möglichkeit, sie manuell mit der Kommandozeilenoption *−i* oder dem Schlüsselwort `IdentityFile` zu überschreiben. Für das letzte Beispiel kann man also die Identität *id-normal* überhaupt nicht verwenden. Der verzweifelte Versuch mit:

```
$ ssh -i id-normal server.example.com
```

wird immer noch mit *id-backups* authentifiziert, weil er als erster in den Agenten geladen wurde. Selbst nicht-geladene Identitäten können die Wahl des Agenten nicht überschreiben. Wenn Sie zum Beispiel nur eine Identität in den Agenten aufnehmen und dann versuchen, sich mit der anderen zu authentifizieren:

```
$ ssh-add id-normal
$ ssh -i id-backups server.example.com
```

erfolgt die Authentifizierung der *ssh*-Verbindung trotzdem mit der geladenen Identität, diesmal *id-normal*, ganz egal, was die Option *−i* angibt.[13]

Wenn Sie also zwei SSH-Identitäten besitzen, die für einen SSH-Server gelten, lautet die allgemeine Regel, keine dieser Identitäten an einen Agenten zu übergeben. Anderenfalls wird der Zugriff auf den SSH-Server für eine dieser Identitäten unmöglich.

6.4.3 Anpassen von Sessions, basierend auf der Identität

Trotz der im letzten Abschnitt beschriebenen Probleme können mehrere Identitäten sehr nützlich sein. Das gilt besonders dann, wenn Sie Ihre entfernten Accounts so konfigurieren können, daß Sie auf unterschiedliche Identitäten auch unterschiedlich reagieren. Dieser Prozeß läuft in drei Schritten ab:

---

13 Dieses undokumentierte Verhalten trieb uns in den Wahnsinn, bis wir herausfanden, was passiert war. Ein ähnliches Verhalten tritt bei SSH1 mit der Kerberos-Authentizierung auf. Wenn Sie Kerberos-Credentials besitzen, die Ihnen den Zugang erlauben, keinen Agenten ausführen, und dann einen Schlüssel mit *-i* angeben, so wird dieser Schlüssel nicht verwendet, solange Sie nicht die Kerberos-Credentials zerstören (oder auf andere Weise unbrauchbar machen, z.B. indem Sie sie durch Setzen der KRB5CCNAME-Variable verstecken), weil Kerberos immer zuerst ausprobiert wird.

1. Generieren Sie, wie in diesem Kapitel erläutert, eine neue SSH-Identität.

2. Richten Sie mit Hilfe Ihrer neuen Identität eine detaillierte Client-Konfiguration ein, die genau das macht, was Sie wünschen. Das ist Gegenstand von Kapitel 7.

3. Richten Sie Ihren Account auf dem SSH-Server so ein, daß er auf Ihre neue Identität wie gewünscht reagiert. Wir behandeln das im Detail in Kapitel 8.

Wir empfehlen Ihnen, mit dieser Technik ernsthaft zu experimentieren. Sie können auf diese Weise mit SSH wirklich interessante Dinge tun. Wenn Sie mit SSH einfach nur simple Terminal-Sessions ausführen, verpassen Sie das Beste.

6.5 Zusammenfassung

In diesem Kapitel haben Sie gesehen, wie man SSH-Identitäten erzeugt und verwendet. Diese Identitäten werden durch Schlüssel-Paare repräsentiert, die entweder einzeln (SSH-1) oder in ganzen Sammlungen (SSH-2) auftreten. Schlüssel werden mit *ssh-keygen* erzeugt und Clients greifen ganz nach Bedarf auf sie zu. SSH-2 stellt eine zusätzliche Konfigurationsschicht bereit, die Identifikationsdatei, mit deren Hilfe Sie mehrere Identitäten als Gesamtheit nutzen können. Sie können so viele Identitäten besitzen, wie Sie wollen.

SSH-Agenten sind nützliche Helfer, die Zeit sparen und die wiederholte Eingabe von Paßphrasen unnötig machen. Der Betrieb von Agenten hat zwar durchaus seine Tükken, aber sobald Sie sich mal daran gewöhnt haben, sollte er Ihnen zur zweiten Natur werden.

7

Fortgeschrittene Verwendung von Clients

SSH-Clients lassen sich hervorragend konfigurieren. In Kapitel 2 wurden entfernte Logins und das Kopieren von Dateien vorgestellt, aber das war nur die Spitze des Eisbergs. Sie können die Verbindung auch über mehrere SSH-Identitäten herstellen, eine Vielzahl von Authentifizierungs- und Verschlüsselungstechniken nutzen, Kontrolle über TCP/IP-Einstellungen ausüben und generell das Verhalten und den Betrieb von SSH-Clients Ihren Bedürfnissen anpassen. Sie können sogar gängige Sammlungen von SSH-Einstellungen in Konfigurationsdateien zusammenfassen, damit diese einfacher eingesetzt werden können.

Wir werden uns auf die *ausgehende* SSH-Nutzung konzentrieren, d.h. den Betrieb von SSH-Clients zur Herstellung von Verbindungen zu entfernten Hosts. Wir verwenden dazu die in Abbildung 7-1 hervorgehobenen Komponenten. Ein verwandtes Thema, auf das wir in diesem Kapitel aber nicht eingehen, ist die Kontrolle eingehender SSH-Verbindungen zu Ihrem Account. Diese Art der Zugriffskontrolle ist eine Funktion des SSH-Servers, nicht des -Clients, und wird in Kapitel 8 diskutiert.

7.1 Wie man Clients konfiguriert

Die Clients *ssh* und *scp* sind sehr differenziert konfigurierbar und besitzen viele Einstellungsmöglichkeiten, die Ihren Bedürfnissen entsprechend vorgenommen werden können. Wenn Sie das Verhalten dieser Clients verändern möchten, stehen Ihnen dazu drei allgemeine Techniken zur Verfügung:

Umgebungsvariablen
    Dienen kleineren Verhaltensänderungen von *scp*.

Kommandozeilenoptionen
    Verändern das Verhalten von *ssh* oder *scp* für einen einzigen Lauf.

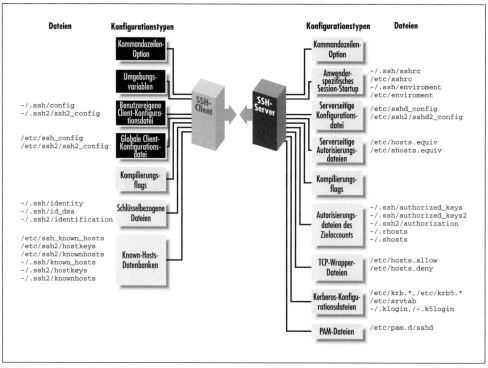

Abbildung 7-1: Client-Konfiguration (hervorgehoben)

Konfigurations-Schlüsselwörter

Für Änderungen, die in Kraft bleiben, bis sie erneut geändert werden. Werden in einer *Client-Konfigurationsdatei* abgelegt.

Wir geben nun einen allgemeinen Überblick über diese drei Techniken.

7.1.1 Umgebungsvariablen

Verschiedene Features von Clients werden durch Umgebungsvariablen gesteuert. Zum Beispiel gibt *scp* Informationen zu jeder übertragenen Datei aus, wenn die Umgebungsvariable SSH_ALL_SCP_STATS gesetzt ist. Umgebungsvariablen können in Ihrer aktuellen Shell mit den üblichen Methoden gesetzt werden:

```
# C-Shell-Familie  (csh, tcsh)
$ setenv SSH_ALL_SCP_STATS 1


# Bourne-Shell-Familie  (sh, ksh, bash)
$ SSH_ALL_SCP_STATS=1
$ export SSH_ALL_SCP_STATS
```

Alternativ können Umgebungsvaraiblen und deren Werte in einer Datei angegeben werden. Systemadministratoren können Umgebungsvariablen für alle Benutzer in

/etc/environment angeben, und Benutzer können sie in *~/.ssh/environment* (SSH1, OpenSSH) oder *~/.ssh2/environment* (SSH2) setzen. Diese Dateien enthalten Zeilen der Form:

```
NAME=WERT
```

wobei *NAME* der Name der Umgebungsvariablen ist und *WERT* der ihr zugewiesene Wert. Der Wert wird literal vom Gleichheitszeichen bis zum Ende der Zeile übernommen. Stellen Sie die Werte nicht in Quoting-Zeichen, auch wenn Whitespace-Zeichen vorhanden sind, es sei denn, die Quoting-Zeichen sollen Teil des Wertes werden.

7.1.2 Kommandozeilenoptionen

Kommandozeilenoptionen erlauben es, das Verhalten eines Clients für genau einen Aufruf zu verändern. Wenn Sie beispielsweise *ssh1* über eine langsame Modemverbindung nutzen, können Sie SSH1 mit der Kommandozeilenoption *–C* anweisen, die Daten zu komprimieren:

```
$ ssh1 -C server.example.com
```

ssh, *scp* und die meisten der sie unterstützenden Programme geben einen Hilfetext mit allen Kommandozeilenoptionen aus, wenn sie mit der Option *–h* aufgerufen werden. Ein Beispiel:

```
# SSH1, SSH2
$ ssh -h
$ ssh-keygen2 -h
```

7.1.3 Client-Konfigurationsdateien

Wenn Sie die Kommandozeilenoptionen nicht immer wieder eingeben wollen, können Sie das Verhalten eines Clients in *Konfigurationsdateien* festlegen. Diese Einstellungen bleiben so lange gültig, bis die Konfigurationsdatei erneut geändert wird. Zum Beispiel können Sie die Komprimierung für alle aufgerufenen Clients aktivieren, indem Sie die folgende Zeile in die Client-Konfigurationsdatei eintragen:

```
Compression yes
```

In einer Client-Konfigurationsdatei werden die Einstellungen eines Clients durch Angabe von 276 Schlüsselwörtern und deren Werten festgelegt. Im obigen Beispiel lautet das Schlüsselwort `Compression` und der zugeordnete Wert `yes`. Bei SSH1 und OpenSSH können Sie optional das Schlüsselwort durch ein Gleichheitszeichen vom Wert trennen:

```
Compression = yes
```

SSH2 unterstützt diese Syntax allerdings nicht, weshalb es einfacher sein könnte, immer das »Schlüsselwort <Leerzeichen> Wert«-Format beizubehalten, um Verwirrung zu vermeiden.

Sie können Clients so konfigurieren, daß sie sich für jeden von Ihnen besuchten entfernten Host unterschiedlich verhalten. Das kann ad hoc mit Kommandozeilenoptionen geschehen, sobald es aber ein wenig komplexer wird, endet es mit der Eingabe von langen, unbequemen Kommandozeilen wie:

```
$ ssh1 -a -p 220 -c blowfish -l sally -i myself server.example.com
```

Alternativ können Sie diese Optionen in einer Konfigurationsdatei festhalten. Die folgenden Einträge spiegeln die Funktion der obigen Kommandozeilenoptionen wider und fassen sie unter dem Namen »myserver« zusammen:

```
# SSH1, OpenSSH
Host myserver
 ForwardAgent no
 Port 220
 Cipher blowfish
 User sally
 IdentityFile myself
 HostName server.example.com
```

Um den Client mit diesen Optionen auszuführen, geben Sie einfach folgendes ein:

```
$ ssh1 myserver
```

Die Einrichtung solcher Konfigurationsdateien kann einige Zeit beanspruchen, aber auf lange Sicht sparen Sie dadurch sehr viel Zeit.

Wir haben Ihnen einen flüchtigen Blick auf die *Struktur* einer Konfigurationsdatei gewährt: eine Host-Spezifikation, gefolgt von einer Reihe von Schlüssel/Wert-Paaren. In den folgenden Abschnitten führen wir diese Philosophie fort, d.h., wir definieren die Sruktur und allgemeine Regeln, bevor wir die Bedeutung von Schlüsselwörtern erläutern. Nachdem wir das Allgemeine abgehandelt haben, wenden wir uns einzelnen Schlüsselwörtern zu. Klingt gut? Los geht's!

7.1.3.1 Schlüsselwörter verglichen mit Kommandozeilenoptionen

Bevor wir die vielen Konfigurations-Schlüsselwörter behandeln, wollen wir noch darauf hinweisen, daß bei Bedarf alle über die Kommandozeile festgelegt werden können. Zu diesem Zweck existiert die Kommandozeilenoption *–o*. Für jede Konfigurationszeile der Form:

```
Schlüsselwort Wert
```

können Sie folgendes eingeben:[1]

```
# SSH1, SSH2, OpenSSH
$ ssh -o "Schlüsselwort Wert" ...
```

---

1 Erneut erlauben SSH1 und OpenSSH die Verwendung des Gleichheitszeichens (=) zwischen Schlüsselwort und Wert, was das Weglassen der Quoting-Zeichen in der Kommandozeile erlaubt: *ssh –o Schlüsselwort= Wert.*

Zum Beispiel können die Konfigurationszeilen:

```
User sally
Port 220
```

auch wie folgt angegeben werden:

```
# SSH1, SSH2, OpenSSH
$ ssh -o "User sally" -o "Port 220" server.example.com
```

SSH1 erlaubt zusätzlich ein Gleichheitszeichen zwischen Schlüsselwort und Wert:

```
$ ssh1 -o User=sally -o Port=220 server.example.com
```

Das Beispiel zeigt, daß die Option *–o* in der Kommandozeile wiederholt angegeben werden kann. Die Option funktioniert bei SSH1 und OpenSSH auch mit *scp*:

```
# SSH1, OpenSSH
$ scp -o "User sally" -o "Port 220" myfile server.example.com:
```

Eine weitere Beziehung zwischen Kommandozeilenoptionen und Konfigurations-Schlüsselwörtern finden Sie in der Option *–F* (nur SSH2). Diese Option weist einen SSH2-Client an, eine andere Konfigurationsdatei anstelle von *~/.ssh2/ssh2_config* zu verwenden. Ein Beispiel:

```
$ ssh2 -F ~/.ssh2/andere_config
```

Leider gibt es für SSH1- und OpenSSH-Clients kein vergleichbares Gegenstück.

7.1.3.2 *Globale und lokale Dateien*

Die Konfigurationsdateien für Clients gibt es in zwei Varianten. Eine einzelne, *globale* Client-Konfigurationsdatei (die üblicherweise vom Systemadministrator angelegt wird), steuert das Verhalten von Clients für den gesamten Computer. Diese Datei ist traditionell */etc/ssh_config* (SSH1, OpenSSH) bzw. */etc/ssh2/ssh2_config* (SSH2). (Verwechseln Sie das nicht mit den *Server*-Konfigurationsdateien im gleichen Verzeichnis.) Jeder Benutzer kann darüber hinaus eine *lokale* Client-Konfigurationsdatei innerhalb seines Accounts anlegen, üblicherweise *~/.ssh/config* (SSH1, OpenSSH) oder *~/.ssh2/ssh2_config* (SSH2). Diese Datei kontrolliert das Verhalten von Clients, die innerhalb der Login-Session des Benutzers laufen.[2]

Die Werte der lokalen Benutzerdatei haben Vorrang vor denen der globalen Datei. Wenn zum Beispiel die globale Datei die Datenkomprimierung aktiviert und Ihre lokale Datei diese deaktiviert, dann siegt die lokale Datei für Clients, die in Ihrem Account laufen. Wir gehen auf den Vorrang gleich noch genauer ein. [7.2]

---

2 Der Systemadministrator kann die Lage der Client-Konfigurationsdateien mit Hilfe des Kompilierungs-Flags `--with-etcdir` [4.1.5.1] oder dem serverweit geltenden Schlüsselwort `UserConfigDirectory` ändern. [5.4.1.5] Liegen die Dateien bei Ihrem Computer also nicht an den üblichen Stellen, fragen Sie Ihren Systemadministrator.

7.1.3.3   Abschnitte der Konfigurationsdatei

Client-Konfigurationsdateien sind in *Abschnitte* (sections) unterteilt. Jeder Abschnitt enthält Einstellungen für einen entfernten Host oder für eine Reihe zusammengehörender entfernter Hosts, wie etwa allen Hosts einer gegebenen Domain.

Der Anfang eines Abschnitts wird bei den verschiedenen SSH-Implementierungen unterschiedlich markiert. Bei SSH1 und OpenSSH beginnt das Schlüsselwort Host einen neuen Abschnitt. Diesem Schlüsselwort folgt ein als *Host-Spezifikation* bezeichneter String. Dieser String kann einen Hostnamen:

```
Host server.example.com
```

eine IP-Adresse:

```
Host 123.61.4.10
```

oder der Spitzname (nickname) eines Hosts sein: [7.1.3.5]

```
Host my-nickname
```

Sie können eine Reihe von Hosts auch über Wildcard-Muster angeben, bei denen? für ein einzelnes und * für eine Folge beliebiger Zeichen stehen (genau wie die Dateinamen-Wildcards in Ihrer Lieblings-Shell):

```
Host *.example.com
Host 128.220.19.*
```

Hier einige weitere Beispiele für Wildcards:

```
Host *.edu     Jeder Hostname der edu-Domain
Host a*        Jeder mit einem »a« beginnende Hostname
Host *1*       Jeder Hostname (und jede IP-Adresse!), der (bzw. die) irgendwo eine 1 enthält
Host *         Jeder beliebige Hostname und jede IP-Adresse
```

Bei SSH2 wird ein neuer Abschnitt durch einen Host-Spezifikationsstring, gefolgt von einem Doppelpunkt, eingeleitet. Der String kann, genau wie das Argument für Host, ein Computername:

```
server.example.com:
```

eine IP-Adresse:

```
123.61.4.10:
```

ein Spitzname:

```
my-nickname:
```

oder ein Wildcard-Muster sein:

```
*.example.com:
```

```
128.220.19.*:
```

Auf die Host-Spezifikationszeile folgen eine oder mehrere Einstellungen, d.h. Konfigurations-Schlüsselwörter und -Werte, die Sie aus den letzten Beispielen kennen. Die folgende Tabelle verdeutlicht die Unterschiede zwischen den SSH1- und SSH2-Konfigurationsdateien:

SSH1, OpenSSH	SSH2

Host myserver
  User sally
  IdentityFile myself
  ForwardAgent no
  Port 220
  Cipher blowfish
	myserver:
	  User sally
	  IdentityFile myself
	  ForwardAgent no
	  Port 220
	  Ciphers blowfish

Die Einstellungen gelten für die in der Host-Spezifikation genannten Hosts. Der Abschnitt endet bei der nächsten Host-Spezifikation oder dem Dateiende.

7.1.3.4   *Mehrere Matches*

Da Wildcards in Host-Spezifikationen erlaubt sind, kann ein einzelner Hostname auf einen oder mehrere Abschnitte der Konfigurationsdatei zutreffen. So beginnt ein Abschnitt beispielsweise mit:[3]

```
Host *.edu
```

und ein anderer mit:

```
Host *.harvard.edu
```

Welcher Abschnitt wird nun verwendet, wenn Sie die Verbindung zu *server.harvard.edu* herstellen? Ob Sie es glauben oder nicht: beide. Jeder passende Abschnitt wird berücksichtigt, und wenn ein Schlüsselwort mehr als einmal und mit unterschiedlichen Werten gesetzt wird, dann hat ein Wert Vorrang. Bei SSH1 und OpenSSH kommt der erste Wert zum Zuge, bei SSH1 macht der letzte Wert das Rennen.

Nehmen wir einmal an, Ihre Client-Konfigurationsdatei enthält zwei Abschnitte zur Steuerung der Datenkomprimierung, Paßwort-Authentifizierung und zur Abfrage von Paßwörtern:

```
Host *.edu
  Compression yes
  PasswordAuthentication yes

Host *.harvard.edu
  Compression no
  PasswordPromptLogin no
```

und Sie stellen die Verbindung zu *server.harvard.edu* her:

```
$ ssh server.harvard.edu
```

---

3   Wir verwenden hier nur die SSH1-Syntax, um die Dinge übersichtlich zu halten, die Erläuterungen treffen aber auch auf SSH2 zu.

Beachten Sie, daß der String `server.harvard.edu` auf beide `Host`-Muster, `*.edu` und `*.harvard.edu`, paßt. Wie bereits gesagt, werden die Schlüsselwörter in beiden Abschnitten auf Ihre Verbindung angewandt. Daher setzt der obige *ssh*-Befehl die Werte für die Schlüsselwörter `Compression`, `PasswordAuthentication` und `Password-PromptLogin`.

Beachten Sie nun aber, daß die beiden Abschnitte in unserem Beispiel unterschiedliche Werte für `Compression` verwenden. Was passiert? Die Regel ist die, daß der erste Wert siegt, in diesem Fall also `yes`. Für unser Beispiel werden also die folgenden Werte für *server.harvard.edu* verwendet:

```
Compression yes            Die erste Compression-Zeile
PasswordAuthentication yes  Einmalig im ersten Abschnitt
PasswordPromptLogin no      Einmalig im zweiten Abschnitt
```

Wie in Abbildung 7-2 zu sehen, wird `Compression no` ignoriert, weil sie erst als zweite `Compression`-Zeile erkannt wurde. Wenn also zehn unterschiedliche `Host`-Zeilen auf *server.harvard.edu* zutreffen, werden alle zehn Abschnitte angewandt, und wird ein entsprechendes Schlüsselwort wiederholt gesetzt, wird nur der erste Wert verwendet.

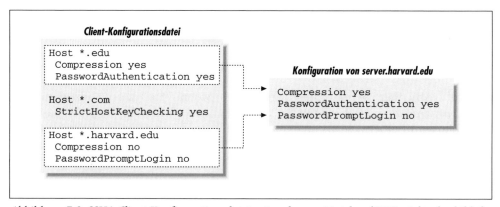

Abbildung 7-2: SSH1-Client-Konfigurationsdatei mit mehreren Matches (SSH2 nicht abgebildet)

Auch wenn dieses Feature verwirrend sein mag, besitzt es nützliche Eigenschaften. Stellen Sie sich vor, einige Einstellungen sollen auf alle entfernten Hosts angewandt werden. Erzeugen Sie einfach einen Abschnitt, der mit

```
Host *
```

beginnt, und tragen Sie dort alle gemeinsamen Einstellungen ein. Dieser Abschnitt sollte entweder der erste oder der letzte in einer Datei sein. Steht er an erster Stelle, haben die Einstellungen Vorrang gegenüber allen anderen. Auf diese Weise können Sie sich vor Ihren eigenen Fehlern schützen. Wenn Sie zum Beispiel sicherstellen wollen, daß SSH-Sessions niemals versehentlich zum unsicheren *rsh*-Protokoll wechseln, tragen Sie zu Beginn Ihrer Konfigurationsdatei folgendes ein:

```
# Erster Abschnitt der Datei
Host *
 FallBackToRsh no
```

Plazieren Sie `Host *` alternativ als letzten Abschnitt der Konfigurationsdatei, werden die entsprechenden Einstellungen nur verwendet, wenn keine anderen Abschnitte sie überschreiben. Das ist nützlich, wenn Sie das Standardverhalten von SSH ändern, ein Überschreiben aber trotzdem ermöglichen wollen. So ist beispielsweise standardmäßig die Datenkomprimierung deaktiviert. Sie können sie standardmäßig aktivieren, indem Sie Ihre Konfigurationsdatei wie folgt enden lassen:

```
# Letzter Abschnitt der Datei
Host *
 Compression yes
```

Voilà, Sie haben das Standardverhalten von *ssh* und *scp* für Ihren Account geändert! Jeder andere Abschnitt, der in der Konfigurationsdatei früher vorkommt, kann diesen Standardwert einfach überschreiben, indem er `Compression` auf `no` setzt.

7.1.3.5   Spitznamen für Hosts anlegen

Stellen Sie sich vor, Ihre Client-Konfigurationsdatei enthält einen Abschnitt für den entfernten Host *myserver.example.com*:

```
Host myserver.example.com
 ...
```

Eines Tages, während Sie auf *ourclient.example.com* angemeldet sind, entscheiden Sie sich, eine SSH-Verbindung mit *myserver.example.com* herzustellen. Weil beide Rechner in der gleichen Domain *example.com* liegen, lassen Sie den Domainnamen in der Kommandozeile weg und geben einfach folgendes ein:

```
$ ssh myserver
```

Das baut die SSH-Verbindung zwar auf, Sie treffen aber auf eine unerwartete Abstufung der Konfigurationsdatei. *ssh* vergleicht den Kommandozeilenstring »myserver« mit dem Hoststring »myserver.example.com«, erkennt keine Übereinstimmung und wendet diesen Abschnitt der Konfigurationsdatei nicht an. Ja, die Software verlangt eine exakte textliche Übereinstimmung zwischen den Hostnamen der Kommandozeile und der Konfigurationsdatei.

Sie können diese Beschränkung umgehen, indem Sie `myserver` als Spitznamen (nickname) für *myserver.example.com* definieren. Bei SSH1 und OpenSSH wird das mit den Schlüsselwörtern `Host` und `HostName` erledigt. Geben Sie bei `Host` einfach den Spitznamen und bei `HostName` den vollständig qualifizierten Hostnamen an:

```
# SSH1, OpenSSH
Host myserver
 HostName myserver.example.com
  ...
```

ssh erkennt nun, daß dieser Abschnitt auch für Ihren Befehl *ssh myserver* gilt. Sie können für einen gegebenen Computer jeden beliebigen Spitznamen definieren, selbst wenn dieser mit dem ursprünglichen Hostnamen in keinerlei Beziehung steht:

```
# SSH1, OpenSSH
Host simple
  HostName myserver.example.com
  ...
```

Danach können Sie den Spitznamen in der Kommandozeile verwenden:

```
$ ssh1 simple
```

Bei SSH2 ist die Syntax anders, der Effekt ist aber der gleiche. Verwenden Sie den Spitznamen in der Host-Spezifikation und geben Sie den vollständigen Namen über das Host-Schlüsselwort bekannt:

```
# Nur SSH2
simple:
  Host myserver.example.com
  ...
```

Nun können Sie folgendes eingeben:

```
$ ssh2 simple
```

Spitznamen sind sehr bequem, wenn Sie die Einstellung neuer Clients testen wollen. Stellen Sie sich die folgende SSH1-Konfiguration für *server.example.com* vor:

```
Host server.example.com
  ...
```

wo Sie mit unterschiedlichen Einstellungen experimentieren wollen. Sie können die Einstellungen direkt vor Ort modifizieren, aber wenn das nicht funktioniert, verschwenden Sie Zeit, indem Sie sie wieder rückgängig machen müssen. Die folgenden Schritte demonstrieren eine bequemere Lösung:

1. Innerhalb der Konfigurationsdatei legen Sie eine Kopie des zu ändernden Abschnitts an:

```
# Original
Host server.example.com
  ...
# Kopie zum Testen
Host server.example.com
  ...
```

2. In der Kopie ändern Sie »Host« in »HostName«:

```
# Original
Host server.example.com
  ...
# Kopie zum Testen
HostName server.example.com
  ...
```

3. Fügen Sie zu Beginn der Kopie eine `Host`-Zeile mit einem wohlklingenden Namen wie »Host my-test« ein:

```
# Original
Host server.example.com
  ...
# Kopie zum Testen
Host my-test
 HostName server.example.com
  ...
```

4. Die Einrichtung ist erledigt. Innerhalb der Kopie (`my-test`) führen Sie alle gewünschten Änderungen durch, und die Verbindung stellen Sie mittels *ssh my-test* her. Sie können das alte mit dem neuen Verhalten vergleichen, indem Sie *ssh server.example.com* mit *ssh my-test* vergleichen. Entscheiden Sie sich gegen die Änderungen, löschen Sie den `my-test`-Abschnitt einfach. Gefallen Ihnen die Änderungen, kopieren Sie sie in den Originalabschnitt (oder löschen das Original und behalten die Kopie).

Das gleiche ist auch mit SSH2 möglich:

```
# Original
server.example.com:
  ...
# Kopie zum Testen
my-test:
 Host server.example.com
  ...
```

7.1.3.6   Kommentare, Einrückung und Stil

Sie haben wahrscheinlich in den letzten Beispielen bemerkt, daß wir das Symbol `#` zur Einleitung von Kommentaren verwenden:

```
# Das ist ein Kommentar
```

Tatsächlich wird jede mit # beginnende Zeile der Konfigurationsdatei als Kommentar betrachtet und ignoriert. Leere (oder nur Whitespace enthaltende) Zeilen werden ebenfalls ignoriert.

Ihnen ist vielleicht auch aufgefallen, daß die einer Host-Spezifikation folgenden Zeilen eingerückt sind:

```
# SSH1, OpenSSH
Host server.example.com
 Schlüsselwort1 wert1
 Schlüsselwort2 wert2

# Nur SSH2
server.example.com:
 Schlüsselwort1 wert1
 Schlüsselwort2 wert2
```

Das Einrücken wird als guter Stil betrachtet, weil es den Anfang eines neuen Abschnitts visuell deutlich macht. Diese Einrückung ist nicht unbedingt notwendig, aber wir empfehlen sie.

7.2 Vorrang

Vielleicht fragen Sie sich, was passiert, wenn einige Konfigurationseinstellungen sich widersprechen? Wenn Sie also beispielsweise das Schlüsselwort Compression verwenden, um die Komprimierung zu deaktivieren, diese aber gleichzeitig mit der Kommandozeilenoption −C aktivieren, welche Einstellung gewinnt dann? Mit anderen Worten, welche hat *Vorrang*?

Bei SSH1-, SSH2- und OpenSSH-Clients ist der Vorrang (vom höchsten zum niedrigsten) wie folgt festgelegt:

1.   Kommandozeilenoptionen
2.   die lokale Client-Konfigurationsdatei des Benutzers
3.   die globale Client-Konfigurationsdatei[4]

Kommandozeilenoptionen besitzen den höchsten Vorrang und überschreiben alle Client-Konfigurationsdateien. Die lokale Konfigurationsdatei des Benutzers besitzt den nächst höheren Vorrang, und die globale Konfigurationsdatei besitzt den niedrigsten Vorrang. In unserem obigen Beispiel hat −C also Vorrang vor dem Schlüsselwort Compression, und dementsprechend wird die Komprimierung aktiviert. Wird eine Einstellung weder durch ein Schlüsselwort noch durch eine Kommandozeilen-Option festgelegt, wird die Voreinstellung des Clients verwendet.

Denken Sie daran, daß wir hier nur über ausgehende Verbindungen reden, die von den Clients initiiert werden. Eingehende Verbindungen, die vom SSH-Server kontrolliert werden, besitzen andere Vorrangsregeln. Bei Servern überschreibt die lokale Konfigurationsdatei des Benutzers definitiv nicht die der globalen Datei. Anderenfalls könnten die Benutzer globale Server-Einstellungen überschreiben und Sicherheitslücken öffnen oder anderen Schaden anrichten. [8.1.1]

7.3 Einführung in den Verbose-Modus

Nachdem wir Kommandozeilenoptionen und Konfigurationsdateien ganz allgemein behandelt haben, wollen wir nun in eine ausführliche Diskussion der Konfiguration eintauchen. Bevor wir anfangen, wollen wir uns aber noch etwas in Verteidigung üben. Während Sie mit diesen Optionen arbeiten, werden Sie gelegentlich ein Verhalten fest-

---

4   Umgebungsvariablen erwähnen wir hier gar nicht, denn sie konkurrieren nicht um den Vorrang. Sie kontrollieren verschiedene Eigenschaften, die Kommandozeilen-Optionen und Konfigurationsdateien nicht in die Quere kommen.

stellen, das Sie so vielleicht nicht erwartet haben. Wann immer das der Fall ist, sollten Sie instinktiv den Verbose-Modus mit der Kommandozeilenoption –*v* aktivieren, um das Problem verfolgen zu können:

```
# SSH1, SSH2, OpenSSH
$ ssh -v server.example.com
```

Im Verbose-Modus (zu deutsch der »wortreiche Modus«) gibt der Client bei seiner Arbeit eine Reihe von Meldungen aus, die Hinweise auf das Problem geben. SSH-Neulinge (aber auch eine Reihe erfahrener Anwender) vergessen oder ignorieren beim Auftreten von Problemen häufig den Verbose-Modus. Zögern Sie nicht! Viele der in der SSH-Newsgroup *comp.security.ssh* [12.3] gestellten Fragen hätten sofort beantwortet werden können, wenn *ssh –v* ausgeführt und die Ausgabe untersucht worden wäre.

Nehmen wir einmal an, Sie haben Ihren öffentlichen Schlüssel gerade auf *server.example.com* installiert und versuchen nun, sich mit diesem Schlüssel zu authentifizieren. Seltsamerweise werden Sie nach Ihrem Login-Paßwort gefragt und nicht nach Ihrer Public-Key-Paßphrase:

```
$ ssh server.example.com
barrett@server.example.coms password:
```

Sitzen Sie nicht einfach herum und wundern Sie sich nicht. Lassen Sie den Verbose-Modus zur Rettung eilen:

```
$ ssh -v server.example.com
SSH Version 1.2.27 [sparc-sun-solaris2.5.1], protocol version 1.5.
client: Connecting to server.example.com [128.9.176.249] port 22.
client: Connection established.
client: Trying RSA authentication with key barrett@client
client: Remote: Bad file modes for /users/barrett/.ssh          Aha!
client: Server refused our key.
client: Doing password authentication.
barrett@server.example.coms password:
```

Diese Meldungen (die wir für dieses Beispiel etwas gekürzt haben) bestätigen, daß der Aufbau der SSH-Verbindung erfolgreich ist, die Public-Key-Authentifizierung aber fehlschlägt. Der Grund sind »bad file modes«, also fehlerhafte Datei-Zugriffsrechte: Das entfernte SSH-Verzeichnis */home/barrett/.ssh* verwendet falsche Rechte. Nach einem kurzen Trip zum Server und einen wohldurchdachten *chmod*-Befehl später ist das Problem gelöst:

```
# Auf dem Server
$ chmod 700 ~/.ssh
```

Der Verbose-Modus funktioniert auch bei *scp*:

```
$ scp -v myfile server.example.com:
Executing: host belvedere, user (unspecified), command scp -v -t .
SSH Version 1.2.27 [sparc-sun-solaris2.5.1], protocol version 1.5.
...
```

Der Verbose-Modus ist Ihr Freund. Nutzen Sie ihn ausgiebig. Jetzt können wir Sie mit den vielen Optionen vertraut machen.

7.4   Client-Konfiguration im Detail

ssh und *scp* orientieren ihr Verhalten an Kommandozeilenoptionen, Schlüsselwörtern in Konfigurationsdateien und Umgebungsvariablen. SSH1-, SSH2- und OpenSSH-Clients verhalten sich unterschiedlich und besitzen unterschiedliche Einstellungsmöglichkeiten, aber wie üblich behandeln wir sie alle gleichzeitig. Wird eine Einstellung nur von einigen dieser Produkte unterstützt, weisen wir entsprechend darauf hin.

7.4.1   Name des entfernten Accounts

ssh und *scp* gehen davon aus, daß der lokale und der entfernte Benutzername gleich sind. Wenn Ihr lokaler Benutzername henry lautet und Sie folgendes ausführen:

```
# SSH1, SSH2, OpenSSH
$ ssh server.example.com
```

geht *ssh* davon aus, daß Ihr entfernter Benutzername ebenfalls henry lautet, und fordert dementsprechend eine Verbindung zu diesem Account auf *server.example.com* an. Wenn sich Ihr entfernter Accountname von Ihrem lokalen Namen unterscheidet, müssen Sie dem SSH-Client den Namen Ihres entfernten Accounts mitteilen. Damit henry die Verbindung mit einem entfernten Account namens sally herstellen kann, kann er die Kommandozeilenoption *–l* verwenden:

```
# SSH1, SSH2, OpenSSH
$ ssh -l sally server.example.com
```

Beim Kopieren von Dateien mit *scp* sieht die Syntax für die Angabe des entfernten Accountnamens etwas anders aus und erinnert eher an eine E-Mail-Adresse. [7.5.1] Um die Datei *myfile* zum entfernten Account sally auf *server.example.com* zu kopieren, geben Sie folgendes ein:

```
# SSH1, SSH2, OpenSSH
$ scp myfile sally@server.example.com:
```

Stellen Sie häufig die Verbindung zu einer entfernten Maschine mit einem anderen Benutzernamen her, können Sie den Namen für den entfernten Account in Ihrer Client-Konfigurationsdatei angeben, statt mit Kommandozeilenoptionen zu arbeiten. Diesem Zweck dient das Schlüsselwort User, das sowohl von *ssh* als auch von *scp* beachtet wird. Die folgende Tabelle zeigt, wie Sie für einen gegebenen entfernten Host Ihren Benutzernamen mit sally festlegen:

SSH1, OpenSSH	SSH2
`Host server.example.com` `  User sally`	`server.example.com:` `  User sally`

Nun müssen Sie Ihren Benutzernamen nicht mehr mit sally angeben, wenn Sie die Verbindung zu *server.example.com* herstellen:

```
# Der Benutzername sally wird automatisch verwendet
$ ssh server.example.com
```

7.4.1.1   Tricks mit entfernten Accountnamen

Mit User und Spitznamen können Sie die für *ssh* und *scp* einzugebenden Kommandozeilen deutlich verkürzen. Wenn wir bei unserem »sally«-Beispiel bleiben und die Einstellung der folgenden Tabelle verwenden:

SSH1, OpenSSH	SSH2

`Host simple`
`  HostName server.example.com`
`  User sally`
	`simple:`
	`  Host server.example.com`
	`  User sally`

dann können die folgenden langen Befehlszeilen:

```
$ ssh server.example.com -l sally
$ scp myfile sally@server.example.com:
```

wie folgt verkürzt werden:

```
$ ssh simple
$ scp myfile simple:
```

Die folgende Tabelle zeigt, wie Sie separat in eigenen Abschnitten einer Konfigurationsdatei verschiedene Accountnamen für unterschiedliche Hosts festlegen können:

SSH1, OpenSSH	SSH2

`Host server.example.com`
`  User sally`
`  ...`
`Host another.example.com`
`  User sharon`
`  ...`
	`server.example.com:`
	`  User sally`
	`  ...`
	`another.example.com:`
	`  User sharon`
	`  ...`

Diese Technik ist bequem, wenn Sie auf jeder entfernten Maschine nur einen Account besitzen. Nun stellen Sie sich aber vor, Sie besitzen zwei Accounts (sally und sally2) auf *server.example.com*. Gibt es eine Möglichkeit, beide in der Konfigurationsdatei anzugeben? Der folgende Versuch funktioniert nicht (wir geben nur die SSH1-Syntax wieder):

```
# DAS FUNKTIONIERT NICHT
Host server.example.com
 User sally
 User sally2
 Compression yes
```

weil nur der erste Wert (sally) gewinnt. Sie können das umgehen, indem Sie mit Spitznamen arbeiten und in der Konfigurationsdatei zwei Abschnitte für die gleiche Maschine anlegen, die dann mit einem anderen User arbeiten:

```
# SSH1, OpenSSH
# Abschnitt 1: Bequemer Zugriff auf den sally-Account
Host sally-account
 HostName server.example.com
 User sally
 Compression yes

# Abschnitt 2: Bequemer Zugriff auf den sally2-Account
Host sally2-account
 HostName server.example.com
 User sally2
 Compression yes
```

Nun können Sie die beiden Accounts einfach über den Spitznamen erreichen:

```
$ ssh sally-account
$ ssh sally2-account
```

Das funkioniert, ist aber nicht die ideale Lösung. Sie haben in jedem Abschnitt die Einstellungen (HostName und Compression) dupliziert. Duplikate erschweren die Pflege der Konfigurationsdatei, weil zukünftige Änderungen zweimal berücksichtigt werden müssen. (Duplikate stellen generell kein gutes Software-Engineering dar.) Muß man denn duplizieren? Nein, es gibt eine bessere Lösung. Unmittelbar hinter den beiden Abschnitten legen Sie einen dritten an, der eine Host-Wildcard verwendet, die für beide Accounts gilt. Wir verwenden zum Beispiel sally*-account und schieben alle doppelt vorkommenden Einstellungen in diesen neuen Abschnitt:

```
# SSH1, OpenSSH
Host sally*-account
 HostName server.example.com
 Compression yes
```

Das Endergebnis zeigt die folgende Tabelle:

SSH1, OpenSSH	SSH2

```Host sally-account```
 ``` User sally```
 ```Host sally2-account```
 ``` User sally2```
 ```Host sally*-account```
 ``` HostName server.example.com```
 ``` Compression yes```
	```sally-account:```
	 ``` User sally```
	 ```sally2-account:```
	 ``` User sally2```
	 ```sally*-account:```
	 ``` Host server.example.com```
	 ``` Compression yes```

Weil sally*-account auf beide anderen Abschnitte zutrifft, werden der vollständige Name und die Komprimierung von beiden Accounts übernommen. Alle Einstellungen, die sich bei sally-account und sally2-account unterscheiden (in diesem Fall User), werden in den jeweiligen Abschnitten vorgehalten. Sie haben nun den gleichen Effekt erzielt wie im letzten Beispiel – zwei Accounts mit unterschiedlichen Einstellungen auf der gleichen entfernten Maschine – aber ohne hier irgendwelche Einstellungen zu duplizieren.

7.4.2　Identität des Benutzers

SSH identifiziert Sie anhand einer *Identität*, verkörpert durch ein Schlüsselpaar (SSH-1) oder eine Sammlung von Schlüsselpaaren (SSH-2). [6.1] Normalerweise verwenden SSH-Clients Ihre Standard-Schlüssel-Datei (SSH1, OpenSSH) bzw. Ihre Standard-Identifikationsdatei (SSH2) zum Aufbau einer authentifizierten Verbindung. Wenn Sie aber noch andere Schlüssel erzeugt haben, können Sie SSH-Clients anweisen, diese für Ihre Identität zu verwenden. Eine Kommandozeilenoption (*–i*) und ein Konfigurations-Schlüsselwort (`IdentityFile`) sind zu diesem Zweck verfügbar.

Besitzen Sie zum Beispiel eine Datei namens *my-key*, die Ihren privaten Schlüssel enthält, können SSH1- und OpenSSH-Clients ihn mit den folgenden Befehlen nutzen:

```
$ ssh1 -i my-key server.example.com
$ scp1 -i my-key myfile server.example.com:
```

Alternativ kann auch das Konfigurations-Schlüsselwort verwendet werden:

```
IdentityFile my-key
```

Die Lage der Datei wird relativ zum aktuellen Verzeichnis angenommen, in diesem Fall lautet also der Pfad *./my-key*.

SSH2 kennt *–i* und `IdentityFile` ebenfalls, deren Verwendung ist aber leicht unterschiedlich. Anstelle einer Schlüsseldatei übergeben Sie den Namen einer Identifikationsdatei:[5]

```
$ ssh2 -i my-id-file server.example.com
```

```
IdentityFile my-id-file
```

Achten Sie auf diesen Unterschied zwischen *ssh1* und *ssh2*. Wenn Sie versehentlich eine Schlüssel-Datei an *ssh2* übergeben, interpretiert der Client die Datei als Identifikationsdatei und sendet ein willkürliches Ergebnis an den SSH2-Server. Die Authentifizierung schlägt mysteriöserweise fehl (im Log erscheint möglicherweise die Meldung »No further authentication methods available«), oder Sie werden nach Ihrem Login-Paßwort anstelle der Paßphrase Ihres öffentlichen Schlüssels gefragt.

Mehrere Identitäten können sehr nützlich sein. [6.4] Beispielsweise können Sie Ihren entfernten Account so einrichten, daß bestimmte Programme ausgeführt werden, wenn ein zweiter Schlüssel verwendet wird. Der normale Befehl

```
$ ssh server.example.com
```

führt zu einer normalen Login-Session, während

```
$ ssh -i andere_identität server.example.com
```

5　Bei SSH2 2.0.13 (und früher) verlangen die Option *–i* und `IdentityFile` die Identitätsdatei in Ihrem SSH2-Verzeichnis *~/.ssh2*. Seit SSH2 2.1.0 sind absolute Pfade erlaubt, wobei jeder nicht mit einem Slash (/) beginnende Pfad als relativ zu *~/.ssh2* liegend angenommen wird.

einen komplexen Batchjob auf *server.example.com* ausführen kann. Mit Hilfe von Konfigurationsschlüsselwörtern können wir den gleichen Effekt erzielen, indem wir (wie in der folgenden Tabelle zu sehen) eine alternative Identität angeben:

SSH1, OpenSSH	SSH2

`Host SomeComplexAction`
` HostName server.example.com`
` IdentityFile other_identity`
`...`
	`SomeComplexAction:`
	` Host server.example.com`
	` IdentityFile other_identity`
	` ...`

Sie können dann folgendes aufrufen:

```
$ ssh SomeComplexAction
```

SSH1 und OpenSSH können mehrere Identitäten in nur einem Befehl übergeben:[6]

```
# SSH1, OpenSSH
$ ssh -i id1 -i id2 -i id3 server.example.com
```

oder in der Konfigurationsdatei:

```
# SSH1, OpenSSH
Host server.example.com
  IdentityFile id1
  IdentityFile id2
  IdentityFile id3
```

Mehrere Identitäten werden nacheinander ausprobiert, bis die Authentifizierung schließlich bei einer erfolgreich ist. Allerdings sind SSH1 und OpenSSH auf 100 Identitäten pro Befehl beschränkt.

Wenn Sie häufig mit mehreren Identitäten arbeiten, sollten Sie daran denken, daß ein SSH-Agent Ihnen einigen Ärger ersparen kann. Laden Sie einfach die Schlüssel aller Identitäten mit *ssh-add,* und Sie müssen bei der Arbeit nicht mehr mit mehreren Paßphrasen hantieren.

7.4.3 *Host-Schlüssel und Known-Hosts-Datenbanken*

Jeder SSH-Server besitzt einen Host-Schlüssel [3.3], der den Server gegenüber Clients eindeutig identifiziert. Dieser Schlüssel schützt einen vor Spoofing-Angriffen. Wenn ein SSH-Client eine Verbindung anfordert und den Host-Schlüssel des Servers empfängt, vergleicht der Client diesen mit den in einer lokalen Datenbank enthaltenen (bekannten) Host-Schlüsseln. Stimmt der Schlüssel, wird die Verbindung aufgebaut. Stimmt er nicht, verhält sich der Client so, wie Sie es über mehrere von Ihnen kontrollierte Optionen festgelegt haben.

---

6 SSH2 erreicht das gleiche mit Identifikationsdateien, die mehrere Schlüssel enthalten können.

Bei SSH1 und OpenSSH erfolgt die Pflege der Datenbank mit den Host-Schlüsseln zum Teil an einem serverweit geltenden Ort (*/etc/ssh_known_hosts*) und zum Teil im SSH-Verzeichnis des Benutzers (*~/.ssh/known_hosts*).[7] Bei SSH2 gibt es zwei Datenbanken mit Host-Schlüsseln, die zur Authentifizierung von Server-Hosts (die »hostkeys«-Tabelle in */etc/ssh2/hostkeys*) und Client-Hosts (die »knownhosts«-Tabelle) verwendet werden; in diesem Abschnitt interessiert uns nur die erste. Genau wie bei SSH1 wird die SSH2-Tabelle mit den Host-Schlüsseln in einem serverweiten Verzeichnis (*/etc/ssh2/hostkeys/*) und einem Account-bezogenen Verzeichnis (*~/.ssh2/hostkeys/*) festgehalten. In diesem Abschnitt bezeichnen wir die SSH1-, SSH2- und OpenSSH-Tabellen einfach als *Host-Key-Datenbank*.

7.4.3.1 *»Strikte« Prüfung des Host-Schlüssels*

Stellen Sie sich vor, Sie fordern eine SSH-Verbindung zu *server.example.com* an, worauf der Server mit seinem Host-Schlüssel antwortet. Ihr Client sucht *server.example.com* in seiner Host-Key-Datenbank. Idealerweise wird ein passender Schlüssel gefunden, und die Verbindung wird hergestellt. Was passiert aber, wenn das nicht der Fall ist? Zwei Szenarien sind möglich:

SZENARIO 1

Ein Host-Schlüssel für *server.example.com* liegt in der Datenbank vor, stimmt aber nicht mit dem eingegangenen Schlüssel überein. Das kann auf eine Sicherheitslücke hinweisen, kann aber auch bedeuten, daß sich bei *server.example.com* der Host-Schlüssel geändert hat, was durchaus erlaubt und möglich ist. [3.10.4]

SZENARIO 2

Es existiert kein Host-Schlüssel für *server.example.com* in der Datenbank. In diesem Fall besucht der SSH-Client *server.example.com* zum ersten Mal.

Für beide Szenarien stellt sich die Frage, ob der Versuch des Clients erfolgreich sein oder fehlschlagen soll. Soll er den neuen Host-Schlüssel in die Datenbank aufnehmen oder nicht? Diese Entscheidungen werden über das Schlüsselwort StrictHostKey-Checking kontrolliert, dem drei Werte zugewiesen werden können:

yes

»Strikt« (oder streng) sein. Ist ein Schlüssel unbekannt oder hat er sich verändert, schlägt die Verbindung fehl. Das ist der sicherste Wert, gleichzeitig aber auch der unbequemste und lästigste, wenn Sie häufig neue Rechner besuchen oder die Host-Schlüssel entfernter Rechner häufig geändert werden.

no

Nicht streng. Ist ein Schlüssel unbekannt, wird er automatisch in die Datenbank des Benutzers aufgenommen, und der Verbindungsaufbau schreitet fort. Hat sich ein Schlüssel verändert, bleibt der Known-Hosts-Eintrag erhalten, eine Warnung wird ausgegeben, und der Verbindungsaufbau darf fortschreiten. Das ist der unsicherste Wert.

---

7 OpenSSH hält zusätzlich bekannte SSH-2-Host-Schlüssel in der Datei *~/.ssh/known_hosts2* fest.

`ask`

Den Benutzer fragen. Ist ein Schlüssel unbekannt, fragen, ob er in die Benutzer-Datenbank aufgenommen und die Verbindung hergestellt werden soll. Hat sich der Schlüssel geändert, fragen, ob die Verbindung hergestellt werden soll. Das ist der standardmäßig eingestellte Wert und für gut informierte Benutzer die richtige Wahl. (Weniger erfahrene Benutzer verstehen möglicherweise nicht, wonach sie gefragt werden, und könnten daher die falsche Entscheidung treffen.)

Hier ein Beispiel:

```
# SSH1, SSH2, OpenSSH
StrictHostKeyChecking yes
```

Tabelle 7-1 faßt das Verhalten von SSH bei `StrictHostKeyChecking` zusammen.

Tabelle 7-1: Verhalten bei StrictHostKeyChecking

Schlüssel gefunden?	Überein-stimmung	Strict?	Aktion
Ja	Ja	–	Verbindung
Ja	Nein	Yes	Warnung und Fehlschlag
Ja	Nein	No	Warnung und Verbindung
Ja	Nein	Ask	Warnung und Verbindung erfragen
Nein	–	Yes	Warnung und Fehlschlag
Nein	–	No	Schlüssel hinzufügen und verbinden
Nein	–	Ask	Hinzufügen des Schlüssels und Verbindungsaufbau erfragen

OpenSSH besitzt ein zusätzliches Schlüsselwort namens `CheckHostIP`, um einen Client die IP-Adresse eines SSH-Servers in der Datenbank überprüfen zu lassen. Der Wert kann `yes` (Voreinstellung, Adresse überprüfen) oder `no` sein. Der Wert `yes` bietet Sicherheit vor Name-Service Spoofing-Angriffen. [3.10.2]

```
# Nur OpenSSH
CheckHostIP no
```

7.4.3.2 Verschiebung der Known-Hosts-Dateien

SSH1 und OpenSSH erlauben die Veränderung der Lage der Host-Key-Datenbank (sowohl serverweit als auch accountbezogen) über Konfigurationsschlüsselwörter. `GlobalKnownHostsFile` definiert die Lage für die serverweit geltende Datei. Es verschiebt die Datei nicht – das kann nur der Systemadministrator tun –, zwingt aber Ihre Clients, eine andere Datei zu verwenden. Das Schlüsselwort ist nützlich, wenn die Datei veraltet ist und Ihre Clients die serverweit geltende Datei ignorieren sollen. Das gilt insbesondere, wenn Sie es leid sind, laufend Warnungen über geänderte Schlüssel von Ihren Clients zu erhalten.

```
# SSH1, OpenSSH
GlobalKnownHostsFile /users/smith/.ssh/my_global_hosts_file
```

Auf ähnliche Weise können Sie die Lage des Benutzer-bezogenen Teils der Datenbank mit dem Schlüsselwort `UserKnownHostsFile` ändern:

```
# SSH1, OpenSSH
UserKnownHostsFile /users/smith/.ssh/my_local_hosts_file
```

7.4.4   TCP/IP-Einstellungen

SSH verwendet TCP/IP als Transportmechanismus. Meistens müssen Sie die Standard-TCP-Einstellungen nicht verändern, aber in Fällen wie den folgenden ist es doch notwendig:

- Verbindung zu SSH-Servern auf anderen TCP-Ports
- Verwendung privilegierter anstelle nicht-privilegierter Ports
- Aufrechterhaltung leerlaufender Verbindungen durch Senden von Keepalive-Meldungen
- Aktivierung des Nagle-Algorithmus' (TCP_NODELAY)
- IP-Adressen müssen in der Version 4 oder 6 vorliegen

7.4.4.1   Wahl eines entfernten Ports

Die meisten SSH-Server verwenden den TCP-Port 22, weshalb die meisten Clients standardmäßig die Verbindung zu diesem Port herstellen. Unabhängig davon ist es manchmal notwendig, die Verbindung zu einem SSH-Server über einen anderen Port herzustellen. Wenn Sie zum Beispiel als Systemadminstrator einen neuen SSH-Server testen, können Sie ihn auf einem anderen Port laufen lassen, um Überschneidungen mit einem vorhandenen Server zu vermeiden. In einem solchen Fall müssen Ihre Clients die Verbindung zu diesem alternativen Port herstellen. Das kann mit dem `Port`-Schlüsselwort des Clients erreicht werden, dem eine Portnummer als Argument übergeben wird:

```
# SSH1, SSH2, OpenSSH
Port 2035
```

Alternativ können Sie auch die Kommandozeilenoption *–p* verwenden, der ebenfalls die Portnummer übergeben wird:

```
# SSH1, SSH2, OpenSSH
$ ssh -p 2035 server.example.com
```

Sie können auch für *scp* einen alternativen Port angeben, die Kommandozeilenoption lautet dann aber *–P* anstelle von *–p:*[8]

```
# SSH1, SSH2, OpenSSH
$ scp -P 2035 myfile server.example.com:
```

---

8   *scp* besitzt eine *–p*-Option, die die gleiche Bedeutung hat wie bei *rcp*: Erhaltung (»preserve«) der Datei-Zugriffsrechte.

Bei SSH2 2.1.0 (und höher) können Sie eine Portnummer auch als Teil der Benutzer- und Host-Spezifikation angeben, indem Sie ein #-Zeichen voranstellen. So stellen beispielsweise die folgenden Befehle:

```
# Nur SSH2
$ ssh2 server.example.com#2035
$ ssh2 smith@server.example.com#2035
$ scp2 smith@server.example.com#2035:myfile localfile
```

alle eine SSH-2-Verbindung mit dem entfernten Port 2035 her. (Erwarten Sie keinen besonderen Nutzen von dieser alternativen Syntax, aber sie ist vorhanden.)

Nachdem die Verbindung mit dem Server aufgebaut wurde, setzt *ssh* eine Umgebungsvariable in der entfernten Shell, die diese Port-Information enthält. Bei SSH1 und OpenSSH heißt diese Variable SSH_CLIENT und bei SSH2 SSH2_CLIENT. Die Variable enthält einen aus drei Werten bestehenden String: IP-Adresse des Clients, TCP-Port des Clients und TCP-Port des Servers. Die einzelnen Werte sind durch Leerzeichen voneinander getrennt. Kommt Ihr Client beispielsweise von Port 1016 der IP-Adresse 24.128.23.102 und stellt er die Verbindung mit Port 22 des Servers her, dann lautet der Wert:

```
# SSH1, OpenSSH
$ echo $SSH_CLIENT
24.128.23.102 1016 22

# Nur SSH2
$ echo $SSH2_CLIENT
24.128.23.102 1016 22
```

Diese Variablen sind für das Skripting nützlich. In der Startup-Datei Ihrer Shell (z.B. *~/.profile*, *~/.login*), können Sie diese Variable suchen, und wenn sie existiert, entsprechende Aktionen durchführen. Ein Beispiel:

```
#!/bin/sh
# Auf einen SSH_CLIENT-Wert mit einer Länge ungleich null prüfen
if [ -n "$SSH_CLIENT" ]
then
# Wir sind über SSH eingeloggt.
   echo Willkommen, SSH-1-Benutzer!
   # IP-Adresse aus SSH_CLIENT herausfiltern
   IP=echo $SSH_CLIENT | awk {print $1}
   # In einen Hostnamen übersetzen.
   HOSTNAME=host $IP | grep Name: | awk {print $2}
   echo "Sie kommen von $HOSTNAME."
else
   # Login erfolgte nicht über SSH, sondern über andere Wege.
   echo Willkommen, oh Ahnungsloser. Heute schon unsicher gefühlt?
fi
```

7.4.4.2 Einen unprivilegierten lokalen Port erzwingen

SSH-Verbindungen werden lokal an einen privilegierten TCP-Port gebunden, dessen Portnummer unter 1024 liegt. [3.4.2.3] Sollten Sie dieses Feature jemals überschreiben – etwa weil Ihre Verbindung eine Firewall überwinden muß, die keine privilegierten Quellports erlaubt –, verwenden Sie die Kommandozeilenoption *–P*:

```
# SSH1, SSH2, OpenSSH
$ ssh -P server.example.com
```

Die Option *–P* läßt *ssh* einen nicht-privilegierten lokalen Port wählen.[9] Lassen Sie uns das in Aktion sehen, indem wir den Wert von SSH_CLIENT und *–P* auf der entfernten Maschine betrachten. Erinnern Sie sich daran, daß SSH_CLIENT die IP-Adresse und den Port des Clients sowie den Port des Servers (in dieser Reihenfolge) angibt:

```
# Standard: Bindung an privilegierten Port.
$ ssh server.example.com echo $SSH_CLIENT
128.119.240.87 1022 22                               1022 < 1024

# Bindung an nicht-privilegierten Port.
$ ssh -P server.example.com echo $SSH_CLIENT
128.119.240.87 36885 22                              36885 >= 1024
```

Das Konfigurations-Schlüsselwort `UsePrivilegedPort` (SSH1, OpenSSH) hat die gleiche Aufgabe wie *–P*. Die möglichen Werte sind `yes` (privilegierten Port verwenden, Voreinstellung) und `no` (nicht-privilegierten Port verwenden):

```
# SSH1, OpenSSH
UsePrivilegedPort no
```

scp erlaubt mit diesen Schlüsselwörtern ebenfalls die Bindung an nicht-privilegierte Ports. Allerdings unterscheiden sich die Kommandozeilenoptionen von denen bei *ssh*. Für *scp1* steht die Option *–L* für die Bindung an einen nicht-privilegierten Port und entspricht damit der Einstellung von `UsePrivilegedPort` auf `no`:[10]

```
# Nur SSH1
$ scp1 -L myfile server.example.com:
```

scp2 besitzt für dieses Feature keine Kommandozeilenoption.

Für die Trusted-Host-Authentifizierung müssen Sie einen privilegierten Port verwenden. Mit anderen Worten deaktivieren Sie die Rhosts- und RhostsRSA-Authentifizierung, wenn Sie mit *–P* oder `UsePrivilegedPort no` arbeiten. [3.4.2.3]

---

9   Ja, es ist nicht gerade intuitiv, daß *–P* für *un*privilegiert steht, aber so ist das Leben.

10 Die Option *–P* wird bereits für die Einstellung der Portnummer verwendet. Der Quellcode legt nahe, daß *–L* für »large local port numbers«, also »große lokale Portnummern«, steht.

7.4.4.3   Keepalive-Meldungen

Das Schlüsselwort `KeepAlive` zeigt dem Client an, wie mit Verbindungsproblemen umzugehen ist, also etwa bei anhaltenden Netzwerk-Ausfällen oder dem Absturz des Servers:

```
# SSH1, SSH2, OpenSSH
KeepAlive yes
```

Der Wert `yes` (Voreinstellung) weist den Client an, in regelmäßigen Zeitabständen sog. *Keepalive-Messages* zu senden und zu empfangen. Erkennt der Client fehlende Antworten auf diese Meldungen, bricht er die Verbindung ab. Der Wert `no` gibt an, daß keine Keepalive-Meldungen verwendet werden sollen.

Keepalive-Meldungen sind ein Kompromiß. Sind sie aktiv, wird eine fehlerhafte Verbindung unterbrochen, auch wenn das Problem nur kurzzeitig existiert. Da das TCP Keepalive-Timeout, auf dem dieses Feature basiert, typischerweise aber bei mehreren Stunden liegt, sollte das kein großes Problem sein. Sind Keepalive-Meldungen deaktiviert, kann eine ungenutzte fehlerhafte Verbindung für immer erhalten bleiben.

`KeepAlive` ist im allgemeinen für den SSH-Server nützlicher, weil ein am Client sitzender Benutzer schon merken wird, wenn eine Verbindung nicht mehr reagiert. Allerdings kann SSH zwei Programme miteinander verbinden, wobei das eine den SSH-Client ausführt und auf die Eingabe von der anderen Seite wartet. In einer solchen Situation kann es notwendig sein, die tote Verbindung irgendwann zu erkennen.

`KeepAlive` ist nicht zur Lösung von Problemen gedacht, bei denen SSH-Sessions aufgrund von Firewalls, Proxies, NAT oder IP-Masquerading-Timeouts abreißen.[5.4.3.4]

7.4.4.4   Kontrolle über TCP_NODELAY

TCP/IP besitzt ein als Nagle-Algorithmus bezeichnetes Feature. Es handelt sich dabei um eine Optimierung, die die Anzahl der übertragenen TCP-Segmente bei sehr kleinen Datenmengen minimiert. [4.1.5.3] SSH2-Clients können den Nagle-Algorithmus mit Hilfe des Schlüsselworts `NoDelay` ein- bzw. ausschalten:

```
# Nur SSH2
NoDelay yes
```

Gültige Werte sind `yes` (um den Algorithmus zu deaktivieren) und `no` (um ihn zu aktivieren, Voreinstellung).

7.4.4.5   IPv4 oder IPv6

OpenSSH kann seine Clients zwingen, Adressen nach Internet Protocol Version 4 (IPv4) oder 6 (IPv6) zu verwenden. IPv4 ist die aktuell im Internet verwendet IP-Version. IPv6 ist die Zukunft, die wesentlich mehr Adressen erlaubt als IPv4. Weitere Informationen zu diesen Adreßformaten finden Sie auf:

http://www.ipv6.org

Um die IPv4-Adressierung zu erzwingen, verwenden Sie das Flag *–4*:

```
# Nur OpenSSH
$ ssh -4 server.example.com
```

Für IPv6 verwenden Sie entsprechend –6:

```
# Nur OpenSSH
$ ssh -6 server.example.com
```

7.4.5 Verbindungen herstellen

Unter den besten Bedingungen versucht ein SSH-Client den Aufbau einer sicheren Verbindung, ist damit erfolgreich, erhält alle für Ihre Authentifizierung notwendigen Zutaten und führt den von Ihnen gewünschten Befehl aus, sei es eine Shell oder etwas anderes. Verschiedene Schritte dieses Prozesses können von Ihnen konfiguriert werden:

- die Anzahl der Versuche, die der Client für den Verbindungsaufbau vorsieht
- das Aussehen und Verhalten der Paßwort-Abfrage (nur Paßwort-Authentifizierung)
- Unterdrückung aller Abfragen (Prompting)
- interaktive Ausführung von Befehlen mit einem TTY
- Ausführung entfernter Befehle im Hintergrund
- Wechsel zu einer ungesicherten Verbindung, falls eine gesicherte Verbindung nicht aufgebaut werden konnte
- das Fluchtsymbol (Escape-Zeichen) zur Unterbrechung und Wiederaufnahme einer SSH-Session

7.4.5.1 Anzahl der Verbindungsaufbau-Versuche

Wenn Sie einen SSH1- oder OpenSSH-Client ausführen und dieser eine gesicherte Verbindung nicht aufbauen kann, dann versucht er es erneut. Per Voreinstellung versucht er es viermal kurz hintereinander. Sie können dieses Verhalten mit dem Schlüsselwort `ConnectionAttempts` ändern:

```
# SSH1, OpenSSH
ConnectionAttempts 10
```

In diesem Beispiel versucht es *ssh1* zehnmal, bevor es sich einen Fehlschlag eingesteht. Danach beendet sich das Programm oder geht zu einer ungesicherten Verbindung zurück. Wir kommen darauf zurück, wenn wir das Schlüsselwort `FallBackToRsh` diskutieren. [7.4.5.8]

Für die meisten Leute ist dieses Schlüsselwort nicht von großer Bedeutung, es kann aber hilfreich sein, wenn Ihr Netzwerk unzuverlässig ist. Sie könnten (nur so zum Spaß) *ssh1* zwingen, sofort aufzugeben, indem Sie `ConnectionAttempts` auf null setzen:

```
# SSH1, OpenSSH
$ ssh -o ConnectionAttempts=0 server.example.com
Secure connection to server.example.com refused.
```

7.4.5.2   Paßwort-Abfrage bei SSH1

Wenn Sie bei SSH1 mit Paßwort-Authentifizierung arbeiten, fordern Clients Ihr Paßwort etwa so an:

```
smith@server.example.coms password:
```

Sie können das Aussehen dieser Abfrage anpassen. Vielleicht möchten Sie aus daten-schutz-rechtlichen Gründen nicht, daß Ihr Benutzer- oder Hostname auf dem Bild-schirm erscheint. Das Konfigurations-Schlüsselwort `PasswordPromptLogin` mit dem Wert `yes` (Voreinstellung) oder `no` gibt den Benutzernamen aus bzw. unterdrückt dessen Aus-gabe. Beispielsweise erscheint bei

```
# Nur SSH1
PasswordPromptLogin no
```

das Prompt ohne den Benutzernamen:

```
server.example.com password:
```

Ebenso gibt `PasswordPromptHost` den Hostnamen aus bzw. unterdrückt dessen Ausgabe entsprechend dem Wert `yes` (Voreinstellung) oder `no`. Die Zeile:

```
# Nur SSH1
PasswordPromptHost no
```

läßt das Prompt ohne den Hostnamen erscheinen:

```
smiths password:
```

Verwenden beide Schlüsselwörter den Wert `no`, reduziert sich das Prompt auf:

```
Password:
```

Denken Sie daran, daß diese Einstellungen nur für die Paßwort-Authentifizierung gel-ten. Bei der Public-Key-Authentifizierung ist die Abfrage der Paßphrase völlig anders und wird nicht über diese Schlüsselwörter kontrolliert:

```
Enter passphrase for RSA key Dave Smiths Home PC:
```

Sie können auch die Anzahl der Versuche festlegen, die Sie bei einer falschen Paßwor-teingabe haben. Standardmäßig werden Sie nur einmal gefragt, und wenn Sie das Paß-wort falsch eingeben, bricht der Client ab. Mit dem Schlüsselwort `NumberOfPassword-Prompts` können Sie ein bis fünf Versuche einstellen:[11]

```
# SSH1, OpenSSH
NumberOfPasswordPrompts 3
```

Nun gibt Ihnen der SSH-Client drei Chancen, Ihr Paßwort richtig einzugeben.

7.4.5.3   Paßwort-Abfrage bei SSH2

SSH2 gestaltet die Abfrage von Paßwörtern etwas flexibler. Anstelle eines vordefinierten Prompt-Strings können Sie mit dem Schlüsselwort `PasswordPrompt` einen eigenen String festlegen:

---

11 Die Obergrenze von 5 Versuchen wird vom SSH-Server vorgegeben.

```
# Nur SSH2
PasswordPrompt Gib sofot das Paßwort ein, Ungläubiger:
```

Sie können den entfernten Benutzer- oder Hostnamen mit Hilfe der Symbole %U (entfernter Benutzername) oder %H (entfernter Hostname) einbinden. Das SSH1-Prompt emulieren Sie beispielsweise wie folgt:

```
# Nur SSH2
PasswordPrompt "%U@%Hs password:"
```

Oder, wenn Sie die Sache etwas ausschmücken wollen:

```
# Nur SSH2
PasswordPrompt "Willkommen %U! Bitte geben Sie das Paßwort für %H ein:"
```

7.4.5.4   Batch-Modus: das Prompting unterdrücken

In manchen Fällen wollen Sie nicht nach Ihrem Paßwort oder Ihrer RSA-Paßphrase gefragt werden. Wird *ssh* zum Beispiel von einem unbeaufsichtigten Shellskript aufgerufen, gibt es niemanden, der an der Tastatur steht und ein Paßwort eingeben könnte. Das ist der Grund, warum der SSH-*Batch-Modus* existiert. Im Batch-Modus wird das gesamte Prompting für Authentifizierungs-Credentials unterdrückt. Das Schlüsselwort BatchMode kann den Wert yes (Prompting deaktivieren) oder no (Prompting aktiviert, Voreinstellung) annehmen:

```
# SSH1, SSH2, OpenSSH
BatchMode yes
```

Der Batch-Modus kann bei *scp* auch mit der Kommandozeilenoption *–B* aktiviert werden:

```
# SSH1, SSH2, OpenSSH
$ scp1 -B myfile server.example.com:
```

Der Batch-Modus ist kein Ersatz für die Authentifizierung. Wird ein Paßwort oder eine Paßphrase verlangt, können Sie sich nicht auf magische Weise einloggen, nur weil Sie das Prompt unterdrücken. Wenn Sie das versuchen, bricht Ihr Client mit einer Fehlermeldung wie »permission denied« ab. Damit der Batch-Modus funktionieren kann, müssen Sie die Authentifizierung so einrichten, daß sie ohne Paßwort/Paßphrase auskommt, etwa über die Trusted-Host-Authentifizierung oder einen SSH-Agenten. [11.1]

7.4.5.5   Allozierung von Pseudo-Terminals (TTY/PTY/PTTY)

Unter Unix ist ein *tty* (ausgesprochen Tie-Tie-Wai) eine Software-Abstraktion, die ein Computer-Terminal darstellt. Der Name war ursprünglich eine Abkürzung für »teletype«. Als Teil einer interaktiven Session mit einer Unix-Maschine wird ein tty alloziert, um Tastatureingaben verarbeiten zu können, die Bildschirmausgabe auf eine bestimmte Anzahl von Zeilen und Spalten zu beschränken und andere terminal-typische Aktivitäten verarbeiten zu können. Weil die meisten Terminal-artigen Verbindungen gar kein echtes (Hardware-)Terminal nutzen, sondern einfach innerhalb eines Fensters laufen, wird die Art von Verbindung über ein als *Pseudo-tty* (kurz *pty*) bezeichnetes Software-Konstrukt verarbeitet.

Fordert ein Client eine SSH-Verbindung an, alloziert der Server nicht unbedingt ein pty für den Client. Er macht das natürlich, wenn der Client eine interaktive Terminal-Session anfordert, indem er beispielsweise einfach *ssh host* eingibt. Soll *ssh* hingegen nur einen einfachen Befehl auf dem entfernten Server ausführen, wie etwa *ls*:

```
$ ssh remote.server.com /bin/ls
```

wird keine interaktive Terminal-Session benötigt, sondern einfach nur die Ausgabe von *ls*. Tatsächlich alloziert *sshd* für einen solchen Befehl standardmäßig kein pty. Wenn Sie andererseits einen interaktiven Befehl wie etwa Emacs auf diese Weise ausführen, erhalten Sie eine Fehlermeldung:

```
$ ssh remote.server.com emacs -nw
emacs: standard input is not a tty
```

weil Emacs ein für ein Terminal gedachtes, bildschirmorientiertes Programm ist. In solchen Fällen können Sie von SSH die Allozierung eines pty anfordern, indem Sie die Option *–t* nutzen:

```
# SSH1, SSH2, OpenSSH
$ ssh -t server.example.com emacs
```

SSH2 kennt auch das Schlüsselwort `ForcePTYYAllocation`, das das gleiche macht wie *–t*.[12]

Wenn SSH ein pty alloziert, definiert es automatisch auch eine entsprechende Umgebungsvariable in der entfernten Shell. Die Variable heißt SSH_TTY (für SSH1 und OpenSSH) oder SSH2_TTY (für SSH2) und enthält den Namen der Gerätedatei, die mit der »slave«-Seite des pty (die ein echtes tty emuliert) verbunden ist. Wir können uns das mit ein paar einfachen Befehlen in Aktion ansehen. Versuchen Sie, den Wert von SSH_TTY auf der entfernten Maschine auszugeben. Ist kein tty alloziert, ist das Ergebnis leer:

```
$ ssh1 server.example.com echo $SSH_TTY
```
[keine Ausgabe]

Wenn Sie die Allozierung erzwingen, sehen Sie als Ergebnis den Namen des tty:

```
$ ssh1 -t server.example.com echo $SSH_TTY
/dev/pts/1
```

Dank dieser Variablen können Sie Shellskripten auf der entfernten Maschine ausführen, die diese Information nutzen. Hier zum Beispiel ein Skript, das Ihren Standard-Editor nur ausführt, wenn ein Terminal verfügbar ist:

```
#!/bin/sh
if [ -n $SSH_TTY -o -n $SSH2_TTY ]; then
    echo Erfolg!
    exec $EDITOR
else
```

---

12 Bei SSH1 und OpenSSH kann die Option no-pty in *authorized_keys* diese Anforderung eines ttys überschreiben. [8.2.9]

```
      echo "Interaktive Befehle verlangen ein tty"
   fi
```

Legen Sie dieses Skript in Ihrem entfernten Account ab, nennen Sie es *myscript* (oder wie auch immer) und führen Sie folgendes aus:

```
$ ssh server.example.com myscript
Interaktive Befehle verlangen ein tty
$ ssh -t server.example.com myscript
Erfolg!
```
...Emacs läuft...

7.4.5.6   Entfernten Befehl in den Hintergrund schieben

Wenn Sie versuchen, einen entfernten Befehl bei SSH in den Hintergrund zu schieben, könnten Sie vom Ergebnis überrascht sein. Nachdem der entfernte Befehl abgearbeitet wurde, wird der Client automatisch unterbrochen, bevor die Ausgabe erscheint:

```
$ ssh server.example.com ls &
[1]  11910
$
```
... Die Zeit vergeht ...
```
[1] + Stopped (SIGTTIN)       ssh server.example.com ls &
```

Das passiert, weil *ssh* versucht, etwas von der Standardeingabe zu lesen, während es sich im Hintergrund befindet, was die Shell dazu veranlaßt, *ssh* zu unterbrechen. Um sich die resultierende Ausgabe anzusehen, müssen Sie *ssh* in den Vordergrund bringen:

```
$ fg
README
myfile
myfile2
```

ssh stellt die Kommandozeilenoption *−n* zur Verfügung, um dieses Problem zu umgehen. Damit wird die Standardeingabe auf */dev/null* umgeleitet, was *ssh* daran hindert, auf Eingaben wartend zu blockieren. Sobald der entfernte Befehl nun abgearbeitet wurde, erscheint die Ausgabe sofort:

```
# SSH1, SSH2, OpenSSH
$ ssh -n server.example.com ls &
[1]  11912
$
```
... Die Zeit vergeht ...
```
README
myfile
myfile2
```

SSH2 besitzt das Schlüsselwort `DontReadStdin`, das die gleiche Aufgabe erledigt wie *−n*. Die möglichen Werte sind `yes` und `no` (Voreinstellung):

```
# Nur SSH2
DontReadStdin yes
```

7.4.5.7 *Entfernten Befehl in den Hintergrund schieben, zweiter Versuch*

Der vorstehende Abschnitt ist davon ausgegangen, daß Sie kein Paßwort und keine Paßphrase eingeben müssen, also daß Sie mit einem SSH-Agenten arbeiten. Was passiert, wenn Sie mit *–n* oder `DontReadStdin` arbeiten, der SSH-Client von Ihnen aber ein Paßwort oder eine Paßphrase einlesen möchte?

```
$ ssh -n server.example.com ls &
$
Enter passphrase for RSA key smith@client:
```

 STOP! Geben Sie Ihre Paßphrase nicht ein! Weil der Befehl mit *–n* im Hintergrund ausgeführt wird, erscheint das Prompt auch im Hintergrund. Wenn Sie antworten, geben Sie die Paßphrase in der Shell ein, nicht im *ssh*-Prompt, und alles, was Sie eingeben, ist sichtbar.

Sie brauchen eine Lösung, die nicht nur die Eingabe deaktiviert und den Prozeß in den Hintergrund verlagert, sondern es *ssh* auch erlaubt, eine Eingabe von Ihnen anzufordern. Das ist die Aufgabe der Kommandozeilenoption *–f*, die *ssh* anweist, nacheinander die folgenden Schritte auszuführen:

1. Authentifizierung einschließlich des gesamten Promptings

2. Den Prozeß von */dev/null* lesen lassen, genau wie *–n*

3. Den Prozeß in den Hintergrund schieben: »&« ist nicht notwendig

Hier ein Beispiel:

```
$ ssh -f server.example.com ls
Enter passphrase for RSA key smith@client:    ********
$
... Die Zeit vergeht...
README
myfile
myfile2
```

SSH2 besitzt das Schlüsselwort `GoBackground`, das das gleiche macht. Mögliche Werte sind `yes` und `no` (Voreinstellung):

```
# Nur SSH2
GoBackground yes
```

`GoBackground` und *–f* richten auch jegliches Port-Forwarding ein, das Sie in der Kommandozeile möglicherweise angegeben haben. [9.2.6] Die Einrichtung erfolgt nach der Authentifizierung, aber bevor der Prozeß in den Hintergrund verlagert wird.

7.4.5.8 RSH-Aspekte

Stellen Sie sich vor, daß ein entfernter Host keinen SSH-Server betreibt, Sie aber trotzdem versuchen, sich mittels SSH einzuloggen. Was passiert? In Abhängigkeit der Einstellungen Ihres Clients kann es zu drei Szenarien kommen:

Szenario 1

> *ssh* versucht, eine SSH-Verbindung aufzubauen, ist damit nicht erfolgreich und versucht daraufhin, eine ungesicherte *rsh*-Verbindung aufzubauen.[13] Dies entspricht dem Standardverhalten und stellt wohl eine vernünftige Vermutung darüber dar, was ein Benutzer in diesem Fall tun würde. (»Hmm, eine Verbindung mit SSH ist nicht möglich. Ich werde es statt dessen mit *rsh* versuchen.«) Beim Verbindungsaufbau wird folgendes ausgegeben:

```
$ ssh no-ssh-server.com
Secure connection to no-ssh-server.com on port 22 refused; reverting to insecure
method.
Using rsh.  WARNING: Connection will not be encrypted.
```

Szenario 2

> *ssh* versucht, eine SSH-Verbindung aufzubauen, und hält an, falls das nicht erfolgreich ist. Dieses Verhalten ist für sicherheitsbewußte Installationen am besten geeignet, bei denen *rsh* einfach nicht akzeptabel ist.

```
$ ssh no-ssh-server.com
Secure connection to no-ssh-server.com on port 22 refused.
```

Szenario 3

> Statt überhaupt zu versuchen, eine SSH-Verbindung aufzubauen, probiert es *ssh* direkt mit einer unsicheren *rsh*-Verbindung.[14] Diese Lösung ist am besten, wenn Sie von vornherein wissen, daß bestimmte Maschinen keine SSH-Server besitzen und Sie mit *rsh* leben können.

```
$ ssh no-ssh-server.com
Using rsh.  WARNING: Connection will not be encrypted.
```

Zwei Konfigurations-Schlüsselwörter legen das von Ihnen bevorzugte Verhalten fest. (Und denken Sie daran, daß eine separate Konfiguration für jeden entfernten Host möglich ist.) FallBackToRsh legt fest, was passiert, wenn der Aufbau einer SSH-Verbindung fehlschlägt: Soll dann eine *rsh*-Verbindung aufgebaut werden oder nicht? FallBackToRsh kann den Wert yes (Voreinstellung, *rsh* versuchen) oder no (*rsh* nicht versuchen) annehmen:

```
# SSH1, SSH2, OpenSSH
FallBackToRsh no
```

---

13 Nur wenn *ssh* mit *rsh*-Unterstützung kompiliert wurde. Hierzu muß das entsprechende Compiler-Flag --with-rsh verwendet werden. [4.1.5.12] Ist das nicht der Fall, ist Szenario 2, nach Fehlschlag anhalten, die einzige Möglichkeit.

14 Wie gesagt, nur wenn *ssh* mit --with-rsh kompiliert wurde.

Das Schlüsselwort `UseRsh` weist *ssh* an, *rsh* direkt zu verwenden, ohne den Aufbau einer SSH-Verbindung überhaupt zu probieren. Mögliche Werte sind `yes` (*rsh* verwenden) und `no` (Voreinstellung, *ssh* verwenden):

```
# SSH1, SSH2, OpenSSH
UseRsh yes
```

Unsere drei Szenarien lassen sich also wie folgt festlegen:

Szenario 1: Zuerst ssh, dann rsh

```
# SSH1, SSH2, OpenSSH
FallBackToRsh yes
UseRsh no
```

Szenario 2: Nur ssh

```
# SSH1, SSH2, OpenSSH
FallBackToRsh no
UseRsh no
```

Szenario 3: Nur rsh

```
# SSH1, SSH2, OpenSSH
UseRsh yes
```

Sie müssen mit dem Schlüsselwort `UseRsh` vorsichtig sein. Stellen Sie sicher, daß sich dessen Einstellungen nur auf einzelne entfernte Hosts auswirken, nicht auf alle Hosts. Die folgende Tabelle zeigt ein Beispiel, das die Verschlüsselung für Ihre gesamten SSH-Verbindungen deaktiviert:

SSH1, OpenSSH	SSH2

`# Sicherheitsrisiko! Machen Sie das`
`# niemals!!`
`Host *`
`  UseRsh yes`
	`# Sicherheitsrisiko! Machen Sie das`
	`# niemals!!`
	`*:`
	`  UseRsh yes`

7.4.5.9 Escaping

Erinnern Sie sich daran zurück, daß der *ssh*-Client eine *Escapesequenz* besitzt. [2.3.2] Durch Eingabe eines bestimmten Zeichens, normalerweise einer Tilde (~), direkt nach einem Newline oder einem Carriage Return, können Sie *ssh* spezielle Befehle übergeben: Verbindung abbauen, unterbrechen etc. Manchmal kann dieses voreingestellte Escape-Zeichen aber auch zu Problemen führen.

Stellen Sie sich vor, Sie wollen mit ssh die Verbindung von Host A zu Host B herstellen, dann von Host B zu Host C und schließlich von Host C zu Host D. Sie bilden also eine Kette von *ssh*-Verbindungen. (Wir stellen die Shell-Prompts der Maschinen mit A\$, B\$, C\$ und D\$ dar.)

```
A$ ssh B
...
   B$ ssh C
   ...
```

```
C$ ssh D
...
   D$
```

Während Sie auf Host D eingeloggt sind, drücken Sie die Return-Taste und dann ~ ^Z (die Tilde, gefolgt von `Control-Z`), um die Verbindung temporär zu unterbrechen. Nun, Sie haben drei aktive *ssh*-Verbindungen, welche wird unterbrochen? Die erste wird unterbrochen, und die Escapesequenz bringt Sie zum Prompt von Host A zurück. Nun, und was ist, wenn Sie nur zu Host B oder C zurückwollen? Es gibt zwei Methoden, eine vorausschauende und eine, die in diesem Augenblick hilft:

Wenn Sie sich im voraus wappnen, können Sie das Escape-Zeichen jeder Verbindung mit dem Konfigurations-Schlüsselwort `EscapeChar`, gefolgt vom gewünschten Zeichen, ändern:

```
# SSH1, SSH2, OpenSSH
EscapeChar %
```

Oder Sie können die Kommandozeilenoption *–e* verwenden, der Sie ebenfalls das gewünschte Zeichen übergeben (verwenden Sie bei Bedarf Quoting-Zeichen, um evtl. eine Auflösung durch die Shell zu verhindern):

```
# SSH1, SSH2, OpenSSH
$ ssh -e % server.example.com
```

In unserem Beispiel mit den Hosts A bis D wollen Sie unterschiedliche Escape-Zeichen für jedes Segment dieser Kette von Verbindungen. Zum Beispiel:

```
# SSH1, SSH2, OpenSSH
A$ ssh B
...
   B$ ssh -e $ C
   ...
      C$ ssh -e % D
      ...
         D$
```

Wenn Sie nun auf Host D eingeloggt sind, bringt eine Tilde Sie immer noch zu Host A zurück, gleichzeitig bringt Sie aber ein Dollarzeichen zu Host B und ein Prozentzeichen zu Host C zurück. Den gleichen Effekt können Sie auch mit dem Schlüsselwort `EscapeChar` erzielen, die folgende Tabelle zeigt aber, daß etwas mehr Voraussicht notwendig ist, um die Konfigurationsdateien dieser drei Hosts einzurichten.

SSH1, OpenSSH	SSH2

`# Konfigurationsdatei für Host A`
`Host B`
`  EscapeChar ~`
	`# Konfigurationsdatei für Host A`
	`B:`
	`  EscapeChar ~`

`# Konfigurationsdatei für Host B`
`Host C`
`  EscapeChar ^`
	`# Konfiurationsdatei für Host B`
	`C:`
	`  EscapeChar ^`

SSH1, OpenSSH	SSH2

```# Konfigurationsdatei für Host C```
 ```Host D```
 ``` EscapeChar %```
	```# Konfigurationsdatei für Host C```
	 ```D:```
	 ``` EscapeChar %```

Selbst wenn Sie normalerweise keine Kette von SSH-Verbindungen aufbauen, könnten Sie das Escpape-Zeichen ändern wollen. Zum Beispiel könnten Sie aus irgendwelchen Gründen sehr viele Tilden eingeben müssen und versehentlich eine Escape-Sequenz wie ~. (Tilde, Punkt) eingeben und würden so Ihre Session abbauen. Hoppla!

Die zweite Methode verlangt keine Voraussicht. Erinnern Sie sich daran zurück, daß die doppelte Eingabe des Escape-Zeichens es literal über die SSH-Verbindung schickt. [2.3.2] Daher können Sie die zweite SSH-Verbindung unterbrechen, indem Sie zwei Escapezeichen eingeben, die dritte durch Eingabe von drei Escapes und so weiter. Denken Sie daran, daß Sie vor den Escape-Zeichen zuerst die Return-Taste drücken müssen. Wenn Sie also auf Host D eingeloggt sind und zu Host B zurückwollen, müssen Sie zuerst die Return-Taste drücken und dann zwei Tilden und `Control-Z` eingeben.

7.4.6   Proxies und SOCKS

SOCKS ist ein auf der Anwendungsschicht angesiedeltes Proxy-System, das von verschiedenen SSH-Implementierungen unterstützt wird. Ganz allgemein formuliert, ermöglicht das Proxying die Verbindung zweier Netzwerke auf Anwendungsebene, ohne zwischen diesen eine direkte Verbindung auf Netzwerkebene aufbauen zu müssen. Abbildung 7-3 zeigt eine typische SOCKS-Installation.

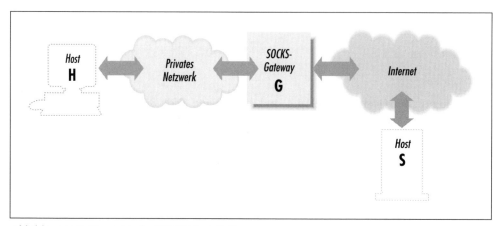

Abbildung 7-3: Eine typische SOCKS-Installation

Die Abbildung zeigt ein privates Netzwerk und das Internet. Die Gateway-Maschine ist mit beiden verbunden, arbeitet aber nicht als Router, d.h., es gibt keine direkte IP-Verbindung zwischen den beiden Netzwerken. Will nun ein auf H laufendes Programm eine TCP-Verbindung mit dem Server auf S herstellen, stellt es statt dessen eine Verbindung mit dem auf G laufenden SOCKS-Server her. Über das SOCKS-Protokoll fordert H eine Verbindung zu S an. Der SOCKS-Server stellt von G eine Verbindung zu S für H her und leitet die Daten zwischen H und S weiter.

Ein genereller Nachteil des Proxying auf Anwendungsebene ist die fehlende Transparenz. Nur diejenigen Programme, die ein bestimmtes Proxy-Schema direkt unterstützen, können auf das Netzwerk zugreifen. SOCKS selbst ist allerdings nicht an ein bestimmtes höheres Protokoll wie HTTP oder SMTP gebunden. Es stellt ganz allgemeine Dienste zur Verfügung: Herstellen einer TCP-Verbindung, »anpingen« von Hosts, Tracerouting etc. Viele seiner Dienste entsprechen den existierenden Grenzen zwischen Anwendungen und Netzwerkdienst-Bibliotheken. Bei modernen, mit dynamischen Bibliotheken arbeitenden Computersystemen ist es daher häufig möglich, SOCKS auch auf nicht-SOCKS-fähige Anwendungen (wie z.B. SSH) auszuweiten, indem man die entsprechenden Bibliotheken durch SOCKS-fähige ersetzt.

SOCKS gibt es in den beiden Versionen SOCKS4 und SOCKS5. Der Hauptunterschied besteht darin, daß SOCKS5 eine Benutzer-Authentifizierung vornimmt, was bei SOCKS4 nicht der Fall ist. Bei SOCKS5 können Sie vom Client einen Benutzernamen und ein Paßwort (oder ein anderes Authentifizierungsschema) verlangen, bevor die Netzwerkdienste verwendet werden können.

7.4.6.1   SOCKS bei SSH1

Die folgende Beschreibung geht davon aus, daß Sie SSH1 mit Unterstützung für SOCKS (das NEC-*socks5*-Paket) installiert haben. [4.1.5.8] Nutzen Sie ein anderes Paket, können die SOCKS-spezifischen Details von den hier beschriebenen abweichen.

Übrigens sind die Namen etwas verwirrend. Obwohl die NEC-Software »socks5« heißt, implementiert sie sowohl das SOCKS4- als auch das SOCKS5-Protokoll. Wir schreiben »socks5« in Kleinbuchstaben, wenn wir von der NEC-Implementierung sprechen.

Sobald Sie ein SOCKS-fähiges *ssh* installiert haben, können Sie dessen SOCKS-bezogenes Verhalten über Umgebungsvariablen steuern. Per Voreinstellung nutzt *ssh* kein SOCKS. Setzen Sie SOCKS_SERVER auf »socks.shoes.com«, verwendet *ssh* das SOCKS-Gateway auf *socks.shoes.com* für alle Verbindungen zu einem SSH-Server außerhalb des Subnetzes des lokalen Hosts (definiert durch die Netzmaske der relevanten Netzwerk-Schnittstelle). Soll *ssh* SOCKS für alle Verbindungen verwenden, also auch innerhalb des lokalen Subnetzes, setzen Sie die Variable SOCKS5_NONETMASKCHECK. Verlangt Ihr SOCKS-Gateway eine Benutzername/Paßwort-Authentifizierung, setzen Sie Ihren Benutzernamen und Ihr Paßwort in den Variablen SOCKS5_USER und SOCKS5_PASSWD. SOCKS-spezifische Debugging-Ausgaben werden verfügbar, wenn Sie entsprechende Umgebungsvariablen setzen:

```
#!/bin/csh
setenv SOCKS5_DEBUG 3
setenv SOCKS5_LOG_STDERR
```

Die Dokumentation erwähnt nur Debugging-Level bis 3, tatsächlich verwendet der Code aber auch höhere, die zum Verständnis eines Problems manchmal unabdingbar sein können. Versuchen Sie es mit höheren Werten, wenn Sie nicht ausreichend Informationen erhalten.

7.4.6.2 SOCKS bei SSH2

SSH2 unterstützt nur SOCKS4. Diese Unterstützung ist im SSH2-Code enthalten, d.h., Sie müssen kein separates SOCKS-Paket installieren. Auch müssen Sie die SOCKS-Unterstützung bei der Kompilierung nicht explizit angeben, weil sie immer vorhanden ist.

Bei SSH2 wird das SOCKS-Feature durch einen einzigen Parameter kontrolliert, der über das Konfigurations-Schlüsselwort `SocksServer` oder die Umgebungsvariable SSH_SOCKS_SERVER eingestellt wird. Die Konfigurationsoption überschreibt dabei die Umgebungsvariable, wenn beide gesetzt sind.

Das Schlüsselwort `SocksServer` verwendet einen String im folgenden Format:

```
socks://[benutzer]@gateway[:port]/[netz1/maske1,netz2/maske2,...]
```

Dabei ist *gateway* die den SOCKS-Server beherbergende Maschine, *benutzer* ist der zur Identifikation an SOCKS übergebene Benutzername und *port* ist der TCP-Port für den SOCKS-Server (standardmäßig 1080). Die *Netz/Maske*-Einträge stehen für als lokal zu betrachtende Netzblöcke. *ssh2* verwendet SOCKS nur für Verbindungen, die außerhalb der angegebenen Netzwerkbereiche liegen. Die Maske wird in Bits, nicht als explizite Maske, angegeben, also mit 192.168.10.0/24 anstelle von 192.168.10.0/255.255.255.0.

Die in eckigen Klammern stehenden Teile des Strings sind optional. Ein Wert für SSH_SOCKS_SERVER kann also ganz einfach aussehen:

```
socks://laces.shoes.net
```

Bei diesem Wert verwendet *ssh2* SOCKS für alle Verbindungen. Die Verbindung erfolgt zu einem SOCKS-Server auf *laces.shoes.net*, Port 1080. Ein Benutzername wird nicht übergeben. Sie fragen sich vielleicht, warum es ein Feld für den Benutzernamen, nicht aber für ein Paßwort gibt. Erinnern Sie sich daran zurück, daß SOCKS4 keine Benutzer-Authentifizierung unterstützt. Der Benutzername ist nur ein Hinweis, der SOCKS-Server selbst hat keine Möglichkeit, Ihre Identität zu überprüfen.

Sie werden wahrscheinlich nie eine so einfache SSH_SOCKS_SERVER-Einstellung verwenden, die den SOCKS-Server für alle *ssh2*-Verbindungen benutzt, selbst wenn diese Verbindungen auf der gleichen Maschine oder einer Maschine im gleichen Netzwerk liegen. Ein besseres Setup besteht darin, SOCKS nur für Hosts zu verwenden, die auf der anderen Seite Ihres Gateways liegen. Hier ein vollständigeres Beispiel:

```
socks://dan@laces.shoes.net:4321/127.0.0.0/8,192.168.10.0/24
```

Mit diesem Wert stellt *ssh2* eine Verbindung zu sich selbst (über die Loopback-Adresse 127.0.0.1) und zu den Hosts im Class-C-Netzwerk 192.168.10.0 direkt her. Er verwendet SOCKS für alle anderen Verbindungen, nutzt dabei den Benutzernamen »dan« und sucht den SOCKS-Server an Port 4321.

7.4.6.3 SOCKS bei OpenSSH

OpenSSH unterstützt SOCKS nicht explizit. Wir haben allerdings herausgefunden, daß es gut mit dem Programm *runsocks* funktioniert, das bei NECs SOCKS5-Paket mitgeliefert wird. *runsocks* ist ein Wrapper, der die Reihenfolge des dynamischen Linkens so ändert, daß Socket-Routinen wie `bind`, `connect` etc. zur Laufzeit durch SOCKS-fähige Versionen ersetzt werden. Bei einem Linux-System haben wir, wie weiter oben beschrieben, die entsprechenden *socks5*-Umgebungsvariablen gesetzt und dann

```
% runsocks ssh ...
```

aufgerufen, und OpenSSH funktionierte problemlos mit unserem SOCKS-Server. Einen Vorbehalt gibt es allerdings: Damit das funktionieren kann, darf der OpenSSH-Client nicht unter setuid laufen. Aus offensichlichen (Sicherheits-)Gründen ignorieren Shared-Library-Loader die Spielereien von *runsocks*, wenn das fragliche Executable setuid ist. Und denken Sie daran, daß setuid für die Trusted-Host-Authentifizierung notwendig ist. [3.4.2.3]

Es gab einmal eine Zeit, zu der OpenSSH SOCKS-unterstützenden Code enthielt. Dieser Code wurde aber entfernt und durch die Empfehlung ersetzt, statt dessen das `ProxyCommand`-Feature zu nutzen. Die dahinter stehende Idee ist die, ein kleines Programm zu verwenden, das einfach einen Hostnamen und eine Portnummer in der Kommandozeile erwartet, die Verbindung zu diesem Socket via SOCKS herstellt und sich dann wie eine Pipe verhält, die Daten über diese TCP-Verbindung und die Standardein- und -ausgabe hin- und hertransportiert. Würde dieses Programm *ssh-proxy* heißen, könnte es mit OpenSSH wie folgt verwendet werden:

```
% ssh -o ProxyCommand ssh-proxy %h %p ...
```

Das funktioniert aber immer noch nicht mit der SSH1-RhostsRSA-Authentifizierung, solange *ssh-proxy* nicht mit setuid root arbeitet und so geschrieben wurde, daß es einen privilegierten Quellport verwendet. Es kommt der hostbasierten Authentifizierung von SSH2 nicht in die Quere, hat dafür aber ein anderes Problem. [7.4.6.4]

Wir sind sicher, daß irgendwo ein solches SOCKS-Proxy-Prögrämmchen existieren muß, haben aber keines gefunden. Sie können nicht das SOCKS-fähige *telnet* verwenden, das bei *socks5* enthalten ist, weil es nicht transparent ist, d.h., Bytes im SSH-Protokoll-Datenfluß werden als Telnet-Escape-Sequenzen interpretiert und beschädigt. Die Autoren haben die Tauglichkeit ihres Konzepts aber überprüft, indem sie *netcat* (*http://www.l0pht.com/~weld/netcat/*) genutzt und durch Linken der *socks5*-Bibliotheken SOCKS-fähig gemacht haben. Das *netcat*-Executable heißt *nc,* und mit unserer geänderten Version konnten wir die SSH-Verbindung über ein SOCKS-Gateway laufen lassen:

```
% ssh -o ProxyCommand nc %h %p ...
```

Vielleicht werden die OpenSSH-Leute ein solches Utility irgendwann einmal mit aufnehmen.

7.4.6.4   Andere SOCKS-Aspekte

Denken Sie daran, daß eine SSH-Verbindung durch SOCKS vom SOCKS-Gateway zu kommen scheint, nicht vom eigentlichen Client. Das führt zu einem Problem mit der Trusted-Host-Authentifizierung. *sshd1* verwendet die Quell-IP-Adresse der Verbindung, um den Host-Schlüssel des Clients zu ermitteln, wodurch die RhostsRSA-Authentifizierung fehlschlägt: Erwartet wird der Host-Schlüssel des Gateways, nicht des eigentlichen Clients. Sie können das nur umgehen, indem Sie allen Clients den gleichen Host-Schlüssel geben und diesen in der Known-Hosts-Datenbank des SSH-Servers mit dem Gateway verknüpfen. Das ist keine gute Lösung, weil ein Dieb, dem es gelingt, einen Host-Schlüssel an sich zu bringen, sich auf jedem Client als beliebiger Benutzer ausgeben kann. In bestimmten Situationen kann diese Lösung aber akzeptabel sein.

Bei SSH2 sollte es dieses Problem nicht geben, weil das SSH-2-Protokoll die hostbasierte Authentifizierung unabhängig von der Hostadresse des Clients erledigt. Andererseits ist dies bei SSH2 immer noch auf die alte Art und Weise implementiert, so daß es durch SOCKS immer noch nicht funktioniert. Nun könnten Sie versucht sein, diese Prüfung von Name und Adresse im Quellcode zu deaktivieren. Sie sollten das aber nicht tun, weil die Dinge doch etwas komplizierter sind. [3.5.1.6]

7.4.7   Forwarding

Port- und X-Forwarding werden in Kapitel 9, das Agent-Forwarding in Kapitel 6 behandelt. Wir erwähnen sie hier nur der Vollständigkeit halber, weil das Forwarding über die Client-Konfigurationsdatei und die Kommandozeile kontrolliert werden kann.

7.4.8   Verschlüsselungsalgorithmen

Beim Verbindungsaufbau führen der SSH-Client und der -Server eine kleine Unterhaltung über die Verschlüsselung. Der Server sagt: »Hallo Client, hier sind die von mir unterstützten Verschlüsselungsalgorithmen«. Darauf antwortet der Client: »Hallo Server, ich wähle diesen bestimmten Algorithmus«. Normalerweise wird eine Übereinkunft erzielt, und der Verbindungsaufbau kann fortschreiten. Kann man sich nicht auf einen Verschlüsselungsalgorithmus verständigen, schlägt der Verbindungsaufbau fehl.

Die meisten Benutzer lassen Client und Server die Dinge selbst aushandeln. Wenn Sie wollen, können Sie den Client aber anweisen, bei der Unterhaltung mit dem Server bestimmte Verschlüsselungsalgorithmen anzufordern. Bei SSH1 und OpenSSH geschieht dies mit Hilfe des Schlüsselwortes `Cipher`, dem die von Ihnen gewünschten Verschlüsselungsalgorithmen folgen:

```
# SSH1, OpenSSH
Cipher blowfish
```

Oder Sie verwenden die Kommandozeilenoption *–c*:

```
# SSH1, SSH2, OpenSSH
$ ssh -c blowfish server.example.com
$ scp -c blowfish myfile server.example.com:
```

Bei SSH2 ist es fast identisch, nur lautet das Schlüsselwort hier `Ciphers` (beachten Sie das zusätzliche »s«). Diesem folgen ein oder mehrere Verschlüsselungsalgorithmen, getrennt durch Kommata:

```
# SSH2, OpenSSH/2
Ciphers blowfish,3des
```

Auch SSH2 unterstützt die oben erwähnte Kommandozeilenoption *–c*, diese kann aber wiederholt vorkommen, wenn Sie mehrere Chiffrierungen erlauben wollen:

```
# Nur SSH2
$ ssh2 -c blowfish -c 3des -c idea server.example.com
$ scp2 -c blowfish -c 3des -c idea myfile server.example.com:
```

Bei OpenSSH/2 können mehrere Algorithmen auf ein einzelnes *–c* folgen, die jeweils durchKommata voneinander getrennt sein müssen:

```
# Nur OpenSSH/2
$ ssh -c 3des-cbc,blowfish-cbc,arcfour server.example.com
```

Alle vom Server akzeptierten Chiffrierungen können für den Client angegeben werden. [5.4.5] Eine aktuelle Liste aller unterstützten Chiffren finden Sie in der aktuellen SSH-Dokumentation.

7.4.8.1 MAC-Algorithmen

Die Kommandozeilenoption *–m* erlaubt die Wahl des zur Integritätsprüfung verwendeten Algorithmus, dem sog. MAC (Message Authentication Code), der von *ssh2* verwendet wird: [3.9.3]

```
# Nur SSH2
$ ssh2 -m hmac-sha1 server.example.com
```

Sie können in der Kommandozeile mehrere Algorithmen angeben, indem Sie jedem ein eigenes *–m* voranstellen:

```
# Nur SSH2
$ ssh2 -m hmac-sha1 -m another-one server.example.com
```

Der SSH2-Server wählt dann aus, welchen er verwendet.

7.4.9 Session-Rekeying

Das Schlüsselwort `RekeyIntervalSeconds` legt fest, wie oft (in Sekunden) der SSH2-Client einen Schlüssel mit dem Server austauscht, um die Datenverschlüsselungs- und Integritätsschlüssel der laufenden Session zu ändern. Voreingestellt sind 3600 Sekunden (eine Stunde). Der Nullwert deaktiviert das Rekeying:[15]

---

15 Beachten Sie, daß zur Drucklegung der Originalausgabe dieses Buches das Session-Rekeying im SSH2-Client deaktiviert werden mußte, wenn dieser mit dem OpenSSH-Server arbeiten sollte, weil letzterer das Session-Rekeying nicht unterstützte. Die Verbindung wird mit einer Fehlermeldung unterbrochen, sobald das Rekeying-Intervall abgelaufen ist. Allerdings wird dieses Feature wohl bald implementiert worden sein.

```
# Nur SSH2
RekeyIntervalSeconds 7200
```

7.4.10   Authentifizierung

Bei einem typischen SSH-Setup versuchen die Clients die Authentifizierung zuerst mit der stärksten Methode. Schlägt eine bestimmte Methode fehl oder ist sie nicht vorhanden, wird die nächste probiert und so weiter. Dieses Standardverhalten sollte für die meisten Ansprüche ausreichen.

Unabhängig davon können Ihre Clients aber bestimmte Arten der Authentifizierung anfordern, wenn es notwendig ist. So könnten Sie zum Beispiel nur die Public-Key-Authentifizierung verwenden und keine anderen Methoden zulassen wollen, wenn diese fehlschlägt.

7.4.10.1   Eine Authentifizierungstechnik anfordern

SSH1- und OpenSSH-Clients können bestimmte Authentifizierungsmethoden durch ein Schlüsselwort anfordern. Die Syntax entspricht dabei der der Server-Datei */etc/sshd_config*. [5.5.1] Sie können folgendes angeben:

```
PasswordAuthentication
RhostsAuthentication
RhostsRSAAuthentication
RSAAuthentication
TISAuthentication
KerberosAuthentication
```

(Die beiden letzten Schlüsselwörter verlangen, daß TIS bzw. Kerberos bei der Kompilierung berücksichtigt wurden.) Jedes (oder alle) Schlüsselwörter können mit dem Wert yes oder no erscheinen.

Bei SSH2 wählt das Schlüsselwort `AllowedAuthentications` eine oder mehrere Authentifizierungstechniken. Erneut findet das Schlüsselwort hier die gleiche Anwendung wie beim SSH2-Server. [5.5.1]

OpenSSH akzeptiert bis auf `TISAuthentication` die gleichen Schlüsselwörter wie SSH1 und fügt für Einmal-Paßwörter noch `SkeyAuthentication` hinzu. [5.5.1.10]

7.4.10.2   Der Server ist der Boss

Gibt der Client eine Authentifizierungstechnik an, ist dies nur eine Bitte, kein Muß. So informiert beispielsweise die Konfiguration

```
PasswordAuthentication yes
```

den SSH-Server, daß Sie, der Client, an einer Paßwort-Authentifizierung teilnehmen. Es garantiert nicht, daß die Authentifizierung über ein Paßwort erfolgt, sondern nur, daß Sie dafür gerüstet sind, wenn der Server damit einverstanden ist. Der Server trifft aber die Entscheidung und könnte die Authentifizierung durchaus mit einer anderen Methode vornehmen.

Verlangt der Client eine bestimmte Authentifizierungstechnik, muß er dem Server mitteilen, das eine, und zwar nur eine, Technik möglich ist. Zu diesem Zweck muß der Client jede andere Authentifizierungstechnik deaktivieren. Wollen Sie beispielsweise die Paßwort-Authentifizierung bei SSH1 oder OpenSSH erzwingen, müssen Sie folgendes festlegen:

```
# SSH1, OpenSSH
# Garantiert die Paßwort-Authentifizierung, wenn der Server sie unterstützt.
PasswordAuthentication  yes
RSAAuthentication         no
RhostsRSAAuthentication   no
RhostsAuthentication      no
KerberosAuthentication    no
# ... Andere Authentifizierungsmethoden stehen hier mit dem Wert »no«
```

Unterstützt der Server die Paßwort-Authentifizierung aber nicht, schlägt der Verbindungsaufbau natürlich fehl.

SSH2 verfügt über ein besseres System: das Schlüsselwort `AllowedAuthentications`, das die gleiche Syntax und Bedeutung aufweist wie das Server-Schlüsselwort gleichen Namens: [5.5.1]

```
# Nur SSH2
AllowedAuthentications password
```

7.4.10.3 Erfolgreiche Authentifizierung erkennen

SSH2 stellt zwei Schlüsselwörter zur Verfügung, mit denen eine (erfolgreiche) Authentifizierung festgehalten werden kann: `AuthenticationSuccessMsg` und `AuthenticationNotify`. Jedes sorgt bei SSH2-Clients dafür, daß nach einem Authentifizierungsversuch eine Meldung ausgegeben wird.

`AuthenticationSuccessMsg` kontrolliert das Erscheinen der Nachricht »Authentication successful« nach der Authentifizierung. Die Ausgabe erfolgt dabei an Standardfehler. Mögliche Werte sind `yes` (Meldung wird ausgegeben, Voreinstellung) oder `no`:

```
$ ssh2 server.example.com
Authentication successful.
Last login: Sat Jun 24 2000 14:53:28 -0400
...
$ ssh2 -p221 -o AuthenticationSuccessMsg no server.example.com
Last login: Sat Jun 24 2000 14:53:28 -0400
...
```

`AuthenticationNotify` ist ein nicht-dokumentiertes Schlüsselwort und läßt *ssh2* eine andere Meldung ausgeben, diesmal aber an die Standardausgabe. Ist die Authentifizierung erfolgreich, erscheint die Meldung »AUTHENTICATED YES«, anderenfalls »AUTHENTICATED NO«. Die möglichen Werte sind `yes` (Meldung ausgeben) oder `no` (Voreinstellung):

```
$ ssh2 -q -o AuthenticationNotify yes server.example.com
AUTHENTICATED YES
Last login: Sat Jun 24 2000 14:53:35 -0400
...
```

Das Verhalten dieser beiden Schlüsselwörter unterscheidet sich wie folgt;

* `AuthenticationSuccessMsg` schreibt an stderr; `AuthenticationNotify` an stdout.

* Die Kommandozeilenoption *–q* [7.4.15] unterdrückt `AuthenticationSuccessMsg`, nicht aber `AuthenticationNotify`. Dadurch ist `AuthenticationNotify` zum Skripting besser geeignet (wenn Sie zum Beispiel herausfinden wollen, ob eine Authentifizierung erfolgreich war oder nicht). Beachten Sie, daß *exit* als entfernter Befehl verwendet wird, der die Shell sofort beendet:

```
#!/bin/csh
# AUTHENTICATION-Zeile ermitteln
set line = ssh2 -q -o AuthenticationNotify yes server.example.com exit
# Zweites Wort herausfiltern
set result = echo $line | awk {print $2}
if ( $result == "YES" ) then
    ...
```

Tatsächlich wird `AuthenticationNotify` in genau dieser Weise von *scp2* und *sftp* verwendet. Die Programme führen dann *ssh2* im Hintergrund aus, um für die Datenübertragung die Verbindung mit dem entfernten Host herzustellen. Sie warten auf das Erscheinen der »AUTHENTICATED YES«-Meldung, um die erfolgreiche Verbindung zu erkennen, und können dann beginnen, sich mit dem *sftp-server* zu unterhalten

`AuthenticationSuccessMsg` bietet ein zusätzliches Sicherheits-Feature: die Garantie, daß die Authentifizierung erfolgt ist. Stellen Sie sich vor, Sie rufen *ssh2* auf und werden nach Ihrer Paßphrase gefragt:

```
$ ssh2 server.example.com
Paßphrase for key "mykey": ********
```

Nun sehen Sie zu Ihrer Überraschung ein zweites Paßphrase-Prompt:

```
Paßphrase for key "mykey":
```

Sie könnten glauben, die Paßphrase falsch eingegeben zu haben, und geben sie erneut ein. Was ist aber, wenn die zweite Abfrage nicht von Ihrem *ssh2*-Client stammt, sondern vom Server, der von einem arglistigen Eindringling geknackt wurde? Ihre Paßphrase wurde gerade gestohlen! Um dieser potentiellen Gefahr zu begegnen, gibt *ssh2* nach der Authentifizierung »Authentication successful« aus, und unsere letzte Session sieht dann wie folgt aus:

```
$ ssh2 server.example.com
Paßphrase for key "mykey": ********
Authentication successful.
Paßphrase for key "mykey":
```

Das zweite Paßphrase-Prompt ist nun als Schwindel enttarnt.

7.4.11   Komprimierung von Daten

SSH-Verbindungen können mit Komprimierung arbeiten. Das bedeutet, daß die über eine SSH-Verbindung übertragenen Daten automatisch komprimiert werden, bevor sie verschlüsselt und gesendet werden, und automatisch auch wieder dekomprimiert werden, nachdem sie empfangen und entschlüsselt wurden. Wenn Sie SSH-Software auf schnellen, modernen Prozessoren betreiben, ist die Komprimierung generell ein Gewinn. Bei einem informellen Test haben wir zwei Sun SPARCstation 10-Workstations über ein Ethernet verbunden und über komprimierte und nicht-komprimierte SSH-Verbindungen 12 MByte Text zwischen Server und Client übertragen. Mit einem vernünftigen Level an Komprimierung (den wir gleich erläutern) wurde die Übertragungszeit halbiert.

Um die Komprimierung für nur eine Session zu aktivieren, sollten Sie Kommandozeilenoptionen nutzen. Leider verwenden die Implementierungen hier eine unterschiedliche Syntax. Bei SSH1 und OpenSSH ist die Komprimierung standardmäßig deaktiviert und wird mit der Kommandozeilenoption *−C* aktiviert:

```
# SSH1, OpenSSH: Komprierung einschalten
$ ssh1 -C server.example.com
$ scp1 -C myfile server.example.com:
```

Bei SSH2 bedeutet *−C* aber genau das Gegenteil, nämlich das Ausschalten der Komprimierung:

```
# Nur SSH2: Komprimierung ausschalten
$ ssh2 -C server.example.com
```

während *+C* sie einschaltet:

```
# Nur SSH2: Komprimierung einschalten
$ ssh2 +C server.example.com
```

(Es gibt keine Komprimierungsoption für *scp2*.) Um die Komprimierung für alle Sessions ein- oder auszuschalten, verwenden Sie das Schlüsselwort `Compression` und den Wert `yes` oder `no` (Voreinstellung):

```
# SSH1, SSH2, OpenSSH
Compression yes
```

Bei SSH1 und OpenSSH können Sie einen ganzzahligen *Komprimierungslevel* angeben, mit dem Sie festlegen, wie weit die Daten komprimiert werden sollen. Höhere Level bedeuten eine bessere Komprimierung, aber auch eine geringere Performance. Die Level können zwischen 0 und 9 (einschließlich) liegen, voreinstellt ist dabei die 6.[16] Das Schlüsselwort `CompressionLevel` ändert den Level:

```
# SSH1, OpenSSH
CompressionLevel 2
```

---

16 Die Komprimierungsfähigkeit von SSH stammt von GNU Zip, d.h. *gzip*, einem in der Unix-Welt sehr weit verbreiteten Komprimierungs-Utility. Die neun `CompressionLevel` entsprechen den neun von *gzip* unterstützten Methoden.

Die Änderung von `CompressionLevel` kann sich drastisch auf die Performance auswirken. Unser oben erwähnter 12-MByte-Test wurde mit dem Standard-Level 6 vorgenommen und benötigte 42 Sekunden. Mit unterschiedlichen Leveln bewegten sich die Zeiten zwischen 25 Sekunden und nahezu zwei Minuten (siehe Tabelle 7-2). Bei schnellen Prozessoren und Netzwerkanbindungen scheint `CompressionLevel` 1 offensichtlich ein Gewinn zu sein. Experimentieren Sie mit dem `CompressionLevel`, um zu sehen, welcher Wert bei Ihrem Setup die beste Leistung liefert.

Tabelle 7-2: Auswirkung von Komprimierung und CompressionLevel

Level	Übertragene Bytes	Benötigte Zeit (Sek.)	Größenersparnis (%)	Zeitersparnis (%)
ohne	12112880	55	0	0
1	2116435	25	82.5	55
2	2091292	25	82.5	55
3	2079467	27	82.8	51
4	1881366	33	84.4	40
5	1833850	36	84.8	35
6	1824180	42	84.9	24
7	1785725	48	85.2	13
8	1756048	102	85.5	−46
9	1755636	118	85.5	−53

7.4.12 Programmposition

Das Hilfsprogramm *ssh-signer2* ist normalerweise zusammen mit den anderen SSH2-Binaries im SSH2-Installationsverzeichnis untergebracht. [3.5.2.3] Sie können dessen Position mit dem nicht-dokumentierten Schlüsselwort `SshSignerPath` ändern:

```
# Nur SSH2
SshSignerPath /usr/alternative/bin/ssh-signer2
```

Wenn Sie dieses Schlüsselwort nutzen, müssen Sie den vollständig qualifizierten Pfad des Programms angeben. Verwenden Sie einen relativen Pfad, funktioniert die hostbasierte Authentifizierung nur, wenn der Benutzer *ssh-signer2* in seinem Suchpfad besitzt, und auch *cron*-Jobs schlagen fehl, wenn *ssh-signer2* nicht in ihrem Pfad liegt.

7.4.13 Subsysteme

Subsysteme sind vordefinierte Befehle, die von einem SSH2-Server unterstützt werden. [5.7] Jeder installierte Server kann unterschiedliche Subsysteme implementieren, erkundigen Sie sich also bei Ihrem Systemadministrator nach einer Liste.[17]

---

17 Sie können das auch selbst herausfinden, wenn Sie die Konfigurationsdatei */etc/ssh2/sshd2_config* des Servers nach mit *subsystem*-beginnenden Zeilen durchsuchen.

Die Option *–s* von *ssh2*, bei Drucklegung dieses Buches noch undokumentiert, ruft ein Subsystem auf einem entfernten Rechner auf. Hat ein SSH2-Server auf *server.example. com* beispielsweise ein Subsystem namens »backups« definiert, können Sie es wie folgt ausführen:

```
$ ssh2 -s backups server.example.com
```

7.4.14 SSH1/SSH2-Kompatibilität

SSH2 besitzt einige wenige Schlüsselwörter, die mit der SSH1-Kompatibilität im Zusammenhang stehen. Ist die Kompatibilität aktiv, wird *ssh1* aufgerufen (vorausgesetzt, es ist verfügbar), wenn *ssh2* die Verbindung zu einem SSH-1-Server herstellen soll.

Das Schlüsselwort `Ssh1Compatibility` schaltet die SSH1-Kompatiblität über die Werte yes und no ein bzw. aus. Voreingestellt ist yes, wenn die Kompatiblität bei der Kompilierung berücksichtigt wurde, anderenfalls no:

```
# Nur SSH2
Ssh1Compatibility yes
```

Das Schlüsselwort `Ssh1Path` gibt die Lage des *ssh1*-Executables an, die standardmäßig bei der Kompilierungs-Konfiguration festgelegt wird:

```
# Nur SSH2
Ssh1Path /usr/local/bin/ssh1
```

Sollen SSH2-Agenten SSH1-Schlüssel speichern und empfangen, müssen Sie die Agenten-Kompatibilität mit dem `Ssh1AgentCompatibility` aktivieren. [6.3.2.4]

```
# Nur SSH2
Ssh1AgentCompatibility yes
```

scp2 ruft schließlich noch *scp1* auf, wenn die Kommandozeilenoption *–1* genutzt wird:

```
# Nur SSH2
scp2 -1 myfile server.example.com:
```

In diesem Fall ruft *scp2 –1* einfach *scp1* auf und übergibt dabei alle Argumente (außer *–1* natürlich). Wir sehen keinen großen Sinn in dieser Option, schließlich kann man *scp1* ja auch direkt aufrufen, wenn es vorhanden ist. Aber die Option ist vorhanden, falls Sie sie brauchen.

7.4.15 Logging und Debugging

Früher in diesem Kapitel haben wir die Kommandozeilenoption *-v* vorgestellt, die SSH-Clients zur Ausgabe von Debugging-Meldungen veranlaßt. Dieser Verbose-Modus funktioniert bei *ssh* und *scp*:

```
# SSH1, OpenSSH
$ ssh -v server.example.com
SSH Version 1.2.27 [sparc-sun-solaris2.5.1], protocol version 1.5.
client: Connecting to server.example.com [128.9.176.249] port 22.
client: Connection established.
...
```

Verbose-Modus kann bei SSH2 auch mit dem Schlüsselwort (Überraschung!) `Verbose-Mode` aktiviert werden:

```
# Nur SSH2
VerboseMode yes
```

Sollten Sie Probleme mit SSH haben oder ein seltsames Verhalten bemerken, sollten Sie instinktiv zuerst den Verbose-Modus einschalten.

SSH2 besitzt mehrere Debugging-Level; der Verbose-Modus entspricht dabei dem Level 2. Sie können ein umfangreicheres oder weniger umfangreiches Debugging erreichen, indem Sie mit der Kommandozeilenoption –*d* arbeiten, die als Parameter einen ganzzahligen Wert zwischen 0 und 99 erwartet:

```
$ ssh2 -d0       Kein Debugging
$ ssh2 -d1       Ein wenig Debugging
$ ssh2 -d2       Wie –v
$ ssh2 -d3       Etwas detaillierter
$ ssh2 -d#       Und so weiter...
```

Bei OpenSSH ist die `LogLevel`-Direktive das Gegenstück, die einen von sechs Leveln als Argument verlangt: `QUIET`, `FATAL`, `ERROR`, `INFO`, `VERBOSE` und `DEBUG` (sortiert nach dem Umfang der Meldungen). So entspricht:

```
# OpenSSH
$ ssh -o LogLevel=DEBUG
```

beispielsweise *ssh –v*.

Die Option –*d* kann die gleiche Modul-basierte Syntax auch für das Server-Debugging verwenden: [5.8.2.2]

```
$ ssh2 -d Ssh2AuthPasswdServer=2 server.example.com
```

scp2 unterstützt diese Form des Debugging ebenfalls, nur heißt die Option hier –*D* statt –*d*, weil *scp* –*d* schon etwas anderes bedeutet:

```
$ scp2 -D Ssh2AuthPasswdServer=2 myfile server.example.com
```

Um alle Debugging-Meldungen zu deaktiveren, verwenden Sie die Option –*q*:

```
# SSH1, SSH2, OpenSSH
$ ssh -q server.example.com

# Nur SSH2
$ scp2 -q myfile server.example.com:
```

oder das Schlüsselwort `QuietMode`:

```
# Nur SSH2
QuietMode yes
```

Die Versionsnummer des Programms können Sie sich schließlich mit –*V* ausgeben lassen:

```
# SSH1, SSH2, OpenSSH
$ ssh -V

# Nur SSH2
$ scp2 -V
```

7.4.16 Random Seeds: Die Anfangswerte für den Zufallsgenerator

SSH2 erlaubt es Ihnen, die Lage der Seed-Datei, standardmäßig *~/.ssh2/random_seed*, einzustellen: [5.4.1.2]

```
# Nur SSH2
RandomSeedFile /u/smith/.ssh2/new_seed
```

7.5   Sicheres Kopieren mit scp

Das Programm zum sicheren Kopieren, *scp*, gehorcht genau wie *ssh* Schlüsselwörtern in Ihrer Konfigurationsdatei. Darüber hinaus stellt *scp* einige Features und Optionen zur Verfügung, die wir in diesem Abschnitt behandeln wollen.

7.5.1   Vollständige Syntax

Bisher haben wir die Syntax von *scp* nur ganz allgemein vorgestellt: [2.2.1]

```
scp name-der-quelldatei name-der-zieldatei
```

Beide Namen, oder *Pfadspezifikationen*, repräsentieren in der Kommandozeile auf folgende Weise Dateien oder Verzeichnisse (das Verhalten ist dem der Unix-Befehle *cp* und *rcp* recht ähnlich):

- Ist der *name-der-quelldatei* eine Datei, kann *name-der-zieldatei* eine Datei (vorhanden oder nicht) oder ein Verzeichnis (das vorhanden sein muß) sein. Mit anderen Worten kann eine einzelne Datei in eine andere Datei oder in ein Verzeichnis kopiert werden.

- Enthält *name-der-quelldatei* zwei oder mehr Dateien, ein oder mehr Verzeichnisse oder eine Kombination von beiden, muß *name-der-zieldatei* ein existierendes Verzeichnis sein, in das kopiert werden kann.[18] Mit anderen Worten können mehrere Dateien und Verzeichnisse nur in ein Verzeichnis kopiert werden.

name-der-quelldatei und *name-der-zieldatei* haben beide die folgende Form (von links nach rechts):

---

18 Wir sagen »muß«, aber technisch gesehen können Sie in manchen Fällen eine Datei als Ziel angeben. Allerdings entspricht dieses Verhalten wahrscheinlich nicht dem, was Sie wollen. Wenn mehrere Dateien in eine einzelne Zieldatei kopiert werden, wird jede Datei von der nächsten überschrieben.

1. Der *Benutzername* des Accounts, in dem die Datei oder das Verzeichnis enthalten ist, gefolgt von einem @-Zeichen. Dieser Teil ist optional, und wenn er fehlt, wird der Benutzername des Benutzers angenommen, der *scp* gestartet hat.

2. Der *Hostname* des Hosts, auf dem die Datei oder das Verzeichnis enthalten ist, gefolgt von einem Doppelpunkt. Dieser Teil ist optional, wenn der Pfad vorhanden ist, der Benutzername aber fehlt. Läßt man ihn weg, wird er mit *localhost* angenommen. SSH2 erlaubt eine optionale *TCP-Portnummer* für die SSH-Verbindung, die zwischen dem Hostnamen und dem Doppelpunkt eingefügt werden kann und durch ein Doppelkreuz eingeleitet werden muß.

3. Der *Verzeichnispfad* auf die Datei oder das Verzeichnis. (Optional, wenn der Hostname vorhanden ist.) Relative Pfadnamen werden als relativ zum *Standardverzeichnis* betrachtet, was bei lokalen Pfaden dem aktuellen Verzeichnis und bei entfernten Pfaden dem Home-Verzeichnis des Benutzers entspricht. Läßt man ihn vollständig weg, wird der Pfad mit dem Standardverzeichnis angenommen.

Auch wenn jedes Feld optional ist, können Sie sie nicht alle auf einmal weglassen und einen leeren String übergeben. Entweder der Hostname (2) oder der Verzeichnispfad (3) muß vorhanden sein. Einige Beispiele:

MyFile
> Die Datei *./MyFile* auf *localhost*

MyDirectory
> Das Verzeichnis *./MyDirectory* auf *localhost*

.
> Das aktuelle Verzeichnis auf *localhost*

server.example.com:
> Das Verzeichnis *~benutzername* auf *server.example.com*

server.example.com
> Eine lokale Datei namens »server.example.com« (Hoppla: Haben Sie etwa vergessen, den Doppelpunkt anzuhängen? Ein typischer Fehler!)

server.example.com:MyFile
> Die Datei *MyFile* im Home-Verzeichnis des entfernte Benutzers auf *server.example.com*

bob@server.example.com:
> Das Verzeichnis *~bob* auf *server.example.com*

bob@server.example.com
> Eine lokale Datei namens »bob@server.example.com« (hoppla; schon wieder den anhängenden Doppelpunkt vergessen)

bob@server.example.com:MyFile
> Die Datei *~bob/MyFile* auf *server.example.com*

server.example.com:dir/MyFile
> Die Datei *dir/MyFile* im Home-Verzeichnis des entfernten Benutzers auf *server.example.com*

server.example.com:/dir/MyFile
> Die Datei */dir/MyFile* auf *server.example.com* (beachten Sie den absoluten Pfad)

bob@server.example.com:dir/MyFile
> Die Datei *~bob/dir/MyFile* auf *server.example.com*

bob@server.example.com:/dir/MyFile
> Die Datei */dir/MyFile* auf *server.example.com* (obwohl die Authentifizierung als bob erfolgt, ist der Pfad absolut)

server.example.com#2000:
> Das Home-Verzeichnis des entfernten Benutzers auf *server.example.com* über TCP-Port 2000 (nur SSH2)

Hier einige vollständige Beispiele:

```
$ scp myfile myfile2              Eine lokale Kopie wie mit cp
$ scp myfile bob@host1:           Kopiere ./myfile nach ~bob auf host1
$ scp bob@host1:myfile .          Kopiere ~bob/myfile auf host1 nach ./myfile
$ scp host1:file1 host2:file2     Kopiere file1 von host1 nach file2 auf host2
$ scp bob@host1:file1 jen@host2:file2   Wie oben, aber kopiere von bobs zu jens Account
```

Tabelle 7-3 faßt die Syntax eines *scp*-Pfads zusammen.

Tabelle 7-3: scp Pfad-Spezifikation

Feld	weitere Syntax	Optional?	Standard für lokalen Host	Standard für entfernten Host
Benutzername	Gefolgt von @	Ja	Name des aufrufenden Benutzers	Name des aufrufenden Benutzers
Hostname	Gefolgt von :	Nur wenn Benutzername fehlt und Pfad vorhanden ist	Keiner, Dateizugriff erfolgt lokal	Nicht verfügbar
Portnumme[a]	# vorangestellt	Ja	22	22
Verzeichnispfad	Nicht verfügbar	Nur wenn Hostname vorhanden ist	Aktuelles Arbeitsverzeichnis (beim Aufruf)	Home-Verzeichnis des entfernten Benutzers

a. nur SSH2

7.5.2   Behandlung von Wildcards

scp besitzt bei SSH1 und OpenSSH keine besondere Unterstützung für Wildcards. Die Auflösung erfolgt einfach durch die Shell:

```
$ scp *.txt server.example.com:
```

Achten Sie auf Wildcards in Spezifikationen für entfernte Dateien, weil diese auf der lokalen Maschine evaluiert werden, nicht auf der entfernten. So wird beispielsweise der folgende Versuch kläglich scheitern:

```
$ scp1 server.example.com:*.txt .                    Keine gute Idee!
```

Die Unix-Shell versucht, das Wildcard-Zeichen aufzulösen, bevor *scp1* aufgerufen wird, aber das aktuelle Verzeichnis enthält keinen Dateinamen, der »server.example.com:*.txt« entspricht. Die C-Shell und ihre Derivate melden »no match« und führen *scp1* gar nicht erst aus. Bourne-artige Shells, die im aktuellen Verzeichnis keine Treffer erkennen, übergeben die Wildcard unaufgelöst an *scp1,* und das Kopieren könnte wie geplant erledigt werden, aber auf dieses merkwürdige Verhalten sollten Sie sich nicht verlassen. Versehen Sie Ihre Wildcards immer mit Escape-Zeichen, damit diese garantiert von der Shell ignoriert und an *scp1* übergeben werden:

```
$ scp1 server.example.com:\*.txt .
```

scp2 führt ein eigenes Regex-Matching aus, nachdem die Wildcard-Auflösung durch die Shell erfolgt ist. Die SSH2-Manpage *sshregex* (siehe Anhang A) beschreibt die unterstützten Operatoren. Aber auch so sollten Sie Ihre Wildcard-Zeichen durch Fluchtsymbole schützen, wenn Ihre lokale Shell sie nicht antasten soll.

7.5.3   Rekursives Kopieren von Verzeichnissen

Manchmal möchten Sie nicht nur eine Datei, sondern eine ganze Verzeichnis-Hierarchie kopieren. In diesem Fall verwenden Sie die Option *−r*, die für »rekursiv« steht. Wenn Sie mit *rcp* vertraut sind, sollten Sie keine Schwierigkeiten haben, weil *−r* die gleichen Auswirkungen hat.

Um beispielsweise das Verzeichnis */usr/local/bin* mit all seinen Dateien und Unterverzeichnissen gesichert auf eine andere Maschine zu kopieren, verwenden Sie den folgenden Befehl:

```
# SSH1, SSH2, OpenSSH
$ scp -r /usr/local/bin server.example.com:
```

Wenn Sie beim Kopieren der Verzeichnisse das *−r* vergessen, beschwert sich *scp*:

```
$ scp /usr/local/bin server.example.com:
/usr/local/bin: not a regular file
```

Obwohl *scp* Verzeichnisse kopieren kann, ist das vielleicht nicht die beste Lösung. Enthält Ihr Verzeichnis harte Links oder Softlinks, werden diese nicht dupliziert. Links werden einfach als Textdateien (Link-Ziele) kopiert und, was noch schlimmer ist, bei ringförmigen Verzeichnis-Links bleibt *scp1* in einer Endlosschleife hängen. (*scp2* erkennt symbolische Links und kopiert statt dessen die eigentlichen Dateien.) Andere Spezialdateien wie benannte Pipes werden ebenfalls nicht korrekt kopiert.[19] Eine bessere Lösung besteht darin, zuerst *tar* zu verwenden (weil es Spezialdateien korrekt handhabt) und das Ergbnis dann mittels SSH zum »Untarren« an die entfernte Maschine zu schicken:

```
$ tar cf - /usr/local/bin | ssh server.example.com tar xf -
```

7.5.4 Zugriffsrechte erhalten

Wenn *scp* Dateien kopiert, werden die Zieldateien mit bestimmten Datei-Attributen angelegt. Standardmäßig orientieren sich die Datei-Zugriffsrechte an der umask des Ziel-Hosts, und die Datumsangaben für die Modifikation und den letzten Zugriff entsprechen dem Kopierzeitpunkt. Alternativ können Sie *scp* anweisen, die Rechte und Zeitangaben der Originaldateien zu übernehmen. Dies wird mit der Option *–p* erreicht:

```
# SSH1, SSH2, OpenSSH
$ scp -p myfile server.example.com:
```

Wenn Sie zum Beispiel Ihr gesamtes Home-Verzeichnis auf eine entfernte Maschine übertragen, werden Sie wohl die Dateiattribute erhalten wollen:

```
$ scp -rp $HOME server.example.com:myhome/
```

7.5.5 Automatisches Löschen der Originaldatei

Nachdem es eine Datei kopiert hat, kann *scp2* auf Wunsch das Original löschen. Sie legen das mit der Kommandozeilenoption *–u* fest:[20]

```
# Nur SSH2
$ scp2 myfile server.example.com:
$ ls myfile
myfile
$ scp2 -u myfile server.example.com:
$ ls myfile
myfile: No such file or directory
```

Wenn Sie sich neben dem gesicherten Kopieren auch ein gesichertes Verschieben gewünscht haben sollten, können Sie sich eines mit Hilfe von *scp2 –u* definieren:

```
$ alias smv=scp2 -u
```

7.5.6 Sicherheits-Features

scp besitzt zwei Features, mit denen es Sie vor der Ausführung gefährlicher Befehle schützt. Stellen Sie sich vor, Sie wollen eine lokale Datei namens *myfile* in ein entferntes Verzeichnis kopieren. Sie geben folgendes ein:

---

19 Die Beschränkungen gelten auch beim Kopieren einzelner Dateien, aber zumindest erkennen Sie die fehlerhaften Ergebnisse schnell. Bei Verzeichnissen können Sie Hierarchien fehlerhaft kopieren, ohne es zu bemerken.

20 Bei früheren SSH2-Versionen hatte diese Option keinerlei Auswirkungen.

```
# SSH1, SSH2, OpenSSH
$ scp2 myfile server.example.com:mydir
$ rm myfile
```

Dann stellen Sie die Verbindung zu *server.example.com* her und finden zu Ihrem Entsetzen heraus, daß *mydir* eine Datei und kein Verzeichnis war und Sie diese Datei gerade überschrieben haben! Die Option *–d* verhindert diese Tragödie. Ist das Ziel kein Verzeichnis, beschwert sich *scp* und bricht ab, ohne die Datei zu kopieren.

```
# SSH1, SSH2, OpenSSH
$ scp2 -d myfile server.example.com:mydir
warning: Destination file is not a directory.
warning: Exiting.
```

Diese Option ist nur notwendig, wenn Sie eine einzelne Datei kopieren. Wenn Sie mehrere Dateien oder ein Verzeichnis kopieren, überprüfen alle *scp*-Implementierungen standardmäßig, ob das entfernte Ziel ein Verzeichnis ist.[21]

Ein weiteres Sicherheits-Feature von *scp2* ist die Option *–n*, die das Programm anweist, seine Handlungen zu erläutern, diese aber nicht wirklich auszuführen. Das ist nützlich, wenn Sie das Verhalten von *scp2* überprüfen wollen, bevor Sie einen potentiell riskanten Befehl ausführen.

```
# Nur SSH2
$ scp2 -n myfile server.example.com:
Not transferring myfile -> server.example.com:./myfile  (1k)
```

7.5.7   Statistische Ausgaben

Während *scp* Dateien kopiert, kann es Statistiken über seinen Fortschritt ausgeben.

7.5.7.1   scp1-Statistiken

Bei *scp1* kann die statistische Ausgabe über Kommandozeilenoptionen und Umgebungsvariablen kontrolliert werden:[22]

```
$ scp1 myfile* server.example.com:
myfile1        |       50 KB |  50.0 kB/s | ETA: 00:00:00 | 100%
myfile2        |       31 KB |  31.3 kB/s | ETA: 00:00:00 | 100%
myfile3        |        3 KB |   3.8 kB/s | ETA: 00:00:00 | 100%
```

Für jede Datei gibt *scp1* den Namen, die Größe, die Übertragungsrate und eine zweiteilige Fortschrittsanzeige aus. »ETA« (Estimated Time of Arrival) ist die geschätzte Übertragungsdauer, und die letzte Zahl gibt an (in Prozent), wieviel der Datei bisher übertragen wurde. Während der Datenübertragung wird der ETA-Wert auf null heruntergezählt, während die Prozentangabe auf 100 anwächst.

---

21 Es gibt einen Sonderfall. Wenn das Kopieren auf einer einzelnen Maschine erfolgt, z.B. *scp *.c mydir*, dann prüft der *scp*-Client nicht notwendigerweise, ob *mydir* ein Verzeichnis ist.

22 *scp1* muß mit dem Konfigurationsflag `--with-scp-stats` kompiliert werden, anderenfalls stehen keine Statistiken zur Verfügung. [4.1.5.11]

Auch wenn diese Statistiken informativ sind, werden Sie sie ändern oder deaktiveren wollen. Zum Beispiel werden Sie sie auschalten wollen, wenn *scp1* Teil eines Batch-Jobs ist, der keine Bildschirmausgabe produzieren soll.

Diese statistische Ausgabe kann auf verschiedene Art und Weise mittels Kommandozeilenoptionen und Umgebungsvariablen angepaßt werden (siehe Tabelle 7-4). Beachten Sie, daß Kommandozeilenoptionen Vorrang vor Umgebungsvariablen haben.

Tabelle 7-4: Steuerung von Statistiken bei scp1

Gewünschte Ausgabe	Mittels Optionen	Mittels Umgebungsvariablen
Keine Ausgabe[a]	*scp1 -q*	SSH_NO_SCP_STATS
Ausgabe, aber nicht Datei für Datei	*scp1 −Q −A*	SSH_NO_ALL_SCP_STATS SSH_SCP_STATS
Ausgabe für alle Dateien	*scp1 −Q −a*	SSH_ALL_SCP_STATS SSH_SCP_STATS

a. Funktioniert auch mit dem *scp*-Client von OpenSSH.

Zuallerst können Sie festlegen, ob überhaupt Statistiken ausgegeben werden oder nicht. Das geschieht mit den Optionen *−q* und *−Q* oder den Umgebungsvariablen SSH_SCP_STATS und SSH_NO_SCP_STATS. Um Statistiken zu deaktivieren, nutzen Sie eine der folgenden Varianten:

```
# SSH1, OpenSSH
$ scp -q myfile server.example.com:

# Nur SSH1
$ setenv SSH_NO_SCP_STATS 1
$ scp1 myfile server.example.com:
```

Um Statistiken zu aktivieren, nutzen Sie eine der beiden folgenden Alternativen:

```
# Nur SSH1
$ scp1 -Q myfile server.example.com:

# Nur SSH1
$ setenv SSH_SCP_STATS 1
$ scp1 myfile server.example.com:
```

Sind Statistiken aktiviert, können Sie wählen, ob diese für jede Datei ausgegeben werden sollen. Dies geschieht mit den Optionen *−a* und *−A* oder den Umgebungsvariablen SSH_ALL_SCP_STATS und SSH_NO_ALL_SCP_STATS. Um dateiorientierte Statistiken auszugeben, verwenden Sie eine der beiden folgenden Varianten:

```
# Nur SSH1
$ scp1 -Q -a myfile server.example.com:

# Nur SSH1
$ setenv SSH_ALL_SCP_STATS 1
```

```
$ scp1 myfile server.example.com:
```

Alternativ können Sie eine einzelne, zusammenfassende Statistik ausgeben:

```
# Nur SSH1
$ scp1 -Q -A myfile server.example.com:

# Nur SSH1
$ setenv SSH_NO_ALL_SCP_STATS 1
$ scp1 myfile server.example.com:
```

7.5.7.2   scp2-Statistiken

Die statistische Ausgabe für *scp2* kann ebenfalls konfiguriert werden, allerdings fehlt die Information bei SSH2 2.1.0 in der Manpage. Standardmäßig ist die statistische Ausgabe aktiviert, und es gibt kein Compiler-Flag wie `--with-scp-stats` bei SSH1, um sie zu deaktivieren. Die Ausgabe sieht anders aus als *scp1*:

```
$ scp2 myfile* server.example.com:
Transfering myfile1 -> server.example.com:./myfile1  (50k)
|...............................................................|
51200 bytes transferred in 1.00 seconds [50.0 kB/sec].
Transfering myfile2 -> server.example.com:./myfile2  (30k)
|...............................................................|
31744 bytes transferred in 1.03 seconds [31.3 kB/sec].
Transfering myfile3 -> server.example.com:./myfile3  (3k)
|...............................................................|
3068 bytes transferred in 0.79 seconds [3.8 kB/sec].
```

Die Fortschrittsanzeigen (gepunktete Linien) ändern sich während der Dateiübertragung, aber ehrlich gesagt finden wir sie nicht besonders intuitiv. Um die Statistik zu unterdrücken, verwenden Sie die Kommandozeilenoption $-Q$ (ja, sie hat genau die entgegengesetzte Bedeutung wie die Option $-Q$ bei SSH1):

```
$ scp2 -Q myfile server.example.com:
```

7.5.8   Lage des ssh-Executables

Um Dateien gesichert kopieren zu können, ruft *scp* intern *ssh* auf. Aus diesem Grund muß *scp* wissen, wo auf der Festplatte das *ssh*-Executable liegt. Normalerweise wird der Pfad auf *ssh* *scp* während der Kompilierung (mit dem Flag `--prefix`) bekanntgegeben, Sie können den Pfad aber auch manuell angeben. [4.1.5.2] Zum Beispiel können Sie eine neue *ssh*-Version mit einer alten *scp*-Version testen. Die Kommandozeilenoption $-S$ gibt den Pfad an:

```
# SSH1, SSH2
$ scp -S /usr/alternative/bin/ssh myfile server.example.com:
```

7.5.9   Nur zum internen Gebrauch

scp besitzt bei SSH1 und OpenSSH zwei undokumentierte Optionen, $-t$ und $-f$, zum internen Gebrauch. Sehr wahrscheinlich werden Sie sie niemals explizit nutzen müssen.

Sie informieren *scp* über die Richtung der Kopie: von der lokalen zur entfernten oder von der entfernten zur lokalen Maschine. Die Option –*t* steht für das Kopieren an eine entfernte Maschine und –*f* für das Kopieren von einer entfernten Maschine.

Bei jedem Aufruf von *scp* stößt dieses einen unsichtbaren zweiten *scp*-Prozeß auf dem entfernten Host an, der ein –*t* oder ein –*f* in der Kommandozeile enthält. Sie können dies sehen, wenn Sie *scp* im Verbose-Modus ausführen. Beim Kopieren einer lokalen Datei auf eine entfernte Maschine sehen Sie dann folgendes:

```
$ scp -v myfile server.example.com:
Executing: host server.example.com, ..., command scp -v -t .
...
```

Kopieren Sie hingegen etwas von der entfernten auf die lokale Maschine, sehen Sie:

```
$ scp -v server.example.com:myfile .
Executing: host server.example.com, ..., command scp -v -f .
...
```

Es sei noch einmal erwähnt, daß Sie diese Optionen wohl niemals verwenden werden, dennoch ist es nützlich, sie zu kennen, wenn man die *scp*-Ausgabe im Verbose-Modus liest. Auch werden Sie in der *scp2*-Manpage erwähnt, und es ist gut, wenn Sie verstehen, was sie bedeuten.

7.6   *Zusammenfassung*

SSH-Clients können über Umgebungsvariablen, Kommandozeilenoptionen und Schlüsselwörter in Konfigurationsdateien konfiguriert werden. Kommandozeilenoptionen haben den höchsten Vorrang, gefolgt von Ihrer lokalen Client-Konfigurationsdatei und schließlich der globalen Client-Konfigurationsdatei.

Client-Konfigurationsdateien bestehen aus Abschnitten (Sections), und mehrere Abschnitte können für eine einzelne Verbindung gelten. Wird ein Schlüsselwort mehrfach gesetzt, gewinnt der erste (SSH1, OpenSSH) bzw. letzte (SSH2) Wert.

Wenn Sie mit der Client-Konfiguration experimentieren, sollten Sie an den Verbose-Modus denken. Entdecken Sie bei SSH ein ungewöhnliches Verhalten, sollten Sie den Client instinktiv mit der Option –*v* neu starten und in der Debugging-Ausgabe nach Hinweisen suchen.

8

Account-orientierte Serverkonfiguration

Wir haben zwei Techniken vorgestellt, mit denen das Verhalten des SSH-Servers global gesteuert werden kann: die Kompilierungs-Konfiguration (Kapitel 4) und die serverweite Konfiguration (Kapitel 5). Diese Techniken wirken sich auf alle SSH-Verbindungen aus, die bei einem Server-Rechner eingehen. Es wird nun Zeit, eine dritte, differenziertere Methode der Kontrolle über den Server einzuführen: *Account-bezogene Konfiguration*.

Wie es der Name andeutet, kontrolliert die Account-bezogene Konfiguration den SSH-Server individuell für jeden Account der Server-Maschine. Zum Beispiel könnte der Account sandy eingehende SSH-Verbindungen von jeder Maschine im Internet akzeptieren, während der Account rick Verbindungen nur von der Domain *verysafe.com* erlaubt und fraidycat Schlüssel-basierte Verbindungen ablehnt. Jeder Benutzer konfiguriert seinen eigenen Account mit Hilfe der in Abbildung 8-1 hervorgehobenen Einrichtungen, ohne irgendwelche besonderen Privilegien oder Hilfen vom Systemadministrator zu benötigen.

Wir haben bereits einen einfachen Typ der Account-orientierten Konfiguration kennengelernt. Ein Benutzer kann einen öffentlichen Schlüssel in der entsprechenden Konfigrationsdatei ablegen und den SSH-Server anweisen, das Login mittels Public-Key-Authentifizierung zu erlauben. Die Account-orientierte Konfiguration kann aber noch weiter gehen und zu einem leistungsfähigen Werkzeug der Zugriffskontrolle werden, mit dem sich einige schöne Tricks in Bezug auf Ihren Accont durchführen lassen. Das Annehmen oder Verweigern von Verbindungen über bestimmte Schlüssel oder Hosts ist nur der Anfang. Zum Beispiel können Sie dafür sorgen, daß über eine eingehende SSH-Verbindung ein Programm Ihrer Wahl ausgeführt wird, auf das der Client keinen Einfluß mehr hat. Das wird als *erzwungener Befehl* (forced command) bezeichnet, und wir werden hierzu einige recht interessante Anwendungen vorstellen.

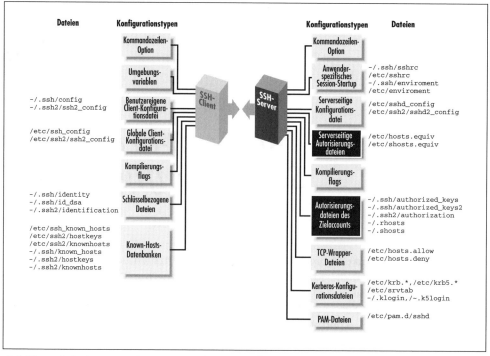

Abbildung 8-1: Account-orientierte Konfiguration (hervorgehoben)

Die Account-orientierte Konfiguration kann nur bei Ihrem Account eingehende SSH-Verbindungen kontrollieren. Wenn Sie daran interessiert sind, von SSH-Clients ausgehende SSH-Verbindungen zu kontrollieren, sei auf Kapitel 7 verwiesen.

8.1 Grenzen dieser Technik

Die Account-orientierte Konfiguration erlaubt interessante Dinge, sie hat aber auch ihre Grenzen, die wir hier diskutieren wollen:

- Sie kann sicherheitsrelevante Einstellungen nicht aufheben, die während der Kompilierung oder der serverweiten Konfiguration vorgenommen wurden. (Gott sei Dank.)

- Es ist flexibler und sicherer, mit der Public-Key-Authentifizierung zu arbeiten. Trusted-Host- und Paßwort-Authentifizierung bieten wesentlich weniger Optionen.

8.1.1 Serverweite Einstellungen überschreiben

Die SSH-Einstellungen eines Benutzer-Accounts können nur die Authentifizierung eingehender Verbindungen beschränken. Es können keine SSH-Features aktiviert werden, die durch globalere Einstellungen deaktiviert wurden, und auch die Authentifizierung eines unerwünschten Benutzers oder Hosts ist nicht möglich. Wenn beispielsweise Ihr SSH-Server alle Verbindungen von der Domain *evil.org* ablehnt, dann können Sie diese Beschränkung innerhalb Ihres Accounts durch die Account-orientierte Konfiguration nicht aufheben.[1]

Diese Einschränkung ist sinnvoll. Kein Endbenutzer-Tool sollte in der Lage sein, die Sicherheitsregeln eines Servers zu verletzen. Allerdings sollte es Endbenutzern möglich sein (und das ist auch der Fall), an ihren Accounts eingehende Verbindungen zu beschränken.

Einige Features des Servers lassen sich in der Account-orientierten Konfiguration über-schreiben. Zu erwähnen ist dabei sicher das Leerlauf-Timeout, das von der serverweiten Einstellung abweichend eingestellt werden kann. Aber solche Features bringen den Ser-ver nicht dazu, eine Verbindung zu akzeptieren, die laut globaler Einstellung abzuleh-nen ist.

Wenn Ihnen die Account-orientierte Konfiguration als Endbenutzer nicht genug Flexibi-lität bietet, können Sie eine eigene Instanz des SSH-Servers ausführen, den Sie ganz nach Belieben konfigurieren können. [5.2.2] Doch Vorsicht: dieser Ansatz ist selten die richtige Lösung. Die Beschränkungen, die Sie umgehen wollen, sind Teil eines Sicher-heitskonzepts, die von den Administratoren der Maschine definiert wurden. Sie sollten die aufgestellten Regeln nicht einfach unterlaufen, nur weil Sie es können. Unterliegt die fragliche Maschine Ihrer administrativen Kontrolle, konfigurieren Sie den SSH-Ser-ver einfach entsprechend Ihren Wünschen. Ist das nicht der Fall, kann der Betrieb eines eigenen *sshd* der Nutzungserlaubnis widersprechen, wird aber mit Sicherheit Ihren Administrator ärgern (und das sollte man niemals machen).

8.1.2 Aspekte der Authentifizierung

Um das Beste aus der Account-orientierten Konfiguration herauszuholen, sollten Sie die Public-Key-Authentifizierung verwenden. Die Paßwort-Authentifizierung ist nicht flexi-bel genug, weil die einzige Möglichkeit der Zugriffskontrolle das Paßwort selbst ist. Die Trusted-Host-Authentifizierung ist ein wenig flexibler, aber nicht annähernd so flexibel wie die Public-Key-Authentifizierung.

Wenn Sie immer noch auf die alte Paßwort-Authentifizierung vertrauen, sollte das für Sie ein weiterer Grund sein, auf öffentliche Schlüssel umzusteigen. Auch wenn sich Paßwörter und Public-Key-Paßphrasen zu gleichen scheinen (Sie geben ein geheimes Wort ein, und schon sind Sie angemeldet), sind öffentliche Schlüssel für die Gewährung oder Ablehnung des Zugangs zu Ihrem Account wesentlich flexibler: Lesen Sie weiter und erfahren Sie, warum.

---

1 Die Ausnahme von der Regel ist die Trusted-Host-Authentifizierung. Die Datei ~/.*shosts* eines Benutzers kann Beschränkungen aufheben, die vom Systemadministrator in */etc/shosts.equiv* festgelegt wurden. [8.3][3.4.2.3]

8.2 Public-Key-basierte Konfiguration

Sie richten die Public-Key-Authentifizierung für Ihren Account auf einer Server-Maschine ein, indem Sie eine Autorisierungsdatei, üblicherweise *authorized_keys* (SSH1, OpenSSH/1), *authorized_keys2* (OpenSSH/2) oder *authorization* (SSH2), erzeugen und die Schlüssel aufführen, die den Zugriff auf Ihren Account ermöglichen. [2.4] Nun, wir haben ein kleines Geheimnis für uns behalten. Ihre Autorisierungsdatei kann nicht nur die Schlüssel, sondern auch andere Schlüsselwörter und Optionen enthalten, die den SSH-Server steuern. Wir werden folgendes behandeln:

- Das vollständige Format einer Autorisierungsdatei

- »Erzwungene Befehle«, die die Menge von Programmen beschränken, die ein Client auf dem Server aufrufen kann

- Beschränkung eingehender Verbindungen auf bestimmte Hosts

- Einstellung von Umgebungsvariablen für entfernte Programme

- Einstellung des Leerlauf-(Idle)-Timeouts, so daß Verbindungen mit Clients abgebaut werden, wenn diese keine Daten senden

- Deaktivierung bestimmter Features eingehender SSH-Verbindungen wie Port-Forwarding und TTY-Allozierung

Während wir Ihnen zeigen, wie Ihre Autorisierungsdatei modifiziert werden kann, sollten Sie immer daran denken, daß die Datei vom SSH-Server nur während der Authentifizierung genutzt wird. Wenn Sie also Ihre Autorisierungsdatei ändern, verwenden nur neue Verbindungen diese neuen Informationen. Alle existierenden Verbindungen sind bereits authentifiziert und daher von diesen Änderungen nicht betroffen.

Denken Sie auch daran, daß eine eingehende Verbindungsanforderung Ihre Autorisierungsdatei gar nicht erst kennenlernt, wenn der SSH-Server sie aus anderen Gründen ablehnt, d.h. die Bedingungen der serverweiten Konfiguration nicht eingehalten werden können. Wenn die Änderung der Autorisierungsdatei sich nicht auszuwirken scheint, sollten Sie sicherstellen, daß es keinen Konflikt mit einer (mächtigeren) serverweiten Konfigurationseinstellung gibt.

8.2.1 SSH1-Autorisierungsdateien

Ihre SSH1-Datei *authorized_keys*, die üblicherweise in *~/.ssh/authorized_keys* liegt, bildet den sicheren Zugang zu Ihrem Account über das SSH-1-Protokoll. Jede Zeile der Datei enthält einen öffentlichen Schlüssel und bedeutet soviel wie: »Ich erteile SSH-1-Clients die Erlaubnis, meinen Account auf bestimmte Weise zu nutzen, wenn dieser Schlüssel zur Authentifizierung verwendet wird«. Beachten Sie die Formulierung »auf bestimmte Weise«. Bislang erlaubten öffentliche Schlüssel den uneingeschränkten Zugang zu Ihrem Account. Jetzt erzählen wir Ihnen die ganze Geschichte.

Jede Zeile in *authorized_keys* besteht aus bis zu drei Elementen, von denen einige optional und einige unabdingbar sind:

- Eine Reihe von *Optionen* (optional :-).

- Der *öffentliche Schlüssel* (notwendig). Dieser erscheint in drei Teilen: [3.4.2.2]

  – Die *Anzahl der Bits* im Schlüssel, üblicherweise ein kleiner Integerwert wie 1024

  – Der *Exponent* des Schlüssels: ein Integerwert

  – Der *Modulus* des Schlüssels: ein sehr langer Integerwert, üblicherweise mehrere hundert Ziffern lang

- Ein beschreibender *Kommentar* (optional). Kann einen beliebigen Text enthalten wie »Bobs Public Key« oder »Mein PC zu Hause mit SecureCRT 3.1.«

Öffentliche Schlüssel und Kommentare werden von *ssh-keygen* in *.pub*-Dateien erzeugt (Sie erinnern sich vielleicht), die Sie üblicherweise durch Kopieren in *authorized_keys* einfügen. [2.4.3] Optionen werden in *authorized_keys* üblicherweise aber mit einem Texteditor eingegeben.[2]

Eine Option kann zwei Formen annehmen. Sie kann einfach nur aus einem Schlüsselwort bestehen:

```
# SSH1, OpenSSH: Port-Forwarding deaktivieren
no-port-forwarding
```

Oder dem Schlüsselwort folgen noch ein Gleichheitszeichen und ein Wert:

```
# SSH1, OpenSSH: Leerlauf-Timeout auf 5 Minuten einstellen
idle-timeout=5m
```

Mehrere Optionen können in einer Zeile übergeben werden. Sie müssen dann durch Kommata getrennt werden, und zwischen den Optionen dürfen keine Whitespaces stehen:

```
# SSH1, OpenSSH
no-port-forwarding,idle-timeout=5m
```

Wenn Sie versehentlich ein Whitespace einfügen:

```
# UNGÜLTIG: Whitespace zwischen den Optionen
no-port-forwarding, idle-timeout=5m
```

wird die Verbindung über diesen Schlüssel nicht funktionieren. Bauen Sie die Verbindung mit aktiviertem Debugging (*ssh1 -v*) auf, sehen Sie eine »Syntax Error«-Meldung vom Server.

---

2 Bei der Editierung von *authorized_keys* müssen Sie mit einem Texteditor arbeiten, der lange Zeilen verarbeiten kann. Der Modulus eines Schlüssels kann mehrere hundert Zeichen lang sein. Einige Texteditoren können keine langen Zeilen ausgeben, editieren sie nicht sauber, fügen automatisch Zeilenumbrüche ein oder ärgern Ihre netten öffentlichen Schlüssel auf andere Weise. (Aaargh. Lassen Sie uns besser nicht über solche Texteditoren reden.) Verwenden Sie einen modernen Editor und schalten Sie den automatischen Zeilenumbruch ab. Wir verwenden GNU Emacs.

Viele SSH-Benutzer sind sich dieser Optionen nicht bewußt oder ignorieren sie einfach. Das ist ein Jammer, weil Optionen zusätzliche Sicherheit und Bequemlichkeit bieten. Je mehr Sie über die Clients wissen, die auf Ihren Account zugreifen, desto mehr Optionen können Sie nutzen, um den Zugriff zu kontrollieren.

8.2.2 SSH2-Autorisierungsdateien

Eine SSH2-Autorisierungsdatei, üblicherweise in *~/.ssh2/authorization*[3] zu finden, verwendet ein anderes Format als ihr SSH-Vorgänger. Anstelle öffentlicher Schlüssel enthält sie Schlüsselwörter und Werte, fast so wie die anderen SSH-Konfigurationsdateien. Jede Zeile der Datei enthält ein Schlüsselwort, gefolgt von dessen Wert. Die am häufigsten verwendeten Schlüsselwörter sind Key und Command.

Öffentliche Schlüssel werden mit dem Schlüsselwort Key angegeben. Auf Key folgt ein Whitespace und dann der Name der Datei, die den öffentlichen Schlüssel enthält. Relative Dateinamen verweisen auf Dateien in *~/.ssh2*. So bedeutet zum Beispiel:

```
# Nur SSH2
Key myself.pub
```

daß ein öffentlicher SSH-2-Schlüssel in *~/.ssh2/myself.pub* enthalten ist. Ihre *authorization*-Datei muß zumindest eine Key-Zeile enthalten, damit die Public-Key-Authentifizierung durchgeführt werden kann.

Jeder Key-Zeile kann optional direkt ein Command-Schlüsselwort und der entsprechende Wert folgen. Command gibt einen »erzwungenen Befehl« an, d.h. einen Befehl, der ausgeführt wird, wenn der unmittelbar davorstehende Schlüssel verwendet wird. Wir diskutieren erzwungene Befehle später noch ausführlicher. [8.2.4] Im Augenblick reicht es, folgendes zu wissen: Ein erzwungener Befehl beginnt mit dem Schlüsselwort Command, gefolgt von einem Whitespace und einer Shell-Kommandozeile. Ein Beispiel:

```
# Nur SSH2
Key somekey.pub
Command "/bin/echo Alle Logins sind deaktiviert"
```

Eine für sich stehende Command-Zeile ist ein Fehler. Die folgenden Beispiele sind illegal:

```
# ILLEGAL:keine Key-Zeile
Command "/bin/echo Diese Zeile ist falsch."
# ILLEGAL: keine Key-Zeile vor zweiter Command-Zeile
Key somekey.pub
Command "/bin/echo Alle Logins sind deaktiviert"
Command "/bin/echo Diese Zeile ist falsch."
```

---

3   Der Name kann in der serverweiten Konfigurationsdatei mit dem Schlüsselwort AuthorizationFile geändert werden. [5.4.1.6] Die *ssh2*-Manpage behauptet auch, daß AuthorizationFile in der *Client*-Konfigurationsdatei gesetzt werden kann, aber bei SSH2 2.2.0 zeigt diese Einstellung keinerlei Auswirkung. Weil *sshd2* die Client-Konfigurationsdatei nicht liest, ist das nicht weiter überraschend.

8.2.2.1 SSH2-PGP-Schlüssel-Authentifizierung

Mit der SSH2-Version 2.0.13 wurde die Unterstützung der PGP-Authentifizierung einge-führt. [5.5.1.6] Ihre *authorization*-Datei kann `PgpPublicKeyFile`-, `PgpKeyName`-, `PgpKey Fingerprint`- und `PgpKeyId`-Zeilen enthalten. Eine `Command`-Zeile kann auf `PgpKeyName`, `PgpKeyFingerprint` oder `PgpKeyId` folgen, genau wie bei `Key`:

```
# Nur SSH2
PgpKeyName my-key
Command "/bin/echo PGP-Authentifizierung erkannt"
```

8.2.3   OpenSSH-Autorisierungsdatei

Für SSH-1-Verbindungen verwendet OpenSSH/1 die gleiche *authorized_keys*-Datei wie SSH1. Alle Konfigurationsmöglichkeiten von SSH1 sind auch bei OpenSSH/1 verfügbar.

Bei SSH-2-Verbindungen verwendet OpenSSH/2 einen anderen Ansatz als SSH2: eine neue Autorisierungsdatei namens *~/.ssh/authorized_keys2*, die ein zu *authorized_keys* ähnliches Format verwendet. Jede Zeile kann folgendes enthalten:

* Optionen zur Schlüssel-Autorisierung (optional)
* Den String »ssh-dss« (notwendig)
* Den öffentlichen DSA-Schlüssel als langen String (notwendig)
* Einen beschreibenden Kommentar (optional)

Hier ein Beispiel, bei dem der lange Schlüssel gekürzt wurde:

```
host=192.168.10.1 ssh-dss AAAAB3NzaC1kc3MA... My OpenSSH key
```

8.2.4   Erzwungene Befehle (Forced Commands)

Normalerweise ruft eine SSH-Verbindung einen entfernten Befehl auf, der vom Client gewählt wurde:

```
# Aufruf einer entfernten Login-Shell
$ ssh server.example.com
# Aufruf eines entfernten Verzeichnis-Listings
$ ssh server.example.com /bin/ls
```

Ein erzwungener Befehl transferiert diese Kontrolle vom Client an den Server. Anstelle des Clients entscheidet nun der Besitzer des Server-Accounts, welcher Befehl ausge-führt wird. In Abbildung 8-2 fordert der Client den Befehl */bin/ls* an, aber serverseitig wird statt dessen die Ausführung des Befehls */bin/who* erzwungen.

Erzwungene Befehle können sehr nützlich sein. Stellen Sie sich vor, Sie wollen Ihrem Assistenten den Zugang zu Ihrem Account ermöglichen, aber nur, damit er Ihre E-Mails lesen kann. Sie können einen erzwungenen Befehl mit dem SSH-Schlüssel des Assisten-ten verknüpfen, so daß nur Ihr E-Mail-Programm ausgeführt wird und sonst nichts.

Bei SSH1 und OpenSSH kann ein erzwungener Befehl in *authorized_keys* angegeben werden. Dabei steht die Option »command« vor dem gewünschten Schlüssel. Um also

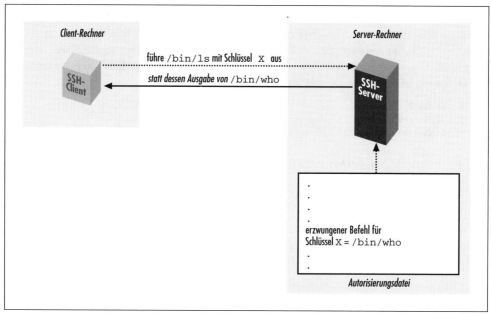

Abbildung 8-2: Erzwungener Befehl ersetzt /bin/ls durch /bin/who

das E-Mail-Programm *pine* aufzurufen, wenn Ihr Assistent die Verbindung herstellt, geben Sie folgendes ein:

```
# SSH1, OpenSSH
command="/usr/local/bin/pine" ...öffentlicher Schlüssel des Assistenten...
```

Bei SSH2 erscheint ein erzwungener Befehl in einer separaten Zeile, die unmittelbar auf den gewünschten Key folgt. Diese Zeile verwendet das Schlüsselwort Command. Das obige Beispiel wird wie folgt repräsentiert:

```
# Nur SSH2
Key assistent.pub
Command "/usr/local/bin/pine"
```

Sie können einem gegebenen Schlüssel maximal einen erzwungenen Befehl zuweisen. Um mehrere Befehle an einen Schlüssel zu binden, tragen Sie diese in einem Skript auf der entfernten Maschine zusammen und führen dann das Skript als erzwungenen Befehl aus. (Wir demonstrieren das in [8.2.4.3].)

8.2.4.1 Sicherheitsaspekte

Bevor wir mit detaillierteren Beispielen erzwungener Befehle aufwarten, wollen wir das Thema Sicherheit ansprechen. Auf den ersten Blick scheint ein erzwungener Befehl zumindest genauso sicher wie eine »normale« SSH-Verbindung, die eine Shell aufruft. Das liegt daran, daß eine Shell jeden Befehl aufrufen kann, während erzwungene

Befehle nur ein Programm aufrufen, nämlich den erzwungenen Befehl selbst. Ist */usr/local/bin/pine* dieser erzwungene Befehl, kann auch nur */usr/local/bin/pine* aufgerufen werden.

Dennoch gibt es einen Vorbehalt. Ein erzwungener Befehl kann Sie, sorglos eingesetzt, in falscher Sicherheit wiegen. Sie könnten glauben, die Fähigkeiten des Clients eingeschränkt zu haben, ohne daß das wirklich der Fall ist. Dieser Fall tritt ein, wenn ein erzwungener Befehl ungewollt ein *Shell-Escape* erlaubt, d.h eine Möglichkeit bietet, aus dem erzwungenen Befehl heraus eine Shell aufzurufen. Mit Hilfe eines Shell-Escapes kann ein Client jedes Programm aufrufen, das über die Shell zu erreichen ist. Viele Unix-Programme besitzen Shell-Escapes, z.B. Texteditoren (*vi, Emacs*), Pager (*more, less*), Pager aufrufende Programme (*man*), News-Reader (*rn*), Mail-Reader (wie der im obigen Beispiel verwendete Pine!) und Debugger (*adb*). Interaktive Programme sind die Hauptschuldigen, aber selbst nicht-interaktive Programme können Shell-Befehle ausführen (*find, xargs* etc.).

Wenn Sie einen erzwungenen Befehl definieren, dann wollen Sie wahrscheinlich nicht, daß der Schlüssel beliebige Shell-Befehle verwenden kann. Aus diesem Grund empfehlen wir Ihnen die folgenden Sicherheitsregeln zu beachten, wenn Sie entscheiden wollen, ob ein Programm als erzwungener Befehl geeignet ist oder nicht:

- Vermeiden Sie Programme mit Shell-Escapes. Lesen Sie sorgfältig die entsprechende Dokumentation. Wenn Sie sich immer noch nicht sicher sind, fragen Sie um Rat.

- Vermeiden Sie Compiler, Interpreter und andere Programme, die es dem Benutzer erlauben, beliebigen ausführbaren Code zu erzeugen.

- Betrachten Sie jedes Programm sorgfältig, das in von Benutzern definierten Orten auf der Platte Dateien anlegt oder löscht. Hierzu zählen nicht nur Anwendungen (Textverarbeitungen, Grafikprogramme etc.), sondern auch Kommandozeilen-Utilities die Dateien verschieben oder kopieren (*cp, mv, rm, scp, ftp*, etc.).

- Vermeiden Sie Programme, bei denen die setuid- oder setgid-Bits gesetzt sind (insbesondere setuid root).

- Wenn Sie ein Skript als erzwungenen Befehl verwenden, sollten Sie die traditionellen Regeln sicherer Skript-Entwicklung befolgen. Innerhalb des Skripts sollte der Suchpfad auf die relevanten Verzeichnisse beschränkt werden (».« vermeiden), alle Programme sollten über den absoluten Pfad aufgerufen werden, von Benutzern übergebene Strings sollten nicht blind als Befehle ausgeführt werden, und mit setuid sollte überhaupt nicht gearbeitet werden.[4] Und auch jetzt sollte wieder kein Programm aufgerufen werden, das ein Shell-Escape besitzt.

- Ziehen Sie die Verwendung einer beschränkten (restricted) Shell in Erwägung. Beispielsweise beschränkt die »restricted Shell« */usr/lib/rsh* (nicht zu verwechseln mit dem r-Befehl gleichen Namens) die entfernten Verzeichnisse, die ein Client verwenden kann.

---

4 Moderne Unix-Implementierungen ignorieren aus Sicherheitsgründen häufig das setuid-Bit in Skripten.

- Assoziieren Sie den erzwungenen Befehl mit einem separaten, dedizierten SSH-Schlüssel. Verwenden Sie nicht den, den Sie für Ihre Logins nutzen, damit Sie den Schlüssel bequem deaktivieren können, ohne Ihr Login zu beeinträchtigen.

- Deaktivieren Sie unnötige SSH-Features mit Hilfe anderer Optionen, die wir später behandeln werden. Unter SSH1 können Sie das Port-Forwarding mit `no-port-for-warding`, das Agent-Forwarding mit `no-agent-forwarding` und die tty-Allozierung mit `no-pty` deaktivieren.

Jedes Programm kann als erzwungener Befehl verwendet werden, aber einige dieser Befehle können recht riskant sein. In den noch folgenden Beispielen behandeln wir verschiedene dieser Aspekte, wenn sie auftreten.

8.2.4.2 *Verbindungen mit einer eigenen Meldung ablehnen*

Stellen Sie sich vor, Sie haben einem Freund Zugang zu Ihrem Account gewährt, nun aber entschieden, den Zugang wieder aufzuheben. Sie können einfach seinen Schlüssel aus der Autorisierungsdatei entfernen, aber es gibt noch eine bessere Möglichkeit. Sie können einen erzwungenen Befehl definieren, der in einer selbstdefinierten Meldung ausgibt, daß der Zugang deaktiviert wurde. Hier ein Beispiel:

```
# SSH1, OpenSSH
command="/bin/echo Tut mir leid, mein Freund, aber der Zugang wurde gesperrt!"
...Schlüssel...

# Nur SSH2
Key friend.pub
Command "/bin/echo Tut mir leid, mein Freund, aber der Zugang wurde gesperrt!"
```

Jede eingehende SSH-Verbindung, die erfolgreich über diesen Schlüssel authentifiziert wird, gibt die folgende Meldung über die Standardausgabe aus:

```
Tut mir leid, mein Freund, aber der Zugang wurde gesperrt!
```

und die Verbindung wird abgebaut. Wenn Sie eine längere Nachricht ausgeben wollen, die nur schwer in die Autorisierungsdatei aufzunehmen ist, können Sie den Text in einer separaten Datei ablegen (etwa *~/go.away*) und ihn mit Hilfe des entsprechenden Programms ausgeben (z.B. *cat*):

```
# SSH1, OpenSSH
command="/bin/cat $HOME/go.away" ...Schlüssel...

# Nur SSH2
Key friend.pub
Command "/bin/cat $HOME/go.away"
```

Weil Ihre Nachricht so lang ist, könnten Sie versucht sein, sie mit Hilfe eines Pagers wie *more* oder *less* seitenweise auszugeben. Tun Sie das nicht!

```
# SSH1: Machen Sie das nicht!
command="/bin/more $HOME/go.away" ...Schlüssel...
```

Dieser erzwungene Befehl reißt ein ungewolltes Sicherheitsloch in Ihren Account: Das *more*-Programm besitzt, wie die meisten Unix-Pager, ein Shell-Escape. Statt den Zugriff auf Ihren Account einzuschränken, erlaubt dieser erzwungene Befehl den uneingeschränkten Zugang.

8.2.4.3 Ausgabe eines Befehls-Menüs

Stellen Sie sich vor, Sie möchten jemandem einen eingeschränkten Zugang zu Ihrem Account gewähren, bei dem ein eingehender SSH-Client einige wenige Programme verwenden darf. Erzwungene Befehle machen das möglich. Zum Beispiel könnten Sie ein Shellskript schreiben, das die Ausführung einer festgelegten Gruppe von Programmen ermöglicht, und dieses Skript dann als erzwungenen Befehl ausführen. Ein Beispiel-Skript wie in Beispiel 8-1 erlaubt nur die Ausführung von drei Programmen, die aus einem Menü gewählt werden können.

Beispiel 8-1: Menü-Skript

```
#!/bin/sh
/bin/echo "Willkommen!
Zur Auswahl stehen:

1       Aktuelles Datum setzen
2       Liste eingeloggter Benutzer
3       Liste aktueller Prozesse
q       Beenden"

/bin/echo "Ihre Wahl: \c"
read ans
while [ "$ans" != "q" ]
do
  case "$ans" in
    1)
        /bin/date
        ;;
    2)
        /bin/who
        ;;
    3)
        /usr/ucb/w
        ;;
    q)
        /bin/echo "Auf Wiedersehen"
        exit 0
        ;;
    *)
        /bin/echo "Ungültige Wahl '$ans': versuchen Sie es erneut"
        ;;
  esac
  /bin/echo "Ihre Wahl: \c"
  read ans
done
exit 0
```

Sobald jemand über einen öffentlichen Schlüssel auf Ihren Account zugreift und den erzwungenen Befehl aufruft, gibt das Skript folgendes aus:

```
Willkommen!
Zur Wahl stehen:
  1        Aktuelles Datum setzen
  2        Liste eingeloggter Benutzer
  3        Liste aktueller Prozesse
  q        Beenden

  Ihre Wahl:
```

Der Benutzer kann nun 1, 2, 3 oder q eingeben und die entsprechenden Programme ausführen. Alle anderen Eingaben werden ignoriert, so daß keine anderen Programme ausgeführt werden können.

Solche Skripten müssen sorgfältig entwickelt werden, um Sicherheitslöcher zu vermeiden. Insbesondere sollte keines der gewünschten Programme eine Möglichkeit bieten, die Shell aufzurufen, weil sonst jeder Befehl in Ihrem Account ausgeführt werden kann.

8.2.4.4   Den ursprünglichen Befehl des Clients untersuchen

Wie Sie gesehen haben, ersetzt ein erzwungener Befehl jeden anderen Befehl, den ein SSH-Client senden könnte. Versucht ein SSH-Client zum Beispiel, das Programm *ps* aufzurufen:

```
$ ssh1 server.example.com ps
```

während ein erzwungener Befehl die Ausführung von »/bin/who« verlangt:

```
# SSH1, OpenSSH
command="/bin/who" ...Schlüssel...
```

dann wird *ps* einfach ignoriert und statt dessen */bin/who* ausgeführt. Trotzdem liest der SSH-Server den ursprünglich vom Client gesendeten Befehl ein und hält ihn in einer Umgebungsvariablen fest. Bei SSH1 und OpenSSH[5] heißt diese Umgebungsvariable SSH_ORIGINAL_COMMAND, bei SSH2 ist es SSH2_ORIGINAL_COMMAND. In unserem Beispiel würde SSH_ORIGINAL_COMMAND also den Wert *ps* enthalten.

Eine schnelle Möglichkeit, diese Variablen in Aktion zu sehen, besteht darin, deren Werte mit erzwungenen Befehlen auszugeben. Für SSH1 erzeugen Sie einen erzwungenen Befehl wie den folgenden:

```
# Nur SSH1
command="/bin/echo Sie haben versucht, $SSH_ORIGINAL_COMMAND auszuführen"
...Schlüssel...
```

Stellen Sie nun die Verbindung mit einem SSH-1-Client her und übergeben Sie einen entfernten Befehl (der nicht ausgeführt wird):

```
$ ssh1 server.example.com cat /etc/passwd
```

---

5   Ältere Versionen von OpenSSH haben SSH_ORIGINAL_COMMAND nicht gesetzt.

Statt *cat* auszuführen, gibt der SSH1-Server einfach

```
Sie haben versucht, cat /etc/passwd auszuführen
```

aus und baut die Verbindung ab. In gleicher Weise können Sie bei SSH2 einen erzwungenen Befehl einrichten:

```
# Nur SSH2
Key mykey.pub
Command "/bin/echo Sie haben versucht, $SSH2_ORIGINAL_COMMAND auszuführen"
```

Ein Client-Befehl wie

```
$ ssh2 server.example.com cat /etc/passwd
```

erzeugt dann die folgende Ausgabe:

```
Sie haben versucht, cat /etc/passwd auszuführen
```

8.2.4.5   *Befehle des Clients beschränken*

Lassen Sie uns ein etwas komplexeres Beispiel mit der Umgebungsvariablen SSH_ORIGINAL_COMMAND aufbauen. Wir wollen einen erzwungenen Befehl entwikkeln, der den Inhalt der Umgebungsvariablen untersucht und den angeforderten Befehl in einen Befehl Ihrer Wahl umwandelt. Nehmen wir zum Beispiel einmal an, daß einer Ihrer Freunde entfernte Befehle in Ihrem Account ausführen darf, nicht aber den *rm*-Befehl zum Löschen von Dateien. Mit anderen Worten wird ein Befehl wie

```
$ ssh server.example.com rm myfile
```

abgelehnt. Hier ein Skript, das die Präsenz von *rm* im Befehlsstring prüft und den Befehl ablehnt, falls er vorhanden ist:

```
#!/bin/sh
# Nur SSH1; für SSH2 müssen Sie $SSH2_ORIGINAL_COMMAND verwenden.
#
case "$SSH_ORIGINAL_COMMAND" in
  *rm*)
    echo "Befehl abgelehnt"
    ;;
  *)
    $SSH_ORIGINAL_COMMAND
    ;;
esac
```

Speichern Sie das Skript in *~/rm-checker* und definieren Sie einen Befehl, der es aufruft:

```
# Nur SSH1
command="$HOME/rm-checker" ...Schlüssel...
```

Unser Skript ist nur ein Beispiel: Es ist nicht sicher. Es kann von einer cleveren Befehlssequenz auf einfache Weise umgangen werden:

```
$ ssh server.example.com '/bin/ln -s /bin/r? ./killer && ./killer myfile'
```

Die obige Befehlszeile erzeugt einen Link auf */bin/rm* mit einem anderen Namen (`killer`) und führt die Löschung durch. Dennoch ist das Konzept nach wie vor gültig: Sie können SSH_ORIGINAL_COMMAND untersuchen und bei Bedarf einen anderen Befehl ausführen.

8.2.4.6 Logging ursprünglicher Client-Befehle

Eine weitere schöne Anwendung der »Original Command«-Umgebungsvariablen ist das Logging der Befehle, die für einen gegebenen Schlüssel ausgeführt wurden. Zum Beispiel:

```
# Nur SSH1
command="log-and-run" ...Schlüssel...
```

Dabei ist *log-and-run* das folgende Skript. Es hängt eine Zeile an eine Logdatei an, die einen Timestamp und den eingebenen Befehl enthält:

```
#!/bin/sh
if [ -n "$SSH_ORIGINAL_COMMAND" ]
then
  echo "/bin/date: $SSH_ORIGINAL_COMMAND" >> $HOME/ssh-command-log
  exec $SSH_ORIGINAL_COMMAND
fi
```

8.2.4.7 Erzwungene Befehle und sicheres Kopieren (scp)

Wir haben gesehen, was passiert, wenn *ssh* einen Schlüssel mit einem erzwungenen Befehl erkennt. Was macht aber *scp* in diesem Fall? Wird der erzwungene Befehl ausgeführt, oder findet die gewünschte Kopieroperation statt?

In diesem Fall wird der erzwungene Befehl ausgeführt, und die ursprüngliche Operation (Kopieren von Dateien) wird ignoriert. Abhängig von Ihren Bedürfnissen kann dieses Verhalten gut oder schlecht sein. Ganz allgemein empfehlen wir die Verwendung von *scp* nicht, wenn dem Schlüssel ein erzwungener Befehl zugeordnet ist. Verwenden Sie statt dessen zwei Schlüssel, einen für normale Logins und das Kopieren von Dateien und den anderen für den erzwungenen Befehl.

Nachdem wir erzwungene Befehle nun umfassend untersucht haben, wollen wir uns anderen Features der Account-orientierten Konfiguration zuwenden.

8.2.5 Zugriff nach Host oder Domain beschränken

Die Public-Key-Authentifizierung verlangt zwei Informationen: den jeweiligen privaten Schlüssel und (falls vorhanden) dessen Paßphrase. Fehlt eine dieser beiden Informationen, kann die Authentifizierung nicht erfolgen. Die Account-orientierte Konfiguration erlaubt für die zusätzliche Sicherheit das Einbinden einer dritten Forderung: eine Beschränkung auf den Hostnamen oder die IP-Adresse eines Clients. Das geschieht mit Hilfe der `from`-Option. Zum Beispiel erzwingt

```
# SSH1, OpenSSH
from="client.example.com" ...Schlüssel...
```

daß die SSH-1-Verbindung von *client.example.com* kommen muß oder abgelehnt wird. Wenn die Datei mit Ihrem privaten Schlüssel also irgendwie gestohlen und Ihre Paßphrase geknackt wird, hat der Angreifer möglicherweise trotzdem keinen Erfolg, wenn er die Verbindung nicht über eine autorisierte Client-Maschine herstellen kann.

Wenn Ihnen das »from«-Konzept bekannt vorkommt, haben Sie ein gutes Gedächtnis: Es handelt sich um die gleiche Art der Zugriffskontrolle, wie sie bei der serverweiten Konfiguration vom Schlüsselwort `AllowUsers` bereitgestellt wird. [5.5.2.1] Die Option `authorized_keys` wird allerdings von Ihnen innerhalb Ihres Accounts gesetzt und gilt nur für einen Schlüssel, während `AllowUsers` vom Systemadministrator festgelegt wird und auf alle Verbindungen zu einem Account angewandt wird. Nachfolgend ein Beispiel, das den Unterschied verdeutlicht. Stellen Sie sich vor, Sie möchten Verbindungen von *remote.org* den Zugriff auf den Account benjamin ermöglichen. Als Systemadministrator können Sie das in */etc/sshd_config* konfigurieren:

```
# SSH1, OpenSSH
AllowUsers benjamin@remote.org
```

Bei der Account-orientierten Konfiguration kann der Benutzer benjamin die gleiche Einstellung in seiner *authorized_keys*-Datei verwenden, aber nur für einen bestimmten Schlüssel:

```
# SSH1, OpenSSH
# Datei ~benjamin/.ssh/authorized_keys
from="remote.org" ...Schlüssel...
```

Natürlich hat die serverweite Einstellung Vorrang. Hat der Systemadministrator diesen Zugriff mit dem Schlüsselwort `DenyUsers` verboten:

```
# SSH1, OpenSSH
DenyUsers benjamin@remote.org
```

dann kann der Benutzer benjamin diese Beschränkung mit Hilfe der `from`-Option in *authorized_keys* nicht aufheben.

Genau wie `AllowUsers` kann auch die `from`-Option die Wildcard-Zeichen * (für einen beliebigen String) und ? (für ein beliebiges Zeichen) verwenden:

`from="*.someplace.org"`	*Erkennt jeden Host der Domain someplace.org*
`from="som?pla?e.org"`	*Erkennt somXplaYe.org, nicht aber foo.someXplaYe.org oder*
	foo.somplace.org

Es kann auch die IP-Adresse des Clients erkannt werden, und zwar mit oder ohne Wildcards (auch wenn das in der Manpage nicht erwähnt wird):

```
from="192.220.18.5"
from="192.2??.18.*"
```

Auch sind mehrere Muster erlaubt, die diesmal durch Kommata getrennt werden (`AllowUsers` verwendet Leerzeichen). Whitespace ist nicht erlaubt. Sie können ein Muster auch negieren, indem Sie ihm ein Ausrufezeichen (!) voranstellen. Die exakten Regeln der Erkennung lauten wie folgt: Jedes Muster der Liste wird entweder mit dem kanonischen Hostnamen oder der IP-Adresse des Clients verglichen. Besteht das Muster nur aus Ziffern, Punkten und Wildcards, wird mit der Adresse verglichen, anderenfalls mit dem Hostnamen. Die Verbindung wird nur dann akzeptiert, wenn der Client bei mindestens einem Muster paßt, das kein negiertes Muster ist. So lehnt die folgende Regel zum Beispiel Verbindungen von *saruman.ring.org* ab, erlaubt Verbindungen von anderen Hosts in der Domain *ring.org* und lehnt alle anderen Verbindungen ab:

```
from="!saruman.ring.org,*.ring.org"
```

Die folgende Regel lehnt hingegen *saruman.ring.org* ebenfalls ab, erlaubt aber alle anderen Clients:

```
from="!saruman.ring.org,*"
```

Leider erlaubt es SSH1 nicht, ganze IP-Netzwerke über eine Adresse und eine Maske, oder über die *Addresse/Anzahl der Bits* festzulegen. *libwrap* erlaubt das [9.4], die Beschränkungen gelten dann aber für alle Verbindungen und basieren nicht auf Schlüsseln.

Denken Sie daran, daß die Zugriffskontrolle mittels Hostname aufgrund verschiedener Aspekte der Namensauflösung und der Sicherheit problematisch sein kann. [3.4.2.3] Glücklicherweise ist die from-Option bei der Public-Key-Authentifizierung von SSH-1 nur ein zusätzliches Feature, das eine höhere Sicherheit ermöglicht, als dies bei einer vollständig Hostnamen-basierten Lösung möglich wäre.

8.2.5.1 »from« bei SSH2 simulieren

Obwohl SSH2 die from-Option nicht unterstützt, können Sie mit Hilfe eines erzwungenen Befehls eine eigene hostbasierte Zugriffskontrolle unter SSH2 aufbauen. Der Trick besteht darin, de Umgebungsvariable $SSH2_CLIENT [7.4.4.1] zu untersuchen und ein Skript zu entwickeln, das die folgenden Schritte durchführt:

1. Aus $SSH2_CLIENT extrahieren Sie die IP-Adresse des eingehenden Clients, der der erste Wert innerhalb des Strings ist.

2. Basierend auf dieser IP-Adresse und jeder anderen notwendigen Logik akzeptieren Sie die Verbindung oder lehnen sie ab.

Nehmen wir beispielsweise an, Sie möchten Verbindungen von der IP-Adresse 24.128.97.204 erlauben und von 128.220.85.3 ablehnen. Das folgende Skript erledigt diese Aufgabe, wenn es als erzwungener Befehl installiert wird:

```
#!/bin/sh
IP=echo $SSH2_CLIENT | /bin/awk '{print $1}'
case "$IP" in
  24.128.97.204)
    exec $SHELL
    ;;
  128.220.85.3)
    echo "Abgelehnt"
```

```
      exit 1
      ;;
  esac
```

Geben Sie dem Skript einen Namen, z.B. *~/ssh2from*, installieren Sie es als erzwungenen Befehl, und schon sind Sie fertig:

```
# Nur SSH2
Key mykey.pub
Command "$HOME/ssh2from"
```

Diese Technik funktioniert nur mit IP-Adressen zuverlässig, nicht mit Hostnamen. Wenn Sie Ihrem Nameservice aber vertrauen, könnten Sie die in $SSH2_CLIENT stehende IP-Adresse durchaus in einen Hostnamen umwandeln. Unter Linux können Sie zu diesem Zweck */usr/bin/host* verwenden und so beispielsweise nur Verbindungen akzeptieren, die von *client.example.com* oder der Domain *niceguy.org* stammen:

```
#!/bin/sh
IP=echo $SSH2_CLIENT | /bin/awk '{print $1}'
HOSTNAME=/usr/bin/host $IP | /bin/awk '{print $5}'
case "$HOSTNAME" in
  client.example.com)
    exec $SHELL
    ;;
  *.niceguy.org)
    exec $SHELL
    ;;
  *)
    echo "Abgelehnt"
    exit 1
    ;;
esac
```

8.2.6 Umgebungsvariablen setzen

Die Option `environment` weist den SSH1-Server an, eine Umgebungsvariable zu setzen, wenn ein Client die Verbindung über einen gegebenen Schlüssel herstellt. Beispielsweise setzt die *authorized_keys*-Zeile:

```
# SSH1, OpenSSH
environment="EDITOR=emacs" ...schlüssel...
```

die Umgebungsvariable EDITOR auf den Wert `emacs` und legt so den Standardeditor des Clients für diese Session fest. Die Syntax für den auf `environment=` folgenden Text verlangt einen in Anführungszeichen stehenden String, der eine Variable, ein Gleichheitszeichen und einen Wert verlangt. Alle Zeichen zwischen den Anführungszeichen werden berücksichtigt, d.h., der Wert kann auch Whitespace enthalten:

```
# SSH1, OpenSSH
environment="MEINEVARIABLE=der Wert kann auch Whitespace enthalten"
...Schlüssel...
```

Auch ein Anführungszeichen selbst ist möglich, wenn es durch einen Backslash eingeleitet wird:

```
# SSH1, OpenSSH
environment="MYVARIABLE=Ein Anführungszeichen \" mitten im Text" ...Schlüssel...
```

Eine einzige Zeile in *authorized_keys* kann auch mehrere Umgebungsvariablen setzen:

```
# SSH1, OpenSSH
environment="EDITOR=emacs",environment="MYVARIABLE=26" ...Schlüssel...
```

Warum Umgebungsvariablen für einen Schlüssel setzen? Mit diesem Feature können Sie
Ihren Account so einrichten, daß er auf unterschiedliche Schlüssel auch unterschiedlich
reagiert. Stellen Sie sich zum Beispiel vor, daß Sie zwei Schlüssel erzeugen, für die eine
andere Umgebungsvariable namens SPECIAL gesetzt wird:

```
# SSH1, OpenSSH
environment="SPECIAL=1" ...Schlüssel...
environment="SPECIAL=2" ...Schlüssel...
```

Nun können Sie in der Shell-Konfigurationsdatei des Accounts $SPECIAL untersuchen
und für jeden Schlüssel eine bestimmte Aktion anstoßen:

```
# In Ihrer .login-Datei
switch ($SPECIAL)
  case 1:
    echo 'Hallo Bob!'
    set prompt = 'bob> '
    breaksw
  case 2:
    echo 'Hallo Jane!'
    set prompt = jane> '
    source ~/.janerc
    breaksw
endsw
```

In diesem Beispiel geben wir für jeden Schlüssel eine personifizierte Begrüßungsmeldung aus, setzen das entsprechende Shell-Prompt und rufen bei Jane noch ein eigenes
Initialisierungsskript namens *~/.janerc* auf. Die environment-Option stellt also einen
praktischen Kommunikationskanal zwischen *authorized_keys* und der entfernten Shell
dar.

8.2.6.1   Beispiel: CVS und $LOGNAME

Lassen Sie uns ein etwas fortgeschritteneres Beispiel für die Anwendung der environment-Option betrachten. Stellen Sie sich vor, ein Team von Open Source-Entwicklern
entwickelt im Internet ein Computerprogramm. Das Team möchte gutes Software-Engineering betreiben und speichert den Code mit CVS, dem Concurrent Version System,
ab. Da das Geld für die Einrichtung eines separaten Servers fehlt, bringt das Team das
CVS-Repository im Account eines Team-Mitglieds (benjamin) unter, weil er den größten
Plattenplatz besitzt. Benjamins Account liegt auf der SSH-Server-Maschine *cvs.repo.com*.

Die anderen Entwickler haben keine Accounts auf *cvs.repo.com*, weshalb benjamin ihre öffentlichen Schlüssel in seiner *authorized_keys*-Datei ablegt, damit ein Check-In möglich wird. Nun gibt es ein Problem. Wenn ein Entwickler eine Datei ändert und ein Check-In der neuen Version im Repository vornimmt, nimmt CVS einen Eintrag im Log vor, der den Autor der Änderung identifiziert. Weil aber jeder die Verbindung über benjamins Account herstellt, identifiziert CVS den Autor immer mit »benjamin«, ganz egal, wer die Änderungen wirklich vorgenommen hat. Aus Sicht des Software-Engineering ist das nicht gut, weil der Autor jeder Änderung eindeutig identifiziert werden sollte.[6]

Sie können dieses Problem beheben, indem Sie Benjamins *authorized_keys*-Datei anpassen und jedem Entwickler-Schlüssel eine environment-Option voranstellen. CVS untersucht die Umgebungsvariable LOGNAME, um den Namen des Autors zu ermitteln, d.h., wir können LOGNAME für jeden Entwickler-Schlüssel entsprechend setzen:

```
# SSH1, OpenSSH
environment="LOGNAME=dan" ...Schlüssel...
environment="LOGNAME=richard" ...Schlüssel...
...
```

Wird nun ein bestimmter Schlüssel für das CVS-Check-In benutzt, identifiziert CVS den Autor der Änderungen über den jeweiligen (eindeutigen) LOGNAME-Wert. Problem gelöst![7]

8.2.7 Idle-Timeout festlegen

Die Option idle-timeout weist den SSH1-Server an, eine Session zu beenden, wenn sie für eine bestimmte Zeit nicht genutzt (idle) wurde. Das entspricht dem Schlüsselwort IdleTimeout bei der serverweiten Konfiguration, nur daß die Zeitspanne diesmal innerhalb Ihres Accounts festgelegt wird und nicht von Ihrem Systemadministrator. [5.4.3.3]

Stellen Sie sich vor, Ihr Freund Jamie darf über SSH-1 auf Ihren Account zugreifen. Jamie arbeitet allerdings in einer nicht besonders vertrauenswürdigen Umgebung, und Sie machen sich Sorgen darüber, daß er während einer Session mal kurz seinen Arbeitsplatz verlassen und jemand anders den Computer nutzen könnte. Eine Möglichkeit, dieses Risiko zu minimieren, besteht darin, ein *Leerlauf-Timeout (idle timeout)* für Jamies Schlüssel festzulegen, das die SSH-1-Session automatisch beendet, wenn sie eine gewisse Zeit nicht genutzt wurde. Sendet der Client für eine gewisse Zeit keine Daten, hat Jamie den Arbeitsplatz wohl verlassen, und die Session wird beendet.

Timeouts werden mit der Option idle-timeout gesetzt. Soll der Leerlauf-Timeout zum Beispiel auf 60 Sekunden gesetzt werden:

```
# SSH1, OpenSSH
idle-timeout=60s ...Schlüssel...
```

---

6 Bei einer industriellen Einstellung würde jeder Entwickler einen eigenen Account auf der Maschine mit dem CVS-Repository besitzen, und das Problem würde gar nicht existieren.

7 Zufällig haben die Autoren diese Technik genutzt, während sie an diesem Buch zusammengearbeitet haben.

`idle-timeout` verwendet für die Zeit die gleiche Notation wie das Schlüsselwort `Idle-Timeout`: einen Integerwert, dem optional ein Buchstabe folgt, der die Einheit angibt. Zum Beispiel steht `60s` für 60 Sekunden, `15m` sind 15 Minuten, `2h` sind zwei Stunden und so weiter. Ist kein Buchstabe vorhanden, wird standardmäßig von Sekunden ausgegangen.

Die Option `idle-timeout` überschreibt den serverweiten Wert, der mit dem Schlüsselwort `IdleTimeout` gesetzt wurde. Wenn der serverweite Leerlauf-Timeout beispielsweise bei fünf Minuten liegt:

```
# SSH1, OpenSSH
IdleTimeout 5m
```

in Ihrer Datei aber 10 Minuten festgelegt werden:

```
# SSH1, OpenSSH
idle-timeout=10m ...Schlüssel...
```

dann hat die diesen Schlüssel verwendende Verbindung, unabhängig von der serverweiten Einstellung, ein Leerlauf-Timeout von 10 Minuten.

Dieses Feature kann aber viel mehr leisten, als nur abwesende Benutzer abzukoppeln. Stellen Sie sich, Sie besitzen einen SSH-1-Schlüssel für einen automatisierten Prozeß wie etwa Backups. Ein Wert für das Leerlauf-Timeout beendet diesen Prozeß automatisch, wenn er sich aufgrund eines Fehlers aufhängt.

8.2.8 Das Forwarding deaktivieren

Auch wenn Sie den Zugang zu Ihrem Account mittels SSH-1 erlauben wollen, soll dieser Account wahrscheinlich nicht mit Hilfe des Port-Forwarding als Sprungbrett auf andere Maschinen dienen. [9.2] Um das zu verhindern, verwenden Sie die Option `no-port-forwarding` mit dem entsprechenden Schlüssel:

```
# SSH1, OpenSSH
no-port-forwarding ...Schlüssel...
```

Ebenso können Sie das Agent-Forwarding deaktivieren, wenn Sie verhindern wollen, daß entfernte Benutzer mit einem gegebenen Schlüssel über Ihren Account an andere Computer gelangen. [6.3.5] Das ermöglicht die Option `no-agent-forwarding`:

```
# SSH1, OpenSSH
no-agent-forwarding ...Schlüssel...
```

Das sind keine großen Beschränkungen. Solange Sie den Zugang über die Shell gewähren, kann über Ihre Verbindung nahezu alles passieren. Der Benutzer braucht nur zwei eigene Programme zu verwenden, die über die Verbindung miteinander kommunizieren und ein eigenes Port- oder Agent-Forwarding implementieren oder sonst irgendetwas, was Sie eigentlich verhindern wollten. Um mehr zu sein als eine Ermahnung oder ein leichtes Hindernis, müssen diese Optionen mit einem sorgfältig beschränkten Zugriff auf Serverseite einhergehen (z.B. durch erzwungene Befehle oder eine beschränkte Shell im fraglichen Account).

8.2.9 Die TTY-Allozierung deaktivieren

Wenn Sie sich normalerweise über SSH-1 einloggen, alloziert der Server ein Pseudo-Terminal (daher tty) für die Login-Session: [7.4.5.5]

```
# Für diesen Client wird ein TTY alloziert
$ ssh1 server.example.com
```

Der Server setzt dabei die Umgebungsvariable SSH_TTY, in der der Name des allozierten TTYs festgehalten wird. Ein Beispiel:

```
# Nach dem Einloggen über SSH-1
$ echo $SSH_TTY
/dev/pts/1
```

Wenn Sie nun aber einen nicht-interaktiven Befehl ausführen, alloziert der SSH-Server kein TTY, und SSH_TTY wird entsprechend auch nicht gesetzt:

```
# Kein TTY alloziert
$ ssh1 server.example.com /bin/ls
```

Stellen Sie sich nun vor, Sie möchten jemandem den SSH-1-Zugriff für den Aufruf nicht-interaktiver Befehle zur Verfügung stellen, gleichzeitig aber die Ausführung interaktiver Sessions verhindern. Sie haben gesehen, wie erzwungene Befehle den Zugriff auf Programme verhindern können, als zusätzliche Sicherheitsmaßnahme können Sie aber auch die TTY-Allozierung mit der Option no-pty deaktivieren:

```
# SSH1, OpenSSH
no-pty ...Schlüssel...
```

Nicht-interaktive Befehle funktionieren nun ganz normal, interaktive Sessions werden jetzt vom SSH1-Server aber abgelehnt. Wenn Sie versuchen, eine interaktive Session aufzubauen, gibt Ihr Client eine Warnung wie die folgende aus:

```
Warning: Remote host failed or refused to allocate a pseudo-tty.
SSH_SMSG_FAILURE: invalid SSH state
```

oder es sieht so aus, als hätte sich das Programm völlig aufgehängt.

Lassen Sie uns nur so zum Spaß den Effekt von no-pty auf die Umgebungsvariable SSH_TTY mit einem einfachen Experiment untersuchen. Richten Sie einen öffentlichen Schlüssel ein und stellen Sie ihm den folgenden erzwungenen Befehl voran:

```
# SSH1, OpenSSH
command="echo SSH_TTY ist [$SSH_TTY]" ...Schlüssel...
```

Versuchen Sie nun, ein interaktive und eine-nicht interaktive Verbindung herzustellen, und beobachten Sie die Ausgabe. Der interaktive Befehl weist SSH_TTY einen Wert zu, der nicht-interaktive hingegen nicht:

```
$ ssh1 server.example.com
SSH_TTY ist [/dev/pts/2]

$ ssh1 server.example.com anything
SSH_TTY ist []
```

Fügen Sie nun die no-pty-Option hinzu:

```
# SSH1, OpenSSH
no-pty,command="echo SSH_TTY ist [$SSH_TTY]" ...Schlüssel...
```

und versuchen Sie den Aufbau einer interaktiven Verbindung. Der Verbindungsaufbau schlägt (wunschgemäß) fehl, und SSH_TTY besitzt keinen Wert:

```
$ ssh1 server.example.com
Warning: Remote host failed or refused to allocate a pseudo-tty.
SSH_TTY ist []
Connection to server.example.com closed.
```

Selbst wenn der Client explizit ein TTY anfordert (mit *ssh -t*), verbietet die Option no-pty dessen Allozierung.

```
# SSH1, OpenSSH
$ ssh -t server.example.com emacs
Warning: Remote host failed or refused to allocate a pseudo-tty.
emacs: standard input is not a tty
Connection to server.example.com closed.
```

8.3   Trusted-Host-Zugriffskontrolle

Eine beschränkte Form der Account-orientierten Konfiguration ist möglich, wenn Sie anstelle der Public-Key-Authentifizierung mit der Trusted-Host-Authentifizierung arbeiten. Genauer gesagt, können Sie den SSH-Zugriff auf Ihren Account, basierend auf dem entfernten Benutzernamen und dem Hostnamen, beschränken. Hierzu werden die Systemdateien */etc/shosts.equiv* und */etc/hosts.equiv* sowie die persönlichen Dateien *~/.rhosts* und *~/.shosts* verwendet. Eine Zeile wie:

```
+client.example.com jones
```

erlaubt den Trusted-Host-Zugriff für den Benutzer *jones@client.example.com*. Da wir die Details dieser vier Dateien bereits behandelt haben, wollen wir diese Informationen an dieser Stelle nicht noch einmal wiederholen. [3.4.2.3]

Die Account-orientierte Konfiguration mit Hilfe der Trusted-Host-Authentifizierung ähnelt der `from`-Option von *authorized_keys* mit öffentlichen Schlüsseln. Beide können SSH-Verbindungen auf bestimmte Hosts beschränken. Die Unterschiede zeigt die folgende Tabelle.

Feature	Trusted-Host	Public-Key from
Authentifizierung über den Hostnamen	Ja	Ja
Authentifizierung über die IP-Adresse	Ja	Ja
Authentifizierung über den entfernten Benutzernamen	Ja	Nein
Wildcards in Hostnamen und IP-Adressen	Nein	Ja
Paßphrase bei Logins notwendig	Nein	Ja
Verwendet andere Public-Key-Features	Nein	Ja
Sicherheit	geringer	höher

Um die Trusted-Host-Authentifizierung für die Zugriffskontrolle verwenden zu können, müssen die folgenden Bedingungen alle erfüllt sein:

- Die Trusted-Host-Authentifizierung ist auf dem Server aktiviert, und zwar sowohl bei der Kompilierung als auch in der serverweiten Konfigurationsdatei.
- Die gewünschten Client-Hosts sind durch die serverweite Konfiguration nicht explizit ausgeschlossen worden, etwa durch `AllowHosts` oder `DenyHosts`.
- Für SSH1 ist *ssh1* mit setuid root installiert.

Trotz ihrer Fähigkeiten ist die Trusted-Host-Authentifizierung komplexer, als es vielleicht scheint. Wenn zum Beispiel Ihre sorgfältig entwickelte *.shosts*-Datei den Zugriff von *sandy@trusted.example.com* nicht erlaubt:

```
# ~/.shosts
-trusted.example.com sandy
```

Ihre *.rhosts*-Datei diesen Zugriff aber aus Versehen doch erlaubt:

```
# ~/.rhosts
+trusted.example.com
```

dann kann sandy mit SSH auf Ihren Account zugreifen. Doch selbst wenn Sie keine *~/.rhosts*-Datei besitzen, können die Systemdateien */etc/hosts.equiv* und */etc/shosts.equiv* gegen Ihren Wunsch ein Trusted-Host-Sicherheitsloch in Ihren Account reißen. Leider bietet die Account-orientierte Konfiguration keine Möglichkeit, das zu verhindern. Die Trusted-Host-Authentifizierung kann nur bei der Kompilierung oder in der serverweiten Konfiguration deaktiviert werden.

Aufgrund dieser Aspekte und anderer ernsthafter Schwächen sprechen wir uns gegen die Verwendung dieser schwachen Form der Trusted-Host-Authentifizierung, der Rhosts-Authentifizierung als Form der Account-orientierten Konfiguration, aus. (Standardmäßig ist sie glücklicherweise deaktiviert.) Wenn Sie dieses Feature der Trusted-Host-Authentifizierung benötigen, empfehlen wir die leistungsfähigeren Varianten, die sog. RhostsRSAuthentication (SSH1, OpenSSH) oder die hostbasierte Form (SSH2), die eine kryptografische Verifikation des Host-Schlüssels ermöglicht. [3.4.2.3]

8.4 Die benutzereigene rc-Datei

Das Shell-Skript */etc/sshrc* wird vom SSH-Server für jede eingehende SSH-Verbindung aufgerufen. [5.6.4] Sie können ein ähnliches Skript namens *~/.ssh/rc* (SSH1, OpenSSH) bzw. *~/.ssh2/rc* (SSH2) in Ihrem Account definieren, das bei jeder SSH-Verbindung zu Ihrem Account ausgeführt wird. Wenn diese Datei existiert, wird */etc/sshrc* nicht ausgeführt.

Die *rc*-Datei von SSH ist der Startup-Datei einer Shell (z.B. *~/.profile* oder *~/.cshrc*) sehr ähnlich, wird aber nur ausgeführt, wenn auf Ihren Account über SSH zugegriffen wird. Dieses Skript wird sowohl bei interaktiven Logins als auch bei entfernten Befehlen ausgeführt. Tragen Sie alle Befehle in dieses Skript ein, die ausgeführt werden sollen, wenn der Zugriff über SSH erfolgt und nicht über ein normales Login. Zum Beispiel können Sie in dieser Datei Ihren *ssh-agent* ausführen und laden: [6.3.3]

```
# ~/.ssh/rc, C-Shell wird als Login-Shell angenommen
if ( ! $?SSH_AUTH_SOCK ) then
  eval ssh-agent
  /usr/bin/tty | grep 'not a tty' > /dev/null
  if ( ! $status ) then
    ssh-add
  endif
endif
```

Wie */etc/sshrc* wird auch Ihre persönliche *rc*-Datei unmittelbar vor der Shell oder dem gewünschten entfernten Befehl der eingehenden Verbindung ausgeführt. Im Gegensatz zur */etc/sshrc*, die immer durch die Bourne-Shell (*/bin/sh*) abgearbeitet wird, wird Ihre *rc*-Datei von der normalen Login-Shell Ihres Accounts verarbeitet.

8.5 Zusammenfassung

Die Account-bezogene Konfiguration weist den SSH-Server an, Ihren Account anders zu behandeln. Mit Hilfe der Public-Key-Authentifizierung können Sie Verbindungen, basierend auf dem Schlüssel, dem Hostnamen oder der IP-Adresse des Clients, erlauben oder ablehnen. Mit erzwungenen Befehlen können Sie die Menge der Programme beschränken, die ein Client in Ihrem Account ausführen kann. Sie können auch unerwünschte SSH-Features wie Port- und Agent-Forwarding oder die TTY-Allozierung deaktivieren.

Mit Hilfe der Trusted-Host-Authentifizierung können Sie bestimmten Hosts oder entfernten Benutzern den Zugang zu Ihrem Account gewähren oder verweigern. Hierzu werden die Dateien *~/.shosts* oder (weniger optimal) *~/.rhosts* verwendet. Allerdings ist dieser Mechanismus weniger sicher und flexibel als die Public-Key-Authentifizierung.

9

Port- und
X-Forwarding

Einer der größten Vorteile von SSH ist dessen *Transparenz*. Eine durch SSH abgesicherte Terminal-Session verhält sich genau wie eine ungesicherte (*telnet* oder *rsh*), sobald die Verbindung einmal aufgebaut wurde. Hinter den Kulissen aber schützt SSH die Session durch eine starke Authentifizierung, Verschlüsselung und Integritätsprüfung.

In manchen Fällen ist diese Transparenz aber nur schwer zu erzielen. Eine Netzwerk-Firewall könnte im Weg sein und einen Teil des benötigten Datenverkehrs stören. Sicherheits-Policies von Unternehmen könnten das Speichern von SSH-Schlüsseln auf bestimmten Maschinen verbieten. Oder Sie könnten unsichere Netzwerkanwendungen in einer ansonsten sicheren Umgebung ausführen müssen.

In diesem Kapitel werden wir ein wichtiges Feature von SSH behandeln, das sog. *Forwarding* oder *Tunneling*, das mehrere Aspekte der Transpanz beinhaltet:

Absichern anderer TCP/IP-Anwendungen
> SSH kann den Datenstrom anderer Anwendungen verschlüsseln. Das bezeichnet man als *Port-Forwarding*.

Absichern von X-Window-Anwendungen
> Mit SSH können Sie X-Programme auf einer entfernten Maschine starten und sie abgesichert auf Ihrem lokalen Display erscheinen lassen. (Dieses Feature ist bei X normalerweise ungesichert.) Das wird als *X-forwarding* bezeichnet, einem Sonderfall des Port-Forwardings, für das SSH zusätzlichen Support bereithält.

SSH-Forwarding ist nicht völlig transparent, weil es auf Anwendungs- und nicht auf Netzwerkebene erfolgt. Anwendungen müssen so konfiguriert sein, daß sie am Forwarding teilnehmen, und einige Protokolle sind nur schwer weiterzuleiten (FTP-Datenkanäle sind das beste Beispiel). Aber in den meisten Fällen scheinen die entsprechenden Anwendungen für den Benutzer völlig normal zu funktionieren, sobald der gesicherte Tunnel einmal eingerichtet ist. Für eine völlige Transparenz auf Anwendungsebene benötigen Sie eine an der Netzwerkebene ansetzende Technik wie IPSEC [1.6.4] oder eine proprietäre VPN- (Virtuelles Privates Netzwerk)-Technologie (die von verschiedenen Anbietern zu haben ist) in der verwendeten Host-Software oder dedizierten Routern. VPNs sind die komplexere Lösung, im Vergleich zum SSH-Forwarding aber mit wesentlich mehr Aufwand und höheren Kosten verbunden.

Wenn wir in diesem Kapitel also von »Transparenz« sprechen, meinen wir »transparent für die Anwendung, sobald ein wenig Konfigurationsarbeit erledigt wurde«.

 In diesem Kapitel diskutieren wir die Verwendung von SSH-Forwarding-Techniken, die es ermöglichen, Daten durch Firewalls zu schleusen, denen das anderenfalls nicht möglich wäre. Das kann eine durchaus legitime und halbwegs sichere Praxis sein, wenn sie richtig praktiziert wird: Die Firewall unterbindet unautorisierten Datenverkehr, während das SSH-Forwarding es autorisierten Benutzern ermöglicht, diese Beschränkungen zu umgehen. Vergessen Sie dabei aber nicht, daß Sie eine Sicherheitsbeschränkung umgehen, die aus gutem Grund vorhanden ist. Stellen Sie sicher, daß Sie die von uns vorgestellten Richtlinien für ein sicheres SSH-Forwarding beachten. Achten Sie auch darauf, daß Sie die Unternehmensrichtlinien durch Ihr Forwarding nicht verletzen. Nur weil Sie etwas machen *können,* bedeutet das nicht, daß es auch gut ist. Im Zweifel sollten Sie Ihren Systemadministrator fragen.

9.1   Was ist Forwarding?

Forwarding ist eine Art Interaktion mit einer anderen Netzwerk-Anbindung, wie in Abbildung 9-1 zu sehen. SSH fängt den Request eines Programms auf der einen Seite der SSH-Verbindung ab, sendet ihn über die verschlüsselte Leitung und liefert ihn auf der anderen Seite an den gewünschten Empfänger aus. Dieser Prozeß ist für beide Seiten der Verbindung fast transparent: Jede Seite glaubt, direkt mit dem Partner zu reden, und hat keine Ahnung, daß ein Forwarding stattfindet. Was die Sache noch leistungsfähiger macht, ist die Tatsache, daß SSH-Forwarding bestimmte Kommunikationsarten erlaubt, die ohne das Forwarding nicht möglich wären.

Das Forwarding ist kein neues Konzept. Das Grundprinzip einer Terminalverbindung über ein Netzwerk (etwa mittels *telnet*) ist ebenfalls eine Art Forwarding. Bei einer *telnet*-Verbindung sitzen Sie an einem Ende, die entfernte Shell am anderen, und beide Seiten arbeiten, als wären sie direkt über ein serielles Kabel miteinander verbunden. Tatsächlich sitzen in der Mitte aber ein kooperierender *telnet*-Client und ein entsprechender -Server, die Bytes hin- und herschieben. SSH-Forwarding ist diesem Prinzip sehr ähnlich, nur daß SSH einiges mit den Daten anstellt, um sie abzusichern.

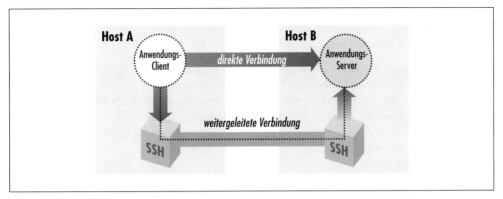

Abbildung 9-1: SSH-Forwarding

Wir haben auch schon eine andere Art des SSH-Forwading kennengelernt, das Agent-Forwarding. [6.3.5] Damit können wir mit Hilfe der Public-Key-Authentifizierung SSH-Verbindungen von einem Computer durch einen zweiten Computer zu einem dritten Computer aufbauen, ohne den privaten Schlüssel auf der zweiten Maschine installieren zu müssen. Um das zu erreichen, gibt der SSH-Server vor, ein SSH-Agent zu sein, und leitet die Daten transparent von und zum entfernten Agenten weiter. Dieses Konzept gilt auch für das TCP-Port-Forwarding und das X-Forwarding, weil sich der SSH-Server transparent als andere Netzwerk-Anwendung ausgibt.

9.2 Port-Forwarding

SSH verwendet TCP/IP als Transportmechanismus (üblicherweise den TCP-Port 22 auf der Server-Maschine), während es über die Verbindung laufende Daten ver- und entschlüsselt. Wir wollen nun die Möglichkeit diskutieren, mit SSH TCP/IP-Daten zu ver- und entschlüsseln, die zu anderen Anwendungen an anderen TCP-Ports gehören. Dieser Prozeß, den man Port-Forwarding nennt, ist größtenteils transparent und recht leistungsfähig. Telnet, SMTP, NNTP, IMAP und andere über TCP laufende Protokolle können abgesichert werden, indem man ein Forwarding der Verbindungen durch SSH vornimmt. Port-Forwarding wird manchmal als Tunneling bezeichnet, weil die SSH-Verbindung einen abgesicherten »Tunnel« aufbaut, durch den andere TCP/IP-Verbindungen laufen.

Nehmen wir einmal an, Sie haben zu Hause eine Maschine H stehen, auf der ein IMAP-fähiger E-Mail-Reader läuft. Sie möchten eine Verbindung zum IMAP-Server auf Maschine S herstellen, um E-Mails lesen und senden zu können. Normalerweise ist diese Verbindung unsicher, d.h., Ihr Paßwort wird zwischen dem Mail-Programm und dem Server im Klartext übertragen. Mit Hilfe des SSH-Port-Forwarding können Sie die IMAP-Verbindung (die am TCP-Port 143 des Servers S aufgebaut wird) transparent durch SSH leiten und so die Daten sicher verschlüsselt über die Verbindung transportieren.[1] Auf der IMAP-Server-Maschine muß ein SSH-Server laufen, damit Port-Forwarding wirklichen Schutz bieten kann.

Kurz gesagt, schützt das SSH-Port-Forwarding (nach minimalen Konfigurationsänderungen an Ihren Programmen) beliebige TCP/IP-Verbindungen durch die Umleitung durch eine SSH-Session. Port-Forwarding kann eine Verbindung sogar sicher durch eine Firewall leiten, wenn Sie die entsprechenden Einstellungen vornehmen. Sobald Sie einmal angefangen haben, Ihre Kommunikation durch Port-Forwarding abzusichern, werden Sie sich fragen, wie Sie jemals ohne auskommen konnten. Hier einige Beispiele, was man alles machen kann:

- Zugriff auf verschiedene TCP-Server (z.B. SMTP, IMAP, POP, LDAP etc.) durch eine Firewall, die den direkten Zugang verhindert.

- Schutz Ihrer Sessions mit den o.g. TCP-Servern. Paßwörter und andere Inhalte (die in der Session anderenfalls im Klartext übertragen werden würden) werden so vor Aufdeckung oder Veränderung geschützt.

- Tunneln der Kontrollverbindung einer FTP-Session zur Verschlüsselung von Benutzername, Paßwort und Befehlen. (Es ist üblicherweise allerdings nicht möglich, die Datenkanäle zu schützen, durch die die Dateien übertragen werden. [11.2])

- Verwendung des SMTP-Servers Ihres ISPs zum Senden von E-Mails, selbst wenn Sie sich außerhalb des ISP-Netzwerks befinden und der ISP ein Mail-Relaying von Ihrem aktuellen Standort verbietet. [11.3.2]

SSH-Port-Forwarding ist ein allgemeiner Proxying-Mechanismus für TCP. (Eine Übersicht der TCP-Konzepte finden Sie im Kasten »TCP-Verbindungen«.) Forwarding kann nicht mit Protokollen funktionieren, die nicht auf TCP aufbauen, also etwa die UDP-basierten DNS, DHCP, NFS und NetBIOS[2] oder die nicht-IP-basierten Protokolle wie AppleTalk und Novells SPX/IPX.

---

1 Unser Port-Forwarding-Beispiel sichert Ihre IMAP-Verbindung ab, schützt aber nicht Ihre E-Mails. Bevor sie den IMAP-Server erreichen, laufen die Nachrichten durch andere Mail-Server und können während der Übertragung abgefangen werden. Um die E-Mails selbst zu sichern, müssen Sie Tools wie PGP oder S/MIME verwenden, um die Nachrichten zu signieren und/oder zu verschlüsseln.

2 Wir sind hier ein wenig ungenau. DHCP basiert vollständig auf UDP, weshalb das Port-Forwarding von SSH nichts damit anfangen kann. Die anderen allerdings verwenden entweder TCP und UDP für verschiedene Zwecke oder können manchmal so konfiguriert werden, daß sie über TCP laufen, auch wenn sie generell UDP verwenden. Dennoch ist mit SSH ein Forwarding in den meisten Fällen nicht möglich.

9.2.1 Lokales Forwarding

In unserem obigen Beispiel lief auf der Maschine S ein IMAP-Server, ein Mail-Reader auf unserem Home-PC H, und wir wollten die IMAP-Verbindung mittels SSH absichern. Lassen Sie uns dieses Beispiel etwas genauer betrachten.

IMAP verwendet TCP-Port 143, was bedeutet, daß ein IMAP-Server auf der Server-Maschine an Port 143 auf eingehende Verbindungen wartet. Um die IMAP-Verbindung durch SSH zu tunneln, müssen Sie einen lokalen Port (zwischen 1024 und 65535) auf Ihrem Heim-Rechner H wählen und an das entfernte Socket (S,143) weiterleiten. Nehmen wir an, Sie haben zufällig den lokalen Port 2001 gewählt. Der folgende Befehl erzeugt dann den Tunnel:[3]

```
$ ssh –L2001:localhost:143 S
```

Die Option –*L* legt lokales Forwarding fest, bei dem der TCP-Client auf der gleichen lokalen Maschine liegt wie der SSH-Client. Auf diese Option folgen drei durch Doppelpunkte voneinander getrennte Werte: ein lokaler Port, auf dem das Listening erfolgt (2001), der Name oder die IP-Adresse der entfernten Maschine (S) und der entfernte Zielport (143).

Der vorstehende Befehl loggt Sie in S ein, als würden Sie einfach ssh S eingeben. Allerdings besitzt diese SSH-Session auch einen weitergeleiteten TCP-Port 2001 auf H zu Port 143 auf S. Das Forwarding bleibt aktiv, bis Sie die Session beenden. Um den Tunnel zu nutzen besteht der letzte Schritt darin, Ihren E-Mail-Reader anzuweisen, den weitergeleiteten Port zu verwenden. Normalerweise stellt Ihr E-Mail-Programm die Verbindung zu Port 143 auf der Server-Maschine her, d.h. zum Socket (S,143). Statt dessen wird es so konfiguriert, daß es die Verbindung zu Port 2001 auf dem Heimrechner H herstellt, also zum Socket (localhost,2001). Der Pfad für die Verbindung läuft nun also wie folgt:

1. Der E-Mail-Reader auf dem Heimrechner H sendet Daten an den lokalen Port 2001.

2. Der lokale SSH-Client auf H liest Port 2001, verschlüsselt die Daten und sendet sie durch eine SSH-Verbindung an den SSH-Server auf S.

3. Der SSH-Server auf S verschlüsselt die Daten und sendet sie an den IMAP-Server, der an Port 143 auf S wartet.

4. Die Daten werden vom IMAP-Server zurück an den Heimrechner H geschickt, wobei der gleiche Prozeß in der umgekehrten Richtung abläuft.

Port-Forwarding kann nur angegeben werden, wenn Sie eine SSH-Verbindung aufbauen. Sie können kein Forwarding für eine bestehende SSH-Verbindung einrichten, zumindest nicht bei den uns bekannten SSH-Implementierungen, auch wenn das SSH-Protokoll selbst es in keiner Weise verbietet und es manchmal ein durchaus nützliches Feature wäre. Statt das lokale Forwarding mittels der Option –*L* zu aktivieren, können

---

3 Sie können auch *ssh –L2001:S:143 S* verwenden, also »S« statt »localhost« eingeben. Wir werden aber später noch erläutern, warum localhost die bessere Alternative ist, wo immer möglich.

TCP-Verbindungen

Um das Port-Forwarding zu verstehen, ist es wichtig, einige Details über TCP, das »Transmission Control Protocol«, zu kennen. TCP spielt eine wesentliche Rolle im Internet. Auf IP aufbauend, bildet es den Transportmechanismus für viele Internet-Protokolle auf Anwendungsebene wie etwa FTP, Telnet, HTTP, SMTP, POP, IMAP und SSH selbst.

TCP gibt starke Garantien. Eine TCP-Verbindung ist eine virtuelle Vollduplex-Verbindung zwischen zwei kommunizierenden Parteien, die sich wie eine Zwei-Wege-Pipe verhält. Beide Seiten können zu jeder Zeit eine beliebige Zahl von Bytes in die Pipe schreiben, und TCP garantiert, daß diese Bytes unverändert und in der richtigen Reihenfolge auf der anderen Seite ankommen. Die diese Garantien implementierenden Mechanismen wurden so entworfen, daß sie Übertragungsprobleme im Netzwerk verarbeiten können. Dazu zählen das Routing um fehlerhafte Links herum und die erneute Übertragung von beschädigten Daten (z.B. durch Rauschen oder kurzfristige Netzwerkausfälle). Diese Mechanismen bieten keinen Schutz vor dem Diebstahl oder der Veränderung von Daten bei der Übertragung. SSH bietet diesen Schutz, der TCP fehlt.

Benötigt eine Anwendung keine Garantien hinsichtlich der Datenintegrität und Reihenfolge oder ist der damit verbundene Overhead unerwünscht, reicht ein anderes Protokoll namens »User Datagram Protocol« (UDP) häufig aus. Dieses Protokoll ist paketorientiert und gibt keinerlei Garantien zu Auslieferung und Reihenfolge von Paketen. Einige über UDP laufende Protokolle sind NFS, DNS, DHCP, NetBIOS, TFTP, Kerberos, SYSLOG und NTP.

Baut ein Programm eine TCP-Verbindung zu einem Dienst auf, werden zwei Informationen benötigt: die IP-Adresse der Zielmaschine und eine Möglichkeit, den gewünschten Dienst zu identifizieren. TCP (und UDP) verwenden einen positiven Integerwert, die sog. *Portnummer*, um einen Dienst (Service) zu identifizeren. Zum Beispiel verwendet SSH Port 22, *telnet* Port 23 und IMAP Port 143. Portnummern erlauben mehrere Dienste an der gleichen IP-Adresse.

Die Kombination aus IP-Adresse und Portnummer wird als *Socket* bezeichnet. Führen Sie beispielsweise *telnet* aus, um die Verbindung zu Port 23 auf der Maschine mit der IP-Adresse 128.220.91.4 herzustellen, dann lautet das Socket »(128.220.91.4,23).« Einfach ausgedrückt, ist das Ziel einer TCP-Verbindung ein Socket. Die Quelle (das Client-Programm) besitzt auf ihrer Seite der Verbindung ebenfalls ein Socket, und die Verbindung als Ganzes wird durch ein Paar von Quell- und Ziel-Sockets vollständig definiert.

— Fortsetzung —

Damit der Versuch eines Verbindungsaufbaus mit einem Socket erfolgen kann, muß jemand an diesem Socket »horchen« (engl. »Listening«), d.h., ein auf dem Zielrechner laufendes Programm muß TCP bitten, Verbindungsanforderungen (»Requests«) an diesem Port zu akzeptieren und die Verbindungen an das Programm weiterzugeben. Wenn Sie beim TCP-Verbindungsaufbau schon einmal die Antwort »connection refused« (also »Verbindung abgelehnt«) erhalten haben, bedeutet das, daß die andere Maschine zwar läuft, am Zielsocket aber niemand horcht.

Woher kennt ein Client-Programm aber die Portnummer eines entsprechenden Servers? Nun, die Portnummern für viele Protokolle sind standardisiert und werden von der Internet Assigned Numbers Authority, kurz IANA, zugewiesen. (Eine vollständige Liste der von der IANA zugewiesenen Portnummern finden Sie unter *http://www.isi.edu/in-notes/iana/assignments/port-numbers.*) So ist zum Beispiel dem NNTP-Protokoll (Usenet News) die TCP-Portnummer 119 zugewiesen worden. Das Listening eines News-Servers erfolgt also an Port 119, und Newsreader (Clients) stellen die Verbindung über Port 119 her. Genauer gesagt, fordert ein Newsreader, der sich mit dem News-Server an der IP-Adresse 10.1.2.3 unterhalten soll, eine TCP-Verbindung mit dem Socket (10.1.2.3,119) an.

Portnummern sind nicht immer fest in Programme codiert. Einige Betriebssysteme erlauben es Anwendungen, Protokolle über den Namen statt über die Portnummer anzugeben, indem sie eine Tabelle mit TCP-Namen und -Portnummern aufbauen. Programme können Portnummern dann über den Protokollnamen heraussuchen. Unter Unix finden Sie diese Tabelle häufig in der Datei */etc/services* oder der NIS-Abbildung für diese Datei in der NIS-Datenbank. Abfragen erfolgen mit Hilfe der Bibliotheksroutinen `getservbyname()`, `getservbyport()` und entsprechend verwandten Prozeduren. Andere Umgebungen erlauben Servern die dynamische Registrierung ihrer Ports über einen Namensdienst wie etwa das AppleTalk Name Binding Protocol oder die WKS- und SRV-Records des DNS.

Bisher haben wir die Portnummern diskutiert, die ein TCP-Server verwendet, wenn ein TCP-Client die Verbindung herstellen möchte. Wir nennen dies die Ziel-Portnummer (engl. *Target*). Der Client verwendet ebenfalls eine Portnummer, die sog. Quell-Portnummer (engl. *Source*), damit der Server etwas an den Client übertragen kann. Wenn Sie die IP-Adresse des Clients mit dessen Quell-Portnummer kombinieren, erhalten Sie den Socket des Clients.

Im Gegensatz zu den Ziel-Portnummern sind die Quell-Portnummern nicht standardisiert. Tatsächlich kümmern sich in den meisten Fällen weder der Client noch der Server darum, welche Quell-Portnummer vom Client verwendet wird. Meist läßt der Client TCP eine ungenutzte Portnummer für die Quelle wählen. (Die Berkeley r-Befehle kümmern diese Quellports allerdings. [3.4.2.3]) Wenn Sie sich vorhandene TCP-Verbindungen auf einer Maschine mit einem Befehl wie *netstat −a*

— Fortsetzung —

oder *lsof –i tcp* ansehen, erkennen Sie Verbindungen zwischen Portnummern gängiger und allgemein bekannter Dienste (wie z.B. 23 für Telnet, 22 für SSH) mit großen, scheinbar zufälligen Quell-Portnummern am anderen Ende. Diese Quellports wurden auf der diese Verbindungen initiierenden Maschine von TCP aus dem Bereich der nicht-zugewiesenen Ports ausgewählt.

Einmal aufgebaut, wird eine TCP-Verbindung vollständig durch die Kombination ihrer Quell- und Ziel-Sockets bestimmt. Daher können mehrere TCP-Clients die Verbindung zu einem Ziel-Socket herstellen. Stammt die Verbindung von einem anderen Host, unterscheiden sich die IP-Adressen der Quell-Sockets. Stammen Sie von zwei verschiedenen Programmen auf dem gleichen Host, dann stellt TCP auf diesem Host sicher, daß unterschiedliche Quell-Portnummern verwendet werden.

Sie auch das Schlüsselwort `LocalForward` in Ihrer Client-Konfigurationsdatei verwenden:

```
# SSH1, OpenSSH
LocalForward 2001 localhost:143
# Nur SSH2
LocalForward "2001:localhost:143"
```

Beachten Sie die kleinen syntaktischen Unterschiede. Bei SSH1 und OpenSSH gibt es zwei Argumente: die lokale Portnummer und den entfernten Socket in Form von *host:port*. Bei SSH2 entspricht dieser Ausdruck dem der Kommandozeile, nur daß er in Anführungszeichen stehen muß. Vergessen Sie die Anführungszeichen, beschwert sich *ssh2* nicht, ein Forwarding erfolgt aber auch nicht.

Unser Beispiel mit dem Rechner H und dem IMAP-Server S kann wie folgt eingerichtet werden:

```
# SSH1, OpenSSH
Host local-forwarding-example
 HostName S
 LocalForward 2001 localhost:143
# Auf Rechner H wird ausgeführt
$ ssh local-forwarding-example
```

9.2.1.1 Lokales Forwarding und GatewayPorts

Bei SSH1 und OpenSSH kann standardmäßig nur der Host die Verbindung zu lokal weitergeiteten Ports herstellen, der den SSH-Client ausführt. Das liegt daran, daß *ssh* nur am Loopback-Interface dieser Maschine nach Verbindungen zu diesem weitergeleiteten Port Ausschau hält, d.h., es bindet den Socket (localhost,2001), also (127.0.0.1,2001), und nicht (H,2001). In unserem Beispiel kann also nur die Maschine H das Forwarding nutzen. Versuche anderer Maschinen, die Verbindung mit (H,2001) herzustellen, erhalten die Meldung »connection refused«. Bei SSH1 und OpenSSH kennt *ssh* die Kommandozeilenoption *–g*, die diese Beschränkung aufhebt und jedem Host die Verbindung zu lokal weitergeleiteten Ports erlaubt:

```
# SSH1, OpenSSH
$ ssh1 -g -L<localport>:<remotehost>:<remoteport> hostname
```

Das Client-Konfigurations-Schlüsselwort `GatewayPorts` steuert dieses Feature ebenfalls. Voreingestellt ist der Wert mit `no`, und die Zuweisung von `GatewayPorts=yes` macht das gleiche wie *–g*:

```
# SSH1, OpenSSH
GatewayPorts yes
```

Es gibt einen Grund, warum `GatewayPorts` und *–g* standardmäßig deaktiviert sind: Sie stellen ein Sicherheitsrisiko dar. [9.2.4.2]

9.2.1.2   Remote Forwarding

Ein entfernt weitergeleiteter Port entspricht einem lokal weitergeleiteten Port, nur daß die Richtung hier umgekehrt ist. Diesmal ist der TCP-Client weit weg, der Server ist lokal, und eine weitergeleitete Verbindung wird von der entfernten Maschine angestoßen.

Wenden wir uns wieder unserem Beispiel zu und nehmen wir einmal an, daß Sie sich nun direkt in die Server-Maschine S einloggen, auf der der IMAP-Server läuft. Sie können nun einen sicheren Tunnel für entfernte Clients einrichten, damit diese den IMAP-Server an Port 143 erreichen können. Erneut wählen Sie eine zufällige Portnummer (nehmen wir wieder 2001), um den Tunnel zu erzeugen und das Forwarding einzurichten:

```
$ ssh -R2001:localhost:143 H
```

Die Option *–R* legt ein entferntes (remote) Forwarding fest. Nun folgen wie vorhin drei Werte (durch Kommata getrennt), die aber ein wenig anders interpretiert werden. Der dem Forwarding unterliegende *entfernte* Port (2001) kommt nun zuerst, gefolgt von Maschinenname oder IP-Adresse (localhost) und Portnummer (143). SSH kann nun Verbindungen von (H,2001) an (localhost,143) weiterleiten.

Sobald der Befehl ausgeführt wurde, besteht ein sicherer Kanal zwischen Port 2001 auf der entfernten Maschine H und Port 143 auf der Server-Maschine S. Nun kann jedes Programm auf H den sicheren Kanal verwenden, indem es die Verbindung zu (localhost,2001) herstellt. Wie vorhin führt der Befehl auch eine SSH-Terminal-Session auf der entfernten Maschine H aus, genau wie *ssh H* auch.

Wie beim lokalen Forwarding können Sie ein entferntes Forwarding mit Hilfe eines Schlüsselworts in Ihrer Client-Konfigurationsdatei einrichten. Das Schlüsselwort `Remote-Forward` arbeitet analog zu `LocalForward` und besitzt die gleichen syntaktischen Unterschiede zwischen SSH1 und SSH2:

```
# SSH1, OpenSSH
RemoteForward 2001 S:143
```

```
# Nur SSH2
RemoteForward "2001:S:143"
```

Hier ein Beispiel, bei dem das obige Forwarding in einer Konfigurationsdatei im SSH2-Format definiert wird:

```
# Nur SSH2
remote-forwarding-example:
 Host H
 RemoteForward "2001:S:143"

$ ssh2 remote-forwarding-example
```

Sie könnten denken, daß das im letzten Abschnitt diskutierte `Gateway-Ports`-Feature auch für das entfernte Port-Forwarding gilt. Als Feature wäre das durchaus sinnvoll, allerdings ist es in dieser Form nicht vorhanden. Es müßte eine Möglichkeit geben, daß der Client diesen Parameter für ein gegebenes Forwarding an den Server weiterleiten kann, und diese Möglichkeit wurde im SSH-Protokoll nicht berücksichtigt. Bei SSH1 und SSH2 erfolgt das Listening entfernt weitergeleiteter Ports an allen Netzwerkschnittstellen, und Verbindungen werden von überall akzeptiert. [9.4] Der OpenSSH-Server akzeptiert die Konfigurationsoption `GatewayPorts` und wendet sie global auf alle entfernten Forwardings an, die von diesem Server eingerichtet wurden.

9.2.2 Probleme mit mehreren Verbindungen

Wenn Sie `LocalForward` oder `RemoteForward` in Ihrer Konfigurationsdatei verwenden, könnten Sie auf ein subtiles Problem stoßen. Nehmen wir an, Sie haben in Ihrer Konfigurationsdatei einen Abschnitt eingerichtet, um den lokalen Port 2001 an einen IMAP-Server weiterzuleiten:

```
# SSH1-Syntax
Host server.example.com
 LocalForward 2001 server.example.com:143
```

Diese Konfiguration funktioniert ausgezeichnet, wenn Sie eine Verbindung herstellen:

```
$ ssh server.example.com
```

Wenn Sie aber versuchen, zur gleichen Zeit eine zweite *ssh*-Verbindung zu *server.example.com* herzustellen – um vielleicht ein anderes Programm in einem anderen Fenster Ihrer Workstation auszuführen –, dann schlägt dieser Versuch fehl:

```
$ ssh server.example.com
Local: bind: Address already in use
```

Warum passiert das? Weil der Abschnitt Ihrer Konfigurationsdatei wieder versucht, den Port 2001 erneut weiterzuleiten, dieser Port aber bereits von der ersten Instanz von *ssh* verwendet wird (für das Listening »gebunden« ist). Sie benötigen also eine Möglichkeit, die Verbindung aufzubauen, das Port-Forwarding aber zu umgehen.

SSH1 (nicht aber OpenSSH) stellt eine Lösung in Form des Client-Konfigurations-Schlüsselwortes `ClearAllForwardings` bereit. Der Name könnte Sie glauben machen, daß alle vorhandenen Forwardings beendet werden, aber das ist nicht der Fall. Statt dessen werden alle Forwardings im aktuellen *ssh*-Befehl aufgehoben. Im letzten Beispiel können Sie eine Verbindung zu *server.example.com* ohne Forwarding wie folgt herstellen:

```
# Nur SSH1
$ ssh1 -o ClearAllForwardings=yes server.example.com
```

Der ursprüngliche Tunnel, der vom ersten Aufruf erzeugt wurde, bleibt erhalten, `ClearAllForwardings` hindert aber den zweiten Aufruf daran, den Tunnel erneut zu erzeugen. Um diesen Punkt noch weiter zu verdeutlichen, hier ein recht unsinniges Beispiel:

```
$ ssh1 -L2001:localhost:143 -o ClearAllForwardings=yes mymachine
```

Die Option *−L* legt ein Forwarding fest, `ClearAllForwardings` hebt es aber wieder auf. Dieser alberne Befehl ist funktional identisch mit:

```
$ ssh1 mymachine
```

`ClearAllForwardings` kann natürlich auch in Ihrer Client-Konfigurationsdatei stehen. Es scheint in der Kommandozeile aber besser aufgehoben zu sein, weil es ohne das Editieren einer Datei verwendet werden kann.

9.2.3   *Vergleich zwischen lokalem und entferntem Port-Forwarding*

Die Unterschiede zwischen lokalem und entferntem Forwarding können sehr subtil sein. Die Entscheidung darüber, welche Art des Forwarding in welcher Situation zu verwenden ist, kann schon etwas verwirrend sein. Die Faustregel lautet, sich die TCP-Client-Anwendung anzusehen.

 Wenn die TCP-Client-Anwendung (deren Verbindungen Sie weiterleiten wollen) lokal auf der SSH-Client-Maschine läuft, arbeiten Sie mit lokalem Forwarding. Läuft die Client-Anwendung hingegen auf einer entfernten SSH- Server-Maschine, verwenden Sie entferntes Forwarding.

Der Rest dieses Abschnitts behandelt detailliert den Forwarding-Prozeß und läßt Sie verstehen, woher diese Regel stammt.

9.2.3.1 Gemeinsame Elemente

Lokales und entferntes Forwarding können aufgrund der Terminologie verwirrend sein. Bei einer typischen Forwarding-Situation haben wir es mit zwei Clients und zwei Servern zu tun. Wir haben die SSH-Client- und -Server-Programme (*ssh* und *sshd*) sowie zusätzlich die Client- und Server-Programme der TCP-Anwendung, deren Verbindungen wir durch das Port-Forwarding schützen wollen.

Eine SSH-Session besitzt eine Richtung, in der sie aufgebaut wird. Das bedeutet, daß Sie einen SSH-Client auf einer Maschine ausführen und dieser eine Session mit einem SSH-Server auf einer anderen Maschine initiiert. In gleicher Weise besitzt auch eine weitergeleitete Verbindung eine Aufbaurichtung: Sie führen einen Anwendungs-Client auf einer Maschine aus, und dieser initiiert eine Session mit einem Service auf einer anderen Maschine. Diese beiden Richtungen können, müssen aber nicht übereinstimmen. Das ist der Unterschied zwischen lokalem und entferntem Forwarding. Lassen Sie uns die Terminologie einführen und einige Diagramme vorstellen, um deren Sinn deutlich zu machen.

Am Anfang haben wir einen Anwendungs-Client und einen Server, die auf zwei Hosts, A und B, laufen (Abbildung 9-2).

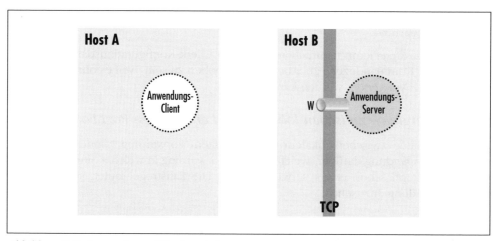

Abbildung 9-2: Anwendungs-Client und -Server

Der Anwendungs-Server wartet an einem bekannten Port W auf eingehende Client-Verbindungen. Ohne SSH können Sie dem Anwendungs-Client mitteilen, daß der entsprechende Server an Host B, Port W liegt. Der Client stellt eine direkte Verbindung mit dem Server her, und alle Anwendungs-Protokolldaten laufen im Klartext über das Netzwerk (Abbildung 9-3).

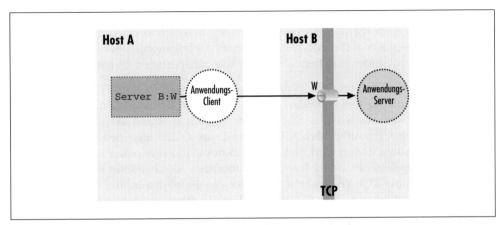

Abbildung 9-3: Direkte Client/Server-Verbindung (kein Forwarding)

Um die Protokolldaten der Anwendung mittels Forwarding zu schützen, etablieren Sie eine SSH-Session zwischen den beiden Hosts. Bei der Einrichtung der SSH-Session wählen Sie einen ungenutzten Port P auf seiten des Anwendungs-Clients (Host A) und fordern das SSH-Port-Forwarding von Socket (A,P) nach Socket (B,W) an. Sobald diese Session aufgebaut ist, wartet der SSH-Prozeß auf A auf eingehende TCP-Verbindungsanforderungen an Port P. Teilen Sie dem Anwendungs-Client mit, daß dessen Server nun an (A,P) anstelle von (B,W) liegt, und das Port-Forwarding ist eingerichtet (Abbildung 9-4).

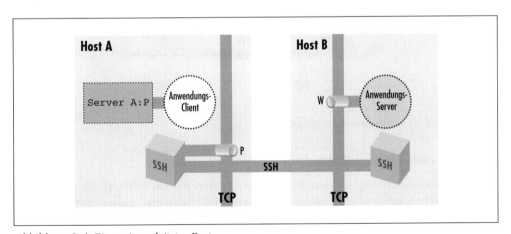

Abbildung 9-4: Ein weitergeleiteter Port

Es bestehen nun zwei kooperierende SSH-Prozesse, zwischen denen eine verschlüsselte SSH-Session aufgebaut wurde. Bis jetzt unterscheiden Sie noch nicht zwischen SSH-Client und -Server. Innerhalb der Session erzeugt SSH mehrere *Kanäle* (Channels), d.h. logische Streams zur Übertragung von Daten. Es verwendet Kanäle zur Übertragung und Unterscheidung der Eingabe-, Ausgabe- und Fehlerstreams bei interaktiven Logins oder einen via SSH ausgeführten entfernten Befehl und erzeugt auf die gleiche Weise einen neuen Kanal für jede Nutzung des Port-Forwarding, um die weitergeleiteten Daten innerhalb einer gesicherten SSH-Session transportieren zu können.

Abbildung 9-5 zeigt, daß nun die Verbindung mit dem wartenden SSH-Prozeß (1) hergestellt wird, wenn der Anwendungs-Client versucht, die Verbindung mit dem entsprechenden Server herzustellen. Der SSH-Listener erkennt dies und akzptiert die Verbindung. Er informiert daraufhin den SSH-Partner-Prozeß, daß eine neue Instanz dieses Port-Forwarding angestoßen wird. Nun wird in Kooperation ein neuer Kanal aufgebaut, der die Daten dieser Forwarding-Instanz (2) überträgt. Abschließend initiiert der SSH-Partner-Prozeß eine TCP-Verbindung zum Ziel des Port-Forwarding: dem an (B, W) wartenden Anwendungs-Server (3). Sobald diese Verbindung steht, ist auch die Port-Forwarding-Instanz aktiv. Die SSH-Prozesse kooperieren, indem sie alle Daten über den Kanal der SSH-Session hin und her übertragen, die zwischen dem Anwendungs-Client und -Server ausgetauscht werden. Das erlaubt deren Kommunikation und sichert die Aktivitäten der Anwendung über das Netzwerk ab.

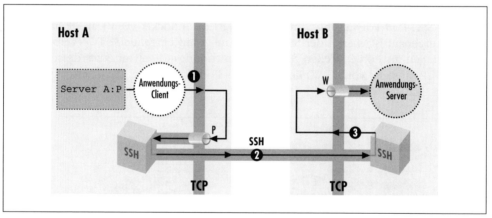

Abbildung 9-5: Eine Forwarding-Verbindung

9.2.3.2   Lokales und entferntes Forwarding: der Unterschied

Nachdem wir diesen allgemeinen Rahmen geschaffen haben, können wir den Unterschied zwischen lokalem und entferntem Forwarding erläutern. Lassen Sie uns zuerst ein paar Begriffe einführen. Bei der allgemeinen Beschreibung des Port-Forwarding im letzten Abschnitt haben Sie gesehen, daß ein SSH-Prozeß auf eingehende Verbindungen wartet, während der andere bereit ist, Verbindungen zu initiieren, nachdem Verbindungen von der anderen Seite akzeptiert wurden, und auf diese Weise den Forwarding-Pfad zu vervollständigen. Wir nennen die erste Seite (im Hinblick auf dieses Forwarding) die *Listening*-Seite der SSH-Session und die andere die *Connecting*-Seite (die die Verbindung herstellt). In Abbildung 9-4 ist Host A also die Listening-Seite und Host B die Connecting-Seite. Beachten Sie, daß diese Begriffe sich nicht automatisch gegenseitig ausschließen. Da eine einzelne SSH-Session mehrere Forwardings aktiviert haben kann, kann die gleiche Seite einer Session für einige Forwardings als Listening-Seite fungieren und für andere gleichzeitig die Connecting-Seite spielen. Für ein bestimmtes Forwarding ist sie aber entweder das eine oder das andere.

Erinnern Sie sich nun daran zurück, daß wir im letzten Abschnitt die SSH-Prozesse nicht als SSH-Client und SSH-Server bezeichnet haben, sondern sie einfach nur als zwei kooperierende SSH-Prozesse beschrieben haben. Wir holen das jetzt nach und liefern gleichzeitig die Unterscheidung zwischen lokalem und entferntem Forwarding:

- Beim *lokalen* Forwarding (Abbildung 9-6) liegen der Anwendungs-Client und damit die Listening-Seite auf seiten des SSH-Clients. Der Anwendungs-Server und die Connecting-Seite befinden sich am gleichen Ort wie der SSH-Server.

- Beim *entfernten* Forwarding (Abbildung 9-7) ist die Situation umgekehrt: Der Anwendungs-Client und die Listening-Seite liegen am gleichen Ort wie der SSH-Server, während der Anwendungs-Server und die Connecting-Seite zusammen mit dem SSH-Client untergebracht sind.

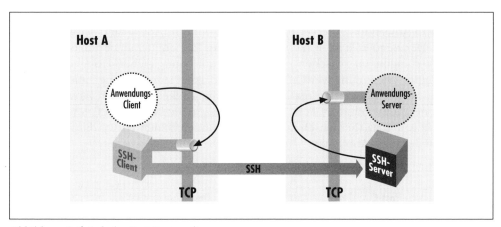

Abbildung 9-6: Lokales Port-Forwarding

Wie wir es also schon zu Beginn dieses Abschnitts gesagt haben: Verwenden Sie ein lokales Forwarding, wenn der Anwendungs-Client auf der lokalen Seite der SSH-Verbindung liegt, und ein entferntes Forwarding, wenn er auf der entfernten Seite liegt.

9.2.4 Off-Host-Forwarding (Forwarding für beliebige Hosts)

In all unseren bisherigen Diskussionen zum Port-Forwarding waren der Anwendungs-Client und der -Server auch auf den Maschinen zu finden, die das Ende der SSH-Session bildeten. Das spiegelt sich auch darin wider, daß wir den Ziel-Socket eines Forwarding immer mit »localhost« bezeichnet haben:

```
$ ssh -L2001:localhost:143 server.example.com
```

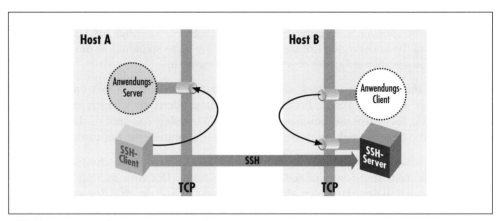

Abbildung 9-7: Entferntes Port-Forwarding

Weil der Anwendungs-Server auf der gleichen Maschine liegt wie die Connecting-Seite des SSH-Port-Forwarding, kann der Ziel-Host mit »localhost« angegeben werden. Aber die Verbindungen zwischen dem Anwendungs-Client und der SSH-Listening-Seite sowie zwischen dem Anwendungs-Server und der SSH-Connecting-Seite sind selbst TCP-Verbindungen. Der Bequemlichkeit halber erlauben es TCP-Implementierungen den Programmen, Verbindungen zwischen zwei Sockets auf dem gleichen Host herzustellen. Die Daten dieser Verbindung werden einfach von einem Prozeß an einen anderen übergeben, ohne wirklich über eine reale Netzwerkschnittstelle übertragen zu werden. Im Prinzip können Anwendungs-Client oder -Server – oder beide – auf verschiedenen Maschinen liegen, d.h., theoretisch können an einem einzelnen Forwarding bis zu vier Rechner beteiligt sein (Abbildung 9-8).

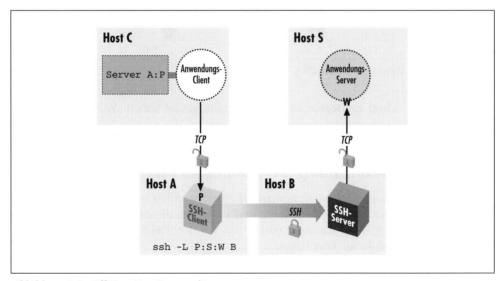

Abbildung 9-8: Off-Host-Port-Forwarding

Auch wenn dieser Fall möglich ist, wollen Sie ihn im allgemeinen aus Sicherheitsgründen nicht, insbesondere mit Blick auf die Privatsphäre und Zugriffskontrolle.

9.2.4.1 Privatsphäre

Wie in Abbildung 9-8 zu sehen, besteht der vollständige Pfad, dem die Daten beim Forwarding folgen, aus zwei TCP-Verbindungen. Aber nur die zweite Verbindung zwischen den beiden SSH-Prozessen ist durch einen Tunnel innerhalb der SSH-Session geschützt. Die beiden anderen Verbindungen sind einfach normale TCP-Verbindungen. Normalerweise liegen diese auf einem einzelnen Host und sind so vor Snooping- oder Störversuchen geschützt, d.h., der gesamte Forwarding-Pfad ist geschützt. Liegt aber eine dieser beiden Verbindungen auf einem anderen Host, sind die Daten bei der Übertragung angreifbar.

9.2.4.2 Zugriffskontrolle und die Loopback-Adresse

Das andere Sicherheitsproblem beim Off-Host-Forwarding betrifft die Listening-Seite. Kurz gesagt, besitzt die Listening-Seite beim Forwarding keine Zugriffskontrolle, so daß Eindringlinge sich Zugang verschaffen könnten. Um dieses Problem zu erläutern, müssen wir zuerst die *Loopback-Adresse* eines Hosts erklären.

Zusätzlich zu allen realen (physikalischen) Netzwerkschnittstellen besitzt ein mit IP arbeitender Host auch noch eine virtuelle, die sog. *Loopback*-Schnittstelle. Dabei handelt es sich um eine Software-Konstruktion, die zu keiner Netzwerk-Hardware gehört. Dennoch verhält sich das Loopback genau wie eine reale Schnittstelle. Unter Unix heißt sie häufig *lo0* und wird von *ifconfig* aufgeführt.

```
$ ifconfig -a
...
lo0: flags=849<UP,LOOPBACK,RUNNING,MULTICAST> mtu 8232
        inet 127.0.0.1 netmask ff000000
```

Die Loopback-Schnittstelle führt zum Host selbst zurück. Ein auf der Loopback-Schnittstelle »übertragenes« Datagramm erscheint an der Loopback-Schnittstelle sofort als eingehendes Paket und wird von IP verarbeitet, als wäre es für den lokalen Host bestimmt gewesen.

Der Loopback-Schnittstelle wird immer die gleiche IP-Adresse zugewiesen, nämlich 127.0.0.1, die Loopback-Adresse[4], und der lokale Naming-Service liefert für diese Adresse den Namen »localhost« zurück. Dieser Mechanismus bietet Prozessen eine zuverlässige Möglichkeit, sich auf dem lokalen Host mittels IP miteinander zu verständigen. Dabei spielt es keine Rolle, welche IP-Adresse der Host in echten Netzwerken

---

4 Tatsächlich ist das gesamte Netzwerk 127.0.0.0/8 – das aus 16 Millionen Adressen besteht – für Adressen reserviert, die auf den lokalen Host verweisen. Üblicherweise wird nur die Adresse 127.0.0.1 verwendet, auch wenn wir schon Geräte gesehen haben, die eine Handvoll anderer Adressen für spezielle Zwecke verwenden, etwa »Reject«-Schnittstellen auf einem Terminal-Server oder Router.

besitzt oder ob er überhaupt keine Netzwerk-Verbindung besitzt. Sie können Ihren lokalen Host immer ansprechen, indem Sie die allgemein bekannte Loopback-Adresse verwenden.

Vom Design her ist die Loopback-Adresse zum Host lokal. Ein Rechner kann die Loopback-Adresse eines anderen Rechners nicht ansprechen. Weil die Loopback-Adresse 127.0.0.1 auf allen IP-Hosts Standard ist, führt eine Verbindung zu 127.0.0.1 dazu, daß ein Rechner mit sich selbst redet. (Außerdem wird das Loopback-Netzwerk nicht im Internet geroutet.)

9.2.4.3 Listening an einer Schnittstelle (»Bindung«)

Wenn ein Host an einem TCP-Port auf Verbindungen wartet (Listening), wird ein potentieller Endpunkt für eine TCP-Verbindung aufgebaut. Die Endpunkte einer TCP-Verbindung sind aber Sockets, und ein Socket ist ein (Adresse,Port)-Paar, kein (Host,Port)-Paar. Das Listening muß an einem bestimmten Socket erfolgen und daher mit einer bestimmten Adresse verknüpft werden, nicht mit einer bestimmten Schnittstelle des Hosts. Das wird als *Bindung* der Schnittstelle bezeichnet.[5] Wenn nicht anders festgelegt, bindet TCP, wenn das Listening für einen bestimmten Port angefordert wird, alle Schnittstellen des Hosts und akzeptiert Verbindungen auf all diesen Schnittstellen. Das ist allgemein das richtige Verhalten für einen Server. Es spielt keine Rolle, wie viele Netzwerkschnittstellen der lokale Host besitzt: Es wird einfach jede Verbindung akzeptiert, die auf den Port erfolgt, unabhängig davon, welche Hostadresse angefordert wurde.

Denken Sie aber mal darüber nach, was das im Falle des SSH-Port-Forwarding bedeutet. Es gibt keinerlei Authentifizierung oder Zugriffskontrolle auf der Listening-Seite des Forwarding; vielmehr wird jede Verbindungsanforderung einfach akzeptiert und weitergeleitet. Bindet die Listening-Seite alle Schnitstellen des Hosts für den weitergeleiteten Port, heißt das nichts anderes, als daß jeder, der eine Netzwerkverbindung mit dem auf Verbindungen wartenden Host hergestellt hat – möglicherweise das gesamte Internet! –, Ihr Forwarding nutzen kann. Das ist ganz offensichtlich keine gute Ausgangslage. Aus diesem Grund bindet SSH standardmäßig nur die Loopback-Adresse für die Listening-Seite eines Forwarding. Das bedeutet, daß nur andere Programme auf dem gleichen Host die Verbindung zum weitergeleiteten Socket herstellen können. Das macht die Verwendung des Port-Forwarding auf einem PC oder einer anderen Single-User-Maschine vergleichsweise sicher, ist bei Multiuser-Hosts aber immer noch ein Problem. So kann zum Beispiel ein erfahrener Benutzer auf den meisten Unix-Maschinen die Verbindung zu allen auf eingehende Verbindungen wartenden Sockets herstellen und sehen, was darauf liegt. Denken Sie daran, wenn Sie das Port-Forwarding auf einer Unix-Maschine verwenden.

Wenn Sie Off-Host-Verbindungen für alle weitergeleiteten Ports erlauben wollen, können Sie den Switch –*g* oder die Option `GatewayPorts` verwenden, um die Listening-

---

5 Benannt nach der Berkeley Sockets-Bibliotheksroutine *bind*, die üblicherweise zum Aufbau dieser Verknüpfung verwendet wird.

Seite an alle Schnittstellen zu binden, wie wir das in einem früheren Beispiel getan
haben: [9.2.4]

```
$ ssh -g -L P:S:W B
```

Denken Sie aber daran, welche Auswirkungen das auf die Sicherheit hat! In solchen
Situationen könnten Sie eine größere Kontrolle über die Verwendung weitergeleiteter
Ports ausüben wollen. Das ist mit Hilfe von TCP-Wrappern möglich, die wir später in
diesem Kapitel noch behandeln werden.

9.2.5   Eine Firewall umgehen

Lassen Sie uns ein etwas komplizierteres Port-Forwarding-Beispiel in Angriff nehmen.
Abbildung 9-9 zeigt uns die gleiche Unternehmenssituation, die wir schon aus Abbildung 6-5 kennen, als wir das Agent-Forwarding diskutiert haben. [6.3.5] Ihr Heim-Rechner H unterhält sich mit dem Arbeitsplatzrechner W über den Bastion-Host B. Sie möchten von zu Hause aus auf Ihre Mails im Büro zugreifen. Auf W läuft ein IMAP-Server,
und Ihr Heim-Rechner H besitzt einen IMAP-fähigen E-Mail-Reader, Sie können die beiden aber nicht verbinden. Der IMAP-Client zu Hause erwartet eine direkte TCP-Verbindung mit dem IMAP-Server auf W, aber leider ist diese Verbindung durch die Firewall
gesperrt. Weil Host B innerhalb der Firewall liegt und einen SSH-Server betreibt, sollte
es einen Weg geben, alle Teile zusammenzufassen und eine IMAP-Verbindung von H
nach W aufzubauen.

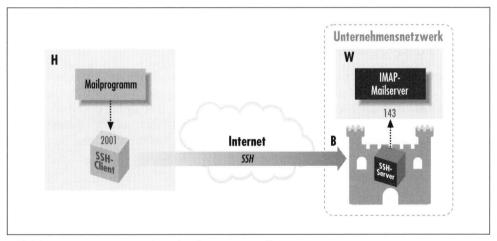

Abbildung 9-9: Port-Forwarding durch eine Firewall

Port-Forwarding kann dieses Problem lösen. Wie vorhin liegt der IMAP-Server an Port
143, und wir wählen zufällig eine lokale Portnummer (2001) aus. Diesmal verwenden
wir aber einen etwas anderen Befehl, um das Forwarding einzurichten:

```
# Ausgeführt auf Heim-Rechner H
$ ssh -L2001:W:143 B
```

Damit wird eine interaktive SSH-Session vom Heim-Rechner H zum Bastion-Host B auf-gebaut, und gleichzeitig wird ein SSH-Tunnel vom lokalen Host H zum E-Mail-Server auf W erzeugt. Durch eine Verbindung zu Port 2001 weist der lokale SSH-Client den SSH-Server auf B an, eine Verbindung mit Port 143 auf W zu öffnen, d.h. zu Socket W:143. Das ist dem SSH-Server möglich, weil B innerhalb der Firewall liegt. Konfigurieren Sie den E-Mail-Reader so, daß er wie vorhin die Verbindung zum lokalen Port 2001 her-stellt, sieht der Kommunikationspfad nun wie folgt aus:

1. Der E-Mail-Reader auf dem Heim-Rechner H sendet Daten an den lokalen Port 2001.

2. Der lokale SSH-Client liest Port 2001, verschlüsselt die Daten und sendet sie durch den Tunnel.

3. Der Tunnel passiert die Firewall, weil es sich um eine SSH-Verbindung (Port 22) handelt, die die Firewall erlaubt.

4. Der SSH-Server auf Bastion-Host B entschlüsselt die Daten und sendet sie an Port 143 auf dem Arbeitsplatzrechner W. Diese Übertragung ist nicht verschlüsselt, erfolgt aber hinter der schützenden Firewall, weshalb eine Verschlüsselung nicht notwendig ist. (Solange Sie sich um ein Snooping im internen Netz keine Gedan-ken machen.)

5. Daten vom IMAP-Server gelangen durch die Umkehrung des o.g. Prozesses sicher zu Ihrem Heim-Rechner H zurück.

Sie haben die Firewall umgangen, indem Sie den IMAP-Traffic durch SSH getunnelt haben.

9.2.6   Port-Forwarding ohne entferntes Login

Möglicherweise wollen Sie einen Port über SSH weiterleiten, ohne eine SSH-Login-Ses-sion zum entfernten Host aufzubauen. Wenn Sie sich beispielsweise unser IMAP-For-warding ansehen, dann wollen Sie vielleicht E-Mails lesen, zur gleichen Zeit aber nicht unbedingt eine Terminalverbindung aufbauen. Bei SSH2 ist das einfach: Übergeben Sie einfach die Option *–f* an *ssh2*, wenn Sie Ihren Forwarding-Befehl angeben:

```
# Nur SSH2
$ ssh2 -f -L2001:localhost:143 server.example.com
```

Den gleichen Effekt können Sie auch mit dem Schlüsselwort `GoBackground` erreichen:

```
# Nur SSH2
GoBackground yes
```

Auf diese Weise schiebt sich *ssh2* selbst in den Hintergrund, verarbeitet Verbindungen zum weitergeleiteten Port 2001, und das war's. Es wird keine interaktive Terminal-Ses-sion mit Kanälen für die Standardeingabe-, -ausgabe und Standardfehler erzeugt. Die Option *–S* verhindert ebenfalls den Start einer Terminal-Session, schiebt diese im Gegensatz zu *–f* aber nicht in den Hintergrund (die Option *–f* impliziert also *–S*):

```
# Nur SSH2
$ ssh2 -S -L2001:localhost:143 server.example.com
```

Die Option *–f* wird auch von SSH1 und OpenSSH unterstützt, arbeitet aber anders als bei SSH2. Sie ist eher dafür gedacht, entfernte Befehle auszuführen, die keine Interaktion mit dem Terminal verlangen, z.B. grafische Programme wie X. Insbesondere

- wird der im Hintergrund liegende *ssh* dazu veranlaßt, das lokale Ende der Terminal-Session mit */dev/null* zu verbinden (*–f* impliziert also *–n*).

- wird von Ihnen die Angabe eines entfernten Befehls verlangt. Idealerweise liest dieser nichts von der Standardeingabe, weil der im Hintergrund liegende *ssh* das lokale Ende des Session-Kanals mit */dev/null* verbindet (*–f* impliziert also *–n*).

Ist zum Beispiel das X-Forwarding aktiviert (das wir später noch diskutieren), dann schiebt sich der folgende Befehl selbst in den Hintergrund und öffnet gleichzeitig eine grafische Uhr auf Ihrem lokalen Display, die auf dem entfernten Host *zwei.uhr.org* läuft:

```
# SSH1, OpenSSH
$ ssh -f zwei.uhr.org xclock
```

Das entspricht dem folgenden Hintergrund-Befehl:

```
# SSH1, OpenSSH
$ ssh -n zwei.uhr.org xclock &
```

SSH2 verlangt im Gegensatz dazu keinen entfernten Befehl, wenn die Option *–f* verwendet wird. Sie können einen übergeben, und *ssh2* verhält sich genauso wie SSH1 oder OpenSSH:

```
$ ssh2 -f zwei.uhr.org xclock
```

Der entfernte Befehl ist aber nicht notwendig. Sie können ein Forwarding einrichten und *ssh2* ganz bequem in den Hintergrund schieben:

```
$ ssh2 -f -L2001:localhost:143 server.example.com
```

Wenn Sie das mit SSH1 oder OpenSSH versuchen, erhalten Sie die folgende Meldung:

```
# SSH1, OpenSSH
$ ssh -f -L2001:localhost:143 server.example.com
Cannot fork into background without a command to execute.
```

Um dieses Ärgernis eines unerwünschten entfernten Befehls zu vermeiden, verwenden Sie einfach einen Befehl wie *sleep*, der lange Zeit gar nichts macht:

```
# SSH1, OpenSSH
$ ssh -f -L2001:localhost:143 server.example.com sleep 1000000
```

9.2.6.1 One-Shot-Forwarding

Wird es mit *–f* oder `GoBackground` aufgerufen, bleibt *ssh* aktiv, bis es explizit mit dem Unix-Befehl *kill* beendet wird. (Sie können die PID mit Hilfe des Befehls *ps* ermitteln.) Alternativ können Sie das sog. *One-Shot-Forwarding* nutzen, bei dem der Client sofort beendet wird, sobald das Forwarding abgeschlossen wird. Bei diesem Verfahren wird der Client beendet, sobald die Zahl der weitergeleiteten Verbindungen auf null fällt.

Das One-Shot-Forwarding wird bei SSH2 einfach mit der Kommandozeilenoption *–fo* erreicht, einer Variante der Option *–f* (wobei das »o« für »one shot« steht):

```
# Nur SSH2
$ ssh2 -fo -L2001:localhost:143 server
```

One-Shot-Forwarding wird von SSH1 und OpenSSH nicht direkt unterstützt. Sie können den gleichen Effekt aber mit der folgenden Methode erzielen:

1. Richten Sie das Forwarding mit *ssh –f* ein, und für den notwendigen entfernten Befehl verwenden Sie *sleep* mit einer kurzen Wartezeit:

```
$ ssh -f -L2001:localhost:143 server sleep 10
```

2. Bevor das sleep-Intervall abläuft, verwenden Sie die weitergeleitete Verbindung:

```
$ ssh -p2001 localhost
```

Sobald der *sleep*-Befehl endet, versucht der erste *ssh,* sich zu beenden, bemerkt aber die weitergeleitete Verbindung und bricht daher nicht ab. Er gibt dabei eine Warnung aus, die Sie ignorieren können:

```
Waiting for forwarded connections to terminate...
The following connections are open:
  port 2001, connection from localhost port 143
```

ssh wartet, bis die Verbindung abgebaut wird, und bricht dann ab, was dem Verhalten des One-Shot-Forwarding entspricht.

9.2.7   Die Listening-Portnummer

Am Anfang haben wir vorgeschlagen, eine beliebige ungenutzte Portnummer für die Listening-Seite des Forwarding zu verwenden. Portnummern werden in einem 16-Bit-Feld codiert und können Werte zwischen 1 und 65535 verwenden (Port 0 ist reserviert). Bei Multiuser-Betriebssystemen wie Unix werden die Ports 1 bis 1023 als *privilegiert* bezeichnet und sind für Prozesse reserviert, die vom Superuser (Benutzer-ID null) ausgeführt werden. Versucht ein nicht-privilegierter Prozeß, einen privilegierten Port für das Listening zu binden, schlägt dieser Versuch mit einer Fehlermeldung wie »unzureichende Rechte«[6] fehl.

Wenn Sie die Listening-Seite eines Tunnels einrichten, müssen Sie generell eine Portnummer zwischen 1024 und 65535 (einschließlich) wählen. Das liegt daran, daß ein SSH-Programm, das unter Ihrer Benutzer-ID (und nicht der des Superusers) läuft, für das Listening an diesem Port verantwortlich ist. Meldet SSH, daß der gewählte Port bereits vergeben ist, wählen Sie einfach einen anderen. Einen freien Port zu finden sollte nicht besonders schwer sein.

Für die Zielseite des Tunnels können Sie jede Portnummer angeben, egal, ob privilegiert oder nicht. Sie versuchen ja, die Verbindung zu diesem Port herzustellen, ein Liste-

---

6   Microsoft Windows und MacOS besitzen diese Beschränkung privilegierter Ports nicht, weshalb jeder
    Benutzer ein Listening an einem beliebigen freien Port einrichten kann.

ning planen Sie nicht. Tatsächlich ist die Zielseite die meiste Zeit ein privilegierter Port, weil die gängigen TCP-Dienste Ports im privilegierten Bereich verwenden.

Wenn Sie der Superuser einer Maschine mit SSH-Clients sind, können Sie ein lokales Forwarding mit einem privilegierten Port durchführen. Ebenso können Sie einen entfernten privilegierten Port weiterleiten, wenn Sie Superuser-Rechte auf dem entfernten Account besitzen.

Einige TCP-Anwendungen codieren die Server-Portnummern fest ein und erlauben deren Änderung nicht. Diese Anwendungen sind für das Port-Forwarding nicht geeignet, wenn das Betriebssystem der »privilegierte Ports«-Beschränkung unterliegt. Nehmen wir zum Beispiel an, Sie besitzen einen FTP-Client, in dem fest codiert wurde, daß die Verbindung mit dem Server über den Standard-FTP-Steuerport 21 zu erfolgen hat. Um ein Port-Forwarding einzurichten, müssen Sie den lokalen Port 21 an den entfernten Port 21 weiterleiten. Weil Port 21 aber privilegiert ist, können Sie ihn nicht als Listening-Port verwenden, solange Sie nicht der Superuser sind. Glücklicherweise erlauben es die meisten TCP-basierten Unix-Programme, die Ziel-Portnummer für Verbindungen einzustellen, und bei PCs und Macs gibt es keine »privilegierter Port«-Beschränkung.

9.2.8 Wahl der Forwarding-Zieladresse

Stellen Sie sich vor, Sie wollen eine Verbindung von Ihrer lokalen Maschine auf *remote.host.net* weiterleiten. Die beiden folgenden Befehle funktionieren:

```
$ ssh -L2001:localhost:143 remote.host.net
$ ssh -L2001:remote.host.net:143 remote.host.net
```

Die weitergeleitete Verbindung wird vom entfernten Computer entweder mit der Loopback-Adresse oder mit *remote.host.net* hergestellt, und in beiden Fällen bleibt die Verbindung auf der entfernten Maschine bestehen und läuft nicht über das Netzwerk. Allerdings sind die beiden Verbindungen für den die weitergeleitete Verbindung empfangenden Server deutlich verschieden. Das liegt daran, daß die *Quell*-Sockets der Verbindungen unterschiedlich sind. Die Verbindung von localhost scheint von der Quelladresse 127.0.0.1 zu stammen, während die Verbindung zu *remote.host.net* von der mit diesem Namen verknüpften Adresse stammt.

Meist spielt dieser Unterschied keine Rolle, aber manchmal müssen Sie ihn berücksichtigen. Der Anwendungs-Server (d.h. der IMAP-Daemon) könnte eine Zugriffskontrolle, basierend auf der Quelladresse, durchführen und die Loopback-Schnittstelle nicht akzeptieren. Oder er könnte auf einem Multihoming-Host laufen und nur einen Teil der Adressen des Hosts gebunden haben, möglicherweise ohne die Loopback-Adresse. Diese Dinge sind in der Regel einfach übersehen worden, aber dennoch sind Sie möglicherweise nicht in der Lage, etwas daran zu ändern. Wenn Sie »connection refused«-Meldungen von der verbindenden Seite des Forwarding erhalten, der Server gleichzeitig aber zu laufen und auf normale Clients zu reagieren scheint, könnte das das Problem sein. Läuft der Server-Rechner unter Unix, sollte Ihnen der Befehl *netstat –a –n* alle

Netzwerkverbindungen und Listener der Maschine ausgeben. Suchen Sie nach Listenern auf den relevanten Ports und achten Sie auf die Adressen, auf die das Listening achtet.

Manchmal kann das akuter werden, wenn der Server die Quell-IP-Adresse selbst als Teil des von ihm gesprochenen Protokolls verwendet. Dieses Problem taucht auf, wenn Sie versuchen, ein FTP-Forwarding über SSH aufzusetzen. [11.2]

Generell empfehlen wir, wann immer möglich, die Verwendung von localhost als Ziel des Forwarding. Auf diese Weise ist es wesentlich weniger wahrscheinlich, daß Sie versehentlch ein Off-Host-Forwarding einrichten.

9.2.9 Ende der SSH-Session

Was passiert mit Forwardings, wenn eine SSH-Verbindung beendet wird? Die Ports werden einfach nicht mehr weitergeleitet, d.h., SSH führt kein Listening mehr durch, und Verbindungsversuche an diesen Ports erhalten ein »connection refused«.

Was passiert, wenn Sie versuchen, eine SSH-Session zu beenden, während aktive Forwarding-Verbindungen bestehen? SSH bemerkt das und wartet auf deren Abbau, bevor die Session beendet wird. Die Details dieses Verhaltens unterscheiden sich von Implementierung zu Implementierung.

Melden Sie sich bei SSH2 von einer Session ab, die noch eine aktive Forwarding-Verbindung besitzt, bleibt die Session noch erhalten, schiebt sich aber selbst in den Hintergrund.

```
remote$ logout
warning: ssh2[7021]: number of forwarded channels still open, forked to back-
ground to wait for completion.
local$
```

Der *ssh2*-Prozeß wartet nun im Hintergrund, bis die weitergeleitete Verbindung abgebaut wird, und beendet sich erst dann selbst. Bauen Sie hingegen bei SSH1 und OpenSSH eine Session mit aktivem Forwarding ab, erhalten Sie eine Fehlermeldung, aber die Session bleibt im Vordergrund:

```
remote$ logout
Waiting for forwarded connections to terminate...
The following connections are open:
   port 2002, connection from localhost port 1465
```

Um sie in den Hintergrund zu schieben und zu Ihrem lokalen Shell-Prompt zurückzukehren, verwenden Sie die Escapesequenz Return-Tilde-Ampersand: [2.3.2]

```
~& [backgrounded]
local$
```

Wie bei SSH2 wird die Session erst beendet, wenn die weitergeleiteten Verbindungen abgebaut wurden. Achten Sie darauf, zu diesem Zweck nicht das SSH-Escape SSH ^Z zu verwenden. Es schiebt *ssh* zwar in den Hintergrund, hält den Prozeß aber an, d.h., TCP-

Verbindungen für die weitergeleiteten Ports können nicht verarbeitet werden. Wenn Ihnen das versehentlich passiert, verwenden Sie die Shell-Befehl zur Jobsteuerung (z.B. *fg* und *bg*), um den Prozeß wieder zu aktivieren.

9.2.9.1 Das TIME_WAIT-Problem

Manchmal hängt sich ein weitergeleiteter Port auf mysteriöse Weise auf, nachdem die SSH Forwarding-Session abgeschlossen wurde. Sie geben einen Befehl ein, den Sie mehrfach hintereinander erfolgreich eingegeben haben, und plötzlich erhalten Sie eine Fehlermeldung:

```
$ ssh1 -L2001:localhost:21 server.example.com
Local: bind: Address already in use
```

(Das passiert meist, wenn Sie mit dem Port-Forwarding experimentieren und versuchen, bestimmte Dinge zum Laufen zu bringen.) Sie wissen, daß kein aktiver SSH-Befehl an Port 2001 wartet, was geht da also vor? Wenn Sie den *netstat*-Befehl nutzen, um sich andere Listener an diesem Port anzusehen, entdecken Sie vielleicht eine im TIME_WAIT-Zustand hängende Verbindung:

```
$ netstat -an | grep 2001
tcp    0    0  127.0.0.1:2001   127.0.0.1:1472    TIME_WAIT
```

Der TIME_WAIT-Zustand ist ein Artefakt des TCP-Protokolls. In bestimmten Situationen kann der Abbau einer TCP-Verbindung einen der beiden Socket-Endpunkte für eine bestimmte Zeit (meist nur ein paar Minuten) unbrauchbar machen. Daher können Sie den Port für das TCP-Forwarding (oder sonst etwas) nicht mehr verwenden, bis der Verbindungsabbau abgeschlossen wurde. Wenn Sie ungeduldig sind, wählen Sie solange einen anderen Port (z.B. 2002 statt 2001) und arbeiten Sie weiter, oder warten Sie ein wenig, bis der Port wieder verwendet werden kann.

9.2.10 Port-Forwarding auf dem Server konfigurieren

Wir haben verschiedene Schlüsselwörter und Kommandozeilenoptionen gesehen, die SSH-Clients für das Port-Forwarding konfigurieren (etwa *–L* und *–R)*. Zusätzlich kann auch der SSH-Server für das Port-Forwarding konfiguriert werden. Wir behandeln die Konfiguration bei der Kompilierung, die serverweite und die Account-bezogene Konfiguration.

9.2.10.1 Konfiguration bei der Kompilierung

Sie können das Port-Forwarding bei der Kompilierung mit *configure* aktivieren oder deaktivieren. [4.1.5.5] Per Voreinstellung ist es aktiviert. Bei SSH1 deaktivieren die Konfigurationsflags `--disable-server-port-forwardings` und `--disable-client-port-forwardings` die Forwarding-Fähigkeiten für *sshd1* bzw. die SSH1-Clients. Bei SSH2 deaktiviert das Flag `--disable-tcp-port-forwarding` das Port-Forwarding sowohl für Clients als auch für den Server.

9.2.10.2 Serverweite Konfiguration

Port-Forwarding kann bei *sshd* global aktiviert oder deaktiviert werden. Das geschieht mit Hilfe des serverweiten Konfigurations-Schlüsselwortes `AllowTcpForwarding` in */etc/sshd_config*. Das Schlüsselwort kann den Wert `yes` (Forwarding aktivieren, Voreinstellung) oder `no` (Forwarding deaktivieren) annehmen:

```
# SSH1, SSH2, OpenSSH
AllowTcpForwarding no
```

SSH2 besitzt darüber hinaus die folgenden Optionen:

```
# Nur SSH2
AllowTcpForwardingForUsers
AllowTcpForwardingForGroups
```

Die Syntax dieser Optionen entspricht denen von `AllowUsers` und `AllowGroups`. [5.5.2.1] Sie legen eine Liste von Benutzern oder Gruppen an, die das Port-Forwarding verwenden können. Alle anderen Port-Forwarding-Requests werden abgelehnt. Beachten Sie, daß sich das auf den Ziel-Account der SSH-Session bezieht, nicht auf den Client-Benutzernamen (der häufig nicht bekannt ist).

Der F-Secure SSH1-Server unterstützt die zusätzlichen Schlüsselwörter `AllowForwardingPort`, `DenyForwardingPort`, `AllowForwardingTo` und `DenyForwardingTo`, was eine differenziertere Kontrolle des Forwarding ermöglicht. Die beiden `...Port`-Schlüsselwörter erlauben die Kontrolle entfernter Forwardings für gebene TCP-Ports, wobei Wildcards und numerische Wertebereiche unterstützt werden. Im folgenden Beispiel erlauben wir entfernte Forwardings für die Ports 3000, 4000 bis 4500 einschließlich, 5000 und höher sowie für alle mit 7 endenden Ports:

```
# Nur F-Secure SSH1
AllowForwardingPort 3000 4000..4050 >5000 *7
```

Die `...To`-Schlüsselwörter sind ähnlich, steuern aber Forwardings zu bestimmten Hosts und Ports (d.h. zu bestimmten Sockets). Host- und Port-Angaben werden durch Doppelpunkte getrennt und verwenden die gleichen Metazeichen wie die `...Port`-Schlüsselwörter:

```
# Nur F-Secure SSH1
DenyForwardingTo server.example.com:80 other.net:* yoyodyne.com:<1024
```

Die erlaubten Metazeichen/Wildcards sind in der folgenden Tabelle aufgeführt:

Metazeichen	Bedeutung	Beispiel
*	Beliebige Ziffer	`300*`
<	Alle Werte kleiner als	`<200`
>	Alle Werte größer als	`>200`
..	Wertebereich (inklusive)	`10..20`

Es ist wichtig zu begreifen, daß die Direktiven in diesem Abschnitt das Port-Forwarding nicht verhindern, solange Sie interaktive Logins nicht deaktivieren und die Programme beschränken, die auf der entfernten Seite ausgeführt werden können. Anderenfalls können erfahrene Benutzer einfach ihre eigene Port-Forwarding-Anwendung über die SSH-Verbindung betreiben. Die Einstellungen allein können in einer nicht technisch orientierten Community ausreichend abschrecken, halten aber niemanden auf, der weiß, was er tut.

9.2.10.3 Account-bezogene Konfiguration

In Ihrem Account können Sie das Port-Forwarding für jeden Client deaktivieren, der die Verbindung über einen bestimmten Schlüssel herstellt. Suchen Sie den gewünschten öffentlichen Schlüssel aus Ihrer *authorized_keys*-Datei heraus und stellen Sie ihm die Option `no-port-forwarding` voran:

```
# SSH1, OpenSSH
no-port-forwarding ...schlüssel...
```

(SSH2 besitzt diese Möglichkeit momentan nicht.) Jeder SSH-Client, der die Authentifizierung über diesen Schlüssel vornimmt, kann kein Port-Forwarding mit Ihrem SSH-Server durchführen.

Die gleichen Hinweise wie bei der serverweiten Konfiguration des Port-Forwarding gelten auch hier: Die Beschränkungen sind nicht sinnvoll, solange Sie nicht genauer festlegen, was mit diesem Schlüssel gemacht werden darf und was nicht.

9.3 X-Forwarding

Nachdem wir Ihnen das allgemeine TCP-Port-Forwarding vorgestellt haben, wollen wir uns einem neuen Thema zuwenden: dem Forwarding von X-Protokoll-Verbindungen. X ist ein populäres Window-System für Unix-Workstations. Eines der schönsten Features ist seine Transparenz. Mit X können Sie entfernte X-Anwendungen ausführen, deren Fenster auf Ihrem lokalen Display geöffnet werden (und umgekehrt, d.h., Sie können lokale Anwendungen auf entfernten Displays ausgeben). Leider ist die Kommunikation zwischen den Maschinen unsicher und offen für Schnüffler. Aber wir haben gute Neuigkeiten: SSH-*X-Forwarding* macht die Kommunikation sicher, indem es das X-Protokoll tunnelt.

X-Forwarding beseitigt auch einige Firewall-bezogene Schwierigkeiten. Stellen Sie sich vor, Sie arbeiten als Systemadministrator mit einer Reihe offen zugänglicher Produktionsmaschinen, die außerhalb Ihrer Firewall liegen. Sie loggen sich in eine dieser Maschinen mit SSH ein und möchten ein graphisches Tool zur Performance-Überwachung, etwa *perfmon* von Solaris, das mit dem X-Window-System arbeitet. Das ist nun aber nicht möglich, weil die externe Maschine zu diesem Zweck eine TCP-Verbindung mit dem internen Ausgangsrechner herstellen muß, die von der Firewall blockiert wird (was auch richtig ist, weil X recht unsicher ist). X-Forwarding löst dieses Problem, indem es X-Protokoll-Verbindungen mittels SSH sicher getunnelt durch die Firewall durchschleust.

Unsere Diskussion beginnt mit einer kurzen Übersicht über X und erläutert dann die Details des X-Forwarding. Neben einer Erklärung, wie man X-Forwarding nutzt, stellen wir Ihnen Interna der X-Authentifizierung vor und wie diese mit SSH interagieren. Auch andere technische Themen kommen nicht zu kurz.

VNC-Forwarding: Eine Alternative zum X-Forwarding

X-Forwarding ist unter Sicherheitsgesichtspunkten problematisch, und zwar aus den gleichen Gründen wie X auch. Wie wir noch sehen werden, sieht das Design von X vor, daß entfernte Programme separate Netzwerkverbindungen zurück zum Benutzer aufbauen müssen. Das erfordert eine weitere Schicht der Authentifizierung und Autorisierung, was die Situation noch komplizierter macht und Angriffen Tür und Tor öffnet. Das X-Forwarding von SSH versucht das soweit wie möglich abzusichern, ist für manche Umgebungen aber dennoch nicht akzeptabel.

Eine alternative Technik ist die Verwendung des Virtual Network Computing (VNC) über SSH. VNC ist eine von den AT&T Laboratories in Großbritannien entwickelte freie Software, die entfernten GUI-Zugriff für Unix- und Windows-Plattformen bietet. Mit VNC können Sie ein Fenster auf Ihrer mit X arbeitenden Unix-Maschine öffnen und den Desktop einer entfernten Windows-Maschine dort darstellen, d.h., Sie können »remote« mit der Maschine arbeiten. Umgekehrt können Sie den VNC-Client auf einer Windows-Maschine ausführen und die Verbindung zu einem entfernten X-Display herstellen, das auf einem Unix-Host läuft. Weil VNC nur eine einzige ausgehende Verbindung nutzt, kann es einfacher und sicherer durch SSH getunnelt werden als X. Weitere Informationen (und die Software) zu VNC finden Sie unter:

> *http://www.uk.research.att.com/vnc/*

9.3.1 Das X-Window-System

Das X-Window-System, oder kurz X, ist das am weitesten verbreitete graphische Ausgabesystem für Unix-Maschinen. Wie SSH besitzt auch X Clients und Server. X-Clients sind mit Fenstern arbeitende Anwendungsprogramme wie Terminalemulatoren, Zeichenprogramme, graphische Uhren und so weiter. Ein X-Server ist die zugrundeliegende Display-Engine, die Requests von X-Clients verarbeitet, die über ein sog. *X-Protokoll* miteinander kommunizieren. Auf einem Rechner läuft üblicherweise nur ein einzelner X-Server, möglicherweise aber viele X-Clients.

Für unsere Diskussion ist die Tatsache am wichtigsten, das X ein anspruchsvolles Window-Management über das Netzwerk erlaubt. X-Clients können Fenster nicht nur auf deren lokaler Maschine öffnen, sondern auch auf anderen Computern im Netzwerk, ganz egal, ob diese im gleichen Gebäude liegen oder über den ganzen Globus verteilt sind. Um dies zu erreichen, stellt der C-Client eine Netzwerkverbindung mit einem entfernten X-Server her und führt mit diesem eine Unterhaltung im X-Protokoll, um etwas auf dem entfernten Bildschirm zu zeichnen, entfernte Tastatureingaben zu empfangen, die Position der entfernten Maus zu bestimmen und so weiter. Das verlangt natürlich eine bestimmte Art der Sicherheit, die wir bald diskutieren wollen.

Ein zentrales Konzept von X ist das *Display*, eine Abstraktion für den von einem X-Server verwalteten Bildschirm. Wird ein X-Client aufgerufen, muß er wissen, welches Display verwendet werden soll. Displays werden durch Strings der Form *HOST:n.v* ausgedrückt, wobei:

- *HOST* der Name der Maschine ist, auf der der das Display kontrollierende X-Server läuft.

- *n* die *Display*-Nummer ist, ein Integerwert (üblicherweise 0). X erlaubt einem einzigen Server die Kontrolle mehrerer Displays. Zusätzliche Displays werden einfach mit 1, 2 etc. durchnummeriert.

- *v* die sog. *Visual*-Nummer ist, ein weiterer Integerwert. Ein Visual ist ein virtuelles Display. X unterstützt mehrere virtuelle Displays in einem einzigen physikalischen Display. Gibt es nur ein virtuelles Display (der typische Fall), können Sie das ».v« weglassen. Voreingestellt ist das Visual 0.

Zum Beispiel werden das Display 0 und Visual 0 auf der Maschine *server.example.com* durch den Displaystring »server.example.com:0.1« ausgedrückt.

Unter Unix erlauben X-Clients die Angabe des Displaystrings auf zwei Arten: mit der Kommandozeilenoption *–d* oder *–display* oder der Umgebungsvariablen DISPLAY. Um beispielsweise den X-Client *xterm* auf dem einzigen X-Display der Workstation anacreon auszuführen, verwenden Sie die Kommandozeilenoption

```
$ xterm -d anacreon:0 &
```

oder die Umgebungsvariable

```
$ setenv DISPLAY anacreon:0
$ xterm &
```

X ist ein sehr umfangreiches Software-Produkt, dessen Dokumentation Dutzende O'Reilly-Bücher füllt. Wir haben mit unser Erklärung gerade mal an der Oberfläche gekratzt, aber Sie haben genug gesehen, um das X-Forwarding zu verstehen.

9.3.2 Wie X-Forwarding funktioniert

X-Clients können zwar mit entfernten X-Servern kommunizieren, aber diese Kommunikation ist nicht sicher. Die gesamte Interaktion zwischen X-Client und -Server, wie etwa Tastatureingaben und ausgegebener Text, können mittels Snooping einfach mitgeschnitten werden, weil die Verbindung nicht verschlüsselt ist. Darüber hinaus verwenden die meisten X-Umgebungen primitive Authentifizierungsmethoden für den Verbindungsaufbau mit einem entfernten Display. Ein über genug Fachwissen verfügender Angreifer kann eine Verbindung zu Ihrem Display herstellen, Ihre Tastatureingaben und andere von Ihnen ausgeführte Programme überwachen.

Wieder kommt SSH zu Hilfe. Eine X-Protokoll-Verbindung kann durch eine SSH-Verbindung geleitet werden, um Sicherheit und eine stärkere Authentifizierung zu bieten. Dieses Feature wird als X-Forwarding bezeichnet.

X-Forwarding arbeitet wie folgt. (Als Illustration sei auf Abbildung 9-10 verwiesen.) Ein SSH-Client fordert X-Forwarding an, wenn er die Verbindung zu einem SSH-Server herstellt (vorausgesetzt, X-Forwarding ist auf dem Client aktiviert.) Wenn der Server X-Forwarding für diese Verbindung erlaubt, erfolgt ganz normal Ihr Login, hinter den Kulissen führt der Server aber ein paar spezielle Schritte durch. Zusätzlich zur Verarbeitung Ihrer Terminal-Session richtet er sich selbst als Proxy-X-Server ein, der auf der entfernten Maschine läuft, und setzt die Umgebungsvariable DISPLAY in Ihrer entfernten Shell so, daß sie auf dieses Proxy-X-Display verweist:

```
syrinx$ ssh sys1
Last login: Sat Nov 13 01:10:37 1999 from blackberry
Sun Microsystems Inc.   SunOS 5.6      Generic August 1997
You have new mail.
sys1$ echo $DISPLAY
sys1:10.0
sys1$ xeyes
```
Der »xeyes«-Client erscheint auf dem Bildschirm

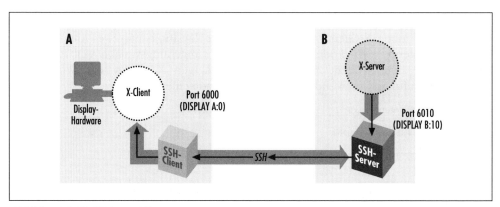

Abbildung 9-10: X-Forwarding

Der DISPLAY-Wert scheint auf das X-Display #10 an sys1 zu verweisen, aber es gibt kein solches Display. (Tatsächlich muß es überhaupt kein echtes Display auf sys1 geben.) Statt dessen zeigt der DISPLAY-Wert auf den X-Proxy, der vom SSH-Server eingerichtet wurde, d.h., der SSH-Server gibt sich als X-Server aus. Wenn Sie nun einen X-Client ausführen, stellt dieser die Verbindung mit dem Proxy her. Der Proxy verhält sich wie ein »echter« X-Server und weist im Gegenzug den SSH-Client an, sich wie ein Proxy-X-Client zu verhalten und die Verbindung mit dem X-Server auf Ihrer lokalen Maschine herzustellen. SSH-Client und -Server kooperieren dann bei der Weiterleitung von X-Protokoll-Informationen in beide Richtungen der SSH-Pipe zwischen den beiden X-Sessions, und der X-Client erscheint auf Ihrem Bildschirm, als hätte er eine direkte Verbindung mit Ihrem Display. Das ist die Idee, die hinter dem X-Forwarding steckt.

X-Forwarding kann sogar das vorhin erwähnte Firewall-Problem lösen, sofern die Firewall SHS-Verbindungen durchläßt. Sitzt eine Firewall zwischen Ihren lokalen und entfernten Maschinen und führen Sie einen X-Client auf der entfernten Maschine aus, tunnelt das X-Forwarding die X-Verbindung zwischen dem SSH-Port der Firewall zur lokalen Maschine. Aus diesem Grund können die Fenster des X-Clients auf Ihrem lokalen Display geöffnet werden. Ist kein X-Forwarding vorhanden, blockiert die Firewall die Verbindung.

Einige Aspekte des X-Forwarding kommen einem nach der früheren Erläuterung des Port-Forwarding wahrscheinlich vertraut vor. Tatsächlich ist das X-Forwarding ein Sonderfall des Port-Forwarding, für das SSH spezielle Unterstützung besitzt.

9.3.3 Das X-Forwarding aktivieren

Das X-Forwarding ist bei SSH1 und SSH2 standardmäßig aktiviert, nicht aber bei OpenSSH. Nachfolgend beschreiben wir, wie Sie das X-Forwarding bei Clients je nach Bedarf aktivieren oder deaktiveren können. Im Gegensatz zum allgemeinen Port-Forwarding, bei dem Sie mit den TCP-Portnummern experimentieren müssen, besitzt das X-Forwarding nur einen Ein/Aus-Schalter. In Ihrer SSH-Client-Konfigurationsdatei verwenden Sie das Schlüsselwort `ForwardX11` mit dem Wert `yes` (aktivieren, Voreinstellung) oder `no` (deaktivieren):

```
# SSH1, SSH2, OpenSSH
ForwardX11 yes
```

In der Kommandozeile können Sie das X-Forwarding auch mit der Option *-x* deaktivieren:

```
# SSH1, SSH2, OpenSSH
$ ssh -x server.example.com
```

SSH2 und OpenSSH aktivieren das X-Forwarding mit den folgenden Optionen:

```
# Nur SSH2
$ ssh2 +x server.example.com

# Nur OpenSSH
$ ssh -X server.example.com
```

9.3.4   Das X-Forwarding konfigurieren

Das Verhalten des X-Forwarding kann bei der Kompilierung sowie der serverweiten und der Account-bezogenen Konfiguration verändert werden.

9.3.4.1   Konfiguration bei der Kompilierung

SSH1 und SSH2 können mit oder ohne X-Unterstützung kompiliert werden. Bestimmt wird dies mit den Konfigurations-Flags `--with-x` und `--without-x`:

```
# SSH1, SSH2
$ configure ... --without-x ...
```

Wenn mit X-Unterstützung kompiliert wird, können Sie zusätzlich das Verhalten des X-Forwarding bestimmen. Bei SSH1 können Sie das standardmäßige Forwarding für Client und Server getrennt ein- und ausschalten. Hierzu dienen die Kompilierungs-Flags `--enable-client-x11-forwarding` (oder `--disable-client-x11-forwarding`) und `--enable-server-x11-forwarding` (oder `--disable-server-x11-forwarding`):

```
# Nur SSH1
$ configure ... --disable-server-x11-forwarding ...
```

Bei SSH2 können Sie das gesamte standardmäßige X-Forwarding mit `--enable-X11-forwarding` oder `--disable-X11-forwarding` ein- bzw. ausschalten:

```
# Nur SSH2
$ configure ... --enable-X11-forwarding ...
```

Denken Sie daran, daß diese Aktivieren/Deaktivieren-Flags einfach nur das Standardverhalten festlegen. Sie können dieses Standardverhalten in der serverweiten und Account-bezogenen Konfiguration überschreiben.

9.3.4.2   Serverweite Konfiguration

Die serverweiten Konfigurations-Schlüsselwörter `X11Forwarding` (SSH1, SSH2, OpenSSH) und dessen Synonyme `ForwardX11` (SSH2) und `AllowX11Forwarding` (SSH2) aktivieren oder deaktivieren das X-Forwarding im SSH-Server. Standardmäßig ist es aktiviert:

```
# SSH1, SSH2, OpenSSH
X11Forwarding no

# Nur SSH2: eines von beiden
ForwardX11 no
AllowX11Forwarding no
```

Das Schlüsselwort `X11DisplayOffset` erlaubt die Reservierung einiger X11-Displaynummern, so daß diese von *sshd* nicht verwendet werden können. Das Schlüsselwort legt die niedrigste Displaynummer fest, die SSH verwenden kann. Auf diese Weise wird verhindert, daß *sshd* mit echten X-Servern auf niedriger numerierten Displays zusammenstößt. Wenn Sie zum Beispiel normalerweise X-Server auf den Displays 0 und 1 betreiben, legen Sie folgendes fest:

```
# SSH1, OpenSSH
X11DisplayOffset 2
```

Das Schlüsselwort `XAuthLocation` legt den Pfad auf das Programm *xauth* fest, das die Autorisierungs-Datensätze für X verarbeitet. Wir werden dieses Schlüsselwort beschreiben, nachdem wir *xauth* behandelt haben. [9.3.6.4]

```
# SSH1, OpenSSH
XAuthLocation /usr/local/bin/xauth
```

9.3.4.3   Account-bezogene Konfiguration

In Ihrer SSH1 oder OpenSSH *authorized_keys*-Datei können Sie das X-Forwarding für eingehende SSH-Verbindungen deaktivieren, bei denen ein bestimmter Schlüssel zur Authentifizierung verwendet wurde. Das geschieht mit der Option `no-X11-forwarding`: [8.2.8]

```
# SSH1, OpenSSH
no-X11-forwarding ...Rest des Schlüssels...
```

9.3.5   X-Authentifizierung

Wir haben kurz erwähnt, daß X seine eigene Authentifizierung vornimmt, wenn X-Clients die Verbindung zum X-Server herstellen. Wir wollen uns nun mit den technischen Details der X-Authentifizierung befassen, erläutern, warum sie unsicher ist, und zeigen, wie das X-Forwarding von SSH seine sichere Lösung darauf aufbaut.

In den meisten Fällen funktioniert das X-Forwarding einfach, und Sie müssen nicht weiter darüber nachdenken. Das folgende Material dient allein dem Verständnis und soll jegliches Verlangen (Ihres und unseres) nach technischer Diskussion befriedigen.

9.3.5.1   Wie die X-Authentifizierung funkioniert

Fordert ein X-Client eine Verbindung zu einem X-Server an, authentifiziert der Server den Client, d.h., der X-Server ermittelt die Identität des Clients und entscheidet, ob eine Verbindung zum Display erlaubt ist oder nicht. Die aktuelle Release des X-Window-Systems (X11R6) bietet zwei Arten der Authentifizierung an, nämlich hostbasiert und schlüsselbasiert:

Hostbasierte X-Authentifizierung
> Die einfachere Methode. Mit Hilfe des Programms *xhost* geben Sie eine Liste der Hosts an, die eine Verbindung zu Ihrem X-Display herstellen können. Beachten Sie, daß die Verbindungen nur durch den Hostnamen authentifiziert werden, nicht durch den Benutzernamen. Mit anderen Worten kann jeder Benutzer Ihr Display nutzen, der auf einem aufgeführten Host einen Account besitzt.

Schlüsselbasierte X-Authentifizierung

Verwendet das *xauth*-Programm, um eine Liste von X-Authentifizierungsschlüsseln, den sog. *Displayschlüsseln* (display keys), für X-Clients zu pflegen. Die Schlüssel werden in einer Datei (üblicherweise ~/.Xauthority) festgehalten, zusammen mit anderen Daten der verschiedenen Displays, auf die der Client zugreifen möchte. Fordert ein X-Client die Verbindung zu einem die Authentifizierung verlangenden Server an, übergibt der Client die entsprechenden Informationen für das Display aus den *xauth*-Daten. Ist die Authentifizierung erfolgreich, kann der X-Client auf das vom X-Server verwaltete Display zugreifen.

Display-Schlüssel werden vom X-Server auf verschiedene Arten ermittelt, die von der jeweiligen Umgebung abhängen. Wenn Sie den Server zum Beispiel mit *xinit* oder *startx* direkt an der Console starten, rufen diese Programme einen X-Server auf und fügen eine Kopie des Server-Schlüssels direkt in Ihre *xauth*-Daten ein. Stellen Sie alternativ die Verbindung zu einer mit dem X Display Manager (XDM) arbeitenden entfernten Maschine her, wird der Schlüssel an Ihren entfernten Account übertragen, wenn Ihre XDM-Session aufgebaut wird.

9.3.5.2 xauth und die rc-Dateien von SSH

SSH besitzt Startup-Dateien, die auf Seiten des Servers ausgeführt werden können, wenn ein Client sich einloggt. Dies sind die systemweite */etc/sshrc* und die Account-bezogene ~/.ssh/rc. Es kann sich dabei um Shell-Skripten oder jede andere Art ausführbares Programm handeln.

Wichtig ist dabei die Tatsache, daß *sshd xauth* ausführt, um den Proxy-Displayschlüssel aufzunehmen, allerdings nur, wenn kein *rc*-Programm ausgeführt wird. Wird hingegen ein *rc*-Programm ausgeführt, werden dem Programm der Schlüsseltyp und die entsprechenden Daten in einer einzigen Zeile an die Standardeingabe übertragen, und es bleibt dem *rc*-Programm überlassen, den Displayschlüssel zu speichern. Dieses Feature bietet eine Möglichkeit, die Verarbeitung des Displayschlüssels anzupassen, falls die Ausführung von *xauth* in Ihrer Situation nicht das richtige ist.

9.3.5.3 Probleme mit der X-Authentifizierung

Wenn Sie mit X gearbeitet haben, erfolgte die Authentifizierung wahrscheinlich transparent und schien wunderbar zu funktionieren. Hinter den Kulissen ist dieser Mechanismus aber unsicher. Hier die Hauptprobleme:

xhost ist unsicher

Sobald Sie einem entfernten Host einmal das Recht gewährt haben, eine Verbindung mit Ihrem Display herzustellen, kann jeder Benutzer auf diesem Host die Verbindung herstellen. Wie bei den r-Befehlen basiert diese Authentifizierungsmethode auf der Netzwerkadresse des die Verbindung herstellenden Hosts, die von einem Angreifer auf einfache Weise beschafft werden kann.

Der Schlüsseltransfer kann manuell und unsicher sein

Einige Protokolle für das entfernte Login wie etwa *telnet* helfen bei der X-Authentifizierung nicht. Sind Ihre Display-Schlüssel auf einer entfernten Maschine nicht vorhanden, müssen Sie diese selbst übertragen. Dieser Transfer kann manuell, aber auch automatisch erfolgen, vielleicht in Ihrem Login-Skript. Das ist nicht nur lästig, sondern auch unsicher, weil Sie den Schlüssel im Klartext über das Netzwerk übertragen.

Die gängigste schlüsselbasierte Methode, MIT-MAGIC-COOKIE-1, ist unsicher

Obwohl sie einen zufälligen Bitstring (*Cookie*) als *xauth*-Displayschlüssel verwendet, wird dieser zu Beginn jeder Verbindung im Klartext übertragen und kann somit abgefangen und gelesen werden.

Der entfernte Host unterstützt die von Ihnen gewählte Methode der X-Authentifizierung möglicherweise nicht

X11R6 unterstützt andere, sicherere Authentifizierungsmethoden. SUN-DES-1 basiert auf Suns sicherem RPC-System, XDM-AUTHORIZATION-1 verwendet DES, und MIT-KERBEROS-5 setzt auf die Benutzer-zu-Benutzer-Authentifizierung von Kerberos.[7] Leider sind diese Methoden häufig nicht in den jeweiligen Instanzen der X-Software enthalten. Manchmal sind sie in die X-Installationen aufgrund kryptographischer Exportbeschränkungen nicht einkompiliert, manchmal ist die X-Version zu alt, um die sicherere Methode zu unterstützen.

Ist der entfernte Host unsicher, kann Ihr Displayschlüssel aufgedeckt werden

Selbst im besten Fall, bei dem der X-Server eine starke Authentifizierung unterstützt und Ihr Schlüssel sicher auf die entfernte Maschine kopiert werden kann, müssen Sie den sensiblen Displayschlüssel irgendwo auf diesem Rechner speichern. Ist dieser Rechner nicht wirklich vertrauenswürdig, setzen Sie Ihren Schlüssel einem Risiko aus. (SSH hat dieses Problem nicht, weil nur Ihr öffentlicher Schlüssel auf der SSH-Server-Maschine abgelegt wird.)

9.3.5.4   SSH und Authentifizierungs-Spoofing

Durch X-Forwarding macht SSH Authentifizierung und Schlüsseltransfer für X-Sessions transparent und sicher. Dies wird durch eine als *Authentifizierungs-Spoofing* bezeichnete Technik erreicht, die in Abbildung 9-11 abgebildet ist. Das Authentifizierungs-Spoofing benutzt einen falschen Display-Schlüssel, den wir als *Proxy-Schlüssel* bezeichnen, der den Zugriff auf den SSH-X-Proxy-Server auf der entfernten Seite authentifiziert. Bei der Weiterleitung von X-Daten mit einem Schlüssel ersetzt SSH clever den echten Display-Schlüssel. Das funktioniert wie folgt.

Sie sind in einer lokalen Maschine mit einem lokalen Display eingeloggt. Auf der lokalen Maschine laufen ein X-Server und SSH-Clients. Auf der anderen Seite der Netzwerk-

---

7   Details zu diesen Methoden finden Sie in der X11R6 *Xsecurity* (1)-Manpage. Denken Sie auch daran, daß es hier nur um Authentifizierung, nicht um Verschlüsselung geht. Der Inhalt Ihrer X-Verbindung kann im Netzwerk immer noch ausgeschnüffelt und verändert werden.

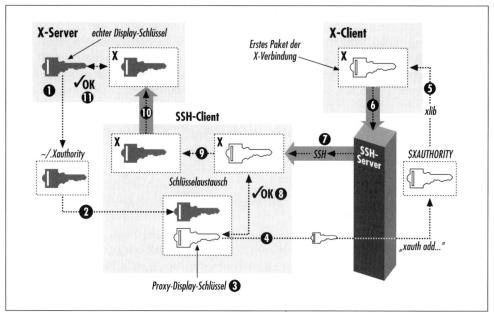

Abbildung 9-11: Authentifizierung weitergeleiteter X-Verbindungen

verbindung läuft ein SSH-Server, auf dem Sie X-Clients starten. Das Ziel für den entfernten X-Client besteht darin, mit Hilfe von SSH auf Ihrem lokalen Display zu erscheinen.

Zuerst führen Sie einen lokalen SSH-Client aus, bei dem das X-Forwarding aktiv ist. Der SSH-Client fordert X-Forwarding vom entfernten SSH-Server an und liest gleichzeitig Ihren lokalen Display-Schlüssel aus Ihrer *.Xauthority*-Datei.

Als nächstes generiert der SSH-Client einen Proxy-Schlüssel. Dabei handelt es sich um einen String aus zufälligen Daten, der die gleiche Länge besitzt wie Ihr lokaler Display-Schlüssel. Der SSH-Client sendet dann den Proxy-Schlüssel und den Typ des Schlüssels (z.B. MIT-MAGIC-COOKIE-1) an die entfernte Maschine, und der SSH-Server führt das *xauth*-Programm für Sie aus, um den Proxy-Schlüssel mit Ihrem lokalen Display zu verknüpfen. Der Boden für das X-Forwarding ist nun bereitet.

Wenn Sie einen entfernten X-Client starten, stellt Ihr lokaler SSH-Client die Verbindung mit Ihrem lokalen X-Display her. Er wartet dann auf die erste X-Protokoll-Nachricht, die über die Verbindung weitergeleitet wird, und unterzieht sie einer speziellen Behandlung. Der SSH-Client untersucht die Nachricht, filtert den darin enthaltenen X-Authentifizierungs-Schlüssel und vergleicht ihn mit dem Proxy-Schlüssel. Stimmen die Schlüssel nicht überein, lehnt der SSH-Client die Verbindung ab und schließt sie. Anderenfalls ersetzt der SSH-Client den Proxy-Schlüssel durch den echten Display-Schlüssel und leitet die so modifizierte Nachricht an Ihren lokalen X-Server weiter. Der X-Server, der keine Ahnung von diesem Schlüssel-Austausch hat, liest den Display-Schlüssel und führt die normale X-Authentifizierung durch. Die weitergeleitete X-Verbindung ist nun aufgebaut.

X-Forwarding mit Authentifizierungs-Spoofing löst alle außer einem der vorhin betrachteten Probleme mit der X-Authentifizierung:

xhost

> X-Forwarding verwendet *xhost* nicht. (Nebenbei erwähnt, sollten Sie sicherstellen, daß alle *xhost*-Rechte deaktiviert sind, wenn Sie mit X-Forwarding arbeiten, weil Sie anderenfalls die von SSH bereitgestellte Sicherheit unterwandern.)

Schlüsseltransfer

> SSH überträgt automatisch den X-Display-Schlüssel und führt *xauth* für Sie aus, um ihn auf der entfernten Seite zu installieren. Der Transfer ist sicher, weil der Schlüssel durch eine verschlüsselte SSH-Verbindung läuft.

Unsicherheit von MIT-MAGIC-COOKIE-1

> Der zu Beginn jeder X-Session übertragene Schlüssel ist nun (genau wie der Rest des X-Traffics) innerhalb einer SSH-Session verschlüsselt. Das steigert die Betriebssicherheit des gängigen X-Authentifizierungsschemas deutlich.

Nicht-vertrauenswürdige entfernte Hosts

> Beim Authentifizierungs-Spoofing wird nur der Proxy-Schlüssel, nicht der echte Display-Schlüssel an den entfernten Host übertragen. Der Proxy-Schlüssel selbst dient aber nur dazu, die Verbindung zu Ihrem Display über SSH herzustellen, nicht zur direkten Verbindung mit dem Display. Sobald die SSH-Session endet, wird der Proxy-Schlüssel nutzlos. Weil SSH-Sessions kommen und gehen, einige Leute aber dazu neigen, ihre X-Session tagelang laufen zu lassen (mit dem gleichen Schlüssel), kann das X-Forwarding eine große Verbesserung darstellen.

9.3.5.5 *Das Authentifizierungs-Spoofing verbessern*

Das verbleibende Problem des X-Forwarding ist die Möglichkeit nicht-unterstützter X-Authentifizierungsmechanismen. Die lokale Seite kann einen besseren Authentifizierungsmechanismus zur Verfügung stellen, den ein entfernter Host möglicherweise nicht unterstützt.

Theoretisch kann das SSH-X-Forwarding dieses Problem lösen, indem immer ein Proxy-Schlüssel des Typs MIT-MAGIC-COOKIE-1 verwendet wird, unabhängig davon, welche lokale Authentifizierungsmethode tatsächlich verwendet wird. Nachdem der SSH-Client den Schlüssel des X-Clients mit dem Proxy-Schlüssel verglichen hat, kann dessen Client dann jeden lokalen Authenticator erzeugen und ersetzen.

Leider gehen SSH-Implementierungen nicht soweit. Der Server vergleicht Schlüssel als literale Bitstrings, und der SSH-Client tauscht die Schlüssel ohne Rücksicht auf den Schlüsseltyp einfach aus. Wenn Sie also eine stärkere Methode der X-Authentifizierung wie XDM-AUTHORIZATION-1 verwenden, vergleicht *sshd* blind den verschlüsselten Authenticator mit dem Proxy-Schlüssel, erkennt korrekterweise, daß sie nicht übereinstimmen, und weist die Verbindung unkorrekterweise zurück. Dieser Fehler ist still und mysteriös. Wir würden uns wünschen, daß die Software das Vorhandensein eines nicht unterstützten Modus erkennen und eine entsprechende Warnung beim Verbindungsaufbau ausgeben würde.

Würde SSH die Details aller X-Authentifizierungsmodi kennen, könnte es den Proxy-Authenticator auf der einen Seite prüfen und die richtigen für den X-Server auf der anderen Seite generieren. Allerdings bedeutet dies einen erheblichen Entwicklungsaufwand, auch wenn man SSH vielleicht mit den X11-Bibliotheken verbinden könnte, um an die notwendigen Algorithmen zu gelangen. SSH müßte auch mit unterschiedlichen Längen der Schlüssel umgehen können, um so neue X-Pakete mit dem Proxy-Schlüssel erzeugen zu können, statt diesen einfach nur in die vorhandene Nachricht zu kopieren.

Es wäre auch nützlich, wenn X-Forwarding ohne Authentifizierungs-Spoofing verwendet werden könnte. Dann könnten Sie Ihre eigenen Sicherheitsregeln aufstellen, indem Sie beispielsweise *xhost* für Verbindungen von Ihrer lokalen Maschine (und damit dem SSH-X-Proxy) verwenden, während Sie immer noch die schlüsselbasierte Authentifizierung verwenden, wenn die X-Verbindungen von sonstwo stammen. Sie können das, wie im nächsten Abschnitt beschrieben, mit dem allgemeinen Port-Forwarding erreichen, eine direkte Unterstützung wäre aber natürlich bequemer.

9.3.5.6   Vom Standard abweichende X-Clients

X-Clients erledigen die X-Authentifizierung üblicherweise über *xauth*, wenn mit Xlib (der gängigen X-Programmierbibliothek) gearbeitet wurde. Gelegentlich begegnen Ihnen aber auch X-Clients, die Xlib nicht verwenden und Authentifizierungsaspekte einfach ignorieren. Weil Sie das X-Authenzierungs-Spoofing bei SSH nicht deaktivieren können, können Sie solche Programme über das X-Forwarding von SSH nicht nutzen. Sie erhalten dann die folgende Meldung:

```
X11 connection requests different authentication protocol: MIT-MAGIC-COOKIE-1
vs.
```

Sie können statt dessen aber das allgemeine Port-Forwarding nutzen. Ein Beispiel:

```
foo% ssh -R6010:localhost:6000 bar
bar% setenv DISPLAY bar:10
```

Beachten Sie, daß Sie damit die durch das X-Forwarding erzwungene Regel umgehen, die *xauth*-Authentifizierung für weitergeleitete X-Verbindungen verwenden zu müssen. Nutzt Ihr realer X-Server *xhost* für die Zugriffskontrolle, dann erlaubt es dieses Port-Forwarding jedem Benutzer auf dem Host foo, die Verbindung zu Ihrem X-Server herzustellen. Verwenden Sie diese Form der Verbindung nur, wenn es gar nicht anders geht.

9.3.6   Weitere Aspekte

Wie bereits erwähnt funktioniert das X-Forwarding üblicherweise, ohne daß von Ihrer Seite etwas beachtet werden müßte. In einigen besonderen Situationen könnten Sie aber zuerst einige zusätzliche Schritte vornehmen müssen.

9.3.6.1   Konfiguration des X-Servers

Damit das X-Forwarding funktionieren kann, muß Ihr X-Server die Proxy-X-Verbindungen von Ihrem SSH-Client akzeptieren. Das ist manchmal nicht direkt eingerichtet, weil es bei einer normalen Nutzung nicht notwendig ist. Wenn Sie zum Beispiel einen X-Server auf einem PC verwenden, um eine entfernte Unix-Maschine mittels XDM zu erreichen, führen Sie lokale X-Clients möglicherweise gar nicht aus, und diese könnten standardmäßig nicht erlaubt sein. Sie können `xhost +localhost` ausführen, um alle Verbindungen zu Ihrem PC zu erlauben, während Sie gleichzeitig die Schlüssel-basierte Authentifizierung für Verbindungen von allen anderen Quellen verwenden. Das erlaubt es, durch SSH weitergeleitete (und authentifizierte) Verbindungen zu akzeptieren.

9.3.6.2   Setzen der DISPLAY-Umgebungsvariablen

SSH setzt die DISPLAY-Variable nur dann automatisch, wenn das X-Forwarding aktiv ist. Wenn Sie nicht mit X-Forwarding arbeiten, X aber dennoch auf einer entfernten Maschine verwenden, auf die Sie sich über SSH eingeloggt haben, müssen Sie daran denken, die DISPLAY-Variable selbst zu setzen. Sie sollten dies nur tun, wenn beide Maschinen im gleichen (vertrauenswürdigen) Netzwerk liegen, weil das X-Protokoll selbst sehr unsicher ist.

Achten Sie darauf, DISPLAY nicht ungewollt zu setzen! Es ist für die Leute durchaus üblich, die DISPLAY-Variable in einer Login-Befehlsdatei oder auf anderen Wegen zu setzen. Wenn Sie nicht vorsichtig sind, macht das Ihre X-Verbindung unsicher, ohne daß Sie es bemerken. Wenn Sie SSH verwenden, um X-Verbindungen durch eine Firewall zu tunneln, werden Sie es natürlich bemerken, weil Ihre X-Clients nicht mehr funktionieren. Wenn normale X-Verbindungen hingegen möglich, aber unerwünscht sind, und gleichzeitig das X-Forwarding nicht aktiv ist, funktionieren Ihre X-Programme, sind aber (stillschweigend) nicht geschützt. Das ist ein guter Grund, X-Traffic an der Firewall zu blockieren, wenn das ein Sicherheitsrisiko darstellt, oder Ihren X-Server so zu konfigurieren, daß Verbindungen nur vom lokalen Host (der Quelle durch SSH weitergeleiteter X-Verbindungen) akeptiert werden. Wenn das nicht möglich ist, könnten Sie so etwas wie die folgenden Zeilen in Ihr Login-Skript aufnehmen:

```csh
#!/bin/csh
if ($?DISPLAY) then
    set display_host   = expr "$DISPLAY" : \(.*\):
    set display_number = expr "$DISPLAY" : .*:\([^.]*\)
    set my_host = hostname
    set result = expr ( "$display_host" = "$my_host" ) & ( \
                 "$display_number" > "0" )
    if ($result == 0) then
        echo "WARNUNG: X-Display $DISPLAY anscheinend nicht durch SSH geschützt!"
        echo "Setze DISPLAY-Variable sicherheitshalber zurück"
        unsetenv DISPLAY
    endif
endif
```

9.3.6.3   Gemeinsam genutzte (shared) Accounts

Wenn Sie sich einen einzelnen Account mit mehreren Leuten teilen, kann es mit dem X-Forwarding einigen Ärger geben. So ist es zum Beispiel durchaus üblich, daß sich eine Reihe von Systemadminstratoren einen root-Account teilen. Damit für jede Person bei der Verwendung des root-Accounts die eigene Umgebung erhalten bleibt, können deren USER-, LOGNAME- und HOME-Umgebungsvariablen explizit gesetzt werden, um die persönlichen Accounts anstelle des root-Accounts zu nutzen. Wenn Sie SSH mit aktivem X-Forwarding verwenden, um sich in den root-Account einzuloggen, wird der *xauth*-Proxy-Schlüssel in die *.Xauthority*-Datei des Benutzers root aufgenommen, bevor die Shell Ihr Login-Skript liest und diese Umgebungsvariablen zurücksetzt. Wenn Sie sich also eingeloggt haben und versuchen, mit X zu arbeiten, schlägt dieser Versuch fehl: Der X-Client sucht den Schlüssel in Ihrer *.Xauthority*-Datei (aufgrund der Einstellung Ihrer HOME-Variablen), der Schlüssel ist aber nicht da.

Sie können dieses Problem lösen, indem Sie die XAUTHORITY-Variable auf die *.Xauthority*-Datei von root weisen lassen. Alternativ können Sie den folgenden Code in Ihrem Login-Skript verwenden, um den benötigten Schlüssel zu Ihrem eigenen zu machen:

```
if (($uid == 0) && ($?SSH_CLIENT) && ($?DISPLAY)) then
# Wird ssh -l root mit X-Forwarding ausgeführt, wird der xauth-Schlüssel des
# X-Proxy-Servers in der xauth.db von root aufgenommen, nicht in unserer.
# Wir prüfen, ob ein Eintrag für unser Display in der xauth.db von root steht
# ...
  set key = bash -c "xauth -i -f /.Xauthority list $DISPLAY 2> /dev/null"
# ... und kopieren ihn in unseren, wenn das der Fall ist.
  if ($? == 0) then
    xauth -bi add $key
    chown res ~res/.Xauthority >& /dev/null
  endif
endif
```

9.3.6.4   Lage des xauth-Programms

Denken Sie daran, daß *sshd* das *xauth*-Programm für Sie ausführt, um den Proxy-Schlüssel auf der entfernten Seite in Ihre *.Xauthority*-Datei aufzunehmen. Die Lage des *xauth*-Programms wird bei der Konfiguration des SSH-Pakets bestimmt und fest in das *sshd*-Executable einkompiliert. Wird *xauth* danach verschoben, funktioniert das X-Forwarding nicht mehr (*ssh −v* gibt das explizit aus). Bei SSH1 und OpenSSH kann der Systemadministrator auf der Serverseite das serverweite Konfigurations-Schlüsselwort XAuthLocation nutzen, um den Pfad auf *xauth* festzulegen, ohne *sshd1* neu kompilieren zu müssen:

```
# SSH1, Open SSH
XAuthLocation /usr/local/bin/xauth
```

XAuthLocation kann (nur bei OpenSSH) auch in der Client-Konfigurationsdatei erscheinen; der Client verwendet *xauth*, um den lokalen X-Display-Schlüssel zu ermitteln.

9.3.6.5   X-Forwarding und das GatewayPorts-Feature

Das früher diskutierte GatewayPorts-Feature (−g) gilt nur für das allgemeine Port-Forwarding, nicht für das X-Forwarding. Die X-Proxies von SSH1, SSH2 und OpenSSH führen das Listening an allen Netzwerkschnittstellen durch und akzeptieren Verbindungen von überall, obgleich diese Verbindungen alle der früher beschriebenen X-Authentifizierung unterliegen. Um die Quelladressen von X-Clients zu beschränken, verwenden wir TCP-wrappers, das wir im nächsten Abschnitt diskutieren wollen.

9.4 *Forwarding-Sicherheit: TCP-wrappers und libwrap*

In diesem Kapitel haben wir an verschiedenen Stellen über Sicherheitsaspekte und Einschränkungen des Forwarding gesprochen. Bisher haben wir nur sehr wenig Kontrolle darüber gehabt, wer die Verbindung zu einem weitergeleiteten Port herstellen kann. Bei SSH1 und OpenSSH sind Verbindungen standardmäßig nur vom lokalen Host erlaubt, was für eine Ein-Benutzer-Maschine halbwegs sicher ist. Wenn Sie Verbindungen aber von anderswo erlauben müssen, haben Sie ein Problem, weil das ein »alles oder nichts« darstellt: Sollen Verbindungen von anderswo erlaubt werden (mittels –g oder `GatewayPorts=yes`), müssen Sie sie von überall erlauben. Bei SSH2 ist es noch schlimmer: Weitergeleitete Ports akzeptieren immer Verbindungen von überall. X-Forwarding ist in einer etwas besseren Position, weil das X-Protokoll seine eigene Authentifizierung besitzt, dennoch könnten Sie den Zugriff beschränken wollen, damit Eindringlinge kein (bisher vielleicht noch unbekanntes) Sicherheitsloch ausnutzen oder einen DoS-Angriff starten können. SSH besitzt auf der Unix-Plattform ein optionales Feature für die auf der Client-Adresse basierende Zugriffskontrolle namens *TCP-wrappers*.

Der Begriff TCP-wrappers verweist auf die von Wietse Venema entwickelte Software. Wenn diese bei Ihrer Unix-Distribution nicht bereits installiert ist, kann sie über die folgende Adresse beschafft werden:

> *ftp://ftp.porcupine.org/pub/security/index.html*

TCP-wrappers ist ein globaler Zugriffs-Kontrollmechanismus, der mit anderen TCP-basierten Servern wie *sshd* oder *telnetd* integriert werden kann. Die Zugriffskontrolle erfolgt über die Quelladresse eingehender TCP-Verbindungen. Ein TCP-wrapper erlaubt oder verbietet Verbindungen, basierend auf deren Ursprung, wie es in den Konfigurationsdateien */etc/hosts.allow* und */etc/hosts.deny* festgelegt wurde. Abbildung 9-12 zeigt, an welcher Stelle TCP-wrappers in das SSH-Konfigurationsschema passen.

Es gibt zwei Möglichkeiten, TCP-wrappers zu nutzen. Die gängigste Methode, das *Wrapping*, wird auf TCP-Server angewandt, die normalerweise von *inetd* aufgerufen werden. Sie »wrappen« (zu deutsch »einwickeln«) den Server ein, indem Sie */etc/inetd.conf* editieren und die Konfigurationszeile des Servers modifizieren. Statt den Server direkt aufzurufen, rufen Sie den TCP-wrapper-Daemon *tcpd* auf, der dann den eigentlichen Server aufruft. Danach editieren Sie die Konfigurationsdateien für TCP-wrapper, um die gewünschte Zugriffskontrolle festzulegen. *tcpd* trifft Autorisierungsentscheidungen, basierend auf dem Inhalt dieser Dateien.

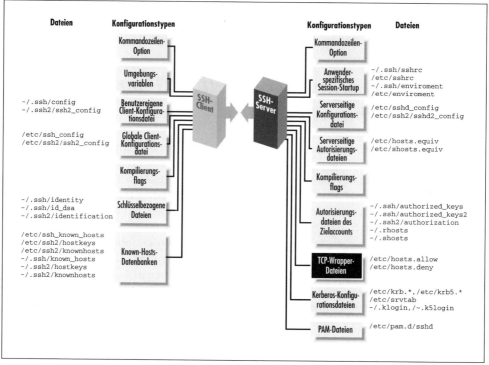

Abbildung 9-12: TCP-wrappers und die SSH-Konfiguration (hervorgehoben)

Die *inetd*-Technik bietet eine Zugriffskontrolle, ohne daß das TCP-Serverprogramm modifiziert werden muß. Das ist sehr schön. Allerdings wird *sshd* üblicherweise nicht über *inetd* aufgerufen [5.4.3.2], weshalb die zweite Methode, *Quellcode-Modifikation*, angewandt werden muß. Um die Kontrolle von TCP-wrapper nutzen zu können, muß der SSH-Server mit dem Flag `--with-libwrap` kompiliert werden, damit TCP-wrappers intern unterstützt wird. [4.1.5.3] *sshd* ruft dann Bibliotheksfunktionen von TCP-wrapper auf, um explizite Zugriffskontrollen, basierend auf den Regeln in */etc/hosts.allow* und */etc/hosts.deny* durchzuführen. In gewisser Weise ist der Begriff »Wrapper« also irreführend, weil *sshd* modifiziert und nicht »eingepackt« wird, um TCP-wrappers zu unterstützen. Abbildung 9-13 macht den Prozeß deutlich.

9.4.1 Konfiguration von TCP-wrappers

Die Zugriffskontrollsprache für TCP-wrappers besitzt eine Reihe von Optionen und kann je nach Paket und Version anders ausfallen. Wir behandeln diese Sprache in diesem Buch nicht vollständig. Eine umfassende Erläuterung finden Sie in der lokalen Dokumentation: den Manpages zu *tcpd*(8), *hosts_access*(5) und *hosts_options*(5). Wir werden nur einige einfache, gängige Konfigurationen beschreiben.

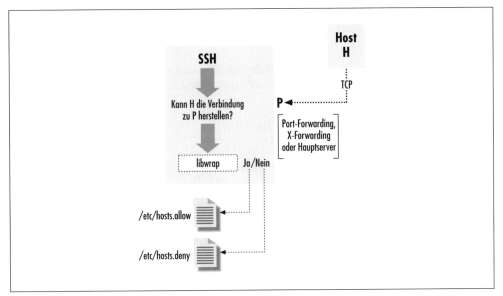

Abbildung 9-13: Funktionsweise von TCP-wrapper (libwrap)

Die TCP-wrapper-Konfiguration wird in den Dateien */etc/hosts.allow* und */etc/hosts.deny* festgehalten. Diese Dateien bestehen aus Mustern der folgenden Form:

```
service_1 [service_2 service_3 ...] : client_1 [client_2 client_3 ...]
```

Jedes Muster erkennt bestimmte (Server, Client)-Paare und erkennt somit eine bestimmte Client/Server-TCP-Verbindung. Eine Verbindung zwischen Client C und Server S wird entsprechend dieser Regel als gültig erkannt, wenn irgendein Dienst *service_i* mit S und ein *client_j* mit C übereinstimmt. (Wir erläutern das Format und die Matching-Regeln für diese Untermuster gleich.) Die Datei *hosts.allow* wird zuerst durchsucht, gefolgt von *hosts.deny*. Wird ein passendes Muster in *hosts.allow* gefunden, wird die Verbindung erlaubt. Wird dort kein Treffer gefunden, in *hosts.deny* aber schon, wird die Verbindung abgelehnt. Wird schließlich in beiden Dateien kein Treffer entdeckt, wird die Verbindung erlaubt. Fehlt eine dieser Dateien, wird das so gehandhabt, als wäre sie vorhanden und als würde sie keinen passenden Eintrag enthalten.

Es gibt auch eine erweiterte Syntax, die in der Manpage *hosts_options*(5) dokumentiert wird. Diese kann verfügbar sein oder auch nicht, je nachdem, wie Ihre TCP-wrapper-Bibliothek kompiliert wurde. Diese Syntax besitzt einige Optionen mehr, erlaubt es aber insbesondere, einzelne Regeln so festzulegen, daß passende Verbindungen abgelehnt werden. Ein Beispiel:

```
sshd1 : bad.host.com : DENY
```

Mit Hilfe dieser Syntax können Sie Ihre gesamten Regeln in *hosts.allow* unterbringen, statt beide Dateien verwenden zu müssen. Um alles abzulehnen, was nicht explizit erlaubt ist, schreiben Sie einfach ALL: ALL: DENY an das Ende der Datei.

Innerhalb eines Musters ist jeder Service ein Name, der den Server benennt, für den dieses Muster gilt. SSH erkennt die folgenden Service-Namen:

sshd

> Der SSH-Hauptserver. Kann *sshd*, *sshd1*, *sshd2* oder jeder andere Name sein, unter dem Sie den Daemon aufrufen (dessen *argv[0]*-Wert).

sshdfwd-x11

> Der X-Forwarding-Port.

sshdfwd-N

> Der weitergeleitete TCP-Port *N* (der weitergeleitete Port 2001 ist also service ssh-dfwd-2001).

Die Kontrollfeatures für das X- und Port-Forwarding sind nur bei SSH1 und SSH2 verfügbar; OpenSSH verwendet *libwrap* nur, um den Zugriff auf den Hauptserver zu kontrollieren.

Jeder *client* besteht aus einem Muster, das für einen die Verbindung herstellenden Client steht. Folgende Werte sind erlaubt:

*   Eine IP-Adresse in Punktnotation (z.B. 192.168.10.1).

*   Ein Hostname (DNS oder welchen Nameservice der Host auch verwendet).

*   Ein IP-Netzwerk der Form Netzwerknummer/Maske (z.B. 192.168.10.0/255. 255.255; beachten Sie, daß die »/n-Maskenbits«-Syntax, 192.168.10.0/24, nicht erkannt wird).

*   »ALL« für alle Client-Quelladressen.

Beispiel 9-1 zeigt eine */etc/hosts.allow*-Konfiguration. Dieses Setup erlaubt Verbindungen zu jedem Service von der lokalen Loopback-Adresse und von allen Adressen im Bereich 192.168.10.x. Der Host betreibt öffentlich zugängliche Server für SSH1, POP und IMAP, weshalb wir zu diesen Diensten Verbindungen von überall her erlauben. SSH-2-Clients sind wiederum auf Quellen in einem anderen festgelegten Netzwerkbereich beschränkt.

Beispiel 9-1: Beispiel einer /etc/hosts.allow-Datei

```
#
# /etc/hosts.allow
#
# Netzwerk-Zugriffskontrolle für tcpd (siehe inetd.conf) oder libwrap
# nutzende Programme. Beachten Sie die Manpages hosts_access(5) und hosts_options(5).

# Erlaube alle Verbindungen von unserem Netzwerk oder localhost (Loopbackadresse)
#
ALL : 192.168.10.0/255.255.255.0 localhost
```

Beispiel 9-1: Beispiel einer /etc/hosts.allow-Datei (Fortsetzung)

```
# Erlaube Verbindungen zu den folgenden Diensten von überall
#
ipop3d imapd sshd1 : ALL

# Erlaube SSH-2-Verbindungen aus den folgenden Class-C-Netzwerken
# 192.168.20.0, 192.168.21.0, ..., 192.168.27.0
#
sshd2 : 192.168.20.0/255.255.248.0

# Erlaube Host blynken Verbindungen zum weitergeleiteten Port 1234^
sshdfwd-1234 : blynken.sleepy.net

# X-Forwarding-Zugriff auf localhost beschränken
sshdfwd-x11 : localhost

# Alles andere ablehnen
#
ALL : ALL : DENY
```

Wir erlauben nun einem bestimmten Host, *blynken.sleepy.net*, die Verbindung zum weitergeleiteten Port 1234. Beachten Sie, daß dieser Host nicht in einem der bisher aufgeführten Netzwerke liegen muß, sondern überall liegen kann. Die bis jetzt aufgestellten Regeln legen fest, was erlaubt ist, verbieten andererseits aber keinerlei Verbindungen. So ist das durch den Befehl *ssh1 –L1234:localhost:21 remote* aufgebaute Forwarding nur für den lokalen Host zugänglich, weil SSH1 standardmäßig nur die Loopback-Adresse bindet. *ssh1 –g –L1234:localhost:21 remote* ist hingegen auch für *blynken.sleepy.net* nutzbar (ebenso wie für jeden anderen Befehl, der *ssh2* verwendet), weil sich die Localhost-Beschränkung bei *ssh2* nicht auswirkt und die Option –g ignoriert wird. Der wichtige Unterschied besteht darin, daß bei dieser Verwendung von TCP-wrappers *sshd* Verbindungen von allen anderen Adressen zum weitergeleiteten Port 1234 ablehnt.

Die sshdfwd-x11-Zeile beschränkt X-Forwarding-Verbindungen auf den lokalen Host. Das bedeutet, daß wenn *ssh* die Verbindung zu diesem Host mittels X-Forwarding herstellt, nur lokale X-Clients die weitergeleitete X-Verbindung nutzen können. Die X-Authentifizierung sorgt bereits dafür, diese Konfiguration bietet aber ein wenig zusätzlichen Schutz.[8]

Die letzte Zeile verbietet alle Verbindungen, die auf die vorangegangenen Zeilen nicht zutreffen, und sorgt so für eine »standardmäßig ablehnen«-Konfiguration. Wollten Sie statt dessen einige bestimmte Verbindungen verbieten und alle anderen erlauben, würden Sie etwa so vorgehen:

---

8 SSH2 2.1.0 enthält einen Bug, der eine SSH-Session einfriert (zumindest bei einigen Unix-Systemen), nachdem eine Forwarding-Verbindung aufgrund einer TCP-wrappers-Regel abgelehnt wurde. Solange dieser Bug nicht behoben ist, sollten Sie TCP-wrappers nicht zum Schutz weitergeleiteter Ports verwenden. (Die Zugangsbeschränkung auf den *sshd2*-Hauptserver scheint allerdings zu funktionieren.)

```
ALL : evil.mordor.net : DENY
telnetd : completely.horked.edu : DENY
ALL : ALL : ALLOW
```

Die letzte Zeile ist aus technischer Sicht nicht notwendig, dennoch ist es keine schlechte Idee, Ihre Absicht explizit deutlich zu machen. Steht Ihnen die *host_options*-Syntax nicht zur Verfügung, verwenden Sie statt dessen eine leere *hosts.allow*-Datei und die folgenden Zeilen in *hosts.deny*:

```
ALL : evil.mordor.net
telnetd : completely.horked.edu
```

9.4.2   Hinweise zu TCP-wrappers

Hier ein paar Dinge, an die es zu denken gilt, wenn Sie TCP-wrappers verwenden:

*   Sie können Port-Forwardings von SSH1 und SSH2 nicht unterscheiden: die `sshdfwd-*`-Regeln gelten für beide gleichzeitig. Sie können diese Einschränkung umgehen, indem Sie für jede eine andere *libwrap.a* verwenden, die unterschiedliche Namen für die jeweiligen allow- und deny-Dateien verwendet. Alternativ können Sie die *ssh-* und *sshd*-Executables auch direkt patchen, müssen diese Änderungen und zusätzlichen Dateien dann aber nachhalten.

*   Der große Nachteil von TCP-wrappers besteht darin, daß es alle Benutzer gleichzeitig betrifft. Ein einzelner Benutzer kann für sich selbst keine eigenen Zugriffsregeln aufstellen. Es gibt nur einen einzigen Satz globaler Konfigurationsdateien für die Maschine. Das schränkt den Nutzen bei Mehrbenutzersystemen ein.

*   Wenn Sie SSH mit der Option `--with-libwrap` kompilieren, ist diese automatisch immer aktiv. Es gibt keine Konfigurations- oder Kommandozeilenoption, mit der die TCP-wrappers-Prüfungen deaktiviert werden könnten. Denken Sie daran, daß SSH diese Prüfung nicht nur für weitergeleitete Ports und X-Verbindungen durchführt, sondern auch für Verbindungen zum SSH-Hauptserver. Sobald Sie eine Version von *sshd* mit TCP-wrappers installieren, müssen Sie sicherstellen, daß die TCP-wrappers-Konfiguration Verbindungen zum Server auch erlaubt, etwa durch die Regel `sshd1 sshd2 sshd : ALL` in */etc/hosts.allow*.

*   Die Verwendung von Hostnamen anstelle von Adressen für die TCP-wrappers-Regeln führt zu den üblichen Sicherheitsrisiken. Namen sind bequemer, und deren Verwendung vermeidet einen zukünftigen Bruch, sollte sich die Host-Adresse mal ändern. Andererseits kann ein Angreifer den Nameservice möglicherweise unterlaufen und so die Zugriffskontrolle umgehen. Ist die Host-Maschine so konfiguriert, daß das Lookup von Namen nur über ihre */etc/hosts*-Datei erfolgt, kann das sogar in einer Hochsicherheitsumgebung akzeptabel sein.

*   Das TCP-wrappers-Paket beinhaltet ein Programm namens *tcpdchk*. Dieses Programm untersucht Wrapper-Steuerungsdateien und meldet Inkonsistenzen, die auf mögliche Probleme hindeuten. Viele Sites führen dieses Programm regelmäßig als Sicherheitsprüfung aus. Leider ist *tcpdchk* nur für ein explizites Wrapping über *inetd.conf* entwickelt worden. Es weiß nichts über Programme, die die Kontrollda-

teien direkt über *libwrap* ansprechen, wie *sshd* das beispielsweise macht. Wenn *tcpdchk* die Steuerdateien mit SSH-Regeln liest, findet es Servicenamen wie sshd1, sshdfwd-n etc., aber keine entsprechenden Dienste in *inetd.conf* und generiert eine entsprechende Warnung. Leider kennen wir keine Möglichkeit, das zu unterbinden.

9.5   Zusammenfassung

In diesem Kapitel haben wir das Port- und das X-Forwarding von SSH vorgestellt. Das Port-Forwarding ist ein allgemeines TCP-Proxying-Feature, das TCP-Verbindungen durch eine SSH-Session tunnelt. Das ist nützlich, um anderenfalls unsichere Protokolle abzusichern, die auf TCP basieren, oder um TCP-Verbindungen durch Firewalls zu tunneln, die den Zugriff normalerweise verbieten würden. Das X-Forwarding ist ein Sonderfall des Port-Forwarding für X-Window-Verbindungen, die SSH zusätzlich unterstützt. Das macht die Absicherung von X-Verbindungen mit SSH einfach, und das ist auch gut so, weil X zwar weit verbreitet und nützlich, gleichzeitig aber furchtbar unsicher ist. Die Zugriffskontrolle für weitergeleitete Ports ist normalerweise etwas grob, eine feinere Kontrolle ist aber mit TCP-wrappers möglich.

10

Ein empfohlenes Setup

Wir haben gerade eine Menge Kapitel zur SSH-Konfiguration behandelt: Schwirrt Ihnen noch der Kopf? Bei so vielen Möglichkeiten fragen Sie sich vielleicht, welche Optionen Sie denn nun nutzen sollen. Wie können Systemadministratoren ihre Systeme mit SSH am effektivsten absichern?

Richtig eingerichtet arbeitet SSH gut und unsichtbar, allerdings verlangt ein gutes Setup manchmal mehrere Versuche. Zusätzlich gibt es einige Möglichkeiten, die Software schlichtweg falsch einzurichten. Wenn Sie nicht vorsichtig sind, öffnen Sie Sicherheitslöcher in Ihr System.

In diesem Kapitel stellen wir Ihnen einen empfohlenen Satz von Optionen für die Kompilierung, die Server-Konfiguration, das Key-Management und die Client-Konfiguration vor. Wir gehen davon aus, daß

- Sie SSH auf einer Unix-Maschine betreiben.
- Sie ein sicheres System wünschen, manchmal auch auf Kosten der Flexibilität. Beispielsweise empfehlen wir Ihnen nicht, Ihre *.rhosts*-Dateien sorgfältig zu pflegen, sondern empfehlen vielmehr, die Rhosts-Authentifizierung vollständig zu deaktivieren.

Natürlich deckt eine einzelne Konfiguration nicht alle Möglichkeiten ab. Schließlich ist das ja der eigentliche Punkt der Konfiguration. Wir stellen Ihnen nur ein Beispiel-Setup vor, das sich eher auf der sicheren Seite bewegt, um Ihnen einen Ausgangspunkt zu liefern und einige der Aspekte zu nennen, die Sie berücksichtigen sollten.

10.1 Grundlegendes

Bevor Sie mit der Konfiguration beginnen, sollten Sie sicherstellen, daß Sie mit einer aktuellen SSH-Version arbeiten. Einige ältere Versionen besitzen bekannte Sicherheitslöcher, die einfach ausgenutzt werden können. Verwenden Sie immer die neueste stabile Version und führen Sie Updates oder Patches in angemessenen Abständen durch. (Das gleiche gilt auch für jede andere Sicherheits-Software.)

Schützen Sie immer die wichtigen SSH-relevanten Dateien und Verzeichnisse. Der Host-Schlüssel des Servers sollte nur für root lesbar sein. Jedes benutzereigene Home-Verzeichnis, SSH-Konfigurationsverzeichnis und die *.rhosts*- und *.shosts*-Dateien sollten dem entsprechenden Benutzer gehören und vor allen anderen geschützt sein.

Denken Sie auch immer daran, daß SSH Sie nicht vor allen Angriffen schützt und auch nicht schützen kann. Es kann Ihre Netzwerkverbindungen absichern, aber nichts gegen andere Angriffe wie Dictionary-Attacken gegen Ihre Paßwort-Datenbank unternehmen. SSH sollte ein wichtiger Teil, aber nicht der einzige Teil einer robusten Sicherheits-Policy sein. [3.11]

10.2 Kompilierungs-Konfiguration

In Kapitel 4 haben wir viele Flags vorgestellt, die bei der Kompilierung von SSH-Distributionen verwendet werden können. Verschiedene Flags müssen sorgfältig gesetzt werden, um Ihre Maschine maximal zu schützen:

`--with-etcdir=...`   *(SSH1, SSH2)*

    Stellen Sie sicher, daß Ihr *etc*-Verzeichnis auf einer lokalen Platte und nicht auf einer NFS-Partition liegt. Liest der SSH-Server eine Datei via NFS, wird der Inhalt über das Netzwerk im Klartext übertragen und verletzt so die Sicherheit. Das gilt insbesondere für den Host-Schlüssel, der unverschlüsselt in diesem Verzeichnis vorgehalten wird.

`--prefix=...`   *(SSH1, SSH2, OpenSSH)*

    Ebenso sollten Ihre SSH-Executables auf einer lokalen Platte installiert sein, da sie beim Laden über NFS dem Spoofing ausgesetzt sind.

`--disable-suid-ssh`   *(SSH1)*

`--disable-suid-ssh-signer`   *(SSH2)*

    Die von uns empfohlene Konfiguration deaktiviert die Trusted-Host-Authentifizierung, so daß für *ssh1* und *ssh-signer2* keine setuid-Rechte vergeben werden müssen.

`--without-none`   *(SSH1)*

    Sie sollten den »none«-Cipher deaktivieren, der unverschlüsselte Übertragungen erlaubt. Ein Eindringling, der einen Benutzer-Account nur 10 Sekunden lang benutzen kann, ist in der Lage, »Ciphers None« in die Client-Konfigurationsdatei einzutragen, und deaktiviert damit heimlich, still und leise die Verschlüsselung der Benutzer-Clients. Wenn Sie den none-Cipher zu Testzwecken benötigen, generieren Sie einen separaten Server mit `--with-none` und stellen Sie sicher, daß es nur vom Systemadministrator ausgeführt werden kann.

`--without-rsh`   *(SSH1, OpenSSH)*

Wir halten es für keine gute Idee, wenn *ssh* zu *rsh* zurückspringt. Sie können diese Beschränkung während der Kompilierung mit `--without-rsh` oder zur Laufzeit in der serverweiten Konfigurationsdatei erzwingen. Die Wahl bleibt Ihnen überlassen.

`--with-libwrap`   *(SSH1, SSH2)*

`--with-tcp-wrappers`   *(OpenSSH)*

libwrap bietet eine genauere Kontrolle darüber, welche Client-Maschinen die Verbindung zum Server herstellen dürfen. Sie gestaltet das Port- und X-Forwarding auch etwas flexibler, weil lokale Forwardings anderenfalls nur dem lokalen Host zur Verfügung stehen, während andere Forwardings beliebigen anderen Rechnern verfügbar sind. Mit `GatewayPorts` (oder *ssh -g*) und *libwrap* können Sie den Forwarding-Zugriff auf bestimmte Hosts beschränken. [9.2.1.1]

10.3 Serverweite Konfiguration

Kapitel 5 beschrieb *sshd* im Detail und wie man dessen Laufzeitverhalten konfiguriert. Wir wollen nun die Konfigurationsoptionen bestimmen, die für die Sicherheit von größter Bedeutung sind.

10.3.1 Andere Zugriffsmöglichkeiten deaktivieren

SSH kann ein sicheres Eingangstor zu Ihrem System bilden, Sie dürfen aber nicht vergessen, alle Hintertürchen zu schließen. Wenn Ihr System den Zugriff über die berüchtigten r-Befehle erlaubt, müssen Sie diese Möglichkeit unterbinden. Das bedeutet:

- Löschen Sie die Datei */etc/hosts.equiv* oder machen Sie aus ihr eine leere Datei, die nur gelesen werden kann.

- Deaktivieren Sie *rshd, rlogind* und *rexecd*, indem Sie die entsprechenden Zeilen in */etc/inetd.conf* löschen oder auskommentieren:

  ```
  # Deaktiviert -- nicht verwenden!
  #shell   stream tcp  nowait root /usr/sbin/in.rshd   in.rshd
  ```
  Stellen Sie sicher, daß *inetd* danach neu gestartet wird, damit die Änderungen auch übernommen werden (z.B. *skill –HUP inetd*).

- Bringen Sie den Benutzern bei, keine *.rhosts*-Dateien anzulegen.

Sie können auch darüber nachdenken, *telnetd* und andere unsichere Möglichkeiten des Logins zu deaktivieren und nur noch SSH zu erlauben.

10.3.2 /etc/sshd_config

Wir wollen nun die von uns empfohlenen *sshd_config*-Einstellungen diskutieren. Wir haben einige Schlüsselwörter ausgelassen, die nicht direkt etwas mit der Sicherheit zu tun haben, beispielsweise `PrintMotd`, das nach dem Login einfach eine Meldung ausgibt. Bei den anderen Schlüsselwörtern sollten Sie Ihr Urteil entsprechend Ihrem System und Ihren Bedürfnissen fällen.

Die folgenden Dateien können irgendwo auf der lokane Platte des Rechners liegen. Aus Sicherheitsgründen sollten sie nicht auf einer NFS-Partition liegen. Ist das der Fall, wird der Inhalt dieser Dateien jedesmal im Klartext über das Netzwerk übertragen, wenn der SSH-Server auf sie zugreift.

```
HostKey /etc/ssh_host_key
PidFile /etc/sshd.pid
RandomSeed /etc/ssh_random_seed
```

Die folgenden Einstellungen kontrollieren die Zugriffsrechte auf die Dateien und Verzeichnisse. Der `StrictModes`-Wert verlangt von den Benutzern den Schutz Ihrer SSH-bezogenen Dateien und Verzeichnisse, weil anderenfalls eine Authentifizierung nicht möglich ist. Der `Umask`-Wert sorgt bei allen durch *sshd1* erzeugten Dateien und Verzeichnissen dafür, daß sie nur von deren Besitzer gelesen werden können (d.h. von der UID, unter der *sshd* läuft).

```
StrictModes yes
Umask 0077
```

Der folgende Code repräsentiert die TCP-Einstellungen des Servers. Die Werte für `Port` und `ListenAddress` sind Standard. Wir legen ein Idle-Timeout fest, um die Möglichkeit zu reduzieren, daß ein unbeaufsichtigtes Terminal von einem Eindringling mißbraucht werden kann. Fünfzehn Minuten sind kurz genug, um nützlich zu sein, gleichzeitig aber auch lang genug, um dem Benutzer nicht lästig zu werden (auch wenn das natürlich auf Nutzungsmustern basiert). Sie können sich natürlich Ihr eigenes Urteil bilden und einen anderen Wert einstellen, denken Sie aber über die Konsequenzen nach. Wir haben auch Keepalive-Meldungen aktiviert, damit abgestürzte oder auf andere Weise unerreichbar gewordene Client-Verbindungen automatisch beendet werden und vom Sysadmin nicht von Hand eingesammelt werden müssen.

```
Port 22
ListenAddress 0.0.0.0
IdleTimeout 15m
KeepAlive yes
```

Logins geben wir 30 Sekunden für die erfolgreiche Authentifizierung, was für Benutzer und automatisierte Prozesse ausreichend lang sein sollte:

```
LoginGraceTime 30
```

Die folgenden Einstellungen kontrollieren die Generierung des Server-Schlüssels. Wir empfehlen für den Server-Schlüssel eine Mindestlänge von 768 Bit sowie die Regenerierung des Schlüssels zumindest einmal pro Stunde (3600 Sekunden).

```
ServerKeyBits 768
KeyRegenerationInterval 3600
```

Die folgenden Einstellungen kontrollieren die Authentifizierung, und wir erlauben nur die Public-Key-Authentifizierung. Die Paßwort-Authentifizierung ist deaktiviert, weil Paßwörter gestohlen und wesentlich einfacher verwendet werden können als öffentliche Schlüssel. Das ist eine recht harte Einschränkung, die Sie je nach Ihren Bedürfnissen auch aufheben können. Ohne die Paßwort-Authentifizierung stehen Sie aber vor dem »Huhn oder Ei«-Problem: Wie übergeben Benutzer ihre öffentlichen Schlüssel beim ersten Mal sicher? Als Systemadministrator können Sie einen Prozeß für diesen Transfer einführen. Benutzer könnten zum Beispiel Schlüssel auf einer Client-Maschine erzeugen und Sie dann auffordern, diese auf der Server-Maschine zu installieren. Die Rhosts-Authentifizierung ist deaktiviert, weil sie für Spoofing-Angriffe anfällig ist. Die Rhosts-RSA-Authentifizierung ist ebenfalls deaktiviert, weil sie insgesamt nur eine mittelmäßig sichere Methode ist und wir bei dieser Konfiguration auf höhere Sicherheit Wert legen.

```
PasswordAuthentication no
RhostsAuthentication no
RhostsRSAAuthentication no
RSAAuthentication yes
```

Obwohl wir die Trusted-Host-Authentifizierung bereits deaktiviert haben, verbieten wir es *sshd*, überhaupt mit *.rhosts*-Dateien zu arbeiten (nur für den Fall, daß Sie die Trusted-Host-Authentifizierung wieder aktivieren):

```
IgnoreRhosts yes
IgnoreRootRhosts yes
```

UseLogin ist deaktiviert, um die unwahrscheinliche, aber auch ungewollte Verwendung eines alternativen Login-Programms zu unterbinden. (Das ist nicht besonders nützlich, weil ein Eindringling, der ein alternatives Login-Programm installieren kann, wohl auch in der Lage ist, diese Zeile der *sshd_config* zu ändern.)

```
UseLogin no
```

Die folgenden Einstellungen schränken den Zugriff auf den Server ein und erlauben SSH-Verbindungen nur innerhalb der lokalen Domain[1] (ausgenommen ist dabei der Account fred, der Verbindungen von überall empfangen darf). Wenn Sie den Zugriff für bestimmte lokale Accounts oder Unix-Gruppen beschränken wollen, müssen Sie entsprechende AllowUsers- und AllowGroups-Zeilen (bzw. DenyUsers und DenyGroups) hinzufügen. Wir haben auch SilentDeny gesetzt, so daß Ablehnungen durch DenyHosts keine Meldungen für den Benutzer erzeugen. Wir wollen einem Eindringling nicht auch noch Hinweise darauf geben, was eigentlich passiert, auch wenn das die Fehlersuche etwas erschwert.

```
AllowHosts fred@* *.your.domain.com        Nur ein Beispiel
SilentDeny yes
```

---

1 Die Zuverlässigkeit dieser Beschränkung hängt von der Integrität des DNS ab. Aufgrund der Implementierung von AllowHosts ist die Beschränkung durch IP-Adressen auch nicht sicherer. [5.5.2.1]

Wir erlauben dem Superuser den Zugang über SSH, aber nicht über die Paßwort-Authentifizierung. Das entspricht der Deaktivierung von `PasswordAuthentication`.

```
PermitRootLogin nopwd
```

Für das Logging von Fehlermeldungen deaktivieren wir `FascistLogging`, weil es benutzerspezifische Informationen (etwa Datum und Uhrzeit des Logins jedes Benutzers) in den Log schreibt. Diese Information kann für einen Eindringling nützlich sein. Gleichzeitig deaktivieren wir den `QuietMode`, um etwas detailliertere (aber weniger empfindliche) Log-Meldungen zu erhalten.

```
FascistLogging no
QuietMode no
```

Wir erlauben TCP-Port-Forwarding und X-Forwarding, damit die Benutzer andere TCP-Verbindungen absichern können:

```
AllowTcpForwarding yes
X11Forwarding yes
```

10.3.3   /etc/ssh2/sshd2_config

Wir kommen nun zu unseren empfohlenen *sshd2_config*-Einstellungen. Auch hier haben wir einige Schlüsselwörter weggelassen, die nicht direkt sicherheitsbezogen sind.

Wie vorhin bereits erwähnt, sollten Sie sicherstellen, daß alle SSH-bezogenen Dateien auf lokalen Platten liegen und nicht auf entfernten Partitionen, die über mount angekoppelt wurden:

```
HostKeyFile /etc/ssh2/hostkey
PublicHostKeyFile /etc/ssh2/hostkey.pub
RandomSeedFile /etc/ssh2/random_seed
```

Für die folgenden Einstellungen sollten Sie die Vor- und Nachteile abwägen, die durch die Speicherung von Benutzerdateien auf NFS-Dateisystemen entstehen:[10.7]

```
UserConfigDirectory
IdentityFile
AuthorizationFile
```

Bei der folgenden Einstellung beachten Sie bitte unsere Diskussion zu SSH1:

```
StrictModes yes
```

Für die ersten drei Einstellungen verwenden wir die gleiche Argumentation wie für SSH1. `RequireReverseMapping` ist allerdings etwas komplizierter. Sie könnten glauben, daß die Sicherheit durch ein DNS Reverse Mapping eingehender Verbindungen erhöht wird, tatsächlich ist DNS aber nicht sicher genug, um korrekte Lookups garantieren zu können. Aufgrund anderer Aspekte Ihrer Unix- und Netzwerkumgebung muß das DNS Reverse Mapping nicht einmal korrekt funktionieren. [5.4.3.7]

```
Port 22
ListenAddress 0.0.0.0
KeepAlive yes
RequireReverseMapping no
```

Auch diese Einstellung wird durch unsere Diskussion zu SSH1 verständlich:

```
LoginGraceTime 30
```

Weil *sshd2* über kein Konfigurations-Schlüsselwort für die Anzahl von Bits im Server-Schlüssel verfügt, sollten Sie es zusätzlich mit der Option *–b* ausführen:

```
$ sshd2 -b 1024 ...
```

Diese Einstellungen spiegeln die für SSH1 wider:

```
AllowedAuthentications publickey
RequiredAuthentications publickey
```

Sie deaktivieren UserKnownHosts, um zu verhindern, daß Benutzer ihr Vertrauen auf unbekannte Hosts ausdehnen und diese in der Trusted-Host-Authentifizierung berücksichtigen. Der Superuser kann vertrauenswürdige Hosts aber immer noch in */etc/ssh2/knownhosts* eintragen:

```
IgnoreRhosts yes
UserKnownHosts no
```

Die folgende Einstellung macht die Diskussion zu SSH1 deutlich:

```
PermitRootLogin nopwd
```

Verwenden Sie die folgenden Einstellungen entsprechend Ihren Anforderungen. Bemerkenswert ist an beiden die Tatsache, daß beide den none-Cipher ausschließen, der (wie unter --without-none diskutiert) ein Sicherheitsrisiko darstellen kann.

```
Ciphers anycipher
Ciphers anystdcipher
```

Die folgenden Einstellungen erzeugen genügend Logging-Informationen, um nützlich zu sein.

```
QuietMode no
VerboseMode yes
```

Weil SSH-2 ein sichereres Protokoll ist, haben wir den SSH-1-Kompatibilitätsmodus deaktivert. Allerdings ist das aus praktischen Gründen nicht immer möglich. Wenn Sie ihn aktivieren, müssen Sie in Sshd1Path den Pfad auf Ihr SSH1-Executeable angeben.

```
Ssh1Compatibility no
#Sshd1Path /usr/local/bin/sshd1    # Auskommentiert
```

10.4 Account-bezogene Konfiguration

Benutzer sollten angewiesen werden, keine *.rhosts*-Dateien anzulegen. Ist die Trusted-Host-Authentifizierung auf dem lokalen SSH-Server aktiv, sollten Sie die Benutzer anweisen, *.shosts*-Dateien anstelle von *.rhosts* zu verwenden.

Bei SSH1 und OpenSSH sollte jeder Schlüssel in ~/*.ssh/authorized_keys* durch passende Optionen beschränkt werden. Verwenden Sie zuerst (wenn möglich) die `from`-Option, um den Zugriff auf bestimmte Schlüssel durch bestimmte Hosts zu beschränken. Nehmen wir zum Beispiel an, Ihre *authorized_keys*-Datei enthält einen öffentlichen Schlüssel für Ihren Home-PC *myhome.isp.net*. Keine andere Maschine wird diesen Schlüssel jemals zur Authentifizierung verwenden, weshalb Sie diese Beziehung explizit angeben sollten:

```
from="myhome.isp.net" ...Schlüssel...
```

Gleichzeitig sollten Sie für passende Schlüssel entsprechende Leerlauf-Timeouts festlegen:

```
from="myhome.isp.net",idle-timeout=5m ...Schlüssel...
```

Zum Schluß sollten Sie für jeden Schlüssel überlegen, ob Port-Forwarding, Agent-Forwarding und TTY-Allozierung für eingehende Verbindungen jemals notwendig sein werden. Wenn nicht, deaktivieren Sie diese Features mit `no-port-forwarding`, `no-agent-forwarding` bzw. `no-pty`:

```
from="myhome.isp.net",idle-timeout=5m,no-agent-forwarding ...Schlüssel...
```

10.5 Key-Management

Wir empfehlen die Erzeugung von Benutzerschlüsseln mit einer Länge von mindestens 1024 Bit. Schützen Sie die Schlüssel mit einer guten Paßphrase. Machen Sie diese relativ lang und mischen Sie Groß- und Kleinbuchstaben, Ziffern und symbolische Zeichen. Verwenden Sie keine Wörter, die man in Wörterbüchern findet.

Leere Paßphrasen sollten vermieden werden, es sei denn, sie sind (wie im Falle automatischer Batch-Skripten) nicht zu vermeiden. [11.1.2.2]

10.6 Client-Konfiguration

Ein Großteil der Sicherheit von SSH obliegt dem Server, aber auch SSH-Clients besitzen sicherheitsrelevante Einstellungen. Hier einige Tips:

* Wenn Sie den Computer verlassen, während SSH-Clients laufen, sollten Sie den Zugang zum Display mittels Paßwort schützen. Das ist ganz besonders wichtig, wenn Sie einen Agenten betreiben, der es einem Eindringling ermöglicht, Ihre entfernten Accounts ohne Paßphrase zu nutzen.

- In Ihrer Client-Konfigurationsdatei sollten Sie einige Sicherheits-Features als obligatorische Werte einstellen:

```
# SSH1, OpenSSH
# An den Anfang der Konfigurationsdatei stellen
Host *
  FallBackToRsh no
  UseRsh no
  GatewayPorts no
  StrictHostKeyChecking ask

# Nur SSH2
# An das Ende der Konfigurationsdatei stellen
*:
  GatewayPorts no
  StrictHostKeyChecking ask
```

`FallBackToRsh` und `UseRsh` verhindern, daß die unsicheren r-Befehle ohne Ihr Wissen von SSH aufgerufen werden. (Diese sind bei SSH2 nicht vorhanden.) Der `GatewayPorts`-Wert verbietet entfernten Clients die Verbindung zu lokal weitergeleiteten Ports. Abschließend warnt Sie der `StrictHostKeyChecking`-Wert über alle geänderten Host-Schlüssel und fragt Sie, was zu tun ist, statt einfach blindlings die Verbindung herzustellen.

10.7 Entfernte Home-Verzeichnisse (NFS, AFS)

Wir haben NFS schon wiederholt als mögliches Sicherheitsrisiko für SSH-Installationen erwähnt. Diesem Thema wollen wir uns nun etwas detaillierter zuwenden.

In der heutigen vernetzten Welt ist es üblich, daß Ihr Home-Verzeichnis über ein netzwerkfähiges Filesharing-Protokoll (wie SMB für Windows oder NFS und AFS für Unix) zwischen mehreren Maschinen geteilt wird. Das ist zwar bequem, wirkt sich auf SSH aber sowohl technisch als auch unter Sicherheitsgesichtspunkten aus.

SSH untersucht Dateien im Home-Verzeichnis des Ziel-Accounts, um kritische Entscheidungen zur Authentifizierung und Autorisierung zu treffen. Bei jeder Authentifizierungsform außer der Paßwort-Authentifizierung ermöglichen die verschiedenen Steuerdateien Ihres Home-Verzeichnisses (*authorized_keys, .shosts, .k5login* etc.) den Zugriff auf Ihren Account. Zwei Dinge sind daher wichtig:

- Ihr Home-Verzeichnis muß vor Veränderungen geschützt werden.
- SSH muß auf Ihr Home-Verzeichnis zugreifen können.

10.7.1 Sicherheitsrisiken bei NFS

Die Sicherheit gemeinsam genutzter Home-Verzeichnisse ist meist nicht sehr hoch. Zwar gibt es Versionen und Implementierungen des NFS-Protokolls, die ein höheres Maß an Sicherheit bieten, der Großteil der Installationen ist aber unsicher. Häufig wird keine sichere Form der Authentifizierung verwendet, sondern das gleiche Schema wie bei *rsh* genutzt: Die Quell-IP-Adresse und das DNS identifizieren Clients, und ein privilegierter Port dient als Beweis der Vertrauenswürdigkeit. Der in den NFS-Requests codierten UID wird dann einfach vertraut und der Zugang unter diesem Benutzer gewährt. Der Zugang zu einem Home-Verzeichnis kann also ganz einfach sein:

1. Ermitteln Sie die UID und legen Sie einen Account mit dieser UID auf einem unter Unix laufenden Laptop an.

2. Verbinden Sie die Maschine mit dem Netzwerk und verwenden Sie dazu die IP-Adresse eines vertrauenswürdigen Hosts.

3. Führen Sie einen *mount*-Befehl aus, wechseln Sie mit *su* in den Account mit der fraglichen UID und beginnen Sie damit, die Dateien durchzugehen.

An diesem Punkt kann ein Eindringling auf einfache Weise einen weiteren öffentlichen Schlüssel in *authorized_keys* aufnehmen, und der Account steht sehr weit offen. Die Moral lautet also, daß Sie beim Design eines Systems daran denken müssen, daß die Sicherheit von SSH nicht höher sein kann als die involvierten Home-Verzeichnisse. Ihnen muß zumindest das Für und Wider bewußt sein, das Sicherheit und Bequemlichkeit hier darstellen. Wenn Sie ein unsicheres NFS verwenden und diese Schwächen vermeiden wollen, können Sie folgendes tun:

- Verwenden Sie SSH2, das die Option `UserConfigDirectory` besitzt, mit der die benutzereigenen SSH-Konfigurationsdateien (die normalweise in *~/.ssh2* liegen) an einem anderen Ort (etwa */var/ssh/<benutzername>*) untergebracht werden können. Sie können die Zugriffsrechte immer noch so einstellen, daß die Besitzer sie kontrollieren können, aber sie werden nicht mehr über NFS übertragen und sind daher nicht mehr so angreifbar. Sie können das gleiche auch mit SSH1 oder OpenSSH machen, aber weil beide diese Konfigurationsoption nicht besitzen, müssen Sie hier den Quellcode ändern.

- Deaktivieren Sie die hostbasierte Authentifizierung, weil die Steuerdatei *~/.shosts* angreifbar ist und ihre Lage nicht verändert werden kann. Wenn Sie die hostbasierte Authentifizierung doch verwenden wollen, sollten Sie die Option `Ignore-Rhosts` setzen. Diese Option sorgt dafür, daß *sshd* die Datei *~/.shosts* ignoriert und sich allein auf die systemweite */etc/shosts.equiv* verläßt.

- Wenn Sie richtig paranoid sind, deaktivieren Sie das Swapping Ihrer Unix-Maschine. Anderenfalls werden sensible Daten wie Server-, Host- und Benutzer-Schlüssel sowie Paßwörter als Teil des normalen Betriebs des virtuellen Speichersystems von Unix auf die Festplatte geschrieben (falls der laufende *sshd* auf die Platte ausgelagert werden sollte). Jemand mit root-Rechten (und sehr viel Wissen und Glück) könnte sich die Swap-Partition ansehen und die darin enthaltenen Informationen herausfiltern – auch wenn das ein schwieriges Unterfangen ist. Eine andere Möglichkeit besteht darin, ein Betriebssystem wie OpenBSD zu verwenden, das auf Platte auszulagernde Seiten verschlüsselt.

10.7.2 Zugriffsprobleme bei NFS

Ein weiteres Problem, das bei SSH und NFS auftreten kann, ist das der Zugriffsrechte. Bei den Public-Key- und Trusted-Host-Methoden muß *sshd* (wenn die benutzerbezogenen Steuerdateien an den üblichen Orten liegen) das Home-Verzeichnis des Ziel-Accounts lesen, um die Authentifizierung vornehmen zu können. Liegt dieses Verzeichnis auf der gleichen Maschine wie *sshd*, ist das auch kein Problem. *sshd* wird als root ausgeführt und hat daher Zugriff auf alle Dateien. Ist das Verzeichnis aber über NFS angebunden, besitzt *sshd* möglicherweise keinen Zugriff auf dieses Verzeichnis. NFS ist üblicherweise so konfiguriert, daß die dem root-Account zugeordneten besonderen Zugriffsrechte sich nicht auf entfernte Dateisysteme erstrecken.

Nun ist das keine ernsthafte Beschränkung. Weil eines der root-Privilegien darin besteht, Prozesse unter jeder UID erzeugen zu können, kann root einfach zum richtigen Benutzer »werden« und auf das entfernte Verzeichnis zugreifen. SSH1 und SSH2 verwenden diesen Mechanismus, OpenSSH besitzt ihn momentan aber nicht. [3.6]

Sie können dieses Problem umgehen, müssen zu diesem Zweck aber Ihre *authorized_keys*-Datei für jedermann lesbar machen. Die einzige Möglichkeit, sie durch root lesen zu lassen, besteht darin, sie für jeden lesbar zu machen. Das ist kein allzu großer Widerspruch. Die *authorized_keys*-Datei enthält keine Geheimnisse, auch wenn Sie nicht jeden wissen lassen wollen, welchen Schlüsseln der Zugriff auf Ihren Account erlaubt ist. (Schließlich wollen Sie keinen Hinweis darauf geben, welche Schlüssel es zu stehlen gilt.) Um diesen Zugriff zu gestatten, müssen Ihr Home-Verzeichnis und ~/.ssh von jedermann durchsucht werden können (d.h., die Zugriffsrechte müssen zumindest 711 lauten). Das erlaubt es anderen Benutzern zwar nicht, den Inhalt zu stehlen, macht es ihnen aber möglich, Annahmen über Dateinamen zu treffen und diese zu überprüfen. Das bedeutet auch, daß Sie mit den Zugriffsrechten auf Ihre Dateien sorgfältig umgehen müssen, weil die Rechte auf das Verzeichnis den Zugriff durch andere nicht einschränken.

Das alles kann völlig unakzeptabel oder gar kein Problem sein. Es hängt alles von Ihrer Einstellung bezüglich Ihrer Dateien und den anderen Benutzern der Maschinen ab, von denen aus Ihr Home-Verzeichnis zugänglich ist.

10.7.3 Zugriffsprobleme bei AFS

Das Andrew File System, kurz AFS, ist ein von der Aufgabe her dem NFS ähnliches Filesharing-Protokoll, das aber auf einem wesentlich höheren Niveau angesiedelt ist. Es verwendet Kerberos-4 zur Benutzer-Authentifizierung und ist generell sicherer als NFS. Das vorhin diskutierte Zugriffsproblem gilt auch für AFS, ist aber schwieriger zu lösen, und der Gewinner lautet diesmal OpenSSH.

Weil AFS mit Kerberos arbeitet, wird der Zugriff auf entfernte Dateien durch den Besitz eines entsprechenden Kerberos-Tickets geregelt. UID-Wechsel-Spielchen kann root nicht spielen, *sshd* muß einfach ein entsprechend gültiges AFS-Ticket besitzen, um auf Ihr Home-Verzeichnis zugreifen zu können. Wenn Sie in die Maschine eingeloggt sind, können Sie natürlich Kerberos- und AFS-Befehle verwenden, um ein solches Ticket zu erhalten. Allerdings benötigt *sshd* es, bevor Sie eingeloggt sind, was uns ein wenig in Verlegenheit bringt.

Nun ist dieser Transfer von Credentials von Rechner zu Rechner keine Eigenart von SSH, und es gibt eine entsprechende Lösung: Ticket-Forwarding. Es verlangt besondere Unterstützung, weil es nicht ausreicht, das Ticket einfach zum entfernten Host zu kopieren. Tickets werden immer nur für bestimmte Hosts ausgegeben. Das Ticket-Forwarding ist generell kein Feature von Kerberos-4 (bei Kerberos-5 hingegen schon), AFS implementiert es aber speziell für Kerberos-4-TGTs und AFS-Access-Tokens, und OpenSSH führt dieses Forwarding automatisch aus. Um dieses Feature nutzen zu können, müssen Sie den SSH-Client und den SSH-Server mit `--with-kerberos` und `--with-afs` kompilieren und auf beiden Seiten `AFSTokenPassing` aktivieren (was standardmäßig der Fall ist). Wenn Sie nun beim Einloggen über SSH über Kerberos-4- und AFS-Credentials verfügen, werden diese automatisch an den SSH-Server übertragen, was *sshd* den Zugriff auf Ihr Home-Verzeichnis und damit die Public-Key- oder Trusted-Host-Authentifizierung erlaubt.

Wenn Sie nicht mit OpenSSH arbeiten, werden Sie in einer AFS-Umgebung mit SSH Schwierigkeiten haben. Entsprechende Patches für SSH1 sind über verschiedene Quellen im Internet verfügbar. Sie erweitern das System um die gleichen AFS-Forwarding-Features,[2] allerdings hatten wir keine Gelegenheit, sie zu testen.

10.8 Zusammenfassung

SSH1, SSH2 und OpenSSH sind komplex und besitzen viele Optionen. Es ist sehr wichtig, daß Sie alle Optionen verstehen, wenn Sie SSH-Server und -Clients installieren, damit deren Verhalten Ihren lokalen Sicherheitsregeln entspricht.

Wir haben Ihnen Optionen vorgestellt, die wir für eine hochgradig sichere Einstellung empfehlen. Ihre Anforderungen können davon natürlich abweichen. Zum Beispiel könnten Sie die Flexiblität anderer Authentifizierungsmethoden schätzen, die wir in unserer Konfiguration verboten haben.

---

2 Zum Beispiel Dug Songs *ssh-afs*-Patch; siehe *http://www.monkey.org/~dugsong/ssh-afs*.

11

Fallstudien

In diesem Kapitel widmen wir uns einigen fortgeschrittenen Themen ausführlich: komplexes Port-Forwarding, Integration von SSH mit anderen Anwendungen und mehr. Einige interessante Features von SSH treten erst zutage, wenn man sie genauer untersucht. Wir hoffen daher, daß Sie aus diesen Fallstudien viel für sich herausziehen können. Krempeln Sie die Ärmel hoch und tauchen Sie ein. Viel Spaß.

11.1 *Automatisches SSH: Batch- oder cron-Jobs*

SSH ist nicht nur ein großartiges interaktives Werkzeug, sondern auch ein hervorragendes Mittel zur Automatisierung. Batch-Skripten, *cron*-Jobs und andere automatisierte Aufgaben können von der durch SSH bereitgestellten Sicherheit profitieren, allerdings nur, wenn sie sauber implementiert sind. Die größte Herausforderung ist die Authentifizierung: Wie kann ein Client seine Identität beweisen, wenn keiner in der Nähe ist, um ein Paßwort oder ein Paßphrase einzugeben? (Von nun an verwenden wir »Paßwort« für beides.) Sie müssen sorgfältig eine Authentifizierungsmethode wählen und diese dann ebenso sorgfältig zum Laufen bringen. Sobald die Infrastruktur steht, müssen Sie *ssh* so aufrufen, daß keine Abfrage des Benutzers erfolgt. In dieser Fallstudie diskutieren wir das Für und Wider verschiedener Authentifizierungsmethoden für den unbeaufsichtigten Betrieb eines SSH-Clients.

Beachten Sie, daß jede Art der unbeaufsichtigten Authentifizierung ein Sicherheitsproblem darstellt und einen Kompromiß verlangt. SSH bildet da keine Ausnahme. Ohne einen Menschen, der verfügbar ist, um bei Bedarf bestimmte Eingaben zu machen (Paßwort eingeben, Fingerabdruck bereitstellen etc.), müssen die benötigten Daten irgendwo auf dem Hostsystem dauerhaft festgehalten werden. Gelingt einem Angreifer der Zugang zu dem System, kann er diese Daten nutzen und im Namen des Programms auf alles zugreifen, was auch dem Programm zur Verfügung steht. Die Wahl einer Technik ist eine Frage des Verständnisses der Vor- und Nachteile aller verfügbaren Methoden und der entsprechenden »Wahl der Waffen«. Wenn Sie mit dieser Tatsache nicht leben können, sollten Sie keine hohe Sicherheit bei unbeaufsichtigten entfernten Jobs erwarten.

11.1.1 Paßwort-Authentifizierung

Regel 1: Vergessen Sie die Paßwort-Authentifizierung, wenn Sie an der Sicherheit Ihrer Batchjobs interessiert sind. Um die Paßwort-Authentifizierung nutzen zu können, müssen Sie das Paßwort in das Batch-Skript einbinden oder in einer vom Skript zu lesenden Datei ablegen, etc. Wir empfehlen diese Technik nicht; die nachfolgend beschriebene Public-Key-Methode ist wesentlich sicherer.

11.1.2 Public-Key-Authentifizierung

Bei der Public-Key-Authentifizierung bildet ein öffentlicher Schlüssel die benötigten Daten. Ein Batch-Job benötigt daher Zugriff auf den Schlüssel, der an einer Stelle abgelegt werden muß, an der der Job darauf zugreifen kann. Sie haben bei der Lage des Schlüssels die Wahl zwischen drei Möglichkeiten, die wir separat diskutieren wollen:

- Speicherung des verschlüsselten Schlüssels und dessen Paßphrase im Dateisystem.

- Speicherung eines privaten Schlüssels im Dateisystem im Klartext (unverschlüsselt), so daß keine Paßphrase notwendig ist.

- Speicherung des Schlüssels in einem Agenten, der Ihre Geheimnisse aus dem Dateisystem heraushält, aber jemanden verlangt, der den Schlüssel beim Hochfahren des Systems entschlüsselt.

11.1.2.1 Speicherung der Paßphrase im Dateisystem

Bei dieser Technik speichern Sie den verschlüsselten Schlüssel und dessen Paßphrase im Dateisystem ab, so daß ein Skript darauf zugreifen kann. Wir empfehlen diese Methode nicht, weil Sie einen unverschlüsselten Schlüssel mit dem gleichen Maß an Sicherheit (und deutlich weniger Problemen) im Dateisystem ablegen können. In beiden Fällen hängen Sie vollständig vom Dateisystem ab, um den Schlüssel zu schützen. Diese Tatsache führt folgerichtig zur nächsten Technik.

11.1.2.2 Verwendung eines unverschlüsselten Schlüssels

Ein unverschlüsselter (Klartext-) Schlüssel benötigt keine Paßphrase. Um einen zu erzeugen, führen Sie *ssh-keygen* aus und drücken einfach die Return-Taste, wenn nach der Paßphrase gefragt wird. (Oder entfernen Sie die Paßphrase eines vorhandenen Schlüssels einfach mit *ssh-keygen −p*). Sie können den Dateinamen des Schlüssels dann in der *ssh*-Kommandozeile mit der Option *−i* übergeben oder in der Client-Konfigurationsdatei das Schlüsselwort `IdentityFile` verwenden. [7.4.2]

Üblicherweise sind Schlüssel im Klartext unerwünscht, weil das in etwa so ist, als würden Sie ein Paßwort einfach in einer Datei speichern. Bei interaktiven Logins sollten sie auf kein Fall verwendet werden, weil der SSH-Agent die gleichen Vorteile in wesentlich sichererer Form bietet. Für die Automatisierung ist ein Klartext-Schlüssel aber durchaus eine akzeptable Option, weil der Aspekt des Unbeaufsichtigten uns zwingt, uns auf irgendeine Form eines persistenten Zustands in der Maschine zu verlassen. Das Dateisystem ist eine Möglichkeit.

Wenn wir einmal annehmen, daß die Fälle mit Klartext-Schlüsseln, verschlüsseltem Schlüssel mit gespeicherter Paßphrase und gespeichertem Paßwort in gewissem Sinne alle gleich sind, gibt es immer noch drei Gründe, die für die Methode mit dem Klartext-Schlüssel sprechen:

- SSH bietet bei der Public-Key-Authentifizierung eine wesentlich bessere Kontrolle über die Verwendung eines Accounts auf Serverseite, als das mit Paßwörtern der Fall ist. Das ist bei der Einrichtung von Batch-Jobs ein durchaus kritischer Faktor, wie wir gleich noch sehen werden.

- Auch wenn alle anderen Dinge gleich wären, ist die Public-Key-Authentifizierung sicherer als die Paßwort-Authentifizierung, weil das eigentliche Geheimnis der Authentifizierung einem Server nicht preisgegeben wird.

- Es ist schwierig, SSH ein Paßwort durch ein anderes Programm zu übergeben. SSH wurde so entworfen, daß es Paßwörter nur von Benutzern annimmt, d.h., es liest die Eingaben nicht von der Standardeingabe, sondern öffnet direkt ein kontrollierendes Terminal, um mit dem Benutzer zu interagieren. Ist kein Terminal vorhanden, wird mit einem Fehler abgebrochen. Um das mit einem Programm zu bewerkstelligen, benötigen Sie ein Pseudo-Terminal, das mit SSH interagiert (z.B. mit Hilfe eines Tools wie Expect).

Klartext-Schlüssel sind trotzdem furchterregend. Um den Schlüssel zu stehlen, muß ein Angreifer den Schutz des Dateisystems nur einmal unterwandern, was nicht unbedingt ein großartiges Hacking verlangt: Das Stehlen eines einzelnen Sicherungsbandes reicht völlig aus. Aus diesem Grund empfehlen wir in den meisten Fällen die nächste Methode.

11.1.2.3 Nutzung eines Agenten

Der *ssh-agent* stellt eine weitere, weit weniger anfällige Methode der Speicherung von Schlüsseln für Batch-Jobs dar. Ein Mensch ruft den Agenten auf und lädt die benötigten Schlüssel einmal aus durch Paßphrasen geschützten Schlüsseldateien. Danach verwenden unbeaufsichtigt laufende Jobs diese lang laufenden Agenten zur Authentifizierung.

In diesem Fall liegen die Schlüssel immer noch im Klartext vor, befinden sich aber im Arbeitsspeicher des laufenden Agenten und nicht auf Platte. Für den potentiellen Cracker ist es wesentlich schwieriger, eine Datenstruktur aus dem Adreßraum eines laufenden Prozesses zu ermitteln, als sich unbefugten Zugang zu einer Datei zu verschaffen. Diese Lösung vermeidet gleichzeitig das Problem, daß ein Eindringling einfach mit einem Sicherungsband hinausspaziert, auf dem der Klartext-Schlüssel gespeichert ist.

Die Sicherheit kann aber immer noch angegriffen werden, indem man die Zugriffsrechte des Dateisystems überschreibt. Der Agent gewährt den Zugriff auf seine Dienste über einen Unix-Domain-Socket, der wie ein Knoten im Dateisystem erscheint. Jeder, der den Socket lesen und schreiben kann, kann den Agenten anweisen, Authentifizierungsanforderungen zu signieren, und kann Schlüssel auf diese Weise mißbrauchen. Dieses Problem ist aber nicht ganz so tragisch, weil der Angreifer durch den Agent-

Socket nicht direkt an die Schlüssel herankommt. Der Zugriff auf die Schlüssel wird nur so lange gewährt, wie der Agent läuft und die Sicherheitslücke aufrechterhalten werden kann.

Die Agentenmethode hat einen Nachteil: Das System kann nach einem Neustart nicht unbeaufsichtigt weitermachen. Sobald der Host neu gestartet wurde, besitzen die Batchjobs keine Schlüssel, bis jemand kommt, den Agenten neu startet und die zum Laden der Schlüssel benötigten Paßphrasen eingibt. Verglichen mit der höheren Sicherheit ist das nur ein kleiner Preis, und Sie besitzen doch einen Pager, richtig?

Eine weitere Komplikation mit der Agenten-Methode besteht darin, daß Sie die Batchjobs so einrichten müssen, daß sie den Agenten finden. SSH-Clients lokalisieren einen Agenten über eine Umgebungsvariable, die auf den Agent-Socket verweist, bei SSH1- und OpenSSH-Agenten beispielsweise SSH_AUTH_SOCK. [6.3.2.1] Wenn Sie den Agenten für Batchjobs starten, müssen Sie dessen Ausgabe festhalten, damit die Jobs sie finden können. Ist der Job beispielsweise ein Shellskript, können Sie die Werte der Umgebungsvariablen in einer Datei speichern:

```
$ ssh-agent | head -2 > ~/agent-info
$ cat ~/agent-info
setenv SSH_AUTH_SOCK /tmp/ssh-res/ssh-12327-agent;
setenv SSH_AGENT_PID 12328;
```

Sie können Schlüssel zum Agenten hinzufügen (hier in C-Shell-Syntax):

```
$ source ~/agent-info
$ ssh-add batch-key
Need passphrase for batch-key (batch job SSH key).
Enter passphrase: **************
```

und dann alle Skripten anweisen, die gleichen Werte für die Umgebungsvariablen zu verwenden:

```
#!/bin/csh
# agent-info-Datei mittels source verarbeiten, um Zugriff auf unseren ssh-agent
# zu erhalten.
set agent = ~/agent-info
if (-r $agent) then
  source $agent
else
  echo "Kann Agentendatei nicht finden/lesen. Abbruch."
  exit 1
endif
# Jetzt nutzen wir SSH ...
ssh -q -o BatchMode yes user@remote-server my-job-command
```

Sie müssen auch sicherstellen, daß die Batchjobs (und niemand sonst!) den Socket lesen und schreiben können. Wenn es nur eine UID gibt, die den Agenten nutzt, besteht die einfachste Lösung darin, den Agenten unter dieser UID auszuführen (als root z.B. mit *su <batch_account> ssh-agent ...*). Nutzen mehrere UIDs den Agenten, müssen Sie die Zugriffsrechte für den Socket und das es enthaltende Verzeichnis so korrigieren (üblicherweise durch entsprechende Gruppenrechte), daß diese UIDs darauf zugreifen können.

> Einige Betriebssysteme verhalten sich hinsichtlich der Zugriffsrechte von Unix-Domain-Sockets etwas seltsam. So ignorieren beispielsweise einige Solaris-Versionen sämtliche Modi des Sockets und erlauben allen Prozessen den vollständigen Zugriff. Um ein Socket in dieser Situation zu schützen, setzen Sie das es enthaltende Verzeichnis so ein, daß der Zugriff verboten wird. Weist das Verzeichnis zum Beispiel den Modus 700 auf, kann nur der Besitzer des Verzeichnisses auf den Socket zugreifen. (Vorausgesetzt, es gibt keinen anderen Weg zu diesem Socket, etwa einen harten Link.)

Die Nutzung eines Agenten zur Automatisierung ist komplizierter und restriktiver als die Verwendung eines Klartext-Schlüssels, ist aber auch resistenter gegen Angriffe und hinterläßt den Schlüssel nicht auf Platte oder Band, wo er gestohlen werden kann. Wenn man in Betracht zieht, daß der Agent über das Dateisystem immer noch mißbraucht werden kann und dazu vorgesehen ist, unendlich lang zu laufen, läßt sich über die Vorteile dieser Methode diskutieren. Dennoch empfehlen wir die Agenten-Methode als sicherste und flexibelste Strategie zur automatisierten SSH-Nutzung in sicherheitsbewußten Umgebungen.

11.1.3 Trusted-Host-Authentifizierung

Wenn die Sicherheitsanforderungen relativ gering sind, können Sie die Trusted-Host-Authentifizierung für Batchjobs in Erwägung ziehen. In diesem Fall bestehen die benötigten »Credentials« nur aus dem, was das Betriebssystem unter einer Prozeß-UID versteht: die Identität, unter der ein Prozeß läuft und die festlegt, welche Rechte er über geschützte Objekte besitzt. Einem Angreifer muß es nur gelingen, die Kontrolle über einen unter Ihrer UID laufenden Prozeß zu übernehmen, um sich unter Ihrem Namen Zugang zu einem entfernten SSH-Server zu verschaffen. Gelingt es ihm, den root-Account zu knacken, wird die Sache besonders einfach, weil root Prozesse unter jeder beliebigen UID erzeugen kann. Der eigentliche Knackpunkt ist aber der Host-Schlüssel des Clients: Gelangt dieser in die Hände des Angreifers, kann er falsche Authentifizierungs-Anforderungen signieren, die ihn als beliebigen Benutzer ausweisen, und *sshd* wird das glauben.

Trusted-Host-Authentifizierung ist in vielerlei Hinsicht die unsicherste Authentifizierungsmethode bei SSH. [3.4.2.3] Systeme bleiben für transitive Angriffe anfällig: Gelingt es einem Angreifer, sich Zugang zu einem Account auf Host H zu verschaffen, besitzt er sofort und ohne zusätzlichen Aufwand Zugang zum gleichen Account auf allen anderen Maschinen, die dem Host H vertrauen. Darüber hinaus ist die Trusted-Host-Konfiguration beschränkt, zerbrechlich, und Fehler können sich leicht einschleichen. Die Public-Key-Authentifizierung bietet da sowohl höhere Sicherheit als auch Flexibilität, insbesondere da Sie auszuführende Befehle und die die Verbindung herstellenden Hosts beschränken können (was erzwungene Befehle und andere Optionen der Autorisierungsdatei ermöglichen).

11.1.4   Kerberos

Kerberos-5 [11.4] unterstützt lang laufende Jobs in Form *erneuerbarer* Tickets. Obwohl das bei SSH nicht explizit unterstützt wird, kann ein Batchjob so entworfen werden, daß er sie nutzt. Wie bei Agenten führt man erst einmal ein *kinit* aus, um ein TGT für den Account des Batchjobs zu erhalten, wobei man den Switch *–r* verwendet, um ein erneuerbares Ticket anzufordern. Der Batchjob verwendet dann regelmäßig *kinit –R* um das TGT zu erneuern, bevor es abläuft. Das kann bis zur maximalen erneuerbaren Lebensdauer des Tickets (üblicherweise ein paar Tage) wiederholt werden.

Wie bei der Trusted-Host-Authentifizierung fehlt der Kerberos-Unterstützung von SSH die umfangreiche Autorisierungskontrolle der Public-Key-Optionen. Selbst bei einer Installation, die Kerberos zur Benutzerauthentifizierung nutzt, ist es wahrscheinlich besser, irgendeine Form der Public-Key-Authentifizierung für unbeaufsichtigte Jobs zu verwenden. Weitere Informationen zu erneuerbaren Tickets finden Sie in der Dokumentation zu Kerberos-5.

11.1.5   Allgemeine Vorkehrungen für Batchjobs

Unabhängig von der gewählten Authentifizierungsmethode helfen einige zusätzliche Vorkehrungen, die Sicherheit Ihrer Umgebung zu erhöhen.

11.1.5.1   Account mit den kleinstmöglichen Privilegien

Der Account, unter dem der automatisierte Job läuft, sollte nur über die Privilegien verfügen, die er für seinen Job benötigt. Führen Sie nicht jeden Batchjob als root aus, nur weil es bequem ist. Richten Sie Ihr Dateisystem und andere Schutzmaßnahmen so ein, daß der Job auch unter einem weniger privilegierten Benutzer ausgeführt werden kann. Denken Sie daran, daß unbeaufsichtigte entfernte Jobs das Risiko erhöhen, daß ein Account kompromittiert wird. Nehmen Sie also den zusätzlichen Ärger in Kauf, um die Verwendung des root-Accounts wann immer möglich zu vermeiden.

11.1.5.2   Separate, gesperrte Automatisierungs-Accounts

Legen Sie Accounts an, die allein der Automatisierung dienen. Versuchen Sie nicht, System-Batchjobs in einem Benutzeraccount auszuführen. Wahrscheinlich gelingt es Ihnen sowieso nicht, die Privilegien so herunterzuschrauben, wie es für den Job notwendig wäre. In vielen Fällen benötigt ein Automatisierungs-Account nicht einmal interaktive Logins. Werden unter dessen UID laufende Jobs direkt vom Batchjob-Manager (z.B. *cron*) erzeugt, benötigt der Account kein Paßwort und sollte gesperrt werden.

11.1.5.3 Schlüssel mit eingeschränkter Nutzung

Beschränken Sie den Ziel-Account so, daß die für den Job benötigte Arbeit gerade noch durchgeführt werden kann. Bei der Public-Key-Authentifizierung sollten automatisierte Jobs mit Schlüsseln arbeiten, die nicht gleichzeitig von interaktiven Logins verwendet werden. Stellen Sie sich vor, Sie müssen den Schlüssel eines Tages aus Sicherheitsgründen entfernen, ohne daß sich diese Änderung auf andere Benutzer oder Jobs auswirkt. Die maximale Kontrolle erzielen Sie durch einen separaten Schlüssel für jede automatisierte Aufgabe. Zusätzlich sollten Sie den Schlüssel mit allen möglichen Beschränkungen versehen, indem Sie die entsprechenden Optionen in der Autorisierungsdatei verwenden. [8.2] Die `command`-Option beschränkt den Schlüssel darauf, nur den benötigten entfernten Befehl auszuführen, und die `from`-Option schränkt die Nutzung auf entsprechende Client-Hosts ein. Erwägen Sie auch immer die Verwendung der folgenden Optionen, wenn diese den Job nicht bei der Arbeit behindern:

```
no-port-forwarding,no-X11-forwarding,no-agent-forwarding,no-pty
```

Das macht den Mißbrauch des Schlüssels schwieriger, sollte er gestohlen werden.

Wenn Sie die Trusted-Host-Authentifizierung verwenden, sind diese Beschränkungen nicht möglich. In diesem Fall besteht die beste Lösung darin, eine spezielle Shell für den Account zu nutzen, die die Menge der auszuführenden Befehle beschränkt. Weil *sshd* die Shell des Ziel-Accounts nutzt, um Kommandos auf Geheiß des Benutzers auszuführen, ist dies eine effiziente Beschränkung. Ein Standard-Tool ist bei Unix die »Restricted Shell« (also die »eingeschränkte Shell«). Verwirrenderweise wird diese Shell üblicherweise »rsh« genannt, hat aber mit dem r-Befehl zum Öffnen einer entfernten Shell nichts zu tun.

11.1.5.4 Nützliche ssh-Optionen

Werden SSH-Befehle innerhalb eines Batch-Jobs ausgeführt, sind die folgenden Optionen nützlich:

```
ssh -q -o BatchMode yes
```

Die Option *−q* steht für den Quiet-Modus, der SSH daran hindert, eine Reihe von Warnungen auszugeben. Das ist manchmal notwendig, wenn Sie SSH als Pipe von einem Programm zu einem anderen verwenden. Anderenfalls können die SSH-Warnungen als Ausgaben entfernter Programme interpretiert werden und das lokale Programm durcheinanderbringen. [7.4.15]

Das Schlüsselwort `BatchMode` weist SSH an, keine Eingaben vom Benutzer anzufordern, der in diesem Fall einfach nicht vorhanden ist. Das macht Fehlermeldungen etwas geradliniger und eliminiert einige verwirrende SSH-Meldungen über Fehler beim Zugriff auf ein TTY. [7.4.5.4]

11.1.6 Empfehlungen

Die von uns empfohlene Methode mit der höchsten Sicherheit bei unbeaufsichtigten SSH-Operationen ist die Public-Key-Authentifizierung mit in einem Agenten abgelegten Schlüsseln. Wenn das nicht möglich ist, kann statt dessen die Trusted-Host- oder Klartext-Schlüssel-Authentifizierung verwendet werden. Ihre lokalen Sicherheitsbedürfnisse geben die zu bevorzugende Lösung vor, wobei die vorangegangene Diskussion als Leitfaden dienen kann.

Soweit es möglich ist, sollten Sie für jeden Job separate Accounts und Schlüssel verwenden. Damit schränken Sie die möglichen Schäden ein, falls ein Einbruch bei einem Account gelingen oder ein Schlüssel gestohlen werden sollte. Aber natürlich ist das eine Frage des Aufwands. Wenn man es mit Hunderten Batchjobs zu tun hat, können separate Accounts oder Schlüssel einfach zuviel Arbeit sein. In diesem Fall sollten Sie die Jobs entsprechend den benötigten Privilegien kategorisieren und einen separaten Account und/oder Schlüssel für jede Job-Kategorie einrichten.

Sie können die Belastung durch mehrere Schlüssel lindern, indem Sie das Laden etwas automatisieren. Die Schlüssel können alle unter der gleichen Paßphrase gespeichert werden. Ein Skript fragt die Paßphrase ab und führt dann *ssh-add* wiederholt aus, um die verschiedenen Schlüssel aufzunehmen. Oder Sie verwenden verschiedene Paßphrasen, und man legt beim Laden der Schlüssel eine Diskette ein, um die Paßphrasen zu laden. Vielleicht ist die Paßphrase-Liste selbst mit einem einzelnen Paßwort verschlüsselt, das bei Bedarf eingegeben werden muß. So können die Schlüssel selbst auf einer Diskette gespeichert werden und liegen nicht im Dateisystem herum. Ganz nach Bedarf und persönlicher Paranoia.

11.2 FTP-Forwarding

Eine der am häufigsten gestellten Fragen zu SSH lautet: »Wie kann ich das Port-Forwarding verwenden, um FTP abzusichern«? Leider lautet die kurze Antwort, daß das normalerweise nicht möglich ist, zumindest nicht vollständig. Das Port-Forwarding kann das Paßwort Ihres Accounts schützen, üblicherweise aber nicht die übertragenen Dateien. Der Schutz Ihres Paßworts ist dennoch ein großer Gewinn, weil das größte Problem von FTP darin besteht, daß es Netzwerk-Snoopern Ihr Paßwort offenbart.[1]

Dieser Abschnitt erläutert detailliert, was Sie mit FTP und SSH machen können und was nicht – und warum das so ist. Einige Schwierigkeiten haben mit Beschränkugen von FTP zu tun, und das nicht nur bei der Interaktion mit SSH, sondern auch bei Firewalls und NAT (Network Address Translation). Wir diskutieren jede dieser Situationen, weil

---

[1] Zumindest in seiner üblichen Form. Einige FTP-Implementierungen unterstützen sicherere Authentifizierungsmethoden wie etwa Kerberos. Es gibt sogar Protokoll-Erweiterungen, die eine Verschlüsselung und eine kryptographische Integritätsprüfung der Datenverbindungen ermöglichen. Diese Techniken sind aber nicht weitläufig implementiert, und Paßwörter im Klartext mit ungeschützten Datenverbindungen sind bei FTP-Servern im Internet immer noch die Regel.

Firewalls und NAT heutzutage üblich sind und deren Vorhandensein der Grund sein könnte, warum Sie ein gesichertes FTP-Forwarding wünschen. Wenn Sie als Systemadministrator für SSH und diese Netzwerkkomponenten verantwortlich sind, wollen wir Sie zu einem grundlegenden Verständnis der Dinge führen, das Ihnen beim Entwurf und der Fehlersuche ganzer Systeme hilft.

Van Dykes SecureFX (http://www.vandyke.com/)

Van Dyke Technologies, Inc. verfügt über ein sehr nützliches Windows-Produkt, das speziell entworfen wurde, um FTP (Datenverbindungen und alles andere) über SSH weiterzuleiten. Es handelt sich um eine spezialisierte Kombination aus SSH-2 und FTP-Clients. Es stellt die Verbindung zu einem Server-Host über SSH-2 her und dann die Verbindung mit dem FTP-Server (der ebenfalls auf diesem Host läuft) durch den »tcpip-direct«-Kanal der SSH-2-Session. Das ist der gleiche Mechanismus, der zum lokalen Forwarding bei regulären SSH-2-Clients verwendet wird. Da es sich hier aber um eine speziell entwickelte Anwendung handelt, kann sie sich direkt mit dem Server unterhalten, statt über die Loopback-Verbindung auf einen lokal weitergeleiteten TCP-Port laufen zu müssen.

SecureFX dient als graphischer FTP-Client. Wird eine FTP-Datenverbindung benötigt, erzeugt es dynamisch alle für die Datenports benötigten Kanäle und entfernten Forwardings (weitere ausgehende tcpip-direct-Kanäle für aktives FTP oder reguläre entfernte Forwardings für den passiven Modus). Es läuft sehr sauber, und wir empfehlen dieses Produkt.

Beachten Sie, daß SecureFX zur Drucklegung der amerikanischen Originalausgabe dieses Buches nur unter Windows (98, 95, NT 4.0 und 2000) läuft und einen SSH-2-Server benötigt. Es spricht kein SSH-1.

In Abhängigkeit von Ihrer Netzwerkumgebung können bei der Kombination von SSH und FTP verschiedene Probleme auftreten. Weil wir nicht jede mögliche Umgebung behandeln können, beschreiben wir jedes Problem für sich, zeigen die Symptome auf und empfehlen entsprechende Lösungen. Tauchen bei Ihnen mehrere Probleme gleichzeitig auf, verhält sich die Software nicht unbedingt so, wie wir es in unseren Beispielen angeben. Wir empfehlen Ihnen, die gesamte Fallstudie einmal durchzulesen (zumindest flüchtig), bevor Sie anfangen, mit Ihrem System zu experimentieren. Dann haben Sie zumindest eine Vorstellung davon, auf welche Schwierigkeiten Sie treffen könnten. Gehen Sie dann hin und probieren Sie die Beispiele an Ihrem Computer aus.

11.2.1   Das FTP-Protokoll

Um die Probleme zwischen FTP und SSH nachvollziehen zu können, müssen Sie etwas vom FTP-Protokoll verstehen. Die meisten TCP-Dienste arbeiten mit einer einzelnen Verbindung vom Client zum Server, wobei serverseitig ein allgemein bekannter Port verwendet wird. Bei FTP kommen hingegen mehrere Verbindungen mit meist unvorhersehbaren Ports in beide Richtungen zum Einsatz:

- Eine einzelne *Kontrollverbindung* zur Ausführung von Befehlen vom Client und Antworten vom Server. Diese Verbindung wird mit TCP-Port 21 hergestellt und bleibt für die gesamte FTP-Session erhalten.

- Eine Reihe von *Datenverbindungen* für die Übertragung von Dateien und anderen Daten wie etwa Verzeichnis-Listings. Bei jedem Dateitransfer wird eine neue Datenverbindung geöffnet und geschlossen, und diese kann jedesmal an einem anderen Port liegen. Diese Datenverbindungen können vom Client oder vom Server kommen.

Lassen Sie uns einen typischen FTP-Client ausführen und uns die Kontrollverbindung ansehen. Wir verwenden den Debugging-Modus (*ftp –d*), um die vom Client über die Kontrollverbindung gesendeten FTP-Protokoll-Befehle sichtbar zu machen, die üblicherweise nicht ausgegeben werden. Im Debugging-Modus werden diese Befehle mit einem vorstehenden »--->« ausgegeben. Ein Beispiel:

```
---> USER res
```

Sie sehen auch die Antwort des Servers, die der Client standardmäßig ausgibt. Diese Antworten beginnen mit einem numerischen Code:

```
230 User res logged in.
```

Hier nun eine Session, bei der der Benutzer res die Verbindung zu einem FTP-Server herstellt, sich anmeldet und dann versucht, zweimal das Verzeichnis zu wechseln, was einmal gelingt und einmal nicht:

```
$ ftp -d aaor.lionaka.net
Connected to aaor.lionaka.net.
220 aaor.lionaka.net FTP server (SunOS 5.7) ready.
---> SYST
215 UNIX Type: L8 Version: SUNOS
Remote system type is UNIX.
Using binary mode to transfer files.
ftp> user res
---> USER res
331 Password required for res.
Password:
---> PASS XXXX
230 User res logged in.
ftp> cd rep
---> CWD rep
250 CWD command successful.
ftp> cd utopia
---> CWD utopia
550 utopia: No such file or directory.
ftp> quit
---> QUIT
221 Goodbye.
```

Die Kontrollverbindung kann durch ein Standard-Port-Forwarding abgesichert werden, weil es sich um einen bekannten Port (21) handelt. [9.2] Im Gegensatz dazu sind die Ziel-Portnummern für Datenverbindungen generell nicht im voraus bekannt, weshalb die Einrichtung eines SSH-Forwarding für diese Verbindungen wesentlich schwieriger ist. Es gibt eine zweite Standard-Portnummer, die mit FTP verknüpft ist, nämlich den *ftp-data*-Port (20). Aber das ist nur der Quellport für vom Server kommende Datenverbindungen, an dem kein Listening erfolgt.

Überraschenderweise laufen die Datenverbindungen generell in der entgegengesetzten Richtung der Kontrollverbindung, d.h., der Server baut eine TCP-Verbindung zurück zum Client auf, um Daten zu übertragen. Die Ports, an denen diese Verbindungen aufgebaut werden, können zwischen FTP-Client und -Server dynamisch vereinbart werden, wobei explizit IP-Adressinformationen innerhalb des FTP-Protokolls übertragen werden müssen. Diese Merkmale des üblichen FTP-Betriebs können zu Schwierigkeiten führen, wenn man mit SSH Verbindungen weiterleitet oder wenn Firewalls und NAT im Spiel sind.

Ein alternativer FTP-Modus, der sog. *passive Modus* (passive mode), löst eines dieser Probleme: Er kehrt die Richtung der Datenverbindung um, d.h., sie verläuft vom Client zum Server. Der passive Modus ist eine Frage des Verhaltens des FTP-Clients und muß daher durch eine Einstellung des Clients bestimmt werden. Das Verhalten, bei dem der Server Datenverbindungen mit dem Client herstellt, bezeichnen wir als *aktiven Modus*, der bei FTP-Clients traditionell verwendet wird, auch wenn sich das langsam ändert. Bei einem Kommandozeilen-Client schaltet der *passive*-Befehl in den passiven Modus. Der interne Befehl, den der Client dem Server sendet, um in den passiven Modus zu wechseln, lautet PASV. Wir diskutieren in den noch folgenden Abschnitten spezifische Probleme und wie der passive Modus sie lösen kann. Abbildung 11-1 faßt die Funktionsweise von passivem und aktivem FTP zusammen.

11.2.2 Forwarding der Kontrollverbindung

Weil die FTP-Kontrollverbindung einfach eine einzelne, persistente TCP-Verbindung zu einem wohlbekannten Port ist, kann sie durch SSH weitergeleitet werden. Wie üblich, muß auf dem FTP-Server-Rechner ein SSH-Server laufen, und Sie müssen einen Account auf diesem Rechner besitzen, auf den Sie über SSH zugreifen können (siehe Abbildung 11-2).

Stellen Sie sich vor, Sie loggen sich an der Maschine *client* ein und möchten eine abgesicherte Verbindung mit dem FTP-Server auf *server* herstellen. Um die FTP-Kontrollverbindung weiterzuleiten, führen Sie einen Port-Forwarding-Befehl auf dem *client* aus.[2]

```
client% ssh –L2001:server:21 server
```

---

2 Wenn Sie den populären *ncftp*-Client nutzen, führen Sie statt dessen *ncftp ftp://client:2001* aus.

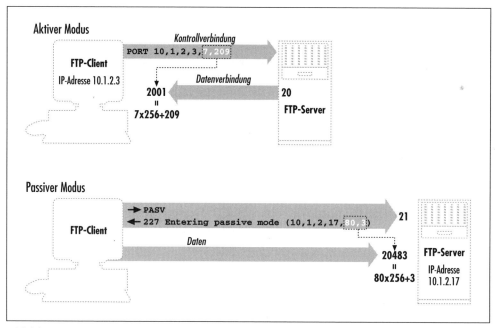

Abbildung 11-1: Grundlegender FTP-Betrieb: Kontrollverbindung und aktiver Modus verglichen mit passivem Modus

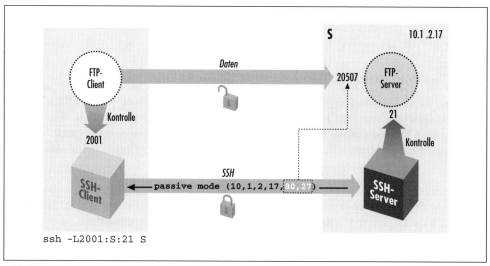

Abbildung 11-2: Forwarding der Kontrollverbindung

Dann wird der weitergeleitete Port verwendet:

```
client% ftp localhost 2001
Connected to localhost
220 server FTP server (SunOS 5.7) ready.
Password:
230 User res logged in.
ftp> passive
Passive mode on.
ftp> ls
...und so weiter
```

Zu den gerade empfohlenen Befehlen gibt es zwei wichtige Dinge zu bemerken. Wir diskutieren diese separat.

- Das Ziel des Forwarding ist der *Server*, nicht *localhost*.
- Der Client verwendet den passiven Modus.

11.2.2.1 Wahl des Forwarding-Ziels

Wir wählen den *Server* als Ziel unseres Forwarding, nicht *localhost* (d.h., wir haben nicht *−L2001:localhost:21* verwendet). Das widerspricht unserem Rat, wann immer möglich *localhost* als Ziel des Forwarding zu verwenden. [9.2.8] Nun, diese Technik ist hier nicht ratsam. Folgendes kann dann passieren:

```
client% ftp localhost 2001
Connected to client
220 client FTP server (SunOS 5.7) ready.
331 Password required for res.
Password:
230 User res logged in.
ftp> ls
200 PORT command successful.
425 Cant build data connection: Cannot assign requested address.
ftp>
```

Das Problem ist etwas obskur, kann aber entschlüsselt werden, wenn man sich den Trace des FTP-Servers ansieht, den er als Antwort auf den *ls*-Befehl liefert. Die folgende Ausgabe wurde mit dem Linux-*strace*-Befehl erzeugt:[3]

```
so_socket(2, 2, 0, "", 1)                        = 5
bind(5, 0x0002D614, 16, 3)                       = 0
        AF_INET  name = 127.0.0.1  port = 20
connect(5, 0x0002D5F4, 16, 1)            Err#126 EADDRNOTAVAIL
        AF_INET  name = 192.168.10.1  port = 2845
write(1, " 4 2 5   C a n  t   b u".., 67)        = 67
```

Der FTP-Server versucht, eine TCP-Verbindung mit der korrekten Client-Adresse herzustellen, aber leider vom falschen Socket: dem ftp-data-Port an dessen Loopback-Adresse

---

3 Wenn Sie mit Solaris 2 (SunOS 5) arbeiten, heißt das vom Betriebssystem zu diesem Zweck bereitgestellte Programm *truss*. Es gibt auch ein *strace*-Programm bei Solaris, die beiden haben aber nichts miteinander zu tun. Solaris 1 (SunOS 4 und früher) besitzt einen *trace*-Befehl, und BSD hat *ktrace*.

127.0.0.1. Die Loopback-Schnittstelle kann sich nur mit anderen Loopback-Adressen auf der gleichen Maschine unterhalten. TCP weiß das und antwortet mit dem Fehler »Adresse nicht verfügbar« (EADDRNOTAVAIL). Der FTP-Server achtet darauf, die Datenverbindung von der gleichen Adresse stammen zu lassen, mit der der Client die Kontrollverbindung hergestellt hat. Nun haben wir die Kontrollverbindung durch SSH weitergeleitet, d.h., für den FTP-Server sieht es so aus, als würde sie vom lokalen Host stammen. Und weil wir die Loopback-Adresse als Forwarding-Ziel verwenden, ist auch die Quelladresse auf dieser Seite des weitergeleiteten Pfades (von *sshd* nach *ftpd*) die Loopback-Adresse. Um dieses Problem zu eliminieren, verwenden Sie die Nicht-Loopback-IP-Adresse des Servers als Ziel. Das sorgt dafür, daß der FTP-Server Datenverbindungen von dieser Adresse stammen läßt.

Sie könnten versuchen, dieses Problem mit dem passiven Modus zu lösen, weil der Server dann keine Verbindungen aufbaut. Dann sehen Sie aber folgendes:

```
ftp> passive
Passive mode on.
ftp> ls
227 Entering Passive Mode (127,0,0,1,128,133)
ftp: connect: Connection refused
ftp>
```

In diesem Fall ist der Fehler eine leicht veränderte Variante des gleichen Problems. Diesmal wartet der Server auf eingehende Datenverbindungen vom Client, glaubt aber erneut, daß es sich um einen lokalen Client handelt, und das Listening erfolgt an dessen Loopback-Adresse. Er sendet diesen Socket (Adresse 127.0.0.1, Port 32901) an den Client, und dieser versucht daraufhin, die Verbindung zu Port 32901 auf dem Client-Host herzustellen und nicht auf dem Server! Dort erfolgt natürlich kein Listening, und die Verbindung wird entsprechend abgelehnt.

11.2.2.2 Nutzung des passiven Modus

Beachten Sie, daß wir den Client in den passiven Modus schalten mußten. Wie Sie später noch sehen werden, ist der passive Modus für FTP generell von Vorteil, weil er einige typische Firewall- und NAT-Probleme vermeidet. In diesem Fall wird er aber aufgrund eines FTP/SSH-spezifischen Problems verwendet. Hätten Sie ihn nicht verwendet, wäre folgendes passiert:

```
$ ftp -d localhost 2001
Connected to localhost.
220 server FTP server (SunOS 5.7) ready.
---> USER res
331 Password required for res.
Password:
---> PASS XXXX
230 User res logged in.
ftp> ls
---> PORT 127,0,0,1,11,50
200 PORT command successful.
```

```
---> LIST
425 Cant build data connection: Connection refused.
ftp>
```

Das ist ein Spiegelbild des Problems, dem wir begegnet sind, als localhost das Ziel des Forwarding war, diesmal passiert es aber auf Client-Seite. Der Client stellt einen Socket für den Server bereit, zu dem dieser die Verbindung herstellen soll, und weil er glaubt, daß der Server auf dem lokalen Host liegt, liegt der Socket an der Loopback-Adresse. Daher versucht der Server, die Verbindung mit dem lokalen Host aufzubauen, statt mit dem Client-Rechner.

Der passive Modus kann nicht immer verwendet werden: FTP-Client oder -Server unterstützen ihn möglicherweise nicht, oder Firewall/NAT-Erwägungen auf Serverseite könnten ihn verhindern (Sie werden gleich ein Beispiel sehen). Ist das der Fall, können Sie das GatewayPorts-Feature von SSH nutzen und das Problem so lösen, wie wir das vorhin getan haben: Verwenden Sie die reale IP-Adresse des Hosts anstelle des Loopbacks:

```
client% ssh -g -L2001:server:21 server
```

Stellen Sie die Verbindung zum Client über dessen Namen her und nicht zum Localhost:

```
client% ftp client 2001
```

Das stellt die Verbindung zum SSH-Proxy an der Nicht-Loopback-Adresse des Clients her und sorgt dafür, daß der FTP-Client an dieser Adresse auf Datenverbindungen wartet. Die Option –g wirkt sich allerdings auf die Sicherheit aus. [9.2.1.1]

Natürlich ist es, wie bereits erwähnt, häufig der Fall, daß FTP im aktivem Modus nicht nutzbar ist. Es ist durchaus möglich, daß Ihr lokales Firewall/NAT-Setup den passiven Modus verlangt, Sie diesen aber nicht verwenden können. In diesem Fall haben Sie einfach Pech gehabt. Schreiben Sie die Daten auf Diskette und rufen Sie den Fahrradkurier an.

Die verschiedenen von uns beschriebenen Probleme sind zwar gängig, hängen aber letztendlich von Ihrer jeweiligen Unix-Variante und FTP-Implementierung ab. Zum Beispiel schlagen einige FTP-Server fehl, bevor Sie überhaupt die Verbindung mit dem Loopback-Socket hergestellt haben. Sie sehen den PORT-Befehl des Clients und lehnen ihn mit einem »illegalen PORT-Befehl« ab. Wenn Sie aber die Gründe für die verschiedenen Fehler verstehen, lernen Sie auch, sie in unterschiedlichen Kleidern zu erkennen.

11.2.2.3 *Das Problem mit dem »PASV Port-Diebstahl«*

FTP mit SSH zu verwenden kann einem manchmal so vorkommen, als würde man »Dungeons and Dragons« spielen: Sie finden sich selbst in einem weit verzweigten Labyrinth von TCP-Verbindungen wieder, die alle gleich aussehen, Sie aber alle nicht dahin führen, wohin Sie wollen. Selbst wenn Sie unseren bisherigen Ratschlägen gefolgt sind und alle von uns erwähnten Fallen vermieden haben, kann die Verbindung letztendlich fehlschlagen:

```
ftp> passive
Passive mode on.
```

```
ftp> ls
connecting to 192.168.10.1:6670
Connected to 192.168.10.1 port 6670
425 Possible PASV port theft, cannot open data connection.
! Retrieve of folder listing failed
```

Vorausgesetzt, Sie geben nicht völlig auf und beginnen eine weniger irritierende Laufbahn, werden Sie sich wahrscheinlich fragen: »Was nun?« Das Problem ist hier ein Sicherheits-Feature des FTP-Servers, insbesondere des populären *wu-ftpd* der Washington University. (Siehe *http://www.wu-ftpd.org/*. Dieses Feature könnte auch bei anderen FTP-Servern implementiert sein, wir haben es aber noch nicht gesehen.) Der Server akzeptiert die eingehende Datenverbindung vom Client, bemerkt dann aber, daß die Quelladresse nicht mit der der Kontrollverbindung übereinstimmt (weil sie ja durch SSH weitergeleitet wurde und daher vom Server-Host kommt). Daraus wird geschlossen, daß der Server angegriffen wird! Der FTP-Server glaubt, daß jemand Ihre FTP-Kontrollverbindung überwacht und dabei die Server-Antwort mit dem den Listening-Socket enthaltenden PASV-Befehl gesehen hat und daß dieser Jemand versucht hat, diese Verbindung zu übernehmen, bevor der eigentliche Client dies tun konnte. Daher bricht der Server die Verbindung ab und meldet den angeblichen »Port-Diebstahl« (siehe Abbildung 11-3).

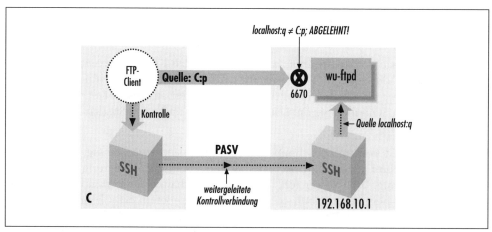

Abbildung 11-3: »PASV Port-Diebstahl«

Es gibt keine andere Möglichkeit, dieses Problem zu lösen. Sie können diese Prüfung beim Server nur vollständig abschalten. Dieses Feature ist problematisch, weil es nicht nur Angriffe, sondern auch gültige FTP-Operationen verhindert. Zum Beispiel wurde der passive Modus ursprünglich entwickelt, um es einem FTP-Client zu ermöglichen, Dateitransfers zwischen zwei entfernten Servern direkt abzuwickeln, statt die Datei zuerst auf dem Client zwischenzuspeichern und erst dann an den zweiten Server zu senden. Das ist keine gängige Praxis, aber trotzdem Teil des Protokoll-Designs, und die »Port-Diebstahl«-Prüfung von *wu-ftpd* verhindert dessen Einsatz. Sie können diese Prüfung deaktivieren, indem Sie *wu-ftpd* ohne FIGHT_PASV_PORT_RACE (mit *configure --disable-pasvip*) kompilieren. Sie können diese Prüfung auch belassen, bestimmten Accounts aber alternative IP-Adressen für Datenverbindungen erlauben. Hierzu dienen die Konfigurationsanweisungen *pasv-allow* und *port-allow*. Details finden Sie in der *ftpaccess*(5)-Manpage. Beachten Sie, daß diese Features bei *wu-ftpd* relativ neu und in älteren Versionen nicht verfügbar sind.

11.2.3 FTP, Firewalls und der passive Modus

Erinnern Sie sich daran zurück, daß FTP-Datenverbindungen im aktiven Modus in der entgegengesetzten Richtung verlaufen, in der Sie sie vielleicht erwarten – vom Server zurück zum Client. Dieser (übliche) Betriebsmodus (zu sehen in Abbildung 11-4) führt im Zusammenhang mit Firewalls häufig zu Problemen. Stellen Sie sich vor, der Client liegt hinter einer Firewall, die alle ausgehenden Verbindungen erlaubt, eingehende Verbindungen aber beschränkt. Der Client kann dann eine Kontrollverbindung aufbauen, sich anmelden und Befehle eingeben, Datentransferbefehle wie *ls*, *get* und *put* schlagen aber fehl, weil die Firewall die Datenverbindungen blockiert, die zur Client-Maschine zurückkommen. Einfache paketfilternde Firewalls können nicht so konfiguriert werden, daß sie diese Verbindungen erlauben, weil diese wie separate TCP-Ziele zu zufälligen Ports erscheinen, ohne daß es eine offensichtliche Beziehung zur aufgebauten FTP-Kontrollverbindung gäbe.[4] Dieser Fehler kann sich sehr schnell mit der Meldung »connection refused« bemerkbar machen, oder die Verbindung hängt eine Weile und schlägt schließlich fehl. Das hängt davon ab, ob die Firewall die Verbindung explizit mit einer ICMP- oder TCP-RST-Meldung ablehnt oder ob die Pakete einfach stillschweigend aussortiert werden. Beachten Sie, daß dieses Problem unabhängig davon auftreten kann, ob ein SSH-Forwarding der Kontrollverbindung erfolgt oder nicht.

Der passive Modus löst üblicherweise dieses Problem, indem er die Richtung der Datenverbindungen so umkehrt, daß sie vom Client zum Server laufen. Leider implementieren nicht alle FTP-Clients und -Server diese Transfers im passiven Modus. Kommandozeilen-orientierte FTP-Clients verwenden im allgemeinen den passive-Befehl, um den passiven Modus ein- und auszuschalten. Wird dieser Befehl nicht erkannt, gibt es wahrscheinlich auch keinen passiven Modus. Wenn der Client den passiven Modus kennt, der Server aber nicht, erhalten Sie vom Server eine Meldung wie »PASV: command not understood«. PASV ist der Befehl des FTP-Protokolls, der den Server anweist, auf eingehende Datenverbindungen zu achten. Doch selbst wenn der passive Modus

---

4 Ausgereiftere Firewalls können dieses Problem lösen. Diese Produkte sind ein Mittelding aus Proxy auf Anwendungsebene und einem Paketfilter und werden häufig als »transparente Proxies« oder »zustandsorientierte Paketfilter« (*stateful packet filters*) bezeichnet. Solche Firewalls verstehen das FTP-Protokoll und halten nach FTP-Kontrollverbindungen Ausschau. Wird ein von einem FTP-Client gesendeter PORT-Befehl entdeckt, wird kurzzeitig ein Loch in der Firewall geöffnet, das der angegebenen FTP-Datenverbindung den Weg zurück ermöglicht. Dieses Loch verschwindet automatisch nach kurzer Zeit und besteht nur zwischen dem im PORT-Befehl angegebenen Socket und dem ftp-data-Socket des Servers. Solche Produkte führen häufig auch ein NAT durch und können das nachfolgend beschriebene FTP/NAT-Problem transparent lösen.

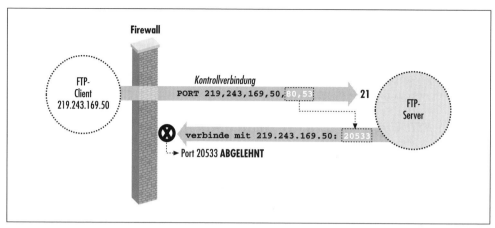

Abbildung 11-4: FTP-Client hinter einer Firewall

Ihr Firewall-Problem löst, hilft er Ihnen beim SSH-Forwarding nicht weiter, weil die fraglichen Ports immer noch dynamisch gewählt werden.

Hier ein Beispiel des Firewall-Problems, bei dem zurückkehrende Datenverbindungen blockiert werden:

```
$ ftp lasciate.ogni.speranza.org
Connected to lasciate.ogni.speranza.org
220 ProFTPD 1.2.0pre6 Server (Lasciate FTP Server) [lasciate.ogni.speranza.org]
331 Password required for slade.
Password:
230 User slade logged in.
Remote system type is UNIX.
Using binary mode to transfer files.
ftp> ls
200 PORT command successful.
[...Langes Warten...]
425 Cant build data connection: Connection timed out
```

Der passive Modus eilt da zu Hilfe:

```
ftp> passive
Passive mode on.
ftp> ls
227 Entering Passive Mode (10,25,15,1,12,65)
150 Opening ASCII mode data connection for file list
drwxr-x--x  21 slade    web          2048 May  8 23:29 .
drwxr-xr-x 111 root     wheel       10240 Apr 26 00:09 ..
-rw-------   1 slade    other         106 May  8 15:22 .cshrc
-rw-------   1 slade    other       31384 Aug 18  1997 .emacs
226 Transfer complete.
ftp>
```

Nun haben wir bei unserer Diskussion des Problems der Verwendung von FTP durch eine Firewall SSH gar nicht erwähnt. Es ist ein dem FTP-Protokoll und Firewalls innewohnendes Problem. Doch selbst wenn die FTP-Kontrollverbindung einem SSH-Forwarding unterzogen wird, bleibt das Problem bestehen, weil die Datenverbindung das Problem darstellt und nicht die Kontrollverbindung. Und diese Datenverbindungen laufen nicht über SSH. Das ist ein weiterer Grund, warum Sie normalerweise den passiven Modus mit FTP und SSH verwenden sollten.

11.2.4   FTP und NAT (Network Address Translation)

Datentransfers im passiven Modus können auch ein anderes gängiges FTP-Problem lösen: dessen Schwierigkeiten mit der Übersetzung von Netzwerkadressen, engl. »Network Adress Translation«, kurz NAT. Mit NAT bezeichnet man die Technik, zwei Netzwerke durch ein Gateway zu verbinden, das die Quell- und Zieladressen der Datenpakete beim Durchqueren umschreibt. Ein Vorteil besteht darin, daß Sie ein Netzwerk mit dem Internet verbinden oder den ISP wechseln können, ohne Ihr Netzwerk neu numerieren zu müssen (also ohne alle IP-Adressen ändern zu müssen). Es erlaubt auch die gemeinsame Nutzung einer beschränkten Anzahl von routingfähigen Internet-Adressen zwischen einer größeren Anzahl von Maschinen in einem Netzwerk mit privaten Adressen, die nicht im Internet geroutet werden. Diese NAT-Variante wird häufig als *Masquerading* bezeichnet.

Stellen Sie sich vor, Ihr FTP-Client liegt auf einer Maschine mit einer privaten Adresse, die nur innerhalb des lokalen Netzwerks verwendet werden kann, und Sie stellen die Verbindung zum Internet über ein NAT-Gateway her. Der Client kann eine Kontrollverbindung mit einem externen FTP-Server herstellen. Es kommt aber zu einem Problem, wenn der Client versucht, mit den üblichen, in entgegengesetzter Richtung laufenden Datenverbindungen zu arbeiten. Der Client, der sich des NAT-Gateways nicht bewußt ist, weist den Server (über einen PORT-Befehl) an, die Verbindung zu einem Socket herzustellen, der die private Adresse des Clients enthält. Weil diese Adresse auf der entfernten Seite nicht verwendet werden kann, antwortet der Server im allgemeinen mit »no route to host«, und die Verbindung schlägt fehl.[5] Abbildung 11-5 verdeutlicht diese Situation. Der passive Modus löst auch dieses Problem, weil der Server keine Verbindung zum Client herstellen muß und die Adresse des Clients daher unerheblich ist.

Bisher haben wir drei Fälle vorgestellt, die FTP im passiven Modus benötigen: Forwarding der Kontrollverbindung, Client innerhalb einer Firewall und Client bei NAT. In Anbetracht der möglichen Probleme mit FTP im aktiven Modus und der Tatsache, daß uns beim passiven Modus kein Nachteil bekannt ist, empfehlen wir Ihnen, FTP wann immer möglich im passiven Modus zu verwenden.

---

5   Es könnte noch schlimmer kommen. Der Server könnte ebenfalls private Adressen verwenden, und im ungünstigsten Fall könnte die private Adresse des Clients zufälligerweise mit der einer völlig anderen Maschine auf seiten des Servers übereinstimmen. Es ist allerdings unwahrscheinlich, daß eine Maschine auf seiten des Servers gerade an diesem zufällig von Ihrem FTP-Client gewählten Port auf eingehende Verbindungen wartet, weshalb wohl einfach nur ein »connection refused« erzeugt werden wird.

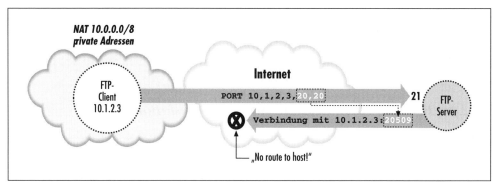

Abbildung 11-5: Clientseitiges NAT verhindert FTP-Transfers im aktiven Modus

11.2.4.1   Server-seitige NAT-Aspekte

Das gerade beschriebene NAT-Problem war ein Client-seitiger Aspekt. Ein weitaus schwierigeres Problem kann auftreten, wenn der FTP-Server hinter einem NAT-Gateway liegt und Sie die FTP-Kontrollverbindung über SSH weiterleiten.

Lassen Sie uns zuerst das grundlegende Problem verstehen, ohne SSH weiter zu beachten. Liegt der Server hinter einem NAT-Gateway, haben wir es mit einem spiegelverkehrten Problem dessen zu tun, was wir gerade diskutiert haben. Vorhin konnten Transfers im aktiven Modus nicht richtig funktionieren, weil der Client seine interne, nicht dem NAT unterworfene Adresse im PORT-Befehl an den Server übergeben hat und diese Adresse nicht erreichbar war. Bei der neuen Situation funktionieren Übertragungen im passiven Modus nicht, weil der Server in seiner Antwort auf den PASV-Befehl mit seiner internen Adresse antwortet und diese nun für den Client nicht zu erreichen ist (siehe Abbildung 11-6).

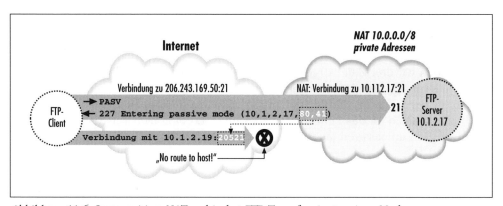

Abbildung 11-6: Server-seitiges NAT verhindert FTP-Transfers im passiven Modus

Eben bestand unsere Antwort darin, den passiven Modus zu verwenden, und hier lautet die einfachste Antwort genau umgekehrt: Verwenden Sie den aktiven Modus. Leider ist das nicht sehr hilfreich. Wenn der Server für den allgemeinen Netzzugriff gedacht ist, sollte er so vielen Menschen wie möglich zugänglich sein. Weil Client-seitiges NAT und den passiven Modus verlangende Firewalls üblich sind, reicht es nicht aus, eine Server-seitige NAT-Konfiguration zu wählen, die den aktiven Modus verlangt, weil das den Zugriff unmöglich macht. Ein Ansatz besteht darin, einen FTP-Server zu verwenden, der spezielle Features besitzt, die genau dieses Problem lösen. Der vorhin angesprochene *wu-ftpd*-Server besitzt ein solches Feature. Hier ein (frei übersetztes) Zitat aus der *ftpaccess*(5)-Manpage:

```
passive address <externalip> <cidr>
        Erlaubt die Kontrolle über die Adresse, die als Antwort auf einen
        PASV-Befehl gesendet wird. Fordert eine mit den <cidr>-Requests
        übereinstimmende Adresse eine passive Datenverbindung  (PASV)
        an, wird die  Adresse <externalip>  gemeldet. HINWEIS: Das ändert
        nicht die Adresse, an der das Listening des Clients tatsächlich erfolgt,
        sondern nur die Adresse, die dem Client gemeldet wird. Dieses
        Feature macht Daemons ein richtiges Arbeiten hinter IP-Adressen
        umwandelnden Firewalls möglich.

Beispiel:
 passive address 10.0.1.15   10.0.0.0/8
 passive address 192.168.1.5 0.0.0.0/0

Vom Class-A-Netzwerk 10 stammenden Clients wird
die IP-Adresse 10.0.1.15 für den passiven Modus
angegeben, während allen anderen mitgeteilt wird, daß
diese Verbindung an  192.168.1.5 wartet.

Mehrere passive Adressen können angegeben werden, um
komplexe oder Multi-Gateway-Netzwerke zu behandeln.
```

Damit wird das Problem recht gut gelöst, solange Sie nicht versuchen, die FTP-Kontrollverbindung einem SSH-Forwarding zu unterziehen. Site-Administratoren richten es so ein, daß von außerhalb des privaten Netzwerks des Servers stammende FTP-Kontrollverbindungen auch externe Adressen in PASV-Antworten erhalten. Die weitergeleitete Kontrollverbindung scheint aber vom Server-Host selbst zu stammen und nicht vom außerhalb liegenden Netzwerk. Von innerhalb des privaten Netzwerks stammende Kontrollverbindungen *müssen* die interne Adresse erhalten, nicht die externe. Das kann nur funktionieren, wenn der FTP-Server so konfiguriert ist, daß er externe Adressen an interne und an externe Verbindungen zurückgibt. Das funktioniert recht gut, weil es in der Praxis kaum notwendig ist, Dateien per FTP von einer Maschine auf sich selbst zu kopieren. Sie können diese Technik verwenden, um ein Forwarding der Kontrollverbindung zu ermöglichen, wenn ein Server-seitiges NAT vorhanden ist, oder es dem Site-Administrator vorschlagen, wenn dieses Problem bei Ihnen aufgetaucht ist.

Eine andere Möglichkeit, das Server-seitige NAT-Problem anzugehen, besteht darin, ein intelligentes NAT-Gateway zu verwenden, wie wir es vorhin erwähnt haben. Ein solches Gateway schreibt den FTP-Kontroll-Datenverkehr automatisch um und berücksichtigt dabei die Adreßübersetzung. Das ist in vielerlei Hinsicht eine attraktive Lösung, weil es automatisch und transparent funktioniert. Es sind weniger Dinge anzupassen, wenn Server hinter dem Gateway eingerichtet werden, und es gibt weniger Abhängigkeiten zwischen dem Server und der Netzwerk-Konfiguration. Für unsere Zwecke ist diese Lösung aber weniger gut geeignet als die auf Server-Ebene. Die Technik basiert auf der Fähigkeit des Gateways, FTP-Kontrollverbindungen bei ihrem Auftreten zu erkennen und zu ändern. Aber genau diese Form der Manipulation soll SSH ja verhindern! Wird die Kontrollverbindung einem SSH-Forwarding unterzogen, weiß das Gateway nicht, daß es eine Kontrollverbindung gibt, weil sie in einem Kanal innerhalb der SSH-Session eingebettet ist. Die Kontrollverbindung ist keine für sich allein stehende Verbindung mit TCP; sie liegt nun auf dem SSH-Port und nicht mehr auf dem FTP-Port. Das Gateway kann sie aufgrund der Verschlüsselung nicht lesen, und selbst wenn sie es könnte, würde die Sache augrund der Integritätsprüfung von SSH scheitern. Wenn Sie sich in dieser Situation befinden – der Client muß FTP im passiven Modus verwenden, und der Server liegt hinter einem den FTP-Kontroll-Traffic umschreibenden NAT-Gateway –, müssen Sie den Server-Administrator davon überzeugen, daß er neben dem Gateway eine Technik auf Server-Ebene verwendet, die insbesondere das Forwarding ermöglicht. Auf andere Weise ist die Sache nicht zu regeln, und wir sagen LKW-Ladungen voller Datenbänder für Ihre Zukunft voraus (oder vielleicht HTTP über SSL mit PUT-Befehlen).

Wir schließen damit die Diskussion zum Forwarding der FTP-Kontrollverbindung, der Absicherung Ihres Login-Namens, Passworts und der FTP-Befehle ab. Wenn das alles ist, was Sie wollten, sind Sie mit dieser Fallstudie durch. Wir machen allerdings noch etwas weiter und tauchen in die finsteren Tiefen der Datenverbindungen ab. Sie benötigen für dieses Material einen etwas technischen Hintergrund, weil wir die kleinsten Details und wenige bekannte FTP-Modi behandeln. (Sie könnten sich sogar fragen, ob wir versehentlich einen Teil eines FTP-Buches in dieses SSH-Buch eingefügt haben.) Vorwärts, mutiger Leser!

11.2.5 Alles über Datenverbindungen

Die meisten SSH-Benutzer, die Sie zum Forwarding von FTP-Datenverbindungen befragen, werden mit »unmöglich« antworten. Nun, es *ist* möglich. Die von uns entdeckte Methode ist verworren, unpraktisch und möglicherweise den Aufwand nicht wert, aber sie funktioniert. Bevor wir sie erklären können, müssen wir zuerst die drei wichtigsten Wege erläutern, auf denen FTP Dateitransfers zwischen Client und Server abwickelt:

- die übliche Methode
- Transfers im passiven Modus
- Transfers über die Standard-Datenports

Wir sprechen die ersten beiden nur kurz an, weil sie bereits diskutiert wurden. Wir fügen nur einige Details hinzu. Dann diskutieren wir die dritte Methode, die am wenigsten bekannt ist und die Sie eigentlich benötigen, wenn Sie wirklich, wirklich FTP-Datenverbindungen einem Forwarding unterziehen wollen.

11.2.5.1 Die übliche Methode des Dateitransfers

Die meisten FTP-Clients probieren die Dateiübertragung auf die folgende Art und Weise: Nach dem Aufbau der Kontrollverbindung und der Authentifizierung stößt der Benutzer einen Befehl zum Transfer einer Datei an. Nehmen wir an, der Befehl lautet `get fichier.txt`. Dieser Befehl fordert die Übertragung der Datei *fichier.txt* vom Server zum Client an. Als Reaktion auf diesen Befehl wählt der Client einen freien lokalen TCP-Socket aus (nennen wir ihn C) und beginnt an diesem Socket mit dem Listening. Er schickt dann einen PORT-Befehl an den FTP-Server, in dem der Socket C angegeben ist. Nachdem der Server das bestätigt hat, sendet der Client den Befehl RETR `fichier.txt`, der den Server anweist, die Verbindung mit dem vorhin festgelegten Socket (C) herzustellen und den Inhalt dieser Datei über die neue Datenverbindung zu senden. Der Client akzeptiert diese Verbindung mit C, liest die Daten und legt sie in einer lokalen Datei ab, die ebenfalls den Namen *fichier.txt* trägt. Ist die Übertragung abgeschlossen, wird die Datenverbindung geschlossen. Hier ein Mitschnitt einer solchen Session:

```
$ ftp -d aaor.lionaka.net
Connected to aaor.lionaka.net.
220 aaor.lionaka.net FTP server (SunOS 5.7) ready.
---> USER res
331 Password required for res.
Password:
---> PASS XXXX
230 User res logged in.
---> SYST
215 UNIX Type: L8 Version: SUNOS
Remote system type is UNIX.
Using binary mode to transfer files.
ftp> get fichier.txt
local: fichier.txt remote: fichier.txt
---> TYPE I
200 Type set to I.
---> PORT 219,243,169,50,9,226
200 PORT command successful.
---> RETR fichier.txt
150 Binary data connection for fichier.txt (219.243.169.50,2530) (10876 bytes).
226 Binary Transfer complete.
10876 bytes received in 0.013 seconds (7.9e+02 Kbytes/s)
ftp> quit
```

Beachten Sie den PORT-Befehl PORT `219,243,169,50,9,226`. Dieser besagt, daß der Client an der IP-Adresse 219.243.169.50, Port 2530 = (9<<8)+226 auf eingehende Verbindungen wartet. Die beiden letzten Integerwerte in der durch Kommata getrennten Liste stellen die 16-Bit-Portnummer in Form zweier 8-Bit-Bytes dar, wobei das höherwertige Byte zuerst kommt. Die mit »150« beginnende Antwort des Servers bestätigt den Aufbau der Datenverbindung an diesem Socket. Nicht ersichtlich ist die Tatsache, daß der Quellport dieser Verbindung immer der Standard-FTP-Datenport 20 ist (denken Sie daran, daß FTP-Server an Port 21 auf eingehende Kontrollverbindungen warten).

Bei diesem Prozeß gibt es zwei wichtige Punkte zu beachten:

- Der Socket für die Datenverbindung wird so ganz nebenbei vom Client erzeugt. Das verhindert ein Forwarding, weil man die Portnummer nicht im voraus kennt, um sie mit SSH weiterleiten zu können. Sie können dieses Problem umgehen, indem Sie den FTP-Prozeß »von Hand« mittels *telnet* einrichten. Wählen Sie im Vorfeld einen Datensocket aus und leiten Sie ihn mit SSH weiter. Greifen Sie mittels *telnet* direkt auf den FTP-Server zu und geben Sie die notwendigen FTP-Protokoll-Befehle von Hand ein. Verwenden Sie dabei den weitergeleiteten Port in Ihrem PORT-Befehl. Das kann man allerdings schwerlich als bequem bezeichnen.

- Denken Sie daran, daß die Datenverbindung in der *entgegengesetzten Richtung* der Kontrollverbindung verläuft. Sie läuft vom Server zurück zum Client. Wie an anderer Stelle in diesem Kapitel diskutiert, umgeht man das üblicherweise durch den passiven Modus.

11.2.5.2 *Der passive Modus im Detail*

Erinnern Sie sich daran zurück, daß bei einem Transfer im passiven Modus der Client die Verbindung zum Server initiiert. Statt also ein Listening an einem lokalen Socket durchzuführen und einen PORT-Befehl an den Server zu senden, gibt der Client einfach einen PASV-Befehl zurück. Der Client stellt dann die Verbindung zu diesem Socket her, um die Datenverbindung zu bilden, und gibt einen Befehl zum Dateitransfer über die Kontrollverbindung aus. Bei Kommandozeilen-basierten Clients werden Transfers im passiven Modus üblicherweise mit dem passive-Befehl eingeleitet. Hier noch einmal ein Beispiel:

```
$ ftp -d aaor.lionaka.net
Connected to aaor.lionaka.net.
220 aaor.lionaka.net FTP server (SunOS 5.7) ready.
---> USER res
331 Password required for res.
Password:
---> PASS XXXX
230 User res logged in.
---> SYST
215 UNIX Type: L8 Version: SUNOS
Remote system type is UNIX.
Using binary mode to transfer files.
ftp> passive
Passive mode on.
ftp> ls
---> PASV
227 Entering Passive Mode (219,243,169,52,128,73)
---> LIST
150 ASCII data connection for /bin/ls (219.243.169.50,2538) (0 bytes).
total 360075
drwxr-xr-x98   res      500          7168 May  5 17:13 .
dr-xr-xr-x  2 root      root            2 May  5 01:47 ..
-rw-rw-r--  1 res       500           596 Apr 25 1999  .FVWM2-errors
-rw-------  1 res       500           332 Mar 24 01:36 .ICEauthority
```

```
-rw-------    1 res      500           50 May  5 01:45 .Xauthority
-rw-r--r--    1 res      500         1511 Apr 11 00:08 .Xdefaults
226 ASCII Transfer complete.
ftp> quit
---> QUIT
221 Goodbye.
```

Beachten Sie, daß der Client nach Eingabe des *ls*-Befehls durch den Benutzer PASV statt PORT sendet. Der Server antwortet mit dem Socket, an dem er das Listening vornimmt. Der Client sendet den LIST-Befehl, um sich den Inhalt des aktuellen entfernten Verzeichnisses ausgeben zu lassen, und stellt die Verbindung mit dem entfernten Daten-Socket her. Der Server akzeptiert und bestätigt die Verbindung und überträgt das Verzeichnis-Listing dann über die neue Verbindung.

Ein interessantes historisches Anekdötchen, auf das wir bereits früher angespielt haben, ist die Tatsache, daß der PASV-Befehl ursprünglich gar nicht für diesen Zweck bestimmt war. Er wurde entworfen, um einem FTP-Client den Dateitransfer zwischen zwei entfernten Servern zu ermöglichen. Der Client stellt die Kontrollverbindungen zu beiden Servern her, schickt einen PASV-Befehl an den einen Server, der daraufhin an diesem Socket auf eingehende Verbindungen wartet. Er sendet dann einen PORT-Befehl an den anderen Server, der daraufhin die Verbindung mit diesem Socket herstellt, und stößt dann einen Datentransfer-Befehl (STOR, RETR etc.) an. Heutzutage wissen die meisten Leute nicht einmal, daß das überhaupt möglich ist, und laden eine Datei von einem Server zuerst auf die lokale Maschine und von dort weiter auf die zweite entfernte Maschine. Er ist so unüblich, daß viele FTP-Clients diesen Modus gar nicht erst unterstützen und einige Server dessen Verwendung aus Sicherheitsgründen unterbinden. [11.1.2.3]

11.2.5.3 FTP mit den Standard-Datenports

Der dritte Dateitransfer-Modus tritt ein, wenn der Client weder einen PORT- noch einen PASV-Befehl eingibt. In diesem Fall initiiert der Server die Datenverbindung vom wohlbekannten ftp-data-Port (20) her zum Quellsocket der Kontrollverbindung, an der der Client auf Verbindungen warten muß (diese Sockets sind die »Standard-Datenports« für die FTP-Session). Der übliche Weg, diesen Modus zu benutzen, ist die Verwendung des FTP-Client-Befehls *sendport*, der das Client-Feature des Sendens eines PORT-Befehls für jeden Datentransfer ein- oder ausschaltet. Für diesen Modus soll er ausgeschaltet sein, während er standardmäßig immer eingeschaltet ist. Die Reihenfolge der Schritte ist also wie folgt:

1. Der Client initiiert die Kontrollverbindung vom lokalen Socket zu server:21.

2. Der Benutzer gibt einen *sendport*-Befehl und dann einen Datentransferbefehl wie *put* oder *ls* ein. Der FTP-Client beginnt damit, an Socket C auf eingehende Verbindungen zu warten.

3. Der Server ermittelt den Socket C am anderen Ende der Kontrollverbindung. Der Client muß diesen nicht explizit per FTP-Protokoll übergeben, weil einfach TCP danach gefragt werden kann (z.B. mit der Sockets-API-Routine getpeername()). Er

öffnet dann eine Verbindung von seinem ftp-data-Port nach C und sendet oder empfängt die angeforderten Daten über diese Verbindung.

Nun ist das sicher die einfachere Art und Weise, die Dinge zu erledigen, statt verschiedene Sockets für jede Datenübertragung zu verwenden. Stellt sich uns also die Frage, warum PORT-Befehle die Norm sind. Wenn Sie diesen Modus probieren, werden Sie erkennen, warum. Ihr Versuch könnte clientseitig mit der Meldung »bind: Address already in use« fehlschlagen. Doch selbst wenn er funktioniert, macht er das nur einmal. Ein zweites *ls* entlockt einen weiteren Adreß-bezogenen Fehler, diesmal auf seiten des Servers:

```
aaor% ftp syrinx.lionaka.net
Connected to syrinx.lionaka.net.
220 syrinx.lionaka.net FTP server (Version wu-2.5.0(1) Tue Sep 21 16:48:12 EDT
331 Password required for res.
Password:
230 User res logged in.
ftp> sendport
Use of PORT cmds off.
ftp> ls
150 Opening ASCII mode data connection for file list.
keep
fichier.txt
226 Transfer complete.
19 bytes received in 0.017 seconds (1.07 Kbytes/s)
ftp> ls
425 Cant build data connection: Cannot assign requested address.
ftp> quit
```

Diese Probleme sind auf ein technisches Detail des TCP-Protokolls zurückzuführen. In diesem Fall verläuft jede Datenverbindung zwischen den gleichen zwei Sockets server:ftp-data und C. Weil eine TCP-Verbindung durch ein Paar von Quell- und Ziel-Sockets vollständig beschrieben wird, sind diese Verbindungen, soweit es TCP betrifft, nicht zu unterscheiden. Sie sind verschiedene Inkarnationen der gleichen Verbindung und können nicht zur gleichen Zeit existieren. Um garantieren zu können, daß zu zwei verschiedenen Inkarnationen einer Verbindung gehörende Pakete nicht durcheinanderkommen, gibt es tatsächlich eine Warteperiode, nach der eine Inkarnation beendet wurde. Während dieser Zeit ist eine neue Inkarnation verboten. Im TCP-Jargon verbleibt die Verbindung auf der Seite, die ein solches »aktives Schließen« der Verbindung angestoßen hat, in einem als TIME_WAIT bezeichneten Zustand. Dieser Zustand hält für eine Zeitperiode an, die mit der doppelten maximalen Lebensdauer eines Pakets im Netzwerk (oder »2MSL« für die doppelte »Maximum Segment Lifetime«) angenommen wird. Danach wird die Verbindung vollständig geschlossen, und eine weitere Inkarnation kann erfolgen. Der tatsächliche Wert dieses Timeouts kann von System zu System variieren, liegt allgemein aber irgendwo zwischen 30 Sekunden und 4 Minuten.[6]

---

[6] Weiterführende technische Informationen zum TIME_WAIT-Zustand finden Sie in *TCP/IP Illustrated, Volume 1: The Protocols* von W. Richard Stevens (Addison-Wesley).

Wie es scheint, erzwingen einige TCP-Implementierungen sogar noch stärkere Beschränkungen. Häufig kann ein Port, der Teil eines Sockets im TIME_WAIT-Zustand ist, nicht genutzt werden, selbst als Teil einer Verbindung zu einem anderen entfernten Socket nicht. Wir sind auch schon auf Systeme gestoßen, die das Listening an einem Socket verbieten, der augenblicklich den Endpunkt irgendeiner Verbindung bildet, und zwar unabhängig vom Verbindungsstatus. Diese Beschränkungen werden nicht vom TCP-Protokoll auferlegt, sind aber üblich. Solche Systeme bieten im allgemeinen einen Weg an, die Beschränkung aufzuheben, etwa mit der SO_REUSEADDR-Option der Berkeley Sockets-API. Ein FTP-Client verwendet dieses Feature natürlich normalerweise, aber es funktioniert nicht immer!

Dieses Problem mit der Wiederverwendung der Adresse taucht beim Standardport-FTP-Transfer an zwei Stellen auf. Zunächst wenn der Client mit dem Listening an seinem Standard-Datenport beginnt, der per Definition der momentane lokale Endpunkt der entsprechenden Kontrollverbindung ist. Einige Systeme erlauben das einfach nicht, selbst wenn das Programm die Wiederverwendung von Adressen anfordert. Das ist der Grund, warum der Versuch direkt mit einem »address already in use« scheitern kann.

Der andere Ort ist ein zweiter Datentransfer. Wenn der erste Transfer beendet ist, schließt der Server die Datenverbindung, und diese Verbindung geht auf seiten des Servers in den TIME_WAIT-Zustand über. Wenn Sie einen weiteren Datentransfer anfordern, bevor die 2MSL-Periode verstrichen ist, versucht der Server eine weitere Inkarnation der gleichen Verbindung aufzubauen, was mit »cannot assign requested address« fehlschlägt. Das passiert unabhängig von den Einstellungen zur Wiederverwendung von Adressen, weil TCP das so verlangt. Sie können innerhalb weniger Minuten die nächste Datei übertragen, aber die meisten Computeranwender werden schon ungeduldig, wenn sie ein paar Sekunden warten müssen. Es ist genau dieses Problem, das nach einem PORT-Befehl für jeden Transfer schreit, weil dabei ein Ende der Verbindung jedesmal anders ist und TIME_WAIT-Kollisionen nicht auftreten.

Aufgrund dieser Probleme wird der Standard-Port-Transfer-Modus generell nicht verwendet. Für uns besitzt er aber eine wesentliche Eigenschaft: Er ist der einzige Modus, in dem der Zielport der Datenverbindung fest ist. Damit ist er uns bekannt, bevor der Datentransfer-Befehl angegeben wird. Mit diesem Wissen, etwas Aufmerksamkeit und ein wenig Glück ist es möglich, Ihre FTP-Datenverbindungen einem SSH-Forwarding zu unterziehen.

11.2.6 Forwarding der Datenverbindung

Mit dem gerade neu gewonnenen Wissen im Hinterkopf geben wir nun einfach die Folge von Schritten an, die zum Einrichten des Datenverbindungs-Forwarding notwendig sind. Der kniffelige Teil besteht darin, daß SSH die Wiederverwendung von Adressen für weitergeleitete Ports von TCP anfordern muß. SSH2 und OpenSSH machen das bereits, SSH1 kann es hingegen nicht. Allerdings reicht für SSH1 eine einfache Modifikation des Quellcodes aus. In der Routine `channel_request_local_forwarding` in *newchannels.c* fügen Sie den folgenden Code direkt vor den Aufruf von `bind()` ein (bei Version 1.2.27 ist dies Zeile 1438):

```
...
sin.sin_port = htons(port);

{
  int flag = 1;
  setsockopt(sock, SOL_SOCKET, SO_REUSEADDR, (void *)&flag,
      sizeof(flag));
}

/* Bind the socket to the address. */
if (bind(sock, (struct sockaddr *)&sin, sizeof(sin)) < 0)
  packet_disconnect("bind: %.100s", strerror(errno));
...
```

Kompilieren und installieren Sie *sshd* auf Serverseite neu. Wenn Sie hierzu nicht in der notwendigen Position sind, können Sie Ihren modifizierten *ssh*-Client auf den Server kopieren, und im nachfolgend beschriebenen Schritt (3) verwenden Sie *ssh −L* vom Server zum Client, statt eines *ssh −R* vom Client zum Server.

Eine weitere Einschränkung besteht darin, daß das Betriebssystem, auf dem der FTP-Client läuft, es einem Prozeß erlauben muß, ein Listening an einem Socket durchzuführen, das bereits als Endpunkt einer existierenden Verbindung verwendet wird. Einige Betriebssysteme erlauben das nicht. Um das auszuprobieren, probieren Sie einen FTP-Datentransfer über die Standard-Datenports (ohne SSH). Verwenden Sie *ftp* wie üblich, geben Sie aber *sendport* vor *ls, get* etc. ein. Wenn Sie

```
ftp: bind: Address already in use
```

erhalten, ist Ihr Betriebssystem wahrscheinlich nicht kooperationsbereit. Es könnte eine Möglichkeit geben, dieses Verhalten zu ändern, schauen Sie einfach in Ihre Betriebssystem-Dokumentation. Abbildung 11-7 macht die folgenden Schritte deutlich.

1. Starten Sie eine SSH-Verbindung, um den Kontrollkanal wie vorhin beschrieben weiterzuleiten, und stellen Sie die Verbindung mit dem FTP-Client her. Achten Sie darauf, daß der passive Modus ausgeschaltet ist.

   ```
   client% ssh1 -f -n -L2001:localhost:21 server sleep 10000 &
   ```

   Für SSH2:

   ```
   client% ssh2 -f -n -L2001:localhost:21 server
   ```

   Und dann:

   ```
   client% ftp localhost 2001
   Connected to localhost
   220 server FTP server (SunOS 5.7) ready.
   Password:
   230 User res logged in.
   ftp> sendport
   Use of PORT cmds off.
   ftp> passive
   ```

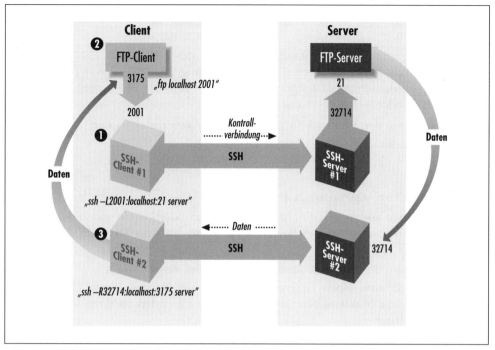

Abbildung 11-7: Forwarding der FTP-Datenverbindung

```
Passive mode on.
ftp> passive
Passive mode off.
```

Beachten Sie, daß wir localhost hier (entgegen unserem früheren Rat) als Forwarding-Ziel verwenden. Das ist in Ordnung, weil es keinerlei PORT- oder PASV-Befehle geben wird, deren Adressen falsch sein könnten.

2. Nun müssen wir die Standard-Datenports (real und Proxy) für den FTP-Client ermitteln. Auf Client-Seite ist das mit *netstat* möglich:

```
client% netstat -n | grep 2001
tcp      0      0 client:2001 client:3175 ESTABLISHED
tcp      0      0 client:3175 client:2001 ESTABLISHED
```

Diese Ausgabe zeigt, daß Port 3175 die Quelle der Kontrollverbindung vom FTP-Client zu SSH ist. Sie können das gleiche auf seiten des Servers tun, müssen diesmal aber bestimmen, was mit dem FTP-Serverport verbunden ist (*netstat –n | egrep '\<21\>'*), und das kann so einiges sein. Wenn Sie ein Tool wie *lsof* besitzen, ist es besser, wenn Sie die PID des fraglichen *ftpd* oder *sshd* ermitteln und mit *lsof –p <pid>* die richtige Portnummer bestimmen. Wenn nicht, können Sie ein *netstat* vor der FTP-Verbindung und eines direkt danach ausführen und versuchen, die neue Verbindung zu entdecken. Nehmen wir einmal an, Sie sind der einzige Benutzer des FTP-Servers, dann bestimmen Sie das wie folgt:

```
server% netstat | grep ftp
tcp      0      0 server:32714 server:ftp   ESTABLISHED
tcp      0      0 server:ftp   server:32714 ESTABLISHED
```

Bis jetzt kennen wir den Standard-Datenport des FTP-Clients (3175) und den Quellport der weitergeleiteten Kontrollverbindung zum FTP-Server (32714), den wir als Standard-Proxy-Datenport bezeichnen, weil der FTP-Server glaubt, daß dies der Standard- Datenport des Clients ist.

3. Nun leiten wir den Standard-Proxy-Datenport an den realen weiter:

```
# SSH1, OpenSSH
client% ssh1 -f -n -R32714:localhost:3175 server sleep 10000 &

# Nur SSH2
client% ssh2 -f -R32714:localhost:3175 server
```

Wenn Sie, wie vorhin erwähnt, *sshd* nicht ersetzt oder keinen zweiten ausgeführt haben, dann verwenden Sie das modifizierte *ssh* auf dem Server in der anderen Richtung:

```
server% ./ssh -f -n -L32714:localhost:3175 client sleep 10000 &
```

4. Probieren Sie nun einen Datentransfer-Befehl mit *ftp* aus. Wenn alles gutgeht, sollte es einmal funktionieren und dann mit der folgenden Meldung vom FTP-Server fehlschlagen:

```
425 Cant build data connection: Address already in use.
```

(Einige FTP-Server geben diesen Fehler sofort zurück, andere versuchen es einige Male, bevor sie aufgeben, d.h., es kann etwas dauern, bis diese Fehlermeldung erscheint.) Wenn Sie die 2MSL-Timeout-Periode des Servers abwarten, können Sie einen weiteren Datentransfer durchführen. Sie können sich das Problem mit *netstat* ansehen und den Status überwachen:

```
server% netstat | grep 32714
127.0.0.1.32714   127.0.0.1.21       32768   0 32768   0 ESTABLISHED
127.0.0.1.21      127.0.0.1.32714    32768   0 32768   0 ESTABLISHED
127.0.0.1.20      127.0.0.1.32714    32768   0 32768   0 TIME_WAIT
```

Die beiden ersten Zeilen zeigen die an Port 21 aufgebaute Kontrollverbindung, die dritte zeigt eine alte Datenverbindung mit Port 20, nun im TIME_WAIT-Zustand. Sobald diese Zeile verschwindet, können Sie einen weiteren Datentransfer durchführen.

Und da haben Sie es: Sie haben eine FTP-Datenverbindung durch SSH weitergeleitet. Sie haben den heiligen Gral von FTP mit SSH erreicht, auch wenn Sie vielleicht mit uns und Sir Gawain übereinstimmen, daß es sich »nur um ein Modell« handelt. Dennoch, wenn Sie sich um Ihre Datenverbindungen große Sorgen machen und keine andere Möglichkeit der Dateiübertragung besitzen, können Sie die paar Minuten zwischen den Dateitransfers verkraften und sind glücklich, daß es überhaupt funktioniert. Außerdem kommen Sie damit auf Geek-Parties ganz groß raus.

11.3 Pine, IMAP und SSH

Pine ist ein populäres, Unix-basiertes E-Mail-Programm von der University of Washington (*http://www.washington.edu/pine/*). Neben der Verarbeitung von in lokalen Dateien liegenden E-Mails unterstützt Pine auch IMAP[7] für den Zugriff auf entfernte Mailboxen sowie SMTP[8] zum Versenden vom E-Mails.

In dieser Fallstudie kombinieren wir Pine und SSH, um zwei häufig auftretende Probleme zu lösen:

IMAP-Authentifizierung
In vielen Fällen erlaubt es IMAP, ein Paßwort im Klartext über das Netzwerk zu senden. Wir haben ja schon diskutiert, wie man sein Paßwort mit SSH schützen kann, nicht aber, wie man das mit Port-Forwarding macht.

Eingeschränktes Mail-Relaying
Viele ISPs erlauben nur den eigenen Kunden den Zugriff auf die Mail- und News-Server. Unter bestimmten Umständen kann diese Einschränkung Sie daran hindern, Ihre Mail ganz legitim durch Ihren ISP weiterleiten zu lassen. Auch hier bietet SSH eine Lösung.

Wir diskutieren auch die Einbindung von *ssh* in einem Skript, um Verzögerungen bei Pine-Verbindungen zu vermeiden und den Zugriff auf mehrere Mailboxen zu ermöglichen. Diese Diskussion wird etwas detaillierter sein als die zur Pine/SSH-Integration. [4.5.4]

11.3.1 Die IMAP-Authentifizierung absichern

Wie SSH ist auch IMAP ein Client/Server-Protokoll. Ihr E-Mail-Programm (z.B. Pine) ist der Client, und der IMAP-Serverprozeß (z.B. *imapd*) läuft auf einer entfernten Maschine, dem *IMAP-Host*, um den Zugriff auf Ihre entfernte Mailbox zu kontrollieren. Ebenso wie SSH verlangt generell auch IMAP, daß Sie sich authentifizieren, bevor Sie auf Ihre Mailbox zugreifen können. Diese Authentifizierung erfolgt üblicherweise durch ein Paßwort. Unglücklicherweise wird dieses Paßwort in vielen Fällen im Klartext über das Netzwerk an den IMAP-Host geschickt, was natürlich ein Sicherheitsrisiko darstellt (siehe Abbildung 11-8).[9]

Wenn Sie einen Account auf dem IMAP-Host besitzen und wenn Sie einen SSH-Server ausführen, können Sie Ihr Paßwort schützen. Weil IMAP ein TCP/IP-basiertes Protokoll ist, besteht ein Ansatz darin, das SSH-Port-Forwarding zwischen der Pine-Maschine und dem IMAP-Host einzusetzen (siehe Abbildung 11-9). [9.2.1]

---

7   Internet Message Access Protocol, RFC-2060.
8   Simple Mail Transfer Protocol, RFC-821.
9   IMAP unterstützt sicherere Authentifizierungsmethoden, die aber nicht weit verbreitet sind.

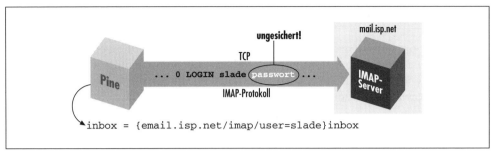

Abbildung 11-8: Eine normale IMAP-Verbindung

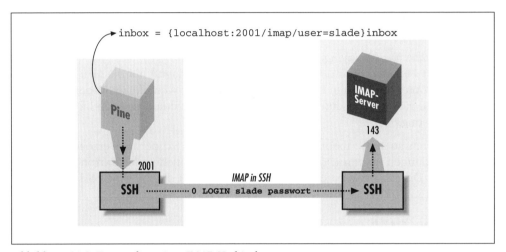

Abbildung 11-9: Forwarding einer IMAP-Verbindung

Allerdings hat diese Technik zwei Nachteile:

Sicherheitsrisiko

Bei einem Mehrbenutzersystem kann jeder Benutzer die Verbindung zu Ihrem weitergeleiteten Port herstellen. [9.2.4.3] Wenn Sie das Forwarding nur zum Schutz Ihres Paßworts verwenden, ist das keine große Sache, weil ein Eindringling im schlimmsten Fall eine separate Verbindung zum IMAP-Server herstellen kann, die nichts mit Ihrer Verbindung zu tun hat. Wenn Ihnen andererseits Ihr Port-Forwarding den Zugang zu einem IMAP-Server hinter einer Firewall gewährt, könnte der Eindringling die Firewall durchbrechen, indem er Ihre weitergeleiteten Ports mißbraucht, was ein viel größeres Sicherheitsrisiko darstellen würde.

Unbequemlichkeit

Bei diesem Setup müssen Sie sich zweimal authentifizieren: zuerst gegenüber dem SSH-Server auf dem IMAP-Host (um die Verbindung herzustellen und den Tunnel einzurichten) und dann gegenüber dem IMAP-Server mit Ihrem Paßwort (um auf die Mailbox zugreifen zu können). Das ist überflüssig und lästig.

Glücklicherweise können wir diese beiden Nachteile beheben und Pine bequem und sicher über SSH laufen lassen.

11.3.1.1   Pine und vorauthentifiziertes IMAP

Das IMAP-Protokoll definiert zwei Modi, nach denen ein IMAP-Server normal oder vorauthentifiziert gestartet werden kann (siehe Abbildung 11-10). Normalerweise läuft der Server mit besonderen Privilegien, um auf beliebige Benutzer-Mailboxen zugreifen zu können und benötigt daher die Authentifizierung vom Client. Unix-basierte IMAP-Server verwenden diesen Modus, wenn sie unter root ausgeführt werden.

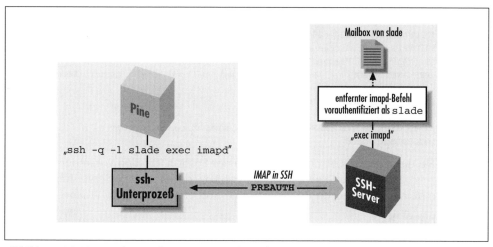

Abbildung 11-10: Pine/IMAP über SSH, vorauthentifiziert

Hier beispielhaft eine Session, die den IMAP-Server *imapd* durch *inetd* startet, so daß dieser unter root ausgeführt wird:

```
server% telnet localhost imap
* OK localhost IMAP4rev1 v12.261 server ready
0 login res passwort
1 select inbox
* 3 EXISTS
* 0 RECENT
* OK [UIDVALIDITY 964209649] UID validity status
* OK [UIDNEXT 4] Predicted next UID
* FLAGS (\Answered \Flagged \Deleted \Draft \Seen)
* OK [PERMANENTFLAGS (\* \Answered \Flagged \Deleted \Draft \Seen)] Permanent
flags
1 OK [READ-WRITE] SELECT completed
2 logout
* BYE imap.example.com IMAP4rev1 server terminating connection
2 OK LOGOUT completed
```

Alternativ geht der IMAP-Server im vorauthentifizierten Modus davon aus, daß die Authentifizierung bereits durch das den Server startende Programm erfolgt ist und daß die für den Zugriff auf die Mailbox benötigten Rechte bereits bestehen. Wenn Sie *imapd* unter einer Nicht-root-UID in der Kommandozeile starten, geht *imapd* davon aus, daß Sie sich bereits authentifiziert haben, und öffnet Ihre E-Mail-Inbox. Sie können IMAP-Befehle eingeben und auf Ihre Mailbox zugreifen, ohne sich authentifizieren zu müssen:

```
server% /usr/local/sbin/imapd
* PREAUTH imap.example.com IMAP4rev1 v12.261 server ready
0 select inbox
* 3 EXISTS
* 0 RECENT
* OK [UIDVALIDITY 964209649] UID validity status
* OK [UIDNEXT 4] Predicted next UID
* FLAGS (\Answered \Flagged \Deleted \Draft \Seen)
* OK [PERMANENTFLAGS (\* \Answered \Flagged \Deleted \Draft \Seen)] Permanent
flags
0 OK [READ-WRITE] SELECT completed
1 logout
* BYE imap.example.com IMAP4rev1 server terminating connection
1 OK LOGOUT completed
```

Beachten Sie die PREAUTH-Response zu Beginn der Session, die den vorauthentifizierten Modus anzeigt. Darauf folgt der Befehl select inbox, der den IMAP-Server implizit auffordert, die Inbox des aktuellen Benutzers ohne Authentifizierung zu öffnen.

Nun, wie hängt all das mit Pine zusammen? Wird Pine angewiesen, auf eine IMAP-Mailbox zuzugreifen, versucht es zuerst, sich auf dem IMAP-Host mittels *rsh* anzumelden, um dann direkt eine vorauthentifizierte Instanz von *imapd* auszuführen. Ist das erfolgreich, unterhält sich Pine mit dem IMAP-Server über die *rsh*-Pipe und besitzt automatisch Zugang zur Inbox des entfernten Benutzers, ohne sich weiter authentifizieren zu müssen. Das ist eine gute Idee und sehr bequem, das einzige Problem besteht darin, daß *rsh* sehr unsicher ist. Sie können aber dafür sorgen, daß Pine statt dessen SSH verwendet.

11.3.1.2 *Pine SSH statt rsh verwenden lassen*

Pines *rsh*-Feature wird durch drei Konfigurationsvariablen in der Datei *~/.pinerc* gesteuert: rsh-path, rsh-command und rsh-open-timeout. rsh-path speichert den Namen des Programms, das zum Öffnen einer entfernten Unix-Shell verwendet werden soll. Normalerweise steht hier der vollständig qualifizierte Pfad auf das *rsh*-Executable (z.B. */usr/ucb/rsh*). Um Pine also SSH nutzen zu lassen, weisen Sie es an, den *ssh*-Client anstelle von *rsh* auszuführen. Weisen Sie rsh-path die genaue Lage des SSH-Clients zu:

```
rsh-path=/usr/local/bin/ssh
```

rsh-command repräsentiert den Unix-Befehl zum Öffnen der Verbindung mit der entfernten Shell: in diesem Fall die IMAP-Verbindung zum IMAP-Host. Der Wert ist ein printfartiger Formatstring mit vier »%s«-Konvertierungsanweisungen, die zur Laufzeit automatisch gefüllt werden. Diese vier Elemente repräsentieren die folgenden Werte:

1. den Wert von `rsh-path`
2. den entfernten Hostnamen
3. den Benutzernamen für den Zugriff auf die entfernte Mailbox
4. die Verbindungsmethode, in diesem Fall »imap«

So sieht der Standardwert für `rsh-command` beispielsweise so aus:

```
"%s %s -l %s exec /etc/r%sd"
```

was wie folgt aufgelöst werden kann:

```
/usr/ucb/rsh imap.example.com -l smith exec /etc/rimapd
```

Damit das auch mit *ssh* richtig funktioniert, modifizieren Sie den Standard-Formatstring ein wenig und nehmen die Option *–q* für den Quiet-Modus auf:

```
rsh-command="%s %s -q -l %s exec /etc/r%sd"
```

Aufgelöst ergibt sich dann:

```
/usr/local/bin/ssh imap.example.com -w -l smith exec /etc/rimapd
```

Die Option *–q* ist notwendig, damit *ssh* keine Diagnosemeldungen ausgibt, die Pine verwirren könnten, etwa:

```
Warning: Kerberos authentication disabled in SUID client.
fwd connect from localhost to local port sshdfwd-2001
```

Pine versucht anderenfalls, diese Ausgaben als Teil des IMAP-Protokolls zu interpretieren. Die Standardlage des IMAP-Servers, */etc/r%sd*, wird zu */etc/rimapd*.

Die dritte Variable, `rsh-open-timeout`, legt die Anzahl von Sekunden fest, die Pine zum Öffnen der entfernten Shell-Verbindung bleiben. Belassen Sie diese Einstellung auf dem Standardwert 15, auch wenn jeder Integerwert größer oder gleich 5 zulässig ist.

Die Pine-Konfiguration sieht also schließlich so aus:

```
rsh-path=/usr/local/bin/ssh
rsh-command="%s %s -q -l %s exec /etc/r%sd"
rsh-open-timeout=
```

Generell werden Sie eine Methode der SSH-Authentifizierung verwenden wollen, die keine Eingabe von Paßwort oder Paßphrase verlangt (etwa Trusted-Host oder Public-Key mit einem Agenten). SSH wird von Pine hinter den Kulissen ausgeführt und hat keinen Zugriff auf ein Terminal, um Sie danach zu fragen. Wenn Sie mit dem X-Window-System arbeiten, kann *ssh* statt dessen ein X-Widget (*ssh-askpass*) öffnen, aber sehr wahrscheinlich wollen Sie das auch nicht. Pine baut mehrere separate IMAP-Verbindungen auf, um Ihre Mails zu lesen, selbst wenn diese alle auf dem gleichen Server liegen. Das liegt einfach an der Funktionsweise des IMAP-Protokolls.

Entfernte Benutzernamen bei Pine

Übrigens wird es nirgendwo in der Pine-Manpage oder in den Kommentaren der Konfigurationsdatei erwähnt, aber wenn Sie für die Verbindung zu Ihrer entfernten Mailbox einen anderen Benutzernamen angeben müssen, lautet die Syntax wie folgt:

```
{hostname/user=jane}mailbox
```

Das veranlaßt Pine, den `rsh-command` mit »jane« als entferntem Benutzernamen auszuführen (d.h. die dritte `%s`-Substitution).

Mit den vorangegangenen Einstellungen in Ihrer ~/.*pinerc*-Datei und der richtigen SSH-Authentifizierung an Ort und Stelle sind Sie bereit, Pine über SSH auszuprobieren. Starten Sie Pine einfach und öffnen Sie Ihre entfernte Mailbox. Wenn alles gutgeht, wird sie ohne Rückfrage nach dem Paßwort geöffnet.

11.3.2   Relaying von Mail und Zugriff auf News

Pine verwendet IMAP zum Lesen, nicht aber zum Senden von E-Mails. Hierzu kann entweder ein lokales Programm (wie *sendmail*) aufgerufen oder ein SMTP-Server verwendet werden. Pine kann auch als Newsreader verwendet werden und NNTP (das Network News Transfer Protocol, RFC-977) nutzen, um den News-Server anzusprechen.

Ein ISP bietet seinen Kunden üblicherweise die Nutzung seiner NNTP- und SMTP-Dienste an. Allerdings beschränkt der ISP aus Nutzungs- und Sicherheitsgründen den Zugriff auf Verbindungen, deren Ursprung im eigenen Netzwerk (einschließlich seiner Dialup-Verbindungen) liegt. Wenn Sie also von irgendwo im Internet versuchen, die Dienste Ihres ISPs zu nutzen, wird dieser Versuch üblicherweise fehlschlagen. Der Zugang zu den von Ihnen normalerweise genutzten Servern kann durch eine Firewall blockiert sein, falls das nicht der Fall ist, kann Ihre ausgehende Mail mit einer »kein Relaying«-Meldung zurückkommen, und der News-Server lehnt Sie mit einer »nicht-autorisiert«-Meldung ab.

Nun sind Sie aber natürlich autorisiert, den Dienst zu nutzen, was also tun? Verwenden Sie das SSH-Port-Forwarding! Indem Sie Ihre SMTP- und NNTP-Verbindungen über eine SSH-Session auf eine Maschine innerhalb des ISP-Netzwerks weiterleiten, scheinen Ihre Verbindungen von dieser Maschine zu stammen, und Sie umgehen diese Adreß-basierten Beschränkungen. Sie können separate SSH-Befehle zum Forwarding jedes Ports nutzen:

```
$ ssh -L2025:localhost:25 smtp-server ...
$ ssh -L2119:localhost:119 nntp-server ...
```

Wenn Sie einen Shell-Account auf einer Maschine Ihres ISPs besitzen und wenn auf dieser SSH läuft, Sie sich aber nicht direkt in die Mail- oder News-Server einloggen können, dann verwenden Sie folgendes:

```
$ ssh -L2025:smtp-server:25 -L2119:nntp-server:119 shell-server ...
```

Bei diesem Off-Host-Forwarding ist der letzte Teil des Pfades nicht mehr durch SSH geschützt. [9.2.4] Weil der Grund für unser Forwarding aber nicht so sehr die Sicherheit als vielmehr die Umgehung der Quelladressen-Beschränkung ist, kann man damit leben. Ihre E-Mails und News-Postings werden sowieso ungesichert übertragen, sobald sie verschickt wurden. (Wenn Sie sie absichern wollen, müssen Sie sie separat signieren oder verschlüsseln, z.B. mit PGP oder S/MIME.)

Auf jeden Fall konfigurieren Sie Pine nun so, daß es die weitergeleiteten Ports verwendet. Hierzu setzen Sie die Konfigurationsoptionen smtp-server und nntp-server in Ihrer *~/.pinerc*-Datei entsprechend:

```
smtp-server=localhost:2025
nntp-server=localhost:2119
```

11.3.3 Nutzung eines Verbindungs-Skripts

Die Pine-Konfigurationsoption rsh-path kann nicht nur auf *rsh* oder *ssh* verweisen, sondern auch auf jedes andere Programm. Am nützlichsten ist wohl der Verweis auf ein von Ihnen entwickeltes Skript, das alle benötigten Anpassungen enthält. Es gibt eine Reihe von Gründen, warum das notwendig sein könnte:

* Die Einstellung von rsh-path gilt global für jede entfernte Mailbox. Pine verwendet diese Form des Zugriffs also für jede entfernte Mailbox oder für keine. Wenn Sie mehrere entfernte Mailboxen besitzen, von denen aber nur einige über SSH/*imapd* zugänglich sind, führt das zu Problemen. Pine kehrt zu einer direkten TCP-Verbindung zurück, wenn SSH keine IMAP-Verbindung aufbauen kann, Sie müssen aber warten, bis die Verbindung fehlschlägt. Wenn der fragliche Server hinter einer Firewall liegt, die den SSH-Port stillschweigend blockiert, kann das eine längere Verzögerung sein.

* Das Problem mit dem »Mehrfach-Forwarding«. Sie könnten versuchen, die Forwarding-Optionen an den rsh-path-Befehl von Pine zu übergeben, statt sie über eine separate SSH-Session einzurichten:

```
rsh-command="%s %s -q -l %s -L2025:localhost:25 exec /etc/r%sd"
```

Diese Lösung kann sich als problematisch erweisen, wenn Sie auf mehrere Mailboxen zugreifen, nicht nur, weil der Befehl für jede Mailbox ausgeführt wird, sondern auch, weil der Befehl ja mehrmals gleichzeitig ausgeführt werden kann. Sobald die weitergeleiteten Ports einmal aufgebaut sind, schlagen nachfolgende Aufrufe fehl. Genauer gesagt, schlagen SSH1 und OpenSSH fehl, während SSH2 zwar eine Warnung ausgibt, aber doch weitermacht.

Ein eigenes Verbindungs-Skript kann diese und andere Probleme lösen. Das folgende Perl-Skript untersucht den Zielserver und gibt sofort einen Fehlerwert zurück, wenn dieser nicht in einer kleinen Gruppe bekannter Namen enthalten ist. Pine geht also schnell über den `rsh-path`-Befehl für andere Server hinweg und versucht dann, eine direkte IMAP-Verbindung aufzubauen. Das Skript erkennt auch, ob SMTP- und NNTP-Forwardings aktiv sind, und nimmt diese nur im SSH-Befehl auf, wenn das nicht der Fall ist. Um dieses oder ein vergleichbares Skript zu nutzen, lassen Sie Pines `rsh-path`-Option auf Ihr Skript verweisen und setzen `rsh-command` so, daß es zu Ihrem Skript kompatibel ist:

```
rsh-path=/path/to/script
rsh-command=%s %s %s %s
```

Hier eine beispielhafte Implementierung des Skripts in Perl:

```perl
#!/usr/bin/perl

# TCP/IP module
use IO::Socket;

# Argumente an Pine übergeben
($server,$remoteuser,$method) = @ARGV;

die "Verwendung: $0 <server> <entfernter benutzer> <methode>"
    unless scalar @ARGV == 3;

if ($server eq "mail.isp.com") {
    # auf dieser Maschine muß ein eigener imapd kompiliert werden
    $command = cd ~/bin; exec imapd;
} else if ($server eq "clueful.isp.com") {
    # auf diesem Rechner sind POP- und IMAP-Server an den erwarteten Stellen
    $command = exec /etc/r${method}d;
} else {
    # Pine zum Weitermachen veranlassen
    exit 1;
}

$smtp = 25;  # Allgemein bekannter Port für SMTP
$nntp = 119; # und NNTP
$smtp_proxy = 2025; # lokaler Port zum Forwarding der SMTP-Verbindung
$nntp_proxy = 2119; # lokaler Port zum Forwarding der NNTP-Verbindung
$ssh = /usr/local/bin/ssh1; # welches SSH soll ausgef ührt werden?

# Wir versuchen den Verbindungsaufbau zum weitergeleiteten SMTP-Port.
# Forwarding erfolgt nur, wenn der Versuch fehlschlägt und wenn wir uns nicht in
# der Domain "home.net" befinden. Die Idee besteht darin, daß Sie sich dann in
# Ihrem Heimat-Netz befinden und somit direkten Zugriff auf die Mail- und News-
# Server Ihres ISPs haben.

$do_forwards = !defined($socket = IO::Socket::INET->new("local-
host:$smtp_proxy"))
    && domainname !~ /HOME.NET/i;
```

```
# Ordentlich aufräumen
close $socket if $socket;

# Wenn Forwarding notwendig ist, setzen wir auch die Forwarding-Optionen. Wir
# gehen davon aus, daß die Mail- und News-Server in der Domain Ihres ISPs als
# "mail" bzw."news" bezeichnet werden. Eine gängige und nützliche Konvention.

@forward = (-L,"$smtp_proxy:mail:$smtp",-L,"$nntp_proxy:news:$nntp");
    if ($do_forwards);

# Argumente an ssh übergeben
@ssh_argv = (-a,-x,-q,@forward,"$remoteuser\@$server");

# ssh ausführen
exec $ssh, @ssh_argv, $command;
```

11.4 Kerberos und SSH

Kerberos ist ein Authentifizierungssystem, das so entworfen wurde, daß es sicher in einer Umgebung läuft, in der Netzwerke überwacht werden und Benutzer-Workstations keiner zentralen Kontrolle unterliegen. [1.6.3] Es wurde im Rahmen des »Project Athena« entwickelt, einem weitreichenden Forschungs- und Entwicklungsprojekt, das in den Jahren 1983 bis 1991 am MIT lief und hauptsächlich von IBM und der Digital Equipment Corporation finanziert wurde. Project Athena hat in die Computerwelt viele andere Technologien eingebracht, darunter auch das bekannte X-Window-System.

Kerberos unterscheidet sich in Charakter und Design sehr stark von SSH. Es umfaßt Features und Dienste, die dem anderen fehlen. In dieser Studie vergleichen wir diese beiden Systeme im Detail und diskutieren dann, wie man sie kombinieren kann, um die Vorteile beider zu nutzen. Wenn Ihre Site Kerberos bereits einsetzt, können Sie SSH einbinden, während Ihre Account-Basis und Authentifizierungs-Infrastruktur erhalten bleiben kann. (Abbildung 11-11 zeigt, an welcher Stelle Kerberos in SSH-Konfigurationsschemata paßt.) Wenn Sie Kerberos nicht verwenden, könnten dessen Vorteile so zwingend sein, Sie dazu zu bewegen, es zu installieren, insbesondere in großen Rechnerumgebungen.

Es gibt zwei Versionen des Kerberos-Protokolls: Kerberos-4 und Kerberos-5. Freie Referenzimplementierungen beider Versionen sind am MIT verfügbar:

   ftp://athena-dist.mit.edu/pub/kerberos/

Kerberos-5 ist die aktuelle Version, und Kerberos-4 wird vom MIT nicht mehr aktiv weiterentwickelt. Dennoch ist Kerberos-4 in verschiedenen Kontexten immer noch im Einsatz, insbesondere in Verbindung mit kommerziellen Systemen (z.B. Sun Solaris, Transarc AFS). SSH1 unterstützt Kerberos-5, und OpenSSH/1 unterstützt Kerberos-4. Das aktuelle Draft des SSH-2-Protokolls definiert noch keine Kerberos-Authentifizie-

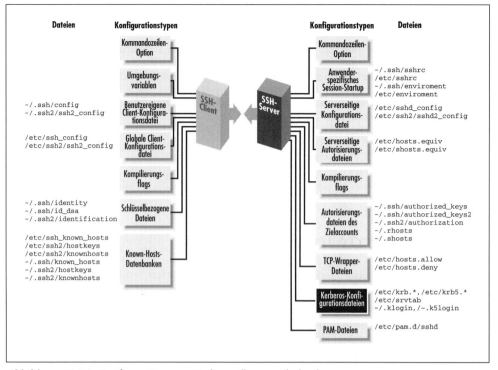

Abbildung 11-11: Konfiguration von Kerberos (hervorgehoben)

rungsmethode, aber während die Originalausgabe dieses Buches in Druck ging, wurde SSH 2.3.0 mit »experimenteller« Kerberos-5-Unterstützung veröffentlicht. Berücksichtigen konnten wir es aber nicht mehr (auch wenn es grundsätzlich so funktionieren sollte, wie mit SSH1 beschrieben).

11.4.1 Ein Vergleich zwischen SSH und Kerberos

Obwohl beide viele der gleichen Probleme lösen, sind Kerberos und SSH sehr verschiedene Systeme. SSH ist ein leichtgewichtiges, einfach einzubindendes System, das entworfen wurde, um auf vorhandenen Systemen mit minimalen Änderungen zu laufen. Im Gegensatz dazu verlangt Kerberos zuerst den Aufbau einer mächtigen Infrastruktur, bevor es eingesetzt werden kann.

11.4.1.1 Infrastruktur

Lassen Sie uns ein Beispiel betrachten, bei dem es Benutzern ermöglicht wird, sichere Sessions zwischen zwei Maschinen einzurichten. Mit SSH können Sie einfach den SSH-Client auf der einen Maschine und den Server auf der zweiten installieren, den Server starten, und los geht's. Kerberos verlangt hingegen zunächst die folgenden administrativen Arbeiten:

- Aufbau mindestens eines Kerberos Key Distribution Center-Hosts (KDC). Die KDCs nehmen im Kerberos-System eine Schlüsselstellung ein und müssen stark abgesichert werden. Üblicherweise betreiben sie nichts als den KDC, erlauben keine entfernten Logins und werden an einem physikalisch sicheren Ort vorgehalten.[10] Kerberos ist ohne KDC nicht funktionsfähig, weshalb es ratsam ist, auch Backup- oder »Slave«-KDCs einzurichten, die in regelmäßigen Abständen mit dem Master synchronisiert werden müssen. Ein KDC-Host kann auch einen Server zur entfernten Administration, einen Credential-Konvertierungs-Server für die Kerberos-4-Kompatibilität in einer Kerberos-5-Installation und andere, von Ihren Bedürfnissen abhängige, Server ausführen.

- Tragen Sie für jeden Kerberos-Benutzer einen Account (»user principal«) in die KDC-Datenbank ein.

- Tragen Sie für jeden Anwendungs-Server, der Kerberos zur Authentifizierung von Clients nutzt, einen Account (»service principal«) in die KDC-Datenbank ein. Ein separater »Prinzipal« ist für jeden Server auf jedem Host notwendig.

- Verteilen Sie die kryptographischen Schlüssel des Service-Prinzipals in Dateien auf den entsprechenden Hosts.

- Legen Sie eine serverweite Kerberos-Konfigurationsdatei (*/etc/krb5.conf*) an und installieren Sie sie auf allen Hosts.

- Installieren Sie Kerberos-fähige Anwendungen. Im Gegensatz zu SSH ist Kerberos für TCP-Anwendungen nicht transparent. Zum Beispiel könnten Sie eine Kerberos nutzende *telnet*-Version installieren, die eine stark authentifizierte, verschlüsselte, entfernt Login-Session ähnlich *ssh* zur Verfügung stellt.

- Richten Sie ein System zur Uhren-Synchronisation ein, z.B. das Network Time Protocol (NTP). Der korrekte Betrieb von Kerberos basiert auf Timestamps.

Ganz offensichtlich verlangt Kerberos wesentlich mehr Arbeit und Veränderungen am existierenden System als SSH.

11.4.1.2 Integration mit anderen Anwendungen

Ein weiterer Unterschied zwischen SSH und Kerberos ist deren beabsichtigte Nutzung. SSH besteht aus einer Reihe von Programmen, die über das SSH-Protokoll zusammenarbeiten. Es wurde so entworfen, daß es mit minimalen Änderungen mit vorhandenen Anwendungen kombiniert werden kann. Denken Sie an Programme wie CVS [8.2.6.1] und Pine [11.3], die intern das unsichere *rsh*-Programm ausführen, um entfernte Programme auszuführen. Sind diese so konfiguriert, daß sie *ssh* statt *rsh* verwenden, werden die entfernten Verbindungen dieser Programme abgesichert. Die Verwendung von *ssh* ist für das Programm und die Gegenseite transparent. Bei einer direkten Netzwerkverbindung der Anwendung zu einem TCP-Service kann SSH alternativ das Port-Forwarding nutzen, und die Anwendung kann so auf einfache Weise abgesichert werden, indem man sie eine andere Server-Adresse und einen anderen Port nutzen läßt.

---

10 Wenn allerdings ein entferntes Login auf ein KDC gewünscht wird, bildet SSH eine gute Lösung!

Kerberos wurde hingegen als Authentifizierungs-Infrastruktur entworfen, die zusammen mit einer Reihe von Programmier-Bibliotheken verwendet wird.[11] Die Bibliotheken dienen der Erweiterung von bestehenden Anwendungen um Kerberos-Authentifizierung und -Verschlüsselung. Dieser Prozeß wird als *kerberizing* der Anwendung bezeichnet. Die MIT Kerberos-Distribution wird mit einer Reihe gängiger Kerberos-fähiger Dienste ausgeliefert, darunter sichere Versionen von *telnet*, *ftp*, *rsh*, *su* etc.

11.4.1.3 Sicherheit von Authenticators

Die zusätzliche Komplexität von Kerberos bietet Eigenschaften und Fähigkeiten an, die SSH nicht besitzt. Ein entscheidender Vorteil von Kerberos ist dessen Übertragung und Speicherung der sog. Authenticators (z.B. Paßwörter, geheime Schlüssel etc.). Um diesen Vorteil zu demonstrieren, wollen wir das Kerberos-*Ticket*-System mit der Paßwort- und Public-Key-Authentifizierung von SSH vergleichen.

Die Paßwort-Authentifizierung von SSH verlangt Ihr Paßwort bei jedem Login und sendet es dann jedesmal über das Netzwerk. Dieses Paßwort ist während der Übertragung natürlich geschützt, weil SSH die Netzwerkverbindung verschlüsselt. Allerdings kommt es auf der anderen Seite an und liegt innerhalb des SSH-Servers lange genug im Klartext vor, um die Authentifizierung abzuschließen. Wenn der entfernte Host geknackt worden ist, hat ein Eindringling theoretisch die Möglichkeit, an Ihr Paßwort zu gelangen.

Die kryptographische Authentifizierung von SSH verlangt andererseits, daß Sie Ihren privaten Schlüssel auf jedem Client-Host ablegen und Autorisierungsdateien unter jedem Server-Account ablegen müssen, auf den Sie zugreifen wollen. Das führt zu Sicherheits- und Distributionsproblemen. Ein gespeicherter Schlüssel ist durch die Verschlüsselung mit einer Paßphrase geschützt, aber daß er überhaupt auf einem grundsätzlich zugänglichen Host abgelegt wird, ist ein Schwachpunkt, den Kerberos nicht aufweist. Ein Eindringling, der Ihren verschlüsselten Schlüssel stiehlt, könnte diesen offline einem Dictionary-Angriff unterziehen, um Ihre Paßphrase zu erraten. Bei Erfolg besitzt Ihr Widersacher Zugriff auf Ihre Accounts, bis Sie es bemerken und alle Schlüssel und Autorisierungsdateien ändern. Diese Änderung kann zeitaufwendig und fehlerhaft sein, wenn Sie verschiedene Accounts auf mehreren Maschinen besitzen. Und wenn Sie einen vergessen, haben Sie ein echtes Problem.

Kerberos stellt sicher, daß das Paßwort[12] des Benutzers so wenig wie möglich auf Reisen ist und niemals außerhalb des KDC gespeichert wird. Wenn ein Benutzer sich gegenüber dem Kerberos-System identifiziert, verwendet das identifizierende Programm (*kinit*) das Paßwort für den Austausch mit dem KDC, löscht es dann sofort wieder, ohne es in irgendeiner Form über das Netzwerk zu senden oder auf Platte zu speichern. Ein Client-Programm, das anschließend Kerberos zur Authentifizierung verwenden möchte, sendet

---

11 SSH2 basiert seit neuestem auch auf diesem Modell. Es ist auf ähnliche Weise als Reihe von das SSH-2-Protokoll implementierenden Bibliotheken organisiert, die von Client- und Server-Programmen über APIs genutzt werden.

12 Tatsächlich leitet sich der geheime Schlüssel aus dem Benutzer-Paßwort ab, aber diese Unterscheidung ist hier nicht relevant.

ein »Ticket« (ein paar Datenbytes, die von *kinit* auf der Platte festgehalten werden), was den Kerberos-Server von der Identität des Benutzers überzeugt. Tickets werden in Dateien zwischengespeichert, die natürlich nur von den entsprechenden Benutzern gelesen werden können. Doch selbst wenn sie gestohlen werden sollten, sind sie nur von eingeschränktem Nutzen: Tickets laufen nach einer bestimmten Zeit, üblicherweise nach ein paar Stunden, ab und sind nur für eine bestimmte Client/Server/Service-Kombination zu verwenden.

Ein gestohlener Kerberos-Ticket-Cache kann das Ziel eines Dictionary-Angriffs sein, aber mit einem wichtigen Unterschied: Benutzer-Paßwörter sind nicht vorhanden. Die Schlüssel im Cache gehören zu Server-Prinzipalen und werden darüber hinaus noch zufällig generiert und sind daher weniger anfällig für Dictionary-Angriffe als Benutzer-Paßwörter. Die empfindlichen Schlüssel werden nur auf den KDCs gespeichert. Dahinter steht die Theorie, daß es wesentlich einfacher ist, eine kleine Menge von Rechnern mit beschränkten Aufgaben effektiv zu schützen als eine große Menge heterogener Mehrzweck-Server und Workstations, über die der Administrator nur wenig Kontrolle hat. Ein großer Teil der Komplexität von Kerberos rührt von dieser Philosophie her.

11.4.1.4 Administration von Accounts

Kerberos besitzt auch Funktionen, die über die Fähigkeiten von SSH hinausgehen. Die zentralisierte Datenbank mit den Benutzer-Accounts kann die Unterschiede zwischen den Betriebssystemen ausgleichen, weshalb Sie nur einen Satz von Accounts administrieren, statt verschiedene Sätze synchron halten zu müssen. Kerberos unterstützt Zugriffskontrolllisten und Benutzer-Policies, die einen engen Rahmen stecken, welche Prinzipale was tun dürfen. Hierbei handelt es sich um Autorisierung im Gegensatz zur Authentifizierung. Schließlich ist ein Kerberos-Service-Areal in Bereiche (»realms«) unterteilt, die jeweils einen eigenen KDC und einen Satz von Benutzer-Accounts besitzen. Diese Realms können hierarchisch angeordnet werden, und Administratoren können Vertrauensbeziehungen zwischen Parent/Child- oder Peer-Realms einrichten, was zwischen diesen eine automatische Cross-Authentifizierung erlaubt.

11.4.1.5 Performance

Die Kerberos-Authentifizierung ist generell schneller als die Public-Key-Authentifizierung von SSH. Das liegt daran, daß Kerberos üblicherweise DES oder 3DES verwendet, während SSH die Public-Key-Authentifizierung verwendet, die als Software wesentlich langsamer läuft als jede symmetrische Chiffrierung. Dieser Unterschied kann von Bedeutung sein, wenn Ihre Anwendung viele kurzlebige abgesicherte Netzwerkverbindungen aufbauen muß und nicht auf der schnellsten Hardware läuft.

Um es zusammenzufassen: Kerberos ist ein System mit einem breiteren Rahmen als SSH. Es bietet Authentifizierung, Verschlüsselung, Distribution von Schlüsseln, Account-Management und Autorisierungs-Dienste. Es verlangt viel Sachverstand und eine entsprechende Infrastruktur, um es einzusetzen, und für die Benutzung sind signifikante Änderungen an der Umgebung notwendig. SSH ist für weniger Anwendungsfälle gedacht, besitzt andererseits aber Features, die Kerberos-Installationen üblicherweise nicht besitzen, wie etwa das Port-Forwarding. SSH ist wesentlich einfacher und schneller einzusetzen und besser geeignet, um vorhandene Anwendungen mit minimalem Aufwand abzusichern.

11.4.2 Kerberos mit SSH nutzen

Kerberos ist ein Authentifizierungs- und Autorisierungs (AA) -System. SSH ist ein Remote-Login-Tool, das AA als Teil seiner Aufgabe ausführt, und ein möglicherweise zu verwendendes AA-System ist (Sie ahnen es) Kerberos. Wenn Ihre Site Kerberos bereits nutzt, ist dessen Verwendung zwingend, weil Sie die vorhandene Infrastruktur von Prinzipalen und Zugriffskontrollen auf SSH anwenden können.

Selbst wenn Sie Kerberos noch nicht verwenden, könnten Sie es gleich zusammen mit SSH als integrierte Lösung einführen wollen, einfach aufgrund der Vorteile, die Kerberos bietet. Für sich selbst genommen ist Public-Key mit einem Agenten die flexibleste Methode der SSH-Authentifizierung. Paßwörter sind lästig und schränken einen ein, weil man sie immer wieder eingeben muß. Die Trusted-Host-Methode ist in vielen Situationen nicht angemessen oder nicht sicher genug. Leider verlangt die Public-Key-Methode einen grundlegenden administrativen Overhead: Die Benutzer müssen ihre Schlüssel generieren, verteilen und pflegen und ihre verschiedenen SSH-Autorisierungsdateien verwalten. Bei einer großen Site mit vielen nicht technisch orientierten Benutzern kann das ein großes Problem sein, vielleicht sogar ein unerschwingliches. Kerberos bietet die Key-Management-Features, an denen es SSH mangelt. SSH mit Kerberos verhält sich fast wie die Public-Key-Authentifizierung: Es bietet eine kryptographische Authentifizierung, die keine Benutzer-Paßwörter weitergibt, und der Ticket-Cache bietet die gleichen Vorteile wie der Key-Agent, der eine einmalige Anmeldung erlaubt. Es sind aber keine Schlüssel zu generieren, Autorisierungsdateien einzurichten oder Konfigurationsdateien zu editieren. Kerberos kümmert sich automatisch um all das.

Es gibt auch einige Nachteile. Erstens wird Kerberos nur von den Unix-SSH-Paketen unterstützt. Wir kennen kein Windows- oder Macintosh-Produkt, das es unterstützt. Nur das SSH-1-Protokoll unterstützt momentan Kerberos, auch wenn man in der SECSH-Arbeitsgruppe daran arbeitet, Kerberos in SSH-2 aufzunehmen. Zweitens ist die Public-Key-Authentifizierung an andere wichtige SSH-Features gekoppelt, wie etwa erzwungene Befehle in der Autorisierungsdatei, die mit der Kerberos-Authentifizierung nicht verwendet werden können. Das ist ein unglückliches Artefakt der Art und Weise, wie Unix-SSH gewachsen ist. Natürlich können Sie die Public-Key-Authentifizierung nach Bedarf weiterverwenden. Sie könnten die Zugriffskontrollen von Kerberos in den meisten Fällen als ausreichend betrachten und Public-Key in den wenigen Situationen nutzen, die eine feinere Kontrolle verlangen.

In den folgenden Abschnitten erläutern wir, wie man die Kerberos-Unterstützung von SSH nutzt. Wenn bei Ihrer Site ein Kerberos-fähiges SSH installiert ist, sollten Sie direkt loslegen können. Wir können nicht jedes Detail des Aufbaus einer Kerberos-Infrastruktur diskutieren, aber wir können einen schnellen Abriß dessen geben, wie man Kerberos bei Null anfangend einrichtet, wenn Sie über eigene Systeme verfügen und es versuchen wollen. Allerdings sind das nur Andeutungen, und die Beschreibung ist unvollständig. Wenn Sie ein Kerberos-fähiges SSH verwenden, installieren und verwalten wollen, benötigen Sie ein umfassenderes Verständnis von Kerberos, als wir Ihnen hier bieten können. Einen guten Ausgangspunkt bietet

http://web.mit.edu/kerberos/www/

11.4.3 Eine kurze Einführung in Kerberos-5

In diesem Abschnitt führen wir die wichtigen Konzepte der Principals, Tickets und Tikket-Granting-Tickets (TGTs) ein und stellen auch jeweils ein praktisches Beispiel vor.

11.4.3.1 Principals und Tickets

Kerberos kann einen Benutzer oder ein Stück Software authentifizieren, der/das einen Service anbietet oder anfordert. Diese Entitäten besitzen Namen, sog. *Principals,* die aus drei Teilen bestehen: einem Namen, einer Instanz und einem Bereich (realm) in der Notation *name/instanz@REALM.*[13] Genauer gesagt:

- entspricht der *name* üblicherweise einem Benutzernamen für das Host-Betriebssystem.

- unterscheidet die *instanz* (die Null sein kann) typischerweise den gleichen Namen in verschiedenen Rollen. Zum Beispiel könnte der Benutzer res einen normalen Principal res@REALM (beachten Sie die Null-Instanz) auf Benutzerebene besitzen, gleichzeitig aber auch einen zweiten Prinicpal res/admin@REALM mit besonderen Rechten für seine Rolle als Systemadministrator.

- *REALM* ist eine administrative Division, die eine einzelne Instanz der Kerberos Principal-Datenbank (eine Liste von Prinzipalen unter gemeinsamer adminstrativer Kontrolle) bezeichnet. Jeder Host ist einem Realm zugeordnet, und diese Identifikation ist für Autorisierungsentscheidungen (die wir in Kürze erläutern) von Bedeutung. Realms werden per Konvention immer groß geschrieben.

Wie bereits erläutert, basiert Kerberos auf Tickets. Wenn Sie einen Netzwerkdienst verwenden wollen, etwa einen *telnet*-Server für ein entferntes Login, müssen Sie vom Kerberos Key Distribution Center, oder KDC, ein Ticket für diesen Dienst anfordern. Das Ticket enthält einen Authenticator, der Ihre Identität gegenüber der Software beweist, die den Dienst bereitstellt. Weil sowohl Sie als auch der Service sich gegenüber dem KDC identifizieren müssen, müssen beide Prinzipale besitzen.

Der Systemadministrator richtet Prinzipale ein, indem er sie in die KDC-Datenbank einfügt. Jeder Prinzipal besitzt einen geheimen Schlüssel, der nur dem Prinzipal-Besitzer und dem KDC bekannt ist. Die Funktion des Kerberos-Protokolls basiert auf dieser Tatsache. Wenn Sie zum Beispiel ein Ticket für einen Dienst anfordern, liefert Ihnen das

---

13 Das war bei Kerberos-4 der Fall. Tatsächlich besitzen Kerberos-5-Principals ein Realm sowie eine Reihe von »Komponenten«, von denen die ersten beiden per Konvention wie bei Kerberos-4 als Name und Instanz verwendet werden.

KDC einige Bits, die mit dem geheimen Schlüssel des Dienstes verschlüsselt wurden. Daher kann nur der gewünschte Dienst das Ticket entschlüsseln und verifizieren. Darüber hinaus beweist eine erfolgreiche Entschlüsselung auch, daß das KDC das Tikket ausgegeben hat, weil nur der Service und das KDC den geheimen Schlüssel des Dienstes kennen.

Für ein Benutzer-Prinzipal wird der geheime Schlüssel aus dem Kerberos-Paßwort des Benutzers abgeleitet. Schlüssel von Service-Prinzipalen werden üblicherweise in der Datei */etc/krb5.keytab* auf dem Host abgelegt, auf dem der Service läuft, und der Service ruft eine Kerberos-Bibliotheksroutine auf, um seinen geheimen Schlüssel aus der Datei zu lesen und zu extrahieren. Natürlich muß diese Datei vor allgemeinen Lesezugriffen geschützt werden, weil sonst jeder diesen Dienst verkörpern kann, der Zugriff darauf hat.

11.4.3.2 Credentials gewinnen mit kinit

Lassen Sie uns durch ein Beispiel einen praktischen Blick auf Kerberos werfen. Nehmen wir an, wir befinden uns auf dem Unix-Host spot im Realm FIDO und wollen ein Kerberos-fähiges *telnet* verwenden, um uns in einen anderen Host namens *rover* einzuloggen. Zuerst müssen wir die Kerberos-Credentials gewinnen, indem wir den Befehl *kinit* ausführen:

```
[res@spot res]$ kinit
Password for res@FIDO: *********
```

Da Ihr Benutzername res ist und der Hostname spot im Realm FIDO liegt, geht *kinit* davon aus, daß Sie Credentials für den Prinzipal res@FIDO benötigen. Wenn Sie einen anderen Prinzipal benötigen, können Sie es als Argument an *kinit* übergeben.

11.4.3.3 Credentials ausgeben mit klist

Nachdem Sie Ihre Credentials erfolgreich mit *kinit* ermittelt haben, können Sie sie sich mit dem Befehl *klist* ansehen, der alle Tickets ausgibt, die Sie besitzen:

```
[res@spot res]$ klist
Ticket cache: /tmp/krb5cc_84629
Default principal: res@FIDO
Valid starting     Expires            Service principal
07/09/00 23:35:03  07/10/00 09:35:03  krbtgt/FIDO@FIDO
```

Bis jetzt besitzen Sie nur ein Ticket für den Service krbtgt/FIDO@FIDO. Das ist Ihr Kerberos-TGT und Ihr Ausgangs-Credential: der dem KDC später vorzulegende Beweis, daß Sie sich selbst erfolgreich als res@FIDO authentifizieren konnten. Beachten Sie, daß das TGT eine Gültigkeitsdauer besitzt: Es läuft nach 10 Stunden aus. Danach müssen Sie *kinit* wieder ausführen, um sich erneut zu authentifizieren.

11.4.3.4 Ausführen einer Kerberos-fähigen Anwendung

Wenn Sie Ihre Credentials besitzen, greifen Sie mit *telnet* auf den entfernten Host zu:

```
[res@spot res]$ telnet -a rover
Trying 10.1.2.3...
Connected to rover (10.1.2.3).
Escape character is ^].
[Kerberos V5 akzeptiert Sie als »res@FIDO«]
Last login: Sun Jul  9 16:06:45 from spot
You have new mail.
[res@rover res]$
```

Die Option *–a* dieses Kerberos-fähigen *telnet*-Clients weist das Programm an, ein automatisches Login durchzuführen, d.h., es wird versucht, eine Kerberos-Authentifizierung mit der entfernten Seite auszuhandeln. Das ist erfolgreich: Die entfernte Seite akzeptiert Ihre Kerberos-Authentifizierung und erlaubt Ihnen das Login ohne Angabe eines Paßworts. Wenn Sie auf spot zurückkehren und *klist* aufrufen, sehen Sie, was passiert ist:

```
[res@spot res]$ klist
Ticket cache: /tmp/krb5cc_84629
Default principal: res@FIDO
Valid starting     Expires              Service principal
07/09/00 23:35:03  07/10/00 09:35:03    krbtgt/FIDO@FIDO
07/09/00 23:48:10  07/10/00 09:35:03    host/rover@FIDO
```

Wie Sie sehen, besitzen Sie nun ein zweites Ticket, diesmal für den Service »host/rover@FIDO«. Dieses Prinzipal wird für entfernte Logins und Befehlsausführungsdienste (etwa Kerberos-fähiges *telnet*, *rlogin*, *rsh* etc.) verwendet. Wenn Sie *telnet –a rover* ausführen, fordert der *telnet*-Client ein Ticket für host/rover@FIDO vom KDC an und übergibt dabei Ihren TGT mit dem Request. Das KDC validiert das Ticket, überprüft, ob Sie sich selbst in letzter Zeit als res@FIDO identifizert haben, und gibt das Tikket aus. *telnet* hat dieses neue Ticket in Ihrem Kerberos-Ticket-Cache abgelegt, so daß Sie beim nächsten Kontakt zu rover einfach das im Cache liegende Ticket verwenden können, statt erneut das KDC ansprechen zu müssen (zumindest so lange, bis das Tikket ausläuft). Dieses host/rover@FIDO-Ticket wurde dann dem *telnet*-Server vorgelegt, der es verifiziert und daraufhin glaubt, daß der Client dem KDC als res@FIDO bekannt ist.

11.4.3.5 Autorisierung

Bisher haben wir uns um die Authentifizierung gekümmert, aber was ist mit der Autorisierung? Der *telnet*-Server auf rover glaubt, daß Sie res@FIDO sind, aber warum sollte res@FIDO der Login erlaubt sein? Das läßt sich auf die erwähnte Host/Realm-Unterhaltung zurückführen. [11.4.3.2] Weil Sie es nicht anders angegeben haben, teilt der *telnet*-Client dem Server mit, daß Sie sich unter dem Account res auf rover einloggen wollen. (Sie hätten das mit *telnet –l benutzername* ändern können.) Weil rover ebenfalls im Realm FIDO liegt, wendet Kerberos eine Standard-Autorisierungsregel an: wenn Host H in Realm R liegt, ist dem Kerberos-Prinzipal u@R der Zugriff auf den Account u@H gestattet. Die Verwendung dieser Standard-Regel impliziert, daß die Systemadministratoren die Abbildung von Betriebssystem-Benutzernamen auf Kerberos-Prinzipale verwalten. Hätten Sie statt dessen versucht, sich in den Account Ihres Freundes Bob einzuloggen, wäre folgendes passiert:

```
[res@spot res]$ telnet -a -l bob rover
Trying 10.1.2.3...
Connected to rover (10.1.2.3).
Escape character is ^].
[Kerberos V5 akzeptiert Sie als »res@FIDO«]
telnetd: Authorization failed.
```

Beachten Sie, daß Ihre Authentifizierung immer noch erfolgreich war: Der *telnet*-Server akzeptiert Sie als res@FIDO. Die Autorisierung ist allerdings fehlgeschlagen: Kerberos hat entschieden, daß das Prinzipal res@FIDO keine Erlaubnis besitzt, auf den Account bob@rover zuzugreifen. Bob kann Ihnen das Login in seinen Account gestatten, indem er die Datei *rover:~bob/.k5login* anlegt und eine Zeile mit Ihrem Prinzipalnamen res@FIDO dort einfügt. Er müßte dann auch seinen eigenen Prinzipal dort eintragen, weil eine existierende *.k5login*-Datei die Standard-Autorisierungsregeln überschreibt und Bob sonst nicht mehr in der Lage wäre, sich in seinen eigenen Account einzuloggen. Bobs Autorisierungsdatei würde also wie folgt aussehen:

```
rover:~bob/.k5login:
  bob@FIDO
  res@FIDO
```

11.4.4 Kerberos-5 bei SSH1

Um die Kerberos-Unterstützung bei SSH1 zu aktivieren, müssen Sie es mit `--with-kerberos5` kompilieren. [4.1.5.7] Wenn Ihre Kerberos unterstützenden Dateien (Bibliotheken und C-Headerdateien) nicht an einen Standardort liegen und *configure* sie nicht finden kann, können Sie den Pfad wie folgt übergeben:

```
# Nur SSH1
$ configure ... --with-kerberos5=/pfad/zu/kerberos ...
```

Zwei Hinweise zu dieser Kompilierung:

* Beim MIT Kerberos-5-Release 1.1 wurde die Bibliothek *libcrypto.a* in *libk5crypto.a* umbenannt, und die SSH1 Build-Dateien wurden nicht entsprechend aktualisiert. Sie können entweder das SSH1-Makefile ändern oder folgendes verwenden:

```
# cd ihr_Kerberos_Bibliotheks_Verzeichnis
# ln -s libk5crypto.a libcrypto.a
```

* Die Routine `krb5_xfree()`, verwendet in *auth-kerberos.c*, scheint bei 1.1 ebenfalls verschwunden zu sein. Alle Vorkommen von `krb5_xfree` durch `xfree` zu ersetzen scheint aber zu funktionieren.

Wenn Sie Kerberos-Unterstützung einkompilieren, funktioniert das resultierende SSH-Programm nur auf einem System, bei dem Kerberos installiert ist, selbst wenn Sie die Kerberos-Authentifizierung gar nicht verwenden. Die Programme werden sehr wahrscheinlich auf Kerberos Shared Libraries zugreifen, die vorhanden sein müssen, damit das Programm funktioniert. Außerdem führt SSH eine Kerberos-Initialisierung beim Start durch und erwartet eine gültige Kerberos-Konfigurationsdatei (*/etc/krb5.conf*).

Nach der Installation empfehlen wir der Klarheit halber das Setzen des serverweiten Konfigurations-Schlüsselwortes `KerberosAuthentication` in */etc/sshd_config* auf »yes«, obwohl es standardmäßig schon aktiv ist:

```
# Nur SSH1
KerberosAuthentication yes
```

Darüber hinaus muß das host/server@REALM-Prinzipal in der KDC-Datenbank vorhanden sein, und dessen Schlüssel müssen in */etc/krb5.keytab* auf dem Server liegen.

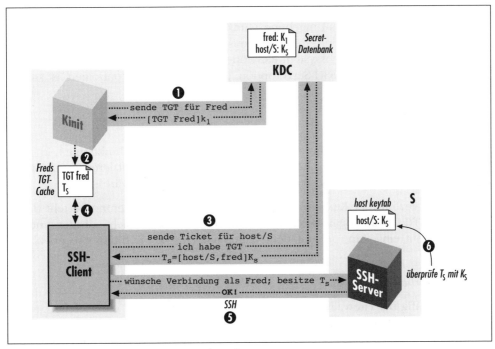

Abbildung 11-12: SSH mit Kerberos-Authentifizierung

Sobald es einmal mit Kerberos-Unterstützung läuft, funktioniert SSH1 grundsätzlich so, wie wir es für das Kerberos-fähige *telnet* beschrieben haben. Abbildung 11-12 verdeutlicht den Prozeß. [11.4.3.4] Auf dem Client führen Sie einfach *kinit* aus, um Ihr Kerberos-TGT zu ermitteln, und versuchen dann *ssh –v*. Ist die Kerberos-Authentifizierung erfolgreich, sehen Sie folgendes:

```
$ ssh -v server
...
server: Trying Kerberos V5 authentication.
server: Kerberos V5 authentication accepted.
...
```

und im Server-Log:

```
Kerberos authentication accepted joe@REALM for login to account joe from
client_host
```

Wollen Sie anderen den Zugang zu Ihrem Account über Kerberos und *ssh –l ihr_ benutzername* gewähren, müssen Sie wie für *telnet* eine *~/.k5login*-Datei erzeugen und die entsprechenden Prinzipalnamen (und Ihren eigenen) dort eintragen.

11.4.4.1 Kerberos-Paßwort-Authentifizierung

Ist die Kerberos-Authentifizierung auf dem SSH-Server aktiv, ändert sich das Verhalten der Paßwort-Authentifizierung. Paßwörter werden nun nicht mehr durch das Host-Betriebssystem, sondern durch Kerberos validiert. Dieses Verhalten ist üblicherweise in einer vollständigen Kerberos-Umgebung wünschenswert, wo lokale Paßwörter überhaupt nicht zu verwenden sind. In einer gemischten Umgebung ist es allerdings nützlich, wenn SSH zu den Betriebssystem-Paßwörtern zurückwechselt, wenn die Kerberos-Validierung fehlschlägt. Die SSH-Serveroption, die dieses Feature kontrolliert, ist `Kerberos0rLocalPasswd`:

```
# SSH1, OpenSSH
KerberosOrLocalPasswd yes
```

Dieses Fallback ist als Fehlerschutz nützlich: Wenn das KDC nicht funktioniert, können Sie sich immer noch über Ihr Betriebssystem-Paßwort authentifizieren (auch wenn Public-Key im Fehlerfall eine bessere Authentifizierungsmethode wäre).

Ein weiteres Feature der Kerberos-basierten Paßwort-Authentifizierung besteht darin, daß *sshd* Ihr TGT beim Login speichert. Sie müssen daher *kinit* nicht aufrufen und Ihr Paßwort erneut eingeben, um auf dem entfernten Host an Kerberos-Credentials zu gelangen.

11.4.4.2 Kerberos und NAT

SSH wird häufig bei Firewalls eingesetzt, und heutzutage umfaßt eine solche Grenze häufig auch die Übersetzung von Netzwerkadressen. Leider hat Kerberos ein ernstes Problem mit NAT. Kerberos-Tickets enthalten üblicherweise eine Liste von IP-Adressen, von denen aus sie genutzt werden dürfen. Das bedeutet, daß der das Ticket präsentierende Client eine dieser Adressen aufweisen muß. Standardmäßig fordert *kinit* ein TGT an, das auf die IP-Adressen des laufenden Hosts beschränkt ist. Sie können sich das mit der Option *–a* von *klist* ansehen:

```
[res@spot res]$ klist -a -n
Ticket cache: /tmp/krb5cc_84629
Default principal: res@FIDO

Valid starting      Expires               Service principal
07/09/00 23:35:03  07/10/00 09:35:03     krbtgt/FIDO@FIDO
           Addresses: 10.1.2.1
07/09/00 23:48:10  07/10/00 09:35:03     host/rover@FIDO
           Addresses: 10.1.2.1
```

(Der Switch *–n* weist *klist* an, die Adressen nur in Form von Nummern auszugeben, statt die Übersetzung der Namen zu veranlassen.) Die IP-Adresse des Hosts spot lautet 10.1.2.1, und so gibt das KDC ein TGT aus, dessen Verwendung nur auf diese Adresse beschränkt ist. Besitzt spot mehrere Netzwerkschnittstellen oder Adressen, werden sie ebenfalls aufgeführt. Erhalten Sie auf diesem TGT basierende nachfolgende Service-Tikkets, sind diese ebenfalls auf die gleiche Menge von Adressen beschränkt.

Nehmen wir nun einmal an, Sie stellen die Verbindung zu einem SSH-Server auf der anderen Seite eines NAT-Gateways her, der Ihre IP-Adresse (des Clients) umschreibt, aber das KDC liegt mit Ihnen innerhalb der NAT-Grenze.

Wenn Sie das Service-Ticket vom KDC erhalten, enthält es reale IP-Adressen. Der SSH-Server sieht aber Ihre dem NAT unterzogene Adresse als Quelle der Verbindung, bemerkt, daß diese nicht mit der im Ticket codierten Adresse übereinstimmt, und lehnt die Authentifizierung ab. In diesem Fall meldet *ssh –v* folgendes:

```
Trying Kerberos V5 authentication.
Kerberos V5: failure on credentials (Incorrect net address).
```

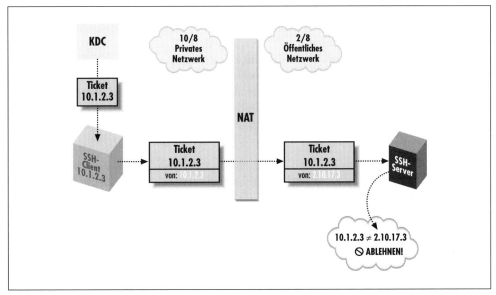

Abbildung 11-13: Kerberos und NAT

447

Abbildung 11-13 macht dieses Problem deutlich. Im Moment gibt es hierfür keine befriedigende Lösung. Ein Workaround bietet der undokumentierte *kinit –A*-Switch, der *kinit* veranlaßt, ein Ticket anzufordern, das *überhaupt keine* Adressen enthält. Dieser Trick verringert die Sicherheit, weil ein gestohlener Ticket-Cache auf einfache Weise von überall verwendet werden kann, umgeht aber dieses Problem.

11.4.4.3 Cross-Realm-Authentifizierung

Kerberos-Realms sind getrennte Sammlungen von Prinzipalen unter separater administrativer Kontrolle. Zum Beispiel könnte es zwei Abteilungen, Vertrieb und Technik, geben, die einander nicht vertrauen (ist natürlich nur ein Beispiel). Die Vertriebsleute wollen nicht, daß irgendwelche seltsamen Technikfreaks Accounts in ihrem Bereich anlegen, und die Technik möchte verhindern, daß die Vertriebsheinis an ihren Logins herumfummeln. Daher legen sie zwei Kerberos-Realms namens VERTRIEB und TECHNIK an und überlassen den jeweiligen Administratoren das Account-Management innerhalb jedes Realms.

Die Sache ist natürlich die, daß Vertrieb und Technik zusammenarbeiten müssen. Vertriebsmitarbeiter müssen sie an Technik-Maschinen anmelden, um neue Produkte ausprobieren zu können, und die Technik muß sich im Vertriebsbereich umsehen können, um die immer wieder auftauchenden Probleme beheben zu können. Stellen Sie sich vor, daß neben Tina aus der Technik auch Volker aus dem Vertrieb den Account tina@bulwark auf der Technik-Maschine nutzen können muß. Sie kann Volkers Prinzipal-Namen in ihrer Kerberos-Autorisierungsdatei eintragen:

```
bulwark:~erin/.k5login:
    tina@TECHNIK
    volker@VERTRIEB
```

Das funktioniert nun aber nicht. Um sich einzuloggen, benötigt SAM ein Service-Ticket für für bulwark@TECHNIK. Nur ein KDC für das TECHNIK-Realm kann ein solches Ticket ausgeben, aber ein TECHNIK-KDC kennt das Prinzipal volker@VERTRIEB nicht. Im allgemeinen besitzt ein TECHNIK-Host keine Möglichkeit, einen Prinzipal aus dem VERTRIEB-Realm zu authentifizieren. Es sieht so aus, als würde Volker ebenfalls ein Prinzipal in der TECHNIK-Domain benötigen, aber diese schwache Lösung widerspricht der eigentlichen Idee separater Realms. Außerdem ist es umständlich, weil Volker jedesmal *kinit* aufrufen müßte, wenn er auf Ressourcen in anderen Realms zugreifen will.

Die Lösung dieses Problems wird als *Cross-Realm-Authentifizierung* bezeichnet. Zuerst müssen beide Realms in den */etc/krb5.conf*-Dateien aller Maschinen in beiden Realms beschrieben werden. Kerberos kennt nur die Realms, die in der Konfigurationsdatei aufgeführt sind. Dann erzeugen die Administratoren beider Realms einen gemeinsam genutzten geheimen Schlüssel, den sog. Cross-Realm-Schlüssel. Der Schlüssel ist als gemeinsamer Schlüssel für zwei eigens benannte Prinzipale realisiert, jeweils einer pro Realm. Der Schlüssel hat eine Richtung, und seine Existenz erlaubt es einem KDC, ein TGT für den anderen Realm auszugeben. Der andere KDC kann mit Hilfe des gemeinsam verwendeten Schlüssels prüfen, daß dieses TGT vom vertrauenswürdigen anderen Realm stammt. Mit einem vorhandenen Cross-Realm-Schlüssel liefert die Authentifizierung in einem Realm auch eine überprüfbare Identität im anderen Realm. Beruht das Vertrauen auf Gegenseitigkeit – wenn also jedes Realm auch dem anderen vertraut –, dann werden zwei Cross-Realm-Schlüssel benötigt, einer für jede Richtung.

Beachten Sie, daß Volker nun keinen zweiten Prinzipal volker@TECHNIK besitzt. Vielmehr kann ein TECHNIK-KDC nun prüfen, daß Volker als volker@VERTRIEB durch ein VERTRIEB-KDC authentifiziert wurde, und kann daher den Prinzipal volker@VERTRIEB in Autorisierungsentscheidungen berücksichtigen. Wenn Volker versucht, sich auf bulwark mittels SSH einzuloggen, bemerkt Kerberos, daß die Zielmaschine in einem anderen Realm liegt, und verwendet automatisch den entsprechenden Cross-Realm-Schlüssel, um für ihn ein weiteres TGT im TECHNIK-Realm anzufordern. Kerberos verwendet es dann, um ein Service-Ticket anzufordern, das volker@VERTRIEB gegenüber bulwark@TECHNIK authentifiziert. Der *sshd* auf bulwark liest Tinas *~/.k5login*-Datei, erkennt, daß der Zugang für volker@VERTRIEB erlaubt ist, und gestattet das Login.

Hierarchische Realms bei Kerberos-5

Bei einer großen Anzahl von Realms wird das beschriebene System schnell unhandlich. Wird ein Vertrauen zwischen allen Realms untereinander gewünscht, müssen Sie manuell Cross-Realm-Schlüssel für jedes Realm-Paar anlegen. Um dieses Problem zu lösen, unterstützt Kerberos-5 hierarchische Realms. Ein Punkte enthaltender Realm wie TECHNIK.BIGCORP.COM impliziert das (mögliche) Vorhandensein der Realms BIGCORP.COM und COM. Wird eine Cross-Realm-Authentifizierung von VERTRIEB.BIGCORP.COM zu TECHNIK.BIGCORP.COM versucht und kann Kerberos dabei keinen direkten Cross-Realm-Schlüssel finden, dann wird versucht, sich innerhalb der Realm-Hierarchie nach oben und unten zu bewegen, um in das Ziel-Realm zu gelangen. Dabei wird eine Kette von Cross-Realm-Beziehungen bis zum Ziel verfolgt. Wenn es also Cross-Realm-Schlüssel von VERTRIEB.BIGCORP.COM zu BIGCORP.COM und von BIGCORP.COM zu TECHNIK.BIGCORP.COM gibt, erfolgt eine Cross-Realm-Authentifizierung vom VERTRIEB zur TECHNIK, ohne ein explizites Cross-Realm-Setup vornehmen zu müssen. Das erlaubt skalierbare und vollständige Cross-Realm-Beziehungen zwischen einer großen Anzahl von Realms.

Das ist die grundsätzliche Idee. Wenn SSH aber die Bühne betritt, kann die Cross-Realm-Authentifizierung wegen eines verwirrenden Hakens fehlschlagen. Stellen Sie sich vor, daß Volker bulwark so häufig verwendet, daß er dort einen Account erhält. Der Sysadmin trägt »volker@VERTRIEB« in *bulwark:~sam/.k5login* ein, damit Volker sich dort unter seinen VERTRIEB-Credentials einloggen kann. Das funktioniert aber nicht. Selbst wenn alles korrekt eingerichtet ist und Kerberos-fähiges *telnet* funktioniert, schlägt die Kerberos-Authentifizierung unter SSH immer noch fehl. Noch mysteriöser ist die Tatsache, daß auch jede andere Form der Authentifizierung fehlzuschlagen beginnt.

Volker hatte vorher eine funktionierende Public-Key-Authentifizierung, und Sie würden erwarten, daß Kerberos-Authentifizierung fehlschlägt, Public-Key aber funktioniert. Tatsächlich schlägt nun aber auch der Versuch mit Public-Key fehl. Volker wird kaum einen Hinweise auf die Lösung dieses Problems erhalten, wenn nicht auch die Paßwort-Authentifizierung aktiv ist und SSH diese schließlich auch versucht:

```
[volker@vertrieb sam]$ ssh -v bulwark
...
Trying Kerberos V5 authentication.
Kerberos V5 authentication failed.
Connection to authentication agent opened.
Trying RSA authentication via agent with Volkers personal key
Server refused our key.
Trying RSA authentication via agent with Volkers work key
Server refused our key.
Doing password authentication.
volker@VERTRIEB@bulwarkss password:
```

Das letzte Prompt sieht irgendwie nicht gut aus: »volker@VERTRIEB@bulwark?« Einen weiteren Hinweis liefert *sshd –d*:

```
Connection attempt for volker@VERTRIEB from vertrieb
```

SSH verwendet den Prinzipal-Namen fälschlicherweise, als wäre er ein Accountname – als hätte Volker *ssh –l volker@VERTRIEB bulwark* eingegeben. Natürlich gibt es keinen Account namens »volker@VERTRIEB«; es gibt nur einen namens »volker«. Und tatsächlich läßt sich dieses Problem schnell beheben, wenn Volker seinen Benutzernamen mit *ssh –l volker bulwark* explizit angibt, auch wenn einem das vielleicht überflüssig vorkommt.

Der Grund für dieses seltsame Problem ist ein von SSH verwendetes Kerberos-5-Feature namens *aname→lname Mapping* (Abbildung des Authentifizierungsnamens auf den lokalen Namen). Kerberos kann mit einer Vielzahl von Betriebssystemen verwendet werden. Bei einigen dieser Betriebssysteme entspricht deren Vorstellung eines Benutzernamens nicht den Prinzipal-Namen von Kerberos. Vielleicht dürfen Benutzernamen Zeichen enthalten, die in Prinzipal-Namen nicht erlaubt sind, oder es sind mehrere Betriebssysteme vorhanden, deren Namenssyntax unterschiedlich ist. Oder vielleicht ergeben sich beim Verbinden zweier vorhandener Netzwerke Namenskonflikte zwischen bestehenden Accounts, so daß das Prinzipal res@REALM bei einigen Systemen auf den Account res, bei anderen aber auf rsilverman abgebildet werden muß. Die Entwickler von Kerberos-5 dachten, daß es gut wäre, wenn Kerberos dieses Problem selbst lösen könnte, und haben daher die aname → lname-Einrichtung zur Übersetzung von Prinzipalen auf den korrekten Accountnamen in unterschiedlichen Kontexten eingeführt.

SSH1 verwendet aname → lname. Bei der Kerberos-Authentifizierung übergibt der SSH1-Client standardmäßig den Prinzipal-Namen als Ziel-Accountnamen und nicht den aktuellen lokalen Accountnamen. (Es verhält sich also, als hätte Volker *ssh –l volker@VERTRIEB bulwark* eingegeben.) Der Server wendet darauf wiederum die aname → lname-Abbildung an, um ihn in den lokalen Accountnamen umzuwandeln. Wenn der Prinzipal-Name und der Server-Host im gleichen Realm liegen, funktioniert das automatisch, weil es eine generelle aname → lname-Regel gibt, die benutzer@REALM auf »benutzer« abbildet, wenn REALM dem REALM des Hosts entspricht. Volker führt nun aber eine Cross-Realm-Authentifizierung durch, d.h., die beiden Realms sind unterschiedlich: Sein Prinzipal lautet volker@VERTRIEB, aber der Server-Realm ist TECHNIK. Daher schlägt die aname → lname-Abbildung fehl, und *sshd* macht mit »volker@VERTRIEB« als lokalem Accountnamen weiter. Weil es keinen Account dieses Namens gibt, schlägt jede Form der Authentifizierung garantiert fehl.

Die Systemadministratoren des TECHNIK-Realms können dieses Problem beheben, indem Sie eine aname → lname-Abbildung für den VERTRIEB einrichten. Nun sieht es allerdings so aus, als wäre die aname → lname-Einrichtung im MIT Kerberos-5-Release 1.1.1 noch unvollendet. Sie ist fast völlig undokumentiert und enthält Referenzen auf Utilities und Dateien, die nicht zu existieren scheinen. Wir haben aber genug Informationen sammeln können, um eine Beispiel-Lösung zu präsentieren. Aus den Kommentaren der Quelldatei *src/lib/krb5/os/an_to_ln.c* haben wir uns die folgenden »auth_to_local«-Anweisungen erdacht, die Volkers Problem lösen können:

```
bulwark:/etc/krb5.conf:
    ...
    [realms]
        TECHNIK = {
                        kdc = kerberos.technik.bigcorp.com
            admin_server = kerberos.technik.bigcorp.com
          default_domain = technik.bigcorp.com

            auth_to_local = RULE:[1:$1]
            auth_to_local = RULE:[2:$1]
            auth_to_local = DEFAULT
        }
```

Diese Regeln sorgen dafür, daß die aname → lname-Funktion auf diesem Host Prinzipale der Form foo@REALM oder foo/bar@REALM auf den Benutzernamen »foo« für alle Realms verwendet und gleichzeitig die Standard-Übersetzungsregel für den Realm des Hosts anwendet.

11.4.4.4 TGT-Forwarding

Erinnern Sie sich daran zurück, daß Kerberos-Tickets normalerweise so ausgegeben werden, daß sie nur vom anfordernden Host verwendet werden können. Wenn Sie *kinit* auf spot ausführen und sich mittels SSH auf rover einloggen, haben Sie sich, soweit es Kerberos betrifft, festgelegt. Wenn Sie einen Kerberos-Service auf rover nutzen wollen, müssen Sie kinit erneut ausführen, weil Ihr Credential-Cache auf spot liegt. Und es hilft Ihnen auch nicht, die Datei mit dem Credential-Cache von spot auf rover zu kopieren, weil das TGT dort nicht gültig ist. Sie benötigen eines, das für rover ausgestellt wurde. Wenn Sie ein weiteres *kinit* ausführen, wird Ihr Paßwort durch SSH sicher im Netzwerk übertragen, aber das hat nichts mit einer einmaligen Anwendung zu tun und ist lästig.

SSH hat ein ähnliches Problem bei der Public-Key-Authentifizierung und löst es durch Agent-Forwarding. [6.3.5] Ähnlich wird es bei Kerberos-5 durch *TGT-Forwarding* gelöst. Der SSH-Client fordert vom KDC ein TGT an, das für den Server-Host gilt. Diese Anforderung basiert auf dem vorhandenen gültigen TGT des Clients. Wenn das neue TGT empfangen wird, übergibt es der Client an *sshd*, das es im Kerberos-Credentials-Cache im entfernten Account ablegt. Bei Erfolg sehen Sie die folgende Meldung in der Ausgabe von *ssh –v*:

```
Trying Kerberos V5 TGT passing.
Kerberos V5 TGT passing was successful.
```

und ein *klist* auf dem entfernten Host zeigt das weitergeleitete TGT.

Um das TGT-Forwarding nutzen zu können, müssen Sie SSH mit dem Switch ––enable-kerberos-tgt-passing kompilieren. Sie müssen auch mit *kinit -f* ein Forwarding-fähiges TGT anfordern, anderenfalls erhalten Sie die folgende Meldung:

```
Kerberos V5 krb5_fwd_tgt_creds failure (KDC cant fulfill requested option)
```

11.4.4.5   Kerberos Ticket-Cache-Bug bei SSH1

Bis zur Version 1.2.28 hatte SSH1 einen schwerwiegenden Fehler im Kerberos Ticket-Cache-Handling. Unter bestimmten Umständen hat SSH1 die Umgebungsvariable KRB5CCNAME auf der entfernten Seite auf »none« gesetzt. Diese Variable kontrolliert, wo der Ticket-Cache gespeichert wird. Der Ticket-Cache enthält sensible Daten. Jeder, dem der Diebstahl des Ticket-Caches gelingt, kann sich für die Lebensdauer der enthaltenen Tickets unter Ihrem Namen breitmachen. Normalerweise wird die Datei mit dem Ticket-Cache in */tmp* vorgehalten. Dieses Verzeichnis ist bei jeder Maschine üblicherweise lokal vorhanden. KRB5CCNAME auf none zu setzen bedeutet, daß der Ticket-Cache bei einem *kinit* des Benutzers in einer Datei namens *none* im aktuellen Arbeitsverzeichnis angelegt wird. Bei diesem Verzeichnis kann es sich sehr leicht um ein NFS-Dateisystem handeln, was den Diebstahl der Tickets mittels Netzwerk-Snooping ermöglicht. Oder es kann sich um einen ungeeigneten Ort innerhalb des Dateisystems handeln, etwa einen, an dem vererbte ACLs es anderen Leuten ermöglichen, die Datei zu lesen, und zwar unabhängig von den durch SSH gesetzten Eigentums- und Zugriffsrechten.

 Verwenden Sie die Kerberos-Authentifizierung nicht bei SSH-Versionen vor 1.2.28.

Dieser Fehler wurde von SSH Communications Security in der Version 1.2.28 als Reaktion auf unseren Bug-Report behoben. Beachten Sie, daß dieses Problem auch dann auftritt (wenn SSH1 mit Kerberos-Unterstützung kompiliert wurde), wenn die Kerberos-Authentifizierung für die fragliche Session gar nicht verwendet wird. Der OpenSSH-Kerberos-4-Code hat diesen Fehler nie aufgewiesen.

11.4.4.6 Hinweise zum Kerberos-5-Setup

Hier stellen wir Ihnen einen kurzen »Schnelleinstieg« vor, der die zur Einrichtung eines funktionierenden Ein-Host-Kerberos-Systems mit der MIT Kerberos-5-Distribution der Version 1.1.1 notwendigen Schritte beschreibt. Diese ist bei weitem nicht vollständig und könnte bei einigen Umgebungen oder Builds falsch oder irreführend sein. Sie soll nur einen Einstieg ermöglichen, wenn Sie Kerberos eine Chance geben wollen. Stellen Sie sich vor, der Name des lokalen Hosts lautet *shag.carpet.net*, der von Ihnen gewählte Realm-Name lautet FOO, und Ihr Benutzername ist »fred«:

1. Kompilieren und installieren Sie krb5-1.1.1. Wir haben mit `--localstatedir=/var` kompiliert, so daß KDC-Datenbankdateien unter */var* liegen.

2. Führen Sie den folgenden Befehl aus:

   ```
   $ mkdir /var/krb5kdc
   ```

3. Legen Sie die folgende */etc/krb5.conf*-Datei an. Beachten Sie die Log-Dateien. Bei Problemen (oder einfach nur zur Information) werden sie später nützlich sein:

```
[libdefaults]
     ticket_lifetime = 600
     default_realm = FOO
     default_tkt_enctypes = des-cbc-crc
     default_tgs_enctypes = des-cbc-crc

[realms]
   FOO = {
   kdc = shag.carpet.net
   admin_server = shag.carpet.net
   default_domain = carpet.net
     }

[domain_realm]
     .carpet.net = FOO
     carpet.net = FOO

[logging]
     kdc = FILE:/var/log/krb5kdc.log
     admin_server = FILE:/var/log/kadmin.log
     default = FILE:/var/log/krb5lib.log

Install a file /var/krb5kdc/kdc.conf like this:

[kdcdefaults]
     kdc_ports = 88,750

[realms]
   FOO = {
   database_name       = /var/krb5kdc/principal
   admin_keytab        = /var/krb5kdc/kadm5.keytab
   acl_file            = /var/krb5kdc/kadm5.acl
   dict_file           = /var/krb5kdc/kadm5.dict
       key_stash_file     = /var/krb5kdc/.k5.FOO
   kadmind_port        = 749
```

```
    max_life            = 10h 0m 0s
    max_renewable_life = 7d 0h 0m 0s
    master_key_type     = des-cbc-crc
    supported_enctypes = des-cbc-crc:normal des-cbc-crc:v4
    }
```

4. Führen Sie den folgenden Befehl aus:

    ```
    $ kdb5_util create
    ```

    Dieser erzeugt die KDC-Prinzipal-Datenbank in */var/krb5kdc*. Sie werden nach
    dem KDC-Master-Key gefragt, einem Paßwort, das KDC für den Betrieb benötigt.
    Der Schlüssel wird in */var/krb5kdc/.k5.FOO* abgelegt. Es erlaubt den Start der
    KDC-Software ohne menschliches Zutun, was aber offensichtlich nicht ratsam ist,
    solange die KDC-Maschine nicht extrem gut gesichert ist.

5. Führen Sie den folgenden Befehl aus:

    ```
    $ kadmin.local
    This program modifies the principal database. Issue the following kadmin com-
    mands:
    kadmin.local: ktadd -k /var/krb5kdc/kadm5.keytab kadmin/admin kadmin/changepw
    Entry for principal kadmin/admin with kvno 4, encryption type DES cbc mode with
    CRC-32 added to keytab WRFILE:/var/krb5kdc/kadm5.keytab.
    Entry for principal kadmin/changepw with kvno 4, encryption type DES cbc mode
    with CRC-32 added to keytab WRFILE:/var/krb5kdc/kadm5.keytab.

    kadmin.local:  add_principal -randkey host/shag.carpet.net
    WARNING: no policy specified for host/shag.carpet.net@FOO; defaulting to no po-
    licy
    Principal "host/shag.carpet.net@FOO" created.

    kadmin.local:  ktadd -k /etc/krb5.keytab host/shag.carpet.net
    Entry for principal host/shag.carpet.net with kvno 3, encryption type DES cbc
    mode with CRC-32 added to keytab WRFILE:/etc/krb5.keytab.

    kadmin.local:  add_principal fred
    WARNING: no policy specified for fred@FOO; defaulting to no policy
    Enter password for principal "fred@FOO": ********
    Re-enter password for principal "fred@FOO": ********
    Principal "fred@FOO" created.

    kadmin.local: quit
    ```

6. Starten Sie nun das KDC und die *kadmin*-Daemons *krb5kdc* und *kadmind*.

    Wenn alles gutgeht, sollten Sie nun in der Lage sein, mit *kinit* an ein TGT zu ge-
    langen. Verwenden Sie dabei das Paßwort, das Sie bei der Erzeugung des »fred«-
    Prinzipals an *kadmin.local* übergeben haben. Mit *klist* können Sie sich das TGT
    ansehen, und mit *kpasswd* können Sie Ihr Kerberos-Paßwort ändern.

7. Probieren Sie das Kerberos-fähige SSH aus.

11.4.5 Kerberos-4 bei OpenSSH

OpenSSH unterstützt Kerberos ebenfalls, allerdings nur nach dem älteren Kerberos-4-Standard. Aus Benutzersicht sind die Mechanismen nahezu identisch: In einem funktionierenden Kerberos-Realm verwenden Sie *kinit*, um ein TGT zu erhalten, und führen den SSH-Client dann mit aktivierter `KerberosAuthentication` (das ist per Voreinstellung der Fall) aus. Der Sysadmin muß OpenSSH mit `--with-kerberos4` kompilieren. Er muß auch sicherstellen, daß es einen Kerberos-Host-Prinzipal gibt, dessen Schlüssel auf der SSH-Server-Maschine installiert sind, und daß `KerberosAuthentication` in der SSH-Serverkonfiguration aktiviert ist. Das Host-Prinzipal lautet *rcmd.hostname@REALM*[14], und die Keytab-Datei heißt */etc/srvtab*. `Kerberos-Authentication` ist auf dem Server standardmäßig nur dann aktiv, wenn */etc/srvtab* bei dessen Start existiert.

Die Zugriffssteuerung auf einen Account erfolgt über die Datei *~/.klogin*. Bei Kerberos-4 ist es nicht notwendig, den Standard-Prinzipal des Accounts in *~/.klogin* aufzunehmen, wenn diese Datei existiert. Der Standard-Prinzipal hat immer Zugriff.

Tabelle 11-1 faßt die wichtigsten Unterschiede zwischen Kerberos-4 und Kerberos-5 im Hinblick auf SSH zusammen.

Tabelle 11-1: Unterschiede zwischen Kerberos-4 und Kerberos-5 im Hinblick auf SSH

	Kerberos-4	**Kerberos-5**
Host-Prinzipal	*rcmd.hostname@REALM*	*host/hostname@REALM*
Konfigurationsdateien	*/etc/krb.conf, /etc/krb.realms*	*/etc/krb5.conf*
Server-Prinzipal-Schlüssel	*/etc/srvtab*	*/etc/krb5.keytab*
Autorisierungsdatei	*~/.klogin*	*~/.k5login*

11.4.5.1 Kerberos-4-Kompatibilitätsmodus bei Kerberos-5

Wenn Sie ein Kerberos-5-Realm verwenden, müssen Sie kein separates Kerberos-4-KDC einrichten, nur um OpenSSH zu unterstützen. Kerberos-5 besitzt einen Version-4-(v4)-Kompatibilitätsmodus, in dem das v5-KDC auf v4-Requests antwortet. Ist die v4-Kompatibilität aktiv, können Sie v4 */etc/krb.conf-* und */etc/krb.realms*-Dateien installieren, die auf Ihr exstierendes v5-KDC verweisen, und das v4-*kinit* kann ein v4-TGT erhalten. Dem Beispiel aus dem folgenden Abschnitt folgend, sehen diese wie folgt aus:

```
/etc/krb.conf:
FOO shag.carpet.net

/etc/krb.realms:
.carpet.net FOO
```

---

14 Prinzipale umfassen bei Kerberos-4 ebenfalls einen Namen, eine optionale Instanz und ein Realm, werden aber *name.instance@REALM* geschrieben und nicht wie bei Kerberos-5 *name/instance@REALM*.

Das KDC befriedigt v4-Requests für *rcmd.hostname@REALM*-Tickets mit dem Schlüssel des entsrpechenden v5 *host/hostname@REALM*-Prinzipals, so daß keine separaten »rcmd/hostname«-Prinzipale in Ihrer v5-KDC enthalten sein müssen. Weil reine v4-Server den Prinzipal-Schlüssel dennoch benötigen, müssen Sie eine v4-Version der Schlüsseldatei (*/etc/srvtab*) mit diesem Schlüssel anlegen. Sie können hierzu mit dem v5-Programm *kutil* die vorhandene *krb5.keytab* einlesen und eine v4 *srvtab* rausschreiben. Die direkte Cross-Realm-Authentifizierung funktioniert für vorhandene Cross-Realm-Schlüssel ebenfalls automatisch, allerdings unterstützt Kerberos-4 keine hierarchichen Realms.

Mit Hilfe des Kerberos-5 Credentials Conversion Service können Sie sogar ein separates v4-*kinit* vermeiden. Auf dem KDC muß ein separates Server-Programm namens *krb524d* laufen. Dann ruft der Benutzer nach einem v5-*kinit* einfach das Programm *krb524init* auf. Damit gewinnen Sie ein v4-TGT über die v5-Version. Sie können das mit dem v4-*klist*-Befehl überprüfen.

Beachten Sie, daß OpenSSH und SSH1 bei der Kerberos-Authentifizierung nicht zusammenarbeiten können. Sie verwenden beide die gleichen SSH-Protokoll-Meldungen, erwarten aber implizit gekapselte Kerberos-Tickets der jeweiligen Kerberos-Version. Diese Beschränkung kann auch nicht durch den Kerberos-5 v4-Kompatibilitätsmodus umgangen werden. Wir hoffen, daß OpenSSH irgendwann Kerberos-5 unterstützen wird.

Beachten Sie auch, daß Kerberos-4 kein Gegenstück zum *kinit −A*-Switch von Kerberos-5 besitzt. Wir kennen keine Möglichkeit, das Kerberos/NAT-Problem bei Kerberos-4 zu lösen. [11.4.4.2] Wir haben allerdings gehört, daß das Transarc AFS KDC IP-Adressen in Tickets ignoriert und das Problem somit vermeidet.

11.4.5.2 *Kerberos unter Solaris*

Das Solaris-Betriebssystem von Sun Microsystems wird mit einer eingeschränkten, einem besonderen Zweck dienenden Kerberos-4-Implementierung geliefert. Diese unterstützt die Kerberos-Authentifizierung für Suns NFS und Secure RPC. Soweit wir es beurteilen können, reicht das Paket nicht aus, um OpenSSH mit Kerberos-4-Unterstützung zu kompilieren und zu betreiben. Sie werden also wahrscheinlich ein anderes Kerberos-4-Paket wie das vom MIT installieren müssen. Geraten Sie dann aber nicht durcheinander. Zum Beispiel hat das */bin/kinit* von Solaris keinerlei Auswirkungen auf den Betrieb von MIT Kerberos-4.

11.5 *Verbindungen über einen Gateway-Host*

Die ganze Zeit über haben wir vorausgesetzt, daß Ihre ausgangsseitige Konnektivität nicht beschränkt ist, d.h., daß Sie jede von Ihnen gewünschte TCP-Verbindung aufbauen können. Selbst unsere Diskussion über Firewalls ist davon ausgegangen, daß nur der eingehende Datenfluß beschränkt ist. In sichereren (oder auch einfach nur strenger regierten) Umgebungen muß das nicht unbedingt der Fall sein: Tatsächlich müssen Sie überhaupt keine direkte IP-Verbindung mit der Außenwelt besitzen.

In der Unternehmenswelt verlangen die Firmen üblicherweise, daß alle ausgehenden Verbindungen durch einen Proxy-Server oder einen *Gateway-Host* laufen: eine Maschine, die sowohl mit dem Unternehmensnetz als auch mit der Außenwelt verbunden ist. Obwohl er mit beiden Netzwerken verbunden ist, fungiert der Gateway-Host nicht als Router, und die Netzwerke bleiben getrennt. Statt dessen ermöglicht er einen eingeschränkten Zugriff beider Netzwerke auf Anwendungsebene.

In dieser Fallstudie diskutieren wir die SSH-Aspekte einer solchen Umgebung:

- Transparente Verbindungen zu externen Hosts mittels *ssh*
- Aufbau von *scp*-Verbindungen
- SSH selbst durch Port-Forwarding in SSH ausführen

11.5.1 Transparente SSH-Verbindungen aufbauen

Nehmen wir einmal an, Ihr Unternehmen besitzt einen Gateway-Host G, der den einzigen Weg ins Internet darstellt. Sie sind in einem Client-Host C eingeloggt und möchten den außerhalb des Unternehmensnetzes liegenden Server-Host S erreichen (siehe Abbildung 11-14). Wir setzen voraus, daß auf allen drei Maschinen SSH installiert ist.

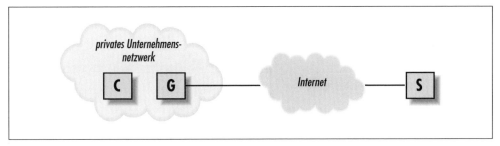

Abbildung 11-14: Proxy-Gateway

Um eine Verbindung von Client C zum Server S herzustellen, sind zwei Schritte notwendig:

1. Stellen Sie die Verbindung von C zum Gateway G her:

```
# Auf Client C ausgeführt
$ ssh G
```

2. Stellen Sie die Verbindung von G zum Server S her:

```
# Auf Gateway G ausgeführt
$ ssh S
```

Das funktioniert natürlich, verlangt aber einen zusätzlichen manuellen Schritt auf dem Gateway, einer Maschine, die Sie eigentlich nicht interessiert. Mit Hilfe des Agent-Forwarding und der Public-Key-Authentifizierung können Sie die Eingabe einer Paßphrase auf Gateway G vermeiden, aber selbst dann sollte der zusätzliche Hop idealerweise transparent sein.

Schlimmer noch, Sie können entfernte Befehle von Client C auf Server S nicht transparent ausführen. Statt des üblichen:

```
# Auf Client C ausgeführt
$ ssh S /bin/ls
```

müssen Sie ein entferntes *ssh* auf Gateway G ausführen, der wiedeum den Server S kontaktiert:

```
# Auf Client C ausgeführt
$ ssh G "ssh S /bin/ls"
```

Das ist nicht nur lästig, sondern kann auch die Automatisierung erschweren. Stellen Sie sich vor, Sie müssen all Ihre SSH-basierten Skripten so umschreiben, daß sie dieser Umgebung gerecht werden.

Glücklicherweise ist die SSH-Konfiguration flexibel genug, um eine nette Lösung zu ermöglichen, die wir Ihnen nun mit SSH1-Features und -Syntax vorstellen wollen. Wir verwenden die Public-Key-Authentifizierung, um die Vorteile der Optionen der *authorized_keys*-Datei nutzen zu können. Wir verwenden auch *ssh-agent* mit Agent-Forwarding, um eine transparente Authentifizierung zur zweiten SSH-Verbindung zu erreichen (siehe Abbildung 11-15).

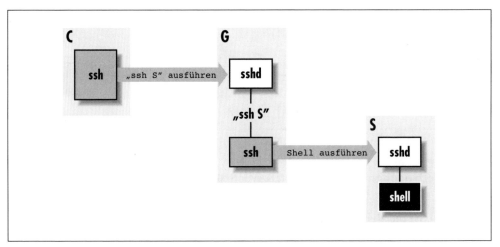

Abbildung 11-15: Verkettete SSH-Verbindung durch ein Proxy-Gateway

Nehmen wir einmal an, Ihr Account auf Gateway G lautet gilligan und der auf dem Server S lautet skipper. Zuerst richten Sie Ihre SSH-Client-Konfigurationsdatei so ein, daß der Name S ein Spitzname für den Zugriff auf Ihren Acount auf dem Gateway G ist:

```
# ~/.ssh/config auf Client C
host S
  hostname G
  user gilligan
```

Als nächstes verknüpfen Sie auf Gateway G einen erzwungenen Befehl mit dem von Ihnen gewählten Schlüssel. Dieser Befehl baut dann eine SSH-Verbindung mit dem Server S auf: [8.2.4]

```
# ~/.ssh/authorized_keys auf Gateway G
command="ssh -l skipper S" ...Schlüssel..
```

Wenn Sie nun den Befehl *ssh S* auf dem Client C aufrufen, stellt dieser die Verbindung zum Gateway G her, führt den erzwungenen Befehl automatisch aus und stellt eine zweite SSH-Session mit dem Server S her. Und dank des Agent-Forwardings, erfolgt die Authentifizierung von G nach S automatisch, vorausgesetzt, Sie haben den entsprechenden Schlüssel geladen. Dabei kann es sich um den gleichen Schlüssel handeln, den Sie für den Zugriff auf gilligan@*G* verwenden, es kann aber auch ein anderer Schlüssel sein.[15]

Dieser Trick versorgt einen nicht nur mit einer transparenten Verbindung von Client C zum Server S, sondern umgeht auch die Tatsache, daß der Name S für den Client C keinerlei Bedeutung besitzen muß. In einer solchen Netzwerk-Situation ist es häufig der Fall, daß das Namensschema des internen Netzwerks von dem der Außenwelt abweicht (d.h. verteiltes DNS mit internen root-Servern.) Schließlich ergibt es keinen Sinn, Hosts einen Namen zu geben, die man sowieso nicht erreichen kann. Dank des Konfigurationsschlüsselworts Host für SSH-Clients können Sie einen Spitznamen S erzeugen, der SSH anweist, diesen Host transparent über G anzusprechen. [7.1.3.5]

11.5.2 SCP durch ein Gateway nutzen

Erinnern Sie sich daran zurück, daß der Befehl:

```
$ scp ... S:datei ...
```

in Wirklichkeit *ssh* als Unterprozeß ausführt, um die Verbindung mit S herzustellen und einen entfernten *scp*-Server aufzurufen. [3.8.1] Nachdem wir nun *ssh* von Client C zum Server S am Laufen haben, könnten Sie glauben, *scp* würde zwischen diesen beiden Maschinen ohne weiteres Zutun funktionieren. Nun, das ist auch fast der Fall, aber wir hätten es nicht mit Software zu tun, wenn es nicht eine Reihe kleiner Probleme gäbe, die man lösen muß:

- Probleme beim Aufruf des *ssh*-Untprozesses aufgrund erzwungener Befehle
- Schwierigkeiten bei der Authentifizierung aufgrund eines fehlenden TTYs

11.5.2.1 Weiterreichen des entfernten Befehls

Das erste Problem besteht darin, daß der *ssh*-Befehl auf Client C einen Befehl zur Ausführung auf Server S sendet, dieser startet den *scp*-Server, der Befehl wird nun aber

---

15 Wenn Sie dieses Setup für eine interaktive Verbindung nutzen wollen, müssen Sie die Option –*t* an *ssh* übergeben, um die Allozierung eines TTYs auf G zu erzwingen. Normalerweise passiert das nicht, weil es keine Möglichkeit gibt herauszufinden, daß der entfernte Befehl – in diesem Fall eine weitere Instanz von *ssh* – eines benötigt.

zugunsten des erzwungenen Befehls ignoriert. Sie müssen also einen Weg finden, den für den *scp*-Server auf S gedachten Befehl weiterzuleiten. Um dies zu erreichen, modifizieren Sie die *authorized_keys*-Datei auf Gateway G und weisen *ssh* an, den Befehl auszuführen, der in der Umgebungsvariablen SSH_ORIGINAL_COMMAND steht: [8.2.4.4]

```
# ~/.ssh/authorized_keys auf Gateway G
command="ssh -l skipper S $SSH_ORIGINAL_COMMAND" ...schlüssel...
```

Der erzwungene Befehl ruft nun den richtigen *scp*-bezogenen Befehl auf dem Server S auf. Sie sind aber noch nicht fertig, weil dieser erzwungene Befehl unglücklicherweise unser existierendes Setup aufbricht. Alles funktioniert wunderbar, solange wir *ssh* auf Client C aufrufen, um einen entfernten Befehl (wie *ssh S /bin/ls*) auszuführen. Die Sache schlägt aber fehl, wenn *ssh S* für sich aufgerufen wird, um eine entfernte Shell auszuführen. SSH_ORIGINAL_COMMAND wird nur gesetzt, wenn ein entfernter Befehl angegeben wird. Daher kann *ssh S* nicht funktionieren, weil SSH_ORIGINAL_COMMAND nicht definiert ist.

Sie können dieses Problem umgehen, indem Sie die Bourne-Shell und deren Parameter-Substitutionsoperator :- wie folgt verwenden:

```
# ~/.ssh/authorized_keys auf Gateway G
command="sh -c ssh -l skipper S ${SSH_ORIGINAL_COMMAND:-}" ...schlüssel...
```

Der Ausdruck ${SSH_ORIGINAL_COMMAND:-} gibt den Wert von $SSH_ORIGINAL_ COMMAND zurück, wenn die Variable gesetzt ist, und anderenfalls einen leeren String. Generell steht ${V:-D} für »gibt den Wert der Umgebungsvariablen V oder den String D zurück, wenn V nicht gesetzt ist«. Weitere Informationen finden Sie in der *sh*-Manpage. Das führt zum gewünschten Verhalten, und *ssh*- und *scp*-Befehle funktionieren nun beide vom Client C zum Server S.

11.5.2.2 Authentifizierung

Das zweite Problem im Zusammenhang mit *scp* ist die Authentifizierung der zweiten SSH-Verbindung von Gateway G zum Server S. Sie können kein Paßwort und keine Paßphrase an das zweite *ssh*-Programm übergeben, weil kein TTY alloziert ist.[16] Sie benötigen daher eine Form der Authentifizierung, die keine Eingabe vom Benutzer verlangt: RhostsRSA oder die Public-Key-Authentifizierung mit Agent-Forwarding. Rhosts-RSA funktioniert auf Anhieb. Wenn Sie es verwenden wollen, können Sie den nächsten Abschnitt einfach überspringen. Bei der Public-Key-Authentifizierung gibt es aber ein Problem: *scp* führt *ssh* mit dem Switch *–a* aus, um das Agent-Forwarding zu deaktivieren. [6.3.5.3] Damit das funktionieren kann, müssen Sie also das Agent-Forwarding reaktivieren, und das erweist sich als überraschend knifflig.

Normalerweise könnnen Sie das Agent-Forwarding in Ihrer Client-Konfigurationsdatei aktivieren:

---

16 Tatsächlich ließe sich das umgehen, aber die Lösung ist nicht überzeugend, und wir lassen uns nicht darauf ein.

```
# ~/.ssh/config auf Client C, schlägt aber FEHL
ForwardAgent yes
```

Das hilft Ihnen aber nicht weiter, weil das *−a* in der Kommandozeile Vorrang hat. Alternativ könnten Sie die *scp*-Option *−o* ausprobieren, mit deren Hilfe Sie Optionen wie *−o ForwardAgent yes* an *ssh* durchreichen können. In diesem Fall plaziert *scp* das *−a* aber hinter jeglichen *−o*-Optionen, hat dann Vorrang, und die Sache funktioniert ebenfalls nicht.

Es gibt aber eine Lösung. *scp* besitzt die Option *−S*, die den Pfad auf den zu verwenden SSH-Client angibt. Sie erzeugen also ein »Wrapper-Skript«, das die SSH-Kommandozeile ganz nach Bedarf anpaßt, und lassen *scp* dann mit *−S* arbeiten. Bringen Sie das folgende Skript in einer ausführbaren Datei auf Client C unter, z.B. in *~/bin/ssh-wrapper*:

```
#!/usr/bin/perl
exec /usr/local/bin/ssh1, map {$_ eq -a ? () : $_} @ARGV;
```

Das führt das eigentliche *ssh* aus, wobei das *−a* aus der Kommandozeile entfernt wird, wenn es vorhanden ist. Verwenden Sie den *scp*-Befehl nun wie folgt:

```
scp -S ~/bin/ssh-wrapper ... S:datei ...
```

und alles sollte funktionieren.

11.5.3 Ein anderer Ansatz: SSH-in-SSH (Port-Forwarding)

Statt eines erzwungenen Befehls gibt es noch eine andere Möglichkeit, eine Verbindung über SSH durch ein Gateway herzustellen: Leiten Sie einen Port auf Client C auf den SSH-Server S weiter, verwenden Sie eine SSH-Session von C nach G und führen Sie eine zweite SSH-Session durch die erste aus (siehe Abbildung 11-16).

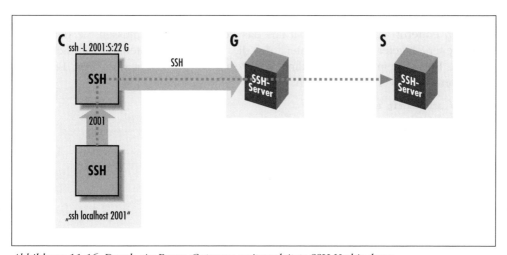

Abbildung 11-16: Durch ein Proxy-Gateway weitergeleitete SSH-Verbindung

Also:

```
# Auszuführen auf Client C
$ ssh -L2001:S:22 G

# Auf Client C in einer anderen Shell auszuführen
$ ssh -p 2001 localhost
```

Damit stellen Sie die Verbindung zum Server S her, indem Sie die zweite SSH-Verbindung (von C nach S) innerhalb des Port-Forwarding-Kanals der ersten (von C nach G) transportieren. Sie können das noch transparenter gestalten, indem Sie einen Spitznamen S in Ihrer Client-Konfigurationsdatei anlegen:

```
# ~/.ssh/config on client C
host S
    hostname localhost
    port 2001
```

Die obigen Befehle werden nun zu:

```
# Auf Client C auszuführen
$ ssh -L2001:S:22 G

# Auf Client C in einer anderen Shell auszuführen
$ ssh S
```

Weil diese Technik einen separaten manuellen Schritt verlangt, um das Port-Forwarding aufzubauen, ist sie weniger transparent als die erste aus [11.5.1]. Dennoch hat sie einige Vorteile. Wenn Sie ein Port- oder X-Forwarding zwischen C und S planen, wird es bei der ersten Methode etwas komplizierter. *scp* übergibt nicht nur den Switch *–a* an *ssh*, um das Agent-Forwarding auszuschalten, sondern gibt auch *–x* und *–o* »ClearAllForwardings yes« mit auf den Weg, um das X- und Port-Forwarding zu deaktivieren. Sie müssen das Wrapper-Skript also dahingehend modifizieren, daß auch diese ungewollten Optionen entfernt werden. [11.5.2.2] Für das Port-Forwarding müssen Sie dann eine Kette weitergeleiteter Ports einrichten, die die Verbindung untereinander herstellen. Um zum Beispiel ein Port-Forwarding von Port 2017 auf Client C zu Port 143 (dem IMAP-Port) auf Server S einzurichten:

```
# ~/.ssh/config auf Client C
host S
  hostname G
  user gilligan

# ~/.ssh/authorized_keys auf Gateway G
command="ssh -L1234:localhost:143 skipper@S" ...key...

# Auf Client C ausfzuühren
$ ssh -L2017:localhost:1234 S
```

Das funktioniert, ist aber schwer zu verstehen, fehleranfällig und leicht zerbrechlich: Wenn Sie vor dem TIME_WAIT-Problem stehen [9.2.9.1], müssen Sie Dateien editieren und den Tunnel neu aufbauen, nur um einen anderen kurzlebigen Port herauszusuchen, der 1234 ersetzt.

Mit Hilfe dieser SSH-in-SSH-Technik können Ihre Port- und X-Forwarding-Optionen direkt zwischen Client C und Server S in der üblichen Art und Weise genutzt werden. Das vorstehende Beispiel wird also zu:

```
# ~/.ssh/config auf Client C
host S
  hostname localhost
  port 2001

# Auf Client C auszuführen
$ ssh -L2001:S:22 G

# Auf Client C in anderer Shell auszuführen
$ ssh -L2017:localhost:143 S
```

Der letzte Befehl stellt die Verbindung zum Server S her und leitet den lokalen Port 2017 an den IMAP-Port auf S weiter.

11.5.4   Sicherheits-Unterschiede

Die beiden gerade diskutierten Methoden unterscheiden sich in ihren Sicherheitseigenschaften. Wir setzen erneut die eben beschriebene Situation mit den Maschinen *C*, *G* und *S* voraus.

11.5.4.1   »Server-in-the-middle«-Angriff

Bei der ersten Methode wurde eine Kette von zwei SSH-Verbindungen in Reihe geschaltet. Der Schwachpunkt besteht hier darin, daß, wenn der SSH-Server in der Mitte (auf G) geknackt wird, die Session-Daten freiliegen. Daten von C werden durch diesen Server verschlüsselt und an den zweiten SSH-Client (ebenfalls auf G) weitergegeben. Dort werden sie zur Weitergabe an S wieder entschlüsselt. Der Session-Klartext wird auf G also wiederhergestellt: Ein geknackter Server an dieser Stelle besitzt Zugriff darauf und kann sie nach Belieben lesen und ändern.

Die zweite Methode mit Port-Forwarding hat diese Schwachstelle nicht. Der Server auf G ist in keiner besonderen Position hinsichtlich der Überwachung der weitergeleiteten SSH-Verbindung von C nach S. Jeder Versuch, diese Session zu lesen oder zu verändern, schlägt fehl, ebenso wie Netzwerk-Snooping oder ein aktiver Netzwerk-Angriff.

11.5.4.2   Server-Authentifizierung

Andererseits ist die Port-Forwarding-Methode schwächer als die Kette-von-Verbindungen, wenn sie mit SSH1 oder OpenSSH implementiert wird, weil ihr die Server-Authentifizierung fehlt. Der Grund dafür ist darin zu suchen, daß SSH1- und OpenSSH-Clients sind beide speziell verhalten, wenn die Server-Adresse 127.0.0.1

(»localhost«) lautet: Sie erzwingen die Akzeptanz des Host-Schlüssels, ganz egal, welcher Schlüssel tatsächlich angeboten wird. Genauer gesagt, wird der Vergleich des Host-Schlüssels mit der Known-Hosts-Liste übersprungen, und sie verhalten sich so, als wäre der vom Server bereitgestellte Schlüssel in der Liste mit »localhost« verknüpft.

Der Grund für dieses Feature ist Bequemlichkeit. Wenn das Home-Verzeichnis eines Benutzers zwischen mehreren Maschinen geteilt wird, sieht der SSH-Client auf jeder Maschine die gleiche benutzereigene Known-Hosts-Datei. Der Name »localhost« ist aber etwas Besonderes, weil er für jeden Host etwas anderes darstellt, nämlich den jeweiligen Host. Wenn der Benutzer also *ssh localhost* auf mehreren Maschinen eingibt, würden laufend Warnungen ausgegeben werden, daß sich der Host-Schlüssel geändert habe. Die Known-Hosts-Datei bildet »localhost« auf den Host-Schlüssel des letzten Hosts ab, auf dem der Befehl ausgeführt wurde, nicht auf den aktuellen Rechner.

Das Problem besteht hier also darin, daß die Server-Authentifizierung de facto fehlt, weil die entfernte IP-Adresse der SSH-Session von C nach S tatsächlich localhost ist und dadurch auf Man-in-the-Middle- und Server-Spoofing-Angriffe anfällig reagiert.

SSH2 billigt localhost diese Sonderbehandlung nicht zu und besitzt daher diesen Schwachpunkt nicht. Dessen Known-Hosts-Liste ist wesentlich genauer: Sie bildet Server-*Sockets* ([Host,Port]-Paare) auf Schlüssel ab, nicht einfach Server-Hosts. Das bedeutet, daß Sie separate Schlüssel für jeden lokal weitergeleiteten Port besitzen können. Um die Sache also so sicher wie möglich zu machen, akzeptieren Sie nicht einfach den Host-Schlüssel des Servers beim ersten *ssh2*-Verbindungsaufbau von C nach S über den weitergeleiteten Port 2001 auf C. Damit umgehen Sie die Server-Authentifizierung für diese erste Verbindung. Statt dessen kopieren Sie vor der ersten Verbindung den Host-Schlüssel von S in die Datei *~/.ssh2/hostkeys/key_2001_localhost.pub* auf C. Das verknüpft den Host-Schlüssel S mit dem Socket (localhost,2001), und Sie verfügen über eine saubere Server-Authentifizierung für die erste weitergeleitete Verbindung.

12

Fehlersuche
und FAQ

SSH1, SSH2 und OpenSSH sind komplexe Produkte. Wenn es zu einem Problem kommt, sollten Sie nacheinander folgendes tun:

1. Lassen Sie Client und Server im Debugging-Modus laufen.
2. Konsultieren Sie Archive mit Fragen und Antworten, um zu sehen, ob schon jemand anders vor diesem Problem stand und es lösen konnte.
3. Suchen Sie Rat.

Viele Leute springen direkt zu Schritt 3 und stellen Fragen in öffentlichen Foren und warten Stunden oder Tage auf eine Antwort, obwohl ein einfaches *ssh –v* oder die FAQ das Problem in wenigen Augenblicken beheben könnten. Seien Sie ein cleverer und effektiver Technologe und nutzen Sie die verfügbaren Ressourcen, bevor Sie Hilfe in der Community suchen. (Auch wenn die SSH-Community sehr hilfsbereit ist, wenn Sie Ihre Hausaufgaben gemacht haben.)

12.1 Debugging-Meldungen: Ihre erste Verteidigungslinie

Bei SSH1/SSH2-Clients und -Servern ist das Debugging fest integriert. Wenn sie mit den entsprechenden Optionen aufgerufen werden, geben diese Programme Meldungen zu ihrer Arbeit und ihren Problemen aus. Sie können diese Nachrichten verwenden, um Probleme zu isolieren.

12.1.1 Client-Debugging

Die meisten Clients geben Debugging-Meldungen aus, wenn sie mit der Option *–v* (Verbose-Modus) aufgerufen werden: [7.4.15]

```
$ ssh -v server.example.com
$ scp -v myfile server.example.com:otherfile
```

Viele Probleme können mit Hilfe des Verbose-Modus identifiziert werden. Sie sollten instinktiv immer diese Option nutzen, wann immer Sie vor einem Problem stehen.

Atmen Sie tief ein und wiederholen Sie:

»*ssh –v* ist mein Freund …«

»*ssh –v* ist mein Freund …«

»*ssh –v* ist mein Freund …«

12.1.2 Server-Debugging

Die SSH1-, SSH2- und OpenSSH-Server geben auf Anweisung ebenfalls Debugging-Meldungen aus:

```
# SSH1, OpenSSH
$ sshd -d

# Nur SSH2
$ sshd2 -v
```

In beiden Fällen tritt der Server in einen speziellen Debugging-Modus ein. Er akzeptiert eine einzige Verbindung, arbeitet bis zum Ende dieser Verbindung ganz normal und beendet sich dann. Er geht nicht in den Hintergrund, erzeugt auch keinen Child-Prozeß zur Verarbeitung der Verbindung und gibt Informationen über den Arbeitsfortschritt auf dem Bildschirm aus (d.h. über den Standardfehler-Kanal).

SSH2 besitzt ein kompliziertes System für das Debugging: numerische Debugging-Level, die mit der Option *–d* festgelegt werden. Höhere Zahlen bedeuten mehr Information. [5.8.2] Tatsächlich ist *–v* für den Verbose-Modus eine Kurzform für *–d2*. Auf höheren Debugging-Ebenen sind die Ausgaben so umfangreich, daß sie wohl nur für SSH-Entwickler nützlich sind, die obskure Probleme untersuchen müssen. Möglicherweise müssen Sie aber über den Debugging-Level 2 hinausgehen, um die benötigten Informationen zu bekommen. Wenn Sie zum Beispiel wissen wollen, welche Algorithmen für eine Verbindung ausgehandelt werden, verwenden Sie *–d3*. Wenn Sie die Fehlermeldung »TCP/IP Failure« erhalten, zeigt ein Wechsel auf *–d5* die spezifischeren Fehlermeldungen auf Betriebssystem-Ebene, die bei diesem Verbindungsversuch zurückgegeben wurden.

Wenn Sie einen Server debuggen, müssen Sie daran denken, Port-Konflikte mit anderen laufenden SSH-Servern zu vermeiden. Halten Sie den anderen Server entweder an, oder verwenden Sie eine alternative Portnummer zum Debugging:

```
$ sshd1 -d -p 54321
```

Verwenden Sie die Option *–p* im Client, wenn Sie diese Debugging-Instanz des Servers testen:

```
$ ssh -p 54321 localhost
```

Auf diese Weise unterbrechen oder beeinträchtigen Sie einen anderen aktiven *sshd* nicht.

12.2 Probleme und Lösungen

In diesem Abschnitt decken wir ein weites Feld von Fragen ab, die wir in Kategorien zusammengefaßt haben. Der Kasten »Die Top Ten der SSH-Fragen« enthält die unserer Erfahrung nach am allerhäufigsten gestellten Fragen unter den häufig gestellten Fragen. Wir konzentrieren uns auf Probleme, die in vielen Versionen der SSH-Software unter diversen Betriebssystemen auftreten können. Wir gehen nicht auf die folgenden Arten von Fragen ein, die relativ schnell wieder überholt sind:

- Kompilierungsprobleme mit einem bestimmten Betriebssystem wie »HyperLinux beta 0.98 benötigt das --with-woozle-Flag«.

- Probleme und Bugs, die nur in einer Version von SSH1 oder SSH2 (insbesondere älteren Versionen) vorkommen.

Diese Arten von Problemen lassen sich am besten über die SSH-FAQ [12.3.1] oder die Diskussion mit anderen SSH-Benutzern lösen.

Bei allen Fragen gehen wir davon aus, daß Sie bereits den Debugging- oder Verbose-Modus (d.h. *ssh –v*) verwenden, um das Problem zu isolieren. (Ist das nicht der Fall, sollten Sie es tun.)

Die Top Ten der SSH-Fragen

F: *Wie installiere ich meine Public-Key-Datei zum ersten Mal auf dem entfernten Host?*

A: Stellen Sie die Verbindung mittels Paßwort-Authentifizierung her und verwenden Sie das Copy/Paste-Feature Ihres Terminal-Programms.[12.2.2.4]

F: *Ich habe meine SSH-Public-Key-Datei mykey.pub in mein entferntes SSH-Verzeichnis eingetragen, aber die Public-Key-Authentifizierung funktioniert nicht.*

A: Der Public-Key muß in Ihrer entfernten Autorisierungsdatei referenziert werden. [12.2.2.4]

F: *Die Public-Key-Authentifizierung funktioniert nicht.*

A: Verwenden Sie *ssh –v* und überprüfen Sie Ihre Schlüssel, Dateien und Zugriffsrechte. [12.2.2.4]

– Fortsetzung –

F: *Die Paßwort-Authentifizierung funktioniert nicht.*

A: Verwenden Sie *ssh –v*. Es gibt eine Vielzahl möglicher Ursachen. [12.2.2.2]

F: *Trusted-Host-Authentifizierung funktioniert nicht (SSH1 RhostsRSA, hostbasiertes SSH2).*

A: Verwenden Sie *ssh –v*. Überprüfen Sie Ihre vier Steuerdateien, Hostnamen und den setuid-Status des SSH-Clients oder *ssh-signer2*. [12.2.2.3]

F: *Wir kann ich mich authentifizieren, ohne ein Paßwort oder eine Paßphrase eingeben zu müssen?*

A: *ssh-agent*, unverschlüsselte Schlüssel, Trusted-Host-Authentifizierung oder Kerberos. [12.2.2.1]

F: *Wie sichere ich FTP mittels Port-Forwarding ab?*

A: Leiten Sie einen lokalen Port an Port 21 des FTP-Servers für die Kontrollverbindung weiter. Ein Port-Forwarding der Datenverbindung ist wesentlich schwieriger. [12.2.5.6]

F: *Das X-Forwarding funktioniert nicht.*

A: Setzen Sie Ihre entfernte DISPLAY-Variable nicht manuell. (Und es gibt noch andere Dinge zu beachten.) [12.2.5.6]

F: *Warum funktionieren Wildcards und Shell-Variablen nicht in der scp-Kommandozeile?*

A: Ihre lokale Shell löst sie auf, bevor *scp* ausgeführt wird. Schützen Sie diese speziellen Zeichen durch Escape-Zeichen. [12.2.5.4]

F: *Ein ssh- oder scp-Feature funktioniert nicht, aber ich nutze es korrekt.*

A: Verwenden Sie *ssh –v*. Auch die Systemkonfiguration könnte Ihre Einstellungen überschreiben.

12.2.1 Allgemeine Probleme

F: *Die Befehle ssh, scp, ssh-agent, ssh-keygen etc. machen nicht, was ich erwarte. Selbst die Hilfemeldungen sehen seltsam aus.*

A: Vielleicht handelt es sich um SSH2-Programme, während Sie SSH1 erwarten, oder umgekehrt. Ermitteln Sie die Lage der Executables und führen Sie ein *ls –l* aus. Geht es direkt um Dateien, handelt es sich sehr wahrscheinlich um SSH1 oder OpenSSH. Handelt es sich um symbolische Links, müssen Sie prüfen, ob diese auf SSH1- oder SSH2-Dateien verweisen. (SSH2-Dateinamen enden mit »2«.)

F: *Wenn ich versuche, die Verbindung mit einem SSH-Server herzustellen, erhalte ich die Fehlermeldung »Connection refused«.*

A: Es lief kein SSH-Server, als Sie versuchten, die Verbindung aufzubauen. Überprüfen Sie noch einmal den Hostnamen und die TCP-Portnummer. Vielleicht läuft der Server an einem vom Standard abweichenden Port.

F: *Wenn ich mich einlogge, erscheint die »Meldung des Tages« (/etc/motd) zweimal.*

A: *sshd* und *login* geben sie beide aus. Deaktivieren Sie die Ausgabe durch *sshd*, indem Sie das serverweite Konfigurations-Schlüsselwort `PrintMotd` auf `no` setzen.

F: *Wenn ich mich einlogge, erscheinen zwei Meldungen zur E-Mail wie »No mail« oder »You have mail.«*

A: *sshd* und *login* prüfen beide auf E-Mails. Deaktivieren Sie die Prüfung durch *sshd*, indem Sie das serverweite Konfigurations-Schlüsselwort `CheckMail` auf `no` setzen.

12.2.2 Authentifizierungs-Probleme

12.2.2.1 Allgemeine Authentifizierungsprobleme

F: *Der SSH1-Server sagt »Permission denied« und bricht ab.*

A: Dieser Fall tritt ein, wenn alle Authentifizierungstechniken fehlgeschlagen sind. Führen Sie Ihren Client im Debugging-Modus aus und durchstöbern Sie die Diagnosemeldungen nach Hinweisen. Beachten Sie auch die nachfolgend beschriebenen Lösungen bestimmter Authentifizierungsprobleme.

F: *Wie kann eine Authentifizierung ohne Eingabe eines Paßworts/einer Paßphrase erfolgen?*

A: Die für diesen Fall verfügbaren vier Authentifizierungsmethoden sind:

- Public-Key mit *ssh-agent*
- Public-Key mit unverschlüsseltem Schlüssel auf Platte (leere Paßphrase)
- Trusted-Host
- Kerberos (nur SSH1 und OpenSSH/1)

Die automatische Authentifizierung besitzt eine Reihe wichtiger Aspekte, die es sorgfältig zu beachten gilt, bevor man sich für einen der obigen Mechanismen entscheidet. [11.1]

F: *Ich werde nach meinem Paßwort oder der Paßphrase gefragt, aber bevor ich antworten kann, schließt der SSH-Server die Verbindung.*

A: Der Wert für den Idle-Timeout ist zu klein. Als Systemadministrator der Server-Maschine müssen Sie in der serverweiten Konfigurationsdatei den `IdleTimeout`-Wert erhöhen. [5.4.3.3] Als Endanwender von SSH1 oder OpenSSH legen Sie den Timeout-Wert in *authorized_keys* fest. [8.2.7]

F: *RequiredAuthentications funktioniert nicht.*

A: Dieses Feature war bei SSH2 2.0.13 fehlerhaft und ließ die Authentifizierung jedesmal fehlschlagen. Das Problem wurde aber in Version 2.1.0 behoben.

F: *SilentDeny scheint bei keiner Authentifizierungsmethode zu funktionieren.*

A: `SilentDeny` hat nichts mit der Authentifizierung zu tun. Es wird nur bei der Zugriffskontrolle mittels `AllowHosts` und `DenyHosts` angewandt. Wenn einer Verbindung der Zugriff über einen `AllowHosts`- oder `DenyHosts`-Wert verwehrt wird, legt `SilentDeny` fest, ob der Client eine Fehlermeldung sieht oder nicht.

12.2.2.2 Paßwort-Authentifizierung

F: *Die Paßwort-Authentifizierung funktioniert nicht.*

A: Verwenden Sie *ssh –v*. Wird die Verbindung vollständig abgelehnt, läuft der SSH-Server möglicherweise nicht, oder Sie stellen die Verbindung zu einem falschen Port her. Port 22 ist voreingestellt, aber der Systemadministrator des anderen Systems könnte dies geändert haben. Wenn Sie die Meldung »Permission denied« sehen, ist die Paßwort-Authentifizierung auf dem Server möglicherweise deaktiviert.

Stellen Sie sicher, daß der Server die Paßwort-Authentifizierung in der serverweiten Konfigurationsdatei erlaubt (»PasswordAuthentication yes« bei SSH1 und OpenSSH, »AllowedAuthentications password« bei SSH2). Stellen Sie auch sicher, daß die Client-Konfigurationsdatei »PasswordAuthentication no« nicht enthält.

Wenn Sie nach dem Paßwort gefragt werden, dieses aber abgelehnt wird, könnten Sie den falschen Account verwenden. Unterscheidet sich der Name des lokalen Accounts vom entfernten Benutzernamen? Dann müssen Sie beim Verbindungsaufbau den entfernten Benutzernamen angeben:

```
$ ssh -l mein_entfernter_benutzername server.example.com
$ scp meinedatei mein_entfernter_benutzername@server.example.com:
```

Wenn das immer noch nicht funktioniert, überprüfen Sie Ihre lokale Client-Konfigurationsdatei (*~/.ssh/config* oder *~/.ssh2/ssh2_config*) und stellen Sie sicher, daß Sie nicht versehentlich den falschen Wert für das Schlüsselwort `User` verwenden. Besonders wenn Ihre Konfigurationsdatei `Host`-Werte mit Wildcards enthält, müssen Sie sicherstellen, daß Ihre aktuelle Kommandozeile (die, die nicht funktioniert), nicht mit einem falschen Abschnitt der Datei übereinstimmt. [7.1.3.4]

Ein gängiges Problem auf Serverseite betrifft OpenSSH und die Konfiguration der Pluggable Authentication Modules. PAM ist ein allgemeines System, mit dessen Hilfe Authentifizierung, Autorisierung und Account unabhängig von der Anwendung vorgenommen werden können. Wenn Ihr Betriebssystem PAM unterstützt (wie z.B. Linux und HPUX), wurde OpenSSH wahrscheinlich so kompiliert, es auch zu nutzen. Solange Sie nicht den zusätzlichen Schritt vornehmen, PAM so zu konfigurieren, daß es SSH unterstützt, schlägt die Paßwort-Authentifizierung auf mysteriöse Weise fehl. Üblicherweise reicht es aus, die entsprechende *sshd.pam*-Datei aus dem *contrib*-Verzeichnis der OpenSSH-Distribution zu kopieren, diese Datei in »sshd« umzubenennen und im PAM-Konfigurationsverzeichnis (üblicherweise */etc/pam.d*) abzulegen. Das *contrib*-Verzeichnis enthält verschiedene Beispieldateien für unterschiedliche Unix-Varianten. Bei einem RedHat Linux-System gehen Sie zum Beispiel wie folgt vor:

```
# cp contrib/redhat/sshd.pam /etc/pam.d/sshd
# chown root.root /etc/pam.d/sshd
# chmod 644 /etc/pam.d/sshd
```

Wenn OpenSSH PAM nicht verwendet und die Paßwort-Authentifizierung trotzdem nicht funktioniert, dann könnten die Kompilierungs-Switches --with-md5-passwords oder --without-shadow von Bedeutung sein. Bei diesen macht es keinen Unterschied, ob PAM aktiv ist oder nicht, weil sie festlegen, wie OpenSSH die Unix-Datei *passwd* verarbeitet. Wird PAM verwendet, liest der OpenSSH-Code die *passwd*-Datei nicht direkt. Diese Aufgabe wird vielmehr von den PAM-Bibliotheken übernommen. Ohne PAM allerdings müssen Sie, wenn Ihr System mit MD5-basierten Paßwörtern anstelle der etwas tradtionelleren *crypt* (DES) Hash arbeitet, --with-md5-passwords verwenden. Sie können bestimmen, welchen Hash Ihr System nutzt, indem Sie die Dateien */etc/passwd* und */etc/shadow* untersuchen. Das verschlüsselte Paßwort ist im zweiten Feld jedes Eintrags enthalten. Steht bei */etc/passwd* in diesem Feld nur ein »x«, dann steht der eigentliche Wert statt dessen in */etc/shadow*. MD5-Hashes sind wesentlich länger und umfassen einen größeren Bereich von Zeichen:

```
# /etc/shadow, MD5-Hash
test:$1$tEMXcnZB$rDEZbQXJzUz4g2J4qYkRh.:...

# /etc/shadow, crypt-Hash
test:JGQfZ8DeroV22:...
```

Abschließend können Sie --without-shadow ausprobieren, wenn Sie den Verdacht haben, daß OpenSSH die shadow-Paßwortdatei nutzt, während Ihr System sie gar nicht verwendet.

F: *Der Server läßt mich kein leeres Paßwort verwenden.*

A: Leere Paßwörter sind unsicher und sollten vermieden werden. Wenn es sich aber nicht vermeiden läßt, können Sie PermitEmptyPasswords yes in der serverweiten Konfigurationsdatei einstellen. [5.6.3]

12.2.2.3 *Trusted-Host-Authentifizierung*

F: *Die Trusted-Host-Authentifizierung funktioniert nicht (SSH1 RhostsRSA, SSH2 host-based).*

A: Verwenden Sie *ssh –v*. Wenn alles gut aussieht, überprüfen Sie folgendes. Stellen Sie sich vor, der Client-Benutzer ist orpheus@earth, und der Zielaccount heißt orpheus@hades – auf Host *earth* ruft der Benutzer orpheus *ssh hades* auf.

Für SSH1 und OpenSSH/1:

- Das SSH-Client-Programm muß unter setuid root laufen.

- RhostsRSAAuthentication yes gehört in die Server- und Client-Konfigurationen.

- Der öffentliche Host-Schlüssel des Clients muß in der Known-Hosts-Liste des Servers stehen. In diesem Fall muß *hades:/etc/ssh_known_hosts* einen Eintrag enthalten, der den Namen »earth« mit dem entsprechenden öffentlichen Host-Schlüssel verknüpft:

  ```
  earth 1024 37 716416478851403631403901319134...
  ```

- Der Eintrag kann statt dessen auch in der Known-Hosts-Datei des Zielaccounts stehen, also zum Beispiel in *hades:~orpheus/.ssh/known_hosts*. Achten Sie darauf, daß »earth« aus der Sicht des Servers der kanonische Name des Client-Hosts ist. Wenn die SSH-Verbindung also von der Adresse 192.168.10.1 stammt, muß `gethostbyname`(192.168.10.1) auf hades »earth« zurückgeben und nicht einen Spitznamen oder Alias für den Host (d.h., wenn der Hostname *river.earth.net* lautet, darf das Lookup nicht einfach »river« zurückgeben). Beachten Sie, daß das mehrere Namensdienste betreffen kann, weil `gethostbyname` so konfiguriert werden kann, daß es mehrere Quellen konsultiert, um eine Übersetzung zu erreichen (z.B. DNS, NIS, */etc/hosts*). Siehe */etc/nsswitch.conf*. Wenn Ihr System sich nicht auf kanonische Hostnamen einigen kann, werden Ihre Probleme mit RhostsRSA nie enden. Sie können dieses Problem bis zu einem gewissen Maß umgehen, indem Sie zusätzliche Spitznamen in die Known-Hosts-Datei eintragen:

  ```
  earth,gaia,terra 1024 37 716416478851403631403901319134...
  ```

- Editieren Sie *hades:/etc/shosts.equiv* oder *hades:~orpheus/.shosts* so, daß das Login erlaubt ist. Die Aufnahme von earth in *shosts.equiv* erlaubt es jedem Nicht-root-Benutzer auf earth, auf einen Account gleichen Namens auf hades zuzugreifen. Die Aufnahme von earth in *.shosts* erlaubt orpheus@earth den Zugriff auf orpheus@hades.

- Einige Firewalls lehnen ausgehende Verbindungen von privilegierten Ports ab. Das verhindert die korrekte Funktion der RhostsRSA-Authentifizierung, weil diese von privilegierten Quellports abhängen. Sie können *ssh -P* verwenden, um eine Verbindung mit dem SSH-Server über einen nicht-privilegierten Port herzustellen, dann müssen Sie aber eine andere Form der Authentifizierung wählen.

Für SSH2:

- »AllowedAuthentications hostbased« in den Server- und Client-Konfigurationen.

- *ssh2* muß nicht unter setuid root laufen, *ssh-signer2* aber schon. Genauer gesagt, muß es in der Lage sein, den privaten Host-Schlüssel lesen zu können, was bei der normalen Installation setuid root bedeutet.

- Eine Kopie des öffentlichen Host-Schlüssels von earth in *hades:/etc/ssh2/knownhosts/earth.ssh-dss.pub* (oder *hades:~orpheus:/.ssh2/knownhosts/earth.ssh-dss.pub*, wenn Sie »UserKnownHosts yes« auf dem Server festlegen).

- Bezüglich kanonischer Hostnamen gilt das gleiche wie für RhostsRSA.

Für OpenSSH/2:

- »DSAAuthentication yes« muß in den Server- und Client-Konfigurationen enthalten sein.

- *ssh* muß setuid root laufen (oder auf andere Weise in der Lage sein, den privaten Host-Schlüssel des Clients in */etc/ssh_host_dsa_key* zu lesen. Ein privilegierter Quellport ist nicht notwendig).

- Eine Kopie des öffentlichen Host-Schlüssels von earth in *hades:/etc/ssh_known_hosts2* (oder *hades:~orpheus:/.ssh/known_hosts2*).

- Für kanonische Hostnamen gelten die gleichen Kommentare wie für Rhosts-RSA.

12.2.2.4 Public-Key-Authentifizierung

F: *Wie installiere ich meine Public-Key-Datei zum ersten Mal auf dem entfernten Host?*

A: Hier die allgemeine Methode:

a. Erzeugen Sie ein Schlüssel-Paar.

b. Kopieren Sie den Text des öffentlichen Schlüssels in die Zwischenablage oder den Cut/Paste-Puffer Ihres Computers.

c. Loggen Sie sich in den entfernten Host mittels Paßwort-Authentifizierung ein. Diese Art der Authentifizierung verlangt keine besonderen Dateien in Ihrem entfernten Account.

d. Editieren Sie die entsprechenden Autorisierungs- und Schlüssel-Dateien auf dem entfernten Host:

  – Bei SSH1 und OpenSSH/1 hängen Sie den entsprechenden öffentlichen Schlüssel in *~/.ssh/authorized_keys* an.

  – Bei OpenSSH/2 hängen Sie den öffentlichen Schlüssel in *~/.ssh/authorized_keys2* an.

  – Bei SSH2 kopieren Sie den öffentlichen Schlüssel mit einer Paste-Operation in eine neue *.pub*-Datei in *~/.ssh2* (etwa *newkey.pub*) und hängen die Zeile »Key newkey.pub« in *~/.ssh2/authorization* an.

e. Melden Sie sich am entfernten Host ab.

f. Loggen Sie sich mittels Public-Key-Authentifizierung erneut am entfernten Rechner ein.

Bei der Editierung der entfernten Autorisierungsdatei müssen Sie sicherstellen, daß der Texteditor keine Zeilenumbrüche mitten in einen öffentlichen Schlüssel einfügt. Öffentliche Schlüssel sind bei SSH1 und OpenSSH sehr lang und müssen in einer einzelnen Zeile festgehalten werden.

F: *Ich habe meine SSH-Datei mykey.pub mit dem öffentlichen Schlüssel in mein entfernte SSH-Verzeichnis eingetragen, aber die Public-Key-Authentifizierung funktioniert nicht.*

A: Die Ablage der Datei mit dem öffentlichen Schlüssel (etwa *mykey.pub*) in Ihrem
SSH-Verzeichnis reicht nicht aus. Bei SSH1 und OpenSSH/1 müssen Sie den
Schlüssel (d.h. den Inhalt von *mykey.pub*) in *~/.ssh/authorized_keys* eintragen. Bei
OpenSSH/2 hängen Sie den Schlüssel in *~/.ssh/authorized_keys2* an. Bei SSH2
müsssen Sie den Text `Key mykey.pub` in die Datei *~/.ssh2/authorization* einfügen.

F: *Die Public-Key-Authentifizierung funktioniert nicht.*

A: Rufen Sie den Client im Debugging-Modus (*ssh −v*) auf. Stellen Sie sicher, daß

- Ihr lokaler Client die erwartete Identitätsdatei verwendet.

- der richtige öffentliche Schlüssel auf dem entfernten Host an der richtigen Stelle
  vorliegt.

- Ihr entferntes Home-Verzeichnis, SSH-Verzeichnis und andere SSH-relevante
  Dateien über die richtigen Zugriffsrechte verfügen. [5.4.2.1]

F: *Ich werde nach meinem Login-Paßwort gefragt, nicht nach der Public-Key-Paßphrase. Oder meine Verbindung wird mit der Fehlermeldung »No further authentication methods available« abgebrochen. (SSH2)*

A: Für diese Probleme kann es mehrere Ursachen geben:

- Die Public-Key-Authentifizierung muß auf dem Client und auf dem Server aktiv
  sein (SSH1/OpenSSH »RSAAuthentication yes«, SSH2 »AllowedAuthentications
  publickey«).

- Geben Sie Ihren entfernten Benutzernamen mit −*l* (kleines L) an, wenn er sich
  von Ihrem lokalen Benutzernamen unterscheidet, weil der SSH-Server anderenfalls den falschen entfernten Account verwendet:

  ```
  $ ssh -l jones server.example.com
  ```

- Prüfen Sie die Datei-Zugriffsrechte in Ihrem Server-Account. Wenn bestimmte
  Dateien oder Verzeichnisse die falschen Eigentümer oder fahrlässige Zugriffsrechte besitzen, lehnt der SSH-Server die Public-Key-Authentifizierung ab. Dieses Feature dient der Sicherheit. Führen Sie *ssh* im Verbose-Modus aus, um sich
  das Problem zeigen zu lassen:

  ```
  $ ssh -v server.example.com
  ...
  server.example.com: Remote: Bad file modes for /u/smith/.ssh
  ```

  In Ihrem Server-Account müssen Sie sicherstellen, daß die folgenden Dateien
  und Verzeichnisse Ihnen gehören und nicht von jedermann geschrieben werden dürfen: *~*, *~/.ssh*, *~/.ssh/authorized_keys*, *~/.ssh2*, *~/.rhosts* und *~/.shosts*.

- Wenn Sie bei SSH2 die Option *−i* zur Angabe der Identifikationsdatei verwenden:

  ```
  $ ssh2 -i my-identity server.example.com
  ```

  müssen Sie sicherstellen, daß *my-identity* eine Identifikationsdatei ist und nicht eine Datei mit einem privaten Schlüssel. (Im Gegensatz dazu erwartet *ssh −i* für SSH1 und OpenSSH eine Datei mit einem privaten Schlüssel.) Erinnern Sie sich daran zurück, daß die Identifikationsdateien bei SSH2 Textdateien sind, die die Namen der privaten Schlüssel enthalten.

F: *Ich werde nach der Paßphrase für den falschen Schlüssel gefragt.*

A: Stellen Sie sicher, daß der gewünschte Public-Key in Ihrer Autorisierungsdatei auf der SSH-Server-Maschine eingetragen ist.

Prüfen Sie, ob Probleme mit dem SSH-Agenten vorliegen. Läuft bei Ihnen ein Agent und versuchen Sie, mit *ssh −i* oder dem Schlüsselwort `IdentityFile` einen anderen Benutzer anzugeben? Die Präsenz eines Agenten verhindert die korrekte Funktionsweise von *−i* und `IdentityFile`. Beenden Sie den Agenten und versuchen Sie es erneut.

Wenn bei SSH1 und OpenSSH Optionen in *~/.ssh/authorized_keys* angegeben wurden, sollten Sie die Datei auf typografische Fehler untersuchen. Bei einer falsch geschriebenen Option wird die entsprechende Schlüssel-Zeile stillschweigend übersprungen. Denken Sie daran, daß Optionen durch Kommata und nicht durch Whitespace getrennt werden.

12.2.2.5 Authentifizierung mit PGP-Schlüsseln

F: *Nach Abfrage der PGP-Paßphrase werde ich nach meinem Login-Paßwort gefragt.*

A: Wenn Sie nach Ihrem PGP-Schlüssel und dann nach Ihrem Paßwort gefragt werden:

```
Paßphrase for pgp key "mykey": ********
smiths password:
```

Sie aber wissen, daß Sie die Paßphrase korrekt eingegeben haben, dann stellen Sie sicher, daß Sie Ihre PGP-Paßphrase korrekt eingeben. (Verschlüsseln Sie zum Beispiel eine Datei mit diesem Schlüssel und entschlüsseln Sie sie wieder.) Ist das der Fall, besteht möglicherweise eine Inkompatibilität zwischen den PGP-Implementierungen auf den Clients und dem Server. Wir haben dieses Verhalten erlebt, wenn der PGP-Schlüssel (der auf der Client-Maschine erzeugt wurde) für die PGP-Implementierung auf der Server-Maschine nicht über genügend Bits verfügte. Erzeugen Sie einen neuen Schlüssel auf der Server-Maschine.

F: *Ich erhalte die Meldung »Invalid pgp key id number '0276C297'«*

A: Sie haben wahrscheinlich das führende »0x« bei der Schlüssel-ID vergessen, und SSH versucht, eine hexadezimale Zahl als Dezimalzahl zu interpretieren. Verwenden Sie also `PgpKeyId 0x0276C297`.

12.2.3 Probleme mit Schlüsseln und Agenten

12.2.3.1 Allgemeine Schlüssel/Agent-Probleme

F: *Ich habe einen Schlüssel mit SSH1 generiert und versucht, diesen mit einem anderen SSH1-Client zu verwenden (etwa NiftyTelnet SSH, dem F-Secure SSH-Client oder SecureCRT), aber der Client beschwert sich, daß der Schlüssel in einem ungültigen Format vorliegt.*

A: Stellen Sie zuerst sicher, daß der Schlüssel mit *ssh-keygen1* und nicht mit *ssh-keygen2* generiert wurde. SSH1- und SSH2-Schlüssel sind nicht kompatibel.

Stellen Sie als nächstes sicher, daß die Schlüssel-Datei mit einem geeigneten Dateitransfer-Programm übertragen wurde. Wenn Sie FTP verwendet haben, müssen Sie sicherstellen, daß der Binärmodus verwendet wurde, anderenfalls enthält die Datei falsche Daten. Die Datei mit dem öffentlichen Schlüssel sollte im ASCII-Modus übertragen worden sein.

F: *Ich habe einen SSH1-Schlüssel generiert und wollte ihn dann mit SSH2 nutzen (oder umgekehrt), aber das hat nicht funktioniert.*

A: Das ist normal. SSH1- und SSH2-Schlüssel sind nicht kompatibel.

F: *Ich habe mit –i oder IdentityFile einen Schlüssel manuell angegeben, dieser wird aber niemals genutzt!*

A: Arbeiten Sie mit einem Agenten? Dann haben *–i* und `IdentityFile` keinerlei Auswirkungen. Der erste verwendbare Schlüssel des Agenten hat Vorrang.

12.2.3.2 ssh-keygen

F: *Bei jedem Aufruf von ssh-keygen wird meine Standard-Identitätsdatei überschrieben.*

A: Weisen Sie *ssh-keygen* an, seine Ausgabe in eine andere Datei zu schreiben. Für das *ssh-keygen* von SSH1 und OpenSSH verwenden Sie dazu die Option *–f.* für *ssh-keygen2* geben Sie den Dateinamen als letztes Argument in der Kommandozeile an. Eine Option ist nicht notwendig.

F: *Kann ich die Paßphrasen für einen Schlüssel ändern, ohne den Schlüssel neu generieren zu müssen?*

A: Ja. Für das *ssh-keygen* von SSH1 und OpenSSH verwenden Sie dazu die Option *–N* und für *ssh-keygen2* die Option *–p*.

F: *Wie generiere ich einen Host-Schlüssel?*

A: Generieren Sie einen Schlüssel mit einer leeren Paßphrase und installieren Sie diesen am richtigen Ort:

```
# SSH1, OpenSSH
$ ssh-keygen -N  -b 1024 -f /etc/ssh_host_key

# Nur SSH2
$ ssh-keygen2 -P -b 1024 /etc/ssh2/hostkey
```

F: *Die Generierung eines Schlüssels dauert sehr lange.*

A: Ja, je nach Geschwindigkeit Ihrer CPU und der geforderten Anzahl Bits ist das durchaus möglich. DSA-Schlüssel benötigen tendenziell mehr Zeit als RSA-Schlüssel.

F: *Wie viele Bits sollte man für die Schlüssel verwenden?*

A: Wir empfehlen mindestens 1024 Bit für eine hohe Sicherheit.

F: *Was bedeutet das von ssh-keygen2 ausgegebene oOo.oOo.oOo.oOo?*

A: Die Manpage bezeichnet es als »progress indicator«, also als Fortschrittsanzeige. Wir halten es für die ASCII-Darstellung einer Sinuswelle. Oder die Geräusche eines brüllenden Gorillas. Sie können die Ausgabe mit *–q* unterbinden.

12.2.3.3 *ssh-agent und ssh-add*

F: *Mein ssh-agent beendet sich nicht, wenn ich mich auslogge.*

A: Wenn Sie die Single-Shell-Methode zum Start des Agenten verwenden, dann ist das normal. Sie müssen den Agenten selbst beenden, indem Sie ihn manuell anhalten oder indem Sie die entsprechenden Zeilen in Ihre Shell-Konfigurationsdateien eintragen. [6.3.2.1] Wenn Sie die Subshell-Methode verwenden, wird der Agent automatisch beendet, sobald Sie sich abmelden (genauer gesagt, wenn Sie die Subshell verlassen). [6.3.2.2]

F: *Wenn ich ssh-add aufrufe und meine Paßphrase eingebe, erhalte ich die Fehlermeldung »Could not open a connection to your authentication agent.«*

A: Folgen Sie diesem Debugging-Prozeß:

    a. Stellen Sie sicher, daß ein *ssh-agent*-Prozeß läuft:

```
$ /usr/bin/ps -ef | grep ssh-agent
smith 22719    1 0 23:34:44 ?        0:00 ssh-agent
```

    Ist das nicht der Fall, müssen Sie den Agenten zuerst starten, bevor *ssh-add* funktionieren kann.

b. Überprüfen Sie, daß die Umgebungsvariablen des Agenten gesetzt sind:

```
$ env | grep SSH
SSH_AUTH_SOCK=/tmp/ssh-barrett/ssh-22719-agent
SSH_AGENT_PID=22720
```

Wenn nicht, haben Sie *ssh-agent* wohl fälschlicherweise wie folgt aufgerufen:

```
# Falsch!
$ ssh-agent
```

Bei der Single-Shell-Methode müssen Sie *eval* mit Backquotes verwenden:

```
$ eval ssh-agent
```

Bei der Subshell-Methode müssen Sie *ssh-agent* hingegen anweisen, eine Shell aufzurufen:

```
$ ssh-agent $SHELL
```

c. Stellen Sie sicher, daß der Agent auf einen gültigen Socket verweist:

```
$ ls -lF $SSH_AUTH_SOCK
prwx------  1 smith    0 May 14 23:37 /tmp/ssh-smith/ssh-22719-agent|
```

Ist das nicht der Fall, könnte SSH_AUTH_SOCK auf einen alten Socket verweisen, der von einem früheren Aufruf von *ssh-agent* herrührt (hervorgerufen durch einen Benutzerfehler).

12.2.3.4 *Account-bezogene Autorisierungsdateien*

F: *Meine Account-bezogene Server-Konfiguration funktioniert nicht.*

A: Überprüfen Sie folgendes:

* Denken Sie daran, welche SSH-Versionen welche Dateien verwenden:
  - SSH1, OpenSSH/1: *~/.ssh/authorized_keys*
  - SSH2: *~/.ssh2/authorization*
  - OpenSSH/2: *~/.ssh/authorized_keys2* (Achtung: nicht in *~/.ssh2*)
* Denken Sie daran, daß die Dateien *authorized_keys* und *authorized_keys2* Schlüssel enthalten, während die SSH2-Datei *authorization* Direktiven enthält, die auf andere Schlüsseldateien verweisen.
* Eine dieser Dateien könnte einen typografischen Fehler enthalten. Überprüfen Sie die Schreibweise der Optionen und denken Sie daran, die SSH1-Optionen in SSH1 *authorized_keys* durch Kommata zu trennen, nicht durch Whitespace. Ein Beispiel:

```
# Korrekt
no-x11-forwarding,no-pty 1024 35 8697511247987525784866526224505...

# FALSCH (schlägt stillschweigend fehl)
no-x11-forwarding no-pty 1024 35 8697511247987525784866526224505...
# EBENFALLS FALSCH (beachten Sie das zusätzliche Leerzeichen hinter »no-x11-
# forwarding,")
no-x11-forwarding, no-pty 1024 35 8697511247987525784866526224505...
```

12.2.4   Server-Probleme

12.2.4.1   *sshd_config, sshd2_config*

F: *Wie bringe ich sshd dazu, eine neue Konfigurationsdatei zu beachten?*

A: Sie können *sshd* beenden und neu starten. Schneller geht es aber, wenn Sie dem *sshd*-Prozeß ein »hangup«-Signal (SIGHUP) mit *kill –HUP* senden.

F: *Ich habe die sshd-Konfigurationsdatei geändert und ein SIGHUP an den Server geschickt. Leider ist aber kein Unterschied zu erkennen.*

A: *sshd* könnte mit einer Kommandozeilenoption aufgerufen worden sein, die das Schlüsselwort überschreibt. Kommandozeilenoptionen bleiben in Kraft und haben Vorrang vor Schlüsselwörtern der Konfigurationsdatei. Versuchen Sie es mit dem Herunterfahren und erneuten Starten von *sshd*.

12.2.5   Client-Probleme

12.2.5.1   *Allgemeine Client-Probleme*

F: *Ein Feature von ssh oder scp funktioniert nicht, aber ich bin sicher, es richtig zu nutzen.*

A: Das Feature könnte vom Systemadministrator deaktiviert worden sein. Das kann während der Kompilierung der SSH-Software (Kapitel 4) oder bei der serverweiten Konfiguration (Kapitel 5) erfolgt sein. Bei der Kompilierung verwendete Flags sind nicht so einfach zu überprüfen, die serverweite Konfiguration finden Sie hingegen in den Dateien */etc/sshd_config* (SSH1, OpenSSH) bzw. */etc/ssh2/sshd2_config* (SSH2). Fragen Sie Ihren Systemadministrator um Rat.

12.2.5.2   *Client-Konfigurationsdatei*

F: *ssh oder scp verhalten sich unerwartet und nutzen Features, die ich nicht angefordert habe.*

A: Das Programm könnte auf Schlüsselwörter reagieren, die in Ihrer Client-Konfigurationsdatei enthalten sind. [7.1.3] Denken Sie daran, daß mehrere Abschnitte der *config*-Datei gelten, wenn mehrere Host-Zeilen dem Namen der entfernten Maschine entsprechen, die Sie in der Kommandozeile angegeben haben.

F: *Meine SSH1-.ssh/config-Datei scheint nicht richtig zu funktionieren.*

A: Erinnern Sie sich daran, daß nach der ersten Verwendung einer »Host«-Direktive in der *config*-Datei alle Anweisungen innerhalb eines Host-Blocks liegen, weil ein Host-Block nur durch den Beginn eines weiteren Host-Blocks abgeschlossen wird. Die *ssh1*-Manpage empfiehlt, Standardwerte am Ende der *config*-Datei einzutragen. Das ist auch richtig so, weil *ssh1* beim Lookup einer Direktive in der *config*-Datei die erste Übereinstimmung verwendet. Standardwerte sollten daher hinter allen Host-Blöcken stehen. Lassen Sie sich aber nicht durch Ihre Einrückungen oder Whitespace überrumpeln. Das Ende Ihrer Datei könnte wie folgt aussehen:

```
# letzter Host-Block
Host server.example.com
  User linda

# Standardwerte
User smith
```

Sie haben gedacht, daß der Benutzername für das Login auf *server.example.com* »linda« lautet und daß der Standard-Benutzername für alle vorher nicht explizit aufgeführten Hosts »smith« ist. Allerdings liegt die »User smith«-Zeile immer noch innerhalb des »Host server.example.com«-Blocks, und weil es vorher schon eine User-Anweisung für *server.example.com* gab, trifft »User smith« nicht zu, und *ssh* scheint es zu ignorieren. Die richtige Lösung sieht also wie folgt aus:

```
# letzter Host-Block
Host server.example.com
  User linda

# Standardwerte
Host *
  User smith
```

F: *Meine .ssh2/ssh2_config-Datei scheint nicht richtig zu funktionieren.*

A: Sehen Sie sich unsere Antwort zur letzten Frage zu SSH1 an. Allerdings verwendet SSH2 eine genau umgekehrte Vorrangregel: Treffen mehrere Konfigurationen auf Ihr Ziel zu, wird die *letzte* verwendet, nicht die erste. Daher stehen Ihre Standardwerte am Anfang der Datei.

12.2.5.3 ssh

F: *Ich möchte ssh mit einer Escape-Sequenz unterbrechen, arbeite aber mit mehr als zwei ssh-Ebenen (Rechner zu Rechner zu Rechner). Wie kann ich ein dazwischenliegendes ssh unterbrechen?*

A: Eine Methode besteht darin, jedes *ssh* mit einem anderen Escape-Zeichen zu starten. Anderenfalls interpretiert der erste *ssh*-Client der Kette das Escape-Zeichen und hält an.

Sie können es auch anders angehen. Erinnern Sie sich daran zurück, daß die zweifache Eingabe des Escape-Zeichens das Meta-Escape ergibt: Es erlaubt Ihnen das Senden des Escape-Zeichens selbst und umgeht so die übliche Sonderfunktion. Wenn also mehrere verkettete *ssh*-Sessions das gleiche Standard-Escape-Zeichen ~ verwenden, könnten Sie die *n*te Session unterbrechen, indem Sie die Return-Taste drücken, *n* Tilden und dann Control-Z eingeben.

F: *Ich führe einen ssh-Befehl über die Kommandozeile im Hintergrund aus. Der Befehl wird aber angehalten und nicht ausgeführt, bis ich ihn mit »fg« wieder in den Vordergrund hole.*

A: Verwenden Sie die Kommandozeilenoption *–n*, die *ssh* anweist, nichts über stdin einzulesen (tatsächlich wird stdin statt auf Ihr Terminal auf */dev/null* umgeleitet). Anderenfalls hält die Jobsteuerung Ihrer Shell das Programm an, während es im Hintergrund liegt, wenn es Daten von stdin liest.

F: *ssh gibt »Compression level must be from 1 (fast) to 9 (slow, best)« aus und bricht ab.*

A: Ihr `CompressionLevel` weist einen für diesen Host ungültigen Wert auf. Der Wert steht wahrscheinlich in Ihrer *~/.ssh/config*-Datei. Es muß sich um einen Integerwert zwischen 1 und 9 einschließlich handeln. [7.4.11]

F: *ssh gibt »rsh not available« aus und bricht ab.*

A: Ihr Versuch, eine SSH-Verbindung aufzubauen, ist fehlgeschlagen, und Ihr Client war so konfiguriert, zu einer *rsh*-Verbindung überzugehen. [7.4.5.8] Der Server wurde aber ohne die Unterstützung für ein *rsh*-Fallback oder mit einem ungültigen Pfad auf das *rsh*-Executable kompiliert. [4.1.5.12]

Haben Sie keinen Fehler beim Aufbau der SSH-Verbindung erwartet, führen Sie den Client im Debugging-Modus aus und suchen Sie nach dem Grund. Anderenfalls ist der SSH-Server einfach nicht dafür eingerichtet, *rsh*-Verbindungen zu empfangen.

F: *ssh1 gibt »Too many identity files specified (max 100)« aus und bricht ab.*

A: SSH1 besitzt ein fest codiertes Limit von 100 Identitätsdateien (Dateien mit privaten Schlüsseln) pro Session. Entweder starten Sie *ssh1* in der Kommandozeile mit über 100 *–i*-Optionen, oder Ihre Konfigurationsdatei *~/.ssh/config* besitzt einen Eintrag mit über 100 `IdentityFile`-Schlüsselwörtern. Sie sollten diese Meldung nie sehen, solange Ihre SSH-Kommandozeilen und/oder Konfigurationsdateien nicht automatisch von einer anderen Anwendung erzeugt werden und diese Anwendung irgendwie Amok läuft. (Anderenfalls machen Sie etwas *wirklich* Furchterregendes.)

F: *ssh1 gibt »Cannot fork into background without a command to execute« aus und bricht ab.*

A: Sie haben das ssh1-Flag *–f* verwendet, nicht wahr? Damit weisen Sie den Client an, sich selbst in den Hintergrund zu verschieben, sobald die Authentifizierung abgeschlossen wurde, und dann den angegebenen Befehl auszuführen. Nun haben Sie aber keinen entfernten Befehl angegeben. Sie haben so etwas angegeben wie:

```
# Das ist falsch
$ ssh1 -f server.example.com
```

Das Flag *–f* ist nur sinnvoll, wenn Sie *ssh1* einen Befehl übergeben, der ausgeführt werden kann, sobald das Programm im Hintergrund läuft.

```
$ ssh1 -f server.example.com /bin/who
```

Wenn Sie die SSH-Session nur zum Zwecke des Port-Forwarding öffnen, möchten Sie nicht unbedingt einen Befehl angeben. Sie müssen aber dennoch einen angeben, weil das SSH1-Protokoll das so verlangt. Verwenden Sie *sleep 100000*. Verwenden Sie keine Endlosschleife wie den Shell-Befehl *while true; do false; done*. Der Effekt ist dann zwar der gleiche, aber die entfernte Shell frißt die ganze spärliche CPU-Zeit auf der entfernten Maschine auf, was den Sysadmin stört und die Lebenserwartung Ihres Accounts verkürzt.

F: *ssh1 gibt »Hostname or username is longer than 255 characters« aus und bricht ab.*

A: *ssh1* besitzt eine statische Grenze von 255 Zeichen für den Namen eines entfernten Hosts oder eines entfernten Accounts (Benutzernamens). Sie haben *ssh1* entweder in der Kommandozeile oder in der Konfigurationsdatei angewiesen, einen Host- oder Benutzernamen zu verwenden, der diese Grenze übersteigt.

F: *ssh1 gibt »No host key is known for <servername> and you have requested strict checking (oder 'cannot confirm operation when running in batch mode')« aus und bricht ab.*

A: Der Client kann den Host-Schlüssel des Servers in seiner Known-Hosts-Liste nicht finden und ist so konfiguriert, ihn nicht automatisch hinzuzufügen (oder er läuft im Batchmodus und kann Sie dazu nicht befragen). Sie müssen den Schlüssel manuell in Ihre Account-bezogenen oder systemweiten Known-Hosts-Dateien aufnehmen.

F: *ssh1 gibt »Selected cipher type ... not supported by server« aus und bricht ab.*

A: Sie haben von *ssh1* eine bestimmte Chiffre für die Verschlüsselung angefordert, aber der SSH1-Server unterstützt sie nicht. Normalerweise handeln SSH1-Client und -Server die zu verwendende Chiffrierung aus, weshalb Sie wahrscheinlich eine bestimmte Chiffre erzwingen wollten, indem Sie das Flag *–c* in der *ssh1*-Kommandozeile übergeben oder das Schlüsselwort `Cipher` in der Konfigurationsdatei verwendet haben. Geben Sie einfach keine Chiffrierung vor und lassen Sie Client und Server die Sache aushandeln, oder wählen Sie eine andere Chiffre.

F: *ssh1 gibt »channel_request_remote_forwarding: too many forwards« aus und bricht ab.*

A: *ssh1* besitzt eine statische Grenze von 100 Forwardings pro Session, und Sie haben mehr angefordert.

12.2.5.4 scp

F: *scp gibt die Fehlermeldung »Write failed flushing stdout buffer. write stdout: Broken pipe« oder »packet too long« aus.*

A: Die Startup-Datei Ihrer Shell (z.B. ~/.cshrc, ~/.bashrc), die ausgeführt wird, wenn *scp* die Verbindung aufbaut, könnte eine Nachricht an die Standardausgabe schreiben. Das stört die Kommunikation der beiden *scp1-Programme* (oder *scp2* und *sftp-server)*. Wenn Sie keine direkten Ausgabebefehle sehen, sollten Sie nach *stty-* oder *tset*-Befehlen Ausschau halten, die etwas ausgeben.

Entweder Sie entfernen die entsprechenden Anweisungen aus der Startup-Datei, oder Sie unterdrücken sie bei nicht-interaktiven Sessions:

```
if ($?prompt) then
   echo Hier eine Nachricht, die scp durcheinanderbringt.
endif
```

Die neueren SSH2-Versionen besitzen die neue Server-Konfigurationsanweisung AllowCshrcSourcingWithSubsystems, die auf no gesetzt werden sollte, um dieses Problem zu vermeiden.

F: *scp hat die Fehlermeldung »Not a regular file« ausgegeben.*

A: Versuchen Sie, ein Verzeichnis zu kopieren? Verwenden Sie die Option –r für ein rekursives Kopieren. Anderenfalls könnten Sie eine Spezialdatei kopieren wollen, bei der das Kopieren sinnlos ist, wie etwa einen Geräte-Knoten, einen Socket oder eine benannte Pipe. Wenn Sie sich die fragliche Datei mit *ls –l* ansehen und das erste Zeichen der Dateibeschreibung etwas anderes ist als »–« (eine reguläre Datei) oder »d« (ein Verzeichns), dann ist wahrscheinlich genau das der Fall. Sie wollten diese Datei doch nicht wirklich kopieren, oder?

F: *Warum funktionieren Wildcards oder Shell-Variablen nicht in der scp-Kommandozeile?*

A: Erinnern Sie sich daran, daß Wildcards und Variablen zuerst durch die *lokale* Shell aufgelöst werden und nicht auf der entfernten Maschine. Das passiert noch, bevor *scp* überhaupt ausgeführt wird. Wenn Sie also folgendes eingeben:

```
$ scp server.example.com:a* .
```

dann versucht die lokale Shell, alle lokale Dateien zu bestimmen, die dem Muster server.example.com:a* entsprechen. Das ist wohl nicht das, was Sie wollten. Sie wollten alle Dateien, die dem Muster a* auf *server.example.com* entsprechen, auf die lokale Maschine kopieren.

Einige Shells, inbesondere die C-Shell und ihre Derivate, geben einfach »No match« aus und brechen ab. Die Bourne-Shell und ihre Derivate (*sh, ksh, bash*) übergeben tatsächlich den String server.example.com:a* (wie von Ihnen erhofft) an den Server.

Ebenso könnte, wenn Sie Ihre entfernte Mail-Datei auf die lokale Maschine kopieren wollen, der Befehl

```
$ scp server.example.com:$MAIL .
```

nicht das tun, was Sie erwarten. $MAIL wird lokal aufgelöst, bevor scp ausgeführt wird. Solange $MAIL auf der lokalen und der entfernten Maschine nicht (zufällig) übereinstimmen, verhält sich der Befehl nicht wie erwartet.

Machen Sie sich bei Ihrer Arbeit nicht von Marotten der Shell oder vom Zufall abhängig. Schützen Sie statt dessen Ihre Wildcards und Variablen durch Escape-Sequenzen, damit die Auflösung durch die lokale Shell unterbunden wird:

```
$ scp server.example.com:a\* .
$ scp server.example.com:$MAIL .
```

Beachten Sie auch Anhang A, in dem die Eigenheiten regulärer Ausdrücke bei *scp2* zusammengefaßt sind.

F: *Ich habe scp verwendet, um eine Datei von der lokalen auf eine entfernte Maschine zu kopieren. Diese Operation wurde fehlerfrei durchgeführt. Als ich mich auf der entfernten Maschine eingeloggt habe, war die Datei aber nicht vorhanden!*

A: Haben Sie möglicherweise den Doppelpunkt vergessen? Nehmen wir einmal an, Sie wollen die Datei *myfile* von der lokalen Maschine nach *server.example.com* kopieren. Der korrekte Befehl lautet:

```
$ scp myfile server.example.com:
```

Wenn Sie aber den abschließenden Doppelpunkt vergessen:

```
# Das ist falsch!
$ scp myfile server.example.com
```

wird *myfile* lokal in eine Datei namens »server.example.com« kopiert. Suchen Sie auf der lokalen Maschine nach einer solchen Datei.

F: *Wie kann ich jemandem meinen Account zur Verfügung stellen, damit dieser Jemand Dateien mittels scp kopieren kann, ohne ihm gleichzeitig ein vollständiges Login zu ermöglichen?*

A: Keine gute Idee. Selbst wenn Sie den Zugriff auf *scp* beschränken können, schützt das Ihren Account nicht. Ihr Freund könnte:

```
$ scp evil_authorized_keys you@your.host:.ssh/authorized_keys
```

ausführen. Hoppla, Ihr Freund hat gerade Ihre *authorized_keys*-Datei ersetzt und sich selbst mit allen Zugriffsrechten versorgt. Vielleicht können Sie die gewünschte Operation mit einem schlauen erzwungenen Befehl hinkriegen, was die Menge von Programmen einschränkt, die Ihr Freund in Ihrem Account ausführen kann. [8.2.4.3]

F: *scp –p erhält die Timestamps und Modi von Dateien. Kann ich auch die Eigentumsverhältnisse erhalten?*

A: Nein. Die Eigentumsverhältnisse werden bei entfernten Dateien durch die SSH-Authentifizierung bestimmt. Stellen Sie sich vor, der Benutzer smith besitzt Accounts auf dem lokalen Computer *L* und dem entfernten Computer *R*. Wenn der lokale smith eine Datei mit *scp* zum entfernten Account smith kopiert (und durch SSH authentifiziert wird), dann gehört die Datei dem *entfernten* smith. Soll die Datei einem anderen entfernten Benutzer gehören, muß *scp* unter diesem anderen Benutzer authentifiziert werden. *scp* weiß nichts über andere Benutzer und UIDs, und davon unabhängig kann nur root die Eigentumsrechte von Dateien ändern (zumindest bei den meisten modernen Unix-Varianten).

F: *OK, scp -p kann Informationen über Eigentumsrechte nicht erhalten. Aber ich bin der Superuser und versuche, eine Verzeichnishierarchie zwischen zwei Maschinen zu kopieren (scp -r), und die Dateien haben eine Vielzahl von Besitzern. Wie kann ich die Eigentumsverhältnisse bei den Kopien erhalten?*

A: Verwenden Sie hierzu nicht *scp*. Nutzen Sie *tar* und übergeben Sie die Daten über eine Pipe an *ssh*. Auf der lokalen Maschine geben Sie folgendes ein:

```
# tar cpf - lokales_verz | (ssh entfernte_masch "cd entferntes_verz; tar xpf -")
```

12.2.5.5 sftp2

F: *sftp2 meldet »Cipher <name> is not supported. Connection lost.«*

A: Intern verwendet *sftp2* einen *ssh2*-Befehl, um den Kontakt mit dem *sftp-server* herzustellen [3.8.2] Es sucht die PATH-Variable des Benutzers ab, um das *ssh2*-Executable aufzuspüren, verwendet also keine fest codierte Position. Wenn Sie mehr als eine SSH2-Version auf Ihrem System installiert haben, könnte *sftp2* das falsche *ssh2*-Programm aufrufen. Das kann zu obiger Fehlermeldung führen.

Nehmen wir zum Beispiel an, Sie haben sowohl SSH2 als auch F-Secure SSH2 installiert. SSH2 ist an der üblichen Stelle unter */usr/local* installiert, während F-Secure in */usr/local/f-secure* zu finden ist. Normalerweise arbeiten Sie mit SSH2, weshalb */usr/local/bin* auch in Ihrem PATH steht, */usr/local/f-secure* hingegen nicht. Sie entscheiden sich für die F-Secure-Version von *scp2*, weil Sie die Chiffrierung CAST-128 nutzen möchten, die bei SSH2 nicht enthalten ist. Zuerst stellen Sie sicher, daß der fragliche SSH-Server CAST-128 unterstützt:

```
$ /usr/local/f-secure/bin/ssh2 -v -c cast server
  ...
debug: c_to_s: cipher cast128-cbc, mac hmac-sha1, compression none
debug: s_to_c: cipher cast128-cbc, mac hmac-sha1, compression none
```

Zufrieden probieren Sie *scp2* aus und erhalten folgende Meldung:

```
$ /usr/local/f-secure/bin/scp2 -c cast foo server:bar
FATAL: ssh2: Cipher cast is not supported.
Connection lost.
```

scp2 führt die falsche *ssh2*-Version unter */usr/local/bin/ssh2* aus, statt die unter */usr/local/f-secure/bin/ssh2* zu verwenden. Um das zu beheben, nehmen Sie */usr/local/f-secure/bin* vor */usr/local/bin* in PATH auf oder geben die Lage des gewünschten *ssh2*-Programms mit *scp2 –S* explizit an.

Das gleiche Problem kann auch in anderen Situationen auftreten, in denen SSH-Programme andere Programme ausführen. Wir sind schon bei der hostbasierten Authentifizierung in diese Falle getappt, als sowohl die Version 2.1.0 als auch die Version 2.2.0 installiert war. Das aktuellere *ssh2* hat das ältere *ssh-signer2*-Programm ausgeführt, gleichzeitig hatte sich aber das Client/Signer-Protokoll geändert, was zu einem Hänger führte.

F: *sftp2 meldet »ssh_packet_wrapper_input: invalid packet received.«*

A: Auch wenn dieser Fehler mysteriös erscheint, ist seine Ursache doch eher langweilig. Ein Befehl im Startup-Shellskript des entfernten Rechners gibt etwas über die Standardausgabe aus, auch wenn stdout in diesem Fall kein Terminal ist. *sftp2* versucht nun, diese unerwartete Ausgabe als Teil des SFTP-Protokolls zu interpretieren, was natürlich fehlschlägt und zu diesem Abbruch führt.

sshd verwendet die Shell zum Start des *sftp-server*-Subsystems. Das Shell-Startup-Skript des Benutzers gibt etwas aus, was der SFTP-Client als STFP-Protokollpaket zu interpretieren versucht. Das schlägt natürlich fehl und der Client bricht mit einer Fehlermeldung ab. Das erste Feld eines Pakets enthält die Paketlänge, und daher kommt es zu eben dieser Meldung.

Um dieses Problem zu beheben, müssen Sie sicherstellen, daß das Startup-Skript nichts ausgibt, wenn die Shell nicht interaktiv ausgeführt wird. *tcsh* setzt beispielsweise die Variable »$interactive«, wenn stdin ein Terminal ist. Des Problems hat man sich bei SSH-2.2.0 mit dem Flag AllowCshrcSourcingWithSubsystems angenommen, das Standardmäßig auf no eingestellt ist, womit die Shell angewiesen wird, das Startup-Skript des Benutzers nicht auszuführen. [5.7.1]

12.2.5.6 Port-Forwarding

F: *Ich versuche mich am Port-Forwarding, aber ssh beschwert sich mit »bind: Address already in use.«*

A: Der Port, den Sie weiterleiten wollen, wird auf Listening-Seite (d.h. der lokale Host, wenn mit *-L* gearbeitet wird, bzw. der entfernte Host bei *-R*) bereits von einem anderen Programm verwendet. Versuchen Sie, den Befehl *netstat –a* zu verwenden, der bei den meisten Unix-Implementierungen und bei einigen Windows-Plattformen verfügbar ist. Wenn Sie einen Eintrag für Ihren Port mit LISTEN-Status sehen, dann wissen Sie, daß jemand anders diesen Port verwendet. Überprüfen Sie, ob nicht versehentlich noch ein anderer *ssh*-Befehl läuft, der den gleichen Port für das Forwarding nutzt. Anderenfalls verwenden Sie einfach einen anderen, noch nicht genutzten Port für das Forwarding.

Dieses Problem kann auftreten, wenn scheinbar kein anderes Programm Ihren Port verwendet, insbesondere, wenn Sie mit dem Forwarding-Feature experimentiert und wiederholt den gleichen *ssh*-Befehl verwendet haben, um den gleichen Port weiterzuleiten. Wenn der letzte dieser Befehle unerwartet abgebrochen wird (durch eine Unterbrechung von Ihrer Seite, einen Absturz oder ein erzwungenes Schließen der Verbindung durch die Gegenseite etc.), könnte sich der lokale TCP-Socket im TIME_WAIT-Zustand befinden (was Sie herausfinden können, indem Sie das *netstat*-Programm wie eben beschrieben verwenden). Ist das der Fall, müssen Sie einige Minuten warten, bis der Socket diesen Zustand verläßt und wieder verwendet werden kann. Natürlich können Sie auch einfach einen anderen Port verwenden, wenn Sie ungeduldig sind.

F: *Wie kann ich FTP mittels Port-Forwarding absichern?*

A: Das ist ein komplexes Thema. [11.2] FTP besitzt zwei Arten von TCP-Verbindungen: Kontroll- und Datenverbindungen. Die Kontrollverbindung überträgt Ihren Loginnamen, Ihr Paßwort und die FTP-Befehle. Sie liegt an Port 21 und kann mit der üblichen Methode weitergeleitet werden. Führen Sie in zwei Fenstern folgendes aus:

```
$ ssh -L2001:name.des.servers.com:21 name.des.servers.com
$ ftp localhost 2001
```

Ihr FTP-Client muß wahrscheinlich im passiven Modus ausgeführt werden (führen Sie den Befehl `passive` aus). FTP-Datenverbindungen nehmen die zu übertragenden Dateien auf. Die Verbindungen treten an zufällig ausgewählten TCP-Ports aus und können im allgemeinen nicht weitergeleitet werden, es sei denn, Sie stehen auf Schmerzen. Sind Firewalls und NAT im Spiel, sind evtl. zusätzliche Schritte notwendig (und eine Lösung ist vielleicht gar nicht möglich).

F: *Das X-Forwarding funktioniert nicht.*

A: Verwenden Sie *ssh -v* und finden Sie heraus, ob die Ausgabe auf ein offensichtliches Problem hindeutet. Wenn nicht, überprüfen Sie folgendes:

- Stellen Sie sicher, daß X funktioniert, bevor Sie SSH verwenden. Probieren Sie zuerst, einen einfachen X-Client wie *xlogo* oder *xterm* auszuführen. Ihre lokale DISPLAY-Variable muß gesetzt sein, anderenfalls versucht SSH das X-Forwarding gar nicht erst.

- Das X-Forwarding muß auf dem Client und auf dem Server aktiviert sein und darf vom Zielaccount nicht unterbunden werden (d.h., es darf kein `no-X11-forwarding` in der *authorized_keys*-Datei stehen).

- *sshd* muß in der Lage sein, das *xauth*-Programm zu finden, um es auf der entfernten Seite ausführen zu können. Ist das nicht der Fall, sollte das zu sehen sein, wenn mit *ssh -v* gearbeitet wird. Sie können das auf seiten des Servers mit der Direktive `XAuthLocation` beheben (SSH1, OpenSSH) oder indem Sie einen entsprechenden PATH (der *xauth* enthält) in Ihrer entfernten Shell-Startup-Datei aufnehmen.

- Setzen Sie die DISPLAY-Variable auf der entfernten Seite nicht selbst. *sshd* setzt diesen Wert für die Forwarding-Session automatisch korrekt. Wenn Sie in Ihren Login- oder Shell-Startup-Dateien Befehle verwenden, die DISPLAY direkt setzen, müssen Sie den Code so ändern, daß das nur geschieht, wenn das X-Forwarding nicht aktiv ist.

- OpenSSH setzt auch die entfernte XAUTHORITY-Variable und legt die *xauth*-Credentials-Datei unter */tmp* ab. Stellen Sie sicher, daß Sie diese Einstellung nicht überschreiben, die wie folgt aussehen sollte:

  ```
  $ echo $XAUTHORITY
  /tmp/ssh-maPK4047/cookies
  ```

  Einige Unix-Varianten verwenden Code in Ihren Standard-Shell-Startup-Dateien (z.B. */etc/bashrc, /etc/csh.login*), die XAUTHORITY direkt auf *~/.Xauthority* setzen. Ist dies das Problem, müssen Sie Ihren Sysadmin bitten, das zu beheben. Die Startup-Datei sollte XAUTHORITY nur dann setzen, wenn die Variable noch nicht gesetzt ist.

- Wenn Sie eine SSH-Startup-Datei (*/etc/sshrc* oder *~/.ssh/rc*) verwenden, führt *sshd xauth* auf der entfernten Seite nicht für Sie aus, um den Proxy-Schlüssel aufzunehmen. Das muß eine dieser Startup-Dateien übernehmen, die den Typ und die Daten für den Proxy-Schlüssel über die Standardeingabe von *sshd* erhalten.

12.3 Andere SSH-Ressourcen

Wenn wir in diesem Kapitel nicht alle Ihre Fragen beantwortet haben, sei auf die folgenden Quellen verwiesen, die es im Internet gibt.

12.3.1 Websites

Der erste Ort, an den Sie sich wenden sollten, wenn Sie Probleme haben, ist die SSH-FAQ, in der viele gängige Fragen beantwortet werden:

> *http://www.employees.org/~satch/ssh/faq/*

Die SSH-Homepage, gepflegt von SSH Communications Security, ist ebenfalls eine gute Quelle für allgemeine Informationen und Links zum Thema:

> *http://www.ssh.com/*

Das gilt auch für die Secure Shell Community-Site:

> *http://www.ssh.org/*

Eine Datenbank zu Kompilierungsfehlern des SSH2-Produkts finden Sie unter:

> *http://www.ssh.org/support.html*

Informationen zu OpenSSH finden Sie unter:

http://www.openssh.com/

Und natürlich sollten Sie sich die Websites zu diesem Buch ansehen:

http://www.oreilly.de/catalog/sshtdgger/
http://www.oreilly.com/catalog/sshtdg/
http://www.snailbook.com/

12.3.2 Usenet-Newsgruppen

Im Usenet werden in der Newsgruppe *comp.security.ssh* technische Themen zu SSH diskutiert. Wenn Sie keinen Zugang zum Usenet haben, können Sie die Artikel im Web unter Deja.com lesen und suchen:

http://www.deja.com/usenet/

oder eine der vielen anderen Sites nutzen, die Usenet-Postings archivieren.

12.3.3 Mailing-Listen

Wenn Sie als Software-Entwickler daran interessiert sind, etwas zu SSH beizutragen oder mit Beta-Software zu arbeiten, oder wenn Sie die Installation oder Interna von SSH-Anwendungen diskutieren wollen, sollten Sie die SSH-Mailingliste abonnieren. Schicken Sie einfach die folgende E-Mail an *majordomo@clinet.fi*:

```
To: majordomo@clinet.fi
Subject: (leer)
subscribe ssh
```

Denken Sie bitte daran, daß in dieser Liste technische Themen diskutiert werden. Fragen nach einer SSH-Version für den Commodore 64 sind hier nicht angebracht. Bevor Sie die Liste abonnieren, sollten Sie sich die SSH-Mailinglisten-Archive ansehen, um herauszufinden, ob die Liste das richtige für Sie ist:

http://www.cs.hut.fi/ssh-archive/

Bevor Sie in dieser Mailingliste Fragen zu Fehlern posten, sollten Sie den SSH-Client und -Server im Debugging- oder Verbose-Modus ausführen und den vollständigen Text der Debugging-Meldung in Ihre Nachricht aufnehmen.

Wenn Sie nicht an der Entwicklung oder dem Test von SSH-Anwendungen interessiert sind, aber wichtige Ankündigungen zu SSH mitbekommen wollen, sollten Sie die Mailingliste *ssh-announce* abonnieren.

```
To: majordomo@clinet.fi
Subject: (leer)
subscribe ssh-announce
```

12.4 Reporting von Bugs

Wenn Sie glauben, einen Bug in einer SSH-Implementierung entdeckt zu haben:

1. Prüfen Sie zuerst, ob der Bug bereits gemeldet wurde, wenn dies möglich ist.

2. Melden Sie den Bug dem Hersteller einschließlich aller Details zu Ihrer Hard- und Software-Konfiguration.

Für SSH1 und SSH2 sollten Bugs per E-Mail an *ssh-support@ssh.com* gemeldet werden. Zusätzlich besitzt SSH Communication Security ein Webformular zur Meldung von SSH2-Bug-Reports:

   http://www.ssh.com/support/ssh/

Für OpenSSH finden Sie Anweisungen zum Bug-Reporting auf der Website:

   http://www.openssh.com/

Hier finden Sie auch FAQs und Informationen zum Abonnement von Mailinglisten.

F-Secure Corporation bietet Support-Seiten unter:

   http://www.f-secure.com/support/ssh/

und akzeptiert Bug-Reports an *F-Secure-SSH-Support@f-secure.com*.

13

Übersicht anderer Implementierungen

SSH ist nicht nur eine Unix-Technologie. Es wurde auch für Windows, Macintosh, Amiga, OS/2, VMS, BeOS, PalmOS, Windows CE und Java implementiert. Einige Programme sind eigene, abgeschlossene Produkte, andere sind Portierungen von SSH1 oder SSH2, die von Freiwilligen vorgenommen werden und sich in unterschiedlichen Stadien der Fertigstellung befinden.

Der Rest dieses Buches behandelt verschiedene robuste Implementierungen von SSH für Windows (95, 98, NT, 2000) und den Macintosh. Diese sind unserer Meinung nach vollständige und einsetzbare Produkte. Wir geben auch Hinweise auf andere Implementierungen, wenn Sie mit diesen experimentieren wollen.

Wir haben eine Webseite eingerichtet, die auf alle uns bekannten SSH-Produkte verweist. Von der amerikanischen Katalogseite zur Originalausgabe dieses Buchs:

> *http://www.oreilly.com/catalog/sshtdg/*

folgen Sie einfach dem mit »Authors' Online Resources« bezeichneten Link oder besuchen Sie uns direkt unter:

> *http://www.snailbook.com/*

Auch die folgende Seite dokumentiert freie SSH-Implementierungen:

> *http://www.freessh.org/*

13.1 Gängige Features

Jede SSH-Implementierung besitzt eine Reihe unterschiedlicher Features, aber alle haben eines gemeinsam: ein Client-Programm, mit dem man sich abgesichert in ein entferntes System einloggen kann. Einige Clients sind Kommandozeilen-basiert, während andere sich wie grafische Terminal-Emulatoren verhalten, deren Fenster über Dutzende Konfigurationsmöglichkeiten verfügen.

Die anderen Features variieren zwischen den Implementierungen sehr stark. Sicheres Kopieren von Dateien (*scp* und *sftp*), entfernte Ausführung von Batch-Befehlen, SSH-Server, SSH-Agenten und bestimmte Authentifizierungs- und Verschlüsselungs-Algorithmen sind nur bei einigen Produkten zu finden.

Nahezu alle Implementierungen enthalten einen Generator für öffentliche und private Schlüssel. So verfügen zum Beispiel Portierungen von SSH1/SSH2 über *ssh-keygen*, der F-Secure SSH-Client besitzt den Keygen-Wizard, und SecureCRT verwendet den Key Generation Wizard. NiftyTelnet SSH für den Macintosh ist die Ausnahme von der Regel: Es kann keine Schlüssel generieren, akzeptiert aber Schlüssel, die von anderen Programmen im Standard SSH-1-Format erzeugt wurden.

13.2 Behandelte Produkte

Für Windows behandeln wir:

* den F-Secure SSH-Client, ein SSH-1 und SSH-2 unterstützender kommerzieller SSH-Client der F-Secure Corporation (eine Macintosh-Version ist ebenfalls verfügbar)

* SecureCRT, ein SSH-1 und SSH-2 unterstützender kommerzieller SSH-Client von Van Dyke Technologies

* eine SSH1-Portierung von Sergey Okhapkin für Windows

Für den Macintosh behandeln wir:

* NiftyTelnet SSH, einen freien SSH-Client von Jonas Walldén, der auf dem Freeware-Telnet-Client NiftyTelnet aufsetzt.

13.3 Produktübersicht

Leider können wir nicht jede SSH-Implementierung behandeln, nachfolgend finden Sie aber eine Zusammenfassung, die Sie bei Ihrer Entscheidung unterstützt. Die folgenden Tabellen führen die wichtigsten Features aller uns bekannten SSH-Implementierungen auf. Sie sind nach Plattformen sortiert, wobei wir die Unix-Produkte weggelassen haben, die im ersten Teil des Buches diskutiert wurden (SSH1, SSH2, OpenSSH, F-Secure SSH). Die Bedeutung dieser Einträge ist in der folgenden Tabelle beschrieben:

Feature	Bedeutung
Name	Der Name des Produkts. Folgt diesem der Text »(Empfehlung)«, haben wir das Programm evaluiert und können es empfehlen. Wird ein Produkt nicht empfohlen, kann es dennoch gut sein, aber wir haben es nicht sorgfältig evaluiert.
Plattform	Läuft der Client unter Windows, Macintosh, Unix etc.? Wir führen die verschiedenen Windows-Varianten (NT, 98, 2000 etc.) nicht auf, weil wir sie nicht alle testen konnten. Details erfahren Sie vom Hersteller.

Feature	Bedeutung
Version	Welche Version war zur Drucklegung der Originalausgabe dieses Buches aktuell?
Lizenz oder Distribution	Wie kann dieses Programm verteilt werden? Wir fassen die Lizenzinformationen nur zusammen. Vollständige Informationen erhalten Sie in der Produkt-Dokumentation.
Protokoll	Wird SSH-1, SSH-2 oder beides implementiert?
Entfernte Logins	Kann das Produkt eine Login-Shell zu einem entfernten Rechner öffnen? Wir verwenden »ssh« bei einer Kommandozeilen-Schnittstelle à la SSH1 oder SSH2 bzw. »Terminal-Programm« bei einer grafischen Schnittstelle.
Entfernte Befehle	Können individuelle Befehle auf einer entfernten SSH-Server-Maschine im Stil des *ssh*-Clients (d.h. ein Befehlsstring als letztes Argument) ausgeführt werden?
Dateitransfer	Welches Programm (wenn es denn eines gibt), überträgt Dateien sicher zwischen Rechnern?
Server	Ist ein SSH-Server enthalten?
Authentifizierung	Welche Formen der Authentifizierung werden unterstützt?
Schlüssel-Generierung	Können private/öffentliche Schlüsselpaare generiert werden?
Agent	Ist ein SSH-Agent enthalten?
Forwarding	Wird das Port-Forwarding, X-Forwarding oder beides unterstützt?
Hinweise	Allgemeine Informationen und nützliche Details.
Kontakt	URL, unter der Sie die Software finden.

Der Rest dieses Abschnitts enthält eine umfassende Tabelle, die die vielen SSH-Implementierungen zusammenfaßt.

Name	AmigaSSH	SSH	JavaSSH	Java-Telnet SSH Plug-In
Plattform	Amiga	BeOS	Java	Java
Version	3.15	1.2.26-beos	20/07/1998	2.0 RC3
Lizenz oder Distribution	GNU Public License	Freeware	Frei verteilbar	GNU Public License
Protokoll	SSH-1	SSH-1	SSH-1	SSH-1
Entfernte Logins	Terminal-Programm	*ssh*	Terminal-Programm	Terminal-Programm
Entfernte Befehle	Nein	*ssh*	Nein	Nein
Dateitransfer	Nein	*scp*	Nein	Nein
Server	Nein	Nein	Nein	Nein
Authentifizierung	Paßwort, Public-Key	Paßwort, Public-Key, Trusted-Host	Paßwort, Public-Key	Paßwort
Schlüssel-Generierung	*ssh-keygen*	*ssh-keygen*	?	Nein
Agent	Nein	?	Nein	Nein
Forwarding	Nein	Port, X	Nein	Nein
Hinweise	Integration von NapsaTerm mit SSH1 1.2.26; verlangt mindestens eine 68020-CPU.	Portierung von SSH1 1.2.26.	Benötigt Java AWT 1.1.	Ist Teil eines Java-Telnet-Applets.
Kontakt	*http://www. lysator.liu.se/~lilja/ amigassh/*	*http://www.bebits. com/app/703*	*http://www.cl.cam. ac.uk/~fapp2/ software/java-ssh/*	*http://www.mud.de/ se/jta/doc/plugins/ SSH.html*

Name	MindTerm (*Empfehlung*)	BetterTelnet	F-Secure SSH Client	NiftyTelnet SSH (*Empfehlung*)
Plattform	Java	Macintosh	Macintosh	Macintosh
Version	1.1	2.0fc1	2.1	1.1 R3
Lizenz oder Distribution	GNU Public License	GNU Public License	Kommerziell	Freeware
Protokoll	SSH-1	Siehe unter Hinweise	SSH-1, SSH-2	SSH-1
Entfernte Logins	Terminal-Programm	Siehe unter Hinweise	Terminal-Programm	Terminal-Programm
Entfernte Befehle	Ja	Siehe unter Hinweise	Nein	Nein
Dateitransfer	*scp*, getunneltes *ftp*	Siehe unter Hinweise	Tunneled *ftp*	Grafisches *scp*
Server	Nein	Siehe unter Hinweise	Nein	Nein
Authentifizierung	Paßwort, Public-Key, Trusted-Host, TIS, sdi-Token	Siehe unter Hinweise	Paßwort, Public-Key	Public-Key
Schlüssel-Generierung	Ja	Siehe unter Hinweise	Ja	Nein
Agent	Nein	Siehe unter Hinweise	Nein	Nein (kann aber Ihre Paßphrase behalten)
Forwarding	Port, X	Siehe unter Hinweise	Port, X	Nein
Hinweise	Kann als Stand-alone-Programm oder als Applet arbeiten. Wurde unter vielen Betriebssystemen getestet.	SSH-Unterstützung fehlt zur Drucklegung der amerikanischen Originalausgabe dieses Buches (aufgrund früherer Exportbeschränkungen), soll aber bald wieder kommen.	Windows-Version ebenfalls verfügbar.	Minimal, aber nützlich.
Kontakt	*http://www. mindbright.se/*	*http://www.cstone. net/~rbraun/mac/ telnet/*	*http://www. f-secure.com/*	*http://www. lysator.liu.se/ ~jonasw/ freeware/niftyssh/*

Name	SSHDOS	SSHOS2	Top Gun SSH	lsh
Plattform	MS-DOS	OS/2	PalmOS	Unix
Version	0.4	v03	1.2	1.0.3
Lizenz oder Distribution	GNU Public License	?	Frei verteilbar	GNU Public License
Protokoll	SSH-1	SSH-1	SSH-1	SSH-2
Entfernte Logins	Ja	*ssh*, Terminal-Programm	Terminal-Programm	Ja
Entfernte Befehle	Nein	*ssh*	Nein	Ja
Dateitransfer	Nein	*scp*	Nein	Nein
Server	Nein	Unvollendet	Nein	Ja
Authentifizierung	Paßwort	Paßwort, Public-Key, Trusted-Host	Paßwort	Paßwort, Public-Key, SRP
Schlüssel-Generierung	Nein	Ja	Nein	Ja
Agent	Nein	Ja	Nein	Nein
Forwarding	Nein	Port, X	Nein	Port
Hinweise	Minimalversion. Läuft auf Low-End-Rechnern. Basiert auf PuTTY und SSH1 1.2.27.	Basiert auf SSH1 1.2.13.	Basiert auf Top Gun Telnet für den Palm Pilot.	Ein vielversprechender, aber noch nicht sicherer Ansatz.
Kontakt	*http://www.vein.hu/~nagyd/*	*ftp://ftp.cs.hut.fi/pub/ssh/old/os2/*	*http://www.isaac.cs.berkeley.edu/pilot/*	*http://www.net.lut.ac.uk/psst/*

Name	ossh	FISH	sshexec.com	AppGate
Plattform	Unix	VMS	VMS	Windows, Unix, Macintosh
Version	1.5.6	0.6-1	5alpha1	
Lizenz oder Distribution	BSD License	Frei verteilbar	Freeware	Kommerziell
Protokoll	SSH-1	SSH-1	SSH-1	
Entfernte Logins	*ssh*	Ja	N/A	
Entfernte Befehle	*ssh*	Ja	N/A	
Dateitransfer	*scp*	Nein	Nein	
Server	*sshd*	Nein	Ja	
Authentifizierung	Paßwort, Public-Key, Trusted-Host	Paßwort, Public-Key, Trusted-Host, TIS (untested)	Paßwort Public-Key	
Schlüssel-Generierung	*ssh-keygen*	Ja	Ja	
Agent	*ssh-agent*	Nein	Nein	
Forwarding	Port, X	Nein	X	
Hinweise	Portierung von SSH1 1.2.12.		Ein VMS-Server: noch in der Entwicklung, nichts für Neulinge.	
Kontakt	*ftp://ftp.nada.kth.se/pub/krypto/ossh/*	*http://www.free.lp.se/fish/*	*http://www.er6.eng.ohio-state.edu/~jonesd/ssh/*	*http://www.appgate.com/*

Name	Chaffee Port	Free FiSSH	F-Secure SSH Client *(Empfehlung)*	Mathur Port
Plattform	Windows	Windows NT, 2000	Windows	Windows
Version	1.2.14a	?	4.1	1.2.22-Win32-beta1
Lizenz oder Distribution	?	Frei für den nicht-kommerziellen Einsatz	Kommerziell	Etwas GNU Public License, einiges anders
Protokoll	SSH-1	SSH-1	SSH-1, SSH-2	SSH-1
Entfernte Logins	*ssh*	Terminal-Programm	Terminal-Programm und ssh2 Kommandozeilen-Client	*ssh*
Entfernte Befehle	*ssh*	?	*ssh2*	*ssh*
Dateitransfer	*scp*	?	*scp2*, *sftp2*, grafischer *sftp*-Client	*scp*
Server	Nein	?	Nein	*sshd*
Authentifizierung	Paßwort, Public-Key	?	Paßwort, Public-Key	Paßwort, Public-Key
Schlüssel-Generierung	*ssh-keygen*	?	Ja	*ssh-keygen*
Agent	Nein	?	Nein	?
Forwarding	Port, X	?	Port, X	X, Port
Hinweise	Undokumentiert; basiert auf SSH1 1.2.14.	Nach unserer Erfahrung instabil (daher die wenigen Informationen).	Auch für den Macintosh verfügbar.	Wenig dokumentierte Alpha-Software von 1998; Portierung von SSH1 1.2.22 mit *cygnus dll*.
Kontakt	*http:// bmrc.berkeley.edu/ people/chaffee/ winntutil.html, ftp:// bmrc.berkeley.edu/ pub/winnt/devel/ ssh1.2.14a.exe*	*http://www. massconfusion.com/ ssh/*	*http://www. f-secure.com/*	*ftp://ftp.franken.de/ pub/win32/develop/ gnuwin32/cygwin/ porters/Mathur_Raju*

Name	Metro State SSH (MSSH)	Okhapkin Port	PenguiNet	PuTTY *(Empfehlung)*
Plattform	Windows	Windows	Windows	Windows
Version	?	1.2.26, 1.2.27, 2.0.13	1.05	Beta 0.48
Lizenz oder Distribution	GNU Public License	Wie SSH1, SSH2	Shareware	Frei verteilbar
Protokoll	SSH-1	SSH-1, SSH-2	SSH-1	SSH-1
Entfernte Logins	Siehe unter Hinweise	*ssh*	Terminal-Programm	Terminal-Programm
Entfernte Befehle	Siehe unter Hinweise	*ssh*	Nein	Nein
Dateitransfer	Siehe unter Hinweise	*scp*	Nein	*scp*
Server	Nein	sshd (Windows NT only)	Nein	Nein
Authentifizierung	Paßwort	Paßwort, Public-Key, Trusted-Host	Paßwort, Public-Key, Rhosts, RhostsRSA	Paßwort, TIS
Schlüssel-Generierung	Nein	*ssh-keygen*	Ja	Nein
Agent	Nein	Funktioniert nicht	Nein	Nein
Forwarding	Port	Port, X	Nein	Nein
Hinweise	Erlaubt nur TCP-Port-Forwarding mit besonderer Unterstützung für Telnet- und E-Mail-Verbindungen.	Enthält zwei SSH1-Portierungen und eine SSH2-Portierung.		Weit verbreitet, insbesondere wegen *scp*.
Kontakt	*http://csi.mscd. edu/MSSH/*	*http://miracle. geol.msu.ru/sos/*	*http://www. siliconcircus. com/*	*http://www.chiark. greenend.org.uk/ ~sgtatham/putty/*

Name	SSH Secure Shell *(Empfehlung)*	SecureCRT *(Empfehlung)*	SecureFX *(Empfehlung)*	SecureKoalaTerm
Plattform	Windows	Windows	Windows	Windows
Version	2.1.0	3.1.2	1.0	1.0
Lizenz oder Distribution	Frei für nicht-gewerblichen Einsatz	Kommerziell	Kommerziell	Shareware
Protokoll	SSH-2	SSH-1, SSH-2	SSH-2	SSH-1, SSH-2
Entfernte Logins	Terminal-Programm	Terminal-Programm	Nein	Terminal-Emulator
Entfernte Befehle	Nein	Nein	Nein	Nein
Dateitransfer	Grafisches *scp2*	Zmodem (gesichert)	FTP (gesichert)	Zmodem (gesichert)
Server	Nein	Nein	Nein	Nein
Authentifizierung	Paßwort, Public-Key	Paßwort, Public-Key, TIS	Paßwort, Public-Key	Paßwort, Public-Key
Schlüssel-Generierung	Ja	RSA, DSA	Ja	Ja
Agent	Nein	Nein	Nein	Nein
Forwarding	Port, X	Port, X	Nein	Nein
Hinweise	Das jüngste Produkt könnte für eine weite Verbreitung von SSH2 sorgen. Der scp2-Client ist besonders gut. Er emuliert den Windows-Explorer und erlaubt die sichere Übertragung von Dateien zwischen Rechnern mittels Drag-and-Drop. Umfangreiche Dokumentation; der SSH2-Server ist ein separates Produkt.	Ein solides Arbeitstier. Unser Favorit unter den kommerziellen Windows-Clients.	Ein sicherer, graphischer FTP-Client für SSH2.	Graphischer Terminal-Emulator mit SSH-Unterstützung.
Kontakt	*http://www.ssh.com/*	*http://www.vandyke.com/*	*http://www.vandyke.com/*	*http://www.midasoft.com/*

Name	therapy Port	TTSSH (Empfehlung)	Zoc	sshCE
Plattform	Windows	Windows	Windows	Windows CE
Version	0.2	1.5.1	3.14	1.00.40
Lizenz oder Distribution	Siehe unter Hinweise	Frei verteilbar	Kommerziell	Freeware
Protokoll	Siehe unter Hinweise	SSH-1	SSH-1	SSH-1
Entfernte Logins	Siehe unter Hinweise	Terminal-Programm	Terminal-Programm	Terminal-Programm
Entfernte Befehle	Siehe unter Hinweise	Nein	Nein	Nein
Dateitransfer	Siehe unter Hinweise	Kermit, Xmodem, Zmodem, B-Plus, Quick-VAN	Kermit, Ymodem, Zmodem	Nein
Server	Siehe unter Hinweise	Nein	Nein	Nein
Authentifizierung	Siehe unter Hinweise	Paßwort, Public-Key, Trusted-Host, TIS	Paßwort	Paßwort
Schlüssel-Generierung	Siehe unter Hinweise	Nein	Nein	Nein
Agent	Siehe unter Hinweise	Nein	Nein	Nein
Forwarding	Siehe unter Hinweise	Port, X	Nein	Nein
Hinweise	Kein Support und wird nicht mehr weiterentwickelt. Basiert auf SSH1 1.2.20.	Populär; eine SSH-Erweiterung für Teraterm Pro, einem freien Terminal-Programm.	Vollständiges Terminal-Programm.	Momentan Beta-Software.
Kontakt	*http://guardian.btu.tuwien.ac.at/therapy/ssh/*	*http://www.zip.com.au/~roca/ttssh.html*	*http://www.emtec.com/zoc/*	*http://www.movsoftware.com/sshce.htm*

13.4 Weitere SSH-nahe Produkte

SecPanel ist ein grafischer Point-and-Click-Manager für SSH-Client-Verbindungen. Er wurde in der Programmiersprache *tcl* geschrieben:

> *http://www2.wiwi.uni-marburg.de/~leich/soft/secpanel/*

ssh.el ist eine Emacs-Schnittstelle für *ssh*-Client-Verbindungen:

> *ftp://ftp.cs.hut.fi/pub/ssh/contrib/ssh.el*

ssh-keyscan ist ein Ersatz für *ssh-make-known-hosts* und angeblich wesentlich schneller: [4.1.6]

> *ftp://ftp.cs.hut.fi/pub/ssh/contrib/ssh-keyscan-0.3.tar.gz*

14

SSH1-Portierung von Sergey Okhapkin (Windows)

Zahlreiche Programmierer haben versucht, SSH1 auf Windows zu portieren. Die meisten Portierungen, die wir gesehen haben, waren unvollendet, wurden nicht mehr weiterentwickelt oder ohne Quellcode verteilt. Die besten Portierungen, die wir finden konnten, stammen von Sergey Okhapkin, weshalb wir seine Arbeit in diesem Kapitel behandeln. Wir nennen die Software *Okhapkins SSH1*, um sie von SSH1 zu unterscheiden.

Okhapkins Software funktioniert gut, allerdings ist die Installation schwierig. Aus diesem Grund empfehlen wir sie nur für fortgeschrittene Windows-Anwender. Idealerweise sollten Sie mit MS-DOS-Umgebungsvariablen vertraut sein, mit *bzip2* komprimierte Dateien, *tar*-Archive und das Windows NT Resource Kit kennen. Am wichtigsten ist aber, daß Sie wissen, wie man Anwendungen von Hand auf dem PC installiert. Wenn das alles für Sie nach böhmischen Dörfern klingt, sollten Sie ein anderes SSH-Programm für Windows in Erwägung ziehen. Wenn Sie andererseits die Hürden der Installation nehmen, erhalten Sie kostenfrei ein leistungsfähiges, kommandozeilenbasiertes SSH.

Okhapkin hat separate Portierungen für die SSH1-Versionen 1.2.26 und 1.2.27 sowie für die SSH2-Version 2.0.13 entwickelt. Wir behandeln die 1.2.26-Portierung, weil wir damit am wenigsten Probleme bei der Installation hatten.

14.1 Clients beschaffen und installieren

Okhapkins SSH1 ist auf der Website des Autors zu finden:

> *http://miracle.geol.msu.ru/sos/*

Die Software wird in einem Format verteilt, das den meisten Windows-Benutzern wahrscheinlich nicht vertraut ist. Zuerst wurde die Software in ein *tar*-Archiv gepackt, einem für Unix-Systeme gängigen Dateiformat. Dann wurde dieses Archiv mit *bzip2* komprimiert, das unter Linux-Anwendern weit verbreitet ist. So heißt beispielsweise das »bzippte« *tar*-Archiv für Okhapkins 1.2.26-Portierung *ssh-1.2.26-cygwinb20.tar.bz2*.

Bei dieser Version von Okhapkins SSH1 laufen die Clients (*ssh1*, *scp1*) unter 32-Bit-Windows-Systemen. Wir haben Sie unter Windows 95 installiert. Der Server (*sshd*) läuft nur unter Windows NT.

Für die hier beschriebene konservative Installation benötigen Sie 40 MByte Plattenplatz für die SSH- und die Cygwin-Support-Software sowie weitere 20 MB während der Installation. Stellen Sie also sicher, daß Sie 60 MByte freien Platz haben. SSH selbst benötigt nur 1 MByte, wenn Sie also nach der Installation Platz sparen wollen, können Sie den größten Teil von Cygwin löschen.

14.1.1 Ordner vorbereiten

Bevor Sie mit der Installation der Software beginnen, erzeugen Sie die folgenden Ordner in Ihrem Laufwerk C:

```
C:\usr
C:\usr\local
C:\usr\local\bin
C:\etc
C:\home
C:\home\.ssh            Beachten Sie den Punkt!
C:\tmp
```

Zum Erzeugen von *C:\home\.ssh* müssen Sie den DOS-Befehl *mkdir* verwenden. Windows erzeugt keine Ordner, deren Namen mit einem Punkt beginnen.

```
C:\> mkdir C:\home\.ssh
```

14.1.2 autoexec.bat vorbereiten

Sie müssen zwei Änderungen in Ihrer *autoexec.bat* vornehmen. Zum einen müssen Sie den Ordner *C:\usr\local\bin* in Ihren MS-DOS-Suchpfad aufnehmen. Hängen Sie einfach die folgende Zeile an die Datei an:

```
PATH=%PATH%;C:\usr\local\bin;C:\Cygwin\bin
```

Zum anderen muß die Umgebungsvariable CYGWIN den Wert »tty« enthalten:

```
SET CYGWIN=tty
```

Das ist notwendig, damit der *ssh1*-Client interaktiv ausgeführt werden kann. Sichern Sie abschließend Ihre *autoexec.bat*, öffnen Sie die MS-DOS-Kommandozeile und wenden Sie die Änderungen an:

```
C:\> C:\autoexec
```

14.1.3   Eine Paßwort-Datei erzeugen

Unter Unix enthält die Datei */etc/passwd* die Loginnamen, Paßwörter und andere Informationen über die Benutzer. Sie müssen auf dem PC eine ähnliche Datei anlegen, damit Okhapkins SSH1-Clients zufrieden sind, da diese einen Loginnamen benötigen.

Im vorhin angelegten Ordner *C:\etc* legen Sie eine Datei namens *passwd* an, die aus nur einer Zeile besteht. Diese Zeile besteht aus sieben Feldern, die jeweils durch Doppelpunkte voneinander getrennt sind:

1.   Ein Loginname Ihrer Wahl. Kann eine beliebige Folge von Buchstaben und Ziffern sein.

2.   Ein Sternchen.

3.   Ein Integerwert größer 0.

4.   Ein Integerwert größer 0.

5.   Ihr vollständiger Name.

6.   Der Ordner */home*, in dem Ihr SSH-Ordner erzeugt wird. Beachten Sie die Richtung des Slashes: Es handelt sich nicht um das bei MS-DOS übliche Trennsymbol für Verzeichnisse, sondern um den Slash auf der 7-Taste.

7.   Das Programm */command.com*. Achten Sie erneut auf den Slash.

Dies ist das Format eines *passwd*-Eintrags bei Unix. Für Okhapkins SSH1 sind nur die Felder 1 und 6 von Bedeutung. Der Rest enthält sinnvolle Werte, sollten diese jemals notwendig werden. Hier ein Beispiel:

```
smith:*:500:50:Amy Smith:/home:/command.com
```

14.1.4   Cygwin installieren

Cygwin ist eine wunderbare Sammlung von Kommandozeilen-Optionen. Es handelt sich um Portierungen von GNU-Software (*http://www.gnu.org*), die dank einer Codebibliothek, der als *cygwin1.dll* bekannten Cygwin-DLL, unter Windows laufen. Okhapkins SSH1 benötigt diese DLL. Nachdem Sie Cygwin installiert haben, können Sie die meisten anderen Dateien wieder löschen. Andererseits ist die gesamte Cygwin-Distribution so nützlich, daß wir hoffen, daß Sie sie behalten. Sie erhalten die Software von:

> *http://sourceware.cygnus.com/cygwin/*

Installieren Sie das Binary-Release: Der Quellcode ist für unsere Zwecke nicht notwendig. Der offizielle Download und die Installation benötigen einige Zeit, weshalb Sie nur *cygwin1.dll* und nicht alle anderen Programme herunterladen sollten. Zur Drucklegung der Originalausgabe dieses Buches befand sich die DLL auf den Cygwin-Mirrors (erreichbar über den obigen URL) im Ordner */pub/cygwin/latest/cygwin*. Die Distribution liegt als »gezippte« *tar*-Datei (Dateiendung *.tar.gz*) vor, die WinZip für Windows entpacken kann. Kopieren Sie *cygwin1.dll* in den vorhin angelegten Ordner *C:\usr\local\bin*.

14.1.5   bzip2 installieren

bzip2 ist ein Programm zur Komprimierung und Dekomprimierung von Dateien. Eine Windows-Version ist über den folgenden URL erhältlich:

http://sourceware.cygnus.com/bzip2/

Laden Sie das Programm herunter und speichern Sie es im Ordner *C:\usr\local\bin* ab. Das Programm kann ohne Installation direkt ausgeführt werden. Zur Drucklegung dieses Buches lautete der Name *bzip2095d_win32.exe,* aber das ändert sich, sobald neue Releases erhältlich sind.

Benennen Sie das *bzip2*-Executable in *bzip2.exe* um:

```
C:\> cd \usr\local\bin
C:\usr\local\bin> rename bzip2095d_win32.exe bzip2.exe
```

14.1.6   Okhapkins SSH1 installieren

Laden Sie Okhapkins SSH1-Version 1.2.26 über den folgenden URL herunter:

http://miracle.geol.msu.ru/sos/

Der Dateiname lautet *ssh-1.2.26-cygwinb20.tar.bz2.* Da der Name mehrere Punkte enthält, könnte Ihre Download-Software die Datei automatisch umbenennen und dabei alle Punkte außer dem letzten entfernen (z.B. *ssh-1_2_26-cygwinb20_tar.bz2*).

Dekomprimieren Sie die Datei mit *bzip2*, um an die *tar*-Datei zu gelangen:

```
C:\temp> bzip2 -d ssh-1_2_26-cygwinb20_tar.bz2
```

Extrahieren Sie die tar-Datei im Stammverzeichnis von Laufwerk C:. Damit entpacken Sie alle Daten nach *C:\usr*:

```
C:\temp> cd \
C:\> tar xvf \temp\ssh-1_2_26-cygwinb20_tar
```

Wenn Sie das komplette Cygwin-Paket nicht installiert haben [14.1.4], besitzen Sie möglicherweise kein *tar*-Programm. Das weit verbreitete Programm WinZip für Windows ist ebenfalls in der Lage, die *tar*-Datei zu entpacken (nachdem Sie *bzip2* ausgeführt haben). Stellen Sie sicher, daß die Datei im Stammverzeichnis von Laufwerk C: entpackt wird.

Die SSH1-Client-Software ist nun installiert.

14.1.7   Ein Schlüssel-Paar erzeugen

Bevor Sie Okhapkins SSH1-Clients ausführen, müssen Sie Ihren SSH-Ordner einrichten und ein Schlüssel-Paar für die Public-Key-Authentifizierung erzeugen. Dies geschieht mit *ssh-keygen1*:

```
C:\> ssh-keygen1
```

Im Ordner *C:\home\.ssh* erzeugt *ssh-keygen1* eine Datei mit einem privaten Schlüssel namens *identity* sowie eine Datei namens *identity.pub* mit dem öffentlichen Schlüssel. Die Ausgabe sieht dabei etwa wie folgt aus (ignorieren Sie die Zeile w: not found, die von einem harmlosen Unterschied zwischen Unix und Windows herrührt):

```
Initializing random number generator...
w: not found
Generating p:  ...................++ (distance 352)
Generating q:  .........++ (distance 140)
Computing the keys...
Testing the keys...
Key generation complete.
```

ssh-keygen1 fragt Sie dann nach einer Datei, in der der Schlüssel abgelegt werden soll. Akzeptieren Sie die Voreinstellung durch Drücken der Enter-Taste:

```
Enter file in which to save the key (/home/.ssh/identity): [Enter drücken]
```

Sie werden dann nach einer Paßphrase für Ihren privaten Schlüssel gefragt. Wählen Sie einen guten aus und geben Sie diesen zweimal ein. Er erscheint nicht auf dem Bildschirm.

```
Enter passphrase: ********
Enter the same passphrase again: ********
```

Ihr Schlüssel-Paar ist nun generiert und im Ordner *C:\home\.ssh* abgelegt. Kopieren Sie Ihren öffentlichen Schlüssel (*identity.pub*) auf jeden SSH-Server-Rechner, zu dem Sie die Verbindung herstellen wollen, indem Sie ihn an Ihre entfernte *~/.ssh/authorized_keys* anhängen. [2.4.3]

14.1.8   Entferntes Login mit ssh1

Es ist soweit, Sie können eine Verbindung herstellen! Führen Sie den *ssh1*-Client aus und übergeben Sie den Loginnamen für den entfernten Account. Nehmen wir einfach mal den Namen »smith« auf dem SSH-Server-Rechner *server.example.com*:

```
C:\> ssh1 -l smith server.example.com
```

Beim ersten Versuch nimmt *ssh1* den entfernten Host in seine Known-Hosts-Datenbank auf. [2.3.1] Antworten Sie mit yes und fahren Sie fort:

```
Host key not found from the list of known hosts.
Are you sure you want to continue connecting (yes/no)? yes
Host relativity.cs.umass.edu added to the list of known hosts.
```

Schließlich werden Sie nach Ihrer Paßphrase gefragt:

```
Enter passphrase for RSA key You@YourPC: ********
```

Wenn alles gutgeht, sind Sie nun auf dem entfernten Host mittels SSH eingeloggt. Sie können auch individuelle Befehle durch SSH auf die übliche Weise ausführen lassen, indem Sie einen Befehl am Ende der Zeile übergeben:

```
C:\> ssh1 -l smith server.example.com  /bin/who
```

14.1.9   Dateien sicher kopieren mit scp1

Auch sicheres Kopieren mit *scp1* sollte möglich sein. Versuchen Sie, eine Datei auf eine entfernte Maschine zu kopieren:

```
C:\> scp1 C:\autoexec.bat smith@server.example.com:
```

14.2   Verwendung des Clients

Okhapkins SSH1 unterstützt die meisten der in den Kapiteln 5 bis 7 und 9 vorgestellten Features. Setzen Sie *C:\home\.ssh* einfach anstelle jedes vorhandenen *~/.ssh*. Zum Beispiel können Sie eine Client-Konfigurationsdatei in *C:\home\.ssh\config* erzeugen. [7.1.3]

Leider läuft der SSH-Agent nicht unter Windows, weshalb die Informationen aus Kapitel 6 zu *ssh-agent1* und *ssh-add1* nicht gelten.

14.3   Beschaffen und Installieren des Servers

Okhapkins SSH1-Server *sshd* kann als unter Windows NT installierter Service laufen. Er unterstützt die meisten Server-Konfigurations-Features aus Kapitel 5 mit Ausnahme der Public-Key-Authentifizierung. NT-Login-Authentifizierung verlangt einen NT-Benutzernamen und ein Paßwort, und SSH kann diese Barriere nicht umgehen und einfach Public-Key-Authentifizierung anbieten.

Wie bei den Clients ist auch die Installation des Servers etwas kniffelig. Wir gehen davon aus, daß Sie die Cygwin-Bibliothek und die SSH1-Clients bereits installiert haben.

14.3.1   sshd beschaffen

Sergey Okhapkin macht *sshd* 1.2.26 auf seiner Webseite in zwei Formen zugänglich: als vorkompiliertes Executable oder als Quellcode-Diffs. Wir haben das Executable verwendet. Einige andere Leute haben darüber hinaus Pakete erzeugt, die Sergeys Executable und weitere Support-Dateien enthalten. Einer unserer Favoriten ist:

http://www.gnac.com/techinfo/ssh_on_nt/

14.3.2   Das NT Resource Kit beschaffen

Um sshd als NT-Service laufen zu lassen, benötigen Sie drei Programme aus dem NT Resource Kit: *instsrv.exe*, *srvany.exe* und *kill.exe*. Bei den ersten beiden handelt es sich um Utilities, die ganz gewöhnliche Programme zu NT-Services machen. Das dritte kann Prozesse beenden, die vom NT Task Manager nicht beendet werden können.

14.3.3 Einen administrativen Benutzer anlegen

sshd wird als NT-Service aufgerufen, der unter dem Account eines administrativen Benutzers läuft. Wir müssen diesen administrativen Benutzer nun also anlegen. Führen Sie den BENUTZER-MANAGER aus und machen Sie folgendes:

1. Erzeugen Sie einen lokalen Benutzer namens (zum Beispiel) root.

2. Machen Sie root zu einem Mitglied der Administratoren-Gruppe.

3. Unter RICHTLINIEN/BENUTZERRECHTE haken Sie die Checkbox WEITERE BENUTZER-RECHTE ANZEIGEN an.

Geben Sie root nun die folgenden Rechte:

- Als Teil des Betriebssystems handeln
- Anheben einer Quote
- Anmelden als Dienst
- Ersetzen eines Tokens auf Systemebene

Schließen Sie die Anwendung, und weiter geht's.

14.3.4 Den Server installieren

Zuerst kopieren Sie das Server-Programm *sshd.exe* in einen Ordner Ihrer Wahl, z.B. *C:\Bin*. Um die Installation abzuschließen, müssen Sie *sshd* in einen NT-Service umwandeln, der unter Ihrem neu angelegten administrativen Benutzer läuft. Außerdem müssen Sie einige Registry-Einträge erzeugen:

1. Um den Server als NT-Service zu installieren, führen Sie den folgenden Befehl aus. Wir setzen voraus, daß der administrative Benutzer root heißt, daß die Programme des NT Resource Kits in *C:\reskit* liegen und daß der Name Ihres Computers *mypc* lautet (es handelt sich um einen Befehl in einer einzigen Zeile).

```
C:\> C:\reskit\instsrv.exe SecureShellDaemon
C:\reskit\srvany.exe -a mypc\root -p root
```

2. Erzeugen Sie die folgenden Einträge in der Registry. HKLM steht für HKEY_LOCAL_MACHINE:

- In *HKLM\SYSTEM\CurrentControlSet\Services\SecureShellDaemon* legen Sie einen Stringwert namens »ObjectName« mit dem Wert »LocalSystem« an.

- In *HKLM\SYSTEM\CurrentControlSet\Services\SecureShellDaemon\Parameters* erzeugen Sie einen Stringwert »Application« mit dem Wert »C:\\Bin\\sshd.exe« und den Stringwert »AppParameters« mit dem Wert »–f /etc/sshd_config«.

14.3.5 Host-Schlüssel generieren

Ihr Server benötigt einen Host-Schlüssel, um sich gegenüber SSH-Clients eindeutig ausweisen zu können. [5.4.1.1] Verwenden Sie das Programm *ssh-keygen1*, um ihn zu erzeugen, und legen Sie das Schlüssel-Paar in *C:\etc* ab.

```
C:\> ssh-keygen1 -f /etc/ssh_host_key -N "" -C ""
```

14.3.6 sshd_config editieren

Ihr Server ist fast einsatzbereit. Nun ist es Zeit, eine serverweite Konfigurationsdatei anzulegen, damit sich *sshd* entsprechend Ihren Sicherheits-Policies verhält. [5.3.1] Bei NT liegt diese Datei in *C:\etc\sshd_config*. Die von uns empfohlenen Einstellungen finden Sie in Kapitel 10.

Stellen Sie sicher, daß Sie die richtige Lage der Dateien, etwa für den Host-Schlüssel, angeben. Bei Cygwin steht »/« für das Stammverzeichnis Ihres Boot-Laufwerks. Beispiel:

```
HostKey /etc/ssh_host_key
PidFile /etc/sshd.pid
RandomSeed /etc/ssh_random_seed
```

 Wenn Sie Änderungen in der *sshd_config* vornehmen, während der SSH-Server läuft, müssen Sie *sshd* beenden und neu starten, damit diese Änderungen übernommen werden. [14.3.9] Anhalten und Neustarten des Dienstes in der Rubrik »Dienste« der Systemsteuerung ist nicht ausreichend.

14.3.7 Den Server ausführen

Um *sshd* auszuführen, öffnen Sie über die SYSTEMSTEUERUNG das Fenster DIENSTE und suchen nach dem Dienst SecureShellDaemon. Wählen Sie ihn aus und klicken Sie den START-Button an. Das war's! Im NT Task Manager erscheint der Prozeß als *sshd.exe*.

14.3.8 Den Server testen

Wenn Sie *sshd* und *ssh1* auf Ihrem lokalen PC installiert haben, können Sie versuchen, eine Verbindung mit sich selbst herzustellen:

```
C:\> ssh1 localhost
smith@127.0.0.1s password: ********
```

Anderenfalls versuchen Sie einfach, die Verbindung zu einer anderen Site herzustellen:

```
$ ssh1 -l smith mypc.mydomain.org
smith@mypc.mydomain.orgs password: ********
```

Kann die Verbindung nicht aufgebaut werden, verwenden Sie *ssh1 −v*, um sich Diagnosemeldungen ausgeben zu lassen und das Problem einzukreisen.

14.3.9 Den Server herunterfahren

Um einen NT-Dienst anzuhalten, verwendet man normalerweise den Knopf ANHALTEN im DIENSTE-Kontrollfenster. Leider funktioniert das mit *sshd* unter NT nicht, auch wenn der Dienst im Kontrollfenster scheinbar angehalten wurde. Sie müssen den Prozeß manuell beenden. Das ist mit dem Programm *kill.exe* aus dem NT Resource Kit möglich.

Ermitteln Sie die PID von *sshd.exe* aus dem NT Task Manager (etwa 392) und geben Sie dann folgendes ein:

```
C:\> kill 392
```

14.4 Fehlersuche

Wenn *ssh1* oder *scp1* nicht wie erwartet funktionieren, verwenden Sie die Option *–v* (Verbose), damit der Client während des Betriebs Debugging-Meldungen ausgibt. Diese Meldungen können einen Hinweis auf das Problem liefern. Hier nun einige typische Probleme:

F: *Wenn ich ssh1 ausführe, sagt es: »You don't exist, go away!«*

A: Sie haben wahrscheinlich keine *C:\etc\passwd* angelegt, wie von uns gezeigt. Stellen Sie auch sicher, daß keine Laufwerksangaben (C:) in der *passwd*-Datei stehen, weil der Doppelpunkt fälschlicherweise als Feld-Trennzeichen interpretiert wird.

F: *Ich kann keinen Ordner namens ».ssh« bzw. jedem anderen mit einem Punkt beginnenden Namen anlegen.*

A: Das ist mit der graphischen Benutzerschnittstelle von Windows nicht möglich. Verwenden Sie eine MS-DOS-Shell und den *mkdir*-Befehl (*mkdir .ssh*).

F: *ssh1 sagt: »Could not create directory /home/.ssh«.*

A: Sie haben vergessen, *C:\home* anzulegen.

F: *scp1 beschwert sich, daß es ssh1 nicht finden kann.*

A: Steht *C:\usr\local\bin* (oder wo auch immer *ssh1.exe* liegt) in Ihrem MS-DOS-PATH?

F: *ssh-agent1 funktioniert nicht. Es gibt »*`Bad modes or owner for directory /tmp/ssh-smith`*« aus und bricht ab.*

A: Sie haben recht. Der SSH-Agent läuft unter Windows nicht, weil er Unix-Domain-Sockets benötigt.

F: *Ich kann über sshd keine Verbindung zu einem NT-Account in einer anderen Domain herstellen.*

A: Das ist richtig, das können Sie nicht. NT *sshd* erlaubt nur die Verbindung zu lokalen Accounts, d.h. innerhalb der Domain der lokalen Maschine.[1]

---

1   Wir haben davon gehört, daß NT *sshd* Accounts aller vertrauenswürdigen Domains authentifiziert, das haben wir aber nicht verifiziert.

F: *Ich habe immer noch Probleme.*

A: Weitere Hilfe finden Sie auf den folgenden Sites:

> *http://miracle.geol.msu.ru/sos/ssh-without-cygwin.html*
> *http://marvin.criadvantage.com/caspian/Software/SSHD-NT/*
> *http://www.gnac.com/techinfo/ssh_on_nt/*
> *http://www.onlinemagic.com/~bgould/sshd.html*
> *http://v.iki.fi/nt-ssh.html*

14.5 Zusammenfassung

Sergey Okhapkins Portierung der SSH1-Version 1.2.26 ist, unserer Erfahrung nach, die beste verfügbare Windows-Portierung von SSH1. Sie bietet ein funktionierendes *ssh1*, *scp1* und *ssh-keygen1*, was für eine typische SSH-Umgebung ausreichend ist. Und als Bonus ist auch ein *sshd* verfügbar. Beachten Sie, daß 1.2.26 aber nicht die aktuellste Version von SSH1 ist, weshalb es die Sicherheit betreffende Probleme gibt, die in späteren offiziellen Versionen aber behoben wurden.

15

SecureCRT (Windows)

SecureCRT, entwickelt von Van Dyke Technologies, ist ein kommerzieller SSH-Client für Microsoft Windows 9x, NT und 2000. Es ist wie ein Terminal-Programm strukturiert und basiert tatsächlich auch auf dem Terminal-Programm CRT, einem weiteren Van Dyke-Produkt. Dementsprechend sind die Terminal-Fähigkeiten von SecureCRT sehr differenziert konfigurierbar. Es emuliert verschiedene Terminal-Typen, Logins mittels Telnet und SSH, eine Skriptsprache, einen Tastaturbelegungs-Editor, SOCKS-Firewall-Support, ein Chat-Feature und mehr. Wir konzentrieren uns hier aber auf die SSH-Fähigkeiten.

SecureCRT unterstützt SSH-1 und SSH-2 in einem einzigen Programm. Andere wichtige Features sind das Port-Forwarding, X11-Paket-Forwarding und die Unterstützung mehrerer SSH-Identitäten. Ein Agent ist nicht enthalten. Das sichere Kopieren von Dateien wird nicht über ein *scp*-artiges Programm abgewickelt, sondern über ZModem, einem alten Protokoll zum Up- und Download von Dateien (auf der entfernten Maschine muß ZModem installiert sein.) Wird ZModem verwendet, während Sie über SSH eingeloggt sind, dann sind die Dateitransfers sicher.

Wir haben dieses Kapitel so organisiert, daß es den ersten Teil des Buches widerspiegelt, der die Unix-SSH-Implementierungen behandelt. Auf detailliertere Informationen verweisen wir bei Bedarf.

Wir diskutieren die SecureCRT-Version 3.1.2 vom September 2000.

15.1 Beschaffung und Installation

SecureCRT kann bei Van Dyke Technologies erworben und heruntergeladen werden:

http://www.vandyke.com/

Eine freie Evaluierungs-Version ist verfügbar, die 30 Tage nach der Installation ausläuft. Sie können also ausgiebig testen, bevor Sie kaufen. Die Installation ist geradlinig und ohne Tücken. Die Distribution der Software erfolgt in einer einzigen *.exe*-Datei. Zur Installation führen Sie einfach dieses Programm aus. Sie benötigen eine Seriennummer und einen Lizenzschlüssel, um das Archiv zu entpacken. Jeder registrierte Benutzer enthält diese Angaben von Van Dyke. Folgen Sie den Anweisungen auf dem Bildschirm und installieren Sie die Software im gewünschten Ordner. Wir haben die Standard-Vorgaben übernommen.

15.2 Grundlegende Einrichtung des Clients

Sobald Sie das Programm installiert haben, wird es Zeit, eine neue *Session* einzurichten, was bei SecureCRT eine Sammlung von Einstellungen bezeichnet.[1] Wählen Sie CON-NECT... aus dem FILE-Menü, und im erscheinenden Fenster klicken Sie den PROPERTIES-Button an. Dieser öffnet das Fenster SESSION OPTIONS, das in Abbildung 15-11 zu sehen ist. Wählen Sie CONNECTION und geben Sie die Werte ein, wie in der Abbildung zu sehen. Wählen Sie für den Moment die Paßwort-Authentifizierung. Klicken Sie auf OK, um das Fenster zu schließen, und im CONNECT-Fenster klicken Sie auf den CONNECT-Button. Sie sollten nach Ihrem Login-Paßwort auf der entfernten Maschine gefragt und dann über SSH eingeloggt werden.

Sobald Sie eingeloggt sind, verhält sich das Programm wie ein normales Terminal-Programm. Die Punkt-zu-Punkt-Verschlüsselung von SSH ist für den Benutzer transparent (was ja auch so sein soll).

15.3 Key-Management

SecureCRT unterstützt die Public-Key-Authentifizierung über RSA-Schlüssel. Es kann Schlüssel mit einem integrierten Assistenten (Wizard) erzeugen oder vorhandene SSH-1- und SH-2-Schlüssel nutzen. Es kann auch zwei unterschiedliche Arten von SSH-Identitäten unterscheiden: *Global* und *Session-spezifisch*.

15.3.1 RSA Key Generation Wizard

SecureCRTs RSA Key Generation Wizard erzeugt Schlüssel-Paare für die Public-Key-Authentifizierung. Das Utility wird im Fenster SESSION OPTIONS durch Anklicken des ADVANCED-Buttons, über dem GENERAL-Reiter und dann CREATE IDENTITY FILE gestartet.

Die Verwendung ist einfach. Sie müssen nur die Paßphrase, die Anzahl der Bits des Schlüssels und einige zufällige Daten (durch Bewegen der Maus) eingeben. Der RSA Key Generation Wizard erzeugt dann ein Schlüssel-Paar und und legt es in zwei Dateien ab. Wie bei den Unix-SSH-Implementierungen können Sie den Dateinamen für

---

1 »Session« ist ein unglücklich gewählter Begriff. Üblicherweise bedeutet Session eine aktive SSH-Verbindung, nicht eine statische Ansammlung von Einstellungen.

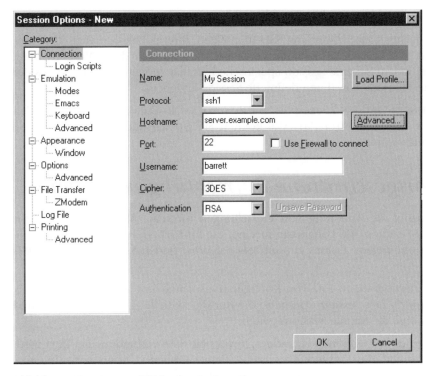

Abbildung 15-1: Secure CRT Session Options-Fenster

den privaten Schlüssel frei wählen, und für den Dateinamen des öffentlichen Schlüssels wird nur ein *.pub* angehängt.

Sobald Ihr Schlüssel-Paar erzeugt wurde, müssen Sie den öffentlichen Schlüssel auf die SSH-Server-Maschine kopieren und in der Autorisierungsdatei Ihres Accounts ablegen. Hierzu

1. loggen Sie sich mit SecureCRT und Paßwort-Authentifizierung auf dem entfernten Rechner ein.

2. öffnen Sie die Public-Key-Datei und kopieren den vollständigen Text des Schlüssels in die Windows-Zwischenablage.

3. installieren Sie den öffentlichen Schlüssel (durch Einfügen aus der Zwischenablage) auf der SSH-Server-Maschine in Ihrem entfernten Account. [2.4.3]

4. loggen Sie sich aus.

5. wählen Sie im SESSION OPTIONS-Fenster CONNECTION und ändern die Authentifizierung von PASSWORD auf RSA.

6. loggen Sie sich erneut ein. SecureCRT fragt Sie nach der Paßphrase für Ihren öffentlichen Schlüssel, und der Login erfolgt.

15.3.2 Verwendung mehrerer Identitäten

SecureCRT unterstützt zwei Arten von SSH-Identitäten. Ihre globale Identität wird standardmäßig für alle SecureCRT-Sessions verwendet. Sie können diese Voreinstellung überschreiben, indem Sie eine Session-spezifische Identität verwenden, die (wie es der Name andeutet) für jede von Ihnen definierte Session anders ist.

Im Fenster SESSION OPTIONS klicken Sie auf den ADVANCED-Button und dann auf den GENERAL-Reiter. Unter IDENTITY FILENAME können Sie globale und Session-spezifische Schlüssel-Dateien wählen.

15.4 Fortgeschrittene Einrichtung von Clients

SecureCRT erlaubt die Änderung von Einstellungen für seine SSH-Features und für seine Terminal-Features. Wir behandeln hier nur die für SSH relevanten Möglichkeiten. Die anderen (und weitere Details zu den SSH-Features) finden Sie in der SecureCRT-Online-Hilfe.

SecureCRT bezeichnet einen Satz von Konfigurationsparametern als Session. Es unterscheidet auch zwischen *Session-Optionen*, die nur die aktuelle Session betreffen, und *globalen Optionen*, die für alle Sessions gelten.

Sie können die Session-Optionen verändern, bevor eine SSH-Verbindung geöffnet wird, aber auch, während die Verbindung besteht. Einige Optionen können naturgemäß nicht während der Verbindung geändert werden, etwa der Name der entfernten Server-Maschine. Öffnen Sie das Fenster SESSION OPTIONS (Abbildung 15-1) durch die Wahl von OPTIONS im OPTIONS-Menü oder durch Anklicken des PROPERTIES-Buttons in der Button-Leiste.

15.4.1 Zwingend notwendige Felder

Um eine SSH-Verbindung aufbauen zu können, müssen Sie alle CONNECTION-Felder im Fenster SESSION OPTIONS ausfüllen. Diese umfassen:

Name

> Ein gut zu merkender Name für Ihre Einstellungen. Hier kann ein beliebiger Text stehen, standardmäßig steht hier aber der Name des SSH-Servers.

Protocol

> Entweder SSH-1 oder SSH-2.

Hostname

> Der Name der entfernten SSH-Server-Maschine, zu dem die Verbindung hergestellt werden soll.

Port

> Der TCP-Port für SSH-Verbindungen. Nahezu alle SSH-Clients und -Server verwenden Port 22. Wenn Sie keine Verbindung zu einem von diesem Standard abwei-

chenden SSH-Server planen, müssen Sie diese Einstellung auch nicht ändern. [7.4.4.1]

Username
> Ihr Benutzername auf der entfernten SSH-Server-Maschine. Wenn Sie die Public-Key-Authentifizierung (RSA) verwenden, muß dieser Benutzername zu einem Account gehören, der Ihren öffentlichen Schlüssel enthält.

Cipher
> Der zu verwendende Verschlüsselungsalgorithmus. Solange Sie auf die Chiffrierung keinen besonderen Wert legen, verwenden Sie einfach den Standardwert (3DES).

Authentication
> Wie Sie sich selbst gegenüber dem SSH-Server identifizieren. Möglich ist die Paßwort-Authentifizierung (mit dem entfernten Login-Paßwort), die RSA-Authentifizierung (Public Key) oder TIS. [15.4.3] Die Trusted-Host-Authentifizierung wird nicht unterstützt.

15.4.2 Datenkomprimierung

SecureCRT kann Daten bei der Übertragung über eine SSH-Verbindung transparent komprimieren und wieder dekomprimieren. Das kann die Geschwindigkeit Ihrer Verbindung erhöhen. [7.4.11]

Wählen Sie CONNECTION im Fenster SESSION OPTIONS, klicken Sie den ADVANCED-Button an und dann den GENERAL-Reiter. Die Checkbox USE COMPRESSION aktiviert die Datenkomprimierung. Sie können auch einen Wert für COMPRESSION LEVEL angeben. Dieser Wert entspricht dem des `CompressionLevel`-Schlüsselworts von SSH1. Je höher dieser Wert, desto besser ist auch die Komprimierung, aber auch die Last für die CPU, was Ihren Computer eventuell verlangsamen kann.

15.4.3 TIS-Authentifizierung

SecureCRT kann Sie über das Gauntlet Firewall Toolkit von Trusted Information Systems (TIS) authentifizieren. [5.5.1.8] Im Fenster Session Options setzen Sie einfach unter Connection den Wert für Authentication auf TIS.

15.4.4 Firewalls

SecureCRT unterstützt Verbindungen durch verschiedene Arten von Firewalls wie etwa die von SSH1- und SSH2-Servern unterstützten SOCKS4- und SOCKS5-Firewalls. Öffnen Sie das Fenster GLOBAL OPTIONS, wählen Sie FIREWALL und füllen Sie die erforderlichen Felder aus. Sie müssen den Hostnamen oder die IP-Adresse der Firewall kennen und die erforderlichen Felder ausfüllen.

15.5 Forwarding

SecureCRT unterstützt das als Forwarding bezeichnete SSH-Feature (Kapitel 9), bei dem eine andere Netzwerkverbindung verschlüsselt über SSH laufen kann. Das wird auch als Tunneling bezeichnet, weil die SSH-Verbindung einen sicheren »Tunnel« bereitstellt, durch den andere Verbindungen laufen können. Unterstützt wird sowohl das TCP-Port- als auch das X-Forwarding.

15.5.1 Port-Forwarding

Port-Forwarding erlaubt es, eine beliebige TCP-Verbindung durch eine SSH-Verbindung laufen zu lassen, deren Daten dabei transparent verschlüsselt werden. [9.2] Das macht aus einer unsicheren TCP-Verbindung wie Telnet, IMAP oder NNTP (Usenet-News) eine sichere Verbindung. SecureCRT unterstützt lokales Port-Forwarding, d.h., daß Ihr lokaler SSH-Client (SecureCRT) die Verbindung an einen entfernten SSH-Server weiterleitet.

Jede von Ihnen angelegte SecureCRT-Session kann unterschiedliche Port-Forwardings einrichten. Um ein Port-Forwarding für einen bestimmten entfernten Host einzurichten, bauen Sie die Verbindung zu diesem Host ab (wenn sie denn besteht) und öffnen das Fenster SESSION OPTIONS. Klicken Sie den ADVANCED-Button und dann den Reiter PORT FORWARDING an. Hier legen Sie die gewünschten Port-Forwardings fest (siehe Abbildung 15-2).

Um ein neues Forwarding anzulegen, klicken Sie zuerst den NEW-Button an. Dann tragen Sie den Namen des entfernten Hosts ein, der den gewünschten TCP-Dienst (z.B. IMAP oder NNTP) bereitstellt, die entfernte Portnummer dieses Dienstes und schließlich eine lokale Portnummer (auf Ihrem PC), die für das Forwarding genutzt werden soll. Dies kann jede beliebige Nummer sein, sollte traditionell aber bei 1024 oder höher liegen. Wählen Sie eine lokale Portnummer, die auf Ihrem PC nicht von einem anderen SSH-Client genutzt wird.

Wenn Sie fertig sind, klicken Sie auf SAVE, um das Forwarding zu speichern. Öffnen Sie dann erneut die SSH-Verbindung, und der gewünschte TCP-Port wird für die Dauer der Verbindung weitergeleitet.

15.5.2 X-Forwarding

Das X-Window-System ist die am weitesten verbreitete Windowing-Software für Unix-Systeme. Wenn Sie entfernte X-Clients ausführen wollen, die Fenster auf Ihrem PC öffnen, dann benötigen Sie:

- einen entfernten Host mit einem laufenden SSH-Server und den entsprechenden X-Client-Programmen

- einen auf Ihrem PC unter Windows laufenden X-Server wie etwa Hummingbirds eXceed

Abbildung 15-2: SecureCRT-Port-Forwarding-Einstellungen

SSH sichert Ihre X-Verbindung durch einen als X-Forwarding bezeichneten Prozeß ab. [9.3] Die Aktivierung des X-Forwarding ist bei SecureCRT trivial. Aktivieren Sie einfach die Checkbox »FORWARD X11 PACKETS«. Diese finden Sie im Fenster SESSION OPTIONS unter dem ADVANCED-Button und durch Wahl des PORT FORWARDING-Reiters.

Um eine X-Verbindung abzusichern, indem man sie einem SSH-Forwarding unterwirft, führen Sie zuerst SecureCRT aus und stellen eine sichere Terminal-Verbindung mit dem SSH-Server-Rechner her. Dann führen Sie den X-Server auf dem PC aus und deaktivieren dabei seine Login-Features wie etwa XDM. Jetzt starten Sie einfach die gewünschten X-Clients auf der Server-Maschine.

15.6 Fehlersuche

SecureCRT kann, wie jeder andere SSH-Client auch, bei der Interaktion mit einem SSH-Server auf unerwartete Schwierigkeiten stoßen. In diesem Abschnitt wenden wir uns SecureCRT-spezifischen Problemen zu. Allgemeinere Probleme wurden in Kapitel 12 behandelt.

15.6.1   Authentifizierung

F: *Bei Verwendung eines RSA-Schlüssels meldet SecureCRT »Internal error loading private key.«*

A: SecureCRT akzeptiert nur DSA-Schlüssel für SSH2 (was dem aktuellen SSH-2-Standard-Draft entspricht). Einige andere SSH-2-Implementierungen unterstützen auch RSA-Schlüssel, bei SecureCRT funktionieren sie im Moment nicht. [3.9.1]

F: *Ich habe versucht, einen Schlüssel zu laden, der von einer anderen SSH-2-Implementierung generiert wurde, aber SecureCRT meldet »The private key is corrupt«.*

A: Zwar spezifiziert der Draft-Standard des SSH-Protokolls, wie die Schlüssel innerhalb einer SSH-Session zu repräsentieren sind, er deckt aber die Formate nicht ab, in denen diese Schlüssel in Dateien abzuspeichern sind. Implementatoren können daher verschiedene (und inkompatible) Formate verwenden, die Ihnen das Leben schwermachen. Das gilt sowohl für SSH1 als auch für SSH2, auch wenn es zwischen SSH1-Implementierungen weniger Unterschiede gibt als bei SSH2. Da sich das ändern kann, empfehlen wir Ihnen, sich an den Hersteller zu wenden.

F: *Nach der Eingabe meiner Paßphrase erscheint eine Dialogbox »SSH_SMSG_FAILURE: invalid SSH state,« und die Session wird abgebaut, ohne mich einzuloggen.*

A: Es wurde kein Pseudo-TTY alloziert. Möglicherweise ist bei Ihrem entfernten Account die Option no-pty in *authorized_keys* gesetzt. [8.2.9]

F: *Die SSH-2-Authentifizierung schlägt mit der Meldung »SecureCRT is disconnecting from the SSH server for the following reason: reason code 2« fehl.*

A: Zur Drucklegung der amerikanischen Originalausgabe dieses Buches konnten einige SSH-2-Clients und -Server verschiedener Hersteller aufgrund unterschiedlicher Auslegungen des SSH-2-Draft-Standards nicht miteinander arbeiten. Wir hoffen, daß diese Probleme behoben sind, wenn Sie diese Zeilen lesen. In der Zwischenzeit müssen Sie sicherstellen, daß Sie bei SecureCRT den richtigen SSH-Server im Properties-Fenster unter Connection gewählt haben. Um die Art des Servers zu bestimmen, zu dem Sie die Verbindung herstellen wollen, bauen Sie mit *telnet* eine Verbindung zum SSH-Port der Server-Maschine auf (üblicherweise Port 22) und sehen sich den erscheinenden Versionsstring an. Unter MS-DOS *telnet* geben Sie folgendes ein:

```
telnet server.example.com 22
```

und es erscheint ein Fenster mit einem Text wie dem folgenden:

```
SSH-1.99-2.0.13 F-SECURE SSH
```

In diesem Fall haben Sie es also mit einem F-Secure SSH-Server in der Version 2.0.13 zu tun.

15.6.2 Forwarding

F: *Port-Forwarding ist nicht möglich. Ich erhalte eine Meldung, daß der Port bereits verwendet wird.*

A: Ist ein anderes SecureCRT-Fenster offen, und arbeitet es mit dem gleichen Port-Forwarding-Setup? Sie können nicht zwei Verbindungen über den gleichen Port weiterleiten. Sie können das umgehen, indem Sie eine zweite Session anlegen, die der ersten entspricht, bei der aber eine andere lokale Portnummer verwendet wird. Jetzt können Sie beide Sessions gleichzeitig verwenden.

15.7 Zusammenfassung

Wir haben SecureCRT über ein Jahr eingesetzt und empfinden es als solides, stabiles und leistungsfähiges Produkt mit guter Unterstützung durch den Hersteller. Mankos sind das Fehlen eines Agenten und von *scp*.

16

F-Secure SSH Client
(Windows, Macintosh)

Die F-Secure Corporation, ein Hersteller kommerzieller SSH1- und SSH2-Versionen für Unix, produziert auch SSH-Clients für Windows und den Macintosh. [1.5] Die Client-Produktlinie mit dem sinnigen Namen F-Secure SSH-Client ist ein mit Fenstern arbeitender, VT100-fähiger Terminal-Emulator, der Logins über die beiden SSH-Protokolle SSH-1 und SSH-2 erlaubt.

Für Windows haben wir die Version 4.1 evaluiert, die beide Protokolle in einem einzelnen Produkt unterstützt. Vorherige Versionen haben SSH-1 und SSH-2 in separaten Produkten unterstützt. Für den Macintosh haben wir die Versionen 1.0 (SSH-1) und 2.0 (SSH-2) evaluiert, aber zur Drucklegung der Originalausgabe dieses Buches liefen sie auf unserem System nicht zuverlässig, weshalb wir sie in diesem Buch nicht behandeln. Wir haben unerwartete Abstürze erlebt, deren Gründe in unserer Macintosh-Konfiguration oder bei F-Secure liegen können. Mit dem Windows-Client hatten wir keine Schwierigkeiten.

Der F-Secure SSH-Client besitzt einen recht umfangreichen Satz von Features. Unter SSH-1 werden entfernte Logins, Port-Forwarding, X-Forwarding und Generierung von SchlüsselPaaren unterstützt, und auch das Terminal-Programm bietet eine Reihe von Features. Nur bei SSH-2 ist zusätzlich ein sicheres Kopieren von Dateien mit *scp2* und *sftp2* möglich.

16.1 Beschaffung und Installation

Die Produkte von F-Secure können online erworben werden:

> *http://www.f-secure.com/*

Freie Evaluierungsversionen sind verfügbar. Die Installation erfolgt über ein traditionelles Windows-Installationsprogramm: Wählen Sie das Zielverzeichnis aus und treffen Sie einige weitere einfache Entscheidungen.

16.2 Grundlegende Einrichtung des Clients

Das Verhalten des Clients wird im PROPERTIES-Fenster festgelegt: Öffnen Sie das EDIT-Menü und wählen Sie PROPERTIES (Abbildung 16-1). Wählen Sie CONNECTION und tragen Sie die Informationen wie in der Abbildung zu sehen ein. Klicken Sie auf OK, um das Fenster zu schließen und wählen Sie dann CONNECT im FILE-Menü. Weil dem Programm noch keine öffentlichen Schlüssel bekannt sind, wird die Paßwort-Authentifizierung verwendet. Wenn alles gutgeht, werden Sie nach Ihrem Login-Paßwort auf dem entfernten Server gefragt und dann über SSH eingeloggt.

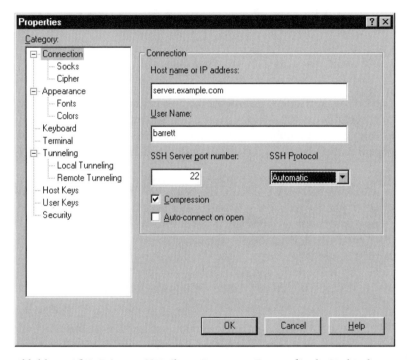

Abbildung 16-1: F-Secure SSH-Client, Properties-Fenster für die Verbindung

Einmal eingeloggt, verhält sich das Programm wie ein normales Terminal-Programm. Die Punkt-zu-Punkt-Verschlüsselung erfolgt für den Benutzer transparent, wie es sein soll.

Wenn die Einstellungen Ihren Vorstellungen entsprechen, legen Sie eine *Session-Datei* an, um sie zu speichern. Session-Dateien erhalten die Erweiterung *.ssh* und können (Überraschung) mit den SAVE- und OPEN-Befehlen im File-Menü bearbeitet werden.

16.3 Key-Management

Der F-Secure SSH-Client unterstützt die Public-Key-Authentifizierung mit RSA- oder DSA-Schlüsseln. Er kann Schlüssel mit dem integrierten Key Generation Wizard erzeugen oder bestehende SSH-1- oder SSH-2-Schlüssel verwenden.

16.3.1 Schlüssel generieren

Der Key Generation Wizard ist im Programm über das TOOLS-Menü erreichbar. Der Wizard fragt Sie nach dem Schlüssel-Generierungs-Algorithmus (RSA oder DSA), der Anzahl von Bits im Schlüssel, einem Kommentar und einer Paßphrase und nach einem Namen für den Schlüssel. Nach der Generierung wird der Schlüssel in der Windows-Registrierung abgelegt und ist im Fenster PROPERTIES unter USER KEYS zu erreichen. Nebenbei erwähnt, lautet der Schlüssel der Windows-Registrierung wie folgt:

```
HKEY_CURRENT_USER\Software\Data Fellows\F-Secure SSH 2.0
```

16.3.2 Import vorhandener Schlüssel

Der F-Secure SSH-Client speichert Schlüssel in der Windows-Registrierung ab. Die meisten anderen SSH-Produkte speichern Schlüssel in Dateien, d.h., wenn Sie vorhandene Schlüssel mit F-Secure verwenden wollen, müssen diese in die Registrierung *importiert* werden:

1. Öffnen Sie das PROPERTIES-Fenster.
2. Wählen Sie USER KEYS.
3. Wählen Sie den RSA- oder DSA-Reiter, wenn Sie einen RSA- oder DSA-Schlüssel importieren.
4. Klicken Sie den Button »IMPORT...« an.
5. Bewegen Sie sich zu Ihrer Schlüsseldatei und wählen Sie sie aus.
6. Geben Sie die Paßphrase für den Schlüssel an (nur für Schlüssel im SSH-1-Format).

Der Schlüssel ist nun in F-Secure importiert und kann verwendet werden.

16.3.3 Installation öffentlicher Schlüssel

Nur für SSH-2-Public-Keys besitzt der F-Secure SSH-Client den Key Registration Wizard, der Ihren öffentlichen Schlüssel automatisch auf den SSH-2-Server-Rechner überträgt und installiert, auf dem sich Ihr entfernter Account befindet. Was für ein starkes Feature! Natürlich ist diese Operation auch sicher: Die Verbindung zu Ihrem entfernten Account erfolgt mittels Paßwort-Authentifizierung von SSH2.

Öffentliche SSH-1-Schlüssel müssen von Hand auf dem Server installiert werden. Stellen Sie die Verbindung mit dem entfernten Host mittels Paßwort-Authentifizierung her, öffnen Sie das PROPERTIES-Fenster und wählen Sie USER KEYS. Dort haben Sie zwei Möglichkeiten:

- Exportieren Sie Ihren öffentlichen Schlüssel mit dem »EXPORT...«-Button in eine Datei, übertragen Sie diese Datei dann auf den entfernten Server und kopieren Sie deren Inhalt in Ihre *authorized_keys*-Datei.

- Kopieren Sie Ihren öffentlichen Schlüssel mit Hilfe des Buttons »COPY TO CLIPBOARD« in die Windows-Zwischenablage und übernehmen Sie ihn dann durch Einfügen aus der Zwischenablage in Ihre entfernte *authorized_keys*-Datei.

16.3.4 Schlüssel verwenden

Im Gegensatz zu den meisten Unix-SSH-Produkten erlaubt es Ihnen der F-Secure SSH-Client nicht anzugeben, welcher Schlüssel für eine Session verwendet werden soll. Statt dessen probiert er nacheinander jeden Schlüssel aus. Stimmt einer mit einem öffentlichen Schlüssel auf dem Server überein, werden Sie nach der Paßphrase gefragt. Um die von F-Secure getroffene Wahl des Schlüssels abzulehnen und einen anderen zu verwenden, drücken Sie die Escape-Taste oder klicken CANCEL an, und der nächste Schlüssel wird gewählt und ausprobiert. Schlagen alle Schlüssel fehl, kehrt das Programm zur Paßwort-Authentifizierung zurück.

16.4 Fortgeschrittene Einrichtung des Clients

Um eine SSH-Verbindung aufzubauen, müssen Sie die folgenden CONNECTION-Felder im PROPERTIES-Fenster ausfüllen:

Host Name
  Der Name der entfernten SSH-Server-Maschine, zu der Sie die Verbindung herstellen wollen.

User Name
  Ihr Benutzername auf der entfernten SSH-Server-Maschine. Wenn Sie mit der Public-Key-Authentifizierung (RSA) arbeiten, muß dieser Benutzername zu einem Account gehören, der Ihren öffentlichen Schlüssel enthält.

Port Number
  Der TCP-Port für SSH-Verbindungen. Nahezu alle SSH-Clients und -Server arbeiten mit Port 22. Solange Sie nicht mit einem vom Standard abweichenden Server arbeiten wollen, müssen Sie diese Einstellungen nicht ändern. [7.4.4.1]

SSH Protocol
  Sie können SSH-1 oder SSH-2 wählen. Alternativ wählen Sie AUTOMATIC, und das Programm entscheidet anhand der Antwort des Servers über das verwendete Protokoll.

Optional können Sie die Verschlüsselungs-Chiffre und die Authentifizierungsmethode wählen. Im PROPERTIES-Fenster wählen Sie CIPHER, um dort eine Reihe von Chiffrierungen zu wählen, die Ihr Client verwenden soll. (Die Voreinstellung sollte in den meisten

Fällen akzeptabel sein). Der SSH-Server handelt dann mit Ihrem Client eine Chiffrierung aus, die beide unterstützen.

Bei der Authentifizierungsmethode können Sie sich für Public-Key oder Paßwort entscheiden, was im LOGIN-Fenster ausgewählt werden kann. Das Programm versucht dann automatisch die Authentifizierung mit jedem Ihrer Benutzerschlüssel. [16.3.4]

16.4.1 Datenkomprimierung

F-Secure SSH kann Daten transparent ver- und entschlüsseln, während diese über die SSH-Verbindung laufen, was die Geschwindigkeit Ihrer Verbindung erhöhen kann. [7.4.11]

Im PROPERTIES-Fenster wählen Sie CONNECTION und aktivieren die mit COMPRESSION bezeichnete Box. Verschiedene Komprimierungslevel wie bei SSH1 können nicht eingestellt werden.

16.4.2 Debugging im Verbose-Modus

Arbeitet Ihre SSH-Session nicht wie erwartet? Aktivieren Sie den Verbose-Modus, und Statusmeldungen erscheinen im Fenster, während Ihre Session läuft. Das kann bei der Lokalisierung und Lösung von Problemen helfen.

Im PROPERTIES-Fenster wählen Sie APPEARANCE und aktivieren die mit VERBOSE MODE bezeichnete Checkbox. Beim nächsten Verbindungsaufbau erhalten Sie dann Meldungen wie die folgende:

```
debug: connecting ...
debug: addresses 219.243.169.50
debug: Registered connecting socket: 12
debug: Connection still in progress
debug: Marked name resolver 1 killed
debug: Replaced connected socket object 12 with a stream
```

Der Verbose-Modus entspricht dem der Unix-SSH-Produkte. [7.4.15] Er kann ein unverzichtbares Werkzeug zur Diagnose von Verbindungsproblemen sein.

16.4.3 SOCKS-Proxy-Server

Der F-Secure SSH-Client unterstützt Verbindungen durch SOCKS-Version-4-Proxy-Server. [4.1.5.8] Im PROPERTIES-Fenster wählen Sie SOCKS und tragen den Hostnamen oder die IP-Adresse des Proxy-Servers sowie die Portnummer auf dem Proxy (üblicherweise Port 1080) ein.

16.4.4 Host-Schlüssel akzeptieren

Jeder SSH-Server besitzt einen eindeutigen Host-Schlüssel, der die Identität des Servers beschreibt. Auf diese Weise können SSH-Clients sicherstellen, daß sie sich tatsächlich mit diesem Server und nicht mit einem Betrüger unterhalten. [2.3.1] Der F-Secure SSH-

Client hält alle entdeckten Host-Schlüssel nach – die Schlüssel werden in der Windows-Registrierung festgehalten.

Soll der F-Secure SSH-Client ihm bisher unbekannte Host-Schlüssel ablehnen, öffnen Sie das PROPERTIES-Fenster und wählen SECURITY. Die Option kann dann in einer Checkbox gewählt werden.

16.4.5   Zusätzliche Sicherheits-Features

Normalerweise hält der F-Secure SSH-Client alle Host-, Benutzer- und Dateinamen sowie alle Terminalein- und Ausgaben nach, die er entdeckt. Wann immer Sie diese Informationen aus dem Programm entfernen wollen (damit sie beispielsweise nicht von einem Dritten auf dem Computer gesehen werden können), öffnen Sie das PROPERTIES-Fenster und wählen SECURITY. Die in diesem Fenster vorhandenen Buttons löschen diese Informationen.

16.4.6   Sicherer Dateitransfer mit SFTP

Ein graphisches Programm zum Dateitransfer, F-Secure SSH-FTP, ist ebenfalls enthalten. Die Benutzerschnittstelle sollte jedem vertraut sein, der schon einmal einen grafischen FTP-Client verwendet hat, allerdings müssen Sie eine Authentifizierung via SSH einrichten. Wir gehen auf das Programm nicht weiter ein, weil es über eine Online-Hilfe verfügt, wollten es aber doch erwähnen.

16.4.7   Kommandozeilen-Tools

F-Secure SSH wird mit einem grafischen Terminal-Programm, aber auch mit Kommandozeilen-Clients ausgeliefert, die das SSH-2-Protokoll nutzen. Hierzu zählen *ssh2*, *scp2* und *sftp2*. Diese Programme ähneln sehr stark ihren SSH2-Gegenstücken, die wir in Kapitel 2 beschrieben haben, außer:

- Einige Unix-Kommandozeilenoptionen werden nicht unterstützt. Geben Sie nur den Programmnamen ein (z.B. *ssh2*), und Sie erhalten eine Liste der aktuellen Optionen.

- Schlüssel-Dateien werden nicht unterstützt. Die Programme lesen Schlüssel genau wie der F-Secure SSH-Client aus der Windows-Registrierung.

Die Kommandozeilen-Programme eignen sich für Skripte und Batches oder zur Ausführung entfernter Befehle auf der Server-Maschine:

```
C:\> ssh2 server.example.com mycommand
```

16.5 Forwarding

Der F-Secure SSH-Client unterstützt das Forwarding (Kapitel 9), bei dem eine Netzwerkverbindung durch SSH geleitet werden kann, um diese zu verschlüsseln. Es wird auch als Tunneling bezeichnet, weil die SSH-Verbindung einen sicheren »Tunnel« bereitstellt, durch den die andere Verbindung laufen kann. Sowohl TCP-Port-Forwarding (lokal und remote) als auch X-Forwarding werden unterstützt.

16.5.1 Port-Forwarding

Jede von Ihnen angelegte F-Secure-Konfiguration kann unterschiedliche Ports weiterleiten. Um das Forwarding zu einem bestimmten entfernten Host einzurichten, trennen Sie die Verbindung zu diesem Host (wenn sie denn bestand), öffnen das PROPERTIES-Fenster und achten auf die Tunneling-Kategorie. Wählen Sie LOCAL TUNNELING für lokales Forwarding (siehe Abbildung 16-2) bzw. REMOTE TUNNELING für entferntes Forwarding. [9.2.3] In beiden Fällen werden Sie nach den gleichen Daten gefragt:

Source Port:
> die lokale Portnummer

Destination Host:
> der entfernte Hostname

Destination Port:
> die entfernte Portnummer

Application to Start:
> eine externe Anwendung, die gestartet werden soll, wenn dieser Port weitergeleitet wird

Um zum Beispiel eine *telnet*-Verbindung (TCP-Port 23) durch SSH zu tunneln, um die Verbindung zu *server.example.com* herzustellen, können Sie folgendes angeben:

> Source port: 8500 (eine zufällig gewählte Portnummer)
> Destination Host: *server.example.com*
> Destination Port: 23
> Application to Start: *c:\windows\telnet.exe*

Sobald Sie Ihre Wahl getroffen haben, öffnen Sie die SSH-Verbindung erneut, und die Ports werden für die Dauer der Verbindung weitergeleitet.

Beachten Sie, daß der F-Secure SSH-Client entfernte Verbindungen zu lokal weitergeleiteten Ports verbietet. Dieses Sicherheits-Feature entspricht der Angabe von »Gateway-Ports no«. [9.2.1.1]

Abbildung 16-2: F-Secure SSH-Client, Optionen für lokales Port-Forwarding

16.5.2   X-Forwarding

Das X-Window-System ist die am weitesten verbreitete Windowing-Software für Unix-Maschinen. Wenn Sie entfernte X-Clients ausführen wollen, die Fenster auf Ihrem PC öffnen, dann benötigen Sie:

* einen entfernten Host mit einem laufenden SSH-Server und entsprechenden X-Client-Programmen

* einen auf Ihrem PC unter Windows laufenden X-Server wie Hummingbirds eXceed

SSH sichert Ihre X-Verbindung durch einen als X-Forwarding bezeichneten Prozeß ab. [9.3] Die Aktivierung des X-Forwarding ist beim F-Secure SSH-Client trivial: Öffnen Sie das PROPERTIES-Fenster, wählen Sie TUNNELING und aktivieren Sie die mit ENABLE X11 TUNNELING bezeichnete Checkbox. Sie können auch eine X-Display-Nummer wählen, die Sie auch während der SSH-Session ändern können.

Um eine X-Verbindung abzusichern, indem man sie über SSH weiterleitet, führen Sie zuerst den F-Secure SSH-Client aus und bauen eine gesicherte Terminalverbindung mit dem SSH-Server auf. Starten Sie dann den X-Server auf Ihrem PC und deaktivieren Sie dabei alle Login-Features wie etwa XDM. Nun starten Sie einfach die gewünschten X-Clients auf Ihrer Server-Maschine, und die Fenster erscheinen nun auf Ihrem lokalen X-Display.

16.6 Fehlersuche

Beim Betrieb des F-Secure SSH-Clients kann es, wie bei jedem anderen SSH-Client auch, zu unerwarteten Schwierigkeiten beim Zusammenspiel mit einem SSH-Server kommen. In diesem Abschnitt behandeln wir F-Secure SSH-spezifische Probleme. Allgemeinere Probleme werden in Kapitel 12 behandelt.

F: *Warum ist das Scrolling bei F-Secure SSH für Windows so langsam?*

A: Zur Drucklegung der Originalausgabe dieses Buches war die Scrollgeschwindigkeit bei F-Secure nicht gerade berauschend. Sie können die Geschwindigkeit etwas erhöhen, indem Sie das Jump-Scrolling aktivieren, das per Voreinstellung ausgeschaltet ist. Es kann nur im Tastaturbelegungssystem von F-Secure eingestellt werden. Das folgende Setup aktiviert das Jump-Scrolling für eine gegebene Session-Datei:

    a. In Ihrem F-Secure-Installationsverzeichnis lokalisieren Sie die Datei *Keymap.map*.

    b. Öffnen Sie die Datei in einem Editor und suchen Sie sich die Zeile heraus, die »enable fast-scroll-mapping« enthält.

    c. Aktivieren Sie diese Zeile, indem Sie alle »#«-Zeichen vom Anfang der Zeile entfernen.

    d. Sichern und schließen Sie die Datei.

    e. Im EDIT-Menü wählen Sie PROPERTIES.

    f. Im PROPERTIES-Fenster wählen Sie KEYBOARD.

    g. Unter MAP FILES geben Sie im KEYBOARD-Feld den Pfad auf die von Ihnen editierte *Keymap.map* an.

    h. Klicken Sie auf OK.

Sie können die beiden Scrolling-Modi nun durch Drücken von `Control-Alt-F3` wechseln. Drücken Sie diese Tastenkombination in Ihrer F-Secure SSH-Session einmal, und das Scrolling wird schnell.

F: *Ich erhalte die Fehlermeldung »Warning: Remote host failed or refused to allocate a pseudo tty«.*

A: In der *authorized_keys*-Datei Ihres SSH-1-Servers fehlt möglicherweise die `no-pty`-Option für den entsprechenden öffentlichen Schlüssel. [8.2.9]

F: *Ein Port-Forwarding ist nicht möglich. Ich erhalte die Meldung, daß der Port bereits genutzt wird.*

A: Sie haben nicht zufällig ein weiteres F-Secure-Fenster mit dem gleichen Port-Forwarding-Setup geöffnet? Zwei Verbindungen können nicht den gleichen lokalen Port weiterleiten. Um das zu umgehen, erzeugen Sie eine zweite Verbindung, die

die erste dupliziert, verwenden nun aber eine andere lokale Portnummer. Nun können Sie beide Verbindungen simultan nutzen.

F: *Ich habe versucht, mit dem Key Registration Wizard zu arbeiten, aber das hat nicht funktioniert. Der Wizard meldet »Disconnected, connection lost«.*

A: Überprüfen Sie zuerst, ob Ihr Hostname, der entfernte Benutzername und das entfernte Paßwort korrekt sind. Ist das definitiv der Fall, klicken Sie den Advanced-Button an und überprüfen die dort stehenden Daten. Arbeitet der SSH-2-Server mit dem Standardport 22, oder verwendet er einen anderen? Entsprechen die von Ihnen angegeben Namen für das SSH2-Verzeichnis und die Autorisierungsdateien denen auf dem Server?

Eine weitere (und etwas technischere) Möglichkeit wäre ein fehlender oder unvollständiger *sftp-server*-Subsystem-Eintrag in der */etc/sshd2_config*-Datei des Servers. F-Secure empfiehlt, daß der vollständig qualifizierte Pfad auf *sftp-server2* in diesem Eintrag erscheint, weil der SSH-Server ihn anderenfalls möglicherweise nicht findet. Der Key Registration Wizard verwendet das SFTP-Protokoll zur Übertragung von Schlüsseldateien. Eine entsprechende Änderung müßte vom Systemadministrator der Server-Maschine vorgenommen werden.

F: *Wie kann ich verhindern, daß das Begrüßungsfenster bei F-Secure SSH2 ausgegeben wird?*

A: Für Windows ändern Sie den folgenden Wert in der Registrierung:

```
HKEY_CURRENT_USER\Software\Data Fellows\F-Secure SSH 2.0\TnT\Settings\ShowSplash
```

Voreingestellt ist yes, und Sie setzen ihn auf no. Bei der nächsten Ausführung des Programms erscheint keine Begrüßungsmeldung mehr. (Dieses Feature ist nicht dokumentiert.)

F: *Wie kann ich das Logon Information-Fenster beseitigen, das bei der Ausführung des F-Secure SSH2-Clients erscheint? Ich verwende die Public-Key-Authentifizierung, weshalb mir dieses Fenster unnötig zu sein scheint.*

A: Im PROPERTIES-Fenster wählen Sie CONNECTION und aktivieren AUTO CONNECT ON OPEN.

16.7 Zusammenfassung

Insgesamt ist der F-Secure SSH-Client für Windows ein gutes, solides Produkt. Die vorgestellte Version enthält aber einige alte Schwachpunkte: kein Agent, kein sicheres Kopieren bei SSH-1-Produkten, eine unvollständige Dokumentation (nahezu kein Wort über Tastaturbelegungsdateien) und die Unfähigkeit, das Jump-Scrolling im PREFERENCES-Fenster einzuschalten. Ungeachtet dessen haben wir das Produkt über ein Jahr lang zuverlässig in verschiedenen Versionen eingesetzt. F-Secure SSH wird aber immer noch aktiv weiterentwickelt, d.h., einige Einschränkungen könnten schon behoben sein.

17

NiftyTelnet SSH (Macintosh)

NiftyTelnet SSH ist ein minimalistischer, frei verfügbarer SSH-Client für den Macintosh, entwickelt von Jonas Walldén. Basierend auf NiftyTelnet von Chris Newman, ist Nifty-Telnet SSH ein grafisches Terminalprogramm mit integrierter SSH-1-Unterstützung. Es unterstützt entfernte Logins und das sichere Kopieren von Dateien. Es kann sich auch Ihre Public-Key-Paßphrase merken (d.h. sie im Speicher zwischenspeichern), falls Sie mehrere Terminalfenster öffnen. Das hat aber nichts mit einem Agenten zu tun.

Die besten Eigenschaften von NiftyTelnet sind seine freie Verfügbarkeit und gute Funktionsweise. Nachteilig ist die Tatsache, daß es keinerlei Forwarding unterstützt und keine SSH-Schlüsselpaare erzeugen kann. Um die Public-Key-Authentifizierung nutzen zu können, benötigen Sie ein anderes SSH-Programm, das Schlüssel für Ihre Identität generiert, etwa *ssh-keygen1* von SSH1.

Unsere Betrachtung von NiftyTelnet SSH basiert auf der Version 1.1 R3.

17.1 Beschaffung und Installation

NiftyTelnet SSH kann über:

>*http://www.lysator.liu.se/~jonasw/freeware/niftyssh/*

heruntergeladen und mit dem Stuffit Expander in einen Ordner Ihrer Wahl expandiert werden. Sie können den Ordner an jede beliebige Stelle Ihres Macintosh kopieren.

Bei der ersten Ausführung von NiftyTelnet SSH erscheint eine NEW CONNECTION-Dialogbox, wie sie in Abbildung 17-1 zu sehen ist. Klicken Sie den Button NEW an, um die Einstellung für eine SSH Client/Server-Verbindung einzugeben. Abbildung 17-2 hebt die zur Konfiguration von SSH wichtigen Felder hervor: HOST NAME, PROTOCOL und RSA KEY FILE. Für HOST NAME geben Sie den Namen des entfernten Hosts an, auf dem der SSH-Server läuft. Unter PROTOCOL wählen Sie einen SSH-Verschlüsselungsalgorithmus

(DES, 3DES oder Blowfish). Wenn Sie mit der Paßwort-Authentifizierung arbeiten wollen, lassen Sie das Feld RSA KEY FILE frei. Haben Sie bereits eine Datei mit einem privaten Schlüssel auf Ihrem Mac installiert, geben Sie hier anderenfalls dessen Lage an. Sie müssen den vollständigen Pfad der Datei angeben und die Namen der Ordner durch Doppelpunkte voneinander trennen. Liegt Ihre Schlüsseldatei *Identity* beispielsweise auf der Platte MyDisk im Ordner SSH innerhalb des Ordners NiftyTelnet, dann geben Sie folgendes an:

```
MyDisk:SSH:NiftyTelnet:Identity
```

Sobald Ihre Einstellungen vollständig sind, stellen Sie die Verbindung zum entfernten Host mittels Paßwort-Authentifizierung her. Kopieren Sie Ihren öffentlichen Schlüssel auf den entfernten Host, loggen Sie sich aus und stellen Sie die Verbindung erneut her, diesmal aber mit der Public-Key-Authentifizierung.

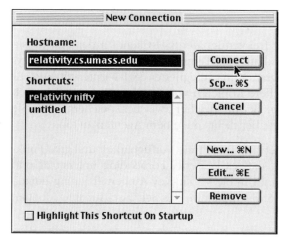

Abbildung 17-1: NiftyTelnet-New Connection-Dialogbox

17.2 Grundlegende Einrichtung des Clients

NiftyTelnet SSH begann sein Leben als NiftyTelnet, einer Telnet-Anwendung für den Macintosh. Die Unterstützung von SSH wurde zu einem anderen Zeitpunkt von einem anderen Programmierer hinzugefügt. Die meisten der zu konfigurierenden Parameter haben etwas mit Telnet zu tun, weshalb wir nicht weiter auf sie eingehen und uns nur den SSH-spezifischen widmen.

17.2.1 Authentifizierung

Für SSH können Sie nur die Chiffrierung (mit »Protocol« bezeichnet) und den Pfad auf die Datei mit dem privaten Schlüssel (»RSA Key File«) angeben (zu sehen in Abbildung 17-2). Die voreingestellte Authentifizierungsmethode ist Public-Key. Schlägt diese aber

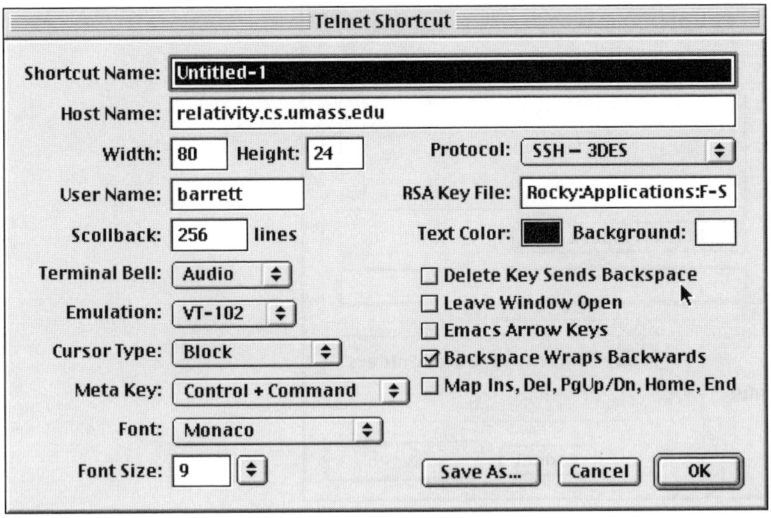

```
╔═══════════════════════════════════════════════════════════════╗
║                        Telnet Shortcut                          ║
╠═══════════════════════════════════════════════════════════════╣
║  Shortcut Name: │Untitled-1                                    │║
║                                                                 ║
║    Host Name: │relativity.cs.umass.edu                        │║
║                                                                 ║
║      Width: │80│  Height: │24│    Protocol: │SSH – 3DES    │♦│ ║
║                                                                 ║
║   User Name: │barrett    │      RSA Key File: │Rocky:Applications:F-S│║
║                                                                 ║
║   Scollback: │256   │ lines     Text Color: ██ Background: □   ║
║                                                                 ║
║ Terminal Bell: │Audio     │♦│   ☐ Delete Key Sends Backspace   ║
║                                                                 ║
║   Emulation: │VT-102  │♦│        ☐ Leave Window Open           ║
║                                  ☐ Emacs Arrow Keys             ║
║  Cursor Type: │Block      │♦│    ☑ Backspace Wraps Backwards    ║
║                                                                 ║
║    Meta Key: │Control + Command│♦│ ☐ Map Ins, Del, PgUp/Dn, Home, End║
║                                                                 ║
║      Font: │Monaco       │♦│                                    ║
║                                                                 ║
║    Font Size: │9│ │♦│        [ Save As... ] [ Cancel ] [[ OK ]] ║
╚═══════════════════════════════════════════════════════════════╝
```

Abbildung 17-2: NiftyTelnet SSH-Settings-Fenster

fehl oder haben Sie keine Schlüsseldatei angegeben, wird auf die Paßwort-Authentifizierung zurückgegriffen.

Den einzig kniffeligen Teil bildet der Pfad, den Sie von Hand eingeben müssen, d.h., Sie können nicht die beim Macintosh übliche Dateiauswahl treffen. [17.3]

17.2.2 Scp

Der SCP-Button in der Dialogbox NEW CONNECTION erlaubt das sichere Kopieren von Dateien und Ordnern mittels SSH zwischen Ihrem Mac und einem entfernten Computer. Dieses Feature funktioniert fast so wie der scp1-Client bei SSH1, besitzt aber eine graphische Schnittstelle (siehe Abbildung 17-3).

Lokale Dateien und Ordner können in einem Auswahldialog gewählt werden, entfernte Dateien und Ordner müssen hingegen von Hand eingegeben werden. Wenn Sie Mac-FTP-Clients wie Fetch gewöhnt sind, wird Ihnen diese Schnittstelle etwas spartanisch vorkommen. Dennoch, sie funktioniert, und wenn Sie NiftyTelnet SSH anweisen, sich Ihr Paßwort zu merken, müssen Sie es nicht für jeden Dateitransfer erneut eingeben.

17.2.3 Host-Schlüssel

Jeder SSH-Server besitzt einen eindeutigen Host-Schlüssel. Dieser repräsentiert die Identität des Servers, so daß Clients wie NiftyTelnet SSH prüfen können, daß sie sich tatsächlich mit dem Server und nicht mit einem Betrüger unterhalten. [2.3.1]

NiftyTelnet hält alle von ihm entdeckten Host-Schlüssel nach. Die Schlüssel werden in einer Datei namens *NiftyTelnet SSH Known Hosts* innerhalb des Ordners *Preferences* unterhalb des *System*-Ordners Ihres Macintosh abgelegt. Die Datei besitzt das gleiche Format wie die Known-Hosts-Dateien bei SSH1. [3.5.2.1]

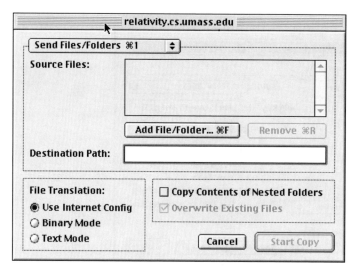

Abbildung 17-3: NiftyTelnet-Scp-Fenster

17.3 Fehlersuche

F: *Ich möchte die Public-Key-Authentifizierung nutzen. Wie erzeuge ich mit Nifty-Telnet SSH ein Schlüssel-Paar?*

A: Das geht nicht. Sie müssen das Schlüssel-Paar mit einem anderen SSH-Programm wie *ssh-keygen1* aus SSH1 generieren. [2.4.2]

F: *Was trage ich in das Feld »RSA Key File« ein?*

A: Den vollständigen Pfad auf die Datei mit Ihrem privaten Schlüssel, Ordner für Ordner, wobei jeder Ordner durch einen Doppelpunkt getrennt werden muß. Wenn Ihre Schlüssel-Datei zum Beispiel *Identity* heißt und auf Ihrer Platte *MyDisk* im Ordner *SSH* innerhalb des Ordners *NiftyTelnet* liegt, dann geben Sie folgendes ein:

```
MyDisk:SSH:NiftyTelnet:Identity
```

F: *Ich bekomme Scp nicht ans Laufen. Wenn ich versuche, eine Datei zu übertragen, erscheint für einige Sekunden ein Fenster mit »File: Waiting For Connection« und verschwindet dann wieder. Es wird keine Datei übertragen.*

A: Nach Aussagen des Autors tritt dieses Problem manchmal auf, wenn NiftyTelnet SSH mit einem älteren SSH-Server kommuniziert. Meldungen zufolge sollen *sshd1* 1.2.25 und höher funktionieren. Wir haben dieses Problem erstmals bei einem 1.2.27-Server gesehen, aber es ist von selbst verschwunden, und wir konnten die Ursache nicht bestimmen.

17.4 Zusammenfassung

NiftyTelnet SSH ist als Macintosh-SSH-Client eine gute Wahl. Es untertützt *scp*, was bei SSH-1-Implementierungen für PCs und Macs eine Seltenheit darstellt. Praktischerweise merkt es sich Ihre Paßphrase, bis Sie das Programm verlassen. Andererseits besitzt NiftyTelnet SSH von allen uns bekannten SSH-Implementierungen die wenigsten Features und kann keine Schlüssel-Paare generieren. Wenn Sie mehr Features benötigen, etwa Port-Forwarding oder eine größere Menge an Optionen, sollten Sie sich den F-Secure SSH-Client für den Mac (Kapitel 16) ansehen.

SSH2-Manpage für sshregex

Beschreibung

Dieses Dokument beschreibt die Regulären Ausdrücke (oder Globbing-Muster), die bei *scp2* und *sftp2* zum Globbing von Dateinamen verwendet werden.

Muster

Das Escape-Zeichen ist der Backslash »\«. Damit können Sie Metazeichen schützen, die in ihrer ursprünglichen Form als Zeichen verwendet werden sollen.

In den folgenden Beispielen stehen ein literales »E« und »F« für einen beliebigen Ausdruck, sei es ein Muster oder Zeichen etc.

* Erkennt jeden String mit einer Länge von null oder mehr Zeichen. Die Zeichen können beliebige Zeichen sein außer Slashes (/). Allerdings erkennt das Sternchen keinen String, wenn der String einen Punkt (.) als erstes Zeichen enthält oder wenn der String einen Punkt unmittelbar hinter einem Slash aufweist. Das Sternchen kann also nicht genutzt werden, um Dateinamen zu erkennen, die mit einem Punkt beginnen.

    Ist das vorherige Zeichen ein Slash (/) oder wird das Sternchen (Asterisk, *) verwendet, um das Matching am Anfang eines Strings zu bezeichnen, dann wird auch ein Punkt (.) erkannt.

    Das »*« funktioniert also, wie es bei UNIX Shell-Fileglobs üblich ist.

? Erkennt ein einzelnes Zeichen außer dem Slash (/). Erkennt aber keinen Punkt (.), wenn dieser am Anfang des Strings steht oder wenn das vorherige Zeichen ein Slash (/) ist.

Das »?« funktioniert also, wie bei Unix Shell-Fileglobs üblich (zumindest für ZSH, auch wenn das Ausrangieren des Punktes kein Standardvorgehen sein mag).

/   Erkennt eine Folge von Zeichen, die entweder leer ist oder mit einem Slash endet. Allerdings ist der Substring »/.« nicht erlaubt. Imitiert ZSHs geniales **/-Konstrukt. (Beachten Sie, daß »« äquivalent zu »*« ist.)

E#   Wirkt als Kleenescher Sternoperator. Erkennt null oder mehr Vorkommen von E.

E##

Closure, erkennt ein oder mehr Vorkommen von E.

(Beginn eines festhaltenden Unterausdrucks.

)   Ende eines festhaltenden Unterausdrucks.

E|F

Disjunktion, erkennt (einschließlich) entweder E oder F. Treffen beide zu, wird E bevorzugt.

[Beginn eines Zeichensatzes. (Siehe unten.)

Zeichensätze

Ein Zeichensatz beginnt mit »[« und endet bei einem nicht durch ein Fluchtsymbol geschütztes »]«, das nicht Teil eines POSIX-Zeichensatz-Bezeichners ist und dem nicht unmittelbar ein »[« folgt.

Die folgenden Zeichen haben eine besondere Bedeutung und müssen durch ein Escape-Zeichen geschützt werden, wenn sie literal gedeutet werden sollen:

– *(Minuszeichen)*

Ein Bereichsoperator, außer unmittelbar nach »[«, wo es seine besondere Bedeutung verliert.

∧ *oder !*

Unmittelbar hinter einem einleitenden »[« als Komplement: Der gesamte Zeichensatz wird komplementiert. Anderenfalls literal.

[:alnum:]

Zeichen, für die »isalnum« true zurückgibt (siehe *ctype.h*).

[:alpha:]

Zeichen, für die »isalpha« true zurückgibt (siehe *ctype.h*).

[:cntrl:]

Zeichen, für die »iscntrl« true zurückgibt (siehe *ctype.h*).

[:digit:]

Zeichen, für die »isdigit« true zurückgibt (siehe *ctype.h*).

[:graph:]

Zeichen, für die »isgraph« true zurückgibt (siehe *ctype.h*).

[:lower:]
> Zeichen, für die »islower« `true` zurückgibt (siehe *ctype.h*).

[:print:]
> Zeichen, für die »isprint« `true` zurückgibt (siehe *ctype.h*).

[:punct:]
> Zeichen, für die »ispunct« `true` zurückgibt (siehe *ctype.h*).

[:space:]
> Zeichen, für die »isspace« `true` zurückgibt (siehe *ctype.h*).

[:upper:]
> Zeichen, für die »isupper« `true` zurückgibt (siehe *ctype.h*).

[:xdigit:]
> Zeichen, für die »isxdigit« `true` zurückgibt (siehe *ctype.h*).

Beispiel

```
[[:xdigit:]XY] ist typischerweise identisch mit
[0123456789ABCDEFabcdefXY] .
```

Autoren

SSH Communications Security Corp.

Weitere Informationen unter *http://www.ssh.com/*.

Siehe auch

scp2(1), *sftp2*(1)

B

SSH-Schnellübersicht

Legende

Marke	Bedeutung
✓	Ja: Feature wird unterstützt/ist enthalten.
1	Nur SSH-1-Protokoll, nicht SSH-2
2	Nur SSH-2-Protokoll, nicht SSH-1
F	Nur F-Secure SSH
N	Nicht in F-Secure SSH

sshd-Optionen

SSH1	SSH2	Open SSH	Option	Bedeutung
		✓	*−4*	Nur IPv4-Adressen verwenden.
		✓	*−6*	Nur IPv6-Adressen verwenden.
✓		✓	*−b bits*	Anzahl der Bits des Server-Schlüssels
✓		✓	*−d*	Verbose-Modus
	✓		*−d level*	Debugging-Meldungen aktivieren
	✓		*−d "modul=level"*	Modulorientierte Debugging-Meldungen aktivieren.
✓	✓	✓	*−f dateiname*	Andere Konfigurationsdatei verwenden.
✓	✓	✓	*−g zeit*	Login-Zeitraum festlegen.
✓	✓	✓	*−h dateiname*	Andere Host-Schlüssel-Datei verwenden.

SSH1	SSH2	Open SSH	Option	Bedeutung
✓	✓	✓	*−i*	*inetd* zum Start verwenden.
✓		✓	*−k zeit*	Regenerierungsintervall für Schlüssel
	✓		*−o "schlüsselwort wert"*	Konfigurations-Schlüsselwort setzen.
✓	✓	✓	*−p port*	TCP-Portnummer wählen.
✓	✓	✓	*−q*	Quiet-Modus
	✓		*−Q*	Stillschweigen bei fehlender RSA-Unterstützung
	✓		*−v*	Verbose-Modus
✓			*−V*	Ausgabe der Versionsnummer
		✓	*−V id*	OpenSSH SSH2-Kompatibilitätsmodus

sshd-Schlüsselwörter

SSH1	SSH2	Open SSH	Schlüsselwort	Wert	Bedeutung
✓	✓	✓	#	beliebiger Text	Kommentarzeile
✓			AccountExpireWarningDays	Anzahl Tage	Benutzer vor Ablauf warnen.
		✓	AFSTokenPassing	Yes/no	AFS-Tokens an Server weiterleiten.
	N		AllowAgentForwarding	Yes/no	Agent-Forwarding aktivieren.
	✓		AllowedAuthentications	Auth-Typen	erlaubte Authentifizierungstechniken
	N		AllowCshrcSourcingWith-Subsystems	Yes/no	Shell-Startup-Datei ausführen.
F			AllowForwardingPort	Portliste	Forwarding von Ports erlauben.
F			AllowForwardingTo	Host/Port-Liste	Forwarding für Hosts erlauben.
✓	N	✓	AllowGroups	Gruppenliste	Zugriffskontrolle mittels Unix-Gruppe
✓	✓		AllowHosts	Hostliste	Zugriffskontrolle mittels Hostnamen
✓	✓		AllowSHosts	Hostliste	Zugriffskontrolle mittels *.shosts*

SSH1	SSH2	Open SSH	Schlüsselwort	Wert	Bedeutung
✓	N	✓	AllowTcpForwarding	Yes/no	TCP-Port-Forwarding aktivieren.
	N		AllowTcpForwardingFor-Users	Benutzerliste	Benutzer-basiertes Forwarding
	N		AllowTcpForwardingForGroups	Gruppenliste	Gruppen-basiertes Forwarding
✓	N	✓	AllowUsers	Benutzerliste	Zugriffskontrolle mittels Benutzername
	N		AllowX11Forwarding	Yes/no	X-Forwarding aktivieren.
	✓		AuthorizationFile	Dateiname	Lage der Autorisierungsdatei
✓	✓	✓	CheckMail	Yes/no	Bei Login auf neue E-Mail prüfen.
	N		ChRootGroups	Gruppenliste	Bei Login chroot() ausführen.
	N		ChRootUsers	Benutzerliste	Bei Login chroot() ausführen.
	✓	2	Ciphers	Chiffren-Liste	Verschlüsselungs-Chiffre wählen.
F			DenyForwardingPort	Portliste	Forwarding von Ports unterbinden.
F			DenyForwardingTo	Host/Port-Liste	Forwarding für Hosts unterbinden.
✓	N	✓	DenyGroups	Gruppenliste	Zugriffskontrolle mittels Unix-Gruppe
✓	✓		DenyHosts	Hostliste	Zugriffskontrolle mittels Hostname
✓	✓		DenySHosts	Hostliste	Zugriffskontrolle mittels *.shosts*
	N		DenyTcpForwardingFor-Users	Benutzerliste	Benutzer-bezogenes Forwarding
	N		DenyTcpForwardingForGroups	Gruppenliste	Gruppen-bezogenes Forwarding
✓	N	✓	DenyUsers	Benutzerliste	Zugriffskontrolle mittels Benutzername
		2	DSAAuthentication	Yes/no	SSH-2-DSA-Authentifizierung erlauben.
✓	✓		FascistLogging	Yes/no	Verbose-Modus

SSH1	SSH2	Open SSH	Schlüsselwort	Wert	Bedeutung
✓			ForcedEmptyPasswdChange	Yes/no	Paßwort ändern, wenn leer.
✓			ForcedPasswdChange	Yes/no	Paßwort beim ersten Login ändern.
	✓		ForwardAgent	Yes/no	Agent-Forwarding aktivieren.
	✓		ForwardX11	Yes/no	X-Forwarding aktivieren.
		✓	GatewayPorts	Yes/no	Gatewaying aller lokal weitergeleiteten Ports
		2	HostDSAKey	Dateiname	Lage der DSA-Schlüsseldatei
✓		✓	HostKey	Dateiname	Lage der Host-Schlüssel-Datei
	✓		Hostkeyfile	Dateiname	Lage der Host-Schlüssel-Datei
✓			IdleTimeout	Zeit	Leerlauf-Timeout festlegen.
✓	✓	✓	IgnoreRhosts	Yes/no	*.rhosts*-Dateien ignorieren.
✓	✓		IgnoreRootRhosts	Yes/no	/.*rhosts*-Datei ignorieren.
✓	✓		IgnoreUserKnownHosts	Yes/no	Known-Hosts-Schlüssel des Benutzers ignorieren.
✓	✓	✓	KeepAlive	Yes/no	Keepalive-Pakete senden.
✓		✓	KerberosAuthentication	Yes/no	Kerberos-Authentifizierung erlauben.
✓		✓	KerberosOrLocalPasswd	Yes/no	Kerberos-Fallback-Authentifizierung
✓		✓	KerberosTgtPassing	Yes/no	Ticket-Granting-Tickets unterstützen.
		✓	KerberosTicketCleanup	Yes/no	Ticket-Cache bei Logout leeren
✓		✓	KeyRegenerationInterval	Zeit	Regenerierungsintervall für Schlüssel
✓	✓	✓	ListenAddress	IP-Adresse	Listening an angegebener Schnittstelle

SSH1	SSH2	Open SSH	Schlüsselwort	Wert	Bedeutung
✓	✓	✓	LoginGraceTime	Zeit	Zeitlimit für Authentifizierung
		✓	LogLevel	Syslog-Level	Syslog-Level festlegen.
	N		Macs	Algorithmus	MAC-Algorithmus wählen.
	N		MaxBroadcastsPerSecond	Anzahl Broadcasts	Auf UDP-Broadcasts achten.
	✓		MaxConnections	Anzahl Verbindungen	maximale Anzahl simultaner Verbindungen
	✓		NoDelay	Yes/no	Nagle-Algorithmus unterstützen.
✓	✓	✓	PasswordAuthentication	Yes/no	Paßwort-Authentifizierung erlauben.
	✓		PasswordGuesses	Anzahl Versuche	Paßwort-Eingabeversuche beschränken.
✓			PasswordExpireWarningDays	Anzahl Tage	Benutzer vor Ablauf warnen.
✓	✓	✓	PermitEmptyPasswords	Yes/no	Leere Paßwörter erlauben.
✓	✓	✓	PermitRootLogin	Yes/no/ nopwd	Superuser-Logins erlauben.
	N		PGPPublicKeyFile	Dateiname	Lage der PGP-Public-Key-Datei für die Authentifizierung
✓		✓	PidFile	Dateiname	Lage der PID-Datei
✓	✓	✓	Port	Portnummer	Server-Portnummer wählen.
✓	✓	✓	PrintMotd	Yes/no	Nachricht des Tages ausgeben.
		✓	Protocol	1/2/1,2	SSH-1/SSH-2-Verbindungen erlauben.
	✓		PubKeyAuthentication	Yes/no	Public-Key-Authentifizierung erlauben.
	✓		PublicHostKeyFile	Dateiname	Lage des öffentlichen Host-Schlüssels
✓	✓		QuietMode	Yes/no	Quiet-Modus
✓			RandomSeed	Dateiname	Lage der Random-Seed-Datei

SSH1	SSH2	Open SSH	Schlüsselwort	Wert	Bedeutung
	✓		RandomSeedFile	Dateiname	Lage der Random-Seed-Datei
	N		RekeyIntervalSeconds	Sekunden	Rekeying-Häufigkeit
	✓		RequireReverseMapping	Yes/no	DNS Reverse-Lookup durchführen.
	✓		RequiredAuthentications	Auth-Typen	verlangte Authentifizierungstechniken
✓	✓	✓	RhostsAuthentication	Yes/no	*.rhosts*-Authentifizierung erlauben.
	✓		RhostsPubKey-Authentication	Yes/no	Kombinierte Authentifizierung erlauben.
✓	✓	✓	RhostsRSAAuthentication	Yes/no	Kombinierte Authentifizierung erlauben.
✓	✓	✓	RSAAuthentication	Yes/no	Public-Key-Authentifizierung erlauben.
✓		✓	ServerKeyBits	Anzahl Bits	Anzahl Bits des Server-Schlüssels
	✓	✓	SkeyAuthentication	Yes/no	S/Key-Authentifizierung erlauben.
	✓		Ssh1Compatibility	Yes/no	SSH1-Kompatibilität aktivieren.
	✓		Sshd1Path	Dateiname	Pfad auf *sshd1*
✓			SilentDeny	Yes/no	DenyHosts gibt keine Meldungen aus.
✓	✓	✓	StrictModes	Yes/no	strikte Datei/Verzeichnis-Rechte
✓	✓	✓	SyslogFacility	Syslog.-Level	Syslog-Level setzen.
✓			TISAuthentication	Yes/no	TIS-Authentifizierung erlauben.
✓			Umask	Unix umask	Login-umask setzen.
✓		✓	UseLogin	Yes/no	Login-Programm wählen.
	✓		UserConfigDirectory	Verzeichnis	Lage des SSH2-Verzeichnisses
	✓		UserKnownHosts	Yes/no	*~/.ssh2/knownhosts* berücksichtigen
	✓		VerboseMode	Yes/no	Verbose-Modus
✓	N	✓	X11Forwarding	Yes/no	X-Forwarding aktivieren.

SSH1	SSH2	Open SSH	Schlüsselwort	Wert	Bedeutung
✓		✓	X11DisplayOffset	Offset	X-Displays für SSH beschränken.
✓		✓	XAuthLocation	Dateiname	Lage von *xauth*

ssh- und scp-Schlüsselwörter

SSH1	SSH2	Open SSH	Schlüsselwort	Wert	Bedeutung
✓	✓	✓	#	beliebiger Text	Kommentarzeile
		✓	AFSTokenPassing	Yes/no	AFS-Tokens an Server weiterleiten.
	N		AllowAgentForwarding	Yes/no	Agent-Forwarding aktivieren.
	✓		AllowedAuthentications	Auth-Typen	erlaubte Authentifizierungstechniken
	N		AuthenticationNotify	Yes/no	Bei erfolgreicher Authentifizierung Nachricht über stdout ausgeben.
	N		AuthenticationSuccessMsg	Yes/no	Bei erfolgreicher Authentifizierung Nachricht über stderr ausgeben.
✓	✓	✓	BatchMode	Yes/no	Prompting deaktivieren.
		✓	CheckHostIP	Yes/no	DNS-Spoofing erkennen.
✓		1	Cipher	Chiffrierung	Verschlüsselungs-Chiffre anfordern.
	✓	2	Ciphers	Chiffrierungsliste	Unterstützte Verschlüsselungs-Chiffren
✓			ClearAllForwardings	Yes/no	Alle festgelegten Forwardings ignorieren.
✓	✓	✓	Compression	Yes/no	Datenkomprimierung aktivieren.
✓		✓	CompressionLevel	0–9	Komprimierungsalgorithmus wählen.

SSH1	SSH2	Open SSH	Schlüsselwort	Wert	Bedeutung
✓		✓	ConnectionAttempts	Anzahl Versuche	Anzahl Versuche durch den Client
	N		DefaultDomain	Domain	Domainnamen festlegen.
	✓		DontReadStdin	Yes/no	Umleitung von stdin auf */dev/ null*
		2	DSAAuthentication	Yes/no	SSH-2-DSA-Authentifizierung erlauben.
✓	✓	✓	EscapeChar	Zeichen	Escape-Zeichen wählen (^ = Ctrl-Taste).
✓		✓	FallBackToRsh	Yes/no	*rsh* verwenden, wenn *ssh* fehlschlägt.
	✓		ForcePTTYAllocation	Yes/no	Pseudo-TTY allozieren.
✓	✓	✓	ForwardAgent	Yes/no	Agent-Forwarding aktivieren.
✓			ForwardX11	Yes/no	X-Forwarding aktivieren
✓	✓	✓	GatewayPorts	Yes/no	Gatewaying lokal weitergeleiteter Ports
✓		1	GlobalKnownHostsFile	Dateiname	Lage der globalen Known-Hosts-Datei
		2	GlobalKnownHostsFile2	Dateiname	Lage der globalen Known-Hosts-Datei
	✓		GoBackground	Yes/no	Mittels fork in den Hintergrund verschieben.
✓	✓	✓	Host	Muster	Abschnitt für diesen Host beginnen
✓		✓	HostName	Hostname	realer Name des Hosts
✓		1	IdentityFile	Dateiname	Name der Datei mit dem privaten Schlüssel (RSA)
		2	IdentityFile2	Dateiname	Name der Datei mit dem privaten Schlüssel (DSA)
✓	✓	✓	KeepAlive	Yes/no	Keepalive-Pakete senden.

SSH1	SSH2	Open SSH	Schlüsselwort	Wert	Bedeutung
✓		✓	KerberosAuthentication	Yes/no	Kerberos-Authentifizierung erlauben.
		✓	KerberosTgtPassing	Yes/no	Ticket-Granting-Tickets erlauben.
✓	✓	✓	LocalForward	Port, Socket	Lokales Port-Forwarding
	N		Macs	Algorithm	MAC-Algorithmus wählen.
	✓		NoDelay	Yes/no	Nagle-Algorithmus aktiveren.
✓		✓	NumberOfPasswordPrompts	Anzahl Prompts	Anzahl Prompts vor Fehler
✓	✓	✓	PasswordAuthentication	Yes/no	Paßwort-Authentifizierung erlauben.
	✓		PasswordPrompt	String	Paßwort-Prompt
✓			PasswordPromptHost	Yes/no	Hostname für Paßwort-Prompt
✓			PasswordPromptLogin	Yes/no	Benutzername für Paßwort-Prompt
✓	✓	✓	Port	Portnummer	Portnummer des Servers wählen.
✓		✓	ProxyCommand	Befehl	Verbindung zum Proxy-Server herstellen.
	✓		QuietMode	Yes/no	Quiet-Modus
	✓		RandomSeedFile	Dateiname	Lage der Random-Seed-Datei
✓	✓	✓	RemoteForward	Port, Socket	entferntes Port-Forwarding
✓	✓	✓	RhostsAuthentication	Yes/no	.rhosts-Authentifizierung erlauben.
	✓		RhostsPubKey-Authentication	Yes/no	Kombinierte Authentifizierung erlauben.
✓		✓	RhostsRSAAuthentication	Yes/no	Kombinierte Authentifizierung erlauben
✓	✓	✓	RSAAuthentication	Yes/no	Public-Key-Authentifizierung erlauben.

SSH1	SSH2	Open SSH	Schlüsselwort	Wert	Bedeutung
	N		`PGPSecretKeyfile`	Dateiname	voreingestellte Lage des privaten PGP-Schlüssels für die Authentifizierung
		✓	`SkeyAuthentication`	Yes/no	S/Key-Authentifizierung erlauben.
	N		`SocksServer`	Server	SOCKS-Server festlegen.
	✓		`Ssh1AgentCompatibility`	Yes/no	SSH1-Agent-Kompatibilität aktivieren.
	✓		`Ssh1Compatibility`	Yes/no	SSH1-Kompatibilität aktivieren.
	✓		`Ssh1Path`	Dateiname	Pfad auf *ssh1*
	✓		`SshSignerPath`	Dateiname	Pfad auf *ssh-signer2*
✓	✓	✓	`StrictHostKeyChecking`	Yes/no/ask	Verhalten bei Abweichung des Host-Schlüssels
✓			`TISAuthentication`	Yes/no	TIS-Authentifizierung erlauben.
✓		✓	`UsePrivilegedPort`	Yes/no	Nutzung privilegierter Ports erlauben.
✓	✓	✓	`User`	Benutzer-name	entfernter Benutzer-name
✓		1	`UserKnownHostsFile`	Dateiname	Lage der Known-Hosts-Datei
		2	`UserKnownHostsFile2`	Dateiname	Lage der benutzer-eigenen Known-Hosts-Datei
✓		✓	`UseRsh`	Yes/no	*rsh* anstelle von *ssh* verwenden.
	✓		`VerboseMode`	Yes/no	Verbose-Modus
		✓	`XAuthLocation`	Dateiname	Lage von *xauth*

ssh-Optionen

SSH1	SSH2	Open SSH	Option	Bedeutung
		✓	−2	Nur SSH-2-Protokoll verwenden.
		✓	−4	Nur IPv4-Adressen verwenden.
		✓	−6	Nur IPv6-Adressen verwenden.
✓			−8	Keine Auswirkung. Wird bei Fallback einfach an *rsh* durchgereicht. Deutet eine saubere 8-Bit-Verbindung an.
✓	✓	✓	−a	Agent-Forwarding deaktivieren.
	✓		+a	Agent-Forwarding aktivieren.
		✓	−A	Agent-Forwarding aktivieren.
✓	✓	✓	−c cipher	Verschlüsselungs-Chiffre wählen.
✓		✓	−C	Komprimierung aktivieren.
	✓		−C	Komprimierung deaktivieren.
	✓		+C	Komprimierung aktivieren.
	✓		−d level	Debugging-Meldungen aktivieren.
	✓		−d "modul=level"	Modulbezogene Debugging-Meldungen aktivieren.
✓	✓	✓	−e zeichen	Escape-Zeichen setzen (^ = Ctrl-Taste).
✓	✓	✓	−f	Mittels fork in den Hintergrund verschieben.
	✓		−F dateiname	Andere Konfigurationsdatei verwenden.
✓	✓	✓	−g	Gatewaying lokal weitergeleiteter Ports
	✓		−h	Hilfetext ausgeben.
✓	✓	✓	−i dateiname	Identitätsdatei wählen.
✓		✓	−k	Kerberos-Ticket-Forwarding deaktivieren.
✓	✓	✓	−l benutzername	entfernter Benutzername
✓	✓	✓	−L port1:host2: port2	lokales Port-Forwarding
	N		−m algorithmus	MAC-Algorithmus wählen.
✓	✓	✓	−n	stdin von */dev/null* umleiten.
		2	−N	Keinen entfernten Befehl ausführen.
✓	✓	✓	−o "schlüsselwort wert"	Konfigurationsschlüsselwort setzen.
✓	✓	✓	−p port	TCP-Portnummer wählen.
✓	✓	✓	−P	Nicht-privilegierten Port verwenden.
✓	✓	✓	−q	Quiet-Modus
✓	✓	✓	−R port1:host2: port2	entferntes Port-Forwarding
	✓		−s subsystem	entferntes Subsystem aufrufen.

SSH1	SSH2	Open SSH	Option	Bedeutung
	✓		−S	kein Session-Kanal
✓	✓	✓	−t	TTY allozieren.
		2	−T	kein TTY allozieren.
✓	✓	✓	−v	Verbose-Modus
✓	✓	✓	−V	Versionsnummer ausgeben.
✓	✓	✓	−x	X-Forwarding deaktivieren.
	✓		+x	X-Forwarding aktivieren.
		✓	−X	X-Forwarding aktivieren.

scp-Optionen

SSH1	SSH2	Open SSH	Option	Bedeutung
	✓		−1	*scp1*-Kompatibilität aktivieren.
		✓	−4	Nur IPv4-Adressen verwenden.
		✓	−6	Nur IPv6-Adressen verwenden.
✓		✓	−a	Keine Dateibezogenen Statistiken
✓		✓	−A	Dateibezogene Statistiken ausgeben.
✓	✓	✓	−B	Prompting deaktivieren.
✓	✓	✓	−c *chiffre*	Verschlüsselungs-Chiffre wählen.
✓		✓	−C	Komprimierung aktivieren.
✓	✓	✓	−d	Ziel muß ein Verzeichnis sein, wenn eine einzelne Datei kopiert wird.
	✓		−D *"modul=level"*	Modulbezogene Debugging-Meldungen aktivieren.
✓	✓	✓	−f	Kopieren VON (FROM) festlegen (interne Verwendung).
	✓		−b	Hilfetext ausgeben.
✓	N	✓	−i *dateiname*	Identitätsdatei wählen.
✓			−L	Nicht-privilegierten Port verwenden.
	✓		−n	Aktionen anzeigen, aber nicht durchführen.
✓	N	✓	−o *"schlüsselwort wert"*	Konfigurationsschlüsselwort setzen.
✓	✓	✓	−p	Dateiattribute erhalten.
✓	✓	✓	−P *port*	TCP-Portnummer wählen.
✓		✓	−q	Keine Statistiken ausgeben.
	✓		−q	Quiet-Modus

SSH1	SSH2	Open SSH	Option	Bedeutung
✓			−Q	Statistiken ausgeben.
	✓		−Q	Keine Statistiken ausgeben.
✓	✓	✓	−r	rekursives Kopieren
✓	✓	✓	−S dateiname	Pfad auf *ssh*-Executable
✓	✓	✓	−t	Kopieren NACH (TO) angeben (interne Verwendung).
	✓		−u	Originaldatei entfernen.
✓	✓	✓	−v	Verbose-Modus
	✓		−V	Versionsnummer ausgeben.

ssh-keygen-Optionen

SSH1	SSH2	Open SSH	Option	Bedeutung
	✓		−1 dateiname	SSH1-Schlüsseldatei in SSH2 umwandeln.
✓	✓	✓	−b bits	Anzahl Bits im generierten Schlüssel
	N		−B positiver_integer[a]	Numerische Basis für die Ausgabe des Schlüssels festlegen.
✓		✓	−c	Kommentar (mit −C)
	✓		−c kommentar	Kommentar ändern.
✓		✓	−C kommentar	Neuen Kommentar festlegen (mit −c).
		✓	−d	DSA-Schlüssel erzeugen.
	N		−D dateiname	Öffentlichen Schlüssel aus privatem Schlüssel ableiten.
	✓		−e dateiname	Schlüsseldatei interaktiv editieren.
✓	[b]	✓	−f dateiname	Dateiname für die Ausgabe
	✓		−F dateiname	Fingerprint des öffentlichen Schlüssels ausgeben.
	✓		−h	Hilfetext ausgeben und Programm beenden.
		✓	−l	Fingerprint des öffentlichen Schlüsssels ausgeben.
✓		✓	−N passphrase	Neue Paßphrase festlegen.
	✓		−o dateiname	Dateiname für die Ausgabe
✓		✓	−p	Paßphrase ändern (mit −P und −N).
	F		−p passphrase	Paßphrase ändern.

SSH1	SSH2	Open SSH	Option	Bedeutung
✓		✓	−P passphrase	Alte Paßphrase angeben (mit −p).
	✓		−P	Leere Paßphrase verwenden.
	✓	✓	−q	Quiet: Fortschrittsanzeige unterdrücken.
	✓		−r	Daten aus Pool mit Zufallswerten einbinden.
		✓	−R	RSA erkennen (Exit-Code 0/1).
	✓		−t algorithmus	Algorithmus für die Schlüssel-Generierung wählen.
✓			−u	Verschlüsselungsalgorithmus ändern.
	F		−v	Versionsstring ausgeben und Programm beenden.
	N		−V	Versionsstring ausgeben und Programm beenden.
		✓	−x	Öffentlichen OpenSSH-Schlüssel in SSH2 umwandeln.
		✓	−X	Öffentlichen SSH2-Schlüssel in OpenSSH umwandeln.
		✓	−y	Öffentlichen Schlüssel aus privatem Schlüssel ableiten.
	✓		−? c	Hilfetext ausgeben und Programm beenden.

a. *undokumentiert*
b. Der Name der Ausgabedatei wird als letztes Argument an *ssh-keygen2* übergeben.
c. *Sie müssen das Fragezeichen in Ihrer Shell möglicherweise durch ein Escape schützen, z.B. −\?.*

ssh-agent-Optionen

SSH1	SSH2	Open SSH	Option	Bedeutung
	✓		−1	SSH1-Kompatibilitätsmodus
✓	✓	✓	−c	Befehle im Stil der C-Shell ausgeben.
✓		✓	−k	Existierenden Agenten mit kill beenden.
✓	✓	✓	−s	Befehle im Stil der *sh* ausgeben.

ssh-add-Optionen

SSH1	SSH2	Open SSH	Option	Bedeutung
	✓		−1	SSH1-Kompatibilität beschränken.
✓	✓	✓	−d	Einen Schlüssel entfernen.
✓	✓	✓	−D	Alle Schlüssel entfernen.
	✓		−f schritt	Agent-Forwarding-Hops beschränken.
	✓		−F host_liste	Agent-Forwarding-Hosts beschränken.
	✓		−I	PGP-Schlüssel werden über ID identifiziert.
✓	✓		−l	Geladene Schlüssel auflisten.
		✓	−l	Fingerprints geladener Schlüssel ausgeben.
	✓		−L	Agenten sperren (Locking).
		✓	−L	Geladene Schlüssel auflisten.
	✓		−N	PGP-Schlüssel werden über den Namen identifiziert.
✓	✓		−p	Paßphrase über stdin einlesen.
	✓		−P	PGP-Schlüssel werden über den Fingerprint identifiziert.
	✓		−R dateiname	PGP-Keyring-Datei angeben.
	✓		−t timeout	Schlüssel läuft nach Timeout aus.
	✓		−U	Agenten entsperren (Unlock).

Identitäts- und Authorisierungsdateien

~/.ssh/authorized_keys (SSH1, OpenSSH/1) und *~/.ssh/authorized_keys2* (OpenSSH/2): verwenden Sie einen öffentlichen Schlüssel pro Zeile, dem die Optionen vorangestellt sind.

Option	Bedeutung
command="Unix Shell-Befehl"	Erzwungenen Befehl festlegen.
environment="variable=wert"	Umgebungsvariable setzen.
from=host_oder_ip_adress-spezifikation	Eingehende Hosts beschränken.
idle-timeout=zeit	Leerlauf-(idle)-Timeout setzen.
no-agent-forwarding	Agent-Forwarding deaktivieren.
no-port-forwarding	Port-Forwarding deaktivieren.
no-pty	Kein TTY allozieren

~/.ssh2/authorization (SSH2): Verwenden Sie ein Schlüsselwort/Wert-Paar pro Zeile.

Schlüsselwort	Bedeutung
Command *Unix_Befehl*	Erzwungenen Befehl festlegen.
Key *dateiname*.pub	Lage der Public-Key-Datei
PgpPublicKeyFile *dateiname*	Lage der PGP-Public-Key-Datei
PgpKeyFingerprint *fingerprint*	PGP-Schlüssel über Fingerprint wählen.
PgpKeyId *id*	PGP-Schlüssel über ID wählen.
PgpKeyName *name*	PGP-Schlüssel über Namen wählen.

~/.ssh2/identification (SSH2): ein Schlüsselwort/Wert-Paar pro Zeile.

Schlüsselwort	Bedeutung
IdKey *dateiname*	Lage der Datei mit dem privaten Schlüssel
IdPgpKeyFingerprint *fingerprint*	PGP-Schlüssel über Fingerprint wählen.
IdPgpKeyId *id*	PGP-Schlüssel über ID wählen.
IdPgpKeyName *name*	PGP-Schlüssel über Namen wählen.
PgpSecretKeyFile *dateiname*	Lage der Datei mit dem privaten PGP-Schlüssel.

Umgebungsvariablen

Variable	Gesetzt durch	Bei	Bedeutung
SSH_AUTH_SOCK	*ssh-agent*	SSH1, OpenSSH	Pfad auf Socket
SSH2_AUTH_SOCK	*ssh-agent*	SSH2	Pfad auf Socket
SSH_CLIENT	*sshd*	SSH1, OpenSSH	Socket-Info
SSH2_CLIENT	*sshd*	SSH2	Socket-Info
SSH_ORIGINAL_COMMAND	*sshd*	SSH1	entfernter Befehlsstring des Clients
SSH_SOCKS_SERVER	*sshd*	SSH2	SOCKS-Firewall-Information
SSH_TTY	*sshd*	SSH1, OpenSSH	Name des allozierten TTYs
SSH2_TTY	*sshd*	SSH2	Name des allozierten TTYs

Index

Über die Autoren

Daniel Barrett beschäftigt sich schon seit 1985 mit Internet-Technologien. Momentan ist er Software-Entwickler und Vize-Präsident eines bekannten Finanzdienstleistungsunternehmens. Für O'Reilly hat er schon einige andere Bücher geschrieben, so z.B. *Bandits on the Information Superhighway* und *Finding Information Online*. Er schreibt auch monatliche Kolumnen für *Compute!* und *Keyboard Magazine*, war außerdem schon Heavy-Metal-Sänger, Systemadministrator, Universitätsdozent, Webdesigner und Humorist.

Richard E. Silverman hat 1986 als College-Student zum ersten Mal einen Computer berührt. Er loggte sich in eine DEC-20 ein, tippte »MM«, um zu mailen... und war prompt aus der Welt verschollen. Ab und zu tauchte er wieder auf um zu entdecken, daß er gerade Karriere machte, was er ganz angenehm, aber auch etwas irritierend fand – schließlich hatte er nie eine angestrebt. Seit seinem Bachelor in Informatik und seinem Master in Reiner Mathematik hat Richard in den Bereichen Netzwerke, formale Methoden bei der Software-Entwicklung, Routing-Sicherheit und als Systemadministrator gearbeitet.

Über den Übersetzer

Peter Klicman ist Internet-Provider und freier Unternehmensberater. Er verfügt über langjährige Erfahrungen als Übersetzer für den O'Reilly Verlag. Mit den Übersetzungen des *Perl Kochbuch*s, der 2. Auflage von *TCP/IP Netzwerk-Administration* und vor allem des vormals als unübersetzbar geltenden Buchs *Programmieren mit Perl* hat er sich einen Namen gemacht.

Kolophon

Auf dem Einband von *SSH: Secure Shell – Ein umfassendes Handbuch* ist eine Landschnecke abgebildet (Mollusca Gastropoda). Die zu den Weichtieren (Mollusken) gehörenden Landschnecken können ihren weichen, feuchten Körper bei Gefahr, Trockenheit oder zu starkem Licht in ihr hartschaliges Haus zurückziehen. Schnecken bevorzugen feuchtes Wetter und meiden helles Sonnenlicht, obwohl sie nicht wirklich nachtaktiv sind. Am Vorderende des langen Körpers besitzen Schnecken zwei Fühlerpaare: Die Augen befinden sich am Ende der langen Fühler, während die kurzen für die Geruchswahrnehmung und zur Orientierung genutzt werden.

Landschnecken sind Zwitter, jedes Tier besitzt also sowohl männliche als auch weibliche Geschlechtsorgane. Dennoch müssen sie sich zur Befruchtung miteinander paaren. Eine Schnecke legt typischerweise etwa sechs mal im Jahr fast 100 Eier. Die jungen Schnecken schlüpfen nach circa einem Monat und werden nach zwei Jahren erwachsen. Die Lebensdauer einer Schnecke beträgt ungefähr fünf bis zehn Jahre.

Schnecken, die ja bekanntlich nicht gerade zu den schnellsten Tieren gehören, bewegen sich durch Muskelkontraktionen ihrer Unterseite langsam vorwärts. Dabei hinterlassen sie einen feuchten Schleimpfad, der sie vor scharfen Gegenständen schützt, über die sie bei der Nahrungssuche eventuell kriechen müssen. Schnecken fressen Pflanzen, Rinde und Früchte. Weil sie die Ernte zerstören können, werden sie in vielen Gebieten der Erde als Plage betrachtet.

Der Umschlagsentwurf dieses Buches basiert auf dem Reihenlayout von Edie Freedman und stammt von Ellie Volckhausen, die hierfür einen Stich des *Dover Pictorial Archive* aus dem 19. Jahrhundert verwendet hat. Das Coverlayout der deutschen Ausgabe wurde von Pam Spremulli und Risa Graziano mit Quark XPress 3.33 unter Verwendung der Schriftart ITC Garamond von Adobe erstellt. Das Innenlayout, basierend auf einem Seriendesign von Nancy Priest, wurde von Melanie Wang und David Futato gestaltet. Die in diesem Buch enthaltenen Abbildungen wurden von Robert Romano mit Adobe Photoshop 5 und Macromedia Freehand 8 erstellt. Für den Einband wurde die Spezialbindung »Freier Rücken« verwendet. Das Kolophon wurde von Joachim Kurtz übersetzt.

Netzwerk-Administration

UNIX System-Administration

Æleen Frisch
806 Seiten, 1996, 40,- €
ISBN 3-930673-04-5

Dieses Buch stellt eine grundlegende Hilfestellung bei allen Fragen der Administration von Unix-Systemen dar. Themenschwerpunkte sind: Organisation und Aufbau des Dateisystems, Backup-Sicherungen, Restaurieren verlorener Dateien, Netzwerk, Kernel-Konfiguration, Mail-Services, Drucker und Spooling-System sowie grundlegende System-Sicherheitsvorkehrungen.

TCP/IP Netzwerk-Administration, 2. Auflage

Craig Hunt
654 Seiten, 1998, 40,- €
ISBN 3-89721-110-6

Dieses Standardwerk ist eine komplette Anleitung zur Einrichtung und Verwaltung von UNIX-TCP/IP-Netzwerken. Neben den Grundlagen der TCP/IP Netzwerk-Administration werden in dieser Auflage fortschrittliche Routing-Protokolle (RIPv2, OSPF und BGP), die Konfiguration wichtiger Netzwerk-Dienste (PPP, SLIP, sendmail, DNS, BOOTP und DHCP) und einige einfache Installationen für NIS und NFS besprochen.

DNS und BIND, 3. Auflage

Übersetzung der 4. engl. Auflage
Paul Albitz & Cricket Liu
668 Seiten, 2002, 46,- €
ISBN 3-89721-290-0

DNS und BIND gibt einen Einblick in die Entstehungsgeschichte des DNS und erklärt dessen Funktion und Organisation. Außerdem werden die Installation von BIND (für die Versionen 9 und 8) und alle für diese Software relevanten Themen wie Parenting (Erzeugen von Sub-Domains) oder Debugging behandelt.

Mailmanagement mit IMAP

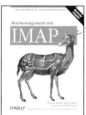

Dianna Mullet & Kevin Mullet
432 Seiten, 2001, 40,- €
ISBN 3-89721-285-4

IMAP, das Internet Message Access Protocol, ist ein Email-Service, der anders als ältere Protokolle eine zentrale Verwaltung des Mails von verschiedenen Rechnern aus ermöglicht. *Mailmanagement mit IMAP* ist ein Praxishandbuch für Netzwerkadministratoren, die diesen Mailserver installieren, konfigurieren und optimieren möchten.

Samba

R. Eckstein, D. Collier-Brown & P. Kelly
448 Seiten, 2000, 38,- €, inkl. CD-ROM
ISBN 3-89721-161-0

Diese maßgebliche Dokumentation zu Samba, die vom Samba-Entwicklerteam offiziell anerkannt wurde, behandelt die Themen Konfiguration, Performance, Sicherheit, Protokollierung und Fehlerbehebung und erläutert sie an zahlreichen Beispielen.

Einrichten von Internet Firewalls, 2. Auflage

E. D. Zwicky, S. Cooper, D. Brent Chapman
928 Seiten, 2001, 50,- €
3-89721-169-6

Diese stark erweiterte 2. Auflage des Bestsellers *Einrichten von Internet Firewalls* behandelt neben Unix nun auch Linux und Windows NT. Das Buch ist eine praktisch ausgerichtete Anleitung zum Aufbau von Firewalls und präsentiert dem Leser eine große Bandbreite von Firewall-Technologien und Architekturen.

Aufbau und Betrieb von IP-Netzwerken mit Cisco-Routern

Scott M.Ballew
368 Seiten, 1998, 36,- €
ISBN 3-89721-117-3

Das Buch gibt detaillierte Hinweise zum Entwurf eines IP-Netzwerks und zur Auswahl der Geräte und Routineprotokolle und erklärt dann die Konfiguration von Protokollen wie RIP, OSPF, EIGRP und BGP. Die dargestellten Prinzipien sind auf alle IP-Netzwerke übertragbar, unabhängig davon, welcher Router verwendet wird.

SSH: Secure Shell - Ein umfassendes Handbuch

Daniel J. Barrett & Richard Silverman
598 Seiten, 2001, ca. 46,- €
ISBN 3-89721-287-0

Das Netzprotokoll SSH (Secure Shell) ist eine verbreitete, robuste und zuverlässige Lösung für zahlreiche Probleme der Netzwerksicherheit. Es sichert u.a. den Anmeldevorgang auf entfernten Systemen und den Dateitransfer zwischen verschiedenen Rechnern. Das Buch richtet sich an Systemadministratoren wie an Endnutzer und behandelt SSH1, SSH2, OpenSSH und F-Secure SSH für Unix sowie einige Windows- und Macintosh-Produkte.

O'REILLY®

anfragen@oreilly.de • http://www.oreilly.de • +49 (0)221-97 31 60-0

Perl

Einführung in Perl, 3. Auflage

Randal L. Schwartz & Tom Phœnix
ca. 350 Seiten, 2002, ca. 34,- €
ISBN 3-89721-147-5

Einführung in Perl ist ein sorgfältig abgestimmter Kurs für Einsteiger: Mit vielen Programmierbeispielen sowie Übungen und ausgearbeiteten Lösungen zu jedem Thema zeigen die Autoren Schritt für Schritt, wie man mit Perl (Version 5.6) programmiert.

Einführung in Perl für Win32-Systeme

Erik Olson, Randal L. Schwartz &
Tom Christiansen
324 Seiten, 1998, 30,- €
ISBN 3-89721-106-8

Einführung in Perl für Win32-Systeme ist eine auf die Besonderheiten von Win32-Systemen angepaßte Version des Buches *Einführung in Perl, 2. Auflage.*

Perl in a Nutshell

Ellen Siever, Stephen Spainhour
& Nathan Patwardhan
728 Seiten, 1999, 30,- €
ISBN 3-89721-115-7

Die umfassende Referenz zu der Programmiersprache Perl und den wichtigsten CPAN-Modulen.

Perl 5 – kurz & gut, 3. Auflage

Johan Vromans
110 Seiten, 2000, 8,- €
ISBN 3-89721-227-7

Überblick über Perl 5.6, u.a. über Syntaxregeln, Quotierung, Variablen, Operatoren, Funktionen, I/O, Debugging, Formate, Standardmodule und reguläre Ausdrücke.

Programmieren mit Perl, 2. Auflage

Übersetzung der 3. engl. Auflage
Larry Wall, Tom Christiansen & Jon Orwant
1180 Seiten, 2001, 56,- €
ISBN 3-89721-144-0

Dieses Standardwerk ist nicht einfach ein Buch über Perl, es bietet einen einzigartigen – und zuweilen auch eigenwilligen – Einblick in diese Sprache und ihre Kultur. Die neue Auflage wurde komplett überarbeitet, deutlich erweitert und übersichtlicher strukturiert. Behandelt wird Perl 5.6. Neue Themen sind u.a. Threading, Compiler und Unicode.

Perl Kochbuch

Tom Christiansen & Nathan Torkington
836 Seiten, 1999, 46,- €
ISBN 3-89721-140-8

Das *Perl Kochbuch* bietet sowohl Einsteigern, als auch fortgeschrittenen Programmierern „Rezepte" aus allen wichtigen Bereichen der Programmierung mit Perl.

Reguläre Ausdrücke

Jeffrey E. F. Friedl
378 Seiten, 1998, 30,- €
ISBN 3-930673-62-2

Es gibt bestimmte subtile, aber sehr nützliche Arten, in regulären Ausdrücken zu denken. Jeffrey Friedl macht mit diesen Denkweisen vertraut und zeigt Schritt für Schritt, wie man gekonnt reguläre Ausdrücke formuliert, um anfallende Aufgaben effizient zu erledigen.

Algorithmen mit Perl

Jon Orwant, Jarkko Hietaniemi &
John Macdonald
716 Seiten, 2000, 40,- €
ISBN 3-89721-141-6

Das erste Programmierbuch über Algorithmen, das auf Perl eingeht. Beschrieben werden klassische Programmiertechniken, deren Anwendungsmöglichkeiten und – am wichtigsten – deren Umsetzung in Perl-Code.

O'REILLY®

anfragen@oreilly.de • http://www.oreilly.de • +49 (0)221-97 31 60-0

Perl

Einführung in Perl /TK

Nancy Walsh
384 Seiten, 1999, 36,- €
ISBN 3-89721-142-2

Eine Einführung in die Perl-Erweiterung Perl/Tk zur Programmierung grafischer Benutzeroberflächen, die anhand von vielen Beispielen und Abbildungen schrittweise jedes Element (Widget) von Perl/Tk erklärt.

Programmieren mit Perl-Modulen

Nate Patwardhan u.a.
538 Seiten, 1999, 38,- €, inkl. CD-ROM
ISBN 3-89721-108-4

Diese Einführung in die Anwendung von Perl-Modulen erklärt, wie man die passenden Module findet, installiert und einsetzt. Dabei werden Module für die wichtigsten Anwendungsbereiche (Datenbanken, Textbearbeitung, GUI, Grafiken, E-Mail, CGI usw.) vorgestellt.

Perl/TK – kurz & gut

Stephen O. Lidie
120 Seiten, 1998, 8,- €
ISBN 3-89721-200-5

Referenz zu Perl/Tk, die sämtliche Widgets von Perl/Tk einschließlich deren Methoden und Variablen u.v.a.m. beschreibt.

mod_perl – kurz & gut

Andrew Ford
92 Seiten, 2001, 8,- €
ISBN 3-89721-231-5

Übersicht über die wichtigsten Features des Apache-Moduls mod_perl. Behandelt werden sowohl Funktionen als auch Konfigurationsanweisungen.

Programmierung mit Perl DBI

Alligator Descartes & Tim Bunce
384 Seiten, 2001, 38,- €
ISBN 3-89721-143-2

DBI ist die Standard-Datenbankschnittstelle für Perl. Das Buch beschreibt die Architektur von DBI, erklärt, wie DBI-basierte Programme geschrieben werden, und behandelt ausführlich die Details und Besonderheiten jedes einzelnen DBD.

Perl für System-Administration

David N. Blank-Edelman
476 Seiten, 2001, 38,- €
ISBN 3-89721-145-9

Dieses Buch wendet sich an Administratoren von Unix/Linux-, Windows NT/2000- und MacOS-Systemen. Es behandelt vor allem die Bereiche der Systemadministration, in denen Perl besonders nützlich und effektiv ist, u.a. Management von Dateisystemen, Prozessen, Benutzer-Accounts, Datenbanken und Netzwerken.

Fortgeschrittene Perl-Programmierung

Sriram Srinivasan
462 Seiten, 1998, 40,- €
ISBN 3-89721-107-6

Fortgeschrittene Perl-Programmierung ermöglicht sowohl Lesern mit Grundkenntnissen als auch erfahrenen Anwendern, ihre Programmiertechnik zu verbessern, kompliziertere Vorgänge zu meistern und effektiver zu arbeiten. Dieses Buch behandelt u.a. folgende fortgeschrittene Themen:

- Objektorientierte Programmierung
- Komplexe Datenstrukturen, Persistenz
- Netzwerkprogrammierung
- API-Programmierung mit Tk
- Interaktion mit in C geschriebenen Funktionen
- Erweiterung und Einbettung des Perl-Interpreters
- Perl-Interna

O'REILLY®

anfragen@oreilly.de • http://www.oreilly.de • +49 (0)221-97 31 60-0

Linux

Linux in a Nutshell, 3. Auflage

Ellen Siever, Stephen Spainhour,
Stephen Figgins & Jessica P. Hekman
848 Seiten, 2001, 36,- €
ISBN 3-89721-195-5

Linux in a Nutshell ist das Nachschlagewerk für
Benutzer, Programmierer und Systemadministratoren und beschreibt alle wichtigen Befehle, die in
den verbreitetsten Linux-Distributionen enthalten
sind.

Linux – Wegweiser für Netzwerker, 2. Auflage

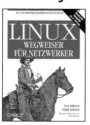

Olaf Kirch & Terry Dawson
528 Seiten, 2001, 38,- €
ISBN 3-89721-135-1

Die vollständig aktualisierte 2. Auflage dieser
umfassenden Einführung in die Netzwerkarbeit
mit Linux behandelt nun auch Firewalls,
Masquerading und Accounting. Abschnitte zu DNS,
Mail und News, PPP sowie NFS/NIS wurden
gründlich überarbeitet.

Linux-Gerätetreiber

Alessandro Rubini
464 Seiten, 1998, 36,- €
ISBN 3-89721-122-X

Dieses Buch richtet sich an alle, die unter Linux
periphere Geräte unterstützen oder neue Hardware
entwickeln wollen. Es erklärt Schritt für Schritt,
wie man Treiber für eine große Bandbreite an
Geräten schreibt, liefert viele Beispiele, die man
sofort anpassen und einsetzen kann, und gibt
Einblick in die Interna des Linux-Kernels.

Linux – Wegweiser für Onliner

Michael Renner
278 Seiten, 1999, 28,- €
ISBN 3-89721-132-7

Linux ist ein ideales Betriebssystem für all jene, die
intensiv das Internet nutzen möchten. Dieses
Praxisbuch zeigt Linux-Onlinern, wie sie ihr System
komfortabel einrichten, Arbeitsschritte automatisieren, vorhandene Leistungskapazität möglichst
optimal ausnutzen und so Onlinezeiten verkürzen.

Linux – Wegweiser zur Installation & Konfiguration, 3. Auflage

M. Welsh, M. K. Dalheimer & L. Kaufman
848 Seiten, 2000, 36,- €
ISBN 3-89721-133-5

Dieser Wegweiser erklärt Ihnen alles, was Sie wissen müssen, um Linux zu verstehen, es zu installieren und um damit arbeiten zu können. Neben
einer umfassenden Installationsanleitung enthält
das Buch u.a. eine Einführung in Unix, Hinweise
zur System- und Netzwerkverwaltung, einen Über-
blick über X Windows sowie Informationen über Kernel-Updates, Werkzeuge
für die Programmierung und jetzt auch Kapitel zu KDE und Samba.

vi-Editor – kurz & gut

Arnold Robbins
63 Seiten, 1999, 8,- €
ISBN 3-89721-213-7

Zum Nachschlagen für die wenig intuitiven vi und ex:
Optionen und Befehle, Shortcuts, reguläre Ausdrücke sowie
Optionen der Klone nvi, elvis, vim und vile.

GNU Emacs – kurz & gut

Debra Cameron
64 Seiten, 1999, 8,- €
ISBN 3-89721-211-0

Referenz zu den Optionen und Befehlen des Editors GNU
Emacs 20.2: von den Grundlagen der Textverarbeitung bis zu
speziellen Befehlen für Programmierer.

CVS – kurz & gut

Gregor N. Purdy
84 Seiten, 2001, 8,- €
ISBN 3-89721-229-3

Behandelt die zentralen Konzepte der CVS-Versionskontrolle
und enthält eine vollständige Befehlsreferenz sowie eine
Anleitung für die Konfiguration und Installation von CVS.

O'REILLY®

anfragen@oreilly.de • http://www.oreilly.de • +49 (0)221-97 31 60-0

O'Reillys Taschenbibliothek
kurz & gut

Perl 5, 3. Auflage
Johan Vromans, 110 Seiten, 2000, 8,- €
ISBN 3-89721-227-7
Überblick über Perl 5.6, u.a. über Syntaxregeln, Quotierung, Variablen, Operatoren, Funktionen, I/O, Debugging, Formate, Standardmodule und reguläre Ausdrücke.

Python
Mark Lutz, 82 Seiten, 1999, 8,- €
ISBN 3-89721-216-1
Diese Sprachreferenz gibt einen Überblick über Python-Statements, Datentypen, eingebaute Funktionen, häufig verwendete Module und andere wichtige Sprachmerkmale.

PHP
Rasmus Lerdorf, 111 Seiten, 2000, 8,- €
ISBN 3-89721-225-0
Eine ideale Kurzeinführung in Syntax und Struktur der Skriptsprache sowie eine Schnellreferenz für die Vielzahl der Funktionen.

Tcl/Tk
Paul Raines, 96 Seiten, 1998, 8,- €
ISBN 3-89721-210-2
Kompaktes Nachschlagewerk aller wichtigen Tcl-Sprachelemente, Tcl- und Tk-Befehle sowie der Tk-Widgets.

CVS
Gregor N. Purdy, 84 Seiten, 2001, 8,- €
ISBN 3-89721-229-3
Behandelt die zentralen Konzepte der CVS-Versionskontrolle und enthält eine vollständige Befehlsreferenz sowie eine Anleitung für die Konfiguration und Installation von CVS.

Windows 2000 Befehle
Æleen Frisch, 120 Seiten, 2001, 8,- €
ISBN 3-89721-234-X
Windows 2000 Befehle - kurz & gut listet alle wesentlichen Befehle der Kommandozeile mit ihren jeweiligen Optionen in knapper, aber umfassender Form auf. Auch die Befehle des Resource Kit sind abgedeckt.

C
Ulla Kirch-Prinz & Peter Prinz
120 Seiten, 2002, 8,- €
ISBN 3-89721-238-2
Das Buch bietet zweierlei: der erste Teil ist ein kompakter Überblick über die Sprache und ihre Elemente, die zweite Hälfte ist der Standard-Bibliothek gewidmet. Der neuste ANSI-Standard C99 wird hierbei berücksichtigt.

vi-Editor
Arnold Robbins, 63 Seiten, 1999, 8,- €
ISBN 3-89721-213-7
Zum Nachschlagen für die wenig intuitiven vi und ex: Optionen und Befehle, Shortcuts, reguläre Ausdrücke sowie Optionen der Klone nvi, elvis, vim und vile.

GNU Emacs
Debra Cameron, 64 Seiten, 1999, 8,- €
ISBN 3-89721-211-0
Referenz zu den Optionen und Befehlen des Editors GNU Emacs 20.2: von den Grundlagen der Textverarbeitung bis zu speziellen Befehlen für Programmierer.

sed & awk
Arnold Robbins, 49 Seiten, 2000, 8,- €
ISBN 3-89721-226-9
Kompaktes Nachschlagewerk zu den Unix-Tools sed und awk und zur Mustererkennung mit allen notwendigen Informationen, um die Bearbeitung von Textdateien unter Unix zu automatisieren.

LaTeX
M. K. Dalheimer, 72 Seiten, 1998, 8,- €
ISBN 3-89721-204-8
LaTeX-Befehle und ihre Optionen, die jeder immer wieder benötigt. Behandelt auch Zusatzpakete zur Grafikanbindung und für die Anpassung an den deutschen Sprachraum.

Oracle PL/SQL
S. Feuerstein, C. Dawes & B. Pribyl
104 Seiten, 1999, 8,- €
ISBN 3-89721-217-X
Referenz zu Oracle PL/SQL, einschließlich der neuesten Oracle8i-Erweiterungen sowie hilfreicher Informationen zu fundamentalen Sprachelementen, Datensätzen, Prozeduren, Funktionen, Triggern und Packages.

O'REILLY®

anfragen@oreilly.de • http://www.oreilly.de • +49 (0)221-97 31 60-0